ULLSTEIN

DAS BUCH

Serienmörder wie Fritz Haarmann, Jürgen Bartsch, Jeffrey Dahmer oder Marc Dutroux sind Millionen von Menschen bekannt, und die Verbrechen, die sie begingen, gab es schon immer. Das »Lexikon der Serienmörder« dokumentiert sachlich und jenseits aller Verherrlichung die Straftaten von 450 Serienmördern weltweit. Dabei werden soweit wie möglich die Biographie, die Motive sowie forensische Eigenheiten des Täters wiedergegeben und auch soziologische, kriminalpsychologische sowie Fahndungsmethoden wie das Erstellen von Täterprofilen berücksichtigt. Neben mysteriösen Mordserien, die bislang nicht identifizierten Tätern zugeordnet werden, sind auch historische Serienmörder aufgeführt.
Die Aufteilung nach Kontinenten ermöglicht es, das Vorkommen des jeweiligen Tätertyps lokal und auch zeitlich einzuordnen und die soziokulturellen Aspekte wie auch die Rechtssysteme mit einzubeziehen.
Mit Querverweisen auf andere behandelte Serienmörder sowie einem ausführlichen Index und zahlreichen Literaturhinweisen verschafft die einzigartige internationale Fallsammlung einen Überblick über ein weitverbreitetes Phänomen.

DIE AUTOREN

Peter Murakami, 1957 in Wiesbaden geboren, Aufenthalte in Süd- und Mittelamerika. Ingeborg-Drewitz-Literaturpreis 1992–1995. Mehrjährige journalistische Tätigkeit u. a. für das Berliner Stadtmagazin »Zitty«. Ab 1993 Redakteur bei der »taz«. Seit Anfang 1997 Redakteur bei der Tageszeitung »Junge Welt« für Reportagen und die Kolumne »Gerichtsreport«.

Julia Murakami, 1969 in Luzern geboren, aufgewachsen in New York, Miami und Deutschland. Nach längeren Studienaufenthalten in Spanien und diversen Japan-Reisen Studium der Publizistik und Romanistik in Berlin. Mitarbeit bei diversen Filmproduktionsgesellschaften und mehrjährige Tätigkeit als freie Journalistin.

Inhalt

Vorwort

Ich hasse das körperliche Leben.
Anatoli Onuprijenko (Ukraine)

Keiner kennt mich.
Andrew Cunanan (USA)

Ich habe mich gewehrt, aber »Es war stärker«!
Jürgen Bartsch (Deutschland)

Ich suche vergebens: Serienmörder sind in meinem ganz normalen vielbändigen Lexikon nicht zu finden. Warum dieses Informationsdefizit? Dahinter mag die moralisierende gesellschaftliche Vereinbarung stecken, daß die bestialischen Täter nicht auch noch, sozusagen als »Lohn der Grausamkeit« – um eine Bildunterschrift des englischen Malers und Kupferstechers William Hogarth zu gebrauchen –, einen Platz im Wissensolymp der Menschheit beanspruchen dürfen.

Das Interesse an den blutigen Tätern ist aber trotz dieser Lücken in den Nachschlagewerken ungebrochen und wird durch die moderne Informationsindustrie permanent wachgehalten. Das Ergebnis: Serienmörder der Vergangenheit und Gegenwart wie Fritz Haarmann, Peter Kürten, Jeffrey Dahmer, John Christie oder Andrej Tschikatilo sind berühmter und bekannter als ganze Namenskolonnen aus den Enzyklopädien. In das literarische Universum der Trivialität, von Boulevardblättern und Medien fortwährend mit neuem Stoff versorgt, treten die Zeitgenossen auf der ganzen Welt täglich millionenfach ein. Headlines wie »Der Fleischhacker von Mons« oder »Grausig! Leichensuche im Horrorhaus« ziehen die Leser magisch an, die damit beweisen, daß vom Serienmörder eine unheimliche Faszination ausgeht.

Eine Antwort auf dieses Phänomen gibt Sigmund Freud. Im »Père Goriot« spielt Balzac auf eine Stelle in den Werken Rousseaus an, in welcher der Autor den Leser fragt, was er wohl tun würde, wenn er, ohne Paris zu verlassen und natürlich ohne entdeckt zu werden, einen alten Mandarin in Peking durch einen bloßen Willensakt tötete, dessen Ableben ihm einen großen Vorteil einbringen könnte. Das Leben des Würdenträgers scheint bei uns »Totdenkern« nicht sehr gesichert zu sein! »Tuer son mandarin« ist nach Sigmund Freud sprichwörtlich geworden für diese geheime Bereitschaft auch der modernen Menschen, die sich nur allzuoft in Kriegen realisiert.

Auch deshalb bringen vorsätzliche Tötungen Fetischisten der besonderen Art hervor. So wurde der Holzapfelbaum, unter dem Reverend Hall und die Chorsängerin Mills ermordet worden waren, bis auf die letzte Wurzel von Andenkenjägern Tausende von Meilen verschleppt; schließlich kam die gesamte Erde abhanden. Und in London gibt es, anders als zum Beispiel in Berlin, selbst Gedenktafeln für Mordtaten! Zum Beispiel an der Schenke »Magdala Tavern«, an der eine Ruth Ellis den David Blakely erschoß. Die Mörderin wurde als letzte Frau Großbritanniens gehängt. Und was erstaunlich ist, durch zahllose Finger sind die Einschußlöcher am Haus blankgewetzt. Kriminalgeschichte zum Anfasssen!

Was in dieser Weise für den Einzelmörder – wenn man ihn so bezeichnen darf – und den Doppelmörder zutrifft, potenziert sich, wenn ein multipler Mörder in das Blickfeld der Öffentlichkeit gerät. Hier findet diese ungewöhnliche Kombination von Abscheu und Ekel, Mysterium und Faszination, die den Serienmörder zu einer Art Kultfigur gemacht hat, ihre Vollendung.

Serienmörder, die uns faszinieren, weil sie sich scheinbar unbeschwert über alle Normen hinwegsetzen können, sind dennoch unglückliche Menschen. Es quält sie, daß sie ihren aus geheimen inneren Orten stammenden Trieben folgen müssen. Wir aber können ihre seelischen Vibrationen nicht seismographisch erfassen. Auch aus diesem Grunde agieren sie so unauffällig.

Selbstzeugnisse von Serienmördern, wie dem Vorwort vorangestellt, gestatten einen Einblick in ihr abnormes Seelenleben. Karl Denke aus Münsterberg mußte nach den Gesetzen seines Daseins seine Kreise vollenden, und Erwin Hagedorn, ein junger sadistischer Knabenmörder aus Eberswalde, fühlte sich wie auf einem Karussel, das sich immer schneller drehte, von dem er aber nicht abspringen und das er nicht anhalten konnte.

Weil Massenmörder immer ein mediales Großereignis sind, kocht in ihrem Umfeld regelmäßig die Hysterie, der auch Unschuldige zum Opfer fallen können und die justizielles Unrecht erzeugt. Für mindestens einen Mord, verübt vom Serienmörder John Christie – der bezeichnenderweise als Hauptbelastungszeuge auftrat – wurde Timothy Evans 1950 zum Tode verurteilt und im Pentonville Prison, London, hingerichtet. Sechs Jahre lang saß Michael Mager aus Berlin eine Freiheitsstrafe ab, nachdem man ihn 1983 wegen Mordes an einer 78jährigen Hausbesitzerin verurteilte. Erst 1996 wurde der wirkliche Killer Thomas Rung gefaßt. Sicher, ein Geständnis hatten beide, Evans und Mager, abgelegt. Aber war das schon die ganze Wahrheit? Die Erkenntnis, daß derartige Selbstbezichtigungen falsch sein können, hat sich bis heute bei den Strafverfolgungsorganen – leider – nicht vollständig durchgesetzt.

Neben dem Versagen der Justiz gab und gibt es bei der Mörderjagd regelmäßig polizeiliche Pannen. Peter Sutcliffe, der »Yorkshire Ripper«, schaffte es, die Tatwerkzeuge Hammer und Messer unter den Augen der Beamten verschwinden zu lassen. Und immer wieder muß man mit Erschütterung lesen, daß Anzeigen von Opfern, die den Totschlägern entkommen konnten, mit einer gewissen Regelhaftigkeit von der Polizei nicht ernst genommen werden. In den Fällen Dennis Nilsen, Paul Ogorzow und Jürgen Bartsch ist dieses Unglaubliche geschehen. Und auch der Junge Konerak Sinthasomphone wurde – halbtot vor Angst und vom Täter betäubt – von den Gesetzeshütern seinem Mörder Jeffrey Dahmer überlassen. Einer von ihnen meldete noch im Revier: »Nackten betrunkenen Asiaten zu seinem Freund zurückgebracht.« Das wurde auf Band aufgenommen, und im Hintergrund hörte man nur Gelächter ... Indizien dafür, daß wir in der Tat noch sehr wenig vom Serienmörder wissen und ihm selbst Sicherheitsbeamte, die eigentlich einiges über ihn gelernt haben müßten, oft blauäugig und leichtfertig gegenübertreten.

Serienmörder sind daher, vor allen Dingen, aber nicht nur aus der Sicht der Kriminalistik und Kriminologie »unsere strengsten Erzieher und sollten uns lehren, mit erneuter Bemühung die Schwächen unseres Wissens zu überwinden, die sie aufzeigten« – wie es der Kriminologe Hans von Hentig 1956 schrieb.

In dem vorliegenden Buch von Julia und Peter Murakami kommen die Serienmörder nun zu ihrem lexikalischen Recht. Eine solche kompakte Zusammenstellung ist, dies sei aus fachlicher Sicht angemerkt, seit langem erwünscht. Obgleich für einen breiten Leserkreis bestimmt, aber ohne den sonst üblichen voyeuristischen Blick, kann es gar Spezialisten zu neuen Einsichten verhelfen, zumal man sich in der Bundesrepublik mit dem sogenannten Täterprofiling in der Vergangenheit sehr schwer getan hat und nach dem Bundeskriminalamt jetzt erst Landeskriminalämter dabei sind, Profilerkonzepte zu entwickeln. So stammen die international herausragenden Spezialisten, die bei der Suche nach multiplen Mördern sehr erfolgreich mit dem Fahndungsinstrument des psychologischen Täterprofils arbeiten, zwangsläufig nicht aus Deutschland. John Douglas und Robert Ressler (USA), Paul Britton (Großbritannien) und Thomas Müller (Österreich) dürften da in der ersten Reihe stehen. Das muß auch deshalb bedauert werden, weil es in der DDR, wie wir erstaunt in der Einleitung lesen, im Fall des Knabenmörders Erwin Hagedorn 1971 das erste psychologische Täterprofil der Welt gab – ein ganzes Stück vor dem FBI.

Summa summarum, das »Lexikon der Serienmörder« empfehle ich allen Kriminalisten sowie kriminalhistorisch-psychologisch interessierten Lesern – als eine kasuistische Glanzleistung!

Prof. Dr. Frank-Rainer Schurich

Einleitung

Filme wie »Das Schweigen der Lämmer«, »Copykill«, »Sieben« oder die Neuverfilmung von »Psycho« haben einen Verbrechertypus populär gemacht, den es zwar schon immer gab, der aber geradezu eine Entdeckung der 90er Jahre zu sein scheint: den Serienkiller.

Immer neue Romane, Krimireihen und Spielfilme variieren das Thema, was entweder zu einer bedenklichen Glorifizierung oder einer vordergründigen Verteufelung derartiger Mehrfachmörder führt. Das vorliegende Buch, eine Sammlung von rund 450 internationalen Fallstudien, schildert Fakten und Hintergründe eines Phänomens, das insbesondere deshalb so bedrohlich ist, weil allen Romanen und Spielfilmen zum Trotz wenig über die Thematik bekannt ist. Was treibt einen Menschen dazu, andere zu foltern, aufzuschlitzen oder auszuweiden? Über Jahre oder gar Jahrzehnte hinweg wieder und wieder zu vergewaltigen, zu verstümmeln, zu morden oder das Fleisch seiner Opfer zu essen? Was veranlaßt eine Krankenschwester, reihenweise hilflose Patienten zu vergiften? Ist es Haß, Wahnsinn oder Perversion? Die Motive der Serienmörder sind so vielschichtig wie die Art und Weise ihres Vorgehens. Manche töten aus religiösen oder rassistischen, die meisten jedoch aus sexuellen Gründen. Einige glauben eine Mission erfüllen zu müssen, anderen bereitet das Töten von Menschen eine Befriedigung, die sie auf keine andere Weise erlangen können.

Wenn die Menschen des Mittelalters mit einem besonders blutrünstigen Verbrechen konfrontiert wurden, das ihre Vorstellungskraft überstieg, waren sie davon überzeugt, daß ein Dämon die Dorfgemeinschaft heimgesucht hatte. Die mit unzähligen Messerstichen übersäte Tote, die zerstückelte Leiche eines zuvor verschwundenen Kindes, ein Massengrab im Wald – nur eine Ausgeburt der Hölle, ein Vampir oder ein Werwolf konnte eine derart unvorstellbare Bluttat begangen haben. Wahrscheinlich beruht die gesamte Mythologie, soweit sie sich mit menschenfressenden Dämonen, Blutsaugern und Werwölfen befaßt, auf den Verbrechen von Serienkillern. Namen wie »Vampir von Düsseldorf«, »Monster der Anden«, »Ripper von Rostow« oder »Kannibale von Milwaukee« zeigen deutlich, wie schwer es uns selbst heute noch fällt, Serienkiller vom Schlage eines Jeffrey Dahmer oder Andrej Tschikatilo als Menschen und ihre Verbrechen als Resultate ihrer desolaten Psyche anzusehen.

Was ist ein Serienmörder?

Rund 90 Prozent aller Tötungsdelikte sind Beziehungstaten. Täter und Opfer stehen in einer Beziehung zueinander, und das Motiv ist mehr oder weniger deutlich. Der Mord ist der Versuch des Täters, in primitivster Weise – nämlich durch physische Vernichtung – den Ausweg aus einem wie auch immer gearteten Dilemma zu finden. Da der Mörder häufig aus dem unmittelbaren Umfeld des Getöteten stammt, gelingt es den Kriminalisten meist relativ schnell, den Delinquenten zu überführen. Statistisch gesehen ist die Aufklärungsquote bei Morden im Verhältnis zu anderen

Kapitalverbrechen deshalb besondes hoch. Anders bei Serienmorden. Opfer und Täter sind einander in der Regel fremd, und die klassischen Motive wie Habgier, Eifersucht oder Tötung zur Vertuschung einer anderen Straftat werden durch Motivsysteme ersetzt, die ihren Ursprung in der Persönlichkeit des Täters haben, ihn beherrschen und sein Verhalten strukturieren. Die amerikanischen Kriminalpsychologen Holmes und De Burger, Verfasser zahlreicher Bücher zum Thema, definieren Serienkiller als Täter, die mindestens drei Tötungsdelikte an verschiedenen Orten zu verschiedenen Zeiten begangen haben. Die Zeitspanne der Verbrechen kann zwischen Monaten und mehreren Jahren liegen. Der Serienmörder tötet immer weiter, bis er gestoppt wird. Im Wesentlichen stützt sich die Definition von Holmes und De Burger wiederum auf FBI-Forschungen. Die US-Bundespolizei interviewt bereits seit Ende der 70er Jahre inhaftierte Serienkiller, um die so gewonnenen Erkenntnisse zur Täterprofilerstellung im Hinblick auf die Fahndung nach anderen, noch aktiven Tätern zu benutzen. Bis Ende der 70er Jahre bezeichnete man Mehrfachmörder subsumtiv als Massenmörder, ob sie wie Fritz Haarmann waren – ein »typischer« Serienmörder, der im Verlauf mehrerer Jahre immer wieder Menschen umbrachte – oder wie der Amokläufer Charles Whitman, der im Juli 1966 in Texas innerhalb weniger Stunden wahllos 16 Passanten erschoß und 30 schwer verletzte. Doch Massenmörder sind Täter wie der aus Ungarn stammende Sylvester Matuschka, der im September 1931 einen Zug in die Luft sprengte. Bei dem Anschlag starben 25 Menschen und über 100 wurden schwer verletzt. Matuschka erregte es sexuell, Menschen sterben zu sehen.

Wenn es auch Ähnlichkeiten zwischen Massenmördern, Amokläufern und Serienmördern hinsichtlich der Täter-

Opfer-Beziehung und der hohen Anzahl der Getöteten gibt, sind die Unterschiede evident. Während sich der in der Regel schwer bewaffnete Amokläufer zum Zeitpunkt seiner Tat in einem psychischen Ausnahmezustand befindet und sich, sofern er überlebt, anschließend an nichts mehr erinnern kann, plant der Serienkiller seine Morde. Häufig behalten Serienmörder Kleidungsstücke, Haare oder sogar Gliedmaßen der Opfer als »Trophäen«, und der altbekannte Spruch, nach dem es den Mörder immer wieder an den Ort des Verbrechens zurückzieht, ist ein Charakteristikum, das auf diesen Tätertyp in besonderer Weise zutrifft.

Der »typische Serienmörder«

Gerade in den Zeiten des sozialen Umbruchs, der mit der Amtszeit des US-Präsidenten Ronald Reagan einherging und soziale Gegensätze verschärfte, häuften sich in den Vereinigten Staaten Serien- und Massenmorde. Allein zwischen 1981 und 1989 stieg die Zahl der »Morde ohne erkennbares Motiv« von 4007 Fällen im Jahr 1981 auf knapp 5100 Fälle im Jahr 1989, und die Experten gingen davon aus, daß alleine in den USA rund 150 Serienkiller aktiv waren. Für den Zeitraum von 1988 bis 1989 ermittelte das US-Justizministerium 29 Serienmörder, die nachweislich 140 Menschen getötet hatten und in weiteren 122 Mordfällen verdächtigt wurden.

Vor diesem Hintergrund gewann die Frage, ob und inwieweit es verallgemeinerbare Eigenschaften und Gemeinsamkeiten dieses Tätertyps gibt, rasch eine wachsende Bedeutung.

So begannen Robert Ressler und John Douglas Ende der 70er Jahre sogenannte Profile zu erstellen. Zu diesem Zweck entwickelten Kriminalpsychologen einen speziellen, rund 190 Punkte umfassenden Fragebogen, der seitdem bei

Mordfällen von den lokalen Polizeibehörden ausgefüllt wird. Die Erkenntnisse werden vom National Center for the Analysis of Violent Crime (NCAVC), einem FBI-Institut, im Hinblick auf ähnliche Tötungsdelikte und einen eventuell vergleichbaren Modus operandi ausgewertet. Zusätzlich werden die beim NCAVC eintreffenden Fragebögen durch ein psychologisches Profil ergänzt, das die Experten der Behavioral Science Unit (BSU) erstellen.

Wenn diese Methode der Erfassung und die Jagd auf Serienkiller durch das FBI im Laufe der Jahre auch perfektioniert wurden – eine FBI-Erfindung ist sie nicht: Bereits 1971 arbeitete die DDR-Volkspolizei im Fall des Knabenmörders Erwin Hagedorn mit einer Kombination aus psychologischer Täterprofilerstellung und Computerauswertung. Eine Pionierleistung, die den Ermittlern seinerzeit wahrscheinlich als solche nicht einmal bewußt war. Nichtsdestotrotz bleibt den FBI-Kriminologen das Verdienst, wissenschaftlich fundierte Aussagen und daraus resultierend praktikable Ermittlungsansätze hinsichtlich dieses Tätertyps erarbeitet zu haben.

Statistisch betrachtet ist der Serienkiller zu Beginn seiner Morde zwischen 16 und 24 Jahre alt, männlich, weiß, Einzelgänger, lebt zu Hause und ist meist bei nur einem Elternteil, der Großmutter oder in ähnlichen »Ersatzfamilien« aufgewachsen. Er hat Probleme in der Schule beziehungsweise mit der Arbeit und kompensiert eine Minderleistung mit abweichendem Verhalten und Kriminalität wie Brandstiftung oder Tierquälerei. Häufig sind Serienmörder in ihrer Kindheit selbst Opfer von sexuellem Mißbrauch oder Vernachlässigung geworden und als Bettnässer aufgefallen.

Den im Rahmen dieser Studie untersuchten Serienkillern war durchgehend gemeinsam, daß sie praktisch keine Bindungen zu anderen Menschen eingehen konnten, weil sie nicht in der Lage waren, Bedürfnisse anderer wirklich wahrzunehmen. Weit über zwei Drittel neigten zu chronischem Lügen, Vandalismus, Brandstiftung und Grausamkeiten gegenüber anderen Kindern oder Tieren. Mit einer derartigen Struktur vorbelastet, erleben die Jugendlichen häufig die ersten mißlungenen sexuellen Kontakte zum anderen Geschlecht als besonders frustrierend, was wiederum den Hang zu Gewalt- und Dominanzphantasien begünstigt und sich später in Serienmorden niederschlägt, die häufig eine extrem sadistische sexuelle Komponente aufweisen.

In einer 1990 vorgelegten FBI-Studie nahmen die Kriminalisten erstmalig eine Klassifizierung von Serienmördern in »organisierte« und »chaotische« Täter vor. Der »organisierte« Täter ist demnach meist überdurchschnittlich intelligent, beruflich integriert und sozial unauffällig. Sein Mimikry ist dermaßen perfekt, daß er häufig über Jahre hinweg Arbeitskollegen und Nachbarn mit der Maske des biederen Familienvaters täuschen kann. Gewöhnlich verfügt er über ein Fahrzeug, trinkt Alkohol, insbesondere auch bei einem Mord, ohne jedoch die Kontrolle zu verlieren. Kontrolle und Dominanz sind ihm eher wichtig als dem chaotischen Täter. Er geht äußerst geplant vor, überläßt nichts dem Zufall – sei es die Wahl des Opfers, des Tatorts oder des Zeitpunkts der Tat. Er hinterläßt so gut wie keine Spuren und versteckt oder vergräbt die Leichen seiner Opfer. Überdurchschnittlich häufig ist dieser Typ in Berufsgruppen anzutreffen, die in irgendeiner Form Autorität verkörpern.

Viele »organisierte« Serienmörder haben in ihrer Phantasie zuvor eine feste und detaillierte Vorstellung von den Morden. Von Mal zu Mal modifizieren sie ihre Vorgehensweise, versuchen ihre Tat nach ihren Vorstellungen noch reizvoller zu gestalten, sie auszubauen und zu übertreffen. Häufig beschleunigen persönliche Krisensituationen den

Drang zum Mord und funktionieren als Auslöser. Der »organisierte« Täter verfolgt die Berichterstattung über seine Verbrechen und beginnt unter Umständen Bekennerbriefe zu schreiben oder mit den Medien und der Polizei in Verbindung zu treten.

Der Typ des »chaotischen« oder planlos vorgehenden Täters ist hingegen von durchschnittlicher bis niedriger Intelligenz, unstet in seinen Arbeits- und sozialen Verhältnissen und begeht seine Morde meist spontan. Im Gegensatz zum »organisierten« Mörder ist er selten mobil und ermordet häufig Opfer aus der Nachbarschaft oder jemanden, den er womöglich seit Jahren vom Sehen kennt. Als Waffe benutzt er das, was er gerade am Tatort vorfindet, und da er auf Grund seiner Struktur kaum situativen Streß erlebt, nimmt er selten Alkohol oder Drogen zu sich, falls diese nicht gerade die auslösenden Faktoren seiner akuten Psychose sind. Er hat in aller Regel keinerlei Interesse an der Berichterstattung über seine Verbrechen. Unter diesem Tätertypus sind häufig Psychotiker anzutreffen, die nicht selten langjährige psychiatrische Behandlungen hinter sich haben. Meist begeht der »chaotische« Täter nekrophile Handlungen an seinen Opfern, und Kannibalen und Zerstückler sind in dieser Tätergruppe besonders häufig. Schon der Umstand, daß der »chaotische« Täter sich meist nicht einmal die Mühe macht, seine Spuren zu beseitigen, und die Leichen seiner Opfer unverborgen am Tatort liegen läßt, weist darauf hin, daß es mit der Zurechnungsfähigkeit dieser Täter nicht weit her ist.

Unter Berücksichtigung der Tatsache, daß sich Menschen in derart mechanistische Strukturierungsschemata generell schwer einordnen lassen, basiert diese Klassifizierung auf langjährigen Erfahrungen und hilft Fahndern dabei, rascher Ermittlungsansätze zu finden. In der Praxis tauchen jedoch bezüglich der Persönlichkeit der Täter, Merkmale beider Kategorien auf.

So war Jeffrey Dahmer, der in den 80er Jahren 17 junge Männer tötete, von der Art und Weise wie er die ihm körperlich überlegenen Männer in seine Wohnung lockte, dort kampfunfähig machte und fesselte, bis hin zur Beseitigung der Leichen, die er sorgfältig entbeinte und mit Chemikalien abkochte, durchaus ein »organisierter« Täter. Sein unreifes Sozialverhalten, der Hang zu Kannibalismus und Nekrophilie, seine im Widerspruch zu seiner Sorgfalt bei der Leichenbeseitigung stehende Nachlässigkeit im Umgang mit ihn belastenden Gegenständen – Dahmer bewahrte in seinem Wohnzimmer die präparierten und mit Farbe bemalten Schädel einiger Männer auf – waren jedoch für »chaotische« Täter typisch.

Darüber hinaus lassen sich die Typologien nicht ohne weiteres auf andere Länder oder Kulturkreise übertragen, da in die FBI-Klassifikationen sehr stark sozio-kulturelle Eigenheiten der US-Amerikaner Eingang finden. So fällt zum Beispiel auf, daß in Deutschland überwiegend »organisierte« Täter wir Fritz Honka, Peter Kürten oder Karl Denke auftreten.

Es ist zu befürchten, daß das Phänomen Serienkiller auch in einem geeinten Europa eine größere Bedeutung erlangen wird. Die Erfahrung in Südafrika und den Staaten der ehemaligen Sowjetunion zeigen, daß wirtschaftliche und politische Zäsuren offenbar das Aufkommen von Serienmördern befördern. Durch das Schengener Abkommen wird zudem grenzenloses Reisen innerhalb Europas selbstverständlich und verschafft auch Serienmördern eine Bewegungsfreiheit, wie sie sonst nur noch in den USA üblich ist.

Bereits seit 1993 ist der sogenannte »Lissabon Ripper«

zwischen den Beneluxstaaten und Tschechien, zwischen Portugal und Dänemark unterwegs, der es offensichtlich auf drogenabhängige Prostituierte abgesehen hat, die er mit einer Glasscherbe ausweidet. Dem »Lissabon Ripper« sind bereits sieben junge Frauen zum Opfer gefallen. Der erste »europäische« Serienkiller?

Das Lexikon beinhaltet alle uns bekanntgewordenen Fälle von Serienmorden und berücksichtigt insbesondere auch aktuelle und ungeklärte. Bei einzelnen Tätern ist die Zahl der tatsächlichen Opfer umstritten. In diesen Fällen wurden die bei der Verurteilung maßgeblichen Morde zugrunde gelegt.

Über andere Täter existieren – abgesehen von den ihnen zugeordneten Morden – keine Angaben, da sie nicht identifiziert werden konnten. Wir haben diese Fälle, soweit es uns zweckmäßig erschien, unter dem Namen der jeweiligen polizeilichen Fahndungsaktion beziehungsweise den in den Medien benutzten Namen aufgeführt (»BTK Strangler«, »Wanda Beach Murders«, oder »Sägemörder von Hannover«).

Trotz der vorangegangenen Definition der Tätergruppe, nach der Mörder mit Motiven wie Geldgier oder Streben nach Ansehen eigentlich ausgeschlossen sein sollten, haben wir uns im Zweifelsfalle dafür entschieden, auch solche Täter zu berücksichtigen, bei denen die Habgier nicht mehr in einem nachvollziehbaren Verhältnis zur Abseitigkeit und der Anzahl ihrer Morde steht. Im nun Folgenden werden 450 Serienmörder und ihre Straftaten sowie die Umstände ihrer Ergreifung und Verurteilung geschildert. In dem anhängigen Index sind die Namen und Mediennamen aufgeführt, so daß die Täter auch unter ihrem Aliasnamen nachgeschlagen werden können. Querverweise zu Tätern, die an anderer Stelle im Text behandelt werden, sind fettgedruckt. Die Aufteilung des Buches nach Kontinenten ermöglicht es dem Leser, den jeweiligen Fall zeitlich und lokal einzuordnen und soziokulturelle Aspekte und Rechtssysteme mit einzubeziehen.

Peter und Julia Murakami, Berlin 1999

Europa

A – Z

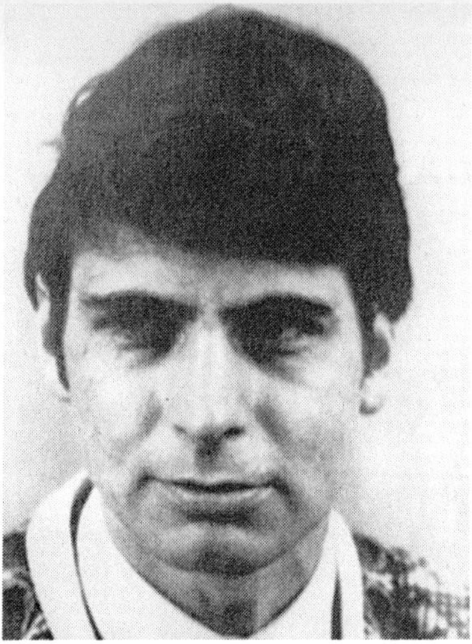

Dennis Nilsen,
London 1983

Jürgen Bartsch,
Wuppertal 1966

Frederick und Rosemary West,
Winchester/England 1995

Peter Kürten,
Düsseldorf 1930

Abel, Wolfgang siehe Furlan, Mario
»Acid Bath Murderer« siehe Haigh, John George

Allitt, Beverley

Bereits im Alter von 13 Jahren fiel die 1968 in Nottingham geborene Beverley Allitt durch Grausamkeit gegenüber kleineren Kindern auf – Symptom einer Verhaltensstörung, die Jahre später in einer Serie von Morden an Kindern gipfelte.

Kurz nachdem die 23jährige Kinderkrankenschwester Anfang 1991 eine Stelle im Hospital im mittelenglischen Grantham angetreten hatte, stieg die Sterblichkeitsrate unter den kleinen Patienten rapide an. Im Februar 1991 wurde der sieben Wochen alte Säugling Liam Taylor mit einem grippalen Infekt auf der Kinderstation eingeliefert. Binnen weniger Stunden verschlechterte sich der Zustand des kleinen Liam so sehr, daß er kurz darauf starb. Die Mediziner konnten sich nicht erklären, wieso das Herz des Kindes Verschleißerscheinungen aufwies, die sie sonst nur bei Erwachsenen beobachet hatten. Am 5. März 1991 wurde der elfjährige Tim Hardwick wegen eines akuten epileptischen Anfalls in die Klinik gebracht. Er starb ebenfalls an einer Herzattacke. Auf der Kinderstation häuften sich tödlich verlaufende Herzkrankheiten, ohne daß jemand Verdacht schöpfte. Erst als Ende März der fünf Monate alte Paul Crampton mehrfach das Bewußtsein verlor und alle Symptome einer Insulinüberdosierung zeigte, wurde man skeptisch. Man schickte Blutproben des Jungen nach Nottingham und veranlaßte eine Analyse: Tatsächlich war dem Säugling eine Insulininjektion verabreicht worden. Die zur Klärung hinzugezogene Polizei stellte fest, daß aus der Krankenakte von Paul Crampton Seiten herausgetrennt worden waren. Gleichzeitig fiel den Beamten auf, daß sich all die »rätselhaften« Vorfälle ereignet hatten, wenn die Krankenschwester Allitt Dienst tat. In ihrem Zimmer fand die Polizei wenig später die fehlenden Seiten, was zu ihrer sofortigen Festnahme führte.

Beverley Allitt wurde Ende 1991 wegen vierfachen Mordes, acht Mordversuchen sowie Körperverletzung in zehn Fällen angeklagt und Ende Mai 1993 vom Nottingham Crown Court zu 13mal »lebenslänglich« verurteilt. Derzeit verbüßt sie ihre Strafe im Rampton Maximum Security Hospital, einer Spezialklinik für psychisch gestörte Straftäter.

Ballor, Enrico

Um 1900 wurde der 27 Jahre alte Enrico Ballor aus Turin wegen Raubmordes an seinem Onkel Massimino Ballor verhaftet. Ballor hatte den alten Mann spät in der Nacht unter dem Vorwand, daß dessen Tochter erkrankt sei, aus dem Haus gelockt und mit einem Hammer erschlagen. Nachdem er die Uhr des Toten in einem Café für 3 Lire verkaufen wollte, wurde er festgenommen.

Enrico Ballor war bereits seit 1897 als Einbrecher bei der

Turiner Polizei bekannt. Ohne zu zögern gestand er den Mord an seinem Onkel, widerrief das Geständnis jedoch wenig später. Die Vorgehensweise bei dem Mord an Massimino Ballor wies darauf hin, daß er auch den Mord an der Hauswirtschafterin Filippi begangen hatte, die am Tag zuvor ebenfalls durch Hammerschläge ermordet aufgefunden worden war. Auch bei diesem Verbrechen Ballors schien es sich um einen Raubmord zu handeln, da der Wirtschafterin 8 Lire und 50 Centimes entwendet worden waren. Andererseits war die Frau mit entkleidetem Unterleib zurückgelassen worden, was gleichzeitig auf einen Sexualmord hinwies.

Enrico Ballor, der unter Verdacht stand, zwei weitere Frauen aus sexuellen Motiven mit einem Hammer erschlagen zu haben, wurde von dem bekannten Psychiater Cesare Lombroso als Lustmörder entlarvt, der aufgrund seiner verkümmerten Genitalien nur durch sadistische Ersatzhandlungen sexuelle Befriedigung erlangen konnte.

Später gab Ballor die Morde vor dem Untersuchungsrichter zu und erklärte, daß er sie aus »Raublust, Blutdurst und Wollust« begangen habe. Nach der Ermordung der beiden Frauen habe er eine »lebhafte Erektion« verspürt und an der Jüngeren den Koitus vollzogen. Enrico Ballor wurde zum Tode verurteilt und wenig später hingerichtet.

Bartsch, Jürgen

Im Fall des am 6. November 1946 in Essen als Karl-Heinz Sadrozinski geborenen Jürgen Bartsch waren die frühkindlichen Störungen für seine spätere Fehlentwicklung ganz sicher entscheidend. Wenige Monate nach der Geburt starb seine Mutter Anna an Tuberkulose. Nachdem der Säugling die ersten zwölf Monate im Krankenhaus aufgewachsen war, nahm ihn die 37jährige Metzgergattin Gertrude Bartsch aus Langenberg zu sich, die selbst keine Kinder bekommen konnte. Immerhin dauerte es acht Jahre, bis die Behörden dem Adoptionswunsch von Gertrude Bartsch und ihrem Mann zustimmten. Bartsch wurde verzärtelt, durfte sich als Kind nicht dreckig machen und nicht mit anderen Kindern spielen. Mit acht Jahren wurde er während einer Familienfeier von einem 17jährigen Cousin vergewaltigt. Die Folge davon war, daß Bartsch sich immer mehr in sich zurückzog und auch in der Schule keinen Anschluß unter Gleichaltrigen fand.

Mit zehn Jahren kam er in ein katholisches Internat, weil seine Eltern mittlerweile eine zweite Metzgerei eröffnet hatten und wenig Zeit für ihn aufbringen konnten. Dort fiel der Einzelgänger negativ auf, weil er Spaß daran hatte, schwächere Zöglinge zu ärgern und ihnen Angst zu machen. Im Alter von zwölf schickten ihn seine Adoptiveltern in ein katholisches Internat in Marienhausen im Rheingau, wo eine strengere Disziplin herrschte. Zu dem Zeitpunkt stellte Jürgen Bartsch zum ersten Mal fest, daß er sich zu Knaben sexuell hingezogen fühlte. Er versuchte die von ihm als anormal empfundene Homosexualität mit Gewalttätigkeiten gegenüber seinen Kameraden zu kompensieren. Einer seiner Lehrer berichtete später, daß Bartsch sich gern balgte und die Schüler auch würgte.

Nachdem Bartsch mehrfach aus dem Heim geflüchtet war, holten ihn seine Adoptiveltern nach Langenberg zurück, wo er nach Abschluß der achten Klasse auf ihr Drängen hin den Beruf des Fleischers erlernte. Seinen Lohn verwandte er dazu, sich sexuelle Gefälligkeiten von Gleichaltrigen zu kaufen. Tatsächlich fühlte er sich aber zu Jüngeren hingezogen.

Bereits Anfang der 60er Jahre beging der noch jugendliche Bartsch eine Reihe von Sexualverbrechen an jüngeren Knaben, ohne daß es irgendwelche Konsequenzen für ihn hatte. Einmal lockte er einen Spielkameraden in sein Zimmer, wo er eine Rauferei begann, in deren Verlauf er dem Jungen ans Geschlechtsteil faßte und ihm den Mund zuhielt. Einen anderen Jungen lockte er unter dem Vorwand, ihm Rehe zeigen zu wollen, in den Wald, wo er ihn niederschlug und sexuell nötigte. Ein weiterer, ähnlicher Vorfall wurde von seiner Adoptivmutter vertuscht, die den Eltern des Opfers für ihr Schweigen Geld zahlte.

Schließlich entdeckte Bartsch im Wald einen Bunker, in den er fortan kleinere Jungs lockte, sie dort fesselte und auch mißhandelte. Im Juni 1961 wurden seine perversen Neigungen der Polizei bekannt, nachdem er den Sohn eines Langenberger Malermeisters in dem Luftschutzbunker sexuell attackiert und gequält hatte. Der Vorfall führte zu einer Anklage vor dem Wuppertaler Amtsgericht, die jedoch bald wieder eingestellt wurde. Das sollte sich als schweres Versäumnis herausstellen, denn gerade in dieser Zeit entwickelte Bartsch immer extremere sadistische Phantasien, die er nach und nach in die Tat umsetzte.

Am 8. Mai 1966 sprach Bartsch den elfjährigen Manfred Graßmann auf der Kirmes in Essen-Schonnebeck an. Unter dem Vorwand, auf Schatzsuche zu gehen, lockte er ihn in den Luftschutzbunker. Dort zwang er den Jungen sich auszuziehen, nötigte ihn zu sexuellen Handlungen und erschlug ihn. Danach zerstückelte er die Leiche mit einem Schlachtermesser. Knapp sechs Wochen später, am 18. Juni 1966, streifte Bartsch durch Wuppertal-Elberfeld, wo er sein nächstes Opfer, Peter Freese, traf. Im Luftschutzbunker zwang er den Knaben mit Schlägen und Fußtritten dazu, sich zu entkleiden. Er fesselte Freese, versuchte ihn zu vergewaltigen. Mit der Ankündigung, er werde bald zurückkommen und ihn töten, verließ Bartsch den Bunker. Er hatte vor, spät in der Nacht dorthin zurückzukehren, dem Jungen die Augen auszustechen, ihn bei lebendigem Leibe auszuweiden und sich an dessen Schmerzensschreien zu ergötzen. Doch als er zurückkehrte, war der Junge verschwunden. Freese hatte die Fesseln an einer Kerze durchgesengt und war entkommen. Bald darauf durchsuchten Mitglieder der Mordkommission Essen das Versteck und fanden die Überreste von vier Kinderleichen, bei denen es sich um den zwölfjährigen Ulrich Kahlweiß, den 13jährigen Rudolf Fuchs, den achtjährigen Klaus Jung und den elfjährigen Manfred Graßmann handelte. Durch einen Hinweis aus der Bevölkerung stieß die Polizei schließlich auf den Namen Jürgen Bartsch. Wenige Tage später wurde er verhaftet.

Das Wuppertaler Landgericht verurteilte Bartsch am 15. Dezember 1967 zu einer lebenslänglichen Zuchthausstrafe. Psychiatrische Gutachter hatten ihn für zurechnungsfähig erklärt. Während der Fall des vierfachen Kindermörders wie kein anderer die Stammtischdebatten um die Wiedereinführung der Todesstrafe anheizte, diskutierten namhafte Psychiater und Sexualforscher die verhängnisvollen Bedingungen, die dazu beigetragen hatten, daß der Heranwachsende zum Triebmörder wurde.

Nach öffentlicher Kritik wurde das Urteil vom Bundesgerichtshof aufgehoben und vom Landgericht Düsseldorf in zehn Jahre Jugendstrafe mit anschließender Unterbringung in einer psychiatrischen Klinik umgewandelt. Um der lebenslänglichen Internierung in der Psychiatrie zu entgehen, beantragte Bartsch seine Kastration. Im Verlauf der Operation, die 1976 im Landeskrankenhaus Eikelborn durchgeführt wurde, kam es jedoch zu Komplikationen. Jürgen Bartsch starb an den Folgen eines Narkosezwischenfalls.

»Bastille-Mörder« siehe Georges, Guy

Báthory, Erzsébet

Für die ungarische Gräfin Erzsébet Báthory, die im 16. Jahrhundert lebte, soll es nichts Schlimmeres gegeben haben als zu altern. In dem Glauben, die ewige Jugend oder gar Unsterblichkeit durch Bäder in Jungfrauenblut erlangen zu können, tötete sie zusammen mit ihrem Gefolge eine Unzahl junger Mädchen und Frauen.

Erzsébet Báthory stammte aus einem alten siebenbürgischen Adelsgeschlecht aus Transsylvanien und war eine nahe Verwandte von König Stefan IV. von Polen. Am 8. Mai 1575 wurde die 15jährige Erzsébet standesgemäß mit dem Grafen Ferencz Nádasdy verheiratet, der für seine ruhmreichen Heldentaten bekannt und ein Nachfahre von Vlad Dracúl, dem Vorbild der heutigen Dracula-Legende, war. Erzsébet lebte im Schloß Csejthe in Nyitra im Nordwesten Ungarns, und beschäftigte sich intensiv mit schwarzer Magie, Alchemie und Hexerei. Im Alter von 20 Jahren begann sie ihren Hang zum Sadismus regelmäßig an der Dienerschaft auszuleben und sie mit verschiedenen Foltermethoden bestialisch zu quälen. Sie schlug und biß ihr Personal blutig oder malträtierte die Bediensteten mit Kneifzangen und Nadeln. Einem Diener ließ sie den Mund zunähen, weil er zuviel redete. Als ihr Gatte nach über 20 Jahren starb, nahmen ihre Grausamkeiten noch groteskere Formen an.

Als eine junge Zofe die Haare der Gräfin kämmte und dabei unachtsam war, schlug sie das Mädchen blutig. Dabei bekam Báthory einige Blutstropfen ab und bildete sich ein, daß die Haut an besagter Stelle jünger geworden sei. Sofort ordnete sie an, das Mädchen zu töten und ihr Blut in einem Bottich aufzufangen, damit sie darin baden konnte – so erzählte man sich. Ob dieses Erlebnis tatsächlich der Hintergrund oder der Auslöser für ihre Grausamkeiten war, ist ebensowenig bewiesen wie die gängige Annahme, Báthory habe »in dem Blut gebadet«. Möglicherweise waren die »Blutbäder« lediglich eine Metapher für die unbeschreiblichen Verbrechen der Gräfin, die ihre Foltermorde genoß und sich von ihren vertrautesten Angestellten regelmäßig junge Mädchen ins Schloß bringen ließ, wo sie in Ketten aufgehängt, gefoltert und abgeschlachtet wurden. Einigen Frauen wurden Nadeln in die Brüste und unter die Fingernägel gestochen, andere führte man nackt in klirrende Kälte, wo sie so lange mit Eiswasser übergoßen wurden, bis sie erfroren. Báthory, erregt durch den Anblick der sterbenden Mädchen, feuerte ihre Diener – oft mit obszönen Worten – an. Gelegentlich biß sie den Opfern ganze Fleischstücke aus der Haut und verstümmelte ihre Körper mit glühenden Eisen. Nachdem einem Mädchen die Flucht gelungen war, hörte König Matthias von Ungarn von den Geschehnissen auf Schloß Csejthe und befahl seinem Statthalter Graf Cuyorgy Thurzo, einem Cousin Erzsébets, die sofortige Stürmung des Schlosses, denn in der Umgebung waren innerhalb weniger Jahre zahlreiche Mädchen verschwunden. Anfangs waren es Frauen aus Bauernfamilien gewesen, nach denen sich niemand bei einer Gräfin vom Range der Báthory zu erkundigen wagte. Doch offensichtlich schreckte sie auch vor der Entführung von Frauen adeliger Herkunft nicht zurück.

Als die Truppen Thurzos am 29. Dezember 1610 in das Schloß eindrangen, bot sich ihnen ein Bild des Schreckens: Die Gräfin und ihre Helfer waren gerade dabei, eins der Opfer ausbluten zu lassen. Einer anderen jungen Frau hatten sie unzählige Löcher in den Körper gebohrt, und im

Kellerverlies fanden die Soldaten weitere halbverhungerte Mädchen, die nach Hilfe riefen.

Die Diener und die Lakaien, die an den grausamen Morden beteiligt waren, wurden kurze Zeit später hingerichtet. Zwei der Helfer begrub man bei lebendigen Leibe, nachdem ihnen zuvor die »frevelnden« Finger abgerissen wurden. Erzsébet Báthory wurde aufgrund ihres Standes nie angeklagt. Ihre Buße bestand darin, den Rest ihres Lebens eingemauert in einer Kammer ihres Schlosses zu verbringen. Ihre Verjüngungskuren hatten offenbar nicht viel bewirkt: Erzsébet Báthory starb vier Jahre später, im August 1614. Zeitgenössischen Berichten zufolge soll die Gräfin mehr als 80 Jungfrauen ermordet haben.

Beane Family

Anfang des 15. Jahrhunderts verschwanden entlang der schottischen Südwestküste in der Grafschaft Galloway zahlreiche Reisende, so daß man in den Dörfern bald glaubte, ein Werwolf treibe dort sein Unwesen. Als sich die rätselhaften Vermißtenfälle häuften, entsandte König James von Schottland Suchtrupps, die der Sache auf den Grund gehen sollten. Mehrere Verdächtige wurden festgenommen, teilweise auf bloßen Verdacht hin für die Vermißtenfälle zur Verantwortung gezogen und gehenkt – unschuldig, wie sich bald herausstellte, denn es verschwanden weiterhin Menschen. Im Jahre 1435 wurde eine Gruppe von Reisenden Zeuge, wie ein Paar von einer Horde verwildert aussehender Gestalten angegriffen und vom Pferd gezogen wurde. Einige der Angreifer stürzten sich wie Raubtiere auf die Frau und weideten sie aus, während der Mann sich gegen den Rest der Schar wehrte. Endlich gab es eine Antwort auf das spurlose Verschwinden von Reisenden in der Küstenregion: die Beane Family. Der König schickte einen Trupp Soldaten mit Bluthunden los, um die Mörderbande zur Strecke zu bringen. Die Soldaten fanden die Familie schließlich nahe der schottischen Küste, wo Sawney Beane mit 47 Familienmitgliedern in einer Höhle in den Klippen hauste. Die Soldaten packte das Grauen, als sie die Höhle betraten: Von der Decke hingen Körperteile von Männern, Frauen und Kindern, die zum Räuchern dort aufgehängt worden waren. Sawney Beane war ein Farmerssohn aus East Lothian, einer Gemeinde in der Nähe von Edinburgh. Der als faul und bösartig geltende Mann verließ früh sein Elternhaus und tat sich mit einer jungen Frau zusammen, mit der er nach Galloway übersiedelte. Dort hauste das Paar in der geräumigen Höhle, die versteckt hinter einem schmalen Gang in einem Felsen einer der zahlreichen Meeresklippen gelegen war. Durch die Gezeiten wurde der Eingang der mehrere 100 Meter langen Grotte zweimal am Tag von der Flut völlig verdeckt.

25 Jahre lebte das Paar in der Felsenhöhle und bekam sechs Töchter und acht Söhne. Aus inzestuösen Beziehungen gingen 32 Enkel hervor.

Gemeinsam beraubte und tötete die Sippe ein Vierteljahrhundert lang Reisende, die auf den Hochlandwegen unterwegs waren, und ernährte sich von dem Fleisch der Menschen und Tiere. Bei den Angriffen hatte jedes Familienmitglied eine spezielle Aufgabe, und aus Sicherheitsgründen überfielen sie niemals mehr als sechs Mann zu Fuß oder zwei zu Pferd. Die Soldaten fanden in der Höhle der Beanes Kisten voller Wertsachen, die von den Opfern stammten. Anhand der Beute ließ sich die Zahl der Mordopfer ungefähr abschätzen – damaligen Berichten zufolge sollen es mehr als 1000 gewesen sein. Nachdem König James I. die Familie Beane zu wilden Tieren erklärt hatte, wurde die

Sippe 1435 ohne Verhandlung in Leith hingerichtet. Den Männern wurden die Gliedmaße abgeschlagen, die Frauen, die der Exekution der Männer beiwohnen mußten, wurden anschließend in drei Gruppen auf dem Scheiterhaufen verbrannt.

Becker, Marie Alexandrine

Die 1877 geborene Marie Alexandrine Becker aus Liège in Belgien war bereits 55 Jahre alt, als sie ihren ersten Mord beging. Im Jahr 1932 vergiftete sie ihren Ehemann Charles mit dem Eisenhut-Alkaloid Digitalis, weil dieser ihrer Affäre mit dem 46 Jahre alten Lambert Beyer im Weg stand. Doch rasch wurde sie auch Beyers überdrüssig, was zur Folge hatte, daß sie ihn ebenfalls vergiftete. Bald war Marie Becker in den örtlichen Tanzhallen und Nachtclubs ein ständiger Gast. Sie hatte eine Reihe von jungen Geliebten, denen gegenüber sie sich als reiche Frau ausgegeben hatte. Der zweite Frühling kostete sie viel Geld. Sie eröffnete ein Modegeschäft und besserte ihr Einkommen dadurch auf, daß sie kranke und alte Menschen in Pflege nahm, sie beraubte und vergiftete. Sie flog auf, nachdem bei der Brüsseler Polizei ein anonymer Brief eingegangen war, in dem Becker des Mordes beschuldigt wurde. Der Brief stammte von einem Polizisten, den die lebenslustige Witwe nach einer kurzen Affäre verlassen hatte.

Bei ihrer Festnahme im September 1936 wurden in ihrer Tasche größere Mengen des Herzgiftes Digitalis gefunden. Die 59jährige wurde in Brüssel wegen zwölf Morden, mehreren Mordversuchen sowie Urkundenfälschung vor Gericht gestellt und 1938 zu einer lebenslänglichen Haftstrafe verurteilt. Marie Becker starb einige Jahre später im Gefängnis.

Besnard, Marie

Zwischen 1927 und August 1949 vergiftete die aus Loudun stammende Französin Marie Besnard mindestens 13 Menschen. Ihren nachweislich ersten Mord beging sie an ihrem Cousin und Ehemann Auguste Antigny. Mit Hilfe ihres neuen Gatten Leon Besnard, den sie kurz nach dem Ableben ihres ersten Mannes heiratete, ermordete sie fortan zahlreiche Verwandte, die sie stets beerbte.

Nachdem Marie Besnard 1947 ihren Gatten Leon ebenfalls mit Gift tötete, weil sie sich in einen deutschen Kriegsgefangenen verliebt hatte, geriet sie in Verdacht, zumal auch ihre Mutter überraschend verstorben war. Angesichts der hohen Mortalitätsquote in der Familie Besnard wurden die Behörden stutzig und ließen die Leiche ihrer Mutter und die ihres Ehemannes untersuchen. Da die Gerichtsmediziner bei der Autopsie Arsenspuren entdeckt hatten, veranlaßten sie die Exhumierung zwölf weiterer Verstorbener aus dem familiären Umfeld von Marie Besnard, wobei sich bei allen Arsenrückstände fanden. Selbst im Fall ihres ersten Mannes Auguste Antigny, der 22 Jahre unter der Erde gelegen hatte, konnten die Untersuchungsbeamten noch Arsenspuren feststellen. Antigny war mit seinen Schuhen beerdigt worden, und so war das Gift in seinen Zehennägeln konserviert worden.

Bei ihrer Gerichtsverhandlung im Jahre 1952 heuerte Marie Besnard eine Reihe hochqualifizierter Anwälte an, die in drei Prozessen alle Beweise in Abrede stellten, was ihnen auch gelang. Im März 1954 verließ die »Giftkönigin«, wie Marie Besnard mittlerweile von der französischen Öffentlichkeit genannt wurde, das Gefängnis als unbescholtene Frau. Im Dezember 1961 wurde sie mangels Beweisen freigesprochen.

»Bestie von Beelitz« siehe Schmidt, Wolfgang

Bible John

Am 23. Februar 1968 wurde in einer Toreinfahrt am Carmichael Place im schottischen Glasgow die Leiche von Patricia Docker gefunden. Obwohl die Tote keinerlei sichtbare Strangulationsmale aufwies, war die Polizei davon überzeugt, daß die junge Frau mit einem Gurt oder einem breiten Riemen erdrosselt worden war. Zum letzten Mal war sie in der Nacht zuvor lebend gesehen worden, als sie den Barrowland Ballroom verließ.

Der Fall wurde als ungeklärt zu den Akten gelegt, bis im August 1969 die Leiche einer weiteren jungen Frau gefunden wurde. Es handelte sich um Jemima McDonald, die mit ihren Strümpfen stranguliert worden war. Auch sie wurde zum letzten Mal lebend gesehen, als sie den Barrowland Ballroom, den größten und beliebtesten Tanzschuppen in Glasgow, am Abend zuvor verlassen hatte. Zeugenaussagen zufolge hatte sie den Abend mit einem hochgewachsenen, schlanken Mann verbracht, der zwischen 25 und 35 Jahre alt sei und rote, für die damalige Zeit ungewöhnlich kurzgeschnittene Haare gehabt habe. Das brachte die Polizei auch nicht weiter, bis sich am 30. Oktober ein weiterer Mordfall ereignete. Diesmal wurde die 19 Jahre alte Helen Puttock erwürgt aufgefunden. Sie war am Abend zuvor mit ihrer Bekannten Jeannie Williams im Barrowland Ballroom gewesen. Jeannie Williams sagte bei der Polizei aus, daß sie dort von zwei Männern, die sich beide »John« nannten, angesprochen worden waren. Nachdem ihr Begleiter gegangen war, hörte sie noch, wie der andere »John« ihrer Freundin vorhielt, daß Plätze wie der Ballroom »Orte der Niederträchtigkeit« seien. Auf dem Heimweg im Taxi habe er ihnen Predigten gehalten und immer wieder Anspielungen auf das Alte Testament, insbesondere auf das Buch Moses, gemacht. Nachdem Jeannie Williams das Taxi in der Kelso Street verlassen hatte, sollte der Wagen Helen und den Fremden in der Earl Street absetzen. Just dort, wo am nächsten Morgen die Leiche von Helen Puttock gefunden wurde.

Auf Grund der Schilderungen von Jeannie Williams wurde der unbekannte Mörder in der Glasgower Öffentlichkeit fortan als »Bible John« bezeichnet. Trotz aller Bemühungen der Polizei, die über 5000 Verdächtige überprüfte und rund 450 Friseure nach dem religiösen Fanatiker mit kurzen roten Haaren befragte, blieb »Bible John« verschollen und der Fall ungelöst.

Bichel, Andreas

Am 20. Mai 1808 wurde der 48 Jahre alte Tagelöhner Andreas Bichel aus Regendorf in Bayern wegen Mordverdachts festgenommen, nachdem im Sommer 1806 und im Frühjahr 1808 zwei junge Frauen spurlos verschwunden waren. Zwar hörten die Schwestern der verschwundenen Katharina Seidel hin und wieder Gerüchte, daß die Ehefrau von Andreas Bichel Kleidungsstücke der Vermißten verkauft habe, doch es gab nichts, was dieses Gerücht untermauert hätte. Bis Anfang Mai 1808 die jüngere Schwester von Katharina Seidel in einer Regendorfer Schneiderwerkstatt Stoffstücke entdeckte, die vom Rock ihrer Schwester stammten. Der Schneider gab an, daß er den Stoff von Bichel habe und daß er diesem eine Weste davon anfertigen sollte. Walburga Seidel zeigte Bichel daraufhin beim Landgericht in Burglengenfeld an. Bei einer Hausdurchsuchung witterten Spürhunde die in einem Schuppen hinter dem

Haus vergrabenen Leichen der beiden vermißten Mädchen. In einer Ecke unter einem Haufen Streu fand man verschiedene Knochen und den Unterleib eines menschlichen Körpers. In einer anderen Ecke des Schuppens war unter einem Stapel Brennholz der halbverweste Kopf mit dem oberen Teil des Torsos vergraben. Bei weiterem Graben entdeckten die Gerichtsdiener Teile eines zweiten menschlichen Körpers sowie einen Oberkörper mit aufgetrenntem Brustkorb.

Bichel gestand, die beiden Mädchen in seine Wohnung gelockt, gefesselt und ermordet zu haben. Er sagte aus, daß er die Verbrechen begangen habe, um in den Besitz der Kleider zu gelangen. Tatsächlich war er nach dem Mord an Barbara Reisinger bei ihrem Vater in Loisenrieth aufgetaucht und hatte ihm erzählt, daß Barbara geheiratet habe und verreist sei. Sie habe ihn beauftragt, ihre Kleider abzuholen. Bichel gab bei den späteren Verhören zu, daß ihn das Aufschlitzen von Katharina Seidel so erregt habe, daß er ein Stück aus der Sterbenden herausgeschnitten und gegessen habe. »Wollüstige Absichten« habe er bei den Morden jedoch nicht gehabt. Ob und wie viele andere Frauen und Mädchen Bichel ermordet hat, wurde nie geklärt. Es sind jedoch drei weitere Fälle aktenkundig, in denen er versuchte, junge Frauen in seine Behausung zu locken. Am 4. Februar 1809 ureilte das Königliche Appellationsgericht Neuenburg, »daß Andreas Bichel aus Regendorf auf die Richtstatt zu schleifen, ohne vorgängigen Gnadenstoß von unten auf lebendig zu rädern und dessen Leichnam auf ein Rad zu legen sei«. Das Urteil wurde später in eine Enthauptung umgewandelt.

Bilancia, Donato – »Riviera Serienmörder«

»Der Alptraum ist beendet«, gaben die italienischen Behörden bekannt, nachdem sie am 6. Mai 1998 in Genua den 47jährigen Donato Bilancia verhaftet hatten. Aufgrund eines Gentests waren sie dem arbeitslosen Glücksspieler auf die Spur gekommen, der ihn in Zusammenhang mit einer Reihe von Morden in Ligurien gebracht hatte. »Ich habe sie alle ermordet«, soll der 47jährige gegenüber einem Carabiniere gesagt haben, »ich mußte eine Mission erfüllen.« Diese Aussage widerrief der vorbestrafte Italiener kurze Zeit später. Erst neun Tage nach seiner Festnahme legte Donato Bilancia, der bereits früher wegen diverser Gewaltdelikte wie Menschenraub aufgefallen war, ein volles Geständnis ab. Neben einem Transsexuellen, der einen seiner Angriffe überlebt hatte und gegen Bilancia als Zeuge aussagte, gab es zahlreiche Indizien, die ihn belasteten.

In einem sechsstündigen Verhör gab Bilancia zu Protokoll, seit Herbst 1997 insgesamt 18 Menschen getötet zu haben. Zu seinen Opfern zählten zwei Ehepaare, zwei Geldwechsler, ein Tankstellenwart und mehrere Frauen, überwiegend Prostituierte, die aus Afrika und Osteuropa stammten.

Angefangen hatte alles im Oktober 1997 mit dem Doppelmord an einem Juweliersehepaar in Genua. Der verschuldete Spieler Bilancia, dem ein ausschweifendes Leben nachgesagt wurde, erschoß das Paar und entwendete ihm anschließend Geld und Wertsachen. Bereits drei Tage darauf tötete er ein weiteres Paar aus Genua. In Ventimiglia erschoß er zwei Geldwechsler, zwei Nachtwächer und zu einem späteren Zeitpunkt einen Tankwart. Erschien hier zunächst die Geldbeschaffung als vorrangiges Motiv, so vermuteten die Medien, daß Haß auf Frauen bei den Prostituiertenmorden eine Rolle spielte. Bilancia hatte die Frauen an abgelegene Plätze in der Küstenregion gefahren, wo sie sich rücklings vor ihm niederknien mußten, bevor er sie mit Schüssen in den Hinterkopf hinrichtete.

Im März und April 1998 häuften sich die Morde. Nahezu jedes Wochenende wurden Menschen ermordet aufgefunden. Unter seinen letzten Opfern waren auch zwei junge Frauen, die er in Zugtoiletten erschossen hatte. Ballistischen Untersuchungen zufolge stammten die Kugeln in den meisten Fällen von einem Revolver mit Kaliber 38. Dieses Ergebnis hatte den Verdacht über die Existenz eines Serienmörders erhärtet.

Als Donato Bilancia nach der Motivation befragt wurde, die ihn zu den Verbrechen getrieben hatten, antwortete der 47jährige, daß er selbst keine Erklärung dafür habe. Er behauptete, ein »kranker Mann« zu sein und bestand auf einer psychiatrischen Behandlung. Derzeit dauern die Ermittlungen im Fall Bilancia weiter an.

Black, Robert

Am 19. Mai 1994 wurde der aus Edinburgh stammende Kindermörder Robert Black in zehn Anklagepunkten der Entführung, Vergewaltigung und des mehrfachen Mordes schuldig gesprochen und zu zehnmal lebenslänglich verurteilt.

Der damals 43 Jahre alte LKW-Fahrer war erstmals aufgefallen, nachdem er im Juli 1990 ein sechsjähriges Mädchen an der schottischen Grenze in der Gegend von Stow mit seinem blauen Lastwagen verschleppt und vergewaltigt hatte. Ein Nachbar hatte die Entführung beobachtet und sich das Kennzeichen des Wagens notiert. Black wurde daraufhin gefaßt und verurteilt. Doch noch während seiner

Haftzeit brachte man ihn mit drei ungeklärten Morden und einer versuchten Entführung in Verbindung, die bereits einige Jahre zurücklagen.

Im Juli 1982 war die damals elfjährige Susan Maxwell aus dem schottischen Coldstream ebenfalls entführt und vergewaltigt worden. Ihre Leiche wurde zwei Wochen später an einem Rastplatz im Gestrüpp gefunden. Ein knappes Jahr später war die fünf Jahre alte Caroline Hogg aus der Gegend von Edinburgh von ihren Eltern als vermißt gemeldet worden. Ihre Leiche wurde nur wenige Meilen von dem Fundort Susan Maxwells entfernt entdeckt.

Ein ähnliches Schicksal erlitt die zehnjährige Sarah Harper am 26. März 1986. Das Mädchen war aus einer Ortschaft bei Leeds entführt, vergewaltigt und getötet worden.

Einem weiteren potentiellen Mordopfer, der 15jährigen Teresa Thornhill, gelang es zu entkommen, als ein Fremder versuchte, sie in seinen Lastwagen zu zerren. Ein Freund des Mädchens hatte ihre Schreie gehört und war zur Hilfe herbeigeeilt.

Erneut wurde gegen Robert Black ein Verfahren eröffnet, den Psychologen als einen »extrem gefährlichen Mann« einstuften. Obwohl die Beweislast gegen den pädophilen Sexualverbrecher erdrückend war, stritt Black alles ab. Anhand von Benzinrechnungen, Bankabhebungen und seinem Fahrtenbuch waren seine Aufenthaltsorte präzise zurückverfolgt worden. Stets war Black in der jeweiligen Gegend gewesen, als die Morde geschahen. Auch in seiner Wohnung hatte man belastendes Material sichergestellt, darunter eine Tageszeitung die über den Entführungsversuch von Teresa Thornhill berichtete. Auf diesem Artikel fand das Labor Spermaspuren von Black.

Die Polizei ist davon überzeugt, daß Robert Black auch die damals 13jährige Genette Tate vergewaltigt und umgebracht hat, die 1978 unter bislang ungeklärten Umständen aus ihrem Heimatort Aylesbeare in Devon verschwand.

»Black-out Ripper« siehe Cummins, Gordon Frederick
»Blaubart« siehe De Rais, Gilles
»Blaubart von Paris« siehe Landru, Henri Désiré

Blauensteiner, Elfriede – »Schwarze Witwe«

»Gold und Silber lieb' ich sehr, aber dich lieb' ich noch viel mehr«, reimte der 76jährige Rentner Alois Pichler in den Liebesbriefen an seine Angebetete, Elfriede Blauensteiner. Pichler, der die 64jährige Witwe aus Krems bei Wien über eine Heiratsanzeige kennengelernt hatte, sollte diese Bekanntschaft nicht überleben. Er starb im November 1995, und sein gesamtes Erbe fiel Elfriede Blauensteiner zu. Blauensteiner, eine leidenschaftliche Glücksspielerin, hatte bereits fünf, möglicherweise sogar sechs Menschen mit Hilfe blutzuckersenkender Medikamente getötet und in fast allen Fällen durch Erbschaft finanziell profitiert. Zu ihren Opfern zählte auch ihr Ehemann Rudolf Blauensteiner, der im August 1992 in ein plötzliches Koma gefallen und eine Woche später gestorben war.

Bei ihrer Verhaftung am 1. Januar 1996 gestand sie die Morde an ihrem Ehemann, zwei Liebhabern und zwei weiteren Männern.

Als im Februar 1997 vor dem Landgericht in Krems der Prozeß gegen die »Schwarze Witwe« begann, trat Elfriede Blauensteiner mit einem goldenen Kruzifix vor den Richter und beteuerte wiederum: »Ich wasche meine Hände in Unschuld. Ich würde niemals töten.«

Tatsächlich mußte die Anklage, ihren Mann vergiftet zu haben, mangels Beweisen eingestellt werden. Der Fall Pichler nicht: Bei der Obduktion des 76jährigen stellten die Gerichtsmediziner eine hohe Konzentration des Diabetesmedikaments Euglucon fest. Am 7. März 1997 wurde Elfriede Blauensteiner wegen Mordes an Alois Pichler schuldig gesprochen und zu lebenslänglicher Haft verurteilt. »Macht's ordentliche Fotos von mir. I' bin nämlich jetzt prominent!«, entgegnete sie den Reportern, als man sie ins Gefängnis überführte.

Bombeek, Cecile – »Schwester Godfrida«

Im Frühjahr 1977 fiel den Stationsschwestern der geriatrischen Abteilung des St. Josephs-Hospitals in der belgischen Kleinstadt Wetteren auf, daß auf der von Oberschwester Godfrida geleiteten Station überdurchschnittlich viele Patienten starben. Die Sterberate der 38-Betten-Abteilung stieg stark an, wenn Godfrida, die bürgerlich Cecile Bombeek hieß, Dienst tat. Noch während die Schwestern die Vorfälle beobachteten, wurde Schwester Godfrida im März 1978 festgenommen, weil sie den Patienten 40 000 Mark gestohlen hatte, um ihre Morphiumsucht zu finanzieren.

Nach ihrer Festnahme gestand sie, drei Patienten mit einer Überdosis Insulin ermordet zu haben, weil sie ihr nachts zu viel Arbeit machten. »Ich habe es sanft getan, keiner von ihnen hat gelitten«, beteuerte Bombeek, die man verdächtigte, zwischen 1976 und 1978 bis zu 30 Patienten getötet zu haben.

Nachdem ein Gericht in Gent die Exhumierung angeordnet hatte, gaben kirchliche Vorgesetzte der Schwester bekannt, daß sie gegen mehrere Gebote verstoßen und kirchliche Todsünden begangen hatte. Abgesehen von ihrer Drogensucht, soll sie sexuelle Beziehungen zu einem Priester im Ruhestand und einer Ordensschwester unterhalten haben, mit der sie in den exklusivsten Restaurants zu speisen pflegte. Das Geld für dieses Luxusleben inklusive ihrer Morphiumsucht stahl sie von den alten Patienten.

Aufgrund psychiatrischer Untersuchungen wurde Cecile Bombeek als psychisch gestört eingestuft und ohne Prozeß in eine Anstalt eingewiesen.

Boost, Werner

An einem Juniabend des Jahres 1956 nahm ein Revierförster in einem Waldstück bei Büderich in der Nähe von Düsseldorf einen bewaffneten Mann fest, der um einen Wagen herumgeschlichen war, in dem ein Liebespärchen saß. Bei dem Festgenommenen handelte es sich um den 28jährigen Werner Boost, einen Mechaniker aus Düsseldorf.

Noch während Boost vom Kriminalkommissar vernommen wurde, verlangte ein Mann namens Franz Lorbach dringend mit dem Kripobeamten zu sprechen. Lorbach erzählte dem Ermittler, daß Werner Boost ein Massenmörder sei, der seit drei Jahren in den Wäldern Liebespärchen überfalle. Anfangs habe Boost die Paare bloß ausgeraubt, doch schon bald habe er die Opfer gezwungen, Schlaftabletten zu nehmen. Zusammen hätten sie dann die betäubten Frauen vergewaltigt und ihre Begleiter umgebracht.

Lorbach bezichtigte Boost auch des Mordes an dem Rechtsanwalt Bernd Servé, der am 17. Januar 1953 überfallen und mit einem Schuß in den Kopf ermordet worden war. Servés Begleiter war mit dem Gewehrkolben niedergeschlagen worden.

Im November 1955 wurden der 26 Jahre alte Bäcker Friedhelm Behre und seine Freundin Thea Kurmann erschlagen in ihrem Auto aufgefunden. Der Wagen war in einem mit Wasser gefüllten Steinbruch versenkt worden. Sowohl dieser wie auch der Mord an der 20jährigen Sekretärin Hildegard Klassing und ihrem Begleiter Peter Falkenberg im Februar 1956 waren von Werner Boost begangen worden. Boost leugnete hartnäckig, etwas mit den Morden zu tun zu haben, wurde jedoch aufgrund ballistischer Gutachten und nicht zuletzt durch die Aussagen von Franz Lorbach überführt. Nach einem mehrwöchigen Prozeß vor dem Düsseldorfer Landgericht wurde Werner Boost 1959 wegen zahlreicher Vergewaltigungen und fünffachen Mordes zu einer lebenslangen Zuchthausstrafe verurteilt. Franz Lorbach wurde wegen Beihilfe zum Mord zu sechs Jahren Haft verurteilt.

Brady, Ian und Hindley, Myra – »Moor Murderer«

Neben bekannten Zweierkonstellationen wie dem Ehepaar **West** aus England oder **Martha Beck und Raymond Fernandez** aus den USA, machten im Jahre 1965 Myra Hindley und Ian Brady als Paar von sich reden. Beide hatten eine Vorliebe für sado-masochistische Pornographie und Waffen und waren von den Massenmorden der Nazis beeindruckt.

Die 1942 geborene Myra Hindley wuchs bei ihrer Großmutter in Hattersley auf und wurde streng katholisch erzogen. Sie war durchschnittlich intelligent und galt bereits in ihrer Kindheit als Außenseiterin. Nach einer Reihe schlechtbezahlter Jobs begann sie in der Manchester Chemiefabrik Millwards Ltd. als Sekretärin zu arbeiten, wo sie im Januar 1960 Ian Brady kennenlernte und sich in den 24jährigen verliebte.

Ian Brady hatte eine weniger behütete Kindheit gehabt. Am 2. Januar 1938 in Glasgow geboren, wuchs er ohne

Vater auf, weil der bereits drei Monate nach der Geburt verstarb. Seine Mutter jobbte als Kellnerin. Sie hatte wenig Zeit für ihren Sohn und gab ihn schon bald zu Pflegeeltern. Im Gegensatz zu seiner späteren Gefährtin, war der eigenbrötlerische Büchernarr Brady überdurchschnittlich begabt und wechselte im Alter von zehn Jahren auf eine höhere Schule. Schon damals lebte er seine Gewalttätigkeiten an Schwächeren aus und fiel durch Tierquälerei auf. Als Teenager stand er mehrmals wegen Einbruchs und Diebstahls vor dem Jugendrichter und kam schließlich für zwei Jahre ins Gefängnis. Nach seiner Entlassung wurde er als Buchhalter in der Fabrik eingestellt, wo er Myra Hindley kennenlernte. Gemeinsam quälten, vergewaltigten und töteten sie in ihrem Haus in der Wardle Brook Avenue fünf Kinder und Jugendliche zwischen zehn und 17 Jahren. Die Leichen vergruben sie im Saddleworth Moor.

Der Versuch, den 16jährigen Schwager von Myra Hindley als Mittäter für weitere Sexualverbrechen zu gewinnen, führte schließlich zu ihrer Verhaftung. Das Paar war davon überzeugt, den vorbestraften Trinker David Smith, der in vielerlei Hinsicht eine ähnliche Gesinnung aufwies, durch eine Demonstration eines Mordes begeistern zu können. Doch als Smith am 6. Oktober 1965 mitansehen mußte, wie Brady den 17jährigen Edward Evans im Wohnzimmer mit Axtschlägen tötete, erlitt er einen Schock. Smith erzählte am darauffolgenden Tag seiner Frau, was er gesehen hatte, die den Vorfall sofort der Polizei meldete. Als die Beamten in der Wardle Brook Avenue 16 in Hattersley eintrafen, fanden sie in einem verschlossenen Raum die zusammengebundene Leiche von Evans. In einem von dem Paar gemieteten Schließfach entdeckten die Polizeibeamten ein großes Repertoire an »Snuff-Fotos«, die weitere grauenvolle Verbrechen dokumentierten, sowie ein Tonband, auf dem die Angstschreie eines zu Tode gefolterten Mädchens aufgezeichnet waren.

Am 19. April 1966 wurde der Prozeß gegen Brady und Hindley vor dem Schwurgericht in Chester eröffnet. Neben dem Mord an Edward Evans wurde ihnen auch die Ermordung der zehnjährigen Lesley Ann Downey und des zwölfjähigen John Kilbride zur Last gelegt, deren Leichen im Saddleworth Moor gefunden worden waren. Am 6. Mai 1966 wurden die »Moor Murderer« schuldig gesprochen. Ian Brady wurde zu drei, Myra Hindley zu zwei gleichzeitig zu verbüßenden lebenslänglichen Gefängnisstrafen verurteilt. 20 Jahre später gestand das Serienmörder-Paar auch die Ermordung des zwölfjährigen Keith Bennett sowie der 16jährigen Pauline Reade, die beide im Jahre 1963 verschwunden waren.

»Brides in the Bath Murderer« siehe Smith, George Joseph
»Britain's own Hannibal« siehe Mawdsley, Robert

Burke, William und Hare, William

Die zwei aus Irland stammenden Arbeiter William Burke und William Hare trieben in Schottland einen schwunghaften Handel mit Leichen. Ursprünglich waren die beiden Iren im Jahre 1818 aus Ulster ins schottische Edinburgh übergesiedelt, um dort am Union Canal zu jobben, doch schon bald entdeckten sie eine weitaus ökonomischere Buddelei – die nach Leichen. Fortan gruben sie auf den Friedhöfen der Stadt frisch bestattete Tote aus, die sie an Mediziner verkauften. Der Bedarf an Sektionsobjekten war dermaßen groß, daß Burke und Hare gegen Ende des Jahres 1827 begannen, Männer und Frauen zu ermorden – überwiegend Betrunkene, die sie in den Armenvierteln Edinburghs auflasen und in ihre Behausung nach Tanners Close lockten. Sobald sie die Nichtsahnenden mit Whiskey völlig willenlos gemacht hatten, hielt Hare die Betäubten fest, während sein Kompagnon William Burke sich auf die Brust der Opfer kniete und ihnen Nase und Mund zuhielt, bis sie qualvoll erstickten. Diese infame Art der Tötung ging sogar in die englische Sprache ein: Bis zum heutigen Tag bezeichnet das englische Verb »to burke« das Ersticken von Menschen.

Hauptabnehmer der frischen Leichen war der angesehene Anatom Dr. Knox von der medizinischen Hochschule in Edinburgh. Knox, der die Toten zu Studienzwecken benötigte, zahlte, ohne jemals Fragen über die Herkunft seiner Studienobjekte zu stellen.

Mittlerweile war die Bevölkerung durch das geheimnisvolle Verschwinden zahlreicher Mitmenschen beunruhigt. Es kursierten wilde Gerüchte. Man sprach von Geheimgesellschaften, die sich von Menschenfleisch ernährten und denen die Vermißten zum Opfer gefallen seien. Die Wahrheit kam am 1. November 1828 zutage, nachdem ein Mitbewohner, der in der Absteige der beiden Mörder logierte, die mit Stroh bedeckte Leiche einer alten Bettlerin in Burkes Zimmer gesehen hatte. Sie war das sechzehnte Mordopfer.

Der Lord Advocate, Sir William Rae, bot William Hare nach seiner Festnahme an, gegen seinen Komplizen auszusagen und dafür von der Todesstrafe verschont zu werden. Hare ließ sich auf den Handel ein und wurde im Dezember 1828 im High Court of Justiciary als Kronzeuge im Prozeß gegen Burke aufgerufen. Er erzählte vor Gericht, daß alles mit dem Tod eines Soldaten begonnen habe, der Hare noch Geld schuldete. Daraufhin hätten sie seine Leiche für 7 Pfund und 10 Schilling an Dr. Knox verkauft. Da seien sie auf den Geschmack des schnell verdienten Geldes gekommen.

Am 27. Januar 1829 wurde Burke öffentlich gehängt. Berichten zufolge flüchtete William Hare vor dem lynchwütigen Mob nach London, wo er 1859 als Bettler starb.

Christie, John Reginald Halliday

Mr. Beresford Brown traute seinen Augen nicht, als er am 24. März 1953, kurz nach seinem Einzug am Rillington Place 10, die Tapete in der Küche entfernte. Hinter einer Wand befand sich ein Wandschrank, und durch eine Ritze, durch die ein übler Geruch zu ihm drang, konnte er den entblößten Rücken eines Menschen erkennen. Brown alarmierte sofort die Polizei. Als die Beamten kurze Zeit später eintrafen, fanden sie die sterblichen Überreste von insgesamt vier Menschen im Haus: Drei weibliche Leichen waren allein im Wandschrank versteckt, und eine weitere wurde unter den Bodendielen im Vorderzimmer gefunden. Letztere konnte als Ethel Christie identifiziert werden, die mit ihrem Mann John Reginald die Vormieter des Hauses gewesen waren.

Spermaspuren an den Leichen wiesen darauf hin, daß die Frauen einem Sexualmörder zum Opfer gefallen waren. Von John Christie, dem letzten Mieter und Ehemann der zuletzt entdeckten Leiche, fehlte jede Spur. Sofort wurde er als Zeuge oder möglicher Täter zur Fahndung ausgeschrieben.

Der 1898 geborene Christie galt als Hypochonder, der sein Leben lang unter sexuellen Versagensängsten litt. Er war bei der Polizei bereits bekannt. Nicht nur, daß er in jungen Jahren für kurze Zeit als Hilfs-Constabler ausgebildet und wegen Diebstahls entlassen worden war, sondern er hatte auch einige Jahre zuvor als Zeuge in einem Mordfall ausgesagt, der sich im November 1949 im selben Haus ereignet hatte. Damals hatte der LKW-Fahrer Timothy Evans seine Frau Beryl und sein 14 Monate altes Baby nach der Arbeit tot im Schuppen aufgefunden. Bei der Polizei in Wales bezichtigte er sich im Verlauf der Vernehmungen selbst, die Morde begangen zu haben, obwohl er unschuldig war. Kurze Zeit später widerrief er sein Geständnis und beschuldigte seinen Vermieter John Christie. Dieser habe bei seiner schwangeren Frau eine Abtreibung vorgenommen, in deren Verlauf sie ums Leben gekommen sei. Die Ermittlungsbeamten glaubten jedoch dem wortgewandten Christie, der schließlich sogar bei Gericht als Hauptbelastungszeuge gegen Timothy Evans auftrat. Der Familienvater war daraufhin am 9. März 1950 gehenkt worden.

Allmählich begannen die Ermittler zu ahnen, daß sie 1950 einen Unschuldigen an den Galgen gebracht hatten. Bei der Durchsuchung des Christie-Anwesens war die Polizei auf zwei weitere, stark verweste Frauenleichen gestoßen, die im Garten vergraben waren.

Der landesweit gesuchte Frauenmörder wurde am 31. März 1953 auf der Londoner Putney-Brücke festgenommen. Christie gestand sofort. Ausführlich beschrieb er die grausamen Sexualverbrechen, die er in seinem Haus begangen hatte. So gab er zu, bereits im August 1943 die Wienerin Ruth Fürst umgebracht und hinter dem Haus vergraben zu haben. Ein Jahr später tötete er seine ehemalige Arbeitskollegin Muriel Eady. Sie hatte ihn besucht und über einen Katarrh geklagt. Daraufhin habe er sie mit der Behauptung, ihre Krankheit heilen zu können, mittels seiner selbstgebauten Inhalationsvorrichtung mit kohlenmonoxidhaltigem Leuchtgas bewußtlos gemacht und mit einem Strumpf erwürgt. Noch in derselben Nacht habe er die Frau im Garten vergraben. In der Nacht des 14. Dezember 1952 ermordete er seine Frau, weil sie seinem Treiben auf die Spur gekommen war. Anfang Januar 1953 tötete er die Prostituierte Rita Nelson und nur zehn Tage später Kathleen Maloney. Beide hatten sich heftig zur Wehr gesetzt, bevor der nekrophil veranlagte Christie ihnen die Kehle zuschnürte, sie vergewaltigte und über ihren Leichen masturbierte. Dasselbe Schicksal widerfuhr am 6. März Hectorina McLennan, die er ebenfalls betäubte, ermordete und sich an ihrer Leiche verging. Der Mittfünfziger gestand, nur auf diese Weise sexuelle Befriedigung zu erlangen. »Jedesmal nachdem ich eine Frau getötet habe, verspürte ich jenen ruhigen, friedlichen Kick«, sagte Christie, der in seiner Jugend als »Reggie Ohneschwanz« oder »Kann's-nicht-machen-Christie« verhöhnt worden war. Nur wenn die Frauen bewußtlos oder tot waren, brachte er eine Erektion zustande. Die Schamhaare der Opfer rasierte er ab und bewahrte sie auf.

Im Juni 1953 begann vor dem Schwurgericht im Old Bailey der Prozeß gegen John Reginald Christie, der mittlerweile auch den Mord an Beryl Evans zugegeben hatte. Er wurde wegen achtfachen Mordes zum Tode verurteilt und am 15. Juli 1953 im Zuchthaus Pentonville gehängt. Erst 1966 rehabilitierte die britische Justiz den unschuldig hingerichteten Timothy Evans.

Clements, Dr. Robert George

»An diejenigen, die es betrifft ... Ich kann die teuflischen Beschuldigungen, denen ich erst kürzlich ausgesetzt wurde, nicht länger tolerieren«, schrieb der britische Arzt Dr. Robert George Clements in seinem Abschiedbrief. Die Nachricht lag neben seiner Leiche. Der Arzt hatte sich mit einer Überdosis Morphium das Leben genommen. Das »Mitglied des Ärztekollegiums Seiner Majestät« war somit dem Todesurteil zuvorgekommen. Denn auf dieselbe Art und Weise hatte Robert Clements bereits seine vier Frauen ermordet. Erst mit dem Tod seiner letzten Ehefrau, der 47 Jahre alten Amy Victoria Clements, wurden die Morde des Arztes publik. Er hatte der Frau am 26. Mai 1947 eine letale Dosis Morphium verabreicht und anschließend »Leukämie« als Todesursache auf ihren Totenschein geschrieben.

Einem Arzt der Pflegeeinrichtung, in die Amy Clements am Abend vor ihrem Tod eingeliefert worden war, war aufgefallen, daß die Frau eine auffällige Pupillenverengung hatte, wie sie durch die Einnahme opiathaltiger Drogen hervorgerufen wird. Schließlich stellte sich heraus, daß Robert Clements unmittelbar vor ihrem Tod größere Mengen Morphin geordert hatte, welches die von ihm angegebenen Patienten nie erhalten hatten. Eine Untersuchung der Toten ergab zudem, daß ihr hohe Dosen Morphium ins Rückgrat injiziert worden waren.

Der Verdacht erhärtete sich, daß Clements auch seine drei früheren Ehefrauen auf diese Weise umgebracht hatte. Seine erste Frau, gebürtige Edith Mercier, war 1920 nach zehn Ehejahren laut Totenschein an der »Schlafkrankheit« gestorben. Mary McCreary, die Clements einige Monate nach dem Tod von Edith ehelichte, starb 1925 an einer Herzerkrankung. Seine dritte Frau, Kathleen Burke, starb zehn Jahre nach ihrer Hochzeit mit dem Arzt 1938 angeblich an einem Krebsgeschwür. Ihre tatsächliche Todesursache konnte nicht mehr ermittelt werden, weil Clements, der in allen Fällen den Totenschein ausgestellt hatte, kurz nach ihrem Tod die Verbrennung der Leiche in einem Krematorium verlaßt hatte.

Copeland, Michael

Am 12. Juni 1960 fand ein Radfahrer auf einem abgelegenen Moorweg in Baslow, nahe der mittelenglischen Stadt Chesterfield die Leiche des 60 Jahre alten Junggesellen William Elliott. Die örtliche Polizei ging zunächst von einem Verkehrsunfall aus, da wenige Stunden zuvor der zweisitzige Wagen des Mannes in der gleichen Gegend entdeckt worden war. Der Wagen war offensichtlich mit einem Laternenpfahl kollidiert. Im Auto fanden sich die Schuhe des Toten und zahlreiche Blutspuren. Daß die Kopfverletzungen, an denen Elliott gestorben war, den Obduktionsberichten zufolge von Tritten herrührten, machte die Ermittler jedoch stutzig. Bald darauf meldete sich eine Zeugin, die in der besagten Nacht einen jungen Mann dabei beobachtet hatte, wie er William Elliott zunächst verfolgt und dann mit ihm gekämpft habe.

Unter den von der Polizei im Zusammenhang mit dem Mord befragten Personen war auch der damals 21 Jahre alte Michael Copeland, der gerade zum Militärdienst bei der britischen Besatzungsarmee in Deutschland einberufen worden war. Copeland verfügte trotz seiner jungen Jahre nicht nur über ein erhebliches Vorstrafenregister, sondern hatte sich einem Mädchen gegenüber damit gebrüstet, den 60jährigen getötet zu haben. Allerdings gab es keine Beweise, die eine Festnahme des jungen Soldaten gerechtfertigt hätten.

Im November 1960 wurde in Verden an der Aller, einer Kleinstadt in der Nähe von Bremen, der 16jährige Günther Helmbrecht niedergestochen, als er im Wald spazieren ging. In der gleichen Nacht erschien Copeland mit einer Stichwunde im Bein im Wachraum der Kaserne und behauptete, er sei von zwei deutschen Zivilisten angegriffen worden. Wieder geriet er in Tatverdacht, und auch diesmal konnte ihm die Tat nicht nachgewiesen werden.

Nachdem Michael Copeland seinen Militärdienst beendet hatte, kehrte er nach Chesterfield zurück, wo sich am 29. März 1961, fast an der gleichen Stelle wie im Jahr zuvor, erneut ein Mord ereignete. Wie schon im Fall Elliott war auch der Chemiker George Stobbs durch Kopfverletzungen ums Leben gekommen, die von Tritten mit schweren Schuhen herrührten. Auch sein Wagen war zuvor verlassen aufgefunden worden. Doch auch diesmal reichten die Beweise für eine Festnahme des dringend tatverdächtigen Copeland nicht aus. Allerdings wurde er fortan von der Polizei unter Beobachtung gestellt.

Im November 1963 rief Copeland überraschend den Ermittlungsbeamten Inspektor Bradshaw von der Mordkommission in Chesterfield an und gestand die drei Morde. Stobbs und Elliott seien Homosexuelle gewesen und hätten deshalb sterben müssen. »Ich hasse solche Typen!« erzählte er dem Beamten. Die Ermordung des jungen Deutschen bedauere er hingegen. Bei seinem Prozeß, der im März 1965 begann, nahm er das Geständnis zurück und behauptete, die Morde bloß zugegeben zu haben, um seine Unschuld gerichtlich klären zu lassen und endlich die ständige Observierung durch die Polizei loszuwerden.

Das Gericht befand Michael Copeland für schuldig und verurteilte ihn wegen dreifachen Mordes zum Tode. Das Urteil wurde später in eine lebenslange Freiheitsstrafe umgewandelt.

Cotton, Mary Ann

In einer Zeit, in der die Gerichtsmedizin noch in den Kinderschuhen steckte, tötete die englische Giftmörderin Mary Ann Cotton mindestens 14 Menschen – drei ihrer Ehemänner, einen Liebhaber, ihre Schwägerin sowie eine Reihe leiblicher und anvertrauter Kinder. Daß sie mit ihren Morden ungestraft davonkam, ist neben der damals noch unzulänglichen gerichtsmedizinischen Praxis auch auf ärztliches Versagen zurückzuführen, weil die Ärzte die Zusammenhänge zwischen den Todesfällen nicht erkannten.

1842, im Alter von 20 Jahren, heiratete die aus einem Dorf bei Durham stammende Mary Ann den 26jährigen Arbeiter William Mowbray, mit dem sie neun Kinder bekam. Nach und nach starben alle Kinder bis auf ihre Tochter Isabella, und in allen Fällen wurde lediglich ein »gastritisches Fieber« als Todesursache festgestellt. Eine Diagnose, die zwischen 1857 und 1872 noch mehrere Ärzte stellen sollten, ohne das seltsame Massensterben zu hinterfragen.

Es dauerte nicht lang, bis ihr Ehemann am 18. Januar 1864 den Kindern ins Grab folgte. Als Todesursache nahm man eine Diarrhöe an. Seine Lebensversicherung wurde anschließend an Cotton ausgezahlt. Cotton gab Isabella zu ihrer Mutter Margaret und zog nach Sunderland, wo sie eine Zeitlang als Krankenpflegerin arbeitete. Im August 1865 heiratete sie einen ihrer Patienten, den 32jährigen George Ward, der ein Jahr später am »gastritischen Fieber« verstarb. So oder ähnlich erging es auch zwei weiteren Ehemännern, bis Cotton schließlich auch ihren fünften Ehemann Frederick Cotton vergiftetete, der am 19. September 1871 ums Leben kam.

Innerhalb der nächsten zehn Monate waren sowohl das

inzwischen 14 Monate alte Baby, die Stiefsöhne Charles Edward und Frederick, als auch ihr wohlhabender Liebhaber tot, der kurz zuvor sein Testament zu Mary Cottons Gunsten geändert hatte.

Erst jetzt wurde der Verdacht laut, daß bei den zahlreichen Todesfällen irgend etwas nicht mit rechten Dingen zugegangen sein konnte. Der Verdacht verdichtete sich zur Gewißheit, als alle vier Verstorbenen posthum untersucht wurden und dieselbe Todesursache aufwiesen: Arsenvergiftung. Mary Ann Cotton, die sich mittlerweile einen weiteren Liebhaber zugelegt hatte, von dem sie ein Kind erwartete, wurde festgenommen. Ihr nunmehr dreizehntes Kind gebar sie im Januar 1873 im Gefängnis von Durham.

Im März des gleichen Jahres wurde sie vor dem Schwurgericht in Durham angeklagt, wo man sie aus juristischen Gründen lediglich des Mordes an ihrem siebenjährigen Stiefsohn Charles Edward beschuldigte und zum Tode verurteilte. Am Morgen des 24. März 1873 wurde Mary Ann Cotton im Bezirksgefängnis von Durham gehängt.

Cream, Dr. Thomas Neill

Drei Jahre nach dem gefürchteten »Herbst des Terrors«, in dem fünf Prostituierte im Londoner East End von dem nie entlarvten »**Jack the Ripper**« bestialisch ermordet worden waren, wütete erneut ein Prostituiertenkiller in der viktorianischen Hauptstadt. Innerhalb von sechs Monaten waren vier Frauen, die sich als Straßendirnen durchs Leben schlugen, ermordet aufgefunden worden. Die Todesursache war in allen Fällen eine Strychninvergiftung. Der Täter: Doktor Thomas Neill Cream.

Der erste Vorfall ereignete sich am Abend des 13. Oktober 1891, als die 19jährige Prostituierte Ellen Donworth auf offener Straße von Krämpfen geschüttelt zusammenbrach. Noch bevor sie starb, erzählte sie einem Passanten, ein großer Mann mit buschigem dunklem Backenbart und Silberblick habe ihr ein weißes Pulver verabreicht. Eine Woche später fand man Matilda Clover. Doch der Tod der Prostituierten wurde nicht als eine Strychninvergiftung, sondern fälschlicherweise als Folge übermäßigen Alkoholkonsums diagnostiziert. Ohne weitere Untersuchung wurde sie auf einem Armenfriedhof begraben.

Bisher fiel kein Verdacht auf Thomas Cream, der sich bald darauf mit einer Frau aus Berkhamsted verlobte und für drei Monate nach Kanada ging. Kurz nachdem er von seiner Reise zurückgekehrt war, wurden zwei weitere Londoner Straßenmädchen Opfer der Vergiftungsattacken. Bevor am 12. April 1892 die 18jährige Emma Shrivell und die zwei Jahre ältere Alice Marsh in ihrer Pension in der Stamford Street im Süden der Stadt tot aufgefunden wurden, hatte ihn ein Polizeikommissar in den frühen Morgenstunden beim Verlassen des Gebäudes gesehen.

Thomas Cream wurde daraufhin am 3. Juni 1892 festgenommen. Durch die Exhumierung der sterblichen Überreste von Matilda Clover wurde Cream auch mit ihrem Tod in Verbindung gebracht. Im Besitz des Arztes wurde das Pillendöschen gefunden, in dem er mit Strychnin gefüllte Kapseln aufbewahrte und das sich bis zum heutigen Tag im Londoner Black Museum befindet.

Er wurde am 15. November 1892 am Galgen im Gefängnis von Newgate gehängt. Seine letzten Worte waren: »Ich bin Jack ...« Beabsichtigte er seine Hinrichtung dadurch zu verzögern, daß er sich zu den Ripper-Morden bekannte? Was auch immer Dr. Thomas Neill Cream damit sagen wollte, seine letzten Worte geben bis zum heutigen Tage

Anlaß zu weiteren Spekulationen, obwohl er zur Zeit der Rippermorde in den USA im Zuchthaus saß.

Cummins, Gordon Frederick – »Black-out Ripper«

Gordon Frederick Cummins, ein 25 Jahre alter Kadett der Royal Air Force, ermordete 1942, während London von deutschen Luftangriffen heimgesucht wurde, vier, wahrscheinlich sogar sechs Frauen. Die Art und Weise seines Vorgehens – Cummins sprach seine Opfer auf der Straße an und führte sie an abgelegene Plätze, wo er sie ermordete und verstümmelte – erinnerte an die Vorgehensweise von »**Jack the Ripper**«. Deshalb sprach die Bevölkerung der britischen Hauptstadt im Zusammenhang mit den Metzeleien an Prostituierten bald vom »Black-out Ripper«. Daß der Mörder die kriegsbedingte Verdunklung für seine Überfälle nutzte, sorgte für zusätzliche Panik unter den Frauen.

Die Leiche des ersten Opfers, der Chemielaborantin Evelyn Hamilton, wurde in den frühen Morgenstunden des 9. Februar 1942 in einem Luftschutzkeller gefunden. Die Frau war geknebelt und anschließend erwürgt worden. Die Würgemale wiesen darauf hin, daß ihr Mörder ein Linkshänder gewesen sein mußte. Bereits am nächsten Tag, am Donnerstag dem 10. Februar, ermordete Cummins die 35 Jahre alte Evelyn Oatley, ein ehemaliges Showgirl. Sie war in ihrer Wohnung in Soho erwürgt und anschließend mit einem Dosenöffner verstümmelt worden.

Drei Tage später wurde die Prostituierte Margarete Lowe in ihrem Zimmer in der Gosfield Street ermordet aufgefunden. Nur wenige Stunden danach fand die Polizei die Leiche von Doris Jouannet, der Frau eines Hoteliers in Paddington. Bei einem weiteren Versuch, eine Frau zu töten, mußte Cummins fliehen, weil er von Passanten gestört wurde. Dabei hinterließ er seine registrierte Air Force-Gasmaske, was schließlich zu seiner Ergreifung führte.

Um das Verfahren vor dem Schwurgericht in Old Bailey zu vereinfachen, wurde Gordon Cummins lediglich wegen des Mordes an Evelyn Hamilton angeklagt. Von der Jury zum Tode verurteilt, wurde Cummins am 24. Juni 1942 im Wandsworth Prison gehenkt.

Cypka

Der Vorname des im polnischen Szczecin ansässigen Serienmörders Cypka ist nicht bekannt. Der Fleischer soll in den Nachkriegsjahren bis etwa 1950 mehr als 30 Menschen ermordet und zu Wurst verarbeitet haben, die er auf den Schwarzmärkten verkaufte.

Die Morde flogen auf, nachdem er von einer Nachbarin beim Zerstückeln einer Leiche ertappt worden war. Cypka brachte die Frau um und zerteilte die Leiche, was schließlich zu seiner Festnahme führte: Als die Frau abends nicht zu Hause war, machte sich der besorgte Ehemann auf die Suche nach seiner verschwundenen Gattin und stieß dabei auf ihre blutbeschmierte Bluse, die am Fenster von Cypkas Wohnung lag. Nachdem er die Polizei alarmiert hatte, fanden die Beamten bei der Durchsuchung der Wohnung des Fleischers frische Leichenteile, die eindeutig von der Vermißten stammten. Im Verlauf der Ermittlungen stellte sich heraus, daß die Geliebte von Cypka, eine Kartenabreißerin in einem Kino, bei den Verbrechen geholfen hatte, indem sie nach besonders wohlgenährten Menschen Ausschau hielt und sie in die Behausung des Schlächters lockte.

Im Garten von Cypkas Wohnung fand die Polizei Knochenreste, die gerichtsmedizinischen Untersuchungen zufolge von über 30 Menschen stammten. Ein Gericht in der Woiwodschaft verurteilte ihn zum Tode, und Cypka wurde hingerichtet.

Daglis, Andonis – »Ripper von Athen«

Der 23jährige Grieche Andonis Daglis haßte Prostituierte. Für ihn waren Frauen, die für Geld ihren Körper verkauften, der Inbegriff der Unmoral. Sie waren in seinen Augen »unwertes Leben« und verdienten den Tod. In seinem Wahn vergewaltigte und erwürgte der Grieche mindestens drei Prostituierte in Athen und beging zahlreiche Mordversuche und Körperverletzungsdelikte an den Straßenmädchen. Um die Leichen unkenntlich zu machen und zu beseitigen, zerlegte er seine Opfer mit einer Kettensäge und warf sie dann in Straßengräben.

Die Entdeckung der verstümmelten Leichenteile schokkierte die Bevölkerung dermaßen, daß im Zusammenhang mit den Morden in den Medien bald nur noch vom »Ripper von Athen« gesprochen wurde. Daglis' Haß war so spezifisch, daß er die Engländerin Ann Hamson entkommen ließ, nachdem sie ihn davon überzeugen konnte, keine Prostituierte zu sein.

Am 23. Januar 1997 wurde Andonis Daglis in Athen wegen Mordes in drei, sowie versuchten Mordes in sechs weiteren Fällen schuldig gesprochen. Das Gericht verurteilte ihn zu 13mal lebenslänglich.

David, Horst – »Würger von Regensburg«

Horst David führte fast 20 Jahre lang ein Doppelleben. Der Mittfünfziger, der seit 1988 als Sozialhilfeempfänger im Regensburger Kirchgäßchen lebte, wurde von den Anwohnern als besonders netter Nachbar geschätzt, der höchstens dadurch auffiel, daß er gerne sang und den Kindern im Haus Süßigkeiten schenkte. Tatsächlich war der Biedermann jedoch über Jahre hinweg einer der größten Frauenmörder der deutschen Nachkriegsgeschichte.

Seinen ersten Mord beging David am 22. August 1975 an der Münchner Prostituierten Waltraud Frank. Zwei Tage später erwürgte er die 24jährige, ebenfalls aus München stammende Fatima Grossart, die als Callgirl tätig war. Als 1981 die Rentnerin Barbara Ernst aus Regensburg tot in ihrer Wohnung aufgefunden wurde, ahnte keiner, daß auch dies ein Verbrechen des Prostituiertenmörders war, denn es gab keine Hinweise, daß es sich um Mord handelte. Der amtliche Leichenbeschauer ging davon aus, daß die alte Dame einem Schlaganfall zum Opfer gefallen war. Zwei Jahre später wurde die 67jährige Martha Lorenz erwürgt in ihrer Wohnung aufgefunden.

Nach dem Mord an Mathilde Steindl, Davids Vermieterin, war sich die Polizei sicher, daß er der Täter war, konnte ihm aber zunächst nichts nachweisen. Als Beamte des Landeskriminalamtes schließlich seine Fingerabdrücke in das neue »Automatische Fingerabdruck – Identifizierungssystem« (Afis) eingaben, mit dem ursprünglich illegale Asylbewerber ermittelt werden sollten, wurde der Computer fündig: Die in der Wohnung der ermordeten Prostituierten Fatima Grossart gefundenen Fingerabdrücke stimmten mit denen in der Wohnung der Rentnerin Mathilde Steindl überein. Es waren die von Horst David.

Ende 1993 gestand er bei der Münchner Staatsanwaltschaft sieben der ihm zur Last gelegten Morde. David hatte die alten Frauen aus Geldgier erwürgt und einige von ihnen vergewaltigt. Alle hatten ihn zuvor damit beauftragt, ihre Wohnungen zu renovieren. Horst David, der zur Zeit in

München eine lebenslängliche Haftstrafe verbüßt, wird verdächtigt, neun weitere, bisher ungeklärte Frauenmorde in Bayern begangen zu haben.

De Brinvilliers, Marie Marguerite

Die 1630 in einem vornehmen Pariser Palais geborene Marie Madeleine d'Aubray, die als Marquise de Brinvilliers zu fragwürdigem Ruhm kam, genoß die beste Erziehung und galt als hochkultivierte junge Dame. Weder ihr heiteres Naturell noch ihre schönen Augen ließen darauf schließen, daß ihre zur Schau getragene Sanftheit eine Maske war, hinter der sich abgründiger Haß verbarg. Nachdem sie im Alter von sieben Jahren von einem Vetter vergewaltigt worden war, begann sie ihre Brüder zu verführen, mit Tieren Sodomie zu treiben und ihren Cousinen anonyme pornografische Briefe zu schreiben. Im Alter von 21 Jahren vermählte sie ihr Vater, der stellvertretende oberste Richter von Paris, mit dem Offizier Antoine Gobelin de Brinvilliers, der bald von Ludwig XIV. zum Marquis ernannt wurde. Madame de Brinvilliers gebar ihrem Mann vier Kinder und war eine fürsorgende Mutter.

Im Jahre 1659 brachte ihr Mann einen Kriegskameraden, den Rittmeister Jean Baptiste Sainte-Croix, mit auf das Anwesen, den er zum Haushofmeister ernannte. Schon bald unterhielt die Marquise ein Verhältnis mit Sainte-Croix und bezahlte nicht nur dessen Spielschulden, sondern finanzierte auch sein Interesse an der Chemie. Um ihren Vater loszuwerden und an sein Vermögen heranzukommen, plante sie seine Ermordung. Doch ihr war klar, daß ein plötzlicher Tod des vitalen Oberrichters Verdacht erregen würde. Daher erdachte sie gemeinsam mit Sainte-Croix, ihn mit sogenannten »Cantarella«, den über einen längeren Zeitraum wirkenden arsenhaltigen Giften, zu töten. Da weder sie noch ihr Geliebter über Erfahrungen mit den »Zeit-Giften« verfügte, sammelten sie diese in den Spitälern von Paris. Im La Charité, einem Armenspital, verteilte Marie de Brinvilliers Lebensmittel und kümmerte sich um die Bedürftigen. Niemand schöpfte Verdacht, als nacheinander die ohnehin siechen Menschen starben. Nach ausreichenden Erfahrungen mit dem Gebrauch von Arsengiften ermordete sie schließlich ihren Vater. Der Oberrichter starb am 10. September 1666 nach mehrmonatiger Pflege durch seine sich scheinbar aufopfernde Tochter. Da der Hauptteil des Erbes an ihre Brüder fiel, waren diese ihre nächsten Opfer.

Im Gegensatz zu ihrer Raffinesse und Vorsicht, mit der sie die Morde beging, war sie weniger umsichtig, was das Ausplaudern der Verbrechen betraf. Doch als ihre Gesellschafterin eine ihrer Äußerungen weitererzählte, wurde auch sie von der Marquise vergiftet.

Nachdem Jean Baptiste Sainte-Croix nach einer langen Krankheit im Juli 1672 verstarb, stieß die Polizei auf die Truhe mit den Giften des Rittmeisters. Sein Vermächtnis brachte die Polizei auf die Spur der Giftmörderin. Marie de Brinvilliers ergriff die Flucht und tauchte vier Jahre später in den Niederlanden wieder auf, wo sie sich sicher fühlte, weil die Holländer mit Frankreich im Krieg lagen. Als 1675 französische Truppen vor Lüttich lagen, ließ sie sich von einem Priester in einem Kloster am Rande der Stadt verstekken.

Im Frühjahr 1676 bekam die mittlerweile 47 Jahre alte Marquise Besuch von einem Abbé aus Paris, der sich als ihr glühendster Verehrer ausgab. So suchten sie ein verschwiegenes Quartier auf, um dort eine gemeinsame Nacht zu verbringen, doch statt eines Schäferstündchens wurde die

Marquise von einem Verhaftungskommando erwartet. Der »Abbé« war ein Sergeant der Pariser Polizei, die Brinvilliers eine Falle gestellt hatte.

Im Kloster entdeckten die Polizisten ein Kästchen, in dem sich neben ihrem Giftfläschchen ein Schriftstück mit der Aufschrift »Meine Beichte« befand. In dem Dokument waren alle Giftmorde der Marquise detailliert aufgeführt. Gegenüber dem Untersuchungsrichter behauptete sie, daß die Aufzeichnungen Produkte ihrer Phantasie seien, doch ihr Leugnen nutzte nichts: Im April wurde sie von einem Gericht in Paris zum Tode durch Enthaupten verurteilt. Ihre Hinrichtung fand am 16. Juli 1676 statt. Kurz nachdem ihr Körper auf dem Grêve-Platz verbrannt worden war, wurden ihre Knochen bereits wie Reliquien gehandelt.

De Rais, Gilles – »Blaubart«

Daß Serienmörder kein Phänomen der Neuzeit sind, beweist der Fall des französischen Ritters Gilles de Rais, der in der ersten Hälfte des 15. Jahrhunderts massenhaft Knaben und Mädchen vergewaltigte, folterte und tötete und der als »Blaubart« in die Geschichte einging. Gilles de Rais wurde 1404 an der Grenze der Bretagne im Schloß Machecoul geboren. Nach dem Tod seines Vaters im Jahr 1415 wuchs de Rais bei seinem Großvater auf. Der hochbetagte Mann überließ den Jungen weitgehend sich selbst und nutzte die erstbeste Gelegenheit, um ihn loszuwerden, indem er ihn am 30. November 1420 an Katharina von Thouars verheiratete. Von Haus aus vermögend, fiel Gilles de Rais etwa fünf Jahre später am Hofe Karls VII. auf, wo er als der reichste Baron Frankreichs galt.

Um das Jahr 1425 war das Land vom dauernden Krieg mit England ausgeblutet. Die britischen Truppen hatten bereits einen großen Teil des Nordens erobert und rückten nach Orléans vor. König Karl VII. hatte kein Geld mehr und verlor zunehmend an Autorität. Gilles de Rais half dem Monarchen sein Gesicht und seine Macht zu wahren, indem er Geld stiftete und auf eigene Kosten Truppen aushob, an deren Spitze er die Städte Anjou und Maine erfolgreich gegen die Engländer verteidigte. Als Gefährte der Jeanne d'Arc tat sich Gilles de Rais bei nahezu allen spektakulären Schlachten hervor. Der »brave und kühne Hauptmann«, wie ihn zeitgenössische Chroniken beschreiben, dem man eine Vorliebe für das Aufhängen kriegsgefangener Engländer nachsagte, erhielt für seine Tapferkeit vom König den Titel »Marschall von Frankreich«.

Mit 26 Jahren zog sich Gilles de Rais auf das Schloß Tiffauges zurück und pflegte dort einen derart ausschweifenden und luxuriösen Lebensstil, daß er bald einen Großteil seiner Ländereien verkaufen mußte. Zu seinen Leidenschaften gehörte auch das Sammeln wertvoller Bücher. Nach eigenem Bekunden war es ein Werk des römischen Historikers Suetonius, das ihn zu vermutlich mehreren 100 Lustmorden anregte. Der Geschichtsschreiber hatte ein Buch über die Ausschweifungen römischer Cäsaren geschrieben. Bei seinem Prozeß in Nantes erklärte de Rais später: »Das Buch war mit Abbildungen versehen, auf denen das Treiben heidnischer Kaiser dargestellt war, und ich las in diesem feinen Buche, wie es Tiberius und Caracalla und andere Kaiser mit Kindern trieben, und es ihnen besonderes Vergnügen bereitete, sie zu quälen. Das erweckte in mir den Wunsch, sie nachzuahmen, und noch am gleichen Abend tat ich das, was mir auf den Abbildungen vorgemacht wurde.«

Doch »Blaubart« Gilles de Rais übertraf seine Vorbilder

an Sadismus und Grausamkeit. Sein erstes Opfer war ein Knabe. Er erwürgte das Kind und schlug ihm die Hände ab. Dann riß er dem Knaben das Herz und die Augen heraus. Das Blut bewahrte er auf, um damit okkultistische Texte zu verfassen. Fortan beauftragte er seine Vertrauten mit der Aufgabe, Kinder zu entführen. Und die Entführungsfälle nahmen ungeheure Ausmaße an. Wenn de Rais mit seinem Gefolge von seiner Festung Tiffauges nach Schloß Camptoce oder zum Kastell von La Suze reiste, fehlten im entsprechenden Gebiet am nächsten Tag unzählige Kinder. Er vergewaltigte seine Opfer, schlitzte sie dann auf und wühlte in den Eingeweiden.

Doch schon bald langweilte es Gilles de Rais, seine Lust an lebenden oder sterbenden Menschen zu befriedigen. Seine Raserei nahm immer häufiger nekrophile Züge an, und er veranstaltete regelrechte Schönheitswettbewerbe mit den aufgespießten und geschminkten Köpfen der Kinderleichen. Die Straflosigkeit schien de Rais indes gesichert. Im Feudalsystem des 15. Jahrhunderts wäre wohl kein Bauer und kein Mitglied der niederen Stände lebensmüde genug gewesen, seinen Herrn, der ihn mit einem Wort an den Galgen bringen konnte, eines Verbrechens zu bezichtigen.

Jean de Malestroit, dem Bischof von Nantes, waren schon seit vielen Jahren Klagen von Angehörigen verschwundener Kinder zu Ohren gekommen. Er nahm geheime Ermittlungen gegen den Baron und Marschall von Frankreich auf, hatte jedoch keine rechtliche Handhabe, gegen den Mörder vorzugehen. Nachdem Gilles de Rais im Zusammenhang mit dem Verkauf seiner Liegenschaften den Großgrundbesitzer Jean le Ferron aus einer Kirche entführt hatte und dadurch auch beim König in Ungnade gefallen war, wurde er wegen Profanierung einer Kapelle und

Verletzung des Landrechts angeklagt. Gleichzeitig trugen Prokuratoren und Kommissäre des Erzbischofs die Aussagen der Bevölkerung zusammen.

Am 13. September 1440 erließ der Bischof von Nantes einen Haftbefehl. Gilles de Rais wurde auf Schloß Machecoul gestellt und ergab sich. Bei der Durchsuchung des Schlosses wurden angebrannte Knochen und blutige Kleidungsstücke gefunden. De Rais, der anfangs alle Beschuldigungen leugnete, zeigte sich bei seinem Prozeß in Nantes reuevoll und geständig. »Ich kann nicht genau angeben, wie viele verbrannt und getötet wurden, doch es waren bestimmt sechs mal 20 pro Jahr«, erklärte der pädophile Sadist.

Nach rund sechswöchiger Verhandlung wurde »Blaubart« wegen der Ermordung von 140 Jungen und Mädchen durch die zivile und wegen Sodomie und Häresie durch die kirchliche Gerichtsbarkeit zum Tode verurteilt und am 26. Oktober 1440 gehenkt und verbrannt.

Denke, Karl – »Papa Denke«

Am 21. Dezember 1924 wurde der obdachlose Steinmetz Vinzens Olivier zur Polizeistation der Kleinstadt Münsterberg gebracht. Bewohner des Hauses Teichstraße 10 hatten den aus der Wohnung von Karl Denke flüchtenden Herumtreiber festgehalten, der behauptete, der Alte hätte versucht ihn mit einer Spitzhacke zu erschlagen. Denke erklärte hingegen, daß der Vagabund versucht habe ihn zu bestehlen. Er habe sich lediglich zur Wehr gesetzt.

Obwohl Vinzens Olivier immer wieder seine Unschuld beteuerte und auf die stark blutende Kopfverletzung hinwies, die ihm Denke mit der Spitzhacke zugefügt hatte, mochte die Polizei ihm nicht glauben. Denn der Mittsechziger galt in der schlesischen Kleinstadt als wohltätiger

Mann, der stets einen Schlafplatz und eine Mahlzeit für durchreisende Handwerksburschen und Herumtreiber übrig hatte und wegen seiner Frömmigkeit von den Münsterbergern »Papa Denke« genannt wurde.

Am darauffolgenden Tag wurde der Herumtreiber Olivier zum Gericht gebracht und wegen Bettelns und Landstreicherei angeklagt. Er erzählte dem Richter, was ihm bei Denke geschehen war. Der Alte habe ihn freundlich empfangen und ihm nicht nur einen Schlafplatz zugesagt, sondern auch eine gewaltige Portion Fleisch serviert.

Nach dem Essen habe Denke ihn gebeten, einen Brief zu schreiben, den er ihm diktieren wolle. Als er sich beim Schreiben zu Denke herumdrehte, habe er gerade noch mitbekommen, wie der mit einer Hacke nach seinem Kopf schlug.

Der Richter beschloß, die Geschichte von Vinzens Olivier zu überprüfen, und ließ Karl Denke festnehmen. Kaum in Gewahrsam, erhängte sich Denke mit einem Taschentuch. Bei der Durchsuchung seiner Wohnung entdeckten die Polizeibeamten einen Holzbottich mit gepökelten Fleischstücken aus Brust, Bauch und Gesäßregion verschiedener Männer. In anderen Töpfen befand sich frisch gekochtes Menschenfleisch. Darüber hinaus fand die Polizei ausgekochte Knochen und 350 Zähne menschlicher Herkunft. Von zwölf Toten fanden sich sogar noch Ausweispapiere. Auf fünf Notizblättern hatte Denke die Namen von insgesamt 31 ermordeten Männern und Frauen aufgelistet und darin auch das Gewicht der Opfer vermerkt. Aus seinen penibel geführten Unterlagen ging hervor, daß Denke sich bereits seit Jahren fast ausschließlich von Menschenfleisch ernährt hatte.

Die Frage nach einer Erklärung, wie der geistig zurückgebliebene Denke zum Menschenfresser geworden ist, hat seit damals zahlreiche Psychologen beschäftigt. Der Kriminologe Professor Richard Herbartz ging davon aus, daß Karl Denke ein perverser Psychopath mit regressiven Zwangsvorstellungen gewesen sei, die ihn auf eine frühe Entwicklungsstufe der Menschheit, den Kannibalismus, zurückgeführt hätten. Moderne Sexualforscher wie Ernest Bornemann bezeichnen Lustmörder vom Schlage eines Denke als Prototyp des Zerstücklers. Der fetischistische Charakter seiner Morde zeige sich insbesondere an der Eigenheit, daß Denke die Körperteile seiner Opfer immer wieder wog, die Gewichte notierte und aus Hautstücken Hosenträger und Schnürsenkel anfertigte.

»Diablo di Torino« siehe Giudice, Giancarlo

Duffy, John Francis – »Railway Rapist«

Mitte der 80er begann in Großbritannien die größte Mörderjagd seit der Festnahme des »**Yorkshire Rippers**« Peter Sutcliffe im Jahre 1981. Ein Unbekannter, den die Medien als »Railway Rapist« betitelten, hatte im Norden Londons innerhalb von vier Jahren 30 Frauen vergewaltigt und drei getötet. Die Leichen der drei Ermordeten waren teilweise gefesselt, mit Brandbeschleuniger übergossen und angezündet worden.

Der erste bekanntgewordene Vergewaltigungsfall ereignete sich 1982. Damals war eine 23jährige Frau nahe einem Eisenbahngleis in Hampstead von zwei Männern angegriffen und vergewaltigt worden. Als sich Fälle dieser Art häuften, riefen die Ermittlungsbehörden von Surrey und Herfordshire gemeinsam mit der British Transport Police und Scotland Yard die Sonderkommission »Operation Hart« ins Leben. Dennoch hielt die Serie von Vergewaltigungen weiter an und gipfelte schließlich in Mord.

Als Mitte Januar 1986 die Leiche der 19jährigen Alison Day aus dem River Lea geborgen wurde, schloß noch niemand auf einen Zusammenhang mit der Vergewaltigungsserie. Als jedoch nach zwei weiteren Morden der Druck auf die Ermittlungsbehörden zunahm, wurde Professor David Canter von der Universität Surrey hinzugezogen. Der Forensiker, der sich auf Psychologie und Verhaltenforschung spezialisiert hatte, wurde gebeten, ein Profil des gesuchten Mörders zu erstellen. Das Profil beschrieb den Täter als einen weißen, verheirateten Mann um die 25 Jahre, der mit hoher Wahrscheinlichkeit in der Gegend von Kilburn/Cricklewood im Nordwesten Londons lebt. Er führe eine unglückliche Ehe, die höchstwahrscheinlich kinderlos geblieben war. All das traf auf den vorbestraften John Duffy zu.

Inzwischen war ein weiteres Mädchen vergewaltigt worden, das eine Beschreibung abgab, die ebenfalls auf den Verdächtigen paßte. Daraufhin wurde Duffy 1986 im Haus seiner Mutter festgenommen, wo zahlreiche Beweise gefunden wurden, die den Verdacht gegen ihn erhärteten. Nach einer zwei Monate andauernden Verhandlung vor dem Schwurgericht Old Bailey wurde John Duffy am 26. Februar 1988 zu siebenmal lebenslänglich verurteilt.

John Francis Duffy ist der erste Täter, der in Großbritannien mit Hilfe des »Psychological Offender Profil« (POP) gefaßt wurde.

Dumollard, Martin und Marie

1861 wurde in der Nähe von Lyon Martin Dumollard verhaftet, dem die Gendarmerie zehn Morde anlastete. Seine Opfer waren Dienstmädchen, denen der Franzose eine gutbezahlte Stellung als Hausmädchen auf dem Land in Aussicht stellte. Waren sie erst auf seinem abgelegenen Bauernhof angelangt, durchsuchte seine Frau Marie die Habseligkeiten der arglosen Frauen auf brauchbare Gegenstände. Dann war es Martin Dumollards Aufgabe, das Opfer mit einer Schlinge zu erwürgen oder zu erstechen und anschließend die Leiche verschwinden zu lassen. Die Garderobe der Ermordeten eignete sich seine Frau Marie an. Häufig tötete Dumollard die Frauen bereits auf dem Weg zum Hof: Er führte sie durch dunkle Waldgebiete, wo er sie vergewaltigte und erwürgte.

Als 1855 in der Nähe von Dumollards Hütte die Leiche einer jungen Frau gefunden wurde, galt er sofort als Hauptverdächtiger, da bekannt war, daß das Mädchen bei ihm beschäftigt gewesen war. Die Beweise reichten jedoch nicht aus, um ihn festzunehmen, und die Gendarmen mußten ihn bald darauf wieder laufen lassen.

Anfang des Jahres 1861 gelang es dem Dienstmädchen Marie Pichon, dem Mörder zu entkommen und die Gendarmerie zu alarmieren. Sie beschrieb ihren Angreifer als einen brutal aussehenden Mann mittleren Alters mit einer Knollennase, tiefliegenden Augen und buschigen Augenbrauen. Auf Grund der Personenbeschreibung fiel es den Gendarmen nicht schwer, Martin Dumollard ausfindig zu machen. Bei der Durchsuchung seines Grundstücks fanden sie bündelweise Frauenkleider und andere Gegenstände aus dem Besitz der verschwundenen Dienstmädchen.

Nach einem aufsehenerregenden Prozeß in Bourg wurde Martin Dumollard am 8. März 1862 auf der Guillotine hingerichtet. Seine Frau wurde wegen Anstiftung zum Mord lebenslänglich in die Kolonien verbannt.

Dutroux, Marc

Der Belgier Marc Dutroux galt in der belgischen Industriestadt Charleroi stets als unauffälliger Nachbar. Doch hinter der unscheinbaren Fassade des Sozialhilfeempfängers verbarg sich ein pädophiler Sadist und Serienmörder, der gemeinsam mit seiner 36jährigen Ehefrau Michèle Martin und weiteren Komplizen einen Kinderpornoring betrieb, der ihn innerhalb weniger Jahre zu einem wohlhabenden Immobilienbesitzer machte.

Nach einer Serie unaufgeklärter Kindesentführungen stieß die Gendarmerie im belgischen Charleroi auch auf den Namen des vorbestraften Kinderschänders Dutroux.

Nach der Festnahme des dringend Tatverdächtigen, seiner Frau und des Komplizen Michel Lelièvre am 13. August 1996 befreiten die Gendarmen die halbverhungerten Mädchen aus einem hinter einem Schrank im Keller des Dutroux-Hauses befindlichen Verlies. Dutroux gab zu, die Kinder vergewaltigt und sie dabei mit seiner Videokamera gefilmt zu haben. Als die Polizei das Anwesen der Dutroux' in Sars-la-Buissière durchsuchten, stießen sie auf die Leichen der beiden achtjährigen Mädchen Laetitia Delheze und Julie Lejeune sowie auf die Überreste seines ehemaligen Komplizen Bernhard Weinstein, der die Mädchen gemeinsam mit dem festgenommenen Lelièvre entführt hatte. Wenige Tage später stieß die Polizei auf die Leichen der 17jährigen An Marchal und der 19jährigen Eefje Lambreks, die der Mörder auf einem seiner Grundstücke in Jumet vergraben hatte.

Bereits Ende der 80er Jahre war der pädophile Belgier wegen sexuellen Kindesmißbrauchs in fünf Fällen zu einer Freiheitsstrafe von 13 Jahren verurteilt worden. Obwohl medizinische Gutachter vor einer Entlassung des »perversen Psychopathen« ausdrücklich gewarnt hatten, wurde Dutroux auf Anordnung des damaligen Justizministers Melchior Wathelet vorzeitig entlassen. Dutroux hatte noch nicht einmal ein Drittel seiner Strafe verbüßt, als er 1992 freikam. Nach Bekanntwerden der Morde, erzählte Wathelet, er habe lediglich auf die Mehrheit der Experten gehört, als er die vorzeitige Entlassung von Dutroux anordnete. Diese nachweisliche Lüge des Ex-Justizministers ist nur einer von zahlreichen Hinweisen, daß Dutroux von Komplizen in höchsten Justiz- und Regierungskreisen geschützt worden ist.

Damit gehen mindestens fünf Morde zu Lasten von Marc Dutroux, der vor dem Untersuchungsrichter behauptete, sein Mittäter Michel Lelièvre sei schuld an dem Tod der Mädchen, weil er ihnen nichts zu essen gegeben habe.

Dyer, Amelia Elizabeth

Die englische Serienmörderin Amelia Dyer ermordete in den 80er und 90er Jahren des 19. Jahrhunderts dermaßen viele Babys und Kleinkinder, daß sie sich nach ihrer Festnahme im Frühjahr 1896 selbst nicht mehr an die Anzahl ihrer Opfer erinnern konnte. Dyer war eine sogenannte »Babyfarmerin«, die ihren Lebensunterhalt damit bestritt, gegen Bezahlung den unerwünschten Nachwuchs wohlhabender Frauen zu adoptieren, die durch ein uneheliches Kind kompromittiert gewesen wären.

Die 57jährige Amelia Dyer entledigte sich der Verpflichtung, die Kinder aufzuziehen, indem sie die Babys strangulierte und sie anschließend in der Nähe von Reading in einen Kanal oder in die Themse warf. Da sich niemand um die Kinder sorgte oder sie vermißte, hätte Dyer wahrscheinlich jahrelang unbemerkt weitermorden können, wäre nicht im März 1896 ein Hausbootbesitzer auf der Themse auf eine in mehrere Lagen Packpapier gewickelte Säuglingsleiche gestoßen, die im Fluß trieb. Auf einem der Packpapierbögen fand die Polizei die Anschrift einer Mrs. Harding, 20 Wigotts Road, Caversham.

Mit Hilfe eines Lockspitzels wurde Mrs. Harding, wie sich Amelia Dyer zwischenzeitlich nannte, überführt, festgenommen und am 2. April 1896 wegen fünfzehnfachen Mordes unter Anklage gestellt.

Während des Prozesses wurde sie immer wieder gefragt, wie viele Babys sie ermordet und wo sie die Leichen gelassen habe. »Die von mir Ermordeten könnt ihr an den Strikken um den Hälsen erkennen«, entgegnete sie zynisch. Am 10. Juni 1896 wurde Amelia Elizabeth Dyer im Gefängnis von Newgate gehenkt.

Erskine, Kenneth – »Stockwell Strangler«

Kenneth Erskine wuchs ohne Eltern auf und fiel bereits als Kind negativ auf. So verbrachte der Eigenbrötler seine Schulzeit in häufig wechselnden Einrichtungen für schwererziehbare Kinder. Doch auch dort konnte er sich nicht anpassen, attackierte regelmäßig seine Mitschüler und widersetzte sich seinen Lehrern. Schon bald wurde Erskine wegen diverser Diebstahlsdelikte und Einbrüche mehrmals inhaftiert. Mit 18 Jahren verletzte er seinen Liebhaber mit mehreren Messerstichen. Es kam nie zu einer Anklage.

Vermutlich liegen in dieser Zeit die Ursachen seiner fehlgeleiteten Sozialisation, die schließlich seine Entwicklung bis hin zum Sexualmörder begünstigte. Als er seinen ersten Mord beging, hatte der Herumtreiber weder einen festen Job noch einen festen Wohnsitz. Anfang April 1986 überfiel er eine 78jährige alleinstehende Frau in ihrer Wohnung in Wandsworth und erwürgte die Greisin mit bloßen Händen. Als Eileen Emms Leiche entdeckt wurde, war sie regelrecht aufgebahrt worden, gerade so wie man Tote zur letzten Ruhe bettet. Die forensische Untersuchung ergab, daß sie vor oder nach ihrem Tod anal vergewaltigt worden war. Außer einem Handabdruck fand man noch einen Fingerabdruck in der Wohnung. Bereits zwei Monate darauf wurde in derselben Gegend die 67jährige Janet Crockett ermordet in ihrer Wohnung aufgefunden. Erskine hatte sie auf die gleiche Art und Weise hinterlassen wie sein erstes Opfer. Von da an tötete er in immer kürzeren Abständen weitere Menschen. Am 28. Juni 1986 erwürgte er in einer einzigen Nacht zwei Greisinnen in einem Altersheim. Drei weitere alte Menschen wurden bis Ende Juli Opfer eines gewaltsamen Todes, unter ihnen auch zwei Männer, die er ebenfalls anal vergewaltigt hatte. Mit einer Ausnahme wohnten alle Mordopfer im Südwesten Londons in Stockwell, was ihm in den Medien den Namen »Stockwell Strangler« einbrachte.

Erskine wurde am 28. Juli 1988 verhaftet, als er seinen Scheck von der Sozialfürsorge abholen wollte. Sein Handabdruck stimmte mit den an mehreren Tatorten hinterlassenen Spuren überein, und in einer Gegenüberstellung wurde er von einem überlebenden Opfer wiedererkannt, das er einen Monat zuvor angegriffen hatte.

Kenneth Erskine wurde wegen siebenfachen Mordes und einem Mordversuch angeklagt. Zwei weitere Mordfälle, die sich unmittelbar vor seiner Verhaftung ereignet hatten, konnten ihm nicht eindeutig nachgewiesen werden. Erskine, den man noch im Gerichtssaal fesseln mußte, um zu verhindern, daß er ständig masturbierte, erzählte dem Richter, daß er den Opfern mit einer Hand die Kehle zugedrückt und ihnen mit der anderen Mund und Nase zugehalten habe, um sie am Atmen zu hindern.

Kenneth Erskine wurde vom Londoner Central Criminal Court wegen siebenfachen Mordes zu sieben lebenslänglichen Freiheitsstrafen und wegen einem Mordversuch zu zwölf Jahren Gefängnis verurteilt. Als der Richter das Urteil verlas, grinste der Mörder nur.

Ferrari, Werner

Der im Dezember 1946 im Schweizer Kanton Aargau geborene Werner Ferrari galt, was Arbeitsleistung und Zuverlässigkeit anbetraf, stets als ausgezeichneter Arbeiter – einer, der oftmals freiwillig und unentgeltlich viel länger arbeitete als vorgeschrieben. Hinter dieser Schweizer Tugend verbarg sich jedoch eine völlig verkrüppelte Persönlichkeit, die erstmals am 6. August 1971 in einem Kindermord zum Vorschein kam. Das Opfer: der zehnjährige Daniel Schwan, den Ferrari auf einem Dorffest in Reinach angesprochen und nach einem sexuellen Annäherungsversuch in einem nahelegenen Waldstück erwürgt hatte. Für den Mord an Daniel Schwan wurde Werner Ferrari 1972 zu zwölf Jahren Zuchthaus verurteilt. Obwohl ihm die medizinischen Gutachter eine schwere Schizoidie, Gemütskälte und eine ausgesprochene Triebhaftigkeit attestierten und darauf hinwiesen, daß die »Sexualpädophilie von F. mit medizinisch psychiatrischen Maßnahmen nicht geheilt werden kann«, wurde er bereits 1979 wegen guter Führung vorzeitig entlassen.

Kurz nach seiner Entlassung beging er eine Serie von Kindermorden, die über neun Jahre andauerte. Insgesamt elf Mädchen und Jungen zwischen sechs und 14 Jahren wurden ermordet oder verschwanden, bis der Serienmörder schließlich am 30. August 1989 im Zusammenhang mit dem Mord an Fabienne Imhof in Hägendorf gefaßt werden konnte. Der im nur fünf Kilometer von Hägendorf entfernten Ort Olten wohnende Ferrari hatte die neunjährige Fabienne, die sich in Begleitung ihrer Freundin am 26. August auf dem Dorfrummel befand, angesprochen, entführt und vergewaltigt. Durch die Personenbeschreibung der Freundin konnte Werner Ferrari schließlich als der Täter überführt werden. Nach umfangreichen Verhören legte er ein detailliertes Geständnis ab, in dem er nicht nur den Mord an Fabienne Imhof, sondern auch drei weitere der insgesamt elf ihm angelasteten Morde zugab. Die Staatsanwaltschaft ist davon überzeugt, daß Ferrari auch für die anderen Sexualverbrechen verantwortlich ist.

Furlan, Mario und Abel, Wolfgang

Schon während der Schulzeit waren der Italiener Mario Furlan und der deutschstämmige Wolfgang Abel unzertrennliche Freunde. Beide lebten in Vororten der italienischen Stadt Verona und besuchten die Universität, wo sie als überdurchschnittlich intelligente Studenten galten. Furlans Vater war ein angesehener Veroneser Arzt, und Abel war der Sohn eines leitenden Direktors einer deutschen Versicherungsgesellschaft.

Trotz guter Startchancen fühlten sich die beiden jungen Männer nicht dazu berufen, in die Fußstapfen ihrer erfolgreichen Väter zu treten. Statt dessen begingen sie gemeinsam unzählige Morde in verschiedenen norditalienischen Städten.

Die Mordopfer stammten überwiegend aus gesellschaftlichen Randgruppen: Prostituierte, Homosexuelle, Zigeuner oder Drogenabhängige. Sie waren für Mario Furlan und seinen Komplizen Abel der »Abschaum der Gesellschaft«, den es »auszurotten« galt.

Der erste Mord, der den beiden »missionsorientierten« Serienkillern zugeordnet wurde, ereignete sich im August 1977. Damals war ein drogensüchtiger Zigeuner von unbekannten Männern angegriffen und bei lebendigem Leibe in seinem Auto angezündet worden.

Es folgten weitere Morde in Padua, Venedig, Vicenza, Verona und Trient. Jedesmal hinterließen Abel und Furlan schriftliche Mitteilungen am Tatort, in denen sie ihre Morde mit Sinnsprüchen und rassistischen Parolen begründeten. So zum Beispiel bezog sich die Nachricht »Der Tod sucht diejenigen heim, die den wahren Gott verraten« auf einen von ihnen ermordeten homosexuellen Geistlichen. Alle Nachrichten waren unterzeichnet mit dem Decknamen »Ludwig«.

Als Mario Furlan und Wolfgang Abel am 3. März 1984 dabei ertappt wurden, wie sie eine Großraumdiscothek in Mantua in Brand setzen wollten, wurden sie festgenommen. Nach ihrer Verhaftung endeten die Serienmorde abrupt. Bei einer Hausdurchsuchung von Abels Wohnung in Monte Ricco fanden die zuständigen Ermittler Beweise, daß der Deutsche der Urheber einiger »Ludwigschreiben« war, die am Tatort gefunden worden waren.

Furlan und Abel wurden 1986 vor Gericht gestellt und in zehn von insgesamt 27 Mordanklagen schuldig gesprochen. Da ihnen in einigen Fällen Unzurechnungsfähigkeit attestiert worden war, kamen sie mit einer Freiheitsstrafe von je 30 Jahren davon. Nach einem Berufungsverfahren wurden die Serienkiller, die sämtliche Morde bestritten hatten, 1990 in den offenen Strafvollzug verlegt.

Gamper, Ferdinand

Als am 8. Februar 1996 der deutsche Urlauber Hans Otto Detmering und seine Begleiterin, die einheimische Lehrerin Clorinda Cecchetti, in dem norditalienischen Städtchen Meran auf einem öffentlichen Platz der Stadt erschossen wurden, waren nicht nur die ermittelnden Carabinieri davon überzeugt, daß es sich um einen politischen Mord gehandelt haben müsse. Denn Detmering war ein leitender Angestellter der Deutschen Bundesbank. Der Fall machte weltweit als »Bundesbank-Mord« von sich reden.

Doch noch während Politik und Medien über die Hintergründe des Verbrechens spekulierten, ereignete sich in der darauffolgenden Woche ein weiterer Mord, diesmal an dem 58jährigen Landarbeiter Umberto Marchioro. Genau wie Detmering war auch diesem Mann mit einer Kleinkaliberwaffe aus kurzer Distanz in den Kopf geschossen worden. Am 27. Februar 1996, knapp drei Wochen nach dem dritten Mord, wurde Paolo Vecchiolini, der sich mit seiner Verlobten auf dem Heimweg befand, erschossen. Die unter Schock stehende Verlobte berichtete der Polizei, ein fremder Mann in einem blauen Trainingsanzug habe dem 36jährigen eine Pistole an den Kopf gehalten und abgedrückt.

Ballistischen Untersuchungen zufolge wurden alle Morde mit derselben Waffe ausgeführt: einer Derringer Kaliber .22, die eher als Sammlerstück und nicht gerade als Waffe eines professionellen Killers gilt.

Nachdem in einer Hütte in der Nähe des Anwesens des Schäfers Ferdinand Gamper eine fünfte mit Kopfschuß hingerichtete Person gefunden worden war, stürmte die Polizei das Anwesen, um den Mann für die Morde zur Verantwortung zu ziehen.

Die Beweggründe für die von Gamper begangenen Gewaltverbrechen werden wohl nie zu klären sein: Nachdem er sich zunächst einen Schußwechsel mit den Carabinieri lieferte, bei dem auch noch ein Polizist ums Leben kam, schrieb er auf ein Stück Papier: »Ihr seid zu spät!« und erschoß sich selbst.

Garnier, Gilles

Mitte des 16. Jahrhunders, als im Zuge der Inquisition der Glaube an Werwölfe, Hexen und Zauberei in Europa besonders stark verbreitet war, trieb der Kindermörder und Kannibale Gilles Garnier aus Lyon in Frankreich sein Unwesen. Der Bauer, der als ungeselliger Zeitgenosse galt und mit seiner Frau Apolline zurückgezogen auf dem Lande in Saint-Bonnot lebte, erdrosselte zwei Mädchen und zwei Knaben im Alter zwischen zehn und zwölf Jahren und aß verschiedene Körperteile seiner Opfer. Drei der von ihm ermordeten Kinder wiesen extreme Verstümmelungen auf, die davon herrührten, daß Garnier ihnen das Fleisch von den Schenkeln und Armen genagt hatte. Die Leiche eines von ihm erdrosselten zehnjährigen Jungen blieb seinen eigenen Angaben zufolge nur deshalb unversehrt, weil Garnier nach dem Mord beinahe entdeckt worden wäre und deshalb geflüchtet war. Die Kleidung der Kinder fand man Tage später unversehrt in der näheren Umgebung. Es galt als eine Eigentümlichkeit der Werwölfe, daß sie ihren Opfern die Kleidung ausziehen, ohne sie zu zerreißen.

Am 13. September 1573 wurden vom Court Souveraine Du Parlament in Dôle berittene Bauern aufgeboten, um mit Hellebarden, Lanzen und Arkebusen bewaffnet, Jagd auf den vermeintlichen Werwolf zu machen. Nach seiner Gefangennahme gestand Garnier die Morde ohne Umschweife und berichtete, daß ihm das Fleisch des einen zehnjährigen Mädchens so gut geschmeckt habe, daß er ein weiteres Körperteil von dem Kind abschnitt, um zu Hause auch seine Frau von dem zarten Fleisch kosten zu lassen. Garnier behauptete sich in einen »loup-garou«, einen Werwolf, verwandeln zu können und dann in der Tiergestalt seiner Fleischeslust nachzugehen. Eine Behauptung, die zur damaligen Zeit von den Behörden und Kirchen sehr ernst genommen wurde, zumal sie die durch Hexenverfolgung geprägte Kirchenpolitik bestätigte. Auch im übrigen Europa wurden Lust- und Sexualmörder als Werwölfe angeklagt und verurteilt. So auch der fünfzehnfache Mörder und Kannibale **Peter Stumpp**, der in Deutschland hingerichtet wurde. Gilles Garnier wurde im Januar 1574 in Dôle auf dem Scheiterhaufen verbrannt.

»Gay Slayer« siehe Ireland, Colin John

Georges, Guy – »Bastille-Mörder«

Jahrelang fahndete die Pariser Gendarmerie in der französischen Metropole nach einem Mann, der zwischen 1991 und 1997 sieben Frauen getötet hatte. Alle Mordopfer waren alleinstehend und berufstätig. Da sie alle vor ihrem Tod gefoltert, vergewaltigt und ihre Kehlen mit einem Messer oder Rasiermesser durchschnitten worden waren, war der Polizei schnell klar, daß sie es mit einem Serienmörder zu tun hatte. Die zuständigen Ermittlungsbehörden glaubten, daß der Täter nordafrikanischer Abstammung und zwischen 25 und 30 Jahren alt sein müsse. Diese Erkenntnis basierte auf der Aussage einer Frau aus den Niederlanden, die 1995 einer Attacke des »Bastille-Mörders« entkommen war. Sie beschrieb den Unbekannten, der ihr im Hausflur aufgelauert und sie mit vorgehaltenem Messer in ihre Wohnung gedrängt hatte, als einen akzentfrei französisch sprechenden Schwarzen mit kurzgeschnittenen dunklen Haaren und athletischer Figur. Darüber hinaus war in der Wohnung eines der Mordopfer ein blutiger Fußabdruck entdeckt worden, der nur von dem Mörder stammen konnte. Der Abdruck wies eine auffällige Fehlbildung auf: Der zweite Zeh war deutlich länger als alle anderen.

Im Verlauf der Ermittlungen verdichteten sich die Beweise gegen den obdachlosen Herumtreiber Guy Georges. Auf den 35jährigen paßte nicht nur die Beschreibung der Niederländerin, sondern auch sein genetischer Fingerabdruck stimmte mit den an den Tatorten gefundenen Spuren überein. Georges war kein unbeschriebenes Blatt: Bereits vor über zehn Jahren war der Mann karibischer Abstammung wegen einer versuchten Vergewaltigung verhaftet worden. Im Zusammenhang mit den Angriffen auf zwei Frauen hatte die Polizei schon 1995 eine DNA-Analyse durchgeführt, die nun, am 27. März 1998, zu seiner erneuten Ergreifung führte. Bislang gestand Guy Georges lediglich zwei der Morde.

Giudice, Giancarlo – »Diablo di Torino«

Zwischen dem 10. Januar 1984 und dem 29. Juni 1986 ermordete der italienische Serienkiller Giancarlo Giudice, der als »Diablo di Torino« bezeichnet wurde, sieben Frauen – ausschließlich Prostituierte. In allen Fällen handelte es sich um Sexualmord, und alle Opfer wiesen ähnliche Mißhandlungen auf: Sie waren teilweise mit Elektrokabel gefesselt und den Verletzungen zufolge offensichtlich heftig zusammengeschlagen und ausgepeitscht worden. Giudice hatte die meisten Leichen in den durch Turin fließenden Po geworfen, eine andere in ihrem ausgebrannten Wagen liegenlassen. Eine weitere Frau tötete er in ihrer Turiner Wohnung.

Giudice wurde spät in der Nacht des 29. Juni 1986 festgenommen, nachdem ein Augenzeuge den 32jährigen dabei beobachtet hatte, wie er eine Leiche aus seinem Wagen schleppte und sie von einer Brücke aus in den Fluß warf.

Nach der Durchsuchung seines Wagens stellte die Turiner Polizei eine Schußwaffe sicher, die ballistischen Untersuchungen zufolge mit der übereinstimmte, die ein Jahr zuvor beim Mord an der 47jährigen Addoralata Bienvenuto benutzt worden war. Als die Carabinieri Giudice im Verlauf der Verhöre auch zu den übrigen Mordfällen befragten, gestand er schließlich, daß er der »Teufel von Turin« sei. Ein Jahr darauf, am 26. Juni 1987, wurde der Serienkiller, der die Verbrechen auch vor Gericht einräumte, wegen siebenfachen Mordes schuldig gesprochen und zu einer lebenslänglichen Gefängnisstrafe verurteilt.

Gottfried, Gesche Margaretha

Die 1798 in Norddeutschland geborene Gesche Margaretha Gottfried gilt als eine der schlimmsten Serienmörderinnen des frühen 19. Jahrhunderts.

Bereits mit 15 Jahren hatte sie zahlreiche sexuelle Affären. Mit 17 heiratete sie den Geschäftsmann Mittenberg. Als sich wider Erwarten herausstellte, daß Mittenberg nicht nur arm, sondern auch ein schwer verschuldeter Trinker war, hatte sie bereits zwei Kinder von ihm. Für die junge Ehefrau, die sich nichts sehnlicher wünschte als ein sorgenfreies Leben zu führen, war die Ehe die Hölle, zumal ihr Mann sie immer häufiger verprügelte. Sie mißhandelte ihre Kinder und nahm sich eine Reihe Liebhaber, von denen sie sich mit teurem Schmuck und Kleidern aushalten ließ.

Einer davon war Hermann Gottfried, in den sie sich verliebte und den sie heiraten wollte.

Nachdem sie ihrer Mutter dabei zugesehen hatte, wie diese Käse mit Arsen bestreut hatte, um die Mäuseplage zu bekämpfen, nahm sie etwas von dem weißen Pulver an sich und versetzte das Bier ihres Mannes mit Arsen. Mittenberg starb noch in der gleichen Nacht. Die Ärzte diagnostizierten eine natürliche Todesursache, und so stand einer Neuvermählung nichts mehr im Wege.

Doch Hermann Gottfried hielt sie so lange hin, bis sie seiner überdrüssig wurde, und ihn mittels Arsenik ebenfalls ins Jenseits beförderte. Die junge Witwe, die wegen ihm zuvor ihre Eltern und Kinder getötet hatte, weil sie ihm im Weg standen, erbte zumindest sein Vermögen. Bald darauf mußte auch ihr Bruder sterben, weil er trank und seine Gewohnheiten sie an die ihres ersten Mannes erinnerten.

1825 zog Gesche Gottfried nach Bremen, wo sie ein großes Patrizierhaus erwarb. Als sie die Hypotheken nicht mehr bezahlen konnte, verkaufte sie das Haus an einen Stellmacher namens Rumf. Der zog mit seiner Familie in das Haus und erlaubte ihr, als Haushälterin bei der Familie zu bleiben. Nacheinander starben alle fünf Kinder und auch die Frau des Stellmachers. Als dieser selbst unter chronischen Magenkrämpfen zu leiden begann, ließ er Lebensmittelproben untersuchen: Sie enthielten eine hohe Konzentration an Arsenik.

Gesche Gottfried wurde am 5. März 1828 wegen sechsfachen Mordverdachts festgenommen. Ohne zu bereuen gab sie zu, insgesamt 30 Menschen vergiftet zu haben, von denen 16 gestorben waren. Vor Gericht sagte sie aus, daß die Morde ihr sexuelle Befriedigung verschafft hätten. Gesche Margaretha Gottfried wurde noch im gleichen Jahr angeklagt, verurteilt und mit dem Beil enthauptet.

Großmann, Carl Friedrich Wilhelm

In der Nacht vom 21. zum 22. August 1921 wurde in Berlin-Friedrichshain der Straßenhändler Carl Großmann wegen Mordes verhaftet. Ein Nachbar namens Itzig hatte aus der Wohnung des 58jährigen Straßenhändlers in der Langestraße 88 das Schreien und Wimmern einer Frau gehört und die Polizei alarmiert. Als der zuständige Oberwachtmeister Klähn die Tür einschlug, rannte Großmann völlig nackt und über und über mit Blut beschmiert zu einem Schrank, wo er eine Tasse mit einer Zyankalilösung aufbewahrt hatte, mit der er sich vergiften wollte. Nachdem der Polizist ihn überwältigt hatte, fand er unter der Decke seines Bettes eine gefesselte nackte Frau, die noch an Ort und Stelle starb. Es handelte sich um die 35 Jahre alte Marie Nitsche, eine Köchin aus Dresden, die wenige Stunden zuvor aus der Untersuchungshaftanstalt Moabit entlassen worden war. Großmann hatte die Frau erst am Nachmittag in Friedrichshain kennengelernt und mit ihr in verschiedenen Gaststätten Bier und Schnaps getrunken. Später hatte er ihr eine Arbeit als Haushälterin in Aussicht gestellt und sie überredet, gleich mit ihm nach Hause zu gehen. Eigenen Aussagen zufolge habe er sie dort mit ihrem Einverständnis gefesselt. Als er mit ihr verkehren wollte, habe es in ihrem Strumpf auffällig geknistert, und er habe festgestellt, daß Nitsche ihm 300 Reichsmark entwendet und sie dort versteckt hatte. Daraufhin sei er wütend geworden und habe mit einer Reibekeule auf sie eingeschlagen, gab er bei der Polizei an. Das erklärte jedoch nicht, weshalb er der gefesselten Frau mit Küchengeräten After und Geschlechtsteil penetriert und verstümmelt hatte. Großmann wurde verdächtigt, bereits seit 1913 Frauenmorde begangen zu haben. In der Nähe seiner jeweiligen Wohnungen waren immer wieder Leichenteile in Gebüschen und Wasserläufen gefunden worden. Allein im Jahr seiner Verhaftung untersuchte die Berliner Kripo 13 ungeklärte Sexualmorde. Seine Opfer waren Prostituierte und arbeits- und obdachlose Frauen, die aus der Provinz nach Berlin gekommen waren, um eine Stellung zu finden.

Wie viele Morde Carl Großmann begangen hat, konnte nie genau geklärt werden. Es gilt jedoch als gesichert, daß er alleine in dem halben Jahr vor seiner Verhaftung sechs bis acht Frauen ermordet hatte. Sechs der zuletzt als vermißt geltenden Frauen waren vor ihrem Verschwinden bei Großmann als »Wirtschafterin« angestellt.

»Ich habe noch andere Wirtschafterinnen gehabt, bin jedoch nicht mehr in der Lage, ihre Namen anzugeben«, sagte Großmann bei seiner polizeilichen Vernehmung und räumte gleichzeitig ein, mit allen Geschlechtsverkehr gehabt zu haben.

Carl Großmann, der am 13. Dezember 1863 in Neuruppin als Sohn eines Lumpenhändlers und einer geisteskranken Mutter geboren wurde, fiel schon früh durch Delikte wie Diebstahl, Erpressung und Körperverletzung auf. Mit 24 Jahren kam er wegen Vergewaltigung eines vierjährigen Mädchens erstmalig ins Zuchthaus. Von seinem dreiunddreißigsten bis zum sechsunddreißigsten Lebensjahr wurde er dreimal wegen Vergewaltigung Minderjähriger und wegen Unzucht mit Tieren verurteilt, nachdem er eine Ziege genotzüchtigt hatte. Nach seiner Entlassung vergewaltigte Großmann ein zwölfjähriges Mädchen und kam erneut ins Zuchthaus. Am Tag seiner Entlassung, am 1. April 1899, vergewaltigte er vormittags eine Zehnjährige und am Nachmittag ein vierjähriges Kind, das er derart quälte, daß es an den Verletzungen starb. Dafür kam er für 15 Jahre ins

Zuchthaus. Die Strafe verbüßte er in Bayern. Nach seiner Entlassung 1913 wurde er nach Berlin abgeschoben, wo er sich als fliegender Händler mit dem Verkauf von Streichhölzern und Schnürsenkeln durchschlug. Nachdem Nachbarn aus seiner Wohnung die Schreie einer 15jährigen gehört hatten, wurde Großmann erneut festgenommen. Er redete sich damit heraus, daß er dem Mädchen bloß Kleider von seiner Frau geben wollte. Da Großmann nie verheiratet war, stammten wahrscheinlich schon diese Kleidungsstücke von einem Mordopfer. Möglicherweise hatte er schon in Bayern weitere Sexualmorde begangen, die nie geklärt wurden.

Die Berliner Justizbehörden hatten es eilig, Carl Großmann den Prozeß zu machen. Zum Ärger der Kriminalbeamten wurden die Ermittlungen eingestellt und Großmann lediglich wegen drei Morden angeklagt.

Während seines Prozesses im Frühjahr 1922 vor dem Moabiter Landgericht, erhängte er sich in der Nacht vom zweiten auf den dritten Verhandlungstag an einem nur wenige Zentimeter über dem Fußboden befindlichen Nagel in seiner Zelle.

Gufler, Max

Zeit seines Lebens litt der Österreicher Max Gufler an den Folgen einer schweren Schädelverletzung, die er sich im Alter von neun Jahren bei einem Unfall zugezogen hatte. Infolgedessen wurde er immer wieder von unvorhersehbaren Tobsuchtsanfällen und Gewaltausbrüchen übermannt. Während des Zweiten Weltkriegs diente er als Ambulanzwagenfahrer bei der Wehrmacht. Bei Fronteinsätzen wurde Gufler erneut durch Granatsplitter am Kopf verletzt. Dadurch verschlechterte sich sein Zustand zusätzlich, so daß aus Max Gufler ein unberechenbarer Gewalttäter und letztlich ein Serienmörder wurde.

Doch zunächst arbeitete er nach dem Krieg in St. Pölten als Bücherverkäufer, bis er 1951 die Tochter eines Tabakhändlers kennenlernte. Weil er im Kiosk seines Schwiegervaters pornografische Fotos verkaufte, mußten alle drei ins Gefängnis. Nach seiner Entlassung beging er vermutlich seinen ersten Mord an der 50 Jahre alten Prostituierten Emilie Meystrzik, die 1952 mit eingeschlagenem Schädel in einer Absteige im Wiener Rotlichtbezirk gefunden wurde. Fortan befaßte sich Gufler mit Heiratsschwindel, indem er Frauen die Ehe versprach und sie umbrachte, sobald es ihm gelungen war, an ihr Vermögen zu gelangen. Zu diesem Zweck lud er seine Opfer zu einer Hochzeitsreise ein. Bei der erstbesten Gelegenheit versetzte er den Kaffee der Frauen mit Barbitursäure und warf sie unbekleidet in einen See, damit das Verbrechen wie ein Selbstmord aussah.

Nachdem Gufler im September 1958 Maria Robas ermordet hatte, wurde er in St. Pölten wegen des dringenden Tatverdachts festgenommen, seit Kriegsende 18 Frauen ermordet zu haben.

Das Wiener Schwurgericht konnte dem »Blaubart von Wien«, wie er mittlerweile in Österreich genannt wurde, lediglich acht Morde nachweisen. Max Gufler wurde im Mai 1961 trotz seiner Hirnverletzungen zu einer lebenslangen Kerkerstrafe verurteilt.

Haarmann, Friedrich Heinrich Karl – »Schlächter von Hannover«

Der homosexuelle Serienmörder Fritz Haarmann tötete zwischen 1918 und 1924 nachweislich 24 junge Männer, die er in den Wartesälen des Hannoveraner Hauptbahnhofs ansprach. Die meisten seiner Opfer waren Ausreißer und Strichjungen zwischen 15 und 21 Jahren, die er zu sich nach Hause lockte, indem er ihnen eine Nachtbleibe und etwas zu Essen in Aussicht stellte.

Haarmann kam als jüngstes von fünf Geschwistern am 25. Oktober 1879 als Sohn des Lokomotivheizers Karl Friedrich Haarmann und seiner Frau Johanne zur Welt. Zu seinem Vater habe dieser zeit seines Lebens ein angespanntes Verhältnis gehabt, da er ihn mit Demütigungen und Schlägen erzogen hatte, sagte er später. Außerdem sei er seit seinem sechsten Lebensjahr regelmäßig von seinem älteren Bruder sexuell mißbraucht worden und habe bis ins Erwachsenenalter unter Bettnässen gelitten.

Haarmann wurde frühzeitig von der Schule genommen, und weil er ein schlechter Schüler war, bekam er noch nicht einmal eine feste Stellung in der elterlichen Zigarrenfabrik. Nach einer gescheiterten Beziehung mit seiner Verlobten Erna Löbert entdeckte er seine homosexuelle Neigung. Haarmann lebte vom Handel mit Fleisch und gebrauchten Kleidungsstücken und bezog darüber hinaus eine Berufsunfähigkeitsrente, nachdem ihm ein Militärarzt »Nervenschwäche« attestiert hatte. 1918 tötete er sein erstes Opfer. In seiner Mansardenwohnung in der Celler Straße 27 biß er dem 17jährigen Herumtreiber Friedel Rothe im Liebesrausch die Kehle durch. Um den toten Körper leichter beseitigen zu können, zerstückelte er die Leiche. Haarmanns Wohnung wurde in dieser Zeit bereits mehrmals von der Polizei durchsucht, die den zwischenzeitlich vermißten Friedel Rothe bei ihm vermutete. Als sie ihn mit einem nackten Jungen im Bett erwischte, verhaftete man ihn wegen sexueller Unzucht, ließ ihn aber kurz darauf wieder gehen. Haarmann behauptete später, er habe fürchterliche Angst gehabt, die Polizei könnte den Kopf entdecken, der sich zu dieser Zeit hinter dem Ofen in seiner Wohnung befand.

Doch er mordete weiter: Immer wieder nahm er »Puppenjungs« mit zu sich, mit denen er masturbierte und oralen Sex hatte. Und manch einem wurden Haarmanns sexuelle Gelüste zum Verhängnis, die darin gipfelten, seinen Opfern in die Halsschlagader oder in den Kehlkopf zu beißen. Bei der anschließenden Zerstückelung der Leichen habe er keine sexuelle Erregung verspürt, erklärte Fritz Haarmann nach seiner Verhaftung. Er zerlegte die toten Körper mit einem Küchenmesser und einem Beil. Nachbarn sagten später bei der Gerichtsverhandlung aus, ein ständiges Klopfen und Hacken aus seiner Wohnung gehört zu haben. Öfters habe man ihn dabei beobachtet, wie er mit gefüllten Eimern mehrmals hintereinander über den Hof zu den Toiletten ging. Die schwerer zu entsorgenden Knochen und einige Schädel seiner Opfer trug er in einer Aktentasche zur nahegelegenen Leine und warf sie ins Wasser. Daß er das Fleisch seiner Opfer verkauft habe, hat Haarmann bis zuletzt bestritten.

Obwohl bei der Hannoveraner Polizei zahlreiche Vermißtenanzeigen eingingen, blieb man lange Zeit passiv. Auch als im Frühjahr 1924 skelettierte Menschenschädel am Leine-Ufer angespült wurden, tat man dies zunächst als Scherz Göttinger Medizinstudenten ab. Doch die Unruhe innerhalb der Bevölkerung wuchs und parallel dazu der Druck auf die Polizei: Kriminalinspektor Hermann Lange beauftragte einen Pathologen, die Knochenfunde zu untersuchen. Dieser stellte fest, daß es sich bei den Funden durchweg um Schädel sehr junger Männer handelte, die mit einem scharfen Instrument vom Körper abgetrennt worden waren. Alles deutete auf einen multiplen Mörder hin, den man im homosexuellen Milieu vermutete. Mit auf der Liste der Verdächtigen: Fritz Haarmann. Haarmann war der Polizei bestens bekannt und hatte viele Jahre seines Lebens in Zuchthäusern und Besserungsanstalten verbracht. Sein Vorstrafenregister reichte von damals verbotener »homosexueller Unzucht« bis hin zu Betrug und Diebstahl. Die Polizei hatte sich seine Verbindungen zum Milieu zunutze gemacht, indem sie ihn als Spitzel beschäftigte.

Doch nun ließ man ihn beschatten, konnte ihm aber dennoch nichts nachweisen. Haarmann lieferte sich schließlich selbst ans Messer: Im Juni 1924 brachte er den 15jährigen Fürsorgezögling Kurt Fromm zur Polizei und bat die Wachtmeister den Jungen festzunehmen, da er falsche Papiere habe und ihn und andere Passanten bedränge. Kurt Fromm hingegen bezichtigte Haarmann, ihn mit einem Messer bedroht zu haben und bat um Sicherheitsgewahrsam. Kommissar Lyss von der Sittenpolizei ließ sich nicht lange bitten und nahm gleich beide fest. Nun galt es, Haarmann, ohnehin der Hauptverdächtige im Fall der ermordeten Jungen, festzunageln. Er gestand zunächst sieben Morde, nachdem die Eltern eines ermordeten Jungen die Jacke ihres Sohnes im Besitz eines anderen jungen Mannes gesehen hatten, der die Jacke wiederum von Haarmann hatte.

Am 4. Dezember 1924 begann die Verhandlung vor dem Landgericht in Hannover, die bis zum 19. Dezember andauerte. Haarmann wurde wegen Mordes in 24 Fällen zum Tode verurteilt. Drei weitere ihm angelastete Morde mußten mangels Beweisen fallengelassen werden. Nachdem Haarmann mit gutem Appetit seine letzte Mahlzeit, bestehend aus drei Harzer Käse, Schinken und Brot verspeist hatte, wurde er am Morgen des 15. April 1925 um sechs Uhr zur Guillotine geführt, die auf dem Hof des Landgerichts aufgebaut worden war.

Sein Kopf befindet sich noch heute im Gerichtsmedizinischen Institut in Göttingen. Hirnuntersuchungen belegen, daß Friedrich Haarmann aufgrund einer Gehirnanomalie hebephrenisch – schizophren – veranlagt und damit nach heutigen Maßstäben nicht zurechnungsfähig war.

Haigh, John George – »Acid Bath Murderer«

John George Haigh wurde 1910 als einziges Kind der Familie Haigh in Stamford in Lincolnshire geboren. Seine Eltern, die einer religiösen Sekte angehörten, hatten ihn sehr streng erzogen. Sportliche Aktivitäten und andere Vergnügungen Gleichaltriger mißbilligten sie zutiefst. In der Schule bereitete es ihm Vergnügen, Mitschüler voller Schadenfreude Schmerzen zuzufügen. Nach Beendigung der Schulzeit übte er eine Reihe von Jobs aus und heiratete im Jahre 1934 Beatrice Hamer, die er nach wenigen Monaten verließ. Haigh wurde mehrmals wegen Betrugs und Unterschlagung festgenommen. Während einer seiner Zuchthausaufenthalte begann er Gefallen daran zu finden, Mäuse in Säure aufzulösen. Diese Experimente sollten kurze Zeit später eine besondere Bedeutung in seinem Leben erlangen. Kurz nach einer Haftentlassung 1943 mietete er in der Gloucester Road 79 in Crawley einen Raum im Keller, um dort eine Werkstatt einzurichten. Doch das Geschäft lief schlecht, und Haigh war finanziell bald völlig abgebrannt.

Sein Augenmerk fiel auf seinen wohlhabenden Vermieter William Donald McSwan. 1944 knüppelte er den Nichtsahnenden nieder, nahm ihm Papiere, Geld und eine wertvolle Uhr ab und legte den Bewußtlosen in einen Tank mit Schwefelsäure. McSwans Körper begann sich allmählich zu zersetzen. Den Eltern des toten Mannes, Amy und Donald McSwan, erzählte der gerissene Verbrecher, ihr Sohn habe sich abgesetzt, um seiner Einberufung in die Armee zu entgehen. Anhand gefälschter Urkunden gingen sämtliche Besitztümer des Toten auf Haigh über. Er bediente sich auch von McSwans Lebensmittelkarten. Als der alte McSwan und seine Frau durch ihre Fragerei allmählich unbequem wurden, beschloß der Mörder zu handeln: Er lockte die McSwans in seine Werkstatt und ermordete das Ehepaar. Während sich die McSwans im Tank zersetzten, ergaunerte John G. Haigh sich anhand ihrer Ausweise das Vermögen der Familie im Wert von über 10000 Pfund.

Im Februar 1948 ermordete er einen weiteren Bekannten und dessen Frau und stahl deren Besitztümer. Zwischenzeitlich hatte sich Haigh mit der reichen Witwe Olive Durand-Deacon angefreundet. Als ihn die Frau am 18. Februar 1949 besuchte, schoß er ihr mit einer 38er Webley ins Genick und ließ auch ihre Leiche im Säuretank abtauchen.

Nach dem Verschwinden der alten Dame verhörte die Polizei einige ihrer Bekannten, darunter auch John G. Haigh. Er verhielt sich verdächtig, woraufhin sich die Ermittler in seiner Werkstatt umschauten. Sie fanden die Waffe und entdeckten auch Blutspuren. Genug Indizien, um den Mann unter Arrest zu stellen. Haigh war jedoch anderer Auffassung: »Ohne Leiche kein Mord!« posaunte er, nachdem er sorglos den Mord an Durand-Deacon zugegeben hatte. Doch in der öligen Masse auf dem Grund des Tanks fanden die Ermittler eine rote Plastikhandtasche und ein paar falsche Zähne, die sich nicht aufgelöst hatten und von der verschwundenen Frau stammten.

Haigh änderte seine Strategie. Nun erzählte er, er sei ein Vampir, und um zu überleben, habe er von dem Blut seiner

Opfer getrunken, bevor er ihre Körper in das Säurebad warf. Doch der Versuch, Geistesgestörtheit vorzutäuschen, um einer Hinrichtung zu entgehen, scheiterte. Das Schwurgericht von Lewes/Sussex schenkte den Vampirgeschichten des »Acid Bath Murderers« keinen Glauben und verurteilte ihn nach fünfzehnminütiger Beratung zum Tode. Am 10. August 1949 legte der Henker im Wandsworth Prison John Haigh die Schlinge um den Hals.

Hare, William siehe Burke, William
»Havelripper« siehe Wenzinger, Gerd

Heath, Neville George Clevely

Der 1917 im englischen Guildford geborene Neville Heath war sowohl von der südafrikanischen als auch der britischen Armee unehrenhaft entlassen worden und saß des öfteren wegen Betrugs und anderer Delikte im Zuchthaus. 1946 kam er nach London und wohnte im Pembridge Court Hotel in Notting Hill. Der charmante und gutaussehende Mann hatte kurz nach seiner Ankunft eine geschiedene Frau kennengelernt, der er sich als Colonel Bill Armstrong vorgestellt hatte. Am 20. Juni verabredete er sich mit ihr zum Dinner.

Am darauffolgenden Tag fand eine Putzfrau die tote Mrs. Gardner in Heaths Zimmer. Heath hatte sie auf dem Bett gefesselt und ihr Gesicht bis zur Unkenntlichkeit zerschlagen. Ihr Körper war übersät mit blutigen Striemen. Blut war auch aus der Vagina der Leiche geströmt, in die er einen Gegenstand hineingestoßen hatte. Der Gerichtsmediziner fand heraus, daß sie noch gelebt hatte, als er ihr fast die Brustwarzen abbiß, bevor er sie schließlich erstickte und mit der Bettdecke bedeckte. Kurze Zeit später wurde ein Fahndungsbild von Neville Heath an alle Polizeistationen in England geschickt. Um sich zu entlasten, schrieb Heath einen Brief an Scotland Yard, in dem er sich zum Fall Gardner äußerte. Er habe die Frau erst kurz vor ihrem Tod kennengelernt und während ihrer letzten Verabredung sei einer ihrer Bekannten aufgetaucht, dem sie noch etwas schuldig war. Er habe den beiden als Gegenleistung sein Hotelzimmer bis zwei Uhr nachts zur Verfügung gestellt. Als er später dort auftauchte, habe sie leblos auf dem Bett gelegen.

In Bournemouth checkte Heath in einem Hotel als Oberst der Royal Air Force, Kapitän Rupert Brooke ein. Am Abend des 3. Juli 1946 traf er sich mit einer Frau namens Doreen Marshall zum Dinner. Drei Tage später fand man ihre nackte Leiche mit durchschnittener Kehle in einem Gebüsch. Offensichtlich hatte Heath seine Raserei gesteigert und ihr noch mehr Verstümmelungen zugefügt als seinem ersten Opfer. Ihre Brustwarzen waren abgebissen worden und ihr Körper mit einem Messer aufgeschlitzt. Ihre Scheide war mit einem Gegenstand aufgerissen worden.

Die Polizei durchsuchte Heaths Hotelzimmer und fand eindeutige Beweismittel: ein blutbeflecktes, zur Schlinge geknotetes Taschentuch, an dem noch Haare der Frau hingen, sowie einen Gepäckaufbewahrungsschein zu einem Schließfach im Bahnhof von Bournemouth, in dem die Peitsche gefunden wurde, mit der Gardner mißhandelt worden war.

Am 24. September 1946 wurde Neville Heath wegen des Mordes an Margery Gardner in Old Bailey vor Gericht gestellt, zum Tode verurteilt und am 16. Oktober 1946 im Pentonville Prison gehenkt.

»Heidemörder« siehe Holst, Thomas
Hindley, Myra siehe Brady, Ian
Hoffmann, Karl siehe Pleil, Rudolf

Holst, Thomas – »Heidemörder«

Als der Hamburger Thomas Holst kurz nach Weihnachten 1990 von der Kriminalpolizei verhaftet wurde, weil er im Verdacht stand, die 22jährige Kosmetikschülerin Lara Holz vergewaltigt und erdrosselt zu haben, glaubten alle, die den 26jährigen kannten, daß es sich um einen Irrtum handeln mußte. Schließlich war der bekennende Pazifist und Kriegsdienstverweigerer nicht nur ein engagierter Tierschützer, sondern auch ein aktives Mitglied im Christlichen Verein Junger Männer. Dabei war der überdurchschnittlich intelligente Holst bereits in frühester Kindheit durch sein gestörtes Verhalten aufgefallen und kam schon im Alter von sechs Jahren in die psychosomatische Abteilung der Kinderklinik Rothenburgsort. Dort wurde Holst mit schweren Psychopharmaka ruhig gestellt. Die Ärzte bescheinigten ihm eine neurotische Störung, verursacht durch erzieherische Unsicherheiten der Mutter und empfahlen eine weitere Medikation mit der pharmakologischen Zwangsjacke.

Als Heranwachsender wurde Thomas Holst ruhiger, besuchte eine Fachhochschule für Grafikdesign, machte sein Fachabitur und begann eine Lehre als Werbefachmann.

Seinen ersten Mord beging er im November 1987 an der 20jährigen Andrea Grube-Nagel. In seiner Mansardenwohnung in Hamburg-Blankenese vergewaltigte er die Studentin und erdrosselte sie mit einem Kabel. Ihre verstümmelte Leiche ließ er auf einem Feldweg außerhalb von Hamburg zurück.

Im Januar 1988 wurde Holst im Anschluß an die Entführung und Vergewaltigung einer 19jährigen Schülerin festgenommen, doch da er strafrechtlich bislang nicht in Erscheinung getreten war, kam er mit einer geringfügigen Bewährungsstrafe davon. Wenig später, am 10. Februar 1988, verschleppte er die 29jährige Petra Maaßen in seine Wohnung, vergewaltigte die zweifache Mutter und verstümmelte ihren Körper mit Nadeln und einem Graphikermesser, bevor er sie erwürgte. Mittlerweile lebte Holst zusammen mit seiner Freundin in der Lüneburger Heide. Nachdem er wenige Wochen nach seinem dritten Mord – an der Kosmetikschülerin Lara Holz – verhaftet worden war, dauerte es fast drei Jahre, bis er die ihm zur Last gelegten Morde gestand.

Beim Prozeß vor dem Hamburger Landgericht bescheinigte ihm der Gutachter Dr. Horn, daß er bei der Begehung seiner Verbrechen durchaus steuerungsfähig gewesen sei. Nachdem Holst bereits vom Landgericht in Stade zu einer langjährigen Haftstrafe wegen Totschlags verurteilt worden war, verhängte die Große Strafkammer in Hamburg eine lebenslange Haftstrafe wegen zweifachen Mordes gegen ihn und verordnete zusätzlich seine Unterbringung in der geschlossenen Psychiatrie.

Am 27. September 1995 verhalf ihm eine Therapeutin zur Flucht aus der Psychiatrischen Anstalt in Ochsenzoll. Erst drei Monate später stellte sich Thomas Holst den Behörden. Im März 1997 fand in einer Hamburger Untersuchungshaftanstalt die Trauung zwischen Holst und seiner ehemaligen Therapeutin statt, die wegen Beihilfe zur Flucht zu einer Bewährungsstrafe verurteilt worden war.

Honka, Fritz

Am 17. Juni 1975 drangen Feuerwehrleute in die Hamburger Wohnung des 39 Jahre alten Wachmanns Fritz Honka ein, nachdem es in einer Nachbarwohnung in der Zeißstraße 74 im Stadtteil Altona zu einem Brand gekommen war.

Trotz des Qualms und zahlreicher Duftkapseln, die in der Mansardenwohnung verteilt waren, fiel den Feuerwehrleuten ein durchdringender Verwesungsgeruch auf. Auf der Suche nach Brandnestern entdeckten sie in den Räumen die Ursachen des Gestanks: die verstümmelten und teilweise mumifizierten Überreste von vier Frauen, die Honka seit 1970 ermordet hatte. Es handelte sich um die Leichen von Ex-Prostituierten und Alkoholikerinnen jenseits der 50, die sich für ein paar Biere und Schnäpse mit Fritz Honka eingelassen hatten.

Die Frauen verkehrten zu Lebzeiten in der nahe der Reeperbahn gelegenen Kneipe »Zum goldenen Handschuh«, die in den 70er Jahren als Sammelbecken für jene galt, die in der Glamourwelt des Rotlichtviertels Sankt Pauli keinen Platz mehr hatten. Auch Honka, der nicht nur durch seine Körpergröße gehandikapt war, sondern auch extrem schielte, war dort regelmäßig zu Gast.

Der 1934 geborene Honka wuchs in einem Lager für Kinder von KZ-Insassen auf, weil seine Mutter nicht in der Lage war, ihn und die übrigen acht Geschwister großzuziehen. Als Heranwachsender versuchte er sich mit einer Maurerlehre, die er jedoch bald abbrach. Noch vor dem Bau der Mauer floh Honka in den Westen, wo er sich als Hilfsarbeiter durchschlug und schließlich in Hamburg landete. Zwei Ehen scheiterten, weil er im Übermaß Alkohol trank. Nachdem er eine Arbeit als Wachmann bei einem Sicherheitsunternehmen gefunden hatte und in die Zeißstraße gezogen war, beging er seinen ersten Mord.

Bei den polizeilichen Vernehmungen erzählte er, daß ihn die Frauen wegen seines Aussehens und seines Schielens ausgelacht hätten. »Sie haben mich beleidigt, da hab' ich sie totgemacht!«

Bei seiner Verhandlung im November 1976 vor dem Schwurgericht in Hamburg erklärte Fritz Honka, daß er sich an nichts erinnern könne, und widerrief seine zuvor gemachten Aussagen. Anfang 1977 wurde er zur Unterbringung in einer psychiatrischen Anstalt für die Dauer von mindestens 15 Jahren verurteilt. Anfang der 90er Jahre wurde der vierfache Frauenmörder freigelassen, mußte jedoch 1998 aufgrund einer Erkrankung erneut in die Klinik eingeliefert werden. Am 19. Oktober 1998 starb Fritz Honka in der Klinik Ochsenzoll im Alter von 63 Jahren.

Ireland, Colin John – »Gay Slayer«

Gleich in zweifacher Weise war der Londoner Colin Ireland ein »organisierter Täter«: Ireland hatte nicht nur seine Verbrechen bis ins kleinste Detail geplant, sondern sich auch zum Ziel gesetzt, als Serienkiller in die Kriminalgeschichte einzugehen.

Er haßte Homosexuelle – sie sollten seine Opfer werden. Irelands erstes Mordopfer war Peter Walker, ein homosexueller Theaterdirektor aus dem Londoner West End, den er am 8. März 1993 angesprochen hatte. Wenig später fand man den 45jährigen mit Kondomen gefesselt in seinem Bett. Ireland hatte ihm eine Plastiktüte über den Kopf gezogen, und Walker war erstickt.

Über zwei Monate später, am 28. Mai, tötete Ireland den

37jährigen Bibliothekar Christopher Dunn. Mit dem Versprechen eines sexuellen Abenteuers hatte er Dunn mit in seine Wohnung genommen und gefesselt. Danach bestahl er den Mann und hielt ihm ein brennendes Feuerzeug an die Hoden, bis er den Pin-code seiner Bankkarte verriet. Doch Irelands eigentliche Absicht war, seine »fünf vollzumachen«, und so erwürgte er den Mann.

Zunächst gab es keine Hinweise auf den Täter. Erst nach dem Mord an dem 41jährigen, aus Malta stammenden Emanuel Spiteri trat Ireland erstmals in Erscheinung: In einem anonymen Anruf teilte er Scotland Yard den Fundort des letzten Opfers mit und kündigte an, in einem Turnus von je einer Woche weitere Männer zu töten. Der geltungssüchtige Ireland hatte auch die Tageszeitung »Sun« informiert, die aus erster Hand über die Mordserie berichtete. Die Anonymität währte nicht lange: Eine Überwachungskamera am Bahnhof Charing Cross hatte Colin Ireland mit seinem fünften und letzten Mordopfer aufgezeichnet.

Ireland wurde im Juli 1993 verhaftet. In seiner Gerichtsverhandlung im Old Bailey bekannte sich der 39jährige schuldig und wurde schließlich am 20. Dezember 1993 zu fünfmal lebenslänglich verurteilt. Es besteht der Verdacht, daß er im Wakefield Prison in Yorkshire für einen weiteren Mord an einem Mithäftling verantwortlich ist.

Italienischer Prostituiertenmörder

Kaum hatte sich die Region um die beliebten Urlaubsorte an der italienischen Riviera von den Schrecken des achtzehnfachen Serienkillers **Donato Bilancia** erholt, der im Frühjahr 1998 verhaftet worden war, erschütterte erneut eine Reihe von Morden die norditalienische Bevölkerung.

Dem mutmaßlichen Serienmörder wurden bislang insgesamt drei brutale Frauenmorde zugeordnet, die sich innerhalb eines Jahres zwischen Mailand und Bergamo ereignet hatten. Die Mordopfer stammten allesamt aus dem Rotlichtmilieu und waren vom Straßenstrich zwischen den beiden norditalienischen Städten bekannt.

Neben den Morden waren im gleichen Zeitraum zahlreiche weitere Straßenmädchen in der Gegend von einem Unbekannten angegriffen und niedergeschlagen worden.

Hatte die Polizei zunächst noch an verschiedene Täter geglaubt, nahm im Dezember 1998 nach der Entdeckung des dritten Mordes die Befürchtung Gestalt an, daß es sich bei den Prostituiertenmorden höchstwahrscheinlich um einen einzelnen Täter handeln müsse. Ähnlich wie bei den vorhergehenden Fällen hatte das Opfer, eine 40jährige Frau, auf dem Straßenstrich auf Kundschaft gewartet, als der Unbekannte angehalten hatte, um mit der Frau einen Preis auszuhandeln. Polizeilichen Rekonstruktionen zufolge war die Frau in den Wagen ihres Mörders eingestiegen und hatte mit ihm Geschlechtsverkehr. Anschließend mußte der Freier plötzlich einen Gegenstand hervorgeholt und damit heftig auf die Frau eingeschlagen haben, so daß sie an den Verletzungen starb. Die polizeilichen Ermittlungen im Fall des »Italienischen Prostituiertenmörders« dauern noch an.

»Jack l'éventreur du sud-est« siehe Vacher, Joseph

Jack the Ripper

Kein Serienmörder wurde annähernd so bekannt wie der legendäre »Jack the Ripper«, der im Herbst 1888 mit einer Folge grausamer Prostituiertenmorde das Londoner East End in Atem hielt. Der »Autumn of terror« begann an einem kalten Herbsttag im August 1888 und endete überraschend knapp zweieinhalb Monate später.

Armut, Prostitution und verlauste Pensionen prägten das Stadtbild im heruntergekommenen Slum Whitechapel, in dem der Ripper seine Metzeleien beging. Die Opfer: Prostituierte, die im Leben gescheitert waren und nun ein elendes Dasein in den Gossen und Logierhäusern führten.

Mary Ann Nicholls, genannt »Polly«, wurde das erste Opfer des nie identifizierten Mörders. Zwei Marktträger fanden sie am Morgen des 31. August in der Bucks Row, unweit einer Pferdeschlachterei. Die Männer dachten zunächst, es handele sich um eine Betrunkene, die ihren Rausch ausschlief, doch dann bemerkten sie, daß die Frau völlig reglos dalag. Irgend jemand hatte der 42jährigen die Kehle von einem Ohr zum anderen durchschnitten und ihren Unterleib mit zahllosen Messerstichen verwüstet.

Eine Woche später, am 8. September, fand man im Hinterhof der Hanbury Street 29 die Leiche der 47jährigen Prostituierten Annie Chapman. Die Witwe war ebenfalls gräßlich verstümmelt, und ihre Gebärmutter war herausgetrennt worden und fehlte.

Eine Welle der Angst und Empörung breitete sich im viktorianischen England aus. Bürgerwehren liefen Tag und Nacht Streife, während die Polizei mit Hinweisen überhäuft wurde, weil manch einer die Gelegenheit ausnutzte, um seinen verhaßten Nachbarn als vermeintlichen Ripper zu denunzieren. Weil die Polizei den offensichtlich psychopathischen Lustmörder nicht ausfindig machen konnte, wuchs die öffentliche Kritik. In ihrer Hilflosigkeit führte sie mehr oder weniger willkürlich Verhaftungen durch und konnte nicht verhindern, daß Jack the Ripper, wie zum Hohn, in der Nacht des 30. September gleich zweimal tötete. Wie die vorherigen Mordopfer waren auch die 44jährige Elizabeth Stride und die 43jährige Catherine Eddowes Straßendirnen. Letzterer hatte der Serienkiller die Gebärmutter und eine Niere herausgeschnitten.

Am nächsten Tag ging bei einem Londoner Nachrichtenbüro ein Brief ein, in dem ein anonymer Schreiber, der sich »Jack the Ripper« nannte, weitere Morde ankündigte. Zwei Wochen später tauchte ein Päckchen mit einer halben menschlichen Niere auf. Die andere Hälfte, so der Schreiber, habe er gebraten und verspeist. Auch dieser Brief war mit »Jack the Ripper« unterzeichnet.

Am 9. November fand ein Vermieter die völlig ausgeweidete Leiche seiner 24jährigen Untermieterin Mary Jane Kelly in ihrem kargen Pensionszimmer. Sie lag mit durchtrennter Kehle nackt auf ihrem Bett. Ohren und Nase waren abgetrennt worden, und ihre Organe, Nieren und Herz, sowie die Brüste lagen auf dem Tisch neben der Toten. Danach brach die Mordserie abrupt ab.

Genauso geheimnisvoll wie der Ripper aufgetaucht war, verschwand er auch und hinterließ unzählige Fragen. Wer war der Ripper? Wieso hörten die Morde plötzlich auf? Bis zum heutigen Tage beschäftigt dieses Phänomen »Jack the Ripper« ganze Hundertschaften von Schriftstellern und Publizisten.

Bereits am 3. April 1888 war die 45jährige Emma Elizabeth Smith und am 7. August die 29jährige Martha Tabram ermordet in Whitechapel aufgefunden worden.

Am 16. Juli 1889, ein halbes Jahr nach dem Mord an Mary Jane Kelly, wurde die Leiche der 40jährigen Alice McKenzie gefunden. Obwohl ihr Körper exakt die gleichen Verstümmelungen wie die Ripper-Opfer aufwies, beeilte sich die Polizei zu versichern, daß der Mord an McKenzie nicht von »Jack the Ripper« verübt worden war. Letztendlich wird die Identität des Rippers wohl ein Geheimnis bleiben.

Jack the Stripper

Am 2. Februar 1964 entdeckte ein Spaziergänger, der die Hammersmith-Brücke in London überquerte, die Umrisse eines weiblichen Körpers im Wasser treiben. Nachdem Beamte die Frauenleiche, die bis auf die Strümpfe entkleidet war, aus der Themse gefischt hatten, wurde die Unbekannte zur Pathologie des Metropolitan Police Forensic Laboratory gebracht. Die Autopsie ergab, daß es sich bei der offensichtlich Ermordeten um eine 30jährige schwangere Frau handelte. In ihrem Mund steckte ihr Slip. Schon bald stellte sich heraus, daß die Tote die seit geraumer Zeit vermißte Londoner Prostituierte Hanna Tailford war. Dies bildete den Auftakt zu einer Mordserie, der im Laufe eines Jahres fünf weitere Frauen zum Opfer fallen sollten.

Zwei Monate später, am 18. April, fand man eine weitere weibliche Leiche direkt unter der Barnes Bridge, unweit des ersten Fundorts. Sie war nackt und ebenfalls erwürgt worden. Bei Scotland Yard war man sich darüber einig, daß die Frau demselben Täter zum Opfer gefallen war. Sie wurde als die 26jährige Prostituierte Irene Lockwood identifiziert.

Bald darauf erfolgte der nächste Leichenfund: Helen Barthelemy, ebenfalls aus dem Milieu. Zwar wies ihre Leiche keinerlei Spuren einer Penetration auf, hatte jedoch Spermaspuren in ihrer Kehle. Die Pathologen fanden ein Indiz, das eventuell Rückschlüsse auf den Mörder zuließ: Auf der Haut der Leiche entdeckten sie Farbpartikel, die Untersuchungen zufolge von Autolack stammten.

Es dauerte nicht lange, bis der unbekannte Mörder, den Polizei und Medien in Anlehnung an den berühmt-berüchtigten Prostituiertenmörder **Jack the Ripper** fortan »Jack the Stripper« nannten, erneut tötete. Mitte Juli wurde die 30jährige Prostituierte Mary Fleming tot aufgefunden. Der Stripper hatte sie oral mißbraucht, nachdem er ihre Zahnprothese entfernt hatte. Auch an ihr fand man Farbspuren. Nachdem am 25. November 1964 und im Februar 1965 zwei weitere Frauenleichen entdeckt wurden, an denen man dieselben Spuren feststellte, glaubte die Polizei endlich einen Anhaltspunkt gefunden zu haben und observierte das Fabrikgelände des Heron Trading Estate in Acton, wo die letzte Tote gefunden worden war. Detective Chief Superintendent John du Rose ging bei der Observation des Fabrikgeländes bis an die Grenze der Geschäftsschädigung. Die Aktion war insofern erfolgreich, als daß weitere Strippermorde ausblieben. Eine Überprüfung der in Frage kommenen Angestellten führte schließlich zu drei Hauptverdächtigen. Unter ihnen ein 45 Jahre alter Junggeselle, der als Angestellter einer Wachschutzfirma unbegrenzt Zugang zum Heron Trading Estate hatte. Als er in das Visier der Fahnder geriet, nahm er sich das Leben und hinterließ einen Zettel mit der Notiz: »Ich kann es nicht länger ertragen.« Die Polizei gab seinen Namen nie preis.

Jeanneret, Marie

Wie viele Giftmörderinnen, nutzte die Schweizerin Marie Jeanneret ihre Position als Vertrauensperson und Krankenschwester aus, um Menschen mit Medikamenten zu ermorden. Die aus Locle stammende Frau vergiftete zwischen 1866 und 1867 in verschiedenen Schweizer Städten bis zu

30 Menschen, sieben bis acht ihrer Opfer starben einen qualvollen Vergiftungstod.

Kurz nach ihrer Einstellung in einem Privathotel vergiftete Marie Jeanneret ihre ersten Opfer, darunter auch ihre Arbeitgeberin, mit einem Gemisch aus Atropin und Morphium. Jeanneret, die von einem Gutachter als hysterische, bösartige und unehrliche Person bezeichnet wurde und zudem seit Jahren medikamentenabhängig war, kam vor Gericht und wurde wegen sechsfachen Mordes und elf Mordversuchen angeklagt. Bei ihrem Prozeß behauptete sie, daß sie ihren Opfern lediglich Erleichterung verschaffen und sie von ihren Schmerzen befreien wollte. Marie Jeanneret wurde zu 20 Jahren Zwangsarbeit verurteilt und starb 1884 im Alter von 48 Jahren im Gefängnis.

Jegado, Hélène

»Überall wo ich hingehe, sterben Menschen!« klagte Hélène Jegado, als habe sie das Schicksal zu einem Märtyrerdasein verdammt. Mit ihrer Behauptung hatte sie allerdings nicht Unrecht, denn der bretonischen Köchin wurden 27 und mehr Arsenmorde zur Last gelegt.

Es wird vermutet, daß sie ihren ersten Giftmord in den späten 20er Jahren des 19. Jahrhunderts beging. In den darauffolgenden Jahren nahm sie verschiedene Stellungen in zahlreichen Städten und Dörfern der Bretagne an und vergiftete unzählige Menschen. Jegado war eine starke Trinkerin, die es sich obendrein zur Angewohnheit gemacht hatte, ihre Arbeitgeber zu bestehlen. Trotz ihrer zweifelhaften Reputation wurde sie im Juni 1831 in einem Haushalt in Hennebont angestellt. Es dauerte nicht lang, bis sie auch dort zwei Menschen tötete und zwei Jahre später andernorts innerhalb von drei Monaten sieben Menschen eines Haushalts mit Arsen vergiftete. Trotz dieser »Massenepidemie«, die sich durch Übelkeit, Erbrechen und starke Magenkrämpfe äußerte, blieb Jegado von jeglichen Verdächtigungen verschont, weil ihre eigene Schwester, die ebenfalls in dem Haus Dienst getan hatte, unter den Opfern war.

Zwischenzeitlich war Jegado in einen Konvent eingetreten, wo sie ein Gelübde als Nonne ablegte. Sie wurde aus dem Kloster entlassen, nachdem sie sämtliche Bettwäsche in Fetzen geschnitten hatte. In einem anderen Fall wurde berichtet, daß sie aus einem zweiten Kloster entlassen wurde, nachdem sie auch dort einige ihrer Mitschwestern vergiftet haben soll. Das Kloster soll jedoch um seinen Ruf gefürchtet und deshalb auf eine Anzeige verzichtet haben.

Bis 1841 war die Zahl der ihr später nachgewiesenen Morde auf 23 angestiegen. Kurioserweise sind in den folgenden sieben Jahren keine weiteren Mordfälle bekanntgeworden, die mit Jegado in Verbindung gebracht werden konnten.

Erst 1848 trat sie wieder in Erscheinung, als fünf Familienmitglieder in einem weiteren Haushalt, in dem Jegado beschäftigt war, erkrankten. Sie und andere Bedienstete waren zuvor vom Hausherrn gerügt worden, weil sie heimlich von seinen Weinvorräten tranken. Ein Jahr später vergiftete sie in Rennes ein Kleinkind, nachdem die Eltern sie des Diebstahls beschuldigt hatten. Ähnliche Todesfälle ereigneten sich, wo immer Jegado eine Beschäftigung fand.

Erst im Juli 1851 verständigte einer ihrer Arbeitgeber die Gendarmerie, nachdem er wegen des Todes zweier Dienstmädchen skeptisch geworden war. Tatsächlich stellte sich bei der gerichtsmedizinischen Untersuchung heraus, daß sie anhand einer Arsenvergiftung gestorben waren.

Bei einer wenig später durchgeführten Zeugenvernehmung, bei der auch Jegado über die Todesfälle ihrer Arbeitskolleginnen aussagen sollte, verhaspelte sie sich dermaßen, daß sie prompt in Verdacht geriet. Hélène Jegado wurde verhaftet und noch im selben Jahr vor Gericht gebracht, wo sie lediglich in drei Fällen des Mordes, drei Fällen von Vergiftung und elffachen Diebstahls angeklagt wurde. Die 48jährige, die bis zuletzt behauptete, unschuldig zu sein, wurde vom Gericht zum Tode verurteilt und im Dezember 1851 auf der Guillotine hingerichtet.

Kelly, Kiernan

Nachdem der von Emerald Isle stammende Landstreicher Kiernan Kelly im August 1983 in der Ausnüchterungszelle der Clapham Police Station in London einen Mitgefangenen, den 45jährigen William Boyd, mit seinen Schnürsenkeln erdrosselt hatte, gestand der Ire gleich neun weitere Morde. Er behauptete, in den vergangenen drei Jahrzehnten insgesamt neun Obdachlose und Landstreicher unter Alkoholeinfluß getötet zu haben. Kiernan Kelly war bei der Londoner Polizei schon früher unzählige Male wegen diverser Raufereien und schwerer Vergehen aktenkundig geworden, denn der Bettler war ein starker Trinker, der ein extrem aggressives Verhalten an den Tag legte.

Im gleichen Jahr hatte er schon einmal wegen versuchten Mordes an einem Vagabunden, den er vor eine fahrende U-Bahn stoßen wollte, vor Gericht gestanden. Aufgrund der Uneinigkeit der Jury war Kelly um einen Schuldspruch herumgekommen. Vier Jahre zuvor, 1979, war er wegen Mordes an einem Bettler in London vor Gericht gestellt und ebenfalls freigesprochen worden.

Kiernan Kelly kam nach seinem Geständnis erneut vor Gericht und wurde in zwei Verfahren, unter anderem wegen der Ermordung von William Boyd, zu lebenslanger Haft verurteilt. Ein Psychiater hatte ihn als »unheilbar krank« und »unverbesserlich« eingestuft.

Kindermörder von Pirmasens

Als der Kriminalrat Ernst Fischer im Jahre 1973 seinen Dienst als Chef der Kriminalpolizei von Pirmasens antrat, fand er in alten Polizeiakten Unterlagen über verschwundene Kinder, die nie wieder aufgetaucht waren. Drei der Vermißtmeldungen erregten sein besonderes Interesse, da sich die Fälle ähnelten:

Zwei neunjährige Jungen und ein zehn Jahre altes Mädchen waren jeweils an einem Freitag zwischen 1960 und 1967 in derselben Gegend spurlos verschwunden. Trotz Suchaktionen und Fahndungsaufrufen hatte es in keinem der Fälle Hinweise auf den Verbleib der Kinder gegeben.

Fischer beschloß, die Jahre zurückliegenden Fälle wieder aufzunehmen, und bildete eine fünfzehnköpfige Sonderkommission. Er war davon überzeugt, daß die Kinder einem Serienmörder zum Opfer gefallen waren. Nach einjähriger Arbeit, bei der Fischer methodisch nach einer frühen Form der Täterprofilerstellung vorging, konzentrierte sich die Kripo auf einen in Pirmasens ansässigen, 42 Jahre alten Gelegenheitsarbeiter, der mehrfach wegen Schizophrenie in ärztlicher Behandlung gewesen war und in der Stadt als Außenseiter bekannt war. Es stellte sich heraus, daß der Verdächtige sich nicht nur häufig in der Nähe des Tatorts aufgehalten hatte, sondern über kein Alibi verfügte und allen drei Kindern am Tag ihres Verschwindens begegnet war. Bekannten gegenüber hatte er zudem eigenartige Bemerkungen über die Vorfälle gemacht.

Der Mann wurde in eine psychiatrische Anstalt eingewiesen. Trotz des dringenden Tatverdachts konnte ihm keins der Verbrechen nachgewiesen werden.

Kiss, Bela

Während des Ersten Weltkriegs, im Jahre 1916, machte ein grausiger Fund in einem ungarischen Dorf bei Budapest Schlagzeilen: In der abgelegenen Villa von Bela Kiss in der Rákóczi-Straße 17 in Czinkota hatten Soldaten bei ihrer Suche nach illegal gehortetem Benzin auf dem Dachboden des Hauses in Metallfässern sieben Frauenleichen entdeckt. Ein Gerichtsmediziner stellte fest, daß die Frauen bereits vor mindestens sieben Jahren gestorben waren und entdeckte an allen Leichen Strangulationsmale.

Unter den Leichen war auch Bela Kiss' Frau, die ihn mit einem anderen Mann betrogen hatte. Seitdem hatte Kiss unter falschem Namen mit Heiratsanzeigen und Inseraten, in denen er seine Dienste als Wahrsager und Astrologe anbot, ahnungslose Opfer angelockt und ermordet.

Bei der genaueren Durchsuchung des Hauses fand man im Garten die sterblichen Überreste von fünf weiteren Frauen sowie Schmuck und Kleidungsstücke. Im Verlauf der Ermittlungen konnten zahlreiche Frauen, die auf seine Anzeigen geantwortet hatten, ausfindig gemacht und verhört werden. Viele von ihnen sagten aus, mit Kiss, den sie als überaus charmanten Mann beschrieben, ein Verhältnis gehabt zu haben. Doch gleichzeitig habe er sie gebeten, ihre ganzen Besitztümer mit nach Czinkota zu bringen und sei auch derart sexuell übermotiviert gewesen, daß dies ein Grund war, die Beziehung zu ihm abzubrechen. Vermutlich waren sie dadurch nur knapp ihrer Ermordung entgangen.

Bela Kiss, der 1914 als Soldat eingezogen worden war, kehrte nie vom Schlachtfeld zurück. Nach den Militärakten war er in einem Militärhospital an seinen Kriegsverletzungen gestorben. Als man nun auf Grund der Leichenfunde nach seinem Verbleib forschte, fand man heraus, daß ein anderer an seiner Stelle beerdigt worden war. Damit war es dem Mörder offensichtlich gelungen, seine Spur zu verwischen und einer strafrechtlichen Verfolgung zu entgehen. Gerüchten zufolge soll Bela Kiss in die französische Fremdenlegion eingetreten sein. Andere wähnten ihn in New York, wo er angeblich ein Dasein als Portier fristete.

Kroll, Joachim Georg – »Menschenfresser von Duisburg«

Der Duisburger Toilettenwart Joachim Georg Kroll ermordete innerhalb von 20 Jahren elf Menschen. Die Polizei kam ihm nur durch einen Zufall auf die Spur: Am 2. Juli 1976 wurde die vierjährige Marion Ketter in unmittelbarer Nähe seiner Wohnung entführt. Etwa zur gleichen Zeit hatten sich Bewohner der Friesenstraße 11 in Duisburg-Laar über Kroll beschwert, weil er verstopfte Toilettenrohre verursacht hatte. Kroll behauptete, daß er ein Kaninchen geschlachtet habe. Dabei müsse ein Stück Fleisch in den Abfluß geraten sein. Nachdem die Nachbarn auch noch größere Fleischstücke in der Mülltonne entdeckt hatten, alarmierten sie die Kriminalpolizei. Als die Beamten bei Kroll klingelten, öffnete er die Tür und deutete auf den Kühlschrank, in dem ein Topf mit dem angetrennten Kopf der vermißten Marion Ketter stand. »Ich habe davon probiert, aber es hat mir nicht geschmeckt«, sagte er und gestand, das Mädchen ermordet und die Fleischteile gekocht zu haben. Die Eingeweide des Kindes hatte Kroll in die Toilette geworfen.

Nach seiner Festnahme wurde Kroll über mehrere Monate hinweg von verschiedenen Gutachtern untersucht. Sowohl der Düsseldorfer Landesmedizinalrat Erich Roth als auch der Hamburger Sexualforscher Eberhard Schorsch bescheinigten ihm eine verminderte Schuldfähgkeit. Mit einem IQ von 76 war Joachim Kroll ein Grenzdebiler. Er wurde als sechstes von neun Kindern eines Bergmanns in Schlesien geboren, hatte die Sonderschule ohne Abschluß verlassen und wurde zeitlebens als Schwachsinniger gehänselt. Bei einem Schlachter lernte Kroll, wie man Schweine und Rinder tötet und zerlegt. Dies war für den Duisburger eine tiefgreifende Erfahrung, da ihn das Abstechen und Ausweiden von Tieren sexuell erregte. Kroll wurde mehrfach dabei ertappt, wie er in fremden Ställen Sodomie mit den Tieren trieb. Nachdem seine einzige Bezugsperson, seine Mutter, gestorben war, beging Kroll im Alter von 22 Jahren seinen ersten Mord.

Bei der Polizei gestand der »Menschenfresser von Duisburg«, zwischen 1955 und 1976 zehn Frauen und Kinder sowie einen Mann getötet zu haben, und räumte ein, daß er Schenkel und Gesäßbacken der Opfer gegessen hatte. Vor Gericht nahm er seine Aussagen jedoch zurück. Das Duisburger Landgericht verurteilte Joachim Kroll 1978 wegen achtfachen Mordes zu achtmal lebenslänglich. Am 1. Juli 1991 starb er im Alter von 62 Jahren in seiner Zelle.

Kürten, Peter – »Vampir von Düsseldorf«

Die mondäne Rheinmetropole Düsseldorf war vor und nach dem Ersten Weltkrieg der Schauplatz eines der bekanntesten deutschen Lustmörder: Peter Kürten. Wie es dazu kam, daß Kürten zum sadistischen Schlächter wurde, dem zeitgenössische Kommentatoren in der Presse die Zugehörigkeit zur menschlichen Rasse absprachen und ihn als

»reißendes Raubtier« und als »Vampir von Düsseldorf« betitelten, beschäftigte immer wieder Ärzte und Psychologen.

Peter Kürten wurde am 26. Mai im Jahre 1883 geboren. Seine Eltern stammten aus Köln-Mühlheim und zogen nach Düsseldorf, als Kürten noch ein Baby war. Sein Vater war ein Alkoholiker, der seine Frau vergewaltigte und wegen Inzest ins Gefängnis mußte.

Kürten, der bereits als Neunjähriger zwei Spielkameraden getötet hatte, indem er sie beim Spielen am Rhein von einem Floß schubste, machte seine ersten sexuellen Erfahrungen mit Tieren: ein Hundefänger aus der Nachbarschaft zeigte ihm, wie man Hunde masturbiert.

In der Pubertät versuchte er ein Schaf zu notzüchtigen, doch es hielt nicht still. In seiner Wut stach er mit einem Messer auf das Tier ein. Beim Anblick des Blutes bekam er einen Orgasmus. Die Weichen waren zwar gestellt, doch bis zu seinem ersten Sexualmord an einem Menschen sollten noch einige Jahre vergehen. Aber er kam immer häufiger mit dem Gesetz in Konflikt. Er raubte, legte Brände und überfiel Frauen und Mädchen. Als Kürten dafür ins Gefängnis kam, masturbierte er extrem häufig und stellte sich dabei vor, wie er Frauen tötete. Diese Phantasien nahmen solche Ausmaße an, daß er den Gefängnispsychiater Dr. Berg um die Verlegung in eine Einzelzelle bat, damit er ungeniert seinen Masturbations-Phantasien nachhängen konnte.

Wieder in Freiheit, beging der inzwischen 30jährige im September 1913 seinen ersten Sexualmord an der Schülerin Christine Klein. Er erwürgte die 13jährige, schnitt ihr mit einem Taschenmesser die Kehle durch und drang mit seinen Fingern in ihre Scheide ein. Am Tatort hinterließ er ein blutgetränktes Taschentuch mit seinen Initialen. Der Vater von Christine, Peter Klein, der die gleichen Initialen wie Kürten hatte, galt als tatverdächtig. Er wurde zwar später freigelassen, war aber fortan sozial geächtet und wurde zeitlebens verdächtigt, seine Tochter ermordet zu haben.

Kurz nach dem ersten Mord erschlug Kürten eine Frau mit einem Beil und setzte einen Heuwagen in Brand und wurde dabei festgenommen. Wegen Brandstiftung und Mordversuchen an zwei Frauen wurde er 1916 zu einer achtjährigen Zuchthausstrafe verurteilt.

Nach der Entlassung aus der Haft heiratete er seine Frau Guste, die selbst fünf Jahre im Gefängnis gewesen war, weil sie ihren Verlobten erschossen hatte. Doch die Heirat konnte seine krankhafte Lust an fließendem Blut nicht unterbinden. Neben mehreren Mordversuchen im Jahre 1925, legte er bis 1928 sieben große Brände. Im Februar 1929 stach er nachts mit einer Schere 24mal auf eine wehrlose Passantin ein, die sich auf dem Heimweg befand. Im gleichen Monat tötete er einen betrunkenen, 54jährigen Mechaniker, indem er 20mal auf ihn einstach. Im gleichen Monat überfiel Kürten die achtjährige Rosa Ohliger, die er ebenso bestialisch erstach. Oft trank er Blut aus den Verletzungen seiner Opfer, was ihm, seinen späteren Geständnissen zufolge, ebenfalls sexuelle Befriedigung verschaffte.

Im August 1929 schnitt Kürten innerhalb weniger Stunden der fünfjährigen Gertrude Hamacher und der 14jährigen Luise Lenzen die Kehle durch. Bis Ende 1929 wurden überall in der Gegend von Düsseldorf nackte Leichen von Kindern und Frauen gefunden.

Nachdem die Polizei Mitte Mai 1930 auf Kürten aufmerksam geworden war und seine Wohnung in der Mettmannerstraße 71 ausfindig gemacht hatte, gestand er seiner Frau Guste, daß er der gesuchte Massenmörder sei, der Düsseldorf in Angst und Schrecken versetze. Am Tag darauf wurde er von zwei Dutzend Kriminalbeamten an der Rochuskirche festgenommen.

Kürten schwieg zunächst zu den Anschuldigungen. Als ihm der Kriminalbeamte Momberg anläßlich seines siebenundvierzigsten Geburtstags am 26. Mai 1930 im Polizeigewahrsam eine Kiste Zigarren schenkte, legte er eine Lebensbeichte ab und gestand 13 Morde, 30 Mordversuche sowie 36 Brandstiftungen. Nachdem Kürten am Morgen des 2. Juli 1931 seine Henkersmahlzeit verzehrt hatte, wurde er im Kölner Gefängnis Klingelpütz von dem Magdeburger Henker Gröpeler, der auch den Hannoveraner Serienmörder **Fritz Haarmann** exekutiert hatte, auf der Guillotine enthauptet.

Landru, Henri Désiré – »Blaubart von Paris«

»Ich habe meine Frau 283mal betrogen«, behauptete Henri Désiré Landru im November 1921 im Pariser Seine-et-Oise-Schwurgericht. Dies war das einzige Geständnis, zu dem man den kahlköpfigen Mann mit dem auffallend langen Bart bewegen konnte. In seiner Villa Ermitage in Gambais bei Versailles wurden nach seiner Verhaftung im April 1919 über 250 Fragmente menschlicher Knochen und Zähne im Küchenofen entdeckt. Die verrußten Wände des Ofens wiesen ungewöhnlich viel Fett auf, und neben Liebesbriefen und Kleidungsstücken vermißter Frauen fand die Gendarmerie einen ganzen Aktenordner, in dem er die Namen seiner Opfer und die erbeuteten Geldbeträge aufgelistet hatte.

Henri Désiré Landru, der am 12. April 1869 als Sohn eines Pariser Geschäftsmannes geboren wurde, hatte sich seit jeher mit Schwindel und Betrügereien durchgeschlagen.

Zweimal hatte man ihn wegen solcher Delikte inhaftiert, doch das hatte ihn nicht abgeschreckt: Obwohl er ein verheirateter Vater von vier Kindern war, begann er 1914 Heiratsanzeigen aufzugeben, durch die er mit zahlreichen alleinstehenden Frauen in Kontakt kam. Meist antworteten ihm Witwen, deren Männer während des Ersten Weltkriegs ums Leben gekommen waren. Seinen vermutlich ersten Mord beging Henri Landru an der 34jährigen Witwe Cuchet, die aufgrund eines Eheversprechens im Januar 1915 zusammen mit ihrem 17jährigen Sohn in die Villa eingezogen war. Als sie durch einen Zufall herausfand, daß ihr Verlobter bereits verheiratet war, ermordete Landru Mutter und Sohn. Insgesamt fanden elf Menschen den Tod in der Villa Ermitage, bis man Henri Landru auf die Spur kam. Nach einem spektakulären Prozeß vor dem Schwurgericht in Seine-et-Oise wurde der »Blaubart von Paris« wegen elffachen Mordes zum Tode verurteilt und am Morgen des 25. Februar 1922 im Gefängnis von Versailles enthauptet.

Lissabon-Ripper

Die Spur des »Lissabon-Rippers« zieht sich durch ganz Europa. Seit 1993 hat der bislang unidentifizierte Serienmörder mindestens sieben Frauen umgebracht. Ob in Portugal, Belgien, Tschechien, den Niederlanden oder in Dänemark: Alle seine Opfer waren junge, drogenabhängige Prostituierte, und alle wurden auf die gleiche schreckliche Weise ermordet. Die Frauen wurden erwürgt und – kriminaltechnischen Untersuchungen zufolge – mit einer Glasscherbe ausgeweidet. In keinem der Fälle kam es zu einer Vergewaltigung. Weil der Mörder allein vier seiner Opfer in Portugal getötet hat, ist die Polizei davon überzeugt, daß er aus Lissabon stammt. Die portugiesische Polizei und Interpol gehen davon aus, daß es sich bei dem »Lissabon-Ripper« um einen Mann zwischen 35 und 40 Jahren handelt, der einen pathologischen Haß auf Frauen hat und möglicherweise an AIDS leidet, mit dem er sich bei einer drogenabhängigen Prostituierten infiziert hat. Weiterhin glaubt die Polizei, daß er entweder ein Lastwagenfahrer ist oder einen ähnlichen Beruf ausübt, der ihn kreuz und quer durch ganz Europa führt.

Ludy, Josef

Die »Bild-Zeitung« bezeichnete den dreifachen Mörder und Kinder-Vergewaltiger Josef Ludy 1972 als »einen der größten Lustmörder der deutschen Kriminalgeschichte«. Und obwohl er im Januar 1972 wegen dreifachen Mordes und verschiedenen Mordversuchen von einem Mannheimer Schwurgericht verurteilt worden war, versuchte er juristisch gegen diese Bezeichnung in der Boulevardpresse vorzugehen. Er habe nicht gemordet, sondern »getötet«.

Bereits mit 19 Jahren ermordete der ehemalige Briefträger einen zwölfjährigen Knaben mit einer Mistgabel und wurde zu acht Jahren Jugendstrafe verurteilt. Nach seiner Entlassung beging er zahlreiche Sexualverbrechen und Mordversuche. Die Opfer waren immer wieder Kinder: Mit 24 Jahren schlug er dem 13jährigen Jens Wohlers mit einem Stein auf den Kopf, so daß das Hirn des Schülers heraustrat. Der Junge überlebte, behielt jedoch bleibende Schäden.

1961 entführte er den siebenjährigen Günther Ochs, schoß auf ihn und stieß ihn aus seinem Auto. Im September des gleichen Jahres beging er in Schwetzingen einen Doppelmord an einem Pärchen. Nach einer Reihe weiterer Sexualverbrechen in Tateinheit mit Entführung und weiteren Mordversuchen, tötete er am 16. Februar 1968 den sieben Jahre alten Gerald Landwehr aus Hamburg-Eppendorf, nachdem er ihn unter dem Vorwand, ihm Ponys zeigen zu wollen, entführt und anschließend vergewaltigt hatte.

Bei seiner Verhaftung zwei Tage später legte Josef Ludy ein volles Geständnis ab. Es stellte sich heraus, daß er sich offensichtlich nur bruchstückhaft an seine Verbrechen erinnern konnte, weil er bei einem Unfall im Jahre 1948 ein Hirntrauma erlitten hatte.

Bei seiner Gerichtsverhandlung in Mannheim kam die Schwurgerichtskammer zu dem Schluß, daß Ludys Steuerungsfähigkeit zu den jeweiligen Tatzeitpunkten aufgrund der Verletzung erheblich eingeschränkt war. Die Kammer verurteilte ihn dennoch zu dreimal lebenslänglich und einer zusätzlichen Haftstrafe von 15 Jahren.

Lüdke, Bruno

War der geistig zurückgebliebene Hilfsarbeiter Bruno Lüdke aus Köpenick ein harmloser »Doofer«, wie ihn die Beamten der Polizeiinspektion in Berlin-Köpenick einschätzten, oder war er tatsächlich ein Serienmörder, der zwischen 1932 und 1943, seinen angeblichen Geständnissen zufolge sogar 84 Frauen ermordet hat? Es spricht viel dafür, daß Lüdke ein Opfer der Nazi-Justiz und der Gestapo war.

Am 22. Februar 1932 wurde die 23 Jahre alte Mathilde Rolland in ihrem erst zwei Tage zuvor bezogenen Zimmer in der Friedelstraße im Berliner Bezirk Neukölln ermordet aufgefunden. Die Leiche lag zwischen Sofa und Tisch auf dem Fußboden, um ihren Hals hatte der Mörder den Gürtel ihres Kleides verknotet. Die Tote war mit einem Klaviertastenschoner geknebelt, ihr Kleid war hochgeschoben und der Schlüpfer heruntergezogen worden.

Die Mordkommission setzte für Hinweise, die zur Ergreifung des Täters führten, eine Belohnung von 1000 Reichsmark aus und suchte vor allem nach jenem Unbekannten, mit dem Mathilde Rolland am Abend des Verbrechens verabredet gewesen war. Laut Zeugenbeschreibung war dies ein etwa 27 Jahre alter, etwa 1,75 Meter großer Mann mit glatt nach hinten gekämmten blonden Haaren, der hochdeutsch sprach.

Im Oktober 1941 rückte der am 3. April 1908 in Köpenick bei Berlin geborene Bruno Lüdke wegen eines während der Verdunklung begangenen Kaninchendiebstahls ins Visier des Reichssicherheitshauptamtes der SS. Nachdem sich Anfang 1943 ein Sexualmord in einem Waldstück bei Köpenick ereignet hatte, stieß SS-Kriminalhauptkommissar Heinz Franz bei der Durchsicht von Ermittlungs- und Gerichtsakten auf den Namen Bruno Lüdke. Hatte Lüdke sich nicht regelmäßig zum Zwecke des Holzdiebstahls in den Wäldern herumgetrieben? Und war der als schwachsinnig geltende Mann nicht schon öfter durch markige Sprüche und in einem Fall sogar wegen sexueller Belästigung aufgefallen? Trotz aller Bedenken seitens Fachkollegen ließ der ehrgeizige Kripomann Franz den »doofen Bruno« am 18. März 1943 unter Mordverdacht verhaften. Erste Vernehmungen verliefen ergebnislos. Doch die bis in die Nacht fortgeführten Verhöre mit dem geistig zurückgebliebenen Lüdke führten schließlich dazu, daß er in den folgenden Tagen und Wochen nacheinander insgesamt 53 bislang ungeklärte Sexualmorde gestand. Obwohl Lüdke in einem Fall die Beamten zu einem Ort in den Köpenicker Wäldern führte, wo tatsächlich zuvor eine Frauenleiche entdeckt worden war, bestehen nach jüngeren Forschungen erhebliche Zweifel, daß er ein Mörder war. Die zum Teil haarsträubenden Widersprüche in den Ermittlungsergebnissen waren selbst der NS-Justiz zu dubios für einen Prozeß vor dem Volksgerichtshof. Aus den Ermittlungsakten geht zudem deutlich hervor, daß Franz alles getan hat, um einen Prozeß gegen Lüdke zu verhindern.

Am 10. Dezember 1943 wurde Bruno Lüdke auf Anordnung des SS-Gruppenführers Arthur Nebe »aus Sicherheitsgründen« nach Wien in das im Aufbau befindliche Kriminalmedizinische Zentralinstitut der Sicherheitspolizei beim Reichskriminalamt überstellt, wo er am 8. April 1944 an den Folgen einer Giftinjektion ums Leben kam.

Lupo, Michael

In einem Zeitraum von knapp zwei Monaten tötete der aus Italien stammende Michael Lupo in England mindestens vier Männer. Lupo, ein ehemaliger Chorknabe, war zuvor Mitglied einer Eliteeinheit der italienischen Armee gewesen, bis er sich 1975 für eine Karriere als Friseur entschied. Er zog nach London und eröffnete dort einen Friseursalon. In seiner Freizeit widmete sich der Homosexuelle seiner wahren Leidenschaft: sadomasochistische Spielchen mit anderen Mitgliedern der Londoner Schwulenszene. Er rühmte sich damit, bis zu 4000 Liebhaber gehabt zu haben. Die Promiskuität blieb nicht ohne Folgen. Im März 1986 erfuhr er bei einer Routineuntersuchung, daß er sich mit der Immunschwächekrankheit AIDS infiziert hatte.

Aus Wut startete er einen Rachefeldzug gegen die Gay-Szene. Bis zum Mai 1986 ermorderte er allein in London vier Männer, die er in den Homosexuellentreffs ansprach, mit zu sich nach Hause nahm, sie dort folterte und erstach.

Die toten Männer ließ Lupo mit Exkrementen beschmiert auf der Straße liegen.

Nachdem zwei seiner Opfer entkommen konnten, wurde Michael Lupo verhaftet und zu einer lebenslangen Freiheitsstrafe verurteilt. Derzeit versucht ihm die Polizei von Berlin, Hamburg und New York, wo er sich ebenfalls aufhielt, weitere Morde nachzuweisen.

Mackay, Patrick David

Der fünffache, möglicherweise sogar elffache Serienmörder Patrick David Mackay wurde am 25. September 1952 in England geboren. Sein zu Aggressionen neigender Vater war Alkoholiker und ließ seine Wut regelmäßig an Patricks Mutter und den Kindern aus.

Schon in jungen Jahren entdeckte Mackay seine Neigung, Tiere und andere Kinder zu quälen. Seine Schildkröte verbrannte er bei lebendigem Leibe und empfand beim Beobachten des dahinsiechenden Tieres keine Reue. Schon mit 13 Jahren kam der Junge in die psychiatrische Anstalt Broadmoor, nachdem er versucht hatte, eine Kirche abzufackeln. Zwei Jahre später tötete er beinahe einen Jungen und versuchte seine Mutter zu erwürgen. Ein Psychiater attestierte Mackay eine Entwicklung zum »kaltblütigen und psychopathischen Killer«, falls man nicht klinisch interveniere. Seiner Auffassung nach gehöre Patrick Mackay dringend in eine psychiatrische Behandlung. Daraufhin wurde Mackay ins Moss Side Hospital eingeliefert, aus dem er Mitte 1972 wieder entlassen wurde.

Wieder in Freiheit, steigerte er sich noch mehr in seinen Wahn. Er konsumierte Unmengen Alkohol, nannte sich »Franklin Bollvolt der Erste« und fühlte sich fortan dazu auserkoren, die Welt zu retten. Als begeisterter Anhänger der Nazis sammelte er alles über das Dritte Reich. Seine Bewunderung ging soweit, daß er sich als SS-Mann verkleidete, indem er einen Anzug mit Nazi-Emblemen ausstattete. Er lebte von Diebstählen und beging regelmäßig Einbrüche, bei denen er sich auf alleinstehende ältere Frauen spezialisierte, von denen er mindestens vier ermordete.

Der Mord an dem katholischen Priester Anthony Crean, seinem Beichtvater, führte schließlich 1974 zu seiner Verhaftung. Aufgrund des Bekanntschaftsverhältnisses zwischen ihm und dem Priester war die Verbindung zu Makkay schnell hergestellt. Patrick David Mackay wurde am 23. März 1975 festgenommen und schließlich wegen fünffachen Mordes zu einer lebenslänglichen Freiheitsstrafe verurteilt. Die tatsächliche Zahl seiner Opfer ist bis heute ungeklärt.

Manuel, Peter

Der 1927 im schottischen Glasgow geborene Peter Manuel schien sein Leben voll und ganz dem Verbrechen gewidmet zu haben. Bereits im Alter von zwölf Jahren begann er seine kriminelle Laufbahn. Zunächst beging er in mehr oder weniger großen Abständen diverse Einbruchs- und Raubdelikte, die zunehmend in Aggressionen und Mitte der 50er Jahre in Morden gipfelten.

Die ersten Opfer Manuels waren die drei weiblichen Mitglieder der Familie Watts, die er während eines Einbruchs am 17. September 1956 in der Nähe von Glasgow erschoß. Damals beschuldigte die Polizei den Familienvater, die Morde begangen zu haben, und hielt ihn daraufhin für über zwei Monate in Untersuchungshaft. 16 Monate nach dem Einbruch bei den Watts tötete Peter Manuel, ebenfalls während eines Einbruchs, den Geschäftsmann Peter Smart, dessen Frau Doris sowie deren elfjährigen Sohn Michael mit aufgesetzten Kopfschüssen.

Als er im Zusammenhang mit den Morden an der Familie Smart gemeinsam mit seinem Vater festgenommen wurde, gestand er im Gegenzug für die Freilassung seines Vaters sowohl die Morde an der Familie Smart und der Familie Watts, als auch zwei weitere Tötungsdelikte. Manuel gab freimütig die sexuell motivierten Morde an der 17jährigen Anne Kneilands im Januar 1956 und der ebenfalls 17jährigen Isabelle Cooke im Dezember 1957 zu.

Seine schier zügellose Geständnisfreudigkeit brachte ihm bei den Mithäftlingen rasch den Spitznamen »The Man Who Talked Too Much« ein. Doch seiner Geständniswut, die sich in immer ausführlicheren Bekenntnissen niederschlug, tat dies keinen Abbruch: Nachdem er im Mai 1958 wegen siebenfachen Mordes zum Tode verurteilt worden war – die Mordanklage im Falle Anne Kneilands mußte mangels Beweisen fallengelassen werden –, räumte er noch in der Todeszelle drei weitere Morde ein, die er in Glasgow und in London begangen hatte. Am 11. Juli 1958 wurde Peter Manuel im Glasgower Barlinnie Prison gehenkt.

Marek, Martha

Die 1904 in Wien als Martha Löwenstein geborene Marek wurde am 20. Mai 1938 wegen vierfachen Mordes und Mordversuches in Wien zum Tode verurteilt. In der vierzehntägigen Verhandlung, dem ersten Sensationsprozeß nach dem Anschluß Österreichs an Nazideutschland, wies ihr der Staatsanwalt nach, daß sie im August 1923 ihre Tante Susanne Löwenstein, ihre Untermieterin Felicitas Kittenberger, ihren Ehemann Emil Marek und ihre sieben

Monate alte Tochter Ingeborg mit einer thalliumhaltigen Paste vergiftet hatte.

Marek, die sich bereits am Totenlager ihres 76jährigen Adoptivvaters und Geliebten mit dem damals 20jährigen Studenten Emil Marek verlobt hatte, machte erstmalig Mitte der 20er Jahre von sich reden, nachdem sie in Verdacht geraten war, ihrem Mann einen Fuß abgehackt zu haben, um 400 000 Dollar Versicherungsprämie zu erschwindeln.

Es war auch ein versuchter Versicherungsbetrug, der die Polizei schließlich zu den Mordermittlungen veranlaßte, die zu ihrer Verhaftung führten.

Die Ermittlungen ergaben, daß Marek für ihre Untermieterin Felicitas Kittenberger im April 1936 eine Lebensversicherung abgeschlossen hatte, deren alleinige Nutznießerin sie selbst war. Die Polizeibeamten ließen die Leiche der Frau exhumieren, und Chemiker stellten deutliche Spuren des Rattengifts Thallium fest. Die nun in die Wege geleitete Exhumierung der Leichen ihrer Tante, ihres Ehemannes und der ihrer Tochter ergab, daß auch sie mit dem Rattengift getötet worden waren. Vor Gericht schwor Martha Marek, niemals Rattengift besessen zu haben. Doch ein altes Drogistenehepaar aus Wien-Hietzing, das von der Staatsanwaltschaft als Zeuge geladen worden war, konnte anhand von Geschäftsbüchern nachweisen, daß Marek, wenige Wochen vor dem Tod von Felicitas Kittenberger, vier Tuben des Rattengiftes Celios-Paste erworben hatte. Am 6. Dezember 1938 wurde Martha Marek enthauptet.

Mathurin, Jean siehe Paulin, Thierry

Mawdsley, Robert – »Britain's own Hannibal«

Der 46 Jahre alte Robert Mawdsley begann seine Laufbahn als Serienmörder, nachdem er 1974 wegen Mordes verurteilt und in die Hochsicherheitsanstalt Broadmoore für psychisch gestörte Kriminelle verlegt worden war. Dort tötete Mawdsley 1977 gemeinsam mit einem Mithäftling einen anderen Insassen in dessen Zelle, sägte dessen Schädel auf und aß das Hirn des Toten.

Aus Sicherheitsgründen ins Wakefield Prison verlegt, tötete er dort die beiden Mithäftlinge William Roberts und Stanley Darwood. Nachdem ihn die Gefängnisleitung in strikte Einzelhaft gesperrt hatte, sagte er zu den Wärtern: »Ich liebe den Anblick von Blut.« Da Mawdsley selbst für das berüchtigte Gemäuer von Wakefield zu gefährlich war, wurde er in eine speziell für ihn angefertigte Zelle im Parkhurst-Hochsicherheitsgefängnis auf der Isle of Wight verlegt. Zu diesem Zweck wurden mehrere Zellen miteinander verbunden und mit Panzerglas gesichert, so daß er seine Zelle nicht einmal mehr zum Duschen verlassen muß. Das Personal reicht ihm sein Essen durch eine speziell gesicherte Schleuse.

Den Namen »Britain's own Hannibal« erhielt er von einer britischen Tageszeitung in Anlehnung an den kannibalistischen Serienmörder »Hannibal Lecter« in dem Film »Das Schweigen der Lämmer«, der ähnlich wie Robert Mawdsley untergebracht ist und einen hochintelligenten Serienmörder verkörpert. Auch Mawdsley ist überdurchschnittlich intelligent und war Mitglied von »Mensa«, einer elitären Vereinigung von Höchstbegabten.

»Menschenfresser von Duisburg« siehe Kroll, Joachim Georg
»Monochrome Man« siehe Nilsen, Dennis Andrew
»Monster von Montmartre« siehe Paulin, Thierry
»Moor Murderer« siehe Brady, Ian

Moore, Peter

Mit der Empfehlung des Richters, daß der britische Serienkiller Peter Moore nie mehr aus dem Gefängnis entlassen werden sollte, wurde im November 1996 im Mold Crown Court eine lebenslange Haftstrafe gegen den vierfachen Mörder ausgesprochen.

Moore war im Dezember 1995 verhaftet worden, nachdem sich seit September des Jahres vier Morde, überwiegend an Homosexuellen, im Norden der Grafschaft Wales ereignet hatten.

Sein erstes Opfer war der Engländer Henry Roberts, bei dem eine Hakenkreuzflagge entwendet worden war, die später in der Wohnung von Moore wieder auftauchte. Moore hatte nach seiner Festnahme zunächst zugegeben, für die Morde verantwortlich zu sein, vor Gericht sein Geständnis aber widerrufen.

Statt dessen beschuldigte er einen ominösen »Jason« der Morde. Ein Mann namens Jason konnte allerdings nie ermittelt werden. Anfang 1997 änderte er seine Taktik, indem er nach und nach drei Personen angab, die sich angeblich hinter dem Decknamen »Jason« verbargen. Darunter auch seinen ehemaligen Arbeitgeber und einen Polizisten aus North Wales. Die Beschuldigungen Moores erwiesen sich als völlig haltlos. Statt dessen wurde er bei seiner Gerichtsverhandlung von zwei Zeugen zweifelsfrei als der Täter identifiziert.

Gegenwärtig verbüßt Peter Moore seine lebenslange

Freiheitsstrafe im Frankland Prison bei Durham und leugnet weiterhin, die ihm angelasteten Morde und Mordversuche begangen zu haben.

»Mostro di Firenze« siehe Pacciani, Pietro

Nesset, Arnfinn

Der kahlköpfige Norweger Arnfinn Nesset hatte sich innerhalb von 20 Jahren vom einfachen Krankenpfleger zum Direktor der Orkdal Valley Privatklinik hochgearbeitet. Kaum hatte das Heilsarmeemitglied 1977 die Leitung der Pflegeklinik für ältere Menschen übernommen, stieg die Sterberate rapide an.

Erst 1981 fiel einem Angestellten auf, daß die Klinik ungewöhnlich hohe Lieferungen von Curacit erhielt. Das Derivat des südamerikanischen Pfeilgifts Curare wird zwar in geringen Dosen als Medikament eingesetzt, verursacht jedoch bei einer höheren Dosierung einen qualvollen Erstikkungstod durch eine Lähmung der Atmungsorgane. Nesset, der die Medikamentenbestellung kontrollierte, geriet in Verdacht, für den Tod der Pflegefälle verantwortlich zu sein. Nach seiner Festnahme behauptete er zunächst, daß er das Curacit benötigt habe, um die auf dem Klinikgelände herumwildernden Hunde zu vergiften. Doch schließlich gab er zu, mit dem Gift 27 Menschen ermordet zu haben. Die Zahl der tatsächlich Ermordeten liegt möglicherweise viel höher: »Ich habe so viele getötet, ich kann mich nicht an alle erinnern«, sagte er bei der Polizei. Doch vor Gericht in Trondheim widerrief er diese Aussage und bezeichnete sich als unschuldig. Sein Anwalt argumentierte, sein Mandant habe aus Mitleid getötet. Das Gericht vertrat die Auffassung, daß sich Nesset zum Herrn über Leben und Tod aufgespielt und aus niedrigen Beweggründen getötet habe.

Am 11. März 1983 wurde der 46jährige wegen zweiundzwanzigfachen Mordes, eines versuchten Mordes und Diebstahls verurteilt. Arnfinn Nesset bekam Norwegens Höchststrafe, 21 Jahre Freiheitsentzug, und wird spätestens im Jahre 2004 entlassen.

Nilsen, Dennis Andrew – »Monochrome Man«

Am Abend des 8. Februar 1983 wurde ein Vertreter der Klärwerke in die Cranley Gardens 23 im Nordlondoner Stadtbezirk Muswell Hill gerufen, um die Abflußanlage des Hauses zu überprüfen, weil mehrere Mieter über verstopfte Toilettenrohre geklagt hatten. Als der Installateur den Deckel zum Hauptabflußrohr öffnete, kam ihm ein bestialischer Verwesungsgeruch entgegen. »Ich bin zwar noch nicht lang dabei, aber ich weiß, daß keine Scheiße so riecht«, sagte er gegenüber den neugierigen Hausbewohnern. Er leuchtete in den 3,5 Meter tiefen Schacht und erkannte mehrere helle Fleischbrocken, die in dem dunklen Schlamm schwammen. Da die Dunkelheit bereits anbrach, beschloß man, am nächsten Tag der Sache auf den Grund zu gehen. Doch kurioserweise waren am darauffolgenden Tag die meisten Fleischstücke verschwunden, lediglich ein kleiner Fleischstreifen und vier Knochenstückchen waren übrig geblieben. Da Mieter nachts gehört hatten, wie sich jemand an dem Schacht zu schaffen machte, wurde die Polizei eingeschaltet. Ein Gerichtsmediziner bestätigte, was die Mieter befürchtet hatten: Die Funde waren menschlicher Herkunft. Mit dieser grausigen Entdeckung wußten die Beamten noch nicht, daß sie kurz davor standen, einem fünfzehnfachen Serienkiller auf die Spur zu kommen: Dennis Andrew Nilsen.

Nilsen wohnte im Dachgeschoß des Hauses. Er war ein schmächtiger, schüchtern aussehender Einzelgänger, der – nach Aussagen von Arbeitskollegen vom Arbeitsamt – keiner Fliege etwas zuleide tun konnte. Mit der Entdeckung der Fleischstücke wußte der ehemalige Polizist und Berufssoldat, daß es nicht lange dauern würde, bis man seine Verbrechen aufdecken würde.

Nilsen wurde kurze Zeit später von drei Polizeibeamten, darunter Chief Inspector Peter Jay, in seiner Wohnung vernommen. Als man ihm mitteilte, daß in dem Abflußsystem menschliche Überreste gefunden worden waren, schien »Was für ein Gestank! Wie fürchterlich!« seine einzige Reaktion zu sein. Chief Inspector Jay ahnte, daß mit dem jungen Mann etwas nicht stimmte und forderte Nilsen geradewegs dazu auf, ihm zu sagen, wo er die übrigen Körperteile versteckt habe. Damit hatte der Kriminalbeamte ins Schwarze getroffen: Ohne zu zögern entgegnete Nilsen, daß sie sich im Nebenzimmer in einem Kleiderschrank befänden. Der durchdringende Verwesungsgestank aus dem Wandschrank reichte, um Nilsen sofort mit auf die Wache zu nehmen. Noch auf der Fahrt zur Hornsey Police Station eröffnete er den Polizisten, seit 1978 15 oder 16 junge Männer getötet zu haben.

Nilsen hatte die meisten seiner Opfer in einschlägigen Londoner Kneipen und Bars kennengelernt. Größtenteils handelte es sich um Außenseiter der Gesellschaft, die mit dem Gesetz in Konflikt geraten waren und, wie er, homosexuell waren. Viele von ihnen wurden nicht einmal vermißt.

Nilsens erstes Opfer war ein Ire, den er im Dezember 1978 in seine damalige Wohnung in die Melrose Avenue 195 mitgenommen hatte. Beide hatten heftig getrunken, und als der Ire wenig später seinen Rausch ausschlief, geriet Nilsen in Panik, daß der Mann bald aufstehen und ihn verlassen würde. Um dies zu verhindern, würgte er den Schlafenden bewußtlos und ertränkte ihn in einem Eimer mit Wasser. Nilsen wusch den Toten, kleidete ihn an und legte die noch warme Leiche zurück in sein Bett, um neben ihr einzuschlafen. Fast acht Monate lang versteckte er die Leiche unter den Wohnzimmerdielen, bis der Verwesungsgeruch durch die aufkommende Sommerhitze so unerträglich wurde, daß er sie in seinem Garten verbrannte.

Die Angst vor dem Verlassenwerden und Nilsens Unfähigkeit, eine stabile Beziehung zu führen, waren die Hauptmotive bei den Morden. Nilsen war ein Einzelgänger, der kaum sexuelle Erfahrungen hatte und dem es nie gelungen war, eine richtige Beziehung zu jemand anderem aufzubauen. Indem er die Männer tötete, gehörten sie ihm und konnten ihn nicht mehr verlassen. Er bewahrte die Leichen in seiner Wohnung auf, damit sie ihm »Gesellschaft« leisteten: Er sprach mit dem Toten, »schaute« mit ihm Fernsehen und freute sich darauf, daß ihn jemand nach der Arbeit zu Hause erwartete. Obendrein übte der leblose Körper auf Nilsen einen ungeheuren Reiz aus und verkörperte für ihn eine besondere Ästhetik. Die toten Gesellschaften waren der Mittelpunkt seines Lebens: Über sie schrieb er Gedichte, und von ihnen fertigte er Zeichnungen an. »Ich tötete mich selbst, doch jedesmal war es der Zuschauer, der starb«, schrieb Nilsen, der sich als »Monochrome Man«, einen Mann zwischen zwei Polen, bezeichnete.

Äußerlich der nette »Mann von nebenan«, der auch sonst nicht weiter auffiel, war er zu einem früheren Zeitpunkt bereits durch das polizeiliche Raster gefallen. Ähnlich wie bei **Jeffrey Dahmer** war auch Dennis Nilsen Jahre vor seiner Festnahme bei einem Vorfall mehr Glauben geschenkt worden, als einem seiner Opfer: Ein chinesischer Student hatte ihn 1979 wegen Mordversuchs angezeigt, doch die Klage wurde mangels Beweisen fallengelassen, nachdem Nilsen behauptet hatte, der Chinese habe ihn berauben wollen.

Am 24. Oktober 1983 wurde vor dem Central Criminal Court der Prozeß gegen Dennis Nilsen eröffnet. Sein Verteidiger plädierte auf Totschlag aufgrund verminderter Zurechnungsfähigkeit, doch Nilsen war dagegen, als »unzurechnungsfähig« zu gelten.

Nach einer zehn zu zwei Jurymehrheit wurde Dennis Nilsen am 4. November 1983 wegen sechsfachen Mordes und zwei Mordversuchen zu einer lebenslänglichen Haftstrafe verurteilt, die er derzeit im Wormwood Scrubs Gefängnis verbüßt. 1985 verfasste der Journalist Brian Masters mit Hilfe von Nilsen die Biographie des Serienmörders mit dem Titel »Killing for Company«.

Ogorzow, Paul – »S-Bahn-Mörder«

Während die Nazis durch die SS in ihren Konzentrationslagern den Massenmord an Juden, Polen und Zigeunern organisierten, fahndete die Berliner Kriminalpolizei nach einem Serienmörder, der von August 1939 bis Juli 1941 über 30 Frauen überfiel und acht Morde beging. Täter: Der damals 27jährige Paul Ogorzow aus Berlin-Lichtenberg, der als S-Bahn-Hilfsarbeiter in einem Rummelsburger Gleisstellwerk arbeitete und als fanatischer Nazi, treusorgender Familienvater und zuverlässiger Arbeiter galt.

Nachdem sich wegen der Überfälle kaum noch Frauen auf das Gelände der Schrebergärten wagten, suchte er sich seine Opfer schließlich auch in der S-Bahn, wobei er die zur Abwehr alliierter Bomberangriffe angeordnete Verdunkelung ausnutzte. Am 4. Oktober 1940 erstach Ogorzow nahe dem Betriebsbahnhof Rummelsburg die Witwe Gerda

Ditter, die dort in einer Gartenlaube wohnte. Die Beamten der Mordkommission glaubten, daß die Frau einem Einbrecher zum Opfer gefallen war. Das änderte sich erst, als zwei Monate später, am 3. Dezember 1940, die Leiche der 22 Jahre alten Mathilda Hollesch unweit des S-Bahnhofs Rummelsburg neben den Gleisen aufgefunden wurde. Gleich am nächsten Tag tötete Ogorzow erneut. Diesmal war es die 20jährige Postangestellte Irmgard Franke, die er mit einem Schlag auf den Kopf tötete und aus dem fahrenden Zug stieß.

Obwohl die Polizei unter der Leitung des Kriminalkommissars Lüdke weibliche Beamte als Lockvögel einsetzte und die Streckenabschnitte, auf denen die Morde geschehen waren, lückenlos überwachte, konnte Ogorzow auf dem Gelände noch sechs weitere Morde begehen, da er als Reichsbahner stets über die Fahndungsmaßnahmen gegen den »S-Bahn-Mörder« informiert war.

Als er Mitte Juli 1941 von der Mordkommission »Koziol« endlich festgenommen werden konnte, begründete Ogorzow mit mehreren Briefen an Polizei und Staatsanwaltschaft seine Morde mit seiner Erkrankung. »Im Jahre 1934 habe ich mir in Berlin eine Geschlechtskrankheit und zwar einen Tripper zugezogen. Ich geriet nach Zuraten anderer Kameraden, die mir einen Arzt empfohlen haben, in die Hände eines jüdischen Arztes namens Wilhelm Schwarzbach. Da er nun gesehen hatte, daß ich ein Parteigenosse bin, war es für ihn ein gefundenes Futter, bei mir diese Krankheit zu verschleppen«, schrieb Paul Ogorzow am 16. Juli 1941 aus der Untersuchungshaftanstalt Moabit an die Kripo. In dem Schreiben schildert er ausführlich die Symptome seiner verschleppten Geschlechtskrankheit – Gelenkversteifungen, dicke Hoden, Kreuzschmerzen und Magenkrämpfe –, die sich seiner Auffassung nach »bis in die Kopfnerven verpflanzt« hätten. Ogorzow weiter: »Es stellte sich in mir seit dieser Zeit ein gewisser Trieb und eine gewisse Gedankenschwindung ein.«

Doch die Nazi-Justiz hatte kein Interesse daran, sich ausführlicher mit Ogorzow zu befassen oder ihn gar psychiatrisch auf seine Schuldfähigkeit hin zu untersuchen. Bereits eine Woche später, am 23. Juli 1941, schickte der Generalstaatsanwalt die Anklageschrift an das Sondergericht III beim Berliner Landgericht. Der Anklagevertreter bezeichnete Paul Ogorzow als »vollkommen gefühlskalte Natur, ohne jede Nerven und ohne alle Hemmungen, wenn es darum geht, seinen geschlechtlichen Trieb zu befrieden«. Am darauffolgenden Tag, am 24. Juli 1941, fand die Hauptverhandlung statt. Nach wenigen Stunden wurde Paul Ogorzow in Moabit wegen Mordes in acht und Mordversuchs in sechs Fällen zum Tode verurteilt und unmittelbar danach in der Strafanstalt Plötzensee enthauptet.

»Ogresse de Goutte d'Or« siehe Weber, Jeanne

Pacciani, Pietro u. a. – »Mostro di Firenze«

Seit 1968 erschütterte eine Reihe von Doppelmorden die italienische Provinz um Florenz, die von den Medien dem »Mostro di Firenze« zugeschrieben wurden. Der oder die unbekannten Mörder hatten bis 1985 bereits acht Liebespaare ermordet. Die meisten der 16 Opfer des unheimlichen Serienmörders wurden in Vollmondnächten an abgelegenen Plätzen erschossen. In allen Fällen, mit Ausnahme des ersten Mordes, wurden die Frauen grausam verstümmelt, indem ihnen die Brüste und Geschlechtsorgane zerstochen oder mit dem Skalpell abgetrennt worden waren.

Am 21. August 1968 wurde die 32jährige Barbara Locci und ihr 29jähriger Liebhaber außerhalb von Florenz ermordet. Beide waren mit einer 22er Beretta Automatik erschossen worden. Loccis sechsjähriger Sohn schlief auf dem Rücksitz und wurde nicht verletzt. Weil Barbara Locci verheiratet war, fiel der Verdacht auf ihren Ehemann, den Sardinier Stefano Mele. Die Carabinieri glaubten, daß Mele aus Eifersucht gehandelt habe. Er wurde als Tatverdächtiger festgenommen und wegen Mordes verurteilt.

Doch im September 1974 ereignete sich ein ähnlicher Mord nahe der toskanischen Hauptstadt. Folglich konnte der wegen des ersten Doppelmordes verurteilte Stefano Mele das Verbrechen nicht begangen haben und wurde sofort aus der Haft entlassen.

Ein ähnliches Verbrechen ereignete sich knapp sieben Jahre später, am 6. Juni 1981. Diesmal hatte der Unbekannte dem weiblichen Opfer die Vagina herausgetrennt.

Bis 1985 starben zehn weitere Menschen in der nahen Umgebung von Florenz, darunter ein homosexuelles Paar aus Westdeutschland. Vermutlich hatte der Mörder einen Mann aufgrund seiner langen Haare für eine Frau gehalten. Unter den Opfern war auch ein Touristenpärchen aus Frankreich, das in seinem Zelt überfallen und ermordet worden war. Der Körper der Frau war von dem »Mostro di Firenze« mit über 100 Messerstichen übersät und die linke Brust entfernt worden. Am darauffolgenden Tag erhielten die Carabinieri einen anonymen Umschlag, in dem sich Teile weiblicher Genitalien befanden.

Nachdem die Ermittler mehr als 100 000 Personen vernommen hatten, fiel der Verdacht auf den 68jährigen Landarbeiter Pietro Pacciani. Im Besitz des Vorbestraften fand man eine seltene Kupfermantelgeschoß-Patrone der Marke Winchester, die in den 50er Jahren in Australien hergestellt worden war. Die gleiche Munition war auch bei den Morden benutzt worden.

Pacciani behauptete, die Polizei habe ihm die Pistolenpatrone untergeschoben, um einen Schuldigen zu finden. Er wurde 1994 vor Gericht gestellt und im November wegen der sieben Doppelmorde verurteilt. Bereits zwei Jahre später kam Pacciani wieder auf freien Fuß, nachdem ein Revisionsgericht seine Verurteilung aufgehoben hatte. Zwar wollte die Staatsanwaltschaft erneut ein Verfahren gegen Pacciani einleiten, doch dazu kam es nicht: Am 24. Februar 1998 wurde der Landarbeiter in seinem Häuschen bei Florenz tot aufgefunden.

1996 war auch der 68jährige Mario Vanni, ein Freund von Pacciani, verhaftet worden und hatte den Mord an dem französischen Touristenpaar zugegeben. Im März 1998 wurde der pensionierte Postangestellte wegen fünf der Doppelmorde des »Mostro di Firenze« zu einer lebenslänglichen Haftstrafe verurteilt. Giancarlo Lotti, ein weiterer Mann aus dem Freundeskreis von Pacciani, wurde wegen Mittäterschaft in vier der Paarmorde angeklagt und zu 30 Jahren Haft verurteilt.

Pandy, Andras

Am 20. Oktober 1997 verhafteten die belgischen Behörden den damals 70jährigen evangelischen Pfarrer Andras Pandy wegen Mordes an zwei seiner Ex-Ehefrauen und vier seiner Kinder. Die Durchsuchung mehrerer abgelegener Häuser in Belgien, die ebenfalls dem aus Ungarn stammenden Pfarrer gehörten, führte zur Entdeckung zahlreicher Knochenfragmente und Asche, die offensichtlich menschlicher Herkunft waren.

Der vorläufige Höhepunkt der bereits seit 1992 andauernden polizeilichen Ermittlungen war das Bekenntnis der 39 Jahre alten Tochter des Pastors. Agnes Pandy gab nach mehrwöchigen Verhören zu, gemeinsam mit ihrem Vater neben ihren zwei Brüdern, ihrer Mutter und ihrer Stiefmutter auch ihre aus einer inzestuösen Beziehung mit ihrem Vater hervorgegangene Tochter ermordet zu haben. Die Leichen habe man mit Abflußreiniger aufgelöst und durch den Abfluß gespült. Ein Ende des Jahres 1998 auf Anweisung des Brüsseler Untersuchungsrichters Bulthé zu Beweiszwecken an der Universität Löwen durchgeführter Versuch mit einer Leiche bestätigte, daß diese Methode funktionierte.

Der ungarischen Tageszeitung »Nepszava« zufolge, soll Pandy darüber hinaus eine unbekannte Zahl von obdach- und elternlosen Kindern aus Rumänien in einem seiner Häuser in Brüssel aufgenommen haben, die er mittels des sogenannten YDNAP-Wohltätigkeits-Clubs – der Name Pandy von hinten gelesen – nach Belgien gebracht hatte. Am 24. April 1998 entdeckte die Brüsseler Polizei weitere Zähne und Knochenfragmente, die den Pastor mit weiteren Morden in Zusammenhang bringen. Norwegische Forensik-Wissenschaftler fanden heraus, daß die zuletzt gefundenen Zähne von sieben verschiedenen Frauen im Alter zwischen 35 und 50 Jahren und von einem Mann stammen. Derzeit dauern die Ermittlungen noch an.

»Papa Denke« siehe Denke, Karl

Paulin, Thierry und Mathurin, Jean – »Monster von Montmartre«

Ende 1984 schockierte eine Reihe von Morden an alten Frauen die französische Öffentlichkeit. Im Herzen von Paris, im Künstlerviertel Montmartre, fand die Polizei nacheinander die Rentnerinnen Anna Barbier und Suzanne Foucault ermordet in ihren Wohnungen auf. Die Greisinnen waren gefesselt, geschlagen und mit einer Plastiktüte erstickt worden. Knapp drei Wochen später entdeckte man drei weitere Rentnerinnen ermordet in ihren Wohnungen.

Der Täter, der damals 22jährige, aus Guayana stammende Thierry Paulin, hatte sich bereits nach Toulouse abgesetzt, wo er mit seinem Freund Jean Mathurin, einem Transvestiten aus Martinique, in Homosexuellenbars herumhing und das Geld seiner Mordopfer verkokste. Wieder zurück in Paris, wurde Paulin nach einem Streit mit seinem Dealer verhaftet und kam für 16 Monate ins Gefängnis. Die Morde endeten so abrupt, wie sie begonnen hatten. Paulin, der sich in der Strafanstalt die Haare platinblond gefärbt hatte und nun Ohrringe trug, begann gleich nach seiner Freilassung im November 1987 erneut mit den Raubmorden.

Thierry Paulin wurde gefaßt, nachdem eine der von ihm attackierten Rentnerinnen überlebt hatte und den Gendarmen eine Täterbeschreibung abgeben konnte. Der Polizei fiel es nicht schwer, einen farbigen jungen Mann mit kurzgeschorenen, blondierten Haaren und Ohrringen zu fassen. Sie verhafteten ihn am 1. Dezember 1987 auf offener Straße. Nach seiner Festnahme bezichtigte er seinen Ex-Geliebten Mathurin der Komplizenschaft, der daraufhin ebenfalls festgenommen wurde. Im Gefängnis sammelte Paulin die Zeitungsausschnitte über seinen Fall und pflegte sie stolz seinen Mitgefangenen zu zeigen. Bevor ihm der Prozeß gemacht werden konnte, starb Thierry Paulin am 16. April 1989 an den Folgen von AIDS.

Jean Mathurin, dem die Polizei die Teilnahme an neun der insgesamt 21 Morde des »Monsters von Montmartre« zur Last legt, befindet sich im Gefängnis von Fleury-Méregois.

Pekalski, Leszek

»Ich habe nie jemanden umgebracht. Ich habe all die Sachen nur zugegeben, weil mich die Polizei unter Druck gesetzt hat«, behauptete Leszek Pekalski bei der Prozeßeröffnung vor dem Bezirksgericht in der nordpolnischen Stadt Slupsk. Die »Sachen«, von denen er spricht, sind über 80 Sexualmorde, die der aus Osieki stammende Pekalski zwischen 1984 und 1992 begangen und kurz nach seiner Verhaftung in einem schriftlichen Geständnis zugegeben hatte.

Erstmalig tötete er im Alter von 16 Jahren. Das Opfer: eine gleichaltrige Schulkameradin, die er bei einem Klassenausflug ermordete und an deren Leiche er sich verging. In den folgenden zehn Jahren trieb er sich überall in Polen herum und hinterließ auf seinem Weg unzählige Leichen.

1990 fiel er erstmalig auf, nachdem er eine Frau sexuell attackiert hatte. Die Polizei brachte ihn in eine psychiatrische Klinik und ließ ihn begutachten. Pekalski kam jedoch bald wieder frei. Erst nachdem er einige Monate später die 17 Jahre alte Sylvia Rudnik in Osieki getötet und vergewaltigt hatte, konnte er gestellt und zurückgebracht werden. Eineinhalb Jahre später erzählte er einem Mädchen in Slupsk derart kenntnisreich und detailliert von dem Mord, daß die Polizei auf ihn aufmerksam wurde und ihn festnahm.

Nach seiner Inhaftierung überschüttete er die Vernehmungsbeamten geradezu mit anschaulichen Schilderungen seiner zahlreichen Morde, bis den Beamten auffiel, daß die Beschreibung der Verbrechen ihn nicht weniger erregten wie die Taten selbst. Er gab Details preis, die nur der Täter selbst wissen konnte. Ohne seine Geständnisse hätten ihm die Verfolgungsbehörden nur schwer etwas nachweisen können, da Pekalski bei seinen Morden keinem bestimmten Muster folgte oder eine besondere Tötungsmethode bevorzugte. Zudem hatten die Ermittler die für DNA-Tests brauchbaren Beweise derart schlampig behandelt, daß ihr Beweiswert zerstört worden war.

Nach einem acht Monate andauernden Prozeß in Slupsk wurde Pekalski deshalb lediglich wegen des Mordes an Sylvia Rudnik verurteilt und für 25 Jahre in eine psychiatrische Anstalt geschickt. Die übrigen 16 Sexualmorde, die man ihm zur Last legte, konnten ihm nicht nachgewiesen werden, und die Ermittlungen wurden eingestellt.

Petiot, Dr. Marcel André Henri Félix

Bei seinem Prozeß in Paris im August 1945 verteidigte sich Marcel Petiot mit der Behauptung, er sei Mitglied der Résistance gewesen und habe eine Gruppe mit dem Namen »Fliegengift« geleitet. Die ermordeten Menschen seien allesamt deutsche Agenten und Spitzel gewesen. Obwohl ihm mit Leichtigkeit die Wahrheit nachgewiesen wurde, hielt er diese Farce bis zuletzt aufrecht.

Angefangen hatte alles im Jahr 1942. Beinahe täglich wurden abgetrennte Gliedmaßen aus der Seine gefischt oder in Hinterhöfen entdeckt. Die mit anatomischem Sachverstand ausgeführten Zerstückelungen überzeugten die Polizei rasch davon, daß es sich um ein und denselben Täter handeln mußte. Doch sämtliche Ermittlungen verliefen ergebnislos. Ab Mai 1943 fand man keine Leichenteile mehr. Die Polizei stand vor einem Rätsel. Bis sich knapp zehn Monate später Anwohner in der Rue Lesueur über den ekelerregenden Qualm beklagten, der aus einem Schornstein aus dem Haus auf dem Grundstück Nummer 23 kam. Als die Polizei das Haus durchsuchte, fand sie im Heizungskeller ganze Stapel ausgedörrter Leichenteile. Auf dem Rost des kleinsten Heizungskessels schwelten noch mehrere Schädel, in einem anderen Knochenreste. In einem Stallgebäude stießen die Polizisten auf eine Grube mit Löschkalk, die mit weiteren Teilen zerstückelter Leichen angefüllt war. Der Täter hatte seine Opfer fachmännisch zerlegt, die Gesichts- und Kopfhaut von den Schädeln der Toten geschält und sie dann in Chlorkalk ausdörren lassen, um sie anschließend besser verbrennen zu können. Wie die Gerichtsmediziner herausfanden, stammten die in der Rue Lesueur gefundenen Knochenreste von mindestens 15 Menschen. Der Besitzer des Hauses war der Arzt Marcel Petiot. Als die Polizei den verdächtigen Doktor am nächsten Morgen in seiner Wohnung in der Rue Chaumartin 66 festnehmen wollte, war der allerdings bereits über alle Berge. Zunächst gelang es dem entlarvten Serienmörder, in Paris unterzutauchen. Nach der Befreiung der Stadt durch die Amerikaner am 29. August 1944 tauchte Petiot mit falschen Papieren in einer Kaserne der französischen Armee auf, bot seine Mithilfe bei der endgültigen Säuberung der Stadt von Vichy-Milizionären an und behauptete, er habe bei der Résistance unter dem Namen Valéry gekämpft. Binnen weniger Tage avancierte Petiot zum Hauptmann und erhielt ein politisches Zuverlässigkeitszeugnis.

Am Morgen des 31. Oktober 1944 wurde Petiot gefaßt, nachdem ihn ein Militärpolizist am Tor der Kaserne erkannt hatte. Die Untersuchungen gegen den Serienmörder zogen sich bis nach Kriegsende hin. Er hatte jüdischen Mitbürgern, die eine Deportation aus dem besetzten Paris in ein Nazi-Vernichtungslager fürchten mußten, versprochen, sie heimlich ins sichere Ausland bringen zu können. Unter dem Vorwand, ihnen eine Schutzimpfung applizieren zu wollen, ermordete er die vertrauensseligen Opfer mit Giftinjektionen und eignete sich ihren Besitz an. Es stellte sich heraus, daß er ihnen durch ein in der Wand eingebautes Okular beim Sterben zusah und sich am Todeskampf seiner Opfer weidete.

Am 28. März 1946 wurde Marcel Petiot wegen Mordes an 27 Menschen zum Tode verurteilt und knapp zwei Monate später, am 25. Mai, im Gefängnis Santé auf der Guillotine hingerichtet.

Philippe, Joseph

Ausgerechnet die Tätowierungen des Täters mit der Aufschrift »unter einem unglücklichen Stern geboren« führte zur Verhaftung des französischen Serienkillers Joseph Philippe. Eines seiner überlebenden Opfer hatte sich dieses entscheidende Detail gemerkt und es im Januar 1866 bei der Polizei zu Protokoll gegeben. Philippe, der seit 1861 mindestens sieben Frauen und ein junges Mädchen ermordet und zahlreiche weitere Frauen überfallen hatte, wurde erst 1866, fünf Jahre nach seinem ersten Mord verhaftet. Er war ein Alkoholiker und dem Genuß von Absinth verfallen, einem Getränk, das schwere gesundheitliche Schäden verursachte.

Seine Opfer suchte er in den Rotlichtvierteln von Paris. Die meisten der Frauen waren Prostituierte, die er zuerst bewußtlos gewürgt und ihnen dann mit einem Messer die Kehle durchgeschnitten hatte. In vereinzelten Fällen waren die Frauen vergewaltigt und ausgeraubt worden, doch vorrangiges Motiv war der Akt des Tötens. Joseph Philippe war ein Lustmörder, der beim Erstechen der Frauen sexuelle Erregung verspürte und dabei einen Orgasmus bekam.

Der Mörder, der die Pariser Prostituierten ein halbes Jahrzehnt in Angst und Schrecken versetzte, wurde schließlich von der Gendarmerie gestellt. Bei seinem Verhör gestand Joseph Philippe die von ihm begangenen Sexualmorde und wurde im Juli 1866 enthauptet.

Pieydagnelle, Eusebius

Die Lieblingsbeschäftigung von Eusebius Pieydagnelle war es, dem Fleischer aus seiner Nachbarschaft im Dorf Vinuville bei der Zerlegung von Schlachtvieh zuzusehen. Ein Erlebnis, das den jungen Franzosen dermaßen faszinierte, daß es fortan sein innigster Wunsch war, selbst Fleischer zu werden. Schon bald setzte er diesen Berufswunsch in die Tat um und nahm bei dem Schlachter eine Anstellung als Lehrling an. Das blutige Fleisch übte auf ihn einen so großen Reiz aus, daß er heimlich vom Blut der Kadaver trank und sogar den lebenden Tieren Wunden zufügte.

Der um 1850 geborene Pieydagnelle stammte aus einer angesehenen, mittelständischen Familie aus Vinuville. In seinem Elternhaus wurde der gewöhnliche Berufswunsch des Sohnes weder geschätzt noch respektiert. Auf Drängen seines Vaters gab Pieydagnelle die Lehre wieder auf und arbeitete in einem Anwaltsbüro als Schreiber.

Etwa zu selben Zeit bekam er schwere Depressionen und beging seinen ersten Mord. Sein Opfer war die Wirtstochter Lurotte, ein 15 Jahre altes Mädchen, die in der Küche des Gasthauses Coq Bleu eingeschlafen war. Pieydagnelle sah das Mädchen und schlich sich heimlich in den Raum. Ursprünglich wollte er die Schlafende vergewaltigen, doch als er sich ihr näherte, verspürte er den heftigen Drang, auf die Jugendliche einzustechen.

In der darauffolgenden Zeit erstach und verstümmelte er sechs weitere Menschen. Nachdem er sein letztes Opfer, ausgerechnet Monsieur Christobal, seinen Lehrmeister aus der Schlachterei, ermordet hatte, stellte sich der schwer depressive Mann 1871 der Gendarmerie und gestand insgesamt sieben Morde.

Bei seiner Gerichtsverhandlung, die noch im selben Jahr stattfand, bekannte sich der Lustmörder in vollem Umfang schuldig und bestand darauf, für seine Verbrechen hingerichtet zu werden.

Pleil, Rudolf und Hoffmann, Karl

Am 23. März 1946 beging der damals 22jährige Rudolf Pleil, der als Grenzführer zwischen der britisch und der sowjetisch besetzten Zone unterwegs war, gemeinsam mit seinem Komplizen Karl Hoffmann in einem Sumpfgebiet bei Mattierzoll seinen ersten Mord. Das Opfer war die 35jährige Grenzgängerin Eva Miehe. Während sich Pleil an der Leiche sexuell verging, plünderte Hoffmann die Habseligkeiten der Toten.

Bereits am 17. Juli des gleichen Jahres tötete er – diesmal allein – im Grenzgebiet von Walkenried eine 25jährige Frau mit Hammerschlägen. Wiederum mißbrauchte Pleil den toten Körper. Die nächsten Morde an alleinstehenden Frauen, häufig an jungen Kriegswitwen, die sich mit Grenzschiebereien zwischen den Zonen finanziell über Wasser hielten, beging Rudolf Pleil gemeinsam mit dem 35jährigen Hoffmann, der aus Habgier tötete.

Im Dezember 1946 stieß der 18jährige Konrad Schüssler aus Sachsen zu dem Duo und beteiligte sich an den Verbrechen. Der sadistische Mord an einem Hamburger Kaufmann, der ihn zuvor als Grenzführer angeheuert hatte, führte schließlich 1947 zur Festnahme von Pleil. Er gestand sofort, behauptete jedoch, daß der Hamburger ihn beschimpft habe und die Tat aus Wut und im Affekt geschehen sei. Das Gericht in Braunschweig glaubte seiner Darstellung und verurteilte ihn wegen Totschlags zu einer Freiheitsstrafe von zwölf Jahren und einer anschließenden Einweisung in eine psychiatrische Klinik. Nachdem Pleil in der Haft einen Mitgefangenen brutal überfallen hatte, wurde er zur Begutachtung in eine psychiatrische Klinik nach Königslutter gebracht. Als die Ärzte seine Alkoholreaktion klinisch überprüften und ihm zu Versuchszwecken eine gewisse Menge Alkohol verabreichten, zog er plötzlich Jacke und Hose aus und drapierte sie auf dem Fußboden zur Form eines menschlichen Körpers. Dann warf er sich auf das Gebilde, schlug wie besessen darauf ein und wühlte darin herum. Nachdem er sich völlig verausgabt wieder erhob, sagte er zu den verdutzten Ärzten: »So hab' ich es auch mit der Frau gemacht...«

Anschließend legte er ein schriftliches Geständnis ab und gab insgesamt 26 Morde zu und nannte auch seine Mittäter.

Bei seiner Verhandlung vor dem Landgericht in Braunschweig wurde Pleil am 17. November 1950 wegen neunfachen, seine inzwischen festgenommenen Komplizen Hoffmann und Schüssler wegen sechsfachen beziehungsweise zweifachen Mordes zu jeweils einer lebenslänglichen Zuchthausstrafe verurteilt.

Ähnlich wie **Peter Kürten**, der in den 20er Jahren in Düsseldorf zahlreiche Frauen und Kinder ermordete, war auch Pleil ein Triebtäter, der nur sexuelle Befriedigung erlangte, wenn er anderen Menschen Schmerzen zufügen oder sie töten konnte.

Am 16. Februar 1958 erhängte sich Rudolf Pleil in seiner Zelle im Zuchthaus in Celle.

Pommerenke, Heinrich – »Ungeheuer vom Schwarzwald«

Im Sommer 1959 verkündeten die Zeitungen die Verhaftung des »Ungeheuers vom Schwarzwald«, Heinrich Pommerenke. Er wurde als »grausamster Sexualverbrecher der Nachkriegszeit« bezeichnet, ein Mann, für den »unzählige Leute nach Feierabend den Galgen zimmern würden«. In den vier Jahren, die seiner Mordserie vorausgingen, sind von Pommerenke sieben Mordversuche, zwei Vergewaltigungen und 25 versuchte Vergewaltigungen bekannt geworden.

Seinen ersten Mord beging Heinrich Pommerenke am 26. Februar 1959 im Alter von 21 Jahren. Er hatte sich in einem Karlsruher Kino den Film »Die zehn Gebote« angesehen und war späteren Angaben zufolge vom Anblick leicht bekleideter Frauen derart stark erregt worden, daß er sich noch am selben Abend vornahm, eine Frau zu vergewaltigen und zu ermorden. Mit einem Rasiermesser verfolgte er die 49jährige Kontoristin Hilda K., die von der Arbeit kam, griff sie von hinten an und würgte sie bis zur Bewußtlosigkeit. Dann durchtrennte er ihre Kehle, schnitt ihr die Kleider auf und befriedigte sich an der Toten. Die gleiche Rohheit und Grausamkeit legte er einen Monat später an den Tag, als er bei Hornberg, einem kleinen Dorf im Schwarzwald, eine 18jährige Friseuse ermordete. Mit einem Stein schlug er auf den Hinterkopf der Frau, bedeckte anschließend ihr blutverschmiertes Gesicht mit einem Mantel und vergewaltigte sie. Als er feststellte, daß die 18jährige noch lebte, stellte er sich mit dem Fuß auf ihre Kehle und drückte ihr den Kehlkopf ein. Ihre Leiche warf er in einen naheliegenden Fluß. Am 1. Juni stieg Heinrich Pommerenke in Heidelberg in einen Nacht-Express ein, lauerte der 21 Jahre alten Dagmar Klinek auf, die gerade von der Toilette zurückkam, und warf sie aus dem Zug. Nachdem er die Notbremse gezogen hatte und aus dem Zug gestiegen war, suchte er die junge Frau. Da sie noch am Leben war, stach er ihr mit einem Messer in die Kehle und schleifte die Tote den Bahndamm hinunter, um sich an einem sicheren Ort ungehindert an der Leiche vergehen zu können.

Bereits eine Woche darauf, am 8. Juni 1959, tötete Pommerenke erneut. Nachdem er in den frühen Morgenstunden eine Haushaltshilfe, eine Kellnerin und deren Tochter überfallen und mit Messerstichen schwer verletzt hatte, lauerte er am Abend in einem Waldgebiet seinem nächsten Opfer auf. Er überfiel ein 16jähriges Mädchen, das auf dem Waldweg entlang kam, nahm sie in den Würgegriff und bedrohte sie mit dem vorgehaltenen Dolch, »sich von ihm fikken zu lassen«. Das Mädchen konnte sich losreißen, doch nach wenigen Metern holte Pommerenke sie ein, warf sie zu Boden und vergewaltigte die Bewußtlose. Als sie die Augen wieder öffnete, erwürgte er sie und stach ihr mit seinem Hirschfänger in den Hals. Heinrich Pommerenke wurde am 19. Juni 1959 gefaßt, nachdem er eine Tasche mit einem abgesägten Kleinkalibergewehr, das er bei mehreren Raubüberfällen benutzt hatte, bei seinem Schneider in Hornberg im Schwarzwald hatte liegenlassen.

Pommerenke bestritt, in die Morde verwickelt zu sein, doch nach Verhören und Gegenüberstellungen mit Mitreisenden aus dem Zug, aus dem er sein drittes Opfer geworfen hatte, wurde er zweifelsfrei identifiziert. Daraufhin gab er zu, die Frauen getötet zu haben, um keine Zeugen zu hinterlassen. Den Psychiatern, die seine Schuldfähigkeit begutachten sollten, erzählte er später, daß er das Gelübde abgelegt habe, 71.317 Frauen töten, notzüchtigen oder schwängern zu wollen, weil er bei Frauen kein Glück gehabt habe und immer zu kurz gekommen sei. Später habe er dann den Entschluß gefaßt, mindestens sieben Frauen zu ermorden. Pommerenke wurde vor Gericht gestellt und wegen vierfachen Mordes, sieben Mordversuchen, zahlreichen Sexualverbrechen und weiteren Verbrechen angeklagt. Das Schwurgericht in Freiburg verurteilte ihn am 22. Oktober 1960 zu sechs lebenslänglichen Haftstrafen.

Quick, Thomas

Der nekrophil veranlagte Quick tötete innerhalb von zwei Jahren mindestens zehn Menschen, unter ihnen eine holländische Familie, die ihre Ferien in Nordschweden verbringen wollte. Nach dem Mord an den Touristen gelang es der Polizei, Thomas Quick festzunehmen. Als die schwedische Polizei auf der abgelegenen Farm von Quick, in der Nähe der Kleinstadt Falun, nach Leichen grub, stieß sie lediglich auf einen einzelnen Knochen, der möglicherweise menschlicher Herkunft war. 1988 wurde Thomas Quick wegen vier Morden angeklagt, für schuldig befunden und anschließend in die Säters Sjukhus Hochsicherheitsklinik für kriminelle Triebtäter in Dalarna gebracht. Im Verwahrvollzug gestand Quick, weitere Morde in Norwegen begangen zu haben. Als die Polizei seine Angaben überprüfte, stieß sie auf Hinweise, die ihn mit fünf Morden in Verbindung brachten.

Unterdessen ermittelte auch die norwegische Polizei im Falle der zehn Jahre zuvor verschwundenen Therese Johannessen aus Drammen. Die Neunjährige wird seit dem 3. Juli 1988 vermißt. Quick hatte zugegeben, daß er das Kind vergewaltigt, ermordet und ihre Leiche zerstückelt hatte. Mitte Juni 1997 wurde Thomas Quick wegen eines weiteren Mordes verurteilt, den er 1988 an dem israelischen Touristen Yinon Levy begangen hatte.

»Railway Rapist« siehe Duffy, John Francis

Reinstrom, Lutz

Anfang Dezember 1992 wurde die Polizei im Garten des Hamburger Kürschnermeisters Lutz Reinstrom fündig: Auf dem Grundstück seines gepflegten Reihenhäuschens hatte der 44jährige eine blaue Plastiktonne vergraben, in der sich die in Salzsäure zersetzten Körperteile einer Frauenleiche befanden. Bereits drei Tage zuvor hatten Beamte die ebenfalls in einem Säurefaß aufgelöste Leiche der Ehefrau seines ehemaligen Chefs im Garten von Reinstroms Ferienhaus in Lauenburg gefunden. Reinstrom, der seit Mai 1992 wegen Menschenraubs in Haft saß, soll den Ermittlungen zufolge auch seine Freundin vier Jahre zuvor mit Säure beseitigt haben.

Die Fässer mit den aufgelösten Leichenteilen waren obendrein noch in Beton gegossen worden. Der mutmaßliche Mörder wurde nur deshalb gefaßt, weil die getöteten Frauen alle aus dem Bekanntenkreis des Kürschners stammten.

In Lutz Reinstroms Ferienhaus stieß die Polizei darüber hinaus auf zwei weitere Fässer mit Säure, die im Garten des Lauenburger Anwesens vergraben waren. Die Ermittler prüften, ob er noch weitere Morde begangen haben könnte. So wurde beispielsweise auch die Leiche einer 31jährigen Hamburgerin im Frühjahr aus der Elbe geborgen, die ebenfalls als gute Bekannte Reinstroms galt. Doch Lutz Reinstrom stritt jeglichen Zusammenhang mit den Morden ab.

Renczi, Vera

Trotz der enorm hohen Zahl von 35 Morden sind wenig Daten über die rumänische Serienmörderin Vera Renczi bekannt. Um die Jahrhundertwende tötete die geborene Bukaresterin innerhalb von 15 Jahren ihre zwei Ehemänner, ihren Sohn sowie 32 Liebhaber und Verehrer.

Ihre Opfer hatte sie allesamt mit Arsen vergiftet und die Leichen der Männer im Keller ihres Hauses in Berkerekul versteckt. Ihre Morde wurden bekannt, nachdem eine frisch verheiratete Rumänin sich auf die Suche nach ihrem Ehemann begeben hatte, der von seiner »Geschäftsreise« nie zurückgekehrt war. Der Ehefrau gegenüber gab Renczi an, daß sie ihn nach einem Treffen nie wieder gesehen hatte. Doch die blieb hartnäckig und informierte die Polizei, nachdem sie herausgefunden hatte, daß auch andere Männer verschwunden waren, die mit der 35jährigen zu tun gehabt hatten.

Schon bald stießen die Polizisten im Keller der Verdächtigen auf ein »Massengrab«. Renczi, die seit frühester Jugend als promiskuitiv und rebellisch galt, erzählte der Polizei nach ihrer Festnahme, daß sie aus Eifersucht und Angst vor dem Verlassenwerden getötet habe. Ihren Sohn hatte sie ebenfalls vergiftet, nachdem er von ihren Morden erfahren hatte und die Polizei alarmieren wollte. Wegen fünfunddreißigfachen Mordes wurde die Giftmörderin zum Tode verurteilt. Das Urteil wurde jedoch später aufgehoben und in lebenslange Haft umgewandelt. Vera Renczi starb wenige Jahre später im Gefängnis eines natürlichen Todes.

»Ripper von Athen« siehe Daglis, Andonis
»Riviera Serienmörder« siehe Bilancia, Donato

Rodríguez Vega, José Antonio

Im Jahre 1988 sorgte der Fall des 31jährigen Spaniers José Antonio Rodríguez Vega in den Zeitungen landesweit für Schlagzeilen. Der wegen Vergewaltigung vorbestrafte Maurer, der 1988 festgenommen wurde, war ein gesuchter Serienkiller, der seit fast zwei Jahren in der spanischen Küstenstadt Santander gemordet hatte. Da er es ausschließlich auf alte Frauen abgesehen hatte, bemerkte man in einigen Fällen nicht einmal, daß sie einem Mord zum Opfer gefallen waren, denn Vega arrangierte die Toten so, als seien sie in ihren Betten an Altersschwäche gestorben.

Während der kühl berechnende Sexualmörder in vielen Fällen nahezu keine Spuren hinterließ, war es bei anderen offensichtlich, daß es sich um ein Gewaltverbrechen handelte. Denn es versetzte den impotenten Spanier in einen Zustand völliger Exstase, die Körper der wehrlosen Rentnerinnen zu betasten und ihnen Gegenstände in die Geschlechtsteile zu stoßen, nachdem er sie erdrosselt hatte.

Nachdem Vega in einigen Mordfällen als Tatverdächtiger festgenommen worden war, strahlte ein spanischer Fernsehsender Bilder seiner Wohnung aus. Anschließend meldeten sich bei der Guardia Civil Angehörige von Opfern, die in der Wohnung von Vega Gegenstände aus dem Besitz der Verstorbenen wiedererkannt hatten. Allein dadurch konnten ihm 16 Morde nachgewiesen werden, doch vermutlich ist die Zahl seiner Opfer weitaus höher. 1991 wurde José Antonio Rodríguez Vega zu 440 Jahren Gefängnis verurteilt.

Rom Serienmörder

Enrico Sini Luzia, ein reicher Aristokrat, der im Vatikan ein und aus ging, war das bisher letzte von insgesamt zehn Mordopfern, die seit Anfang der 90er Jahre in der italienischen Hauptstadt ermordet aufgefunden wurden. Der 67jährige Luzia, vermutlich ein Homosexueller, war am 6. Januar 1998 mit eingeschlagenem Schädel und einem roten Schal um den Hals in seiner Wohnung aufgefunden worden. Fest steht, daß er seinen Mörder höchstwahrscheinlich gekannt, wenn nicht sogar erwartet hatte, denn es gab keine Hinweise darauf, daß jemand gewaltsam in das luxuriöse Appartement eingedrungen war. Der Täter hatte mehrere Wertgegenstände entwendet, doch Raub schien nicht das vorrangige Motiv bei den Verbrechen gewesen zu sein.

Die Mitglieder der römischen Homosexuellenszene sind davon überzeugt, daß die Mordserie von einem einzigen Täter begangen worden ist, der es auf ihresgleichen abgesehen hat. Denn die überwiegende Anzahl der Opfer war nicht nur homosexuell, sondern auch auf ähnliche Art und Weise getötet worden: Die Männer, überwiegend mittleren Alters, waren nackt oder nur teilweise bekleidet in ihren Wohnungen aufgefunden worden.

Nach der Ermordung Enrico Luzias fand ein Gedenkmarsch statt, bei dem nicht nur die katholische Intoleranz gegenüber Homosexuellen sondern auch die polizeiliche Ermittlungsarbeit angesichts der gesellschaftlichen »Randgruppe« stark kritisiert wurde. Derzeit dauern die Ermittlungen noch an.

»Rote Spinne« siehe Staniak, Lukian

Rowntree, Mark Andrew

Am Silvesterabend des Jahres 1975 machte sich der 19 Jahre alte Brite Mark Rowntree, mit einem Messer bewaffnet, in Bingley auf den Weg, um einen Menschen umzubringen. Am Tag zuvor hatte eine Bekannte seine Avancen zurückgewiesen, was den ohnehin psychisch labilen jungen Mann so sehr geärgert hatte, daß er glaubte, sich dafür rächen zu müssen.

In der Old Main Street steuerte er auf das erstbeste Haus, in dem Grace Adamson wohnte, zu. Er läutete, und als die ahnungslose Frau ihm die Tür öffnete, verschaffte er sich mit der Behauptung, er sei ein Polizist, Einlaß in ihre Wohnung. Als man Grace Adamson kurze Zeit später tot auffand, wies ihr Körper sieben Messerstiche auf. Bereits drei Tage später verspürte Rowntree wieder den Drang zu töten: An einer Bushaltestelle in Wastburn griff er den 16jährigen Stephen Wilson mit einem Messer an, stach ihn unvermittelt nieder und verließ fluchtartig den Tatort. Der tödlich verletzte Teenager kam ins Krankenhaus und beschrieb seinen Angreifer als einen Mann um die 20 mit schulterlangen dunklen Haaren und schwarzer Jacke, der einen Rucksack bei sich trug. Kurz darauf erlag Wilson seinen Verletzungen.

Am 7. Januar 1976 ermordete Mark Rowntree die Prostituierte Barbara Booth aus Leeds, die sich ihren Freiern per Inserat in Boulevardzeitungen anbot. Unter dem Vorwand, ihre Dienste als »Modell« in Anspruch nehmen zu wollen, gelangte er in die Wohnung der Frau, wo er wie besessen auf sie einstach und anschließend auch ihren drei Jahre alten Sohn tötete.

Noch am selben Tag konnte der vierfache Mörder festgenommen werden. Neben der Beschreibung, die Stephen

Wilson kurz vor seinem Tod abgegeben hatte, erinnerte sich ein Taxifahrer an seinen Fahrgast, den er am Tag der Ermordung von Wilson nach Hause gefahren hatte. Beim Prozeß vor dem Leeds Crown Court im Juni 1976 plädierte Rowntrees Verteidiger auf Totschlag und begründete dies mit der psychischen Verfassung seines Mandanten. Der Richter verfügte eine unbefristete Unterbringung von Mark Rowntree in der psychiatrischen Anstalt für Straftäter in Rampton.

Rudnik, Fredi

Völlig unberührt und fast im Plauderton erzählte der dreifache Sexualmörder Fredi Rudnik am 4. März 1985 vor dem Berliner Landgericht, wie er seine Opfer gequält und mißhandelt hatte. »Ich habe schon mit 15 Jahren sadistische Phantasien entwickelt. Ich brauche sie, um mich sexuell zu erregen«, rechtfertigte sich der 24jährige und schilderte minutiös seinen ersten Mord an einer unbekannten Frau, die er Anfang März 1982 getötet hatte.

Am 15. März 1982 traf er in einem Lokal die 18 und 19 Jahre alten norwegischen Schülerinnen Carmen Puertas und Elin Mosvold, die sich im Rahmen einer Klassenfahrt in Berlin aufhielten. Die beiden Schülerinnen, die das Lokal für eine Pizzeria gehalten hatten, fragten Rudnik, wo man günstig eine Pizza essen könne. Daraufhin lud er die beiden jungen Frauen in sein Auto ein, fuhr sie in ein italienisches Restaurant und anschließend in den Grunewald. Dort bedrohte er die Mädchen mit einer Pistole, fesselte Carmen Puertas, eine Norwegerin lateinamerikanischer Herkunft, an einen Baum und vergewaltigte vor ihren Augen ihre Freundin Elin Mosvold. Als er sie anschließend gefesselt in den Kofferraum seines Wagens legen wollte, versuchte Carmen Puertas zu fliehen. »Wie im Rausch« rollte er mehrfach mit dem Wagen vor- und rückwärts über sie hinweg. Danach fuhr er mehrere Stunden mit Elin Mosvold im Kofferraum ziellos in der Stadt herum. Unterwegs hielt er mehrfach an und quälte die junge Frau, indem er ihr Zigaretten auf der Haut ausdrückte und sie mit einer Nagelschere verstümmelte. Nachdem er die Schülerin mehrere Stunden gefoltert hatte, fuhr er mit ihr in den Grunewald zurück, erdrosselte sie und hackte mit dem Küchenbeil auf ihre Kehle ein. »Mir kam es auf den panischen Gesichtsausdruck der Opfer an«, bekannte er freimütig.

Ende März 1985 wurde Fredi Rudnik von der 29. Großen Strafkammer des Berliner Landgerichts zu zweimal lebenslanger Haft plus 15 Jahren, sowie einer Unterbringung in einer psychiatrischen Klinik verurteilt. Im September 1991 versuchte Rudnik mit Hilfe eines Nachschlüssels aus dem Sicherheitstrakt der Klinik zu fliehen. Der Fluchtversuch scheiterte jedoch im Dienstraum des Pflegepersonals.

Rung, Thomas

Als am 28. Februar 1995 der Berliner Gelegenheitsarbeiter Thomas Rung wegen Mordes an Gabriela P., einer Freundin seiner Lebensgefährtin, festgenommen wurde, wußte die Kripo noch nicht, daß ihnen ein Serienmörder ins Netz gegangen war. Der 35jährige, mehrfach wegen Vergewaltigung und Raub vorbestrafte Mann, war erst ein Jahr zuvor aus der Karl-Bonhoeffer-Nervenklinik entlassen worden, wo er wegen massiver Alkoholprobleme therapiert werden sollte. Nun stand er im Verdacht, am 23. Februar 1995 im Anschluß an einen Streit mit seiner Freundin die 34jährige Gabriela P. vergewaltigt und ermordet zu haben. Drei Stunden saß Thomas Rung auf der Hellersdorfer Polizeiwache und leugnete, irgend etwas mit dem Verbrechen zu tun zu haben. Doch plötzlich erklärte er dem Vernehmungsbeamten, Hauptkommissar Böhm, unvermittelt: »Ich bin kein Mensch, ich bin ein Ungeheuer« und gab zu, daß er nicht nur Gabriela P., sondern drei Tage zuvor auch seinen Stiefvater Ekkehard T. niedergeschlagen und in der Badewanne ertränkt hatte.

Darüber hinaus gestand Rung, in den vergangenen zwölf Jahren fünf weitere Morde und zahlreiche Vergewaltigungen begangen zu haben. Die Polizei hielt ihn zunächst für einen pathologischen Lügner, denn einige der Todesfälle waren als Selbstmord oder Unfälle abgeschlossen und bereits zu den Akten gelegt worden. Zudem war für mindestens einen der von Rung eingeräumten Morde, dem an der 77jährigen Rentnerin Melanie Sch., 1983 der damals 22 Jahre alte Michael Mager zu einer lebenslangen Haftstrafe verurteilt worden.

Doch als die 5. Mordkommission der Berliner Kriminalpolizei die Angaben von Rung überprüfte, stellte sich heraus, daß er keineswegs gelogen hatte. Der an seiner Stelle zu einer lebenslänglichen Freiheitsstrafe verurteilte Mager war unschuldig. Thomas Rung hatte auch Melanie Sch. sowie drei weitere Rentnerinnen ermordet. Darüber hinaus hatte er bereits im November 1983 in Berlin-Neukölln die 22jährige Studentin Susanne Matthes angefallen. Nachdem er die junge Frau auf einem Kinderspielplatz vergewaltigt hatte, vergrub Rung ihre Leiche in einem Sandkasten. Er habe ein schlimmes Gefühl danach gehabt, sagte er der Polizei bei seiner Vernehmung. Das »schlimme Gefühl« hielt jedoch nicht lange an, denn schon eine Woche später ermordete er die geistig verwirrte Frieda K. Am 24. Dezember vergewaltigte Rung die 62jährige Josephine G. und ertränkte sie im Neuköllner Schiffahrtskanal. Nur wenige

Stunden danach überfiel er eine Kioskbesitzerin und versuchte sie in ihrem Laden zu vergewaltigen.

1984 wurde Rung wegen Vergewaltigung in einem anderen Fall zu einer fünfjährigen Freiheitsstrafe verurteilt. Die Mordserie war vorläufig zu Ende, ohne daß die Kripo sie als solche erkannt hatte.

Nachdem Rung 1989 entlassen wurde, mordete er weiter. Bereits Anfang 1990 kam er wegen Körperverletzung erneut für acht Monate in Haft. Wieder auf freien Fuß, sah es zunächst so aus, als ob Rungs Leben in geordneten Bahnen verlaufen würde. Seine Freundin Christine bekam einen Sohn. In den darauffolgenden zwei Jahren lebte er offensichtlich ohne Straftaten zu begehen, bis es wegen seiner Trinkerei zum Zerwürfnis mit seiner Lebensgefährtin kam – Anlaß für Rung, innerhalb von drei Tagen seinen Stiefvater Ekkehard T. und Gabriela P. zu ermorden.

Während der Verhandlung vor dem Berliner Landgericht genoß Rung sichtlich die Aufmerksamkeit, die ihm seitens der Medien zuteil wurde. Im Verlaufe des mehrwöchigen Prozesses, der am 30. Januar 1996 vor einer großen Strafkammer eröffnet worden war, erklärte der forensische Psychiater Wilfried Rasch, daß Thomas Rung nicht psychisch gestört sei. »Es ist gleichermaßen erstaunlich wie erschreckend, daß ein Mensch wie Thomas Rung normal ist«, sagte der bekannte Gerichtsgutachter.

Rung wurde am 5. März 1996 zu zwei lebenslangen Haftstrafen und anschließender Unterbringung in der Sicherungsverwahrung verurteilt, die er in der Strafanstalt Tegel verbüßt. In seinem Schlußwort sagte Rung, daß es ein gerechtes Urteil gegen ihn nicht geben könne: »Das Volk will Rübe ab!«

Sach, Amelia und Walters, Annie

Im November 1902 wurde die 54jährige Annie Walters auf einem Londoner Bahnhof verhaftet, als sie gerade im Begriff war, die Leiche eines Neugeborenen fortzuschaffen, die sie in Packpapier gewickelt bei sich trug. Eigentlich sollte die 29 Jahre alte »Babyfarmerin« Amelia Sach für den Säugling Adoptiveltern suchen und hatte sich für die Vermittlung des Kindes gut bezahlen lassen. Doch anstatt das Kind in einer Familie unterzubringen, wies sie ihre Helferin und Angestellte Annie Walters an, den Säugling zu ermorden. Nicht zum ersten Mal, wie die Polizei bald herausfand. Den ersten Mord begingen die Frauen vermutlich kurz nachdem Sach im Jahre 1900 ihr Babyheim gegründet hatte. Annie Walters, eine unattraktive und geistig zurückgebliebene Frau, vergiftete die Kinder mit einem Schlafmittel, während Sach die Planung übernahm.

Nach der Verhaftung der beiden Frauen entdeckte die Polizei ganze Bündel mit Babybekleidung, insgesamt über 300 Teile, sowie gewaltige Vorräte an Clorodyne, einem Schlafmittel, das in hoher Dosierung tödlich wirkt. Allen Indizien zum Trotz leugneten die beiden Frauen entschieden ihre Schuld und behaupteten sogar zeitweilig, sich nicht einmal zu kennen.

Annie Walters und Amelia Sach wurden wegen dreifachen Kindesmordes angeklagt, verurteilt und am 3. Februar 1903 gehenkt. Die Zahl der von ihnen ermordeten Babys konnte nie ermittelt werden.

Sägemörder von Hannover

»Ein neuer Haarmann am Werk?«, lautete die Frage, die der »Spiegel« 1977 angesichts der Leichenteile aufwarf, die man in den vorausgegangenen Monaten in Hannover gefunden hatte. Nach zahlreichen Funden menschlicher Körperteile, ging die Polizei davon aus, daß die niedersächsische Landeshauptstadt erneut von einem Serienmörder heimgesucht wurde.

Bereits zwei Jahre zuvor, am 26. September 1975, war in einem Teilstück der Leine der völlig verstümmelte und brustlose Torso einer Frau entdeckt worden. Der Unterleib war aufgeschlitzt und die Innereien entfernt worden. Nach und nach wurden in und um Hannover immer wieder Leichenteile gefunden. Die insgesamt elf Teile stammten von fünf verschiedenen Personen beiderlei Geschlechts, deren Identität nicht festgestellt werden konnte. Gerichtsmediziner fanden heraus, daß die Toten wahrscheinlich mit einer Motor- oder Kettensäge zerlegt und anschließend mit einer Art scharfem Löffel ausgeweidet worden waren.

Trotz Aufstellung einer Sonderkommission mit dem bezeichnenden Namen »Torso« verliefen die Ermittlungen ergebnislos, und auch Einzelheiten und Tatmotiv des Mörders blieben so gut wie unbekannt. Lediglich die Tatsache, daß die einzelnen Körperteile in unmittelbarer Nähe des Hannoveraner Maschsees hinterlassen worden waren, wo sich auch das Polizeihauptpräsidium befindet, wurde als Hinweis auf eine »exhibitionistische Tendenz« und die Verbrechen als »falsche Polung« des Mörders oder Leichenfledderers bewertet.

Mehr als 20 Jahre später scheint der Fall des mysteriösen Zerstücklers neue Aktualität zu erlangen: Am 28. Februar 1999 tauchte erneut ein Frauentorso auf, diesmal im Elbeseitenkanal bei Isenbüttel. Der Torso war völlig enthäutet und die Arme und Beine fachkundig aus den Gelenken herausgelöst worden. Nach Bildung einer Neuauflage der SoKo »Torso« durch das Landeskriminalamt stellte sich nach vierzehntägigen Untersuchungen heraus, daß der Rumpf von einer Rentnerin aus Celle stammte. Die Frau war zuletzt beim Verlassen ihrer Stammkneipe zusammen mit einem jüngeren Mann gesehen worden.

Wie die Kriminalpolizei rasch herausfand, handelte es sich bei dem Mann um den wegen Vergewaltigung vorbestraften Olav W. aus Celle. Der gelernte Metzger gestand wenig später, daß er die Rentnerin im Anschluß an einen Kneipenbesuch mit zu sich nach Hause genommen und Sex mit ihr gehabt hatte. Danach habe er sie getötet und zerstückelt. Das Motiv blieb unklar. Die Kripo bezweifelt, daß dies die einzige Tat des »Sägemörders« war, denn auch im Harz, wo Olav W. früher gelebt hat, wurden damals zwei kopflose Leichen gefunden. Derzeit überprüft die Polizei zwei weitere ungeklärte Mordfälle, den an der 18jährigen Jasmin Stieler von 1996 und den an dem 13jährigen Markus Wachtel von 1998, die auf die gleiche Art und Weise zerstückelt worden waren. Verschiedene Körperteile der beiden Teenager waren in Gewässern und Waldstücken rund um Hannover hinterlassen worden.

»Sandmann« siehe Seefeld, Adolf
»S-Bahn-Mörder« siehe Ogorzow, Paul
»Schlächter von Hannover« siehe Haarmann, Friedrich Heinrich Karl

Schlächter von Mons

Am 22. März 1997 stieß ein Bahnpolizist in der Nähe des Bahnhofs der belgischen Stadt Cuesmes nahe Mons auf neun schwarze Plastiksäcke, in denen sich die abgetrennten Arme und Beine von drei weiblichen Leichen befanden. Der Täter hatte den Ort, wo die neun Säcke gefunden wurden, mit sechs auf Klebefolie geschriebenen Buchstaben markiert, die zusammengesetzt die Worte »Le Mort«, der Tod, ergaben. Am Nachmittag des gleichen Tages machte man einen weiteren Fund. Wieder war es ein schwarzer Plastiksack, in dem sich der Oberkörper einer Frau befand. Wenige Tage nach den grauenvollen Funden erklärte der leitende Staatsanwalt Pierre Honore, daß die Forensikexperten der Polizei herausgefunden hatten, daß es sich um vier verschiedene Frauen zwischen 30 und 40 Jahren handelte und daß eins der Opfer bereits vor zwei Jahren, eins vor einigen Monaten und die anderen wahrscheinlich erst vor wenigen Wochen ermordet worden waren. Der Mörder mußte die Säcke erst vor kurzem von einer über die Bahnstrecke führenden Brücke neben die Gleise in unmittelbarer Nähe des Flüßchens La Trouille geworfen haben. Bereits vier Wochen zuvor war der Körper einer transsexuellen Prostituierten an den Ufern des Flusses Haine entdeckt worden.

Am 12. April erschreckte eine neue Entdeckung die belgische Öffentlichkeit. Diesmal war es ein Kopf, den die Polizei in der Rue La Poudriere entdeckte. Eine Woche darauf, am 19. April 1997, wurden in einer Gasse drei weitere Säcke mit Körperteilen entdeckt.

Es war kaum zu übersehen, daß es sich bei dem unheimlichen »Schlächter von Mons« um eine hochintelligente Person handeln mußte, die offensichtlich mit der Polizei spielte, denn die Säcke waren alle an Orten mit einschlägigen Bezeichnungen gefunden worden: So bedeutet La Haine soviel wie »Der Haß«, La Trouille »Die Furcht«, Le Chemin de l'Inquietude »Der Weg der Unruhe«. Nach Auffassung von Polizeipsychologen handelt es sich bei dem Mörder um einen 30 bis 40 Jahre alten, alleinlebenden Mann, der einen handwerklichen Beruf ausübt. Möglicherweise sei er ein religiöser Fanatiker und die Morde seien nicht zwangsläufig Sexualmorde. Ende April 1997 gelang es der Polizei, anhand des Kopfes eins der Opfer zweifelsfrei zu identifizieren. Es handelte sich nach Auskunft der Staatsanwaltschaft um Nathalie Godart, eine 21 Jahre alte Drogenabhängige aus Mons, die als Prostituierte gearbeitet hatte. Eine neunköpfige Sonderkommission verhörte mittlerweile über 700 Personen. Erwähnenswert in diesem Zusammenhang ist, daß bereits knapp sechs Jahre zuvor in den Wäldern von Beloeil bei der Autobahnstrecke zwischen Tournai und Mons ähnliche Leichenfunde gemacht worden waren. Damals hatte ein Jogger mehrere Plastiksäcke entdeckt, in denen sich mit einem Trennschleifer zerstückelte Leichen von mehreren Personen befanden. Es stellte sich heraus, daß die Leichenteile von einer fünfköpfigen Familie aus Frankreich stammten. In einigen Fällen waren sie durch einen einzigen Schuß durch das Auge hingerichtet worden. Ob es Zufall war, daß die Leichenreste ausgerechnet in Beloeil, was soviel heißt wie »schönes Auge«, deponiert wurden, oder ob es makabre Absicht war, bleibt ein Rätsel.

Schmidt, Wolfgang – »Bestie von Beelitz«

Zwischen Oktober 1989 und April 1991 ermordete Wolfgang Schmidt fünf Frauen und ein Baby in der Umgebung von Potsdam und Beelitz.

Am 24. Oktober 1989, kurz vor der deutschen Wiedervereinigung, stieg er nachts im brandenburgischen Deetz in einen Bungalow ein, erwürgte dort eine 50 Jahre alte Frau und verging sich an der Leiche. Ein halbes Jahr später erdrosselte Schmidt, der mittlerweile als Landarbeiter arbeitete, die 55 Jahre alte Christa N. auf einer Müllkippe in der Nähe des Dorfes Ferch, ebenfalls in Brandenburg. Wieder befriedigte er sich an der Leiche. Bereits zwei Monate später, im Juli 1990, attackierte er eine Spaziergängerin, die den Anschlag glücklicherweise überlebte. Im Mai 1991 vergewaltigte Schmidt die 34 Jahre alte Inge F. in einem Waldstück bei Potsdam. Sie wurde Schmidts drittes Mordopfer. Neben der Leiche fand die Polizei Damenunterwäsche, die nicht der Ermordeten gehörte.

Die Frauen in den brandenburgischen Dörfern reagierten mit panischer Angst auf die Morde der »Bestie von Beelitz«, und Einzelhändler meldeten Rekordumsätze beim Verkauf von Gaspistolen. Die ausdrücklichen Warnungen der Polizei, die allen Frauen dringend davon abriet, allein durch die Waldgebiete in der Umgebung von Potsdam zu gehen, erreichten nicht alle: Am 23. März 1991 überfiel Schmidt die russische Arztfrau Tamara P. in einem Waldstück in der Gegend von Beelitz, erdrosselte die Frau mit ihrem BH und schmetterte den Körper ihres drei Monate alten Säuglings Stanislav so lange gegen einen Baum, bis das Kind tot war. Auch hier hinterließ Wolfgang Schmidt Slips, Blusen und Röcke am Tatort. In den Wäldern von Potsdam patrouillierten Polizisten in Zivil, während eine 50 Mann starke Sonderkommission fieberhaft Hinweise auswertete.

Am 5. April 1991 attackierte Schmidt zwei spielende Mädchen, beide zwölf Jahre alt. Er verletzte die Kinder mit einem Messer, doch sie konnten fliehen. Wenig später drang Schmidt in das Haus der Rentnerin Talita B. ein, ermordete die Frau und beging nekrophile Handlungen an der Toten. Nachdem die beiden Mädchen eine Täterbeschreibung abgegeben hatten, die, wie sich später herausstellte, haargenau auf Schmidt zutraf, hing zeitweilig an jeder Bushaltestelle in Brandenburg eine Phantomzeichnung des Mörders.

Schließlich gelang es zwei Joggern Schmidt zu stellen, nachdem ihnen der über 1,90 Meter große Mann im Wald aufgefallen war, der einen BH über dem T-Shirt trug und onanierte.

Wegen seiner auffallenden Körpergröße wurde der nekrophile Sexualmörder in den Zeitungen als der »Rosa Riese« oder »Bestie von Beelitz« bezeichnet. Der bekannte psychiatrische Sachverständige Wilfried Rasch kam zu dem Ergebnis, daß Schmidt sich zwar über die Schwere seiner Taten im klaren gewesen sei, ging aber dennoch davon aus, daß bei dem sechsfachen Mörder eine verminderte Schuldfähigkeit vorliege. Dem schloß sich der 1. Strafsenat des Potsdamer Landgerichtes an und verurteilte den 26 Jahre alten Wolfgang Schmidt am 30. November 1992 wegen sechsfachen Mordes und zwei Mordversuchen zu 15 Jahren Haft. Schmidt wurde in eine psychiatrische Anstalt eingewiesen.

Schmitz, Dr. Stefan

Am 25. März 1996 hielt ein weißer VW-Polo auf dem Straßenstrich in der Berliner Kurfürstenstraße, wo überwiegend drogenabhängige junge Frauen der Prostitution nachgehen. Die 29jährige Prostituierte Ramona C. wurde mit dem Freier Stefan Schmitz schnell handelseinig: Anstandslos bezahlte er die 30 Mark für Oralverkehr und fuhr mit ihr auf einen nahegelegenen Parkplatz. Als sich die drogenabhängige Frau über seinen Schoß beugte, griff er in sein Handschuhfach, packte einen Hammer und schlug ihr damit auf den Kopf. Nachdem er ihr mit einem Messer in den Hals gestochen hatte, fuhr er sie zu seinem, im noblen Berliner Stadtteil Schmargendorf gelegenen Appartementhaus, wo er die Schwerverletzte über die Tiefgarage mit dem Aufzug in seine Wohnung in der vierten Etage brachte. Dort würgte er die Frau mit einem Trageriemen bis zur Bewußtlosigkeit. Offensichtlich hielt er sein regloses Opfer für tot und schlief ein. Während Schmitz schlief, kam Ramona C. zu sich, flüchtete aus der Wohnung und alarmierte die Polizei.

»Diese Frau ist mit dem Messer auf mich losgegangen und wollte mich überfallen«, erzählte Stefan Schmitz den Polizeibeamten. Als sie ungeachtet seiner Proteste das Appartement durchsuchten, stießen sie auf sieben Polaroidfotos einer offensichtlich toten Frau in einer Kinderbadewanne. Es handelte sich um die 18jährige Prostituierte Zsanette S., die drei Wochen zuvor als vermißt gemeldet worden war. Bei der polizeilichen Vernehmung behauptete der Hautarzt, daß Zsanette S. zwar bei ihm gewesen sei, die Wohnung jedoch lebend verlassen habe.

Gerichtsmediziner konnten jedoch anhand der Fotos nachweisen, daß die junge Frau bereits tot war, als sie fotografiert wurde. In einem spektakulären Indizienprozeß, in dessen Verlauf der 36jährige Hautarzt von mehreren Prostituierten schwer belastet wurde, bezeichnete ihn der vom Gericht bestellte medizinische Sachverständige Hans-Ludwig Kröber in seinem 76 Seiten umfassenden Gutachten als einen seelisch abartigen Menschen, der unter einer gespaltenen Persönlichkeit leidet und Frauen haßt, weil er auf ihre Sexualität neidisch ist. Am 29. August 1997 verurteilte ihn die 29. Große Strafkammer des Berliner Landgerichts nach einem neunmonatigen Prozeß wegen Mordes und vierfachen Mordversuchs zu einer Haftstrafe von sieben Jahren und einer daran anschließenden lebenslänglichen Sicherungsverwahrung in einer geschlossenen Klinik.

Derzeit untersucht die kanadische Polizei fünf ähnliche Prostituiertenmorde in der Provinz Alberta, wo Schmitz zwischen 1990 und 1993 studiert hatte. Staatsanwalt Hartmut Schneider: »Für mich war er das auch. Ich halte ihn für einen Serienmörder.«

Schumann, Friedrich

Am 20. August 1919 wurde der aus Berlin-Spandau stammende Friedrich Schumann wegen Mordes an dem Revierförster Nielbock verhaftet. Der sterbende Förster hatte Schumann mit einem Schuß aus seiner Schrotflinte an der Schulter verletzt. Als der 28jährige mit seiner Verletzung am darauffolgenden Tag einen Spandauer Arzt aufsuchte, der in den Zeitungen von der Ermordung des Revierförsters gelesen hatte und die Polizei holen ließ, konnte der langgesuchte Serienmörder festgenommen werden. Zwei Jahre lang hatte Schumann den Falkenhagener Forst unsicher gemacht und neben einer Serie von Vergewaltigungen und Mordversuchen zahlreiche Menschen getötet.

Der erste bekanntgewordene Zwischenfall ereignete sich 1917. Damals hatte Schumann eine Frau überfallen und versucht sie zu vergewaltigen. Nachdem die Vergewaltigung scheiterte, weil die Frau sich heftig wehrte, schleppte er sie an einen See und versuchte sein Opfer zu ertränken. Einige Wochen später entkam ihm eine andere Frau, die mit ihrem Töchterchen im Forst unterwegs war. Fortan trat Schumann nur noch bewaffnet in Erscheinung. Wahllos schoß er auf Förster, Dienstmädchen, Anwohner, Wandervögel, Jagdgesellschaften und Liebespärchen. Bei einer Gelegenheit schoß er auch auf Falkenhagener Polizeibeamte, die vor Ort gerade ein Protokoll über eines seiner Verbrechen aufnehmen wollten. Schließlich tötete er kurz hintereinander zwei Pärchen. Die Frauen vergewaltigte er zuvor. Kurze Zeit später fiel ein Nachtwächter seiner Mordlust zum Opfer. In einem anderen Fall zündete er das Haus eines Lehrers an, nachdem dieser seine Haustür verrammelt hatte. Als der Mann versuchte den Flammen zu entkommen, erschoß er ihn durch die Tür.

Als die Berliner Kriminalpolizei seine Wohnung in der Staakener Straße 6 durchsuchte, fanden sie zahlreiche Uhren, sowie Schmuck- und Wäschestücke seiner Opfer.

Im Frühjahr 1920 wurde Schumann von einer Schwurgerichtskammer in Moabit unter Vorsitz des Landgerichtsdirektors Rioletti wegen sechsfachen Mordes, elf Mordversuchen, mehreren Notzuchtverbrechen, Brandstiftung und Diebstahls sechsmal zum Tode und zu einer lebenslangen Zuchthausstrafe verurteilt. Kurz vor seiner Hinrichtung gab Friedrich Schumann die Morde zu und untersagte seinem Strafverteidiger Dr. Erich Frey, ein Gnadengesuch zu stellen. Am 26. August 1920 wurde Friedrich Schumann im Gefängnis Plötzensee auf der Guillotine geköpft.

»Schwarze Witwe« siehe Blauensteiner, Elfriede
»Schwester Godfrida« siehe Bombeek, Cecile

Scieri, Antoinette

Zwischen 1924 und 1925 ermordete die Krankenpflegerin Antoinette Scieri in Frankreich drei Frauen und drei Männer mit Arsen. Ihre Morde wurden entdeckt, als Monsieur Criquet, der Mann des letzten Opfers, gegenüber einem Arzt erwähnte, daß er ähnliche Krankheitssymptome verspürte wie seine kürzlich verstorbene Frau. Der Arzt informierte daraufhin die Gendarmerie, die im Zimmer der Ermordeten ein Fläschchen mit verdächtigem Inhalt sicherstellte, das sich als Pyralion, ein arsenhaltiges Rattengift, erwies.

Scieri, die erst wenige Tage zuvor bei den Criquets in Dienst genommen worden war, wurde sofort verhaftet. Die gebürtige Italienerin lebte schon seit ihrer frühen Kindheit in Frankreich und war der Polizei bestens bekannt. Es war aktenkundig, daß die 29jährige 1915 fast ein Jahr im Gefängnis verbracht hatte, nachdem sie als Krankenpflegerin Kriegsverletzte bestohlen hatte.

Scieri beging im Dezember 1924 ihren ersten Giftmord an einer 58jährigen Wäscherin, bei der sie beschäftigt war. Unter ihren Opfern war auch ihr Geliebter, Joseph Rossignol, den sie im März 1925 mit vergifteten Muscheln ermordete. Nach ihrer Festnahme gestand sie fünf der sechs Morde. Die Ermordung von Monsieur Criquets Frau leugnete sie hingegen. Antoinette Scieri, der die französischen Gendarmen »ein morbides Interesse, anderen Leid zuzufügen« nachsagten, wurde am 27. April 1926 zum Tode verurteilt, jedoch später zu lebenslanger Zuchthausstrafe begnadigt.

Seefeld, Adolf – »Sandmann«

Am 3. April 1935 wurde in Wutzez, einem Dorf in der Gegend von Neuruppin, der 65 Jahre alte Adolf Seefeld festgenommen. Der Verhaftung Seefelds war eine Serie von Morden vorausgegangen, der innerhalb von zwei Jahren zwölf Knaben zum Opfer gefallen waren. Erst als im Februar 1935 zwei kleine Jungen aus Schwerin in Mecklenburg-Vorpommern innerhalb einer Woche als vermißt gemeldet und kurze Zeit später tot aufgefunden wurden, begann die Polizei, die ungeklärten Todesfälle miteinander in Verbindung zu bringen, die eineinhalb Jahre zuvor in Brandenburg begonnen hatten.

Am 18. November 1933 war der zehnjährige Ernst Tesdorf in einem Wäldchen bei Ludwigslust tot aufgefunden worden. Knapp zwei Monate später fanden Spaziergänger den ebenfalls zehnjährigen Alfred Pretorius in der Nähe von Rostock. Der neunjährige Hans Korn wurde am 15. Februar 1934 bei Lübeck entdeckt. Nach einer Pause von mehreren Monaten fand man am 16. Oktober 1934 in der Nähe von Neuruppin die Leichen des fünfjährigen Arthur Dill sowie den sechsjährigen Edgar Dittrich. Schließlich wurde am 29. Oktober 1934 in der Nähe von Oranienburg ein weiterer Knabe tot aufgefunden. Bis auf einen lagen die Jungen alle in Kiefernschonungen. Eine weitere Gemeinsamkeit war, daß die auf mysteriöse Weise ums Leben gekommenen Kinder überwiegend den damals als Knabenkleidung bevorzugten Matrosenanzug oder kurze Hosen trugen.

Die Mediziner standen vor einem Rätsel: Keins der getöteten Kinder wies auch nur die geringste Spur von Gewaltanwendung auf. Im Gegenteil, sie sahen aus, als seien sie friedlich eingeschlummert. Da die zuständigen Ärzte zunächst keine Hinweise auf eine unnatürliche Todesursache entdecken konnten, waren die Leichen zunächst nicht weiter untersucht worden. Doch allmählich begannen sich die Todesfälle dermaßen zu häufen, daß die Polizei nicht mehr an Zufälle glauben mochte. Nachdem sich die Schweriner Staatsanwaltschaft mit der Berliner Mordkommission in Verbindung gesetzt hatte, um über die merkwürdigen Todesfälle zu berichten, konnte die mit ähnlichen Fällen aufwarten. In und um Potsdam waren Pilzsammler und Spaziergänger in den Wäldern ebenfalls auf Knabenleichen gestoßen. Mitte März 1935 gelang es der Berliner Kriminalpolizei, einen 40jährigen Handelsreisenden festzunehmen. Mit den Anschuldigungen konfrontiert, erhängte sich der Tatverdächtige in seiner Zelle in der Untersuchungshaftanstalt Moabit. Kriminalrat Hans Lobbes sah schnell ein, daß er den falschen Mann verhaftet hatte, denn kurz darauf wurde der elfjährige Gustav Thomas aus Wittenberge in einer Kiefernschonung tot aufgefunden.

Unterdessen war bei der Polizei in Bad Doberan eine Anzeige gegen einen Mann namens Adolf Seefeld, einen ambulanten Uhrmacher, erstattet worden, weil er sich einem Jungen genähert und versucht hatte, ihn in ein Kiefernwäldchen zu locken. Adolf Seefeld war der Polizei schon bekannt. Der Homosexuelle war bereits mit 25 Jahren wegen sexuellen Mißbrauchs eines Jungen im Gefängnis gelandet, wo er insbesondere dadurch auffiel, daß er mit seinem Kot spielte und an nervösen Zuckungen litt. Durch ein psychiatrisches Gutachten für schwachsinnig erklärt, verbrachte Seefeld den größten Teil seines Lebens in Gefängnissen und Irrenanstalten.

Nachdem Adolf Seefeld verhaftet und zur Kripo nach Berlin überstellt worden war, leugnete er, daß er die Knaben ermordet hatte. Gleichzeitig gab er zu, daß er mit den Jungen sexuell verkehrt hatte; angeblich auf freiwilliger Basis.

Im Februar 1936 wurde Seefeld nach fünfwöchiger Verhandlung wegen zwölffachen Mordes zum Tode verurteilt, ohne daß das Gericht herausfand, auf welche Weise er die Morde begangen hatte. Nach der Urteilsverkündung sagte er zynisch grinsend: »Au, au, au, zwölfmal zum Tode verurteilt! Da darf der Henker dat Beil ja elfmal nur sachte tippen und erst beim zwölften Mal zuschlagen!«

Am 8. Mai 1936, zwei Wochen vor seiner Hinrichtung, gestand Seefeld die zwölf Morde und gab noch sieben weitere zu, nachdem ihn ein »Spezialist für verschärfte Vernehmungen« der Gestapo, der Berliner Kriminalobersekretär Rudolf Lange, verhört hatte. Ihm gegenüber soll er unter Folterungen gestanden haben, die Kinder mit selbsthergestelltem »Cloroform« vergiftet zu haben. Das Rezept dazu habe er alten Chemiebüchern entnommen. Durch die laienhafte Herstellung produzierte er vermutlich einen giftigen Chlorkohlenwasserstoff. Seefeld hatte den Kindern das Gift, das er zuvor mit einem Pfefferminzextrakt versetzt hatte, auf einem großen Stück Zucker verabreicht. Die Wirkung zeigte sich gewöhnlich nach etwa 20 Minuten: Die Knaben wurden schläfrig und wirkten wie betrunken. Sobald sie völlig apathisch waren, vergewaltigte er die Knaben oder beging andere sexuelle Handlungen an ihnen. Weil die so getöteten Jungen stets so wirkten, als seien sie friedlich eingeschlummert, taufte man den Serienmörder auf den Namen »Sandmann«.

Shipman, Dr. Harold

Thrombosen, Lungenentzündung, Schlaganfall oder Altersschwäche lautete die Diagnose, die der englische Arzt Dr. Harold Shipman auf die Totenscheine der von ihm behandelten Patienten schrieb. Doch im Laufe des Jahres 1998 erhärtete sich der Verdacht, daß der 52jährige Mediziner, der bei Manchester eine Arztpraxis betrieb, seine vorwiegend älteren Patienten selbst getötet hatte.

Die Tochter einer angeblich an »Altersschwäche« gestorbenen Patientin Shipmans zweifelte die Echtheit des Testaments ihrer Mutter an. Die 88jährige Kathleen Gundy hatte weder sie noch ihre zwei Geschwister in dem Testament berücksichtigt, sondern es statt dessen kurz vor ihrem Tod zu Gunsten ihres Arztes Dr. Shipman ausgestellt. Damit erbte der Arzt das beträchtliche Vermögen der Frau in Höhe von 300 000 Pfund.

Im Zuge der Nachforschungen begann die britische Polizei in 77 Todesfällen von Patienten zu ermitteln, die bei dem Hausarzt in Behandlung gewesen waren. Acht Leichen, die auf dem örtlichen Friedhof von Hyde begraben waren, wurden exhumiert. Gleich bei den ersten vier Leichen kamen die Gerichtsmediziner zu dem Befund, daß eine unnatürliche Todesursache vorlag.

Harold Shipman, der jegliche Schuld entschieden bestritt, wurde zunächst in Manchester wegen vierfachen Mordes unter Anklage gestellt und in Untersuchungshaft genommen. Die zuständigen Polizeibehörden vermuten, daß er innerhalb von 14 Jahren insgesamt 116 Menschen aus Habgier ermordet hat. Derzeit dauern die Ermittlungen noch an.

Smith, George Joseph – »Brides in the Bath Murderer«

Die Geschworenen des Londoner Gerichtshofs Old Bailey brauchten nur 22 Minuten, um den notorischen Bigamisten und Serienmörder George Smith am 30. Juni 1915 schuldig zu sprechen und die Todesstrafe gegen ihn zu verhängen.

Der gütaussehende und als charmant geltende Mann, der unter verschiedenen Pseudonymen wie Lloyd, Rose und Williams zahlreiche Frauen heiratete und sich mit den Besitztümern seiner Opfer davonmachte, ermordete zwischen 1912 und 1914 mindestens drei seiner Ehegattinnen und kassierte ihre Versicherungsprämien. Smith hatte sich eine besonders infame Methode ausgedacht, die Frauen zu töten: Wenn sie gerade ein Bad nahmen, packte er seine Opfer überraschend bei den Füßen, so daß sie mit dem Kopf untertauchten, durch das in Nase und Mund eingedrungene Wasser einen Schock erlitten und ertranken. Deshalb wurde er nach Bekanntwerden der Morde der »Brides in the Bath Murderer« genannt.

Nur einem Zufall war es zu verdanken, daß Smith, der nach Auffassung der Kriminalisten möglicherweise weitaus mehr Morde begangen hat, überführt werden konnte. Nachdem er am 17. Dezember 1914 die 38jährige Pastorentochter Margaret Elizabeth Lofty ermordet hatte, wurde auch dieser Todesfall seitens der Polizei schnell als tragisches Unglück zu den Akten gelegt. Der dramatische Tod der jungen Frau weckte jedoch das Interesse der Medien. Einige Wochen später las der Inhaber einer Pension, wo Alice Burnham ein Jahr zuvor kurz nach ihrer Hochzeit mit George Smith unter exakt den gleichen Umständen ums Leben gekommen war, in der Zeitschrift »The News of the World« einen Bericht über den Todesfall. Er hatte den Verdacht, daß ein Zusammenhang zwischen den beiden Morden bestehen könnte, und teilte dies der Polizei mit. Den Gerichtsmedizinern von Scotland Yard gelang es schließlich, die ausgefallene Tötungsmethode zu rekonstruieren und Smith des Mordes an den beiden Frauen und einem weiteren zu überführen, der sich im Juli 1912 in Herne Bay zugetragen hatte und dem die 30 Jahre alte Bessie Mundy zum Opfer gefallen war. George Joseph Smith wurde am 13. August 1915 im Maidstone Prison gehängt.

Staniak, Lukian – »Rote Spinne«

Der 26jährige Pole Lukian Staniak gehörte wie »**Jack the Ripper**«, der »**Zodiac Killer**« oder **David Berkowitz** zu der Sorte von Mördern, die Bekennerbriefe an die Polizei und die Medien schickten. Stets benutzte er rote Tinte, und da seine Schrift an Spinnenbeine erinnerte, nannte man ihn »Czerwony Pająk« – »Rote Spinne«.

Seinen ersten Mord beging Staniak am 22. Juli 1964. Bis zu seiner Verhaftung am 1. Februar 1967 hatte er 20 Frauen ermordet. Alle Opfer waren vergewaltigt und anschließend mit einem Messer aufgeschlitzt worden. Die meisten Morde geschahen an nationalen Fest- und Feiertagen. In seinen Briefen an die Polizei entwickelte Staniak einen geradezu poetischen Stil, wenn er von seinen Morden berichtete oder sie ankündigte: »Ich habe eine saftige Blume in Olsztyn gepflückt, und ich sollte es noch mal irgendwo anders tun, denn es wird keinen Feiertag ohne eine Beerdigung geben!« oder »Keine Freude ohne Tränen, kein Leben ohne Tod. Gebt acht, denn ich werde euch Grund zum Weinen geben.«

Einen ersten Hinweis auf Staniak erhielt die Polizei, nachdem sie am 24. Dezember 1966, über zweieinhalb Jahre nach dem ersten Mord, im Abteil eines Krakauer Zuges die Leiche der 17jährigen Janina Kozielska fand. Sie war die Schwester eines 14jährigen Mädchens, das zwei Jahre zuvor in Warschau tot aufgefunden worden war. Die Schwestern waren beide Mitglieder eines Krakauer Künstlerclubs, dem auch Lukian Staniak angehörte. Sämtliche Mitglieder wurden vernommen, und schon bald fiel der Verdacht auf Staniak, in dessen Spind zahlreiche Messer sichergestellt wurden.

Während die polnische Polizei noch ermittelte, ermordete er eine 18jährige Studentin. Einen Tag später, am 1. Februar 1967, wurde er in seiner Wohnung festgenommen und gestand sofort.

Das Gericht verurteilte Lukian Staniak wegen sechsfachen Mordes zum Tode. Auf Grund seines Geisteszustands wurde er nicht hingerichtet, sondern für den Rest seines Lebens in eine psychiatrische Anstalt in Kattowitz eingewiesen.

»Stockwell Strangler« siehe Erskine, Kenneth

Straffen, John Thomas

Im Oktober 1951 wurde in England der zweifache Kindermörder John Thomas Straffen wegen Mordes an Brenda Goddard und Cecily Badstone in die psychiatrische Anstalt Broadmoor eingewiesen. Das Schwurgericht von Taunton hatte den 21jährigen auf Grund seiner schweren Geistesgestörtheit für unzurechnugsfähig erklärt und auf eine Gerichtsverhandlung verzichtet.

Sechs Monate später gelang ihm die Flucht, und obwohl er bereits nach wenigen Stunden erneut festgenommen werden konnte, hatte er bereits ein weiteres Mädchen erwürgt. Als die Polizei ihn festnahm, leugnete er, das »Mädchen mit dem Fahrrad« getötet zu haben, obwohl ihn noch niemand mit dem Mord an Linda Bowyer in Verbindung gebracht hatte. Im Mordfall Linda Bowyer wurde er daraufhin im Juli 1952 vom Schwurgericht in Winchester zum Tode verurteilt. Das Gericht war zu der Auffassung gelangt, daß sich sein Geisteszustand inzwischen verbessert habe, so daß er in der Lage gewesen sei, zwischen Recht und Unrecht zu unterscheiden. John Straffen wurde später begnadigt und das Todesurteil in eine lebenslange Haftstrafe umgewandelt.

Stumpp, Peter

Der aus Bedburg im Erftkreis bei Köln stammende Peter Stumpp wurde im Jahr 1589 angeklagt, seine Seele dem Teufel verkauft zu haben, um mit Hilfe eines Wolfsfellgürtels die Fähigkeit zu erlangen, sich in einen Werwolf zu verwandeln. Eine Anklage, die Ende des 16. Jahrhunderts, auf dem Höhepunkt der kirchlichen Hexenverfolgung und der Ketzerverbrennungen, durchaus nicht ungewöhnlich war.

Doch der Bedburger war ein Serienmörder, der mit Hilfe seiner Geliebten Katherine Trompin und seiner Tochter Beell, mit der er ein inzestuöses Verhältnis unterhielt, innerhalb von fünf Jahren mindestens 15 junge Frauen und Mädchen, unter ihnen zwei Hochschwangere, vergewaltigt und geköpft, sowie von ihrem Fleisch gegessen hat. Zeitgenössischen Berichten zufolge soll Stumpp in einigen Fällen die Herzen der Leichen gegessen haben.

Nachdem aus der inzestuösen Verbindung mit seiner Tochter Beell ein verkrüppelter Sohn hervorgegangen war, aß er auch den Säugling auf. »Das Gehirn war der größte Leckerbissen des hervorragenden Mahls«, erklärte er später.

Bis zu seiner Hinrichtung fand man beinahe wöchentlich neue Mordopfer, die der geisteskranke Mann getötet hatte. Stumpp wurde festgenommen, als er in den Wäldern um Köln von den Bluthunden einer Jagdgesellschaft gestellt wurde, die glaubten einen Wolf gefangen zu haben. Damaligen Gerüchten zufolge, soll er sich hinter einem Busch gerade in einen Menschen zurückverwandelt haben.

Peter Stumpp wurde 1589 wegen Mordes, Häresie, Ketzerei und Zauberei verurteilt und hingerichtet. Der Richter ordnete an, daß sein Leib aufs Rad gebunden werden solle.

Darüber hinaus wurde ihm mit glühenden Zangen an den verschiedenen Plätzen seiner Verbrechen das Fleisch von den Knochen gerissen. Anschließend brach man ihm die Beine und Arme mit Holzknüppeln, bevor man ihn köpfte und seine Leiche zu Asche verbrannte. Seine Gefährtin und seine Tochter mußten die grausame Hinrichtung mit ansehen, bevor auch sie auf dem Scheiterhaufen verbrannt wurden.

Sutcliffe, Peter William – »Yorkshire Ripper«

Zwischen Oktober 1975 und November 1980 ereigneten sich in der britischen Grafschaft Yorkshire 13 Frauenmorde. »Der Ripper ist zurück«, lauteten die Schlagzeilen in den englischen Tageszeitungen, da die ersten Opfer fast ausschließlich Prostituierte waren. Die Empörung und Angst seitens der Bevölkerung eskalierte, als im Juni 1977 ein »ganz normales und anständiges« 16jähriges Mädchen dem »Yorkshire Ripper« zum Opfer fiel.

In den meisten Mordfällen gab es ein einheitliches Muster: Der Täter überfiel Frauen, die nachts allein unterwegs waren, schlug sie mit einem Hammer bewußtlos und stach anschließend mit einem Messer oder Schraubenzieher auf Brüste, Unterleib und Geschlechtsorgane der Opfer ein. Bis auf eine Ausnahme war keine der Frauen vergewaltigt worden. Der Unbekannte hatte seinem letzten Opfer ein Auge ausgestochen, einer anderen eine Holzplanke in die Scheide gestoßen und versucht, einer Toten den Kopf abzusägen. Sieben Frauen hatten die Angriffe überlebt und beschrieben den Mörder als einen unscheinbar wirkenden Mann von mittlerer Statur. Mit einem Riesenaufgebot an Beamten vernahm Scotland Yard mehr als 250000 Personen. Die

Großfahndung kostete über 40 Millionen Mark, ohne daß sie zu einem greifbaren Ergebnis geführt hatte.

Erst nach sechs Jahren, am 2. Januar 1981, wurde der »Yorkshire Ripper« gefaßt. Es handelte sich um den 35jährigen Lastwagenfahrer Peter Sutcliffe aus Bradford, der im Verlauf der Ermittlungen mehrfach verhört worden war. Sutcliffe, der mit einer Prostituierten in einem Rover parkte, war aufgefallen, weil sein Wagen falsche Nummernschilder hatte. Nachdem die Polizisten die Tatwerkzeuge gefunden hatten, legte Sutcliffe ein Geständnis ab. Der introvertierte, verheiratete Mann behauptete, während seines früheren Jobs als Friedhofsarbeiter von Gott den Auftrag erhalten zu haben, Prostituierte zu töten. Entschieden leugnete er, daß die Morde in irgendeiner Weise sexuell motiviert gewesen seien – er habe lediglich »die Straßen säubern« wollen.

Peter Sutcliffe wurde am 22. Mai 1981 zu einer lebenslänglichen Haftstrafe verurteilt. Nachdem sich sein Geisteszustand im Parkhurst Hochsicherheitsgefängnis auf der Isle of Wight erheblich verschlechterte, wurde Sutcliffe in das Broadmoor Hospital in Berkshire verlegt, wo auch der Serienmörder **Kenneth Erskine** untergebracht ist. Im März 1997 erblindete Sutcliffe auf dem linken Auge, nachdem ein Mitinsasse mit einem Kugelschreiber mehrmals auf seine Augen eingestochen hatte.

Swiatek

Im Jahre 1850 wurde der österreichische Bettler und Herumtreiber Swiatek wegen sechsfachen Kindermordes verhaftet. Swiatek, dessen genauer Name nicht bekannt ist, gestand die sechs Morde und erklärte, er habe sich gemeinsam mit seiner Familie vom Fleisch der Kinder ernährt.

Seine eigenen Kinder erinnerten sich daran, daß die Zahl der getöteten und dem Kannibalismus zum Opfer gefallenen Kinder weitaus höher gewesen sei, was sich letztlich anhand der Kleidungsstücke, die in seinem Haus gefunden wurden, bestätigte.

Im Gewahrsam der Gendarmerie erklärte der Bettler, daß sich seine Vorliebe für Menschenfleisch bereits vor Jahren entwickelt habe. Damals habe er auf der Suche nach brauchbaren Gegenständen in den Trümmern einer abgebrannten Schänke herumgestochert und sei dabei auf die Überreste verkohlter Menschen gestoßen. Er habe das Fleisch eingesammelt und aus Hunger gegessen. Seitdem habe er nicht mehr genug davon bekommen können.

Die tatsächliche Anzahl seiner Opfer wird für immer Swiateks Geheimnis bleiben, da er sich im Kerker erhängte.

Tessnow, Ludwig

Um die Jahrhundertwende war es einem jungen Arzt von der Universität in Greifswald gelungen, eine Methode zu entwickeln, die es ermöglichte, Blut von anderen Substanzen zu unterscheiden und auch die exakte Herkunft des Blutes festzustellen. Aufgrund dieser medizinischen Entwicklung gelang es der Polizei auf der Ostseeinsel Rügen, den vierfachen Mörder Ludwig Tessnow zu überführen.

Tessnow, der anhand des von Paul Uhlenhuth entwickelten Blutherkunfts-Tests wegen Mordes an zwei Jungen und zwei Mädchen überführt werden konnte, war ein reisender Tischlergeselle aus Baabe, einer östlichen Bauern- und Fischersiedlung auf Rügen.

Er war am 2. Juli 1901 auf der Ostseeinsel verhaftet worden, nachdem er von einer Zeugin zusammen mit einem am Tag zuvor ermordeten Brüderpaar aus dem Nachbardorf Göhren gesehen worden war. Die beiden Kinder, der sechsjährige Peter Stubbe und sein zwei Jahre älterer Bruder Hermann, waren Opfer eines blutigen Gewaltverbrechens geworden. Ihre Körper wurden einen Tag nach ihrem Verschwinden in einem Waldstück gefunden. Die Eingeweide der Jungen waren in der Umgebung verstreut und ihre Köpfe und Glieder abgetrennt worden.

Der von seinen deutschlandweiten Wanderschaften nach Rügen heimgekehrte Zimmermann leugnete jede Verbindung zu den Morden, obwohl in seinem Schrank Kleidungsstücke mit Blutflecken entdeckt wurden, die er offensichtlich noch versucht hatte herauszuwaschen. Als Ludwig Tessnow nach der Herkunft der Flecken befragt wurde, antwortete er, sie seien Tischlerbeize und Harz.

Die Morde erinnerten den Untersuchungsrichter in Greifswald an einen ähnlichen Doppelmord, der sich drei Jahre zuvor bei Osnabrück zugetragen hatte. Damals, im September 1898, waren zwei junge Mädchen in dem Dorf Lechtingen auf dem Schulweg spurlos verschwunden. Wenig später fand man ihre Leichen. Sie waren auf die gleiche Weise verstümmelt worden wie das Rügener Geschwisterpaar. Es stellte sich heraus, daß Ludwig Tessnow schon damals als Hauptverdächtiger festgenommen und verhört worden war. Weil es keine eindeutigen Beweise gegen ihn gab, mußte ihn die Polizei wieder gehen lassen, obwohl er ähnlich auffällige Flecken an seiner Kleidung hatte. Das sei Tischlerbeize, hatte Tessnow erklärt.

Kurz nachdem er auf die Insel zurückgekehrt war, hatte ein Bauer sieben seiner Schafe verstümmelt auf den Weiden aufgefunden. Die Tiere waren abgeschlachtet und ausgeweidet worden. Zwar hatte der Bauer einen Mann wegrennen sehen, den er in einer Gegenüberstellung als Ludwig

Tessnow wiedererkannte, doch das reichte nicht, um ihn des Mordes an den Brüdern zu bezichtigen.

Im August 1901 schickte die Rügener Polizei Stoffproben mit den verdächtigen Flecken nach Greifswald. Die Analyse ergab, daß es sich bei den Flecken sowohl um Tierblut als auch menschliches Blut handelte. Durch diese Indizien wurde Ludwig Tessnow überführt und 1902 zum Tode verurteilt. Er wurde 1904 im Gefängnis von Greifswald hingerichtet.

»Thames Nude Murders« siehe Jack the Stripper
»Todesschwestern von Wien« siehe Wagner, Waltraud

Torinus, Metod

Mitte der 70er Jahre verschwanden in der Gegend der zentraljugoslawischen Stadt Dolenja Vas mehrere junge Frauen, die dem Serienkiller Metod Torinus zum Opfer gefallen waren.

Die erste Frau, die vermißt gemeldet wurde, war die 18jährige Vida Menas, die am 17. Oktober 1977 verschwand. Am 4. Mai des darauffolgenden Jahres wurde die 20jährige Ljuba Smarovas und im August die 21 Jahre alte Schipka Postalnyi vermißt. Während die beunruhigte Bevölkerung von Dolenja Vas bereits daran glaubte, daß in der Gegend ein Vampir sein Unwesen treibe, wurden im Februar und Dezember 1979 zwei weitere Frauen vermißt.

Kurz darauf kam der deutsche Tourist Klaus Hochbauer zur Polizeistation des Ortes Kocevje, um einen Raubüberfall anzuzeigen. Irgend jemand habe ihn auf der Straße nach Dolenja Vas niedergeschlagen und ausgeraubt, berichtete der Reisende den Polizisten. Hochbauer konnte eine ziemlich exakte Beschreibung des Mannes abgeben. Die Beschreibung paßte auf den 32 Jahre alten Bauern Metod Torinus, der am Rande von Dolenja Vas einen kleinen Bauernhof unterhielt. Als die Beamten ihn dort aufsuchten, um ihn zu vernehmen, und dabei in die Nähe seines am Haus angebauten Backofens kamen, wurde er nervös. Um zu verhindern, daß die Polizisten den Ofen öffneten, gestand er plötzlich bereitwillig, daß er den Deutschen überfallen habe und daß er sie zum Versteck des Geldes führen wolle. Als die Polizisten den Backofen dennoch öffneten, fanden sie darin zahlreiche Menschenknochen und Totenschädel. Gerichtsmediziner identifizierten sie als die Knochen der fünf verschwundenen Frauen. Torinus gestand, daß er alle fünf vergewaltigt, gefoltert und stranguliert und sie in seinem Ofen eingeäschert hatte.

Metod Torinus wurde am 10. Dezember 1980 wegen fünffachen Mordes verurteilt und kurz darauf hingerichtet.

Trufania

Nahezu ein halbes Jahrhundert dauerte die Schreckensherrschaft der italienischen Mörderin »Trufania«. Trufania war eine Giftmischerin aus Neapel, die zwischen dem 17. und dem 18. Jahrhundert für den Tod mehrerer 100 Menschen verantwortlich war. Neben den von ihr selbst begangenen Giftmorden half sie zahlreichen unglücklichen oder untreuen Ehefrauen, ihre unliebsamen Gatten loszuwerden.

Die legendäre Giftmischerin wurde 1653 in Italien geboren. Ihren vermutlich ersten Mord beging sie im Alter von 16 oder 17 Jahren. Trufanias Tatmotiv war Haß auf Männer, und in Neapel hatte ihr Handel mit »Aqua Trufania« oder dem »Manna des heiligen Nikolas von Bari« Hochkonjunktur. Ihre Mittel waren so begehrt, daß Trufania europaweit Abnehmer hatte.

Nachdem so viele Männer gestorben waren, daß der Vizekönig von Neapel eigens eine Ermittlungseinheit aus Abgesandten aufstellen ließ, um die Todesfälle aufzuklären, kam man ihren Machenschaften schließlich auf die Spur. Trufania flüchtete in ein Kloster, wo die 66jährige sich durch das Asylrecht sicher fühlte. Als der Konvent ihre Auslieferung verweigerte, ließ der Vizekönig von Neapel 1719 seine Truppen gewaltsam in das Kloster eindringen. Trufania wurde in den Kerker geworfen und der »hochnotpeinlichen Befragung« unterzogen. Neben 600 Morden gab sie auch die Namen einiger Kundinnen preis, was zur Folge hatte, daß zahlreiche Frauen wegen Mordes hingerichtet wurden. Trufania wurde zum Tode durch Erdrosseln verurteilt und 1723, im Alter von 70 Jahren, mit der Garotte öffentlich hingerichtet.

»Ungeheuer vom Schwarzwald« siehe Pommerenke, Heinrich

Unterweger, Jack

Im Zuchthaus Stein, einer der größten Haftanstalten Österreichs, machte Jack Unterweger, unehelicher Sohn eines US-Soldaten und einer Wiener Prostituierten, eine geradezu erstaunliche Karriere. Der zu einer lebenslangen Haftstrafe verurteilte Sexualmörder nutzte die Einsamkeit seiner Zelle und verfaßte seine Autobiografie »Fegefeuer – eine Reise ins Zuchthaus«, in der er sich mit seiner Kindheit, aber auch mit dem Verbrechen auseinandersetzte, das ihn ins Zuchthaus gebracht hatte: 1974 hatte Unterweger im Alter von 24 Jahren in Wien die 18jährige Deutsche Margaret Schäfer mit ihrer Unterwäsche erdrosselt, weil sie ihn an seine Mutter erinnert habe. Das Buch erregte Aufsehen. Kritiker feierten den ausdrucksstarken Schreiber für sein Erstlingswerk, und die österreichische

Justiz konnte nicht umhin, den prominenten Häftling bereits nach 16 Jahren vorzeitig zu entlassen. Nachdem Unterweger im Mai 1990 freikam, erhielt er in Deutschland den Ingeborg-Drewitz-Literaturpreis, wurde in Österreich monatelang von einer Talk-Show zur anderen herumgereicht und avancierte bald zum Liebling der Wiener Schickeria.

Im Oktober 1990, knapp sechs Monate nach seiner Entlassung, wurde die Wiener Prostituierte Brunhilde Massener als vermißt gemeldet. Drei Monate später wurde sie von Spaziergängern im Wald tot aufgefunden. Sie war mit ihrer Unterwäsche erwürgt worden. Im Januar 1991 fand man die ebenfalls zuvor als vermißt gemeldete Prostituierte Heide Hammer ermordet auf. Auch sie war mit ihrer Unterwäsche erdrosselt worden. Im Verlauf des Jahres 1991 wurden noch fünf weitere tote Frauen in Waldgebieten entdeckt.

Der Reporter Jack Unterweger berichtete persönlich über die Fälle, interviewte den Leiter der Grazer Mordkommission, Chefinspektor Edelbacher, über den Stand der Ermittlungen und ging schließlich sogar soweit, die Polizei dafür zu kritisieren, daß es ihr nicht gelang, den grausamen Serienmörder zu fassen. Doch dann wandte sich die Polizei mit der Meldung an die Öffentlichkeit, daß Unterweger selbst dringend verdächtig sei. Die Gendarmen hatten herausgefunden, daß der Reporter stets in der Nähe der jeweiligen Tatorte Lesungen veranstaltet hatte. Plötzlich erinnerte man sich daran, daß der Mord, wegen dem Unterweger im Zuchthaus gesessen hatte, auf exakt die gleiche Weise begangen worden war. Allerdings fehlten den Beamten Beweise, und so wandte sich die ganze Wiener Literatenszene gegen die »haltlosen und aus der Luft gegriffenen Behauptungen« gegen ihren Protegé.

Im Sommer 1991 fuhr Unterweger für vier Wochen nach Los Angeles, um dort für eine Wiener Illustrierte über Prostitution zu recherchieren. Beamte vom Los Angeles Police Department kutschierten Unterweger sogar im Streifenwagen durch die Rotlichtviertel der Stadt, wo in den folgenden Tagen ebenfalls drei Prostituierte ermordet aufgefunden wurden, die mit ihrer Unterwäsche erwürgt worden waren. Nach seiner Rückkehr nach Europa hielt sich Unterweger in Tschechien auf. Auch dort ereignete sich plötzlich ein ähnlicher Mord. Nachdem sich die Indizien gegen Jack Unterweger derart verdichtet hatten, daß die Wiener Gendarmerie einen Haftbefehl gegen ihn erwirken konnte, flüchtete er mit seiner Freundin, der 18jährigen Bianca Monk, in die Schweiz und von dort nach Miami, wo er am 27. Februar vom FBI verhaftet wurde.

Da man in den USA innerhalb der auf 90 Tage begrenzten Untersuchungshaft keine Beweise für seine Täterschaft beibringen konnte, obwohl die Indizien zwingend waren, lieferten die US-Behörden ihn nach Österreich aus.

Am 20. April 1994 wurde vor dem Grazer Landgericht der Prozeß gegen Jack Unterweger eröffnet. Ein im Kofferraum seines Wagens gefundenes Kopfhaar der in Tschechien ermordeten Prostituierten Blanka Bockova und Fusseln aus einem seiner Schals, die an der Kleidung einer der erdrosselten Frauen gefunden worden waren, reichten den Geschworenen aus, Unterweger am 29. Juni 1994 wegen neunfachen Mordes zu verurteilen. Zwei weitere von ihm begangene Morde wurden nicht verhandelt. Das Urteil lautete auf lebenslange Unterbringung in einer geschlossenen Anstalt für kriminelle Triebtäter. Unterweger, der die Morde vor Gericht bis zuletzt geleugnet hatte, räumte einem Freund gegenüber die Verbrechen ein, bevor er sich wenige Stunden nach seiner Verurteilung in seiner Zelle am Gummizug seiner Trainingshose erhängte.

Vacher, Joseph – »Jack, l'éventreur du sud-est«

In den 90er Jahren des 19. Jahrhunderts verunsicherte ein Serienkiller den Südosten Frankreichs, dessen ungewöhnlich brutale Morde in der Umgebung der Stadt Tournan die Bevölkerung an den mysteriösen »**Jack the Ripper**« erinnerte, der knapp acht Jahre zuvor das Londoner East End terrorisiert hatte. Deshalb nannte man den unbekannten Mörder den »Jack the Ripper des Südostens.«

Es handelte sich um den 25jährigen Landstreicher, Dieb und Bettler Joseph Vacher, der als das jüngste von insgesamt 15 Kindern am 16. November 1869 in Beaufort geboren wurde. Berichten zufolge stammte er aus einer durchaus respektablen, bäuerlichen Familie. Die katholische Bruderschaft der Maristen sollte sich um das geistige Wohl des Heranwachsenden kümmern, aber von der seelsorgerischen Betreuung behielt er – eigenen Angaben zufolge – lediglich die Schilderungen eines Missionars über die Verstümmelungsriten von Eingeborenen in Erinnerung.

Da Joseph Vacher körperliche Arbeit zutiefst verabscheute, versuchte er in die Bruderschaft aufgenommen zu werden. Doch die Mönche konnten mit ihrem Bewerber nichts anfangen, weil er in ihren Augen »unzuverlässig und zu exzentrisch für ein religiöses Leben« zu sein schien. Mit 19 Jahren kehrte Vacher nach Beaufort zurück, wo er seinen Bruch mit den frommen Brüdern vollzog, indem er versuchte, einen Meßdiener zu vergewaltigen. Fortan trieb er sich herum und lebte von gelegentlichen Diebstählen und vom Betteln. Nachdem er 1893 eine junge Frau niedergeschossen hatte, weil sie seine Annäherungsversuche zurückwies, versuchte er sich selbst zu erschießen. Doch die Kugel drang ihm ins Ohr und zerstörte eines seiner Augen und verursachte neben einer Lähmung der rechten Gesichtshälfte eine hirnorganisch bedingte Steigerung seiner Instabilität. Nachdem Vacher einige Monate in der Irrenanstalt von Saint-Robert verbracht hatte, wurde er im Mai 1894 als geheilt entlassen.

Am 20. Mai 1894 überfiel Joseph Vacher nahe der Stadt Vienne die 21jährige Fabrikarbeiterin Eugénie Delhomme auf einer abgelegenen Landstraße, wo sie auf ihren Geliebten wartete. Er erwürgte die junge Frau und verstümmelte ihre Leiche. Ein halbes Jahr später ereignete sich nahe der französischen Kleinstadt Blais der Mord an der 13jährigen Louise Marcel. Das tote Mädchen lag mit durchschnittener Kehle in einem Pferdestall. Mehrere tiefe Schnittverletzungen an ihren Händen wiesen darauf hin, daß das Kind versucht hatte, sich gegen die zahlreichen Messerstiche zu wehren, von denen es regelrecht zerfetzt worden war. Am 12. Mai des Jahres 1895 wurde die 17jährige Ardèle Mortureux erdrosselt in einem Waldstück der Côte d'Or aufgefunden. Vacher hatte das Mädchen fürchterlich zugerichtet: Ihr mit zahlreichen Stich- und Schnittverletzungen übersäter Körper war ausgeweidet und die Eingeweide um die Leiche herum verteilt worden.

Während der nächsten dreieinhalb Jahre ermordete Joseph Vacher auf diese Weise weitere vier Frauen und vier junge Männer. Er wurde am 4. August 1897, bei dem Versuch, eine weitere Frau anzugreifen, von deren Mann überwältigt und festgehalten, bis die Gendarmerie kam. Wegen des Angriffs verurteilte man ihn zu einer dreimonatigen Haftstrafe. Vom Gefängnis aus schrieb er an seine Richter, daß er die »Rippermorde« begangen hatte.

Joseph Vacher, der von Zeitgenossen als ein mittelgroßer, schwarzhaariger Mann mit dichten Augenbrauen und einem knochigen Gesicht beschrieben wurde, gab elf Morde zu und versuchte sich damit zu rechtfertigen, daß er vor Jahren von einem Hund gebissen worden sei und sich dabei mit Tollwut infiziert habe. Der Versuch, Unzurechnungsfähigkeit geltend zu machen, beeindruckte das Gericht offensichtlich nicht. Die Jury verurteilte Joseph Vacher am 28. Oktober 1898 zum Tode.

Am 31. Dezember 1898 wurde der sich sträubende Todeskandidat zur Guillotine geschleift und von Maitre Luis Deibler hingerichtet.

Vakrinos, Dimitris

Fünf Menschen mußten ihr Leben lassen, weil Dimitris Vakrinos unter Minderwertigkeitskomplexen litt. Denn mit 1,54 Meter Körpergröße gehörte der Grieche nicht gerade zu den Größten seiner Art. Vakrinos hatte die Beleidigungen satt, die sich auf seine Größe bezogen. Er hatte das Gefühl, immer nur als »Zwerg« oder »Kleiner« gesehen zu werden, und beschloß seine Beleidiger »aus der Welt zu schaffen« und sie »das Fürchten zu lehren«. Innerhalb von zehn Jahren brachte der 35jährige Taxifahrer alle Menschen um, von denen er glaubte, daß sie ihn nachhaltig genug verhöhnt hatten.

Nach seiner Verhaftung am 9. April 1997 gab Vakrinos neben den von ihm begangenen fünf Morden auch zahlreiche Raubüberfälle und eine versuchte Vergewaltigung zu. Zu einem späteren Zeitpunkt gestand er noch sechs weitere Mordversuche.

Am 12. Mai 1997, noch vor Eröffnung seiner Gerichtsverhandlung, beging der griechische Serienmörder im Gefängnis Selbstmord. Dimitris Vakrinos erhängte sich an einer Dusche.

»Vampir von Düsseldorf« siehe Kürten, Peter

Van Zon, Hans

Der Niederländer Hans van Zon tötete von 1964 bis zum Jahre 1967 zwei Frauen und drei Männer und wurde nach einem Mordversuch an einer älteren Witwe gefaßt, die er mit einem Metallrohr niedergeschlagen und ausgeraubt hatte.

Hans van Zon wurde im April 1942 in Utrecht geboren. Sein erstes Mordopfer war eine Frau, die er im Juli 1964 in ihrer Wohnung erdrosselt und mit mehreren Messerstichen entstellt hatte, weil sie seinen sexuellen Wünschen nicht in dem von ihm erwarteten Maß nachkam. 1965, ein Jahr darauf, tötete van Zon, der sich zu beiderlei Geschlecht hingezogen fühlte, in Amsterdam einen homosexuellen Filmregisseur.

Van Zon heiratete eine junge Frau namens Caroline Gigli, die er fortwährend mit seiner 37jährigen Geliebten Coby van der Voort betrog. Van der Voort wurde im April 1967 sein nächstes Mordopfer: Nachdem er sie mit Barbituraten betäubt hatte, schlug er mit einem Rohr auf sie ein und verstümmelte sie mit einem Brotmesser. Noch im gleichen Jahr tötete er zwei Männer. Auch seine Ehefrau war zuvor beinahe der Gewalttätigkeit ihres Gatten Hans van Zon zum Opfer gefallen und hatte ihn deshalb bei der Polizei angezeigt.

Hans van Zon kam lebenslänglich hinter Schloß und Riegel. Gemäß einer Empfehlung des Richters soll der Serienmörder mindestens 20 Jahre absitzen.

Verzeni, Vincente

Vincente Verzeni gehört zu den bekanntesten Lustmördern der italienischen Kriminalgeschichte des 19. Jahrhunderts. Sowohl den Sexualwissenschaftler Krafft-Ebing als auch den Kriminologen Lombroso beschäftigten die Morde des römischen Serienmörders, der mindestens zwölf junge Frauen getötet hatte, obwohl er letztlich nur in zwei Fällen verurteilt wurde. Verzeni vergewaltigte seine Opfer und verstümmelte ihre Leiber. Der Kannibale trank das Blut der Frauen und aß von ihrem Fleisch.

Der Italiener, dessen Familie zahlreiche Fälle von vererbtem Schwachsinn aufwies, wurde 1849 geboren und entwickelte früh einen ausgeprägten Hang zum Sadismus. Schon im Alter von zwölf Jahren quälte er Tiere, indem er beispielsweise Hühnern die Hälse umdrehte. Mit 19 Jahren attackierte er eine Frau, die sich während einer Erkrankung um ihn kümmerte. Er versuchte die Pflegerin zu erwürgen, doch sie überlebte den Mordversuch. Nach weiteren Angriffen und Vergewaltigungen ermordete er schließlich im Dezember 1867 die 14jährige Johanna Motta, die er auf einem Feld überfallen hatte. Anschließend schlitzte er sie auf und schnitt ihre Genitalien heraus. Nachdem Verzeni zwischen 1867 und 1872 in der Umgebung von Rom zahlreiche Mädchen und junge Frauen gewürgt und vergewaltigt und mindestens zwölf von ihnen getötet hatte, wurde er schließlich gefaßt. Er hatte versucht, seine Cousine Maria Previtali zu erwürgen, die ihn jedoch überreden konnte, sie gehenzulassen. Diese hatte den Vorfall den Carabinieri gemeldet.

Während der Gerichtsverhandlung bezog Lombroso Stellung zum Fall Verzeni und sagte aus, daß der Angeklagte auf Grund seines Geisteszustandes nicht zurechnungsfähig sei, und empfahl eine lebenslange Verwahrung Verzenis in einer geschlossenen Einrichtung. Vincente Verzeni, der den Orgasmus, den er beim Bluttrinken und Erdrosseln seiner Opfer verspürt hatte, als »größer als beim Onanieren« beschrieb, wurde 1873 zu einer lebenslangen Freiheitsstrafe verurteilt.

Wagner, Waltraud u. a. – »Todesschwestern von Wien«

»Wir haben es aus Mitleid getan«, behauptete die Wiener Hilfskrankenschwester Waltraud Wagner 1991 vor dem Wiener Landgericht: Zwischen 1988 und 1989 hatte sie gemeinsam mit ihren Kolleginnen Stefanija Meyer, Irene Leidolf und Maria Gruber 42 Patienten des Lainzer Klinikums umgebracht. Die vier Frauen, die als die »Todesschwestern von Wien« Schlagzeilen machten, hatten verschiedene Methoden entwickelt, um die ihnen anvertrauten Pflegefälle unauffällig an »Altersschwäche« sterben zu lassen. In einem Weinlokal bei einem Glas Heurigen plante das mörderische Kleeblatt, welche ihrer überwiegend älteren Patienten sie als nächste ermorden wollten. So umschrieben sie zum Beispiel das geplante Ertränken eines Patienten als »Mundpflege«, während sie andere mit einer Überdosis Insulin töteten.

Es war keineswegs Mitleid, das die vier Krankenschwestern zu den heimtückischen Verbrechen trieb, sondern das Ausleben von absoluten Machtgefühlen gegenüber den hilflosen alten Menschen. Waltraud Wagner und Irene Leidolf wurden jeweils zu einer lebenslänglichen Haftstrafe verurteilt, während ihre Komplizinnen Maria Gruber und Stefanija Meyer mit 15 und 20 Jahren Haft davonkamen.

Walters, Annie siehe Sach, Amelia

Waters, Margaret

Fünf Pfund Sterling war der Witwe Margaret Waters das Leben eines Säuglings wert. Denn dies war der Betrag, den die aus dem Südlondoner Stadtteil Brixton stammende »Babyfarmerin« für die Adoption eines ungewollten Kindes verlangte. Dafür warb sie in Zeitungsinseraten und konnte sich über mangelnden Zulauf nicht beklagen. Doch anstatt die Neugeborenen in gutsituierten Familien unterzubringen, ließ sie die Babys verhungern. Innerhalb von vier Jahren soll sie auf diese Weise zwischen 16 und 35 Kinder ermordet haben.

Als ihr im Juni 1870 die Polizei auf die Spur kam, bot sich den Gesetzeshütern in ihrem Haus ein Bild des Schrekkens: Sie fanden zehn völlig verwahrloste Babys und Kleinkinder vor, die bis auf die Knochen abgemagert waren und in ihren Exkrementen lagen. Einige von ihnen waren mit Opiumlösung betäubt worden, um sie vom Schreien abzuhalten. Die Kinder wurden ins Armenhaus gebracht, doch trotz intensiver Pflege starben fünf von ihnen infolge der Unterernährung. Waters gestand nach und nach immer mehr Morde. Neben den fünf im Armenhaus verstorbenen Kindern, gab sie zu, elf Babys durch Nahrungsverweigerung getötet zu haben.

Als der Fall um die Kindermörderin im September 1870 vor Gericht kam, zeigte sich die Bevölkerung in Aufruhr über die Verbrechen. Obendrein wurde Margaret Waters lediglich wegen eines Mordes angeklagt und schuldig gesprochen. Sie zeigte sich dennoch empört über den Schuldspruch und empfand es als eine Ungerechtigkeit, daß man nicht auch die leiblichen Eltern für die getöteten Kinder verantwortlich machte. Margaret Waters wurde am 11. Oktober 1870 im Alter von 35 Jahren in Horsemonger Lane hingerichtet.

Weber, Jeanne – »Ogresse de Goutte d'Or«

Die aus Frankreich stammende Jeanne Weber ermordete zwischen 1905 und 1908 mindestens acht, möglicherweise auch 20 Kinder und gilt als eine der brutalsten Serienmörderinnen der Kriminalgeschichte.

Als im Frühjahr 1905 binnen sechs Wochen vier Kleinkinder aus dem Familienkreis der Webers starben, begann die Gendarmerie diesen vermeintlichen Zufall zu untersuchen. Alle vier Kinder waren auf rätselhafte Weise erstickt, ohne daß es einen medizinisch plausiblen Grund gegeben hätte. Und alle Kinder wurden kurz vor ihrem Tod von Jeanne Weber beaufsichtigt, deren eigener Sohn Maurice ebenfalls unter den verstorbenen Kindern war.

Der mit den Nachforschungen betraute Kriminalinspektor fand heraus, daß bereits drei Jahre zuvor zwei von Jeanne Weber betreute Kinder unter ähnlichen Umständen ums Leben gekommen waren. Damals hatten die Ärzte das Ersticken der Kinder auf eine Hirnhautentzündung zurückgeführt. Der Inspektor ließ Jeanne Weber verhaften und ordnete eine Exhumierung der Kinderleichen an. Die Untersuchung der Leichen brachte jedoch kein Ergebnis: Es gab weder Würgemale noch sonstige Verletzungen, die auf ein Kapitalverbrechen hingewiesen hätten. In einem spektakulären Gerichtsverfahren wurde Jeanne Weber, die von der aufgebrachten Bevölkerung des gleichnamigen Armenviertels als »Menschenfresserin vom Goutte d'Or« bezeichnet wurde, am 29. Januar 1906 mangels Beweisen freigesprochen. Fortan allseits geächtet, verließ sie im Juni 1906 in aller Heimlichkeit Haus und Mann und nannte sich fortan Jeanne Moulinet.

Ein Jahr später, am 16. April 1907, starb der neunjährige Auguste Bavouzet aus Chabon im Département Indre unter ebenso mysteriösen Umständen. Der herbeigerufene Arzt konnte nur noch den Tod des Jungen feststellen, doch ihm fielen eigenartige Druckstellen am Hals des Kindes auf. Er informierte die Gendarmerie, die aber keinen Anlaß für eine Morduntersuchung sah. Germaine, die älteste Schwester des Knaben, fand heraus, daß Jeanne Weber und Jeanne Moulinet identisch waren. Auguste Bavouzet wurde exhumiert und von einem zweiten Arzt erneut in Augenschein genommen. Diesmal lautete die Todesursache Tod durch Erdrosseln, denn neben der zweieinhalb Zentimeter langen Würgespur waren auch Fingernägelabdrücke und Blutergüsse entdeckt worden. Das Verfahren gegen Jeanne Weber wurde neu aufgerollt. Ihrem Anwalt gelang es, den Prozeß so lange zu verschleppen, bis eine Strangulation aufgrund der Verwesung nicht mehr nachgewiesen werden konnte. Weber mußte erneut freigesprochen werden. Sie verließ Paris und zog in Commercy in die Pension der Familie Poirot ein. Am Abend des 8. Mai 1908 hörte ein Gast Schreie aus ihrem Schlafzimmer. Er holte die Poirots, und als sie in dem Zimmer nachschauten, lag ihr sieben Jahre alter Sohn Marcel leblos im Bett. Sein Gesicht war blau angelaufen, und aus seinem Mund floß Blut. Neben dem Jungen, der sich im Todeskampf die Zunge abgebissen hatte, stand Jeanne Weber – mit blutigen Händen. Weber gestand den Knaben und auch die anderen Kinder mit einem Taschentuch stranguliert zu haben. Zu einem erneuten Prozeß kam es nicht. Weber wurde am 25. Oktober 1908 für unzurechnungsfähig erklärt und in eine Irrenanstalt geschickt.

Zwei Jahre später beging sie Selbstmord, indem sie sich mit bloßen Händen selbst erdrosselte.

Weidmann, Eugen

Ende 1937 ermordete der aus Frankfurt am Main stammende Eugen Weidmann ohne nachvollziehbares Motiv in der Schweiz und in Frankreich sechs Männer und Frauen, mit denen ihn nichts verband und von deren Tod er keinerlei Nutzen hatte.

Nachdem er in Deutschland mehrfach wegen verschiedener Scheckbetrügereien aufgefallen und deswegen zu einer fünfjährigen Haftstrafe verurteilt worden war, tauchte der 29jährige in der Schweiz unter und nannte sich fortan Hunter. Im Juli 1937 schmeichelte sich Weidmann, der fließend Englisch und Französisch sprach, bei einer aus den USA stammenden Tänzerin namens Jean de Koven ein, die kurz darauf verschwand. Ihre Leiche wurde im Keller einer von Weidmann gemieteten Villa entdeckt.

Im Herbst des gleichen Jahres ermittelte die französische Polizei im Falle eines Mietwagenfahrers, der verschwunden war, nachdem ihn ein Amerikaner, der sich Dixon nannte, zuvor als Fahrer angeheuert hatte. Er wurde fünf Tage später, am 8. September 1937, mit einem Genickschuß am Straßenrand der Strecke zwischen Paris und Orléans ermordet aufgefunden.

Auch der Theateragent Roger Le Blond wurde vier Wochen später mit einem Genickschuß hingerichtet und ausgeraubt in einem Pariser Vorort entdeckt. Kurz vor seinem Tod war er in Begleitung zweier junger Männer und einer Frau gesehen worden. Im gleichen Monat verschwand auch Jeanine Keller, die auf eine Zeitungsanzeige geantwortet hatte, in der ein Mann eine Begleiterin für eine

Kreuzfahrt gesucht hatte. Tage später fand man ihre Leiche in einer Höhle in einem Waldstück bei Paris.

Als am 20. November der Immobilienmakler Raymond Lesobre auf der Kellertreppe eines Hauses in Saint Cloud mit einer Kugel im Genick tot aufgefunden wurde, kam die Polizei dem Mörder auf die Spur. Nach einer Schießerei mit den Gendarmen wurde er festgenommen. Nach einem zwei Jahre andauernden Prozeß in Versailles wurde er im März 1939 zum Tode verurteilt und wenige Wochen später auf der Guillotine hingerichtet. Die Exekution Eugen Weidmanns war die letzte öffentliche Hinrichtung in Frankreich.

Wenzinger, Gerd – »Havelripper«

Am 20. Juni 1996 stießen die Ermittler der Berliner Mordkommission im Zusammenhang mit einer Serie von Prostituiertenmorden auf den aus Stuttgart stammenden Arzt Gerd Wenzinger. Der 53jährige Arzt, dem wegen Vergewaltigungsdelikten und Kindesmißbrauch die Approbation entzogen worden war, hatte in den 80er Jahren Frauen in seiner Praxis bei der Untersuchung heimlich gefilmt. Wenzinger hatte seine Villa in Stuttgart verkauft und war nach Berlin gezogen. Bei den Nachbarn in Karow galt der Arzt als netter und höflicher Mann. Tatsächlich war Wenzinger ein Sexualverbrecher, der in Deutschland und Brasilien vermutlich 19 Morde begangen hat.

Unter anderem wurden ihm die Tötungsdelikte an der 23 Jahre alten Dana Franzke angelastet. Die fachmännisch zerstückelte Leiche war am 25. Juni 1994 von Bootsfahrern auf dem Oder-Havel-Kanal entdeckt worden. Die junge Frau war in der als Drogenstrich bekannten Kurfürstenstraße in Berlin der Prostitution nachgegangen und war drei Wochen zuvor spurlos verschwunden. Sie wurde zuletzt auf dem Grundstück von Wenzinger lebend gesehen. Auch die seit dem 21. Oktober 1994 als vermißt geltende Prostituierte Sabrina Graf, deren abgetrennter Kopf im November 1994 in einer Mülltonne an der A 1 zwischen Hamburg und Lübeck gefunden wurde, war von Nachbarn mit dem Arzt gesehen worden.

Beide Morde hatte man ursprünglich dem im August wegen Mordes verurteilten Hautarzt **Stefan Schmitz** zugeschrieben, der 1997 vom Berliner Landgericht zu einer lebenslangen Unterbringung in einer psychiatrischen Anstalt verurteilt worden war.

Wie viele Morde Wenzinger wirklich begangen hat, wird wahrscheinlich für immer ungeklärt bleiben: Der Arzt, der im Zusammenhang mit verschiedenen Sexualmorden in Brasilien in Untersuchungshaft saß, erhängte sich am 16. Juni 1997 in seiner Zelle, nachdem die brasilianischen Behörden einem Auslieferungsersuchen der Berliner Staatsanwaltschaft stattgegeben hatten.

West, Frederick Walter und Rosemary Pauline

Am 24. Februar 1994 ging bei der Kriminalpolizei der mittelenglischen Stadt Gloucester ein anonymer Anruf ein, in dem eine junge Frau den 52jährigen Bauarbeiter Frederick West und seine 39 Jahre alte Frau Rosemary beschuldigte, ihre eigene Tochter Heather Ann ermordet und im Garten vergraben zu haben. Die 16jährige Heather war seit Mai 1987 spurlos verschwunden, ohne daß die Wests eine Vermißtenanzeige aufgegeben hatten.

Frederick West galt bei seinen Nachbarn als fröhlicher, aufrichtiger und tüchtiger Mann, der mit seiner Frau Rosemary seit 23 Jahren in der Cromwell Street 25 wohnte. Doch bei der Polizei von Gloucester war der vorbestrafte West nicht nur wegen zahlreicher Bagatelldelikte bekannt. 1972 hatte West gemeinsam mit seiner Frau die damals 17jährige Caroline Owens, die zuvor als Kindermädchen bei ihnen beschäftigt gewesen war, entführt, gefesselt, gefoltert und vergewaltigt. Dafür war das Paar nur zu einer geringfügigen Geldstrafe verurteilt worden.

Als die Polizei das Haus durchsuchte und auch den Keller und den Garten des Ehepaars umgrub, stießen sie dort und an früheren Wohnorten von Frederick West auf die Überreste von zwölf zerstückelten und enthaupteten weiblichen Leichen. Unter ihnen auch Wests erste Frau Catherine Costello sowie seine Töchter Heather und Charmaine.

Bei den polizeilichen Vernehmungen war Frederick West weitgehend geständig, bemühte sich jedoch seine Schuld herunterzuspielen und die Morde als eine Verkettung unglücklicher Umstände darzustellen. Seine Frau Rosemary wurde gegen Kaution auf freien Fuß gesetzt, weil die Ermittler sie zunächst nur als Mitwisserin beschuldigten und West sie entlastete.

Seit Anfang der 70er Jahre vermieteten die Wests in der Cromwell Street 25 in Gloucester preiswerte möblierte Zimmer an jugendliche Tramper. Zu dieser Zeit annoncierte Rosemary West in Sexzeitschriften und bot unter dem Namen »Mandy Mouse« ihre Liebesdienste an. Während sie mit den Freiern verkehrte, machte ihr Mann heimlich vom Nebenzimmer aus Videoaufnahmen. Selbst vor Sexualverbrechen an den eigenen Kindern schreckten die Wests nicht zurück. Rosemary West sammelte die Kondome ihrer Kunden, um das Sperma ihren minderjährigen Töchtern einzuführen und sie so zu befruchten. Anne Marie, die mittlerweile 30 Jahre alte Tochter aus Wests erster

Ehe, berichtete später, daß sie von ihrem Vater bereits mit acht Jahren vergewaltigt und von ihrer Stiefmutter sexuell mißhandelt worden war. Mit 15 Jahren sei sie von ihm geschwängert worden.

Neben unzähligen Vergewaltigungen von Jugendlichen, die bei den Wests ein Zimmer gemietet hatten, entführten sie Mädchen und junge Frauen, die per Autostop unterwegs waren und dem scheinbar netten Paar gegenüber kein Mißtrauen hegten. Sobald sie ins Auto gestiegen waren, wurden sie von dem bulligen Frederick West bewußtlos geschlagen und gefesselt und dann in die Cromwell Street verschleppt, wo die Opfer tagelang grauenvolle Torturen erlitten. Die Leichenfunde wiesen darauf hin, daß die späteren Opfer grausamen Folterungen, wie genitalen Verstümmelungen, ausgesetzt waren. Bei einigen der aufgefundenen Leichen fand man Klebestreifen, mit denen das Mörderpaar die Köpfe der Frauen umwickelt hatte. Nur mittels eines dünnen Plastikschlauches, der zur Nase führte, hatten die Opfer noch atmen können.

Der damals zeitweilig mit dem Fall befaßte englische Kriminalpsychologe Paul Britton vermutete anhand verschiedener an den Leichen vorgefundener Schnittwunden und anderer Indizien, daß die Wests, wie andere bekanntgewordene sadistische Serienmörder vom Schlage eines **Peter Kürten, Vincente Verzeni** oder **Andrej Tschikatilo,** Kannibalismus betrieben hatten.

Während Frederick West hartnäckig versuchte, seine Frau zu entlasten, schob sie alles auf ihren Mann und leugnete, irgend etwas mit den Verbrechen zu tun gehabt zu haben. Doch ihre Tatbeteiligung war nicht zu übersehen, zumal sie auch von ihrer Stieftochter Anne Marie schwer belastet wurde. Deshalb wurde sie Ende April erneut verhaftet und wegen Vergewaltigung eines 13jährigen Mädchens und eines achtjährigen Knaben sowie Mordes in zehn Fällen unter Anklage gestellt. Am 20. November 1995 wurde sie zu einer lebenslangen Haftstrafe verurteilt, die sie im Gefängnis in Durham verbüßt. Nach dem Willen des Vorsitzenden Richters Mantell soll sie nie wieder entlassen werden. Frederick Walter West wurde am 1. Januar 1995 erhängt in seiner Zelle im Winson Green Prison aufgefunden.

Wilson, Catherine

Im Jahre 1853 nahm die 32jährige Catherine Wilson in der britischen Küstenstadt Boston bei einem gichtkranken Witwer eine Stellung als Krankenpflegerin an. Monate später war ihr Arbeitgeber tot und vererbte seinen gesamten Besitz an »seine treue Pflegerin«. Er war an einer Überdosis Kolchizin, einem Alkaloid der Herbstzeitlose, gestorben, das sie ihm über Tage hinweg heimlich verabreicht hatte. Einige Monate später tauchte Wilson zusammen mit ihrem Lebensgefährten James Dixon in London auf. Nachdem das Geld des Witwers allmählich aufgebraucht war und der stets betrunkene Dixon kaum Geld nach Hause brachte, wurde er ihr nächstes Opfer. Inzwischen hatte Wilson sich mit ihrer Vermieterin Mrs. Soames angefreundet und plauderte ihr das Geld aus der Tasche. Die 50jährige erlitt eines Tages Krämpfe, mußte sich permanent erbrechen und verstarb am 18. Oktober 1856 völlig geschwächt. Bis 1860 vergiftete Wilson zwei weitere Frauen, darunter auch die Tante ihres verstorbenen Lebensgefährten, und erschwindelte sich das Geld und den Diamantring der Verstorbenen.

Im Jahre 1862 wurde sie andernorts bei der wohlhabenden Sarah Carnell als Krankenpflegerin angestellt. Als die ohnehin kränkelnde Frau im April erneut bettlägrig wurde, verabreichte Wilson ihr eine Medizin, die sie kurz zuvor aus der Apotheke geholt hatte. Als Mrs. Carnell einen Schluck davon genommen hatte, schrie sie auf und spuckte die Flüssigkeit wieder aus. Die angebliche Medizin ätzte ein großes Loch in ihre Bettdecke. Es handelte sich um Schwefelsäure. Nach dem mißglückten Mordanschlag floh Catherine Wilson nach London. Eineinhalb Monate später wurde sie dort ausfindig gemacht und wegen des Mordversuchs an Sarah Carnell festgenommen.

Als sie vor Gericht gestellt wurde, hatte sie mittlerweile fünf, vermutlich sogar sieben Menschen auf dem Gewissen. Wilson behauptete, der Apotheker habe ihr die falsche Medizin gegeben. Da das Gegenteil nicht zu beweisen war, mußte die Giftmörderin mangels Beweisen freigesprochen werden.

Zwischenzeitlich war der Polizei jedoch bekannt geworden, daß bereits mehrere der von Wilson »gepflegten« Menschen gestorben waren. Die Leichen wurden wieder ausgegraben und obduziert, wobei sich in allen enorme Giftmengen nachweisen ließen. Catherine Wilson wurde erneut vor Gericht gestellt, wegen des Mordes an Mrs. Soames zum Tode verurteilt und am 20. Oktober 1862 im Londoner Newgate Gefängnis öffentlich gehenkt.

Wittmann, Manfred

Als im November 1971 der Prozeß gegen den dreifachen Sexualmörder Manfred Wittmann aus Kaltenbrunn in Oberfranken eröffnet wurde, hätten die rund 100 Zuschauer den Angeklagten am liebsten gelyncht. Der 29 Jahre alte Betonmischer hatte zwischen Dezember 1968 und November 1969 drei Mädchen zwischen 14 und 16 Jahre auf sadistische Art und Weise mit einem Taschenmesser ermordet.

Erste sexuelle Erregung verspürte Wittmann eigenen Angaben zufolge, als er in seiner Kindheit einem Fleischer beim Schlachten eines Schweins zusah. Fortan seien seine Masturbationsphantasien von der Vorstellung geprägt gewesen, kleine Mädchen zu erstechen und aufzuschlitzen. Eine Zurückweisung im Zusammenhang mit seinem ersten und einzigen Versuch heterosexueller Kontaktaufnahme verstärkte seinen latenten Frauenhaß.

Am 26. Dezember 1959 überfiel er nach einem Kinobesuch die 16jährige Irmgard Feder aus Freiberg. Er zwang die Frau sich auszuziehen, warf sie auf den Boden, stach mit seinem Taschenmesser auf sie ein und verletzte sie lebensgefährlich. Neun Jahre später beging er einen Sexualmord an der 14jährigen Schülerin Nora Wenzl. Im August und November 1969 tötete er die beiden 16jährigen Mädchen Helga Luther und Sieglinde Heubner.

Trotz der Bemühungen des renommierten Gutachters Dr. Schorsch und des Anwalts Rolf Bossi, eine Einweisung in eine psychiatrische Anstalt für den Serienmörder zu erwirken, verhängte das Coburger Schwurgericht am 15. Dezember 1971 drei lebenslange Freiheitsstrafen gegen Manfred Wittmann.

»Würger von Regensburg« siehe David, Horst
»Yorkshire Ripper« siehe Sutcliffe, Peter William

Young, Graham Frederick

Der erste Vergiftungsfall in der Familie Young ereignete sich, als Graham 14 Jahre alt war. Seine Schwester Winifred erlitt eine Belladonnavergiftung, die sie glücklicherweise überlebte. Graham Young, der sich zeit seines Lebens als Außenseiter fühlte und mit Sarkasmus und Verachtung auf seine Mitmenschen reagierte, interessierte sich nur für eines: Gift. Der Teenager führte regelrechte Menschenexperimente mit giftigen Substanzen durch, indem er seinen Schulkameraden mit Antimon präparierte Kekse gab und sich freute, wenn diese über heftige Magenschmerzen klagten.

Im April 1962 starb seine Stiefmutter Molly aus scheinbar unerklärlichen Gründen. Als auch noch sein Vater durch regelmäßig verabreichte Antimon-Prisen, die sein Sohn ihm unter die Speisen mischte, schwer erkrankte, kam man ihm auf die Spur. Der Psychiater diagnostizierte eine »psychopatische Störung« und ließ ihn ins Broadmoor Criminal Lunatic Asylum einweisen. Neun Jahre später, im Februar 1971, wurde der junge Mann entgegen den Empfehlungen seines Richters als geheilt aus der Klinik entlassen. In Hertfordshire fand Graham Young nach seiner Entlassung eine Anstellung in einer Firma für Fotobedarf in Bovingdon. Bald darauf erlitten mehrere seiner Arbeitskollegen Erkrankungen mit merkwürdigen Symptomen, an denen der 60jährige Abteilungsleiter Robert Egle und ein Arbeitskollege starben. Durch die Häufung der Krankheiten wurde das Management auf die Vorfälle aufmerksam und begann der Sache auf den Grund zu gehen. Als die Geschäftsleitung im Rahmen ihrer Nachforschung von der Vergangenheit ihres Angestellten erfuhr, informierte sie umgehend die Polizei, was schließlich im November 1971 zu seiner Festnahme führte. Young hatte alle Anschläge gegen die Mitarbeiter sorgfältig in einem Tagebuch notiert. Der Serienmörder wurde im Juli des darauffolgenden Jahres vom St. Albans Crown Court schuldig gesprochen und zu einer lebenslangen Zuchthausstrafe verurteilt. Im August 1990 wurde er von einem Wärter tot in seiner Zelle im Parkhurst Prison aufgefunden. Gerüchten zufolge sollen ihn Mitgefangene getötet haben.

Zimmermann, Rudolf

Der 74 Jahre alte Diakon und Krankenpfleger Rudolf Zimmermann aus Wuppertal soll von 1970 bis 1973 zwischen fünf und 70 alte Menschen gequält und mit Giftinjektionen ermordet haben.

Im Januar 1971 berichtete der evangelische Gemeindeverband Wupperfeld, Träger eines Altenheimes in Oberbarmen, der Staatsanwaltschaft vom Verdacht einer Pflegeschülerin, daß zahlreiche Insassen der Altenstätte vorsätzlich getötet worden seien. Die Spuren wiesen auf Zimmermann, der mehrfach durch zynische Sprüche aufgefallen war. Doch die Nachforschungen stockten, und Zimmermann blieb zunächst auf freiem Fuß. Ein abschließendes Gutachten, das die Staatsanwaltschaft im Mai 1972 in Auftrag gegeben hatte, kam zu dem Schluß, daß bei den unerklärlichen Todesfällen der »dringende Verdacht der Tötung« vorlag. Daraufhin wurde der Krankenpfleger festgenommen.

Bei den Nachforschungen stießen die Ermittlungsbehörden auf immer neue Todesfälle in Kliniken und Heimen, in denen Zimmermann gearbeitet hatte. So waren unter anderem zwischen dem 1. Juni 1971 und dem 31. Mai 1972 allein im evangelischen St. Elisabeth-Krankenhaus in Neviges 38 Menschen gestorben, mit denen der Pfleger zu tun gehabt hatte. Auch in anderen Hospitälern war die Zahl der Toten rapide angestiegen, nachdem er eingestellt worden war. Die Beweislage war eindeutig: Er besaß nicht nur einen als Notarztwagen umfunktionierten BMW, sondern auch über 270 Ampullen mit Giften und Betäubungsmitteln, die in seiner Wohnung sichergestellt wurden. Rudolf Zimmermann wurde im Frühjahr 1974 in Wuppertal wegen fünffachen Mordes vor Gericht gestellt. Über seine Verurteilung ist nichts bekannt.

Zwanziger, Anna Margaretha

Die am 7. August 1760 in Nürnberg geborene Anna Margaretha Schönleben war nicht gerade vom Glück gesegnet: Die hagere, unansehnliche Frau wurde mit 19 Jahren mit dem Notar Zwanziger verheiratet, der die gesamten Ersparnisse seiner Frau durchbrachte und 1796 an den Folgen seiner Alkoholsucht starb. Die 47jährige Witwe, fortan mit zwei Kindern auf sich allein gestellt, nahm im März 1808 eine Stellung als Haushälterin bei dem Justizamtmann Wolfgang Glaser in Kasendorf an. Voller Mißmut und Eifersucht beging sie am 26. August 1808 ihren ersten Arsen-Mord und vergiftete die Hausherrin, weil sie hoffte, an ihre Stelle treten zu können. Doch Glaser wollte sie nicht. Einen Monat später fand sie eine neue Stellung bei dem 38jährigen Grohmann in Sanspareil. Der Justizangestellte, ein ohnehin kränkelnder Mann, erlitt im darauffolgenden Jahr eine heftige Erkrankung, die sich durch Schüttelfrost, ständiges Erbrechen und innere Entzündungen äußerte. Kurz zuvor hatte sich im Haus herumgesprochen, daß der heiratswillige Grohmann, den Anna Zwanziger als »ihr Ein und Alles« bezeichnete, eine Braut gefunden habe, die er heiraten wolle. Wenige Tage später, am 8. Mai 1809, war er tot.

Zwanziger kam danach bei der Richterfamilie Gebhard unter. Frau Gebhard, die wenige Tage zuvor ein Kind geboren hatte, starb am 20. Mai 1809 noch im Wochenbett. Kurz vor ihrem Tod hatte sie den Verdacht geäußert, daß man sie vergiften wolle, doch niemand hatte ihre Befürchtung ernstgenommen. In den folgenden Monaten erkrankten zehn Besucher und Bedienstete des Witwers. Auch Gebhard selbst verspürte heftige Schmerzen und erbrach sich unentwegt, nachdem er von dem im Haushalt befindlichen

Bier getrunken hatte. Durch das Zureden von Freunden stutzig geworden, kündigte er am darauffolgenden Tag seiner Haushälterin. Kaum hatte Zwanziger den Haushalt verlassen, begannen zwei Mägde und das inzwischen fünf Monate alte Kleinkind sich heftig zu erbrechen. Daraufhin ließ Gebhard alle im Haus befindlichen Lebensmittel in einer Apotheke untersuchen, wo man herausfand, daß die Salzvorräte mit Unmengen von Arsen versetzt waren.

Nun wurden die Leichen von Frau Glaser, Frau Gebhard und Herrn Grohmann exhumiert und untersucht. Alle wiesen eine mumienartige, lederne und braun verfärbte Haut auf – die typischen Anzeichen einer Arsenvergiftung. Anna Zwanziger wurde am 18. Oktober 1809 in Nürnberg festgenommen. Obwohl man bei der Festnahme größere Mengen Arsen bei ihr fand, gestand die Mörderin erst im April 1810 den Mord an Frau Glaser. Gleichzeitig leugnete sie, die Absicht gehabt zu haben, die Opfer zu töten, sie habe sie lediglich »krank machen« wollen. Anna Zwanziger wurde im Juli 1811 zum Tode verurteilt und am 17. September 1811 enthauptet.

Nord-, Mittel- und Südamerika

A – Z

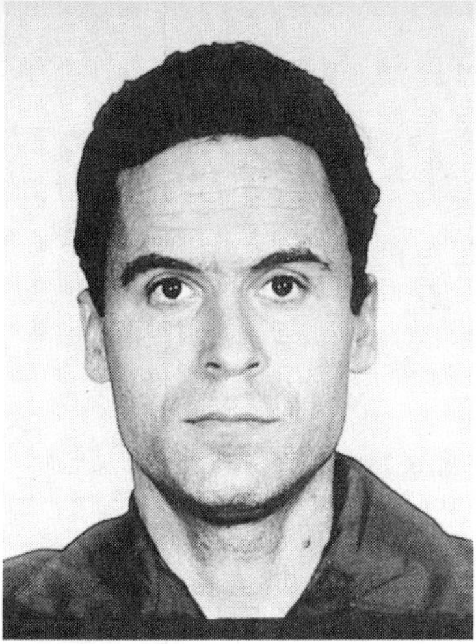

Ted Bundy,
USA ohne Datum

Aileen Wuornos,
Daytona/Beach USA 1994

Jeffrey Dahmer,
Portage/USA 1991

John Wayne Gacy,
Chester/USA 1994

Aldrete, Sara siehe de Jesus Constanzo, Adolfo
Alphabet Murders siehe Double Initial Killer

Angelo, Richard

Der frühere Pfadfinder und Krankenpfleger Richard Angelo wollte immer etwas Besonderes sein. Deswegen engagierte sich der ruhige, als introvertiert geltende Abiturient nebenbei auch bei der Freiwilligen Feuerwehr. Hauptberuflich arbeitete er auf der Intensivstation im Good Samaritan Hospital in Long Island, New York, wo er zahlreiche Menschen ermordete, indem er ihnen muskelparalysierende Mittel und andere gefährliche Medikamente in die Infusionsflaschen spritzte.

Am 12. Oktober 1987 wurde er verhaftet, nachdem er am Tag zuvor einem Krankenhauspatienten das Mittel Pavulon injiziert hatte. Nachdem der Patient auf der Stelle Erstickungsanfälle bekam und nur mit Mühe gerettet werden konnte, wurde Angelo wegen Mordverdachts festgenommen. In seinem Spind fand die Polizei umfangreiche Vorräte an Pavulon und Anectin sowie zahlreiche Injektionsspritzen.

Wie vielen Menschen er tatsächlich tödliche Injektionen

verabfolgt hatte, wurde nie geklärt. Fest steht, daß Angelo aus reiner Geltungssucht Patienten in kritische Situationen brachte, um sie später zu reanimieren – was ihm in über 20 Fällen nicht gelang. Die Staatsanwaltschaft konnte ihm jedoch nur zehn Fälle nachweisen. Richard Angelo wurde zu der damals in New York höchstmöglichen Strafe von 61 Jahren bis lebenslänglich verurteilt.

Ann Arbor Hospital Murders

Mitte der 70er Jahre kursierten Gerüchte, daß der Tod zahlreicher Patienten des Veterans Administration Hospital von Ann Arbor im US-Bundesstaat Michigan keine natürliche Ursache haben konnte. Man vermutete, daß ein Unbekannter mehrere Kranke aus unerklärlichen Gründen vorsätzlich getötet hatte. Innerhalb einer Zeitspanne von eineinhalb Monaten waren bereits 65 Patienten des Krankenhauses an Atemstillstand gestorben. Da die Klinikleitung nicht mehr an einen Zufall glaubte, wurde im August 1975 das FBI hinzugezogen, das Nachforschungen anstellte.

Leichen wurden obduziert, Befragungen und Nachforschungen unter dem Krankenhauspersonal durchgeführt, die nicht ergebnislos waren: Als Todesursache von elf Patienten, die zwischen Juli bis Mitte August 1975 ums Leben gekommen waren, konnte eindeutig eine Überdosis des muskellähmenden Präparates Pavulon, einem Derivat des Pfeilgifts Curare, diagnostiziert werden. Dieses Mittel hatte das Aussetzen der Lungentätigkeit bewirkt, durch das die Patienten qualvoll erstickt waren. Da das Medikament nur dem Krankenhauspersonal zugängig war, lag der Verdacht nahe, daß einer der Angestellten der Täter sein müsse. Dennoch dauerte es noch fast ein Jahr, bis zwei Verdächtige festgenommen werden konnten: die philippinischen

Schwestern Filipina Narcisco und Leonora Perez. Sie wurden im Juni 1977 in Detroit vor Gericht gestellt. Die Tatsache, daß Angehörige und Besucher der Verstorbenen übereinstimmend bestätigten, die Krankenschwestern kurz vor dem Tod ihrer Angehörigen in den Zimmern gesehen zu haben, reichte dem Gericht nicht aus, sie wegen Mordes zu verurteilen. Ebenso wenig half der Umstand, daß die beiden Frauen auf Grund ihrer Dienstzeiten die einzigen in Frage kommenden Verdächtigten waren. Die Anklage mußte nach drei Monaten fallengelassen werden. Der Fall wurde im Februar 1978 vor dem Appellationsgericht erneut aufgerollt und schließlich mangels Beweisen ein zweites Mal eingestellt.

Archer-Gilligan, Amy

Schon mit 38 Jahren war Amy Archer-Gilligan Eigentümerin eines evangelischen Pflegeheims. 1907 eröffnete sie gemeinsam mit ihrem Mann Michael Gilligan in Windsor / Connecticut »The Archer Home for the Elderley and Infirm«. Die Unternehmerin sorgte jedoch dafür, daß die Alten und Schutzbedürftigen in ihrem Heim nicht sehr viel älter wurden. Innerhalb von nur fünf Jahren starben 84 der Heimbewohner auf unerklärliche Weise. Auch ihr eigener Mann, der zunächst die finanziellen Obliegenheiten des Pflegeheimes regelte, mußte bereits drei Jahre nach Eröffnung des Heimes sterben, nachdem ihm aufgefallen war, daß die Patienten seiner Gattin auffallend rasch ums Leben kamen.

Allmählich begannen die Insassen des Heimes über die zahlreichen Todesfälle zu reden, und es dauerte nicht lange, bis auch die Presse Nachforschungen über Amy Archer-Gilligan anstellte. Während sich die Journalisten jedoch mehr auf die zahlreichen Affären der lebenslustigen Witwe konzentrierten, interessierte sich die Polizei zunehmend für die hohe Sterblichkeitsrate ihrer Heimbewohner. Eine richterlich angeordnete Exhumierung und Untersuchung der Leichen ergab, daß zumindest einige ihrer Pflegefälle an einer Dosis des Rattengiftes Arsen ums Leben gekommen waren. Amy Archer-Gilligan wurde verhaftet und wegen fünffachen Mordes angeklagt.

Während ihres Prozesses, der im Juni 1917 im Hartford Courthouse in Windsor eröffnet wurde, gelang es ihrem Verteidiger, die Mordanklagen auf einen Fall zu reduzieren, so daß Archer-Gilligan schließlich nur wegen des Mordes an dem Heimbewohner Franklin R. Andrews verurteilt wurde, den sie im Mai 1914 vergiftet hatte. Die übrigen Mordanklagen, auch die wegen der Vergiftung ihres Mannes, wurden fallengelassen. Trotz ihrer Beteuerungen, unschuldig zu sein und stets das Wohl der ihr »von Gott anvertrauten Menschen« im Auge gehabt zu haben, verurteilte sie die Jury zum Tode.

In einem Wiederaufnahmeverfahren im Jahre 1923 bekannte sie sich schließlich im Tausch gegen ein milderes Urteil für schuldig und machte Unzurechnungsfähigkeit geltend. Die Richter schickten sie für den Rest ihres Lebens in die geschlossene Anstalt von Middletown, wo sie 1928 im Alter von 59 Jahren verstarb.

»Arsenic Annie« siehe Doss, Nannie

Artieda, Ramiro

Anfang der 20er Jahre tötete der Bolivianer Ramiro Artieda aus Habgier seinen Bruder Luis. Er wollte seiner Verlobten einen gehobenen Lebensstandard bieten, und sein Bruder stand diesem Ziel im Weg. Denn durch seinen Tod fiel das gesamte Erbe einzig und allein ihm zu. Die Polizei hatte Artieda sofort in Verdacht, mußte jedoch alle Anschuldigungen mangels Beweisen fallenlassen. Artiedas Freundin, die um Ruf und Ehre fürchtete, löste die Verlobung mit dem mutmaßlichen Mörder auf. Von seiner Liebe enttäuscht, kehrte Artieda Bolivien den Rücken und wanderte in die Vereinigten Staaten aus, wo er sich auf eine Karriere als Schauspieler konzentrierte. Als er Ende der 20er Jahre in seine Heimat zurückkehrte, begann er in Cochabamba, Oruro und La Paz mit einer Mordserie, die bis Ende 1938 andauern sollte. Sein erstes Opfer war die 18jährige Margarita Rios aus Cochabamba, deren Leiche er in einem abgelegenen Haus am Rande der bolivianischen Stadt zurückließ.

Der Schauspieler hatte anscheinend keine Schwierigkeiten, Frauen die ihm gefielen, geschickt in einen Hinterhalt zu locken, um sie dort zu erwürgen. Alle sieben Opfer waren zum Zeitpunkt ihrer Ermordung 18 Jahre alt. Abgesehen von dem Mord an seinem Bruder, richtete sich seine Aggression ausschließlich gegen Frauen, die Ähnlichkeiten mit seiner ehemaligen Verlobten hatten und im gleichen Alter waren.

Am 9. Mai 1939 gelang es einer der Frauen zu fliehen. Sie meldete den Vorfall der Polizei, die bereits nach Ramiro Artieda fahndete. Er wurde schließlich in einer Wohnung in Cochabamba festgenommen, die er unter dem Namen Alberto Gonzalez gemietet hatte.

Beim Verhör gestand er nicht nur die Morde an den sieben Frauen, sondern gab auch den an seinem Bruder zu. Am 3. Juli 1939 wurde Ramiro Artieda durch ein Erschießungskommando im Hof des Gefängnisses von Cochabamba füsiliert.

Atkins, Benjamin – »Highland Park Killer«

Am 14. Dezember 1991 wurde die Leiche der 31 Jahre alten Deborah Findlay in einem leerstehenden Gebäude des Highland Park Distrikts in Detroit gefunden. Die Frau war vergewaltigt und anschließend stranguliert worden.

Einige Tage danach stieß die Polizei auf die sterblichen Überreste von Bertha Mason, unweit des ersten Fundortes. Als am 25. Januar 1992 Bauarbeiter ein leerstehendes Schwesternwohnheim abreißen wollten, fanden sie die Leichen von zwei weiteren Frauen. Am 17. Februar wurden die Beamten in das verlassene Monterey Motel gerufen, wo sie die halb in einem Küchenschrank liegende Leiche von Juanita Hardy entdeckten. Bei der weiteren Durchsuchung des baufälligen Motels wurden die Polizisten gleich noch zweimal fündig: In Zimmer Nummer 35 lag die Tote Valerie Chalk, und in Zimmer Nummer 68 entdeckten sie die sterblichen Überreste einer dritten, unbekannten jungen Frau. Alle waren vergewaltigt und auf die gleiche Weise erdrosselt worden.

Nicht nur die näheren Umstände der Verbrechen, sondern auch die Vorliebe des Täters für leerstehende Gebäude und Abbruchhäuser zeigte den Ermittlungsbehörden, daß sie es mit einem Serienmörder zu tun hatten: Ende Februar verschwand unter nicht geklärten Umständen Vicki Beasley-Brown, deren sexuell mißbrauchter und strangulierter Körper zwei Monate später ebenfalls in einem Abbruchhaus gefunden wurde.

Nachdem die Polizei von Detroit am 15. Juni 1992 schließlich eine weitere Frauenleiche in einem leerstehenden Haus geborgen hatte, überprüften die Beamten noch einmal alle ihre Akten und Unterlagen über Sexualverbrechen. Dabei stießen sie auf einen Vorfall, der sich ein Jahr zuvor ereignet hatte. Damals hatte eine Frau eine Vergewaltigung angezeigt, die sich in einem Restaurant in der Gegend des Highland Park Distrikts zugetragen hatte. Erneut zur Vernehmung vorgeladen, erinnerte sich die Frau daran, daß sich der Mann »Tony« nannte.

Mangels anderer erfolgversprechender Fahndungsansätze nahmen sie die Frau fortan regelmäßig mit auf Streife. Fünf Wochen lang fuhren sie die Straßen des Distikts mit einem zivilen Einsatzfahrzeug ab, bis sie am 23. August den Verdächtigen entdeckten. Es stellte sich heraus, daß »Tony« in Wirklichkeit Benjamin Atkins hieß. Allerdings fehlte es den Ermittlern an Beweisen, die den 23jährigen mit der Mordserie in Verbindung brachten. Doch im Verlauf der Verhöre brach er in Tränen aus und gestand: »Ja verdammt, ich war es. Ich habe es getan!« Detailliert schilderte er den Beamten die Verbrechen und gab schließlich den Mord an einer weiteren Frau zu und führte die Polizei zu dem Ort, wo er die Tote versteckt hatte.

Nach einem mehrwöchigen Prozeß wurde Benjamin Atkins schließlich am 21. April 1994 von einem Geschworenengericht in Detroit wegen zehnfachen Mordes zu lebenslänglicher Haft verurteilt.

»Atlanta Child Murderer« siehe Williams, Wayne B.

Axeman of New Orleans

Zwischen Sommer 1918 und Herbst 1919 ereignete sich in Louisiana eine mysteriöse Mordserie, der überwiegend Ladenbesitzer italienischer Herkunft und deren Familien zum Opfer fielen. Da der Täter sowohl beim Eindringen in die Wohnungen als auch bei den Morden eine Axt benutzte, wurde der geheimnisvolle Killer von den Einwohnern von

New Orleans bald nur noch als der »Axeman of New Orleans« bezeichnet.

Am 23. Mai 1918 wurde das italienische Einwanderer-Ehepaar Maggio, das ein Lebensmittelgeschäft in der Upperline Street betrieb, nachts mit einer Axt erschlagen. Zusätzlich hatte der Mörder den Maggios mit einem Rasiermesser die Kehlen durchgeschnitten. Knapp einen Monat später entdeckte ein Bäcker, der den Lebensmittelhändler Louis Besumer mit Brot beliefern wollte, daß der Laden entgegen den üblichen Gewohnheiten des Händlers noch geschlossen war. Als er sich durch den Hintereingang Zutritt zum Geschäft verschaffen wollte, um nach dem Rechten zu sehen, taumelte ihm Louis Besumer, aus mehreren Kopfwunden blutend, entgegen. In der Wohnung lag die ebenfalls schwer verletzte Frau des Händlers, die einige Tage später ihren Verletzungen erlag.

Die Fälle häuften sich. Nacheinander wurden Pauline und Maria Bruno und der italienische Barbier Joseph Romano von dem unheimlichen Mörder angegriffen. Auf dem Höhepunkt der öffentlichen Erregung – der Täter hatte mittlerweile zehn Morde begangen – brachen die Verbrechen so unvermittelt ab, wie sie begonnen hatten.

Ein Jahr später, am 2. Dezember 1920, wurde der aus New Orleans stammende Joseph Mumfre in Los Angeles auf offener Straße von einer schwarzgekleideten, schwergewichtigen Frau mit einer Flinte niedergeschossen. Bei den Polizeiverhören gab sie an, sie sei die Ehefrau des im Oktober 1919 vom »Axeman« ermordeten Lebensmittelhändlers Mike Pepitone. »Er war der Axeman«, behauptete die Italienerin, die in Mumfre den Mann wiedererkannt haben will, der in der Nacht des 27. Oktobers ihren Gatten erschlagen hatte. Ob Joseph Mumfre wirklich der Serienkiller war, wird bis heute angezweifelt, zumal er einige der

Verbrechen gar nicht begangen haben konnte, weil er zur Tatzeit im Gefängnis saß.

Bahamas Serial Killer

Ende August 1998 berichteten die Polizeibehörden von Paradise Island, einer zu den Bahamas gehörenden Karibikinsel, von einer Reihe bislang ungeklärter Morde. In dem Badeparadies, das von Stars wie Michael Jackson und dem Supermodel Cindy Crawford besucht wird, waren größere Verbrechen bislang unbekannt.

Nachdem die britische Touristin Joanne Clarke in einem Gebüsch zwischen dem örtlichen Golf Club und dem Cabbage Beach mit Zweigen halb bedeckt erdrosselt aufgefunden worden war, erklärte der Assistant Comissioner Reginald Ferguson, daß die 24jährige offensichtlich einem Sexualverbrechen zum Opfer gefallen sei. Nur wenige Tage später entdeckte die Polizei in unmittelbarer Nähe des Fundorts der Toten eine weitere Leiche, die sich in fortgeschrittenem Stadium der Verwesung befand. Es handelte sich um die 32 Jahre alte Amerikanerin Lori Fogleman. Die Lehrerin galt bereits mehrere Wochen als vermißt, nachdem ein kanadischer Bauarbeiter, der häufig mit ihr zusammen gesehen worden war, ihr rätselhaftes Verschwinden der Polizei gemeldet hatte. Die Beamten des Royal Bahamas Police Department hatten ihn ausführlich vernommen und ihm anschließend die Abreise von der Insel gestattet. Die beiden Leichenfunde stehen nach Auffassung der Ermittlungsbehörden im Zusammenhang mit dem Mord an einer weiteren britischen Touristin, die ein Jahr zuvor auf einer Nachbarinsel erschlagen aufgefunden worden war.

Balaam, Anthony

Der aus Trenton im US-Bundesstaat New Jersey stammende Sexualmörder Anthony Balaam gestand, zwischen 1994 und 1996 vier cracksüchtige Prostituierte vergewaltigt und ermordet zu haben.

Dabei ging der selbst von der kokainhaltigen Droge abhängige Mann stets nach dem gleichen Muster vor: In den frühen Morgenstunden fuhr er den benachbarten Drogenstrich ab und hielt Ausschau nach einem geeigneten Opfer. Wenn er eine Süchtige gefunden hatte die ihm gefiel, lockte er sie mit dem Versprechen, gemeinsam Crack zu rauchen, zu sich ins Auto, wo er sie vergewaltigte und anschließend erdrosselte. Mehreren Frauen gelang es jedoch zu entkommen und der Polizei von den Angriffen zu berichten.

Nachdem dies am 16. Februar 1996 erneut einer jungen Frau geglückt war, erkannten die Beamten aufgrund der Täterbeschreibung und der Tatumstände einen Zusammenhang mit den übrigen Vergewaltigungen. Darüber hinaus ergaben Laboruntersuchungen der bei den Vergewaltigungsopfern gefundenen Spermaspuren eine Übereinstimmung mit den DNA-Befunden, die auch bei zwei der ermordeten Prostituierten nachgewiesen werden konnten.

Durch die Überprüfung der Polizeiakte geriet der vorbestrafte Anthony Balaam in dringenden Tatverdacht und wurde daraufhin am 8. August 1996 festgenommen. Bei seiner Verhaftung zeigte er laut Polizeiangaben keine Gewissensbisse und gab sich als »netter Kerl«. Im Polizeigewahrsam wurde er jedoch schließlich im Rahmen einer Gegenüberstellung von seinem letzten Vergewaltigungsopfer zweifelsfrei identifiziert.

Ball, Joe

Der 40jährige texanische Gastwirt Joe Ball tötete in den 30er Jahren mindestens 14 Frauen und verfütterte sie anschließend an seine Krokodile. Der ehemalige Alkoholschmuggler betrieb in der Nähe der texanischen Kleinstadt Elmendorf eine Gaststätte, die »Sociable Inn« hieß. Die »Geselligkeit« bestand darin, die Gäste gelegentlich mit der Fütterung der fünf Krokodile zu unterhalten, die er in einem eingezäunten Teich im Garten hielt. Wenn er nicht gerade Hunde und Katzen an die Reptilien verfütterte, warf er ihnen Fleischbrocken zu, die, was niemand wußte, von Menschen stammten. Der Wirt, der auch zwei seiner Exfrauen getötet hatte, geriet erstmals nach der Ermordung seiner Kellnerin Hazel Brown in Verdacht. Als der Sheriff von Elmendorf im September 1938 von dem Verschwinden der 22jährigen erfuhr, wurde er stutzig, denn Hazel war bereits die vierte Frau innerhalb der letzten zwei Jahre, die im »Sociable Inn« gearbeitet hatte und spurlos verschwunden war. Zwar hatte Ball behauptet, daß die Frauen nach El Paso oder Laredo gegangen seien, doch allmählich kam ihm das Ganze merkwürdig vor. Hazel Browns Mutter war zudem aufgefallen, daß ihre Tochter kein Gepäck mitgenommen hatte. Ebenso ungewöhnlich war, daß Hazel erst kürzlich ein Bankkonto eröffnet hatte, von dem seit ihrem Verschwinden kein Geld abgehoben worden war. Der Sheriff fuhr am 24. September 1938 zusammen mit seinem Deputy hinaus zu Ball, um ihn zu befragen. Als Joe Ball den Sheriff kommen sah, zog er unvermittelt eine Waffe und schoß sich in den Kopf.

Der Sheriff begann sofort Nachforschungen anzustellen, um den Verbleib der vermißten Mädchen aufzuklären. Es gelang ihm, Balls dritte Exfrau ausfindig zu machen, die aussagte, daß sie Hals über Kopf geflohen war, nachdem Ball ihr erzählt habe, daß er mehrere Kellnerinnen getötet hatte. Durch sie erfuhr der Sheriff auch, daß Ball einen Helfer gehabt hatte. Der geistig zurückgebliebene Willie Sneed, der ihrem Mann gelegentlich zur Hand gegangen war, wurde rasch ausfindig gemacht. Er gab zu, seinem Chef bei der Beseitigung der Leichen geholfen zu haben, weil Ball ihn dazu gezwungen habe. Bei der Durchsuchung des Anwesens fanden die Texas Ranger Briefe der vermißten Frauen, aus denen hervorging, daß einige von Ball schwanger gewesen waren. Offensichtlich hatte Ball sie aus dem Weg geschafft, weil sie ihm lästig geworden waren.

Später stellte sich heraus, daß ein Nachbar ihn bereits 1936 dabei beobachtet hatte, wie er die Reptilien mit Leichenteilen fütterte. Ball habe ihm ein ähnliches Schicksal angedroht, falls er es jemanden erzähle. Da sich Joe Ball einer Verurteilung entzog, kam lediglich Willie Sneed wegen Beihilfe für zwei Jahre ins Gefängnis.

Barbosa, Daniel Camargo

Seit Frühjahr 1986 verschwanden in Ecuador innerhalb von wenigen Monaten zahlreiche junge Mädchen. Obwohl viele Eltern hofften, daß ihre vermißten Töchter bald wieder auftauchen würden, deutete eine Reihe von ungeklärten Kindermorden bereits darauf hin, daß sich ein Serienmörder im Land herumtrieb, dem sie möglicherweise zum Opfer gefallen waren. Tatsächlich sind die meisten der Mädchen, die zwischen 1986 und 1988 verschwanden – allein in der Küstenstadt Guayaquil waren es 55 Kinder – nie wieder aufgetaucht. Währenddessen häuften sich die Leichenfunde in der Küstenregion Ecuadors. Die meisten der Mädchen waren vergewaltigt und brutal getötet worden.

Ihre Körper wiesen neben Schlägen auch Schnittwunden auf, die von Hieben mit einer Machete herrührten.

Im Juni 1988 fand man in der Hand eines zwölfjährigen Mädchens, das nahe eines Sumpfgebietes ermordet aufgefunden worden war, ein Bonbonpapier mit fremden Fingerabdrücken. Nach eingehender Untersuchung konnten diese einem polizeibekannten Mann zugeordnet werden, nach dem bereits in Kolumbien gefahndet wurde: Daniel Camargo Barbosa.

Der 45jährige war zwei Jahre zuvor aus einem kolumbianischen Gefängnis ausgebrochen, wo er eine Haftstrafe wegen Vergewaltigung und Mord an einem neunjährigen Mädchen verbüßen sollte. Weil es den vorbestraften Kolumbianer immer wieder zum Fundort seines letzten Opfers hinzog, wurde er von einem aufmerksamen Polizisten festgenommen. Barbosa gestand, seit seiner Flucht im April 1986 71 Morde begangen zu haben. Die Kinder habe er mit Bonbons und Geschenken an entlegene Plätze gelockt und dann vergewaltigt. Manchmal hatte er sogar Fotos von den Opfern gemacht.

Nach seiner Verhaftung führte er die Ermittler zu sechs weiteren Leichen. Daniel Barbosa wurde im September 1989 in Guayaquil der Prozeß gemacht. Er bekam die in Ecuador höchstmögliche Strafe von 16 Jahren und wird demnach im Jahre 2005 wieder entlassen.

Baumeister, Herbert

Das Leben von Herbert Baumeister war eine einzige Erfolgsgeschichte. Er gründete eine florierende Niedrigpreis-Supermarktkette und lebte mit mit seiner Frau Julie und seinen drei Kindern in einer noblen Villa in Westfield, einem exklusiven Vorort von Indianapolis. Doch weder seine

Frau noch die Nachbarn ahnten, daß der 49jährige Familienvater ein homosexueller Serienmörder war, der bis zu seinem Tod im Jahre 1996 zwischen sieben und 16 junge Männer ermordet hat.

Im Sommer, wenn sich seine Familie auf dem Feriensitz der Baumeisters aufhielt, blieb er in Indianapolis, um zu »arbeiten«. Doch statt dessen vergnügte sich der Anhänger extremer Asphyxie- und Strangulationsspiele in den Schwulenbars der Stadt. Baumeister geriet in Verdacht, nachdem immer wieder Männer aus den Kneipen und Clubs verschwanden, die er selbst häufig frequentiert hatte. Nachdem zwischen Mai 1993 und 1994 bereits mehrere Mitglieder der lokalen Homosexuellenszene vermißt wurden, sagte ein Mann bei der Polizei aus, daß er einige Monate zuvor im Hause eines wohlhabenden Geschäftsmannes gewesen sei, der sich »Brian« nannte und der sehr extreme sexuelle Gewohnheiten gehabt habe. Ein Jahr nach dieser Aussage bei der Polizei traf der Zeuge erneut auf »Brian« und konnte sich dessen Autonummer notieren. Es stellte sich heraus, daß »Brian« Herbert Baumeister war.

Die Hinweise verdichteten sich, doch für eine Durchsuchung des Grundstückes reichten die Indizien nicht, und Baumeister selbst verweigerte die Durchsuchung seines Anwesens. Monate später stimmte seine Frau einer genaueren Inspektion des Geländes zu, nachdem die Polizei sie mit dem Verdacht konfrontiert hatte, daß ihr Mann möglicherweise ein Serienmörder sei. In Abwesenheit von Baumeister begannen Ende Juni 1996 die Grabungsarbeiten auf dem Waldgrundstück. Die Polizei wurde fündig und stieß auf die Überreste von sieben jungen Männern.

Baumeister, der sofort untergetaucht war, als die Suche begann, wurde eine Woche später tot aufgefunden. Er hatte sich mit einer .357 Magnum in den Kopf geschossen. Im

April 1998 gaben die Ermittlungsbehörden in Indianapolis bekannt, daß Herbert Baumeister im starken Verdacht steht, zehn weitere Morde begangen zu haben, die sich zwischen 1980 und 1990 in Ohio und Indiana ereignet hatten.

Beck, Martha siehe Fernandez, Raymond
»Bedroom Basher« siehe Parker, Gerald

Bender Family

Die Bender Family lebte in den 70er Jahren des 19. Jahrhunderts in Cherryvale im Labette County / Kansas. Zwischen 1871 und 1873 wohnte die vierköpfige Familie in einer Blockhütte in den Wäldern von Kansas und verkaufte Lebensmittel und Getränke an Reisende. Wenn ihnen ein Kunde wohlhabend erschien, begann Kate, die 24jährige Tochter der Benders, mit dem Gast zu flirten und überredete ihn, zum Essen zu bleiben.

Die Hütte war mit einem Vorhang geteilt. Wenn sich der Gast, mit dem Rücken zum Vorhang sitzend, seiner Mahlzeit widmete, wurde er von dem um die 60 Jahre alten, deutschstämmigen John Bender oder seinem 27jährigen Sohn John Junior, der hinter dem Vorhang lauerte, mit einem Schmiedehammer erschlagen, ausgeplündert und anschließend im Wald vergraben.

Das letzte Opfer der Benders war Doktor William H. York, der seinen Bruder, einen Offizier, Anfang März 1873 in Fort Scott besucht hatte. Nachdem William H. York auf dem Heimweg verschwunden war, machte sich der Colonel auf die Suche nach ihm. Unterwegs hörte er von den Erzählungen zweier Reisender, die bei den Benders zu Abend gegessen hatten und überzeugt waren, daß die Familie irgend etwas gegen sie im Schilde führte. Mit gezogenen Revolvern hatten sie ihren Rückzug aus der Hütte der Benders angetreten. Colonel York stellte einen Trupp Freiwilliger zusammen und brach am 5. Mai 1873 auf, um die Benders aufzusuchen. Doch die hatten sich bereits abgesetzt. Unterhalb einer Falltür stieß man auf elf Gräber mit Opfern: neun Männer, einer jungen Frau und einem kleinen Mädchen.

Die »Höllen-Benders« selbst schienen wie vom Erdboden verschluckt. Ihr Schicksal wurde erst 1909 und 1910 geklärt, als zwei Männer, die seinerzeit dem Suchtrupp angehörten, unabhängig voneinander erzählten, daß sie an der Bestrafung der Benders beteiligt gewesen seien. Man habe der Familie ein derart schreckliches Ende bereitet, daß sich alle Beteiligten damals geschworen hatten, niemals darüber zu reden. Die Männer berichteten, daß sie die völlig verstümmelten Leichen von John, John Junior, Kate und Ma Bender in einen Brunnen geworfen hatten. Die Leichen der Bender Family wurden jedoch nie gefunden.

Berdella, Robert Andrew

Der homosexuelle Sadist Robert Berdella ermordete zwischen 1984 und 1988 in seinem Haus in Westport bei Kansas City sechs junge Männer im Alter von 20 bis 25 Jahren. Berdella galt bei seinen Nachbarn als etwas verschrobener, aber harmloser Zeitgenosse. Der Antiquar, Inhaber eines Geschäftes namens »Bobs Bizarre Bazar«, wo er Kuriositäten verkaufte, setzte seine Opfer unter Drogen, bevor er sie an ein Bett fesselte. Darauf folgten grausamste Folterungen, unterbrochen von Vergewaltigungen, die häufig darin gipfelten, daß Berdella seinen Opfern die Augen ausdrückte. Häufig zogen sich die Torturen über mehrere Wochen hin. Dabei fotografierte er seine Opfer und notierte sorgfältig jede Mißhandlung, die er ihnen zufügte. Meist ermordete er die Jugendlichen, indem er ihnen Haushaltsreiniger in die Venen spritzte. Die Leichen zerstückelte er und vergrub die Teile im Vorgarten seines Hauses.

Robert Berdella wurde festgenommen, nachdem am 2. April 1988 ein nackter Mann, der ein Hundehalsband trug, aus dem zweiten Stock von Berdellas Haus aus dem Fenster gesprungen war. Nachdem der Nackte von einer Polizeistreife festgenommen worden war, erzählte er, daß Berdella ihn eingeladen habe und zu Hause unvermittelt über ihn hergefallen sei. Dann habe er ihn gefesselt und vergewaltigt. Die Kansas City Police veranlaßte daraufhin umgehend die Durchsuchung von Berdellas Wohnung, wo sie auf zwei Leichen stieß. Darüber hinaus fanden die Beamten mehrere 100 Fotos, die junge Männer in nahezu allen denkbaren Stadien des Leidens zeigten.

Berdella wurde am 19. Dezember 1988 zu fünfmal lebenslänglich verurteilt und starb im Oktober 1992 im Gefängnis in Folge einer Herzattacke.

Berkowitz, David Richard – »Son of Sam«

Zwischen Juli 1976 und August 1977 erschoß David Berkowitz sechs Menschen und verletzte sieben weitere schwer. Seine Opfer: meist junge Paare, die ihr Auto in den einsamen Straßen von New York geparkt hatten. Sein Markenzeichen: ein großkalibriger Revolver »Bulldog«, Kaliber .44.

Die Schreckensherrschaft des als »Son of Sam« bekanntgewordenen Serienkillers begann am 29. Juli 1976. Die medizinisch-technische Assistentin Donna Lauria und ihre Freundin Jody Valenti saßen in der Bronx in ihrem Auto, um sich noch ein wenig zu unterhalten, als sich um ein Uhr nachts ein Mann dem Fahrzeug näherte und sofort zu schießen begann. Donna Lauria starb auf der Stelle, ihre Freundin wurde durch einen Schuß ins Bein verletzt.

Am 23. Oktober 1976 ereignete sich vor einer Bar im New Yorker Stadtteil Queens ein ähnlicher Vorfall, bei dem ein junges Liebespärchen verwundet wurde. Ende November 1976 gegen Mitternacht wurden im gleichen Viertel zwei junge Frauen beschossen, die auf einer Treppe vor ihrer Haustür saßen. Eine von ihnen wurde dabei derart schwer verletzt, daß sie zeitlebens gelähmt bleiben sollte. Die Ballistikexperten des New York Police Department (NYPD) fanden rasch heraus, daß die Schüsse in allen Fällen aus der gleichen Waffe, einem Revolver, abgefeuert worden waren.

Am 30. Januar 1977 fiel die 20jährige Christine Freund, die mit ihrem Bekannten John Diel in einem geparkten Wagen gesessen hatte, und ein Monat später die 19 Jahre alte Virginia Voskerichian einem Mordanschlag des gleichen Täters zum Opfer. Nur Diel überlebte. Am 14. April tötete Berkowitz Alexander Esau und Valentina Suriani in der Bronx. Beide erschoß er aus nächster Nähe. Auf dem Beifahrersitz lag ein Zettel mit der Notiz: »Ich komme wieder! Bang, bang, bang, bang, bang – Ugh!!«.

Das NYPD richtete die Sonderkommission »Operation Omega« ein. Nachdem ihr Leiter, Polizeikommissar Joseph Borelli, den Killer in der Presse als Frauenhasser bezeichnet hatte, wandte sich der Täter selbst in einem Schreiben an die New Yorker Tageszeitung »Daily News« und beschwerte sich darüber, daß ihn der Beamte beleidigt habe. Der Brief war unterschrieben mit »Sam's Creation«.

Nach seiner Festnahme behauptete Berkowitz, er habe seine Taten auf Befehl eines Dämons begehen müssen, der im Hund seines Nachbarn Sam Carr, einem schwarzen Labrador, wohne. Jahre später gab er jedoch zu, daß er sich diese Geschichte lediglich ausgedacht habe, damit er für unzurechnungsfähig erklärt und weniger hart bestraft werden würde. Wegen der Geschichte mit dem Hund wurde Berkowitz fortan »Son of Sam« genannt.

Ende Juni ereignete sich eine weitere Attacke auf ein Pärchen im New Yorker Stadteil Queens. Beide überlebten schwer verletzt. Fünf Tage später überfiel Berkowitz erneut ein Paar mit Pistolenschüssen. Stacy Moskowitz starb nur wenige Stunden darauf, während ihr Begleiter durch einen Kopfschuß sein Augenlicht verlor.

Am 10. August konnte der »Son of Sam« endlich gefaßt werden, weil er bei seinem letzten Mord mit seinem gelben Ford Galaxy zu nahe an einem Feuerhydranten geparkt hatte. Eine Anwohnerin erinnerte sich daran, daß sie gesehen hatte, wie ein Polizist einen Strafzettel ausstellte, und als man diesen zurückverfolgte, stieß man auf den 24jährigen Postangestellten David Berkowitz aus Yonkers. Berkowitz, bereits als Säugling zur Adoption freigegeben, fühlte sich bei seinen Adoptiveltern nicht wohl und verlebte eigenen Angaben zufolge eine unglückliche Kindheit. Weil seine Adoptivmutter ihm jahrelang immer wieder erzählte, daß seine leibliche Mutter bei seiner Geburt gestorben war, litt Berkowitz unter starken Schuldgefühlen. Mit 18 trat er in die Army ein und wurde nach Korea geschickt, wo er ein Jahr lang diente. Nach der Entlassung aus der Army erfuhr Berkowitz, daß ihn die Adoptiveltern belogen hatten und seine Mutter noch lebte. Doch das Treffen mit ihr und seiner Halbschwester verlief dermaßen enttäuschend, daß er nun völlig aus der Bahn geworfen wurde. Ohnehin mit Minderwertigkeitskomplexen belastet, trieb ihn der Mangel an Anerkennung dazu, Brände zu legen. Wie sich später anhand der in seiner Wohnung gefundenen Tagebücher nachweisen ließ, hatte Berkowitz in Brooklyn und Queens rund 1500 Brände gelegt, die er in detaillierten Eintragungen festhielt.

Am 23. August 1977 wurde Berkowitz zu einer Gesamtfreiheitsstrafe von 365 Jahren verurteilt, die er derzeit im Attica Correctional Facility verbüßt. Nach Auskunft der Gefängnisleitung bezeichnet sich der mittlerweile 45jährige, der 1987 zum Christentum übergetreten ist, nun als »Son of Hope« und vertreibt im Gefängnis selbstverfaßte religiöse Pamphlete.

Bernardo, Paul und Homolka, Carla

Um 1990 herum erschütterte ein Paar der ganz besonderen Art die kanadische Nation. Mit unvorstellbarer Grausamkeit begingen die in Toronto lebende Carla Homolka und ihr Lebensgefährte Paul Bernardo schockierende Sexualmorde an drei weiblichen Teenagern, darunter auch Carla Homolkas Schwester Tammy.

Tammy Homolka, auf die Paul Bernardo schon lange ein Auge geworfen hatte, wurde von dem Paar einen Tag vor Weihnachten, am 23. Dezember 1990, gegen ihren Willen mit Drogen betäubt und danach mehrmals hintereinander vergewaltigt. Während Bernardo über die nahezu bewußtlose Tammy herfiel, filmte Carla Homolka mit einer Videokamera das Geschehen in allen Einzelheiten. Noch in derselben Nacht erstickte Tammy an ihrem Erbrochenen.

Gemeinsam tötete das Paar auch die 15jährige Kristen French und die ein Jahr jüngere Leslie Mahaffy. Beide Mädchen wurden von Paul Bernardo vergewaltigt und schließlich von ihm und seiner Lebensgefährtin auf bestialische Weise zu Tode gefoltert.

Die Gerichtsverhandlung von Carla Homolka und Paul Bernardo wurde in den kanadischen Medien als »Jahrhundertprozeß« bezeichnet, und der Medienrummel um das kaltblütige Paar aus Toronto ließ keine Fakten unverhüllt. Carla Homolka, die wegen zweifachen Mordes angeklagt wurde, sagte als Kronzeugin gegen ihren Komplizen aus und wurde daher zu nur zwölf Jahren Freiheitsentzug verurteilt. Paul Bernardo wurde im September 1995 zu lebenslänglicher Haft verurteilt. Nach kanadischem Recht kann er schon nach 25 Jahren entlassen werden.

Bianchi, Kenneth Alessio und Buono, Angelo – »Hillside Stranglers«

Zwischen 1977 und 1979 töteten Kenneth Bianchi und sein Cousin Angelo Buono mehrere junge Frauen in Los Angeles, deren Leichen sie in den Hügeln oder entlang der Straßen östlich von Hollywood liegen ließen, was ihnen den Namen »Hillside Stranglers« einbrachte. Ihr erstes Opfer war die schwarze 19jährige Yolanda Washington, eine Kellnerin und Teilzeitprostituierte, deren Leiche man am 18. Oktober 1977 nahe eines Friedhofs bei Universal City entdeckte. Die Frau war nackt, und sie war erdrosselt und vergewaltigt worden. Nur knapp zwei Wochen später, am 31. Oktober, fand man Judith Lynn Miller, eine 15jährige Ausreißerin, deren Körper Abdrücke von Fesselungen aufwies. Auch sie war erdrosselt worden. Eine Serie weiterer Sexualmorde hielt in den folgenden Monaten ganz Los Angeles in Atem, bis sie im Februar 1978 abrupt endete. Innerhalb dieses Zeitraums wurden insgesamt zehn junge Frauen und Mädchen zwischen zwölf und 28 Jahren von den unbekannten Killern umgebracht.

Die nackten Körper wurden mit gespreizten Beinen hinterlassen und wiesen Spuren von Folter und sexueller Mißhandlung auf. Die 18jährige Lauren Ray Wagner, eines der

Opfer, war mit Elektroschocks gequält worden, und im Blut des siebten Opfers, der 20jährigen Kristina Weckler, entdeckten Leichenbeschauer Spuren von Reinigungsmitteln. In den Anal- und Vaginalregionen der toten Frauen fanden sich Samenspuren, die von zwei Personen stammten.

Obwohl die Beamten des Los Angeles Police Departments wußten, daß sie nach zwei Tätern zu suchen hatten, die sich – Zeugen zufolge – als Polizisten ausgegeben und ihre Opfer »verhaftet« hatten, kamen die Ermittlungen nicht voran. Erst als ein knappes Jahr später, im Januar 1979, im US-Staat Washington ein Mann wegen Doppelmordes an den Studentinnen Diane Wilder und Karen Mandic verhaftet wurde, kam der Fall ins Rollen. Es handelte sich um den 26jährigen Wachmann Kenneth Bianchi, der in einer Sicherheitsfirma in Bellingham angestellt und erst kurz zuvor von Kalifornien nach Washington umgezogen war. Bianchi, der in seiner Eigenschaft als Wächter verschiedene Objekte sichern mußte, hatte die Frauen angeheuert, eine Luxusvilla zu bewachen, deren Alarmanlage angeblich defekt sei. Kurz darauf wurden ihre Leichen in einem abgestellten Auto gefunden. Eine der beiden Frauen hatte jedoch zuvor ihrem Freund von dem Job bei Bianchi erzählt, so daß ihm die Mordkommission rasch auf die Spur kam. Darüber hinaus war an einem der Opfer ein Schamhaar gefunden worden, das eindeutig von Bianchi stammte; auch wurde das Haar eines der Mordopfer in seiner Wohnung entdeckt. Nachdem die Polizei herausgefunden hatte, daß Bianchi erst kurz zuvor von Kalifornien nach Washington gezogen war, ergaben sich weitere Indizien, die ihn mit den Morden in Verbindung brachten.

Kenneth Bianchi, der aufgrund eines Hinweises bereits im Zusammenhang mit einem der Morde befragt worden war, hatte zunächst vorgetäuscht, an einer multiplen Persönlichkeitsspaltung zu leiden. Doch als er damit scheiterte, handelte er angesichts der drohenden Todesstrafe mit der Staatsanwaltschaft einen Deal aus, in dem er sich bereit erklärte, gegen seinen 44jährigen Cousin und Komplizen Angelo Buono auszusagen. Nach einer über zwei Jahre andauernden Gerichtsverhandlung in Kalifornien wurde Angelo Buono im November 1983 wegen Mordes für schuldig befunden und zu einer lebenslänglichen Freiheitsstrafe ohne Aussicht auf Entlassung verurteilt und ins Staatsgefängnis von Folsom gebracht.

Bianchi, der alle Schuld auf Buono abwälzte, wurde zu fünf lebenslangen Freiheitsstrafen verurteilt und galt zeitweilig auch als Verdächtiger für die sogenannten »**Double Initial Morde**«, die sich Anfang der 70er Jahre in der Gegend von Rochester im Staat New York ereignet hatten, wo er aufgewachsen war und bis zum 36. Lebensjahr gewohnt hatte. Doch diese Taten konnten ihm nicht nachgewiesen werden.

Eine junge Frau, die 23jährige Veronica Lynn Comton, die mit Bianchi Kontakt aufgenommen und sich in den Serienkiller verliebt hatte, faßte den Entschluß, den Häftling zu befreien. Sie beabsichtigte seinen Samen aus dem Gefängnis zu schmuggeln, eine Frau zu töten und das Sperma an dem Mordopfer zu hinterlassen, um so den Eindruck zu erwecken, die Polizei habe den Falschen eingesperrt. Der Plan flog jedoch auf, und Lynn Comton kam selbst ins Gefängnis.

Biegenwald, Richard

Wie viele Menschen Richard Biegenwald tatsächlich ermordet hat, wird wohl nie endgültig zu klären sein. Einem Gefängniswärter gegenüber soll er zugegeben haben, daß er im Laufe der Jahre in New Jersey, Maryland, Pennsylvania und New York annähernd 300 Frauen umgebracht hat.

Anfang Januar 1983 zeigte ihn eine Freundin seiner Frau bei der Polizei an, nachdem in der Nähe seiner Wohnung die Leiche der 18jährigen Anna Olesiewicz gefunden worden war, was noch im gleichen Monat zu seiner Festnahme führte. Bei der polizeilichen Hausdurchsuchung fanden die Beamten Rohrbomben, eine Maschinenpistole und andere Waffen, sowie K.O.-Tropfen, Marihuana und eine lebende Giftschlange.

Mittlerweile hatte Dherran Fitzgerald, ein ehemaliger Mithäftling, der Polizei erzählt, daß Biegenwald im Garten seiner Mutter in Staten Island die Leichen einiger verschwundener junger Frauen vergraben habe. Aufgrund dieses Hinweises fand die Polizei drei Tote auf dem Grundstück der Familie Biegenwald. Im Laufe der weiteren Ermittlungen stellte sich heraus, daß Biegenwald die Frauen mit dem Versprechen, einen Joint mit ihnen zu rauchen, in sein Auto gelockt, sie statt dessen aber entführt und dann ermordet hatte. Bei seiner Gerichtsverhandlung wurde bekannt, daß unter anderem die Tochter eines Mafia-Gangsters zu seinen Opfern zählte. Der setzte während der Verhandlung ein Kopfgeld von 100000 Dollar für die Ermordung Biegenwalds aus. 1985 wurde Richard Biegenwald in New Jersey wegen fünffachen Mordes schuldig gesprochen und zum Tode durch eine Giftinjektion verurteilt.

Bird, Jake – »Tacoma Axe Killer«

»Ich habe fast so viele Morde begangen, wie Jahre, die ich auf dem Buckel habe«, behauptete der als »Tacoma Axe Killer« bekanntgewordene Serienmörder Jake Bird. Der 45jährige, aus Louisiana stammende Mann war am

30. Oktober 1947 in Tacoma im US-Staat Washington verhaftet worden, nachdem er in das Haus einer älteren Frau und deren Tochter eingebrochen war und beide Frauen mit einer Axt totgeschlagen hatte. Nachbarn hatten die Schreie der Frauen vernommen und daraufhin die Polizei alarmiert. Bird, der zeitlebens diverse Hilfsarbeiten ausübte und ohne festen Wohnsitz war, hatte bei seiner Festnahme entschiedenen Widerstand geleistet. Er verletzte zwei Polizeibeamte mit einem Messer, bevor er schließlich überwältigt werden konnte.

Anfangs leugnete er die Tat, doch als die Beweislast gegen ihn erdrückend wurde, legte er ein Geständnis ab. Die Ermittlungsbeamten hatten an seiner Kleidung nicht nur menschliches Blut, sondern auch Hirngewebe der Opfer entdeckt.

Jake Bird wurde angesichts der belastenden Indizien und seines Schuldbekenntnisses in Washington wegen zweifachen Mordes vor Gericht gestellt. Der Richter verhängte gegen ihn die Todesstrafe. Durch sein Geständnis, weitaus mehr Morde begangen zu haben, wurde seine Hinrichtung immer wieder aufgeschoben. Während dieser Zeit konnten ihm elf weitere Morde nachgewiesen werden, die er in acht verschiedenen Bundesstaaten begangen hatte. In weiteren ungeklärten Mordfällen galt Bird, den Psychiater als einen Psychopathen beschrieben, der durch die Todesschreie von Frauen erregt wurde, als Hauptverdächtiger. Bird kam in das Staatsgefängnis Walla Walla, wo er am 15. Juli 1949 gehenkt wurde.

Bishop, Arthur Gary

Der 32 Jahre alte Mormone Arthur Gary Bishop aus Salt Lake City schien nur auf eine Gelegenheit gewartet zu haben, um sein Gewissen zu erleichtern. Als ihn die Polizei im Rahmen ihrer Ermittlungen 1983 im Zusammenhang mit dem Verschwinden und der Ermordung mehrerer Knaben routinemäßig vernehmen wollte, platzte es aus ihm heraus: »Gott sei Dank! Ich bin so glücklich, daß ihr mich gefunden habt. Ich hätte es wieder getan!« Er galt nicht einmal als Tatverdächtiger. Dabei war der ehemalige Pfadfinder der Eagle Scouts ein Päderast, der jede freie Minute mit Kindern verbrachte.

Sein erstes Opfer war der vierjährige Alonzo Daniels, den Bishop am 16. Oktober 1979 aus dem Garten des Elternhauses entführt und vergewaltigt hatte. Ende November 1980 verschleppte er den elf Jahre alten Kim Peterson, den er ebenfalls sexuell mißbrauchte und anschließend ermordete.

Nachdem er 1981 wegen eines Scheckbetrugs verurteilt worden war, verschwand er aus Salt Lake City. Fortan engagierte er sich im sogenannten Big-Brother-Programm, das sich mit der Freizeitbetreuung von Kindern befaßte, und unternahm mit ihnen Wanderungen und Camping-Ausflüge – Gelegenheit für den Pädophilen, sich an Knaben zu vergehen und sie manchmal auch zu töten.

Nach seiner Verhaftung in Fort Cedar/Utah gestand er fünf Morde an kleinen Jungs und führte die Polizei zu den Gräbern von Kim Peterson, Alonzo Daniels und Danny Davis. Zwei weitere Knaben hatte er im Big Cottonwood Canyon vergraben.

Bishop wurde wegen fünffachen Mordes, Kidnapping in fünf Fällen sowie sexuellen Mißbrauchs angeklagt und schließlich zum Tode verurteilt. Utah ist der einzige Bundesstaat der Vereinigten Staaten, in dem die Todeskandidaten wählen können, ob sie erschossen werden oder durch eine Giftspritze sterben wollen. Arthur Bishop entschied sich für die tödliche Injektion und wurde am 9. Juni 1988 hingerichtet.

Bittaker, Lawrence Sigmund und Norris, Roy

Ende der 70er Jahre begingen Lawrence Bittaker und sein Komplize Roy Norris in der Gegend von Los Angeles eine Serie von Sexualmorden an jungen Frauen und Teenagern. Die beiden verurteilten Vergewaltiger, die sich 1978 im Staatsgefängnis von San Louis Obispo kennengelernt hatten, planten bereits hinter Gittern ihre zukünftigen Verbrechen: Teenager aus der Altersgruppe zwischen 13 und 19 Jahren wollten sie kidnappen, vergewaltigen und ermorden. Nach ihrer Entlassung kauften sie sich einen Kleinlastwagen, den sie »Murder Mac« nannten und mit dem sie die Freeways auf der Suche nach Opfern abfuhren.

Ihr erstes Opfer war die 16jährige Cindy Schaefer aus Wisconsin, die sie am 26. Juni 1979 am Redondo Beach kidnappten. Nachdem die beiden Männer sie wiederholt brutal vergewaltigt und gequält hatten, flehte sie ihre Vergewaltiger an, sie mögen ihr sagen, ob man sie töten wolle, damit sie rechtzeitig beten könne. Bittaker und Norris versicherten ihr, sie am Leben zu lassen, doch wenig später erwürgten sie Cindy Schaefer und warfen sie in einen Canyon. Ihre Leiche wurde nie entdeckt.

Bereits zwei Wochen später töteten sie die 18jährige Tramperin Andrea Hall, die sie ebenfalls mit ihrem Kleinlastwagen entführten und folterten. Bittaker tötete sie, indem er ihr einen Eispickel ins Ohr stieß. Bis Ende Oktober 1979 hatten sie vier weitere Teenager verschleppt. Nach dem Doppelmord an der 13jährigen Jacqueline Leah Lamp und ihrer zwei Jahre älteren Freundin Jackie Gilliam, die zwei Tage in der Gewalt der Sexualmörder waren, ermordeten sie Shirley Lynette Ledford, ein weiteres junges Mädchen. Der 16jährigen hatten sie die Brustwarzen abgetrennt, und sie wies am ganzen Körper Mißhandlungen auf, als man ihre nackte Leiche in einem Vorgarten fand.

Norris und Bittaker hatten ihre Verbrechen umfangreich dokumentiert. Die Polizei fand neben unzähligen Fotos von jungen Frauen Tonbandaufnahmen mit den Todesschreien des letzten Opfers. Bei der Gerichtsverhandlung bekannte sich Roy Norris in allen Anklagepunkten schuldig. Auf Grund einer Regelung mit der Staatsanwaltschaft, als Zeuge gegen seinen Mittäter auszusagen, wurde er zu einer Haftstrafe von 45 Jahren bis lebenslänglich verurteilt. Er bekam in Aussicht gestellt, daß er bereits im Jahre 2010 vorzeitig aus der Haft entlassen werden könne. Lawrence Bittaker wurde am 17. Februar 1981 vom Schwurgericht zum Tode verurteilt und in das Zuchthaus von St. Quentin gebracht. Polizeilichen Ermittlungen zufolge werden Lawrence Bittaker und Roy Norris verdächtigt, bis zu 40 Morde begangen zu haben. 19 der auf ihren Fotos abgebildeten Mädchenleichen konnten bis heute nicht gefunden werden.

Black Doddler

Mitte der 70er Jahre verunsicherte ein Serienmörder die Homosexuellenszene von San Francisco. Der »Black Doddler« näherte sich seinen Opfern, durchweg Mitgliedern der weißen Mittelschicht, in den einschlägigen Gay-

Bars rund um die Folsom Street, indem er sie auf einem Skizzenblock porträtierte. Sobald er das Interesse der Männer erlangt hatte, engagierte er sie unter dem Vorwand, daß sie ihm für Aktbilder Modell stehen sollten. Sechs Männer gingen auf dieses Angebot ein und wurden zu einem späteren Zeitpunkt durch Stich- und Schnittwunden verstümmelt tot aufgefunden.

Polizeipsychologen charakterisierten den Täter, von dem man lediglich wußte, daß er afroamerikanischer Abstammung war, als einen Mann zwischen 20 und 30 Jahren, der unter einem sogenannten »attraction-repulsion complex« leide, jemand, der mit seiner Homosexualität nicht zurecht komme. Diese Zwiespältigkeit drücke sich dadurch aus, daß der Mörder sich einerseits zu Homosexuellen hingezogen fühle, sie jedoch gleichzeitig verabscheue. Nachdem dieses Profil durch polizeiliche Fahndungsaufrufe bekanntgeworden war, wurde der Serienkiller wegen dieser offensichtlichen Ambivalenz in der Öffentlichkeit »Black Doddler« – Schwarzer Schwenker – genannt. Die polizeilichen Ermittlungen wurden durch den Umstand erschwert, daß zur gleichen Zeit ein weiterer Homosexuellenmörder in San Francisco unterwegs war. Während der »Black Doddler« es auf Opfer aus dem Umfeld der Sado-Maso-Szene abgesehen hatte, ermordete der sogenannte »**San Francisco Gay Killer**« in der gleichen Zeit mehrere Transvestiten. Der »Black Doddler« wurde nie gefaßt.

Bladel, Rudy – »Railway Sniper«

Am 3. August 1963 wurden der Eisenbahningenieur Roy Bottorff und sein Kollege Overstreet, ein Heizer, tot im Führerhaus eines auf dem Indiana Harbour Belt Verladebahnhof abgestellten Güterzuges aufgefunden. Beide

Männer waren erschossen worden. Weder die örtliche Polizei noch das ebenfalls mit dem Fall befaßte FBI waren in der Lage, die Hintergründe des Doppelmords aufzuklären.

Fast genau fünf Jahre später, am 6. August 1968, ereignete sich der Mord an dem Bahningenieur John Marshall. Auch er wurde erschossen. Acht Jahre später wurde auf dem gleichen Verladebahnhof der Lokomotivführer James McCrory – ebenfalls in seiner Lokomotive – mit einem Kopfschuß ermordet. Am Neujahrsabend des Jahres 1978 wartete der Zugabfertiger William Gulak mit seinem Kollegen Robert Blake in seinem Büro auf dem Bahnhof in Jackson auf den Zug nach Detroit, als der »Railway Sniper« erneut zuschlug. Beide Männer wurden aus nächster Nähe mit einer Schrotflinte niedergeschossen. Der Feuerwehrmann Charles Burton, der sich auf dem Bahnsteig vor dem Büro aufhielt, wurde ebenfalls durch eine Schrotladung tödlich getroffen.

Bei der Durchsicht von Unterlagen ehemaliger Angestellter stieß die Polizei auf den Ex-Bahnarbeiter Rudy Bladel. Bladel war 1971 nach einer Anklage wegen Körperverletzung an einem Kollegen inhaftiert und von der Bahngesellschaft entlassen worden. Obwohl sich die Polizei sicher war, daß Rudy Bladel für die Mordserie verantwortlich war, reichten die Hinweise für eine Festnahme nicht aus. Erst als im Frühjahr 1979 eine Gruppe Herumtreiber in einem Park nahe des Verladebahnhofs von Jackson eine halbvergrabene Flinte fanden, wurde Bladel überführt. Die Flinte, die nachweislich Bladel gehörte, war ballistischen Untersuchungen zufolge bei dem dreifachen Mord an Neujahr 1978 benutzt worden.

Bei seinem Prozeß in Kalamazoo/Michigan wurde Rudy Bladel wegen dreifachen Mordes zu drei parallel zu verbüßenden lebenslangen Freiheitsstrafen verurteilt, was ihm nach amerikanischem Gesetz eine vorzeitige Entlassung ermöglicht.

Boden, Wayne Clifford – »Vampire Rapist«

In den Jahren 1968 bis 1971 ereigneten sich in Montreal und Calgary eine Reihe von Sexualmorden, für die Wayne Boden verantwortlich war. Boden wurde als der »Vampire Rapist« bezeichnet, weil er seine Opfer mit Bißwunden in den Brüsten und im Genick entstellte.

Im Juli 1968 wurde die unbekleidete Leiche der 21 Jahre alten Norma Vaillancourt in ihrer Wohnung in Montreal gefunden. Die junge Frau war erwürgt worden, doch nichts in ihrer Wohnung wies darauf hin, daß zuvor ein Kampf stattgefunden hatte. Die Polizei schloß daraus, daß der Mörder ein guter Bekannter der Frau gewesen sein müsse.

Ein Jahr später wurde die 20 Jahre alte Shirley Audette unweit ihres Appartements in Montral ermordet aufgefunden. Sie war vergewaltigt und erdrosselt, ihr Brustbereich mit Bissen verstümmelt worden. Unter ähnlichen Umständen wurde auch die 20jährige Marielle Archambault im November 1969 ermordet. Arbeitskollegen der Frau erinnerten sich daran, daß sie am Abend zuvor von einem gewissen »Bill« abgeholt worden war. Zwar fand die Polizei in der Wohnung des Opfers ein Foto, auf dem die Zeugen den ominösen »Bill« wiedererkannten, doch seine wahre Identität konnte nicht festgestellt werden.

Zwei Monate später, im Januar 1970, wurde die 24jährige Jean Way in Montreal, gezeichnet von den Bissen des »Vampire Rapist«, ermordet aufgefunden. Es dauerte über ein Jahr, bis der Mörder erneut – diesmal in Calgary – zuschlug. Am 18. Mai 1971 wurde die High-School-Lehrerin

Ann Porteous tot in ihrer Wohnung entdeckt, nachdem sie eine Weile dem Unterricht ferngeblieben war. Ihre Leiche wies die gleichen Verletzungen auf wie die anderen Opfer, und auch sie war mit einem jungen Mann namens »Bill« verabredet gewesen.

Lehrerkollegen erzählten der Polizei, daß der junge, gut gekleidete Mann sie mit einem blauen Mercedes abgeholt habe. Da blaue Pkws der Marke Mercedes in Kanada nicht so häufig anzutreffen waren wie in Europa, fiel der Polizei der in der Nähe von Ann Porteous' Wohnung abgestellte blaue Mercedes sofort auf. Er gehörte dem 24jährigen Wayne Clifford Boden, dem Mann, der sich als »Bill« ausgegeben hatte und auch auf dem bereits 1969 gefundenen Foto zu sehen war.

Boden stritt alles ab. Als er Ann Porteous' Wohnung verlassen habe, sei sie noch am Leben gewesen. Diese Behauptung hielt Boden selbst dann noch aufrecht, als er vor dem Alberta Supreme Court von einem forensischen Odontologen anhand der Bißspuren einwandfrei als Mörder überführt werden konnte.

Ende 1972 wurde Wayne Boden zu einer lebenslänglichen Freiheitsstrafe verurteilt. In einem späteren Prozeß in Montreal wurde er für die Morde an Shirley Audette, Marielle Archambault und dem an Jean Way zu drei weiteren lebenslänglichen Haftstrafen verurteilt. Der Mord an Norma Vaillancourt wurde nie zur Anklage gebracht.

Bonin, William G. – »Freeway Killer«

Der am 8. Januar 1947 geborene William G. Bonin ermordete zwischen 1978 und 1980 mindestens 14 Knaben und junge Männer im Alter von zwölf bis 19 Jahren. Weil der homosexuelle Lastwagenfahrer und Vietnam-Veteran die

Leichen der Mordopfer stets am Rande der südkalifornischen Überlandstraßen ablud, wurde er bald »Freeway Killer« genannt. Alle jungen Männer waren vergewaltigt, gefoltert und anschließend mit ihrem T-Shirt erdrosselt worden.

William Bonin war in einem zerrütteten Elternhaus aufgewachsen. Von seinem Vater, einem gewalttätigen Alkoholiker, wurde er als Kind sexuell mißbraucht und von seiner Mutter auf die Straße gesetzt. Schließlich landete er in einem Heim für schwer erziehbare Kinder und Jugendliche, wo er seine ersten homosexuellen Kontakte mit Gleichaltrigen hatte.

Mitte der 60er Jahre ging er nach Vietnam. Als er 1969 hochdekoriert aus der Army entlassen wurde, zog er zu seiner Mutter Alice ins kalifornische Downey und begann minderjährige Jungen mit zu sich nach Hause zu nehmen. Als er 1974 einem 14jährigen nach einer Party anbot, ihn nach Hause zu fahren, brachte er den Jungen statt dessen an einen abgelegenen Platz und vergewaltigte ihn. Dafür wurde Bonin zu einer Strafe von einem bis 15 Jahren verurteilt. Als er nach vier Jahren wieder entlassen wurde, nahm er sich vor, nie wieder ins Gefängnis zu kommen – für ihn bedeutete das, keinen potentiellen Zeugen mehr am Leben zu lassen.

Zwischen 1979 und 1980 beging er fast alle zwei Wochen einen Mord. Am 11. Juni 1980 wurde Bonin auf frischer Tat ertappt, als er im Begriff war, einen Tramper in seinem Auto zu vergewaltigen. Die Polizei hatte ihn bereits mit den Freeway-Morden in Verbindung gebracht, nachdem sie die Akten homosexueller Vergewaltiger überprüft hatte. Um Zeit zu gewinnen, nahmen ihn die Beamten zunächst wegen »Sodomie« fest. Auf Grund der zwingenden Indizien gestand er bei den Verhören schließlich, der »Freeway Killer« zu sein. Er räumte ein, bei den letzten fünf Morden einen Komplizen namens Vernon Butts gehabt zu haben. Butts wurde daraufhin festgenommen und erhängte sich nach seiner Verhaftung.

William Bonin wurde am 5. Januar 1982 wegen der Vergewaltigung und Ermordung von zehn jungen Männern angeklagt und schließlich zum Tode verurteilt. Tatsächlich hat Bonin jedoch 14, möglicherweise 21 Männer und Jugendliche getötet.

»Sie glauben, daß mit meinem Tod die Sache erledigt ist. Aber das ist nicht der Fall. Sie werden es schon noch merken«, teilte Bonin den Familien seiner Opfer kurz vor seiner Hinrichtung in einem Rundfunk-Interview mit. Am Freitag, den 23. Februar 1996, wurde das Urteil gegen den 49jährigen »Freeway Killer« vollstreckt. Um 12.00 Uhr wurde William Bonin im Staatsgefängnis von San Quentin zur Hinrichtungsstätte geführt, wo ihm die Kanülen für die tödliche Infusion gelegt wurden. Er war der erste Häftling, der in Kalifornien auf diese Art und Weise exekutiert wurde.

»Boston Strangler« siehe De Salvo, Albert

Braun, Thomas Eugene und Maine, Leonhard

Am 19. August 1967 stoppten die beiden Teenager Thomas Braun und sein Komplize Leonhard Maine in der Nähe von Redmond/Washington den Wagen von Deanna Buse. Nachdem die beiden Halbwüchsigen der jungen Frau signalisiert hatten, daß irgend etwas mit den Reifen an ihrem Fahrzeug nicht in Ordnung sei, stieg sie aus, um nach dem Rechten zu sehen. Sofort zog Braun eine Pistole und befahl der Frau, ihm in ein Gebüsch am Straßenrand zu folgen, wo sie sich ausziehen mußte. Kaum war sie nackt, schoß er ihr mit dem Revolver fünfmal in den Kopf. Braun und Maine flüchteten mit dem Wagen der Ermordeten nach Oregon, wo sie wenige Tage später den Fischer Samuel Legerwood erschossen. Danach fuhren sie weiter nach Kalifornien, wo sie auf der Route 120 dem Studenten Timothy Luce begegneten, der mit seiner Freundin Susan Bartholomei per Anhalter unterwegs war. Sie boten den Trampern eine Mitfahrgelegenheit an. Nach wenigen Kilometern erschossen sie den Mann und vergewaltigten seine Freundin, bevor sie auch sie niederschossen und sie auf der Straße liegenließen. Doch Susan Bartholomei überlebte und konnte bei der Polizei eine genaue Fahrzeug- und Täterbeschreibung zu Protokoll geben.

Wenige Tage später entdeckte ein Streifenpolizist den gesuchten Wagen vor einem Hotel in Jamestown. Die beiden Mörder wurden kurz darauf gestellt und festgenommen. Thomas Braun wurde wegen dreifachen Mordes und Mordversuchs zum Tode verurteilt, sein Mittäter Leonhard Maine bekam eine lebenslängliche Haftstrafe. Ob das Todesurteil gegen Braun vollstreckt wurde, ist nicht bekannt, da der Supreme Court die Hinrichtung mehrfach ausgesetzt hatte.

Breeden, Gregory

Seit den 70er Jahren gelten in der Gegend von Kansas City rund 80 Frauen aus dem Rotlicht- und Straßenstrichmilieu als vermißt. Ein Teil von ihnen ist möglicherweise Gregory Breeden zum Opfer gefallen, der im Verdacht steht, mindestens acht Prostituierte ermordet zu haben. Zumindest wegen zwei Morden wurde er bereits in Missouri vor Gericht gestellt und abgeurteilt, nachdem er die Verbrechen gestanden hatte. Sechs Mordopfer, die man ihm darüber hinaus anlastet, wiesen eindeutige Gemeinsamkeiten auf: Sie waren alle drogenabhängig, schafften auf der Independence Avenue der Millionenmetropole an und wurden alle zwischen 1982 und 1994 aus dem Missouri geborgen, der durch die Stadt verläuft. Den Leichen waren zuvor die Beine abgetrennt worden und verschiedene Körperteile der Frauen, die mit chirurgischer Präzision entfernt worden waren, wurden an den Uferböschungen des Flußes gefunden. Ob Gregory Breeden tatsächlich der Mörder aller sechs Frauen ist, konnte bislang nicht eindeutig geklärt werden. Im Gefängnis hatte der wegen Scheckbetrugs zu 14 Jahren verurteilte Breeden einem Mitgefangenen gegenüber zugegeben, die acht Sexualmorde an Prostituierten begangen zu haben.

Die Polizei geht davon aus, daß die Gegend möglicherweise von einem weiteren Serienkiller heimgesucht wird.

Briggen, Joseph

»Es ist alles eine Frage der Ernährung«, brüstete sich Joseph Briggen, Besitzer mehrfach prämierter Berkshireschweine, als man ihn nach dem Geheimnis der wohlgenährten Säue befragte. Mehrmals hatte der Farmer aus Kalifornien auf Auktionen den »Blue Ribbon«-Preis für die schönsten Schweine erhalten.

Daß Briggen, der außerhalb von Sacramento in der Sierra Morena eine Ranch betrieb, seine Hilfsarbeiter zerstückelte und sie nach und nach an die Tiere verfüttert hatte, ahnte zu dem Zeitpunkt niemand. Der Farmer war der Überzeugung, daß Menschenfleisch den Tieren am besten bekomme. Seine Opfer waren Jungen und Männer, Herumtreiber, die der eifrige Bauer aus San Francisco mit der Aussicht auf eine Arbeit zu sich auf die Farm geholt hatte. Arbeiten durften sie zunächst auch, doch wenn die Männer ihren Lohn forderten, wurden sie von ihm aus dem Weg geräumt. Nachbarn und Bekannten gegenüber beschwerte er sich über die Unzuverlässigkeit der Burschen, die bereits nach kurzer Zeit wieder »auf und davon« seien. Zeugen gab es nicht, denn schließlich konnte er sich stets nur einen einzigen Arbeiter leisten, den er in aller Ruhe im Schweinestall seines Hauses verschwinden ließ.

Anfang 1902 kam die Wahrheit über sein Treiben ans Licht. Ein Jugendlicher, den Briggen erst kürzlich eingestellt hatte, fand unter seinem Bett zwei Menschenfinger und meldete daraufhin den obskuren Fund der Polizei. Als die Polizisten das Gelände des Farmers in Augenschein nahmen, fanden sie im Schweinestell zahlreiche Menschenknochen und vergrabene Gebeine, die von mindestens zwölf Personen stammten.

Joseph Briggen wurde im Sommer 1902 in Sacramento vor Gericht gestellt und im August zu einer lebenslänglichen Freiheitsstrafe verurteilt.

Britt, Eugene

Der überführte Serienmörder und Vergewaltiger Eugene Britt aus Gary im Bundesstaat Indiana wurde des Kindesmißbrauchs und der Ermordung der acht Jahre alten Sarah Lynn Paulsen beschuldigt.

Der 38jährige gestand am 7. November 1995 in einer mehrstündigen Vernehmung nicht nur den ihm angelasteten Mord an dem Kind, sondern darüber hinaus zehn weitere Morde. Britt konnte den Polizeibeamten genau erklären, wo sie die Leichen finden würden. Nachdem er vergeblich versucht hatte, sich umzubringen, hatte der

Triebtäter verlangt, mit einem Pastor sprechen zu dürfen. Als ihm die Polizeibeamten den Wunsch gewährten, legte er ein Geständnis ab.

Einer Presseerklärung der Polizei von Indiana zufolge haben die Strafverfolgungsbehörden mit Unterstützung durch Truppen der Nationalgarde bislang acht der insgesamt zehn Leichen entdeckt.

Der Mörder war erst im Herbst 1993 nach 15 Jahren aus einer Strafanstalt vorzeitig entlassen worden, wo er eine insgesamt 30jährige Haftstrafe wegen Vergewaltigung verbüßen sollte. Über eine neuerliche Verurteilung ist bislang noch nichts bekannt.

Brown, Debra Denise **siehe Coleman, Alton**

Brudos, Jerome Henry – »Lust Killer«

Als Fünfjähriger fand der 1939 in South Dakota geborene Jerome (»Jerry«) Brudos auf einer Müllhalde ein Paar Damenschuhe und nahm sie mit nach Hause. Seine Mutter war entsetzt und verbot ihm das neue Spielzeug. Das Verbot bewirkte lediglich, daß fremde Schuhe den Jungen nun erst recht faszinierten und seine Entwicklung zum Schuh- und Fußfetischisten begünstigten. Im Laufe der Jahre legte er sich eine ganze Kollektion getragener Frauenschuhe zu.

Bereits im Alter von 13 Jahren zwang Brudos jüngere Mitschülerinnen, mit ihm in die elterliche Scheune zu gehen, wo sie sich ausziehen und nackt fotografieren lassen mußten. 1956 wurde er zum ersten Mal wegen sexueller Nötigung festgenommen und in die psychiatrische Abteilung des State Hospitals von Salem eingewiesen, wo Brudos nach neunmonatiger Therapie als geheilt entlassen wurde. Nach der High School trat Brudos in den Militärdienst ein, doch wegen psychischer Probleme mußte er die Army vorzeitig verlassen. Er begann eine Ausbildung als Elektromechaniker, heiratete und bekam mit seiner Frau Ralphene zwei Kinder. Während Brudos tagsüber ein bürgerliches Leben führte, brach er nachts in fremde Häuser ein und stahl Schuhe und Damenwäsche.

Am 26. Januar 1968 tötete Jerry Brudos zum ersten Mal. Bei dem Opfer handelte es sich um die 19jährige Linda Slawson. Die junge Frau, die ihren Lebensunterhalt mit dem Verkauf von Lexika bestritt, hatte sich in der Tür geirrt. Der über zwei Zentner schwere Brudos erschlug sie, zog ihr verschiedene Wäschestücke an und hackte der Leiche den linken Fuß ab. Den Fuß steckte er in einen hochhackigen Schuh und verstaute ihn in der Tiefkühltruhe, um ihn zu konservieren. Danach versenkte er die Leiche im nahegelegenen Fluß.

Im November 1968, zehn Monate nach dem Mord an Linda Slawson, erwürgte er die 23jährige Anhalterin Jan Whitney, die er auf dem Highway mitgenommen hatte. In seiner Garage in Portland fotografierte und mißbrauchte er die Leiche, schnitt ihr die rechte Brust ab und fertigte davon einen Kunststoffabdruck an.

Ähnlich erging es der 19 Jahre alten Karen Spinker, die Brudos im März 1969 ebenfalls postmortem mißbrauchte. Die Zeiträume zwischen den Morden wurden immer kürzer, und bereits einen Monat später, am 23. April 1969, lockte er die 22jährige Linda Salee in seine Garage. Brudos hatte die junge Frau in einem Supermarkt beim Ladendiebstahl ertappt, sich als Kaufhausdetektiv ausgegeben und sie gezwungen ihm zu folgen. Nachdem er sie vergewaltigt und erwürgt hatte, hängte er ihre Leiche an einen Haken, zog ihr Wäschestücke an und setzte sie unter Strom, um die Reaktion des Körpers zu beobachten.

Nach dem unerklärlichen Verschwinden der jungen Frauen begann die Polizei von Portland mehrere Studentinnen der Oregon State Universität zu befragen, ob ihnen auf dem Campus ein Mann aufgefallen war, der häufig Frauen ansprach. Als einige Frauen das bestätigten, ließ man fortan das Universitätsgelände observieren. Jerry Brudos wurde am 25. Mai 1969 festgenommen, nachdem er auf dem Campus erschienen war, um eine Studentin zu treffen, mit der er sich verabredet hatte. Beim Verhör gestand der 28jährige die Morde, die er unter einem unkontrollierbaren Zwang begangen habe. Die forensischen Psychiater bescheinigten ihm zwar erhebliche Persönlichkeitsdefizite, vertraten jedoch die Auffassung, daß Brudos durchaus in der Lage gewesen sei, die Strafbarkeit seiner Handlungen einzusehen. Jerry Brudos wurde wegen vierfachen Mordes angeklagt und zu einer lebenslangen Haftstrafe verurteilt, die er derzeit im Oregon State Penitentiary verbüßt.

BTK Strangler

Die Ermordung der vierköpfigen Familie Otero Anfang 1974 war der Auftakt zu einer Reihe von Morden im US-Staat Kansas, die dem nie gefassten »BTK Strangler« zugeordnet werden.

Joseph Otero, seine Frau Julie, ihr neun Jahre alter Sohn sowie ihre elfjährige Tochter waren am 15. Januar 1974 ermordet in ihrer Wohnung in der Stadt Wichita aufgefunden worden. Die Opfer waren von ihrem Mörder in fachmännischer Weise geknebelt und gefesselt worden, bevor er sie erwürgt hatte. Das ließ vermuten, daß sie nicht die ersten Opfer des unbekannten Killers gewesen waren und möglicherweise nicht die letzten sein würden.

Im Oktober veröffentlichte eine örtliche Tageszeitung ein Bekennerschreiben des mutmaßlichen Mörders: »...Ich kann es nicht aufhalten, das Monster in mir macht weiter und fügt mir und der Gesellschaft Schmerzen zu...« Doch danach wurde es still um den gesuchten Killer, bis er schließlich nach fast dreijähriger Pause im März 1977 erneut in Erscheinung trat. Bei seinem Opfer war er ähnlich vorgegangen wie bei der Familie Otero: Shirley Vian war geknebelt, gefesselt und anschließend erdrosselt worden. Doch diesmal hatte der Mörder die Kinder der Frau am Leben gelassen.

Im Dezember erhielt die Polizei einen anonymen Anruf. Die männliche Stimme am anderen Ende der Leitung erzählte den Beamten, daß er einen Mord begangen habe. Die Leiche der toten Nancy Jo Fox befinde sich im Schlafzimmer ihrer Wohnung. Als die Polizei der Sache nachging und sich Zutritt zur besagten Wohnung verschaffte, fanden sie die Frau erwürgt vor.

Der unbekannte Mörder, der es offensichtlich genoß, im Rampenlicht der Öffentlichkeit zu stehen und nach eigenen Angaben ein Bewunderer von »Son of Sam«, dem Serienkiller **David Berkowitz,** war, schrieb einen weiteren Bekennerbrief an die örtliche Fernsehstation, in dem er sich als Mörder der Familie Otero, Shirley Vians sowie von Nancy Fox ausgab. Unterzeichnet war der Brief mit dem Kürzel »BTK«, der Abkürzung für Bind, Torture, Kill – Fesseln, Quälen und Morden. Der »BTK-Strangler« wurde nie gefaßt.

Bundy, Carol siehe Clark, Douglas Daniel

Bundy, Theodore Robert

Ted Bundy wurde am 24. November 1946 als Sohn der 22 Jahre alten Eleanor Louise Cowell in Burlington/Vermont in einem Heim für unverheiratete Mütter als Theodore Robert Cowell geboren. Seinen Vater, einen Air Force-Veteranen, sollte er nie kennenlernen. Seine Mutter, die dem Knaben einredete, sie sei seine Schwester, heiratete den Armeekoch Johnnie Culpepper Bundy und zog zu ihm nach Tacoma in Washington. In der Schule galt Ted Bundy als extrem schüchternes Kind. Bereits in der High School entwickelte er großes Interesse an der Politik. 1965 schloß er die High School mit Erfolg ab und kam schließlich an die renommierte University of Washington, wo er Chinesisch studierte.

Die entscheidende Wende in Bundys Leben trat ein, als sich der mittlerweile 19jährige in Stephanie Brooks verliebte, die aus einer reichen kalifornischen Familie stammte. Sie war seine erste große Liebe, und mit ihr teilte er auch seine ersten sexuellen Erfahrungen. Nachdem er 1968 das Hochschulstudium absolviert hatte, beendete Stephanie Brooks die Beziehung und kehrte zurück nach Kalifornien. Etwa zur gleichen Zeit erfuhr er, daß seine vermeintliche Schwester Louise seine Mutter und er zeit seines Lebens belogen worden war. Für Bundy brach eine Welt zusammen. Aus dem schüchternen und zurückhaltenden Mann wurde ein dominanter, exaltierter Charakter. Er nahm das Studium an der Uni wieder auf und belegte Psychologie als Hauptfach. In dieser Zeit begann er eine Beziehung mit der Sekretärin Meg Anders, bewarb sich an verschiedenen Rechtsfakultäten und engagierte sich 1973 bei einer Kampagne für die Wiederwahl des Gouverneurs von Washington. Gleichzeitig begann er seine Mordserie, die über mehrere Jahre die Polizei verschiedener Bundesstaaten in Atem halten sollte. Am 6. Dezember 1973 fanden Studenten die Leiche der 15 Jahre alten Kathy Devine im Washingtoner McKenny Park. Das Mädchen war am 25. November von zu Hause ausgerissen und wollte Freunden zufolge nach Oregon trampen. Dabei mußte sie ihrem Mörder begegnet sein, der sie sodomiert, stranguliert und ihr die Kehle durchgeschnitten hatte. Knapp einen Monat später wurde die Studentin Joni Lenz ähnlich grausam attackiert, überlebte den Angriff jedoch mit schwersten psychischen und körperlichen Schäden. Ende Januar 1974 verschwand die 21jährige Lynda Ann Healy unter ungeklärten Umständen, und die Polizei fand lediglich ein blutgetränktes Bett und einen Schlafanzug mit Blutspuren am Halsausschnitt. Die Frau selbst blieb verschwunden.

Im darauffolgenden Frühjahr und Sommer verschwanden sieben weitere Studentinnen in den Staaten Utah, Oregon und Washington. Die augenfälligen Gemeinsamkeiten: Alle waren weiß, schlank, alleine unterwegs, trugen zur Zeit ihres Verschwindens kurze Sporthosen und – was noch auffälliger war – in der Mitte gescheiteltes, dunkles Haar. Als immer häufiger Frauen und Mädchen vermißt gemeldet wurden, setzten sich die Polizeibehörden von Utah, Washington und Oregon miteinander in Verbindung und kamen zu dem Schluß, daß es sich bei sämtlichen Mordfällen um den gleichen Täter handeln müsse. Bald lagen der Polizei mindestens fünf Hinweise vor, die auf Bundy als möglichen Tatverdächtigen hindeuteten, ohne daß die Behörden der Spur nachgehen konnten, weil sie regelrecht mit Tips und Hinweisen überschüttet wurden.

Unterdessen wurde Bundy immer dreister: Im November 1974 sprach er in einem Buchladen in Utah die 18jährige Carol DaRonch an, gab sich als Polizeibeamter aus und versuchte sie zu entführen. Es gelang ihr jedoch zu entkommen. Anfang 1975 schlug er in Colorado zu. Praktisch unter den Augen ihres Verlobten, der in der Hotelhalle wartete, kidnappte er Caryn Campbell, eine Krankenschwester und Mutter zweier Kinder, und ermordete sie unweit des Hotels. In kurzer Zeit wurden in Colorado fünf weitere Frauenleichen entdeckt.

Am 16. August 1975 fiel dem Polizisten Bob Hayward, der mit seinem Wagen in einem Außenbezirk von Salt Lake City Streife fuhr, ein VW-Käfer auf. Als er sich das Fahrzeug näher ansehen wollte, gab der Fahrer Vollgas und versuchte zu entkommen. Nachdem er den Wagen schließlich eingeholt und zum Anhalten gebracht hatte, ließ er sich die Papiere des Fahrers zeigen. Es handelte sich um Theodore Robert Bundy. Bei einer Inspektion des Wagens entdeckte der Sergeant ein Brecheisen, eine Ski-Maske, Handschellen, Stricke und einen Eispickel. Da er glaubte, es mit einem professionellen Einbrecher zu tun zu haben, nahm er ihn vorläufig fest. Auf der Polizeiwache erinnerte man sich an den Fall der versuchten Entführung von Carol DaRonch, bei der ein VW-Käfer und Handschellen der gleichen Marke eine Rolle gespielt hatten. Bei einer Gegenüberstellung identifizierte sie Bundy als den Mann, der sie damals entführen wollte. Nun verdichteten sich die Indizien gegen Bundy, der hartnäckig seine Unschuld beteuerte. Weder die Polizei noch die Justiz hatten irgendwelche Zweifel, daß er der gesuchte Serienmörder war. Nur juristisch einwandfrei beweisen konnten sie es nicht. Am 23. Februar 1976 wurde Bundy in Salt Lake City wegen des Kidnappings von Carol DaRonch zu 50 Jahren Zuchthaus verurteilt.

Während er im Staatsgefängnis von Utah seine Strafe verbüßte, versuchten die Polizei und das FBI ihm zunächst die Morde an Caryn Campbell und Melissa Smith nachzuweisen. Anhand eines in seinem Wagen gefundenen Haares konnte ihm schließlich der Mord an Caryn Campbell nachgewiesen werden. Im April 1977 wurde er ins Garfield County Jail nach Colorado überstellt. Am 7. Juni 1977 floh Bundy durch ein offenes Fenster aus der Bibliothek von Aspen, wo er sich auf seinen Prozeß vorbereiten durfte. Bereits sechs Tage nach seiner Flucht wurde er von der Polizei festgenommen, als er versuchte, mit einem gestohlenen Wagen die Stadt zu verlassen.

Am 30. Dezember gelang ihm erneut die Flucht aus dem Garfield County Jail. Zunächst hielt er sich eine Weile in Chicago versteckt, bis er sich Mitte Januar 1978 nach Tallahassee in Florida absetzte. Dort wohnte er unter dem Namen Chris Hagen in einem komfortablen Appartement nahe dem Campus der University of Florida. Seinen Lebensunterhalt bestritt Bundy mit dem Diebstahl von Kreditkarten. In der Nacht zum 15. Januar 1978 drang er in die Unterkunft der Studentinnen, das Chi Omega House auf dem Campus der Florida State University ein, wo er die Studentin Karen Chandler überfiel und schwer verletzte. Anschließend ermordete er Lisa Levy, die er notzüchtigte, würgte und mit einem schweren Gegenstand erschlug. Ein paar Zimmer weiter tötete er schließlich Margaret Bowman, die er vergewaltigte und danach mit ihrer Kleidung strangulierte.

Seinen wahrscheinlich letzten Mord beging er an der zwölfjährigen Kimberly Leach am 9. Februar 1978. Als er sich einige Tage später an die 14 Jahre alte Leslie Parmenter heranmachte und vorgab ein Feuerwehrmann zu sein, wurde das Mädchen mißtrauisch und notierte sich das Kennzeichen des Wagens. Dadurch konnte Ted Bundy schließlich am 15. Februar 1978 festgenommen werden.

In einem spektakulären Prozeß vor dem Miami High

Court wurde er wegen Mordes schuldig gesprochen und zum Tode verurteilt. Ein Gebißabdruck, den er auf den Gesäßbacken der von ihm im Chi Omega Studentinnenheim ermordeten Lisa Levy hinterlassen hatte, erwies sich als das Hauptindiz, das zu seiner Verurteilung führte. Bundy stritt bis kurz vor seiner Hinrichtung am 24. Januar 1989 ab, jemals einen Mord begangen zu haben.

Über zehn Jahre lang war es ihm gelungen, durch das amerikanische Appellationssystem seiner Hinrichtung zu entgehen. Zwei Tage vor seiner Exekution auf dem elektrischen Stuhl gab er in einem Rundfunkinterview einige der ihm zur Last gelegten Morde zu, weil er hoffte, damit einen Aufschub zu erwirken. Die Polizei und das FBI gehen davon aus, daß Ted Bundy 53 Morde begangen hat.

Buono, Angelo siehe Bianchi, Kenneth Alessio
Butcher of Kingsbury Run siehe Cleveland Torso Killer

Butler, Eugene

Eugene Butler galt unter seinen Nachbarn als ein etwas merkwürdiger und verrückter Einsiedler, der zu niemandem Kontakt hatte und außerhalb der in North Dakota gelegenen Kleinstadt Niagara zurückgezogen auf seiner Farm lebte. Die letzten sieben Jahre seines Lebens verbrachte der Paranoiker jedoch in einer Irrenanstalt, die er nicht mehr verlassen sollte. Er starb dort im Jahre 1913 als einsamer, kranker Mann.

Erst zwei Jahre später erfuhr die Öffentlichkeit vom wahren Treiben des bereits in Vergessenheit geratenen Butler: Bei Bauarbeiten wurden in einem verborgenen Versteck unterhalb seines Hauses, hinter einer Falltür, die Skelette von sechs Personen entdeckt. Die Identität der Opfer konnte nie geklärt werden. Man fand jedoch heraus, daß sie zum Zeitpunkt ihres Todes im Alter zwischen 15 und 18 Jahren gewesen sein mußten und vermutlich von Butler zuvor als Farmhelfer angestellt worden waren. Alle hatten die gleichen Verletzungen: Die Schädel der Jugendlichen wiesen schwere Frakturen auf, die durch heftige Schläge mit einem schweren Gegenstand auf den Hinterkopf verursacht worden waren.

Die seinerzeit zuständigen Ermittlungsbehörden sahen sich außer Stande, eine rationale Erklärung zu geben, weshalb Eugene Butler die Jungen getötet hatte. Zwar war seine geistige Verfassung bekannt, doch Mord hätte dem Alten keiner zugetraut. Schließlich kam man zu der Überzeugung, daß Butler sich wahrscheinlich eingebildet hatte, die Jugendlichen hätten ihn bestehlen wollen, und er sie aus diesem Grund umgebracht hat. Eine eventuelle sexuelle Motivation wurde nicht in Erwägung gezogen, weil die moralischen Vorstellungen der damaligen Ermittler einen homosexuellen Hintergrund, wie zum Beispiel bei **Juan Corona** oder **Jeffrey Dahmer,** von vorherein ausschlossen.

»Candyman« siehe Corll, Dean Allen
»Cannibal of Milwaukee« siehe Dahmer, Jeffrey Lionel

Caputo, Ricardo – »Lady Killer«

Der aus Argentinien stammende Südamerikaner Ricardo Caputo tötete in einem Zeitraum von zwei Jahrzehnten mindestens vier Frauen. Die Zahl der tatsächlich von ihm begangenen Morde liegt vermutlich weitaus höher. Der leidenschaftliche Maler, der sich seinen Lebensunterhalt mit diversen Jobs finanzierte, wurde am 9. März 1994 verhaftet. Die Verbrechen hatten sich sowohl in New York als auch Los Angeles, San Francisco, aber auch in Mexiko City ereignet.

Bereits Anfang der 70er Jahre war der später als »Lady Killer« in der Öffentlichkeit bekanntgewordene Mann wegen Mordes an einer jungen New Yorkerin, die er kaltblütig niedergestochen hatte, überführt und in eine psychiatrische Anstalt eingewiesen worden. Doch Ricardo Caputo fühlte sich nicht dazu berufen, sein Leben in einer Anstalt zu verbringen. Fatalerweise gelang ihm die Flucht, was aller Voraussicht nach drei weiteren Frauen das Leben kostete, darunter die Kellnerin Devan Green. Sie wurde 1981 in Los Angeles ermordet aufgefunden. Wie die Ermittler des LAPD herausfanden, war Caputo genau zu dieser Zeit unter dem Aliasnamen Robert Martin in dem Restaurant als Küchengehilfe angestellt, in dem auch Devan Green beschäftigt gewesen war. Obwohl die näheren Umstände der Tatbegehung deutlich auf den »Lady Killer« Caputo hinwiesen, konnte ihm dieser Mord bislang nicht nachgewiesen werden. Derzeit sitzt Ricardo Caputo im Staatsgefängnis von San Quentin und wartet auf die Vollstreckung seines Todesurteils.

Carignan, Harvey Louis – »Want-ad Killer«

Es gehört zu den Eigentümlichkeiten des amerikanischen Rechtssystems, daß die Justiz einen überführten Mörder wieder laufen lassen muß, wenn seine Verhaftung nicht vorschriftsmäßig durchgeführt worden ist. Davon profitierte auch der Veteran der US-Army, Harvey Carignan, der bereits 1950 in Alaska gehenkt werden sollte, weil er ein Jahr zuvor eine Frau namens Laura Showalter vergewaltigt und anschließend mit einem Hammer erschlagen hatte. Da ihn der Polizist bei seiner Verhaftung nicht über seine Rechte informiert hatte, konnte der überführte Mörder nicht wegen Mordes verurteilt werden, sondern kam mit neun Jahren Haft wegen Vergewaltigung davon.

Der fast zwei Meter große Carignan wurde erst 1975 erneut festgenommen und zu 150 Jahren Gefängnis verurteilt, nachdem er mindestens fünf Frauen und Mädchen vergewaltigt und mit Hammerschlägen getötet hatte, darunter die im Mai 1973 in Seattle ermordete 15jährige Kathy Sue Miller, deren Leiche am 3. Juni des gleichen Jahres in Everett gefunden worden war. Im Jahr zuvor hatte Carignan in British Columbia die Kanadierin Laura Brock vergewaltigt und getötet. Im September 1973 vergewaltigte und ermordete er darüber hinaus ein 13jähriges Mädchen sowie eine 18jährige Anhalterin. Opfer, die Angriffe Carignans überlebt hatten, berichteten, daß er ihnen einen Hammerstiel in die Vagina gerammt hatte und sie mit dem Gegenstand vergewaltigt habe. Wahrscheinlich gehen mehr als 18 Morde auf das Konto von Carignan. Im Zuge der Ermittlungen entdeckte die Polizei nach seiner Verhaftung unter seinen Habseligkeiten Landkarten, auf denen er mehr als 180 Stellen rot eingekreist hatte. An allen markierten Orten waren Frauen spurlos verschwunden oder ermordet worden.

Carpenter, David – »Trailside Killer«

Im Jahre 1979 machte ein Serienkiller die Wanderwege in der Bucht von San Francisco unsicher, der binnen weniger Monate im Mount Tamalpais State Park sieben Frauen und einen Mann auf heimtückische Weise umbrachte. Die Toten waren kniend, teils nackt und mit dem Gesicht zum Boden aufgefunden worden. Da es dem S. F. Police Department nicht gelang den Täter zu stellen, wurde 1980 der FBI-Experte John Douglas als Profiler zu dem Fall hinzugezogen. Aus der Methode wie die Morde ausgeführt worden waren – meist blitzartig aus dem Hinterhalt –, sowie an der Art, wie die Leichen am Tatort zurückgelassen wurden, schloß Douglas, daß es sich bei dem Mörder um eine Person mit besonders geringem Selbstwertgefühl handelte. Der FBI-Spezialist riet den Polizisten, nach jemandem Ausschau zu halten, der in irgendeiner Weise körperlich gehandikapt sei oder einen Sprachfehler habe.

Am 1. Mai 1981 konnte die Polizei den »Trailside Killer« verhaften. David Carpenter, der tatsächlich einen schweren Sprachfehler aufwies, hatte bereits 1970 für Schlagzeilen gesorgt. Damals hatte der Vorbestrafte an einem spektakulären Gefängnisausbruch in Cleveland teilgenommen. Später verdächtigte ihn die Polizei, der berüchtigte »**Zodiac Killer**«, ein bis heute nicht gefaßter Serienmörder, zu sein. Allerdings mußte diese Anschuldigung aufgrund zahlreicher Unstimmigkeiten wieder fallengelassen werden. David Carpenter wurde wegen zwei der ihm zur Last gelegten Morde schuldig gesprochen und zum Tode verurteilt.

»Casanova Killer« siehe Knowles, Paul John

Cassimiro, André Luiz – »Würger von Juiz de Fora«

In weniger als einem Jahr ermordete ein brutaler Sexualmörder, der »Würger von Juiz de Fora«, fünf alleinstehende Frauen im Alter von 58 bis 77 Jahren in der brasilianischen Stadt Juiz de Fora im Bundesstaat Minas Gerais. Sein erstes Opfer, die 76jährige Zilda Araujo Barbuth, starb am 19. Juni 1995. Der Würger war in ihre Wohnung eingedrungen, hatte die Frau geknebelt, mit Stromkabeln an das Bett gefesselt und vergewaltigt. Anschließend erdrosselte er die Greisin mit einem Kabelende und bedeckte ihren Körper mit einer Decke. Bevor er das Haus verließ, plünderte er die wenigen Habseligkeiten der Toten und verschwand, ohne eine Spur zu hinterlassen – eine Vorgehensweise, die der unbekannte Täter in den folgenden elf Monaten bis zu seinem letzten Opfer, der 74 Jahre alten Witwe Celia Nicolini de Farías, beibehielt.

Die Polizei kam dem Frauenmörder erst auf die Spur, nachdem sie einen Hinweis aus der Bevölkerung erhalten hatte: Eine Frau berichtete, daß der Bruder ihrer Freundin mit mindestens einem der Mordopfer in Kontakt gestanden habe und Postkarten des Opfers in seinem Zimmer versteckt hielt. Daraufhin wurde der 31jährige André Luiz Cassimiro am 29. Mai 1996 festgenommen. Cassimiro, der gerade eine knapp zwölfjährige Haftstrafe wegen zahlreicher Diebstahldelikte verbüßt hatte, hatte seinen ersten Mord bereits am ersten Tag seines Hafturlaubs begangen. Anfangs bestritt der 31jährige, die Morde begangen zu haben, doch nachdem er sich zunehmend in Widersprüche verwickelte, war er geständig. Er behauptete, unter Drogeneinfluß gestanden zu haben, und daß er die Frauen anfangs nur berauben wollte, doch in einem plötzlichen Anflug von Haß alle erwürgt habe. Über die Verurteilung André Cassimiros ist derzeit noch nichts bekannt.

Catoe, Jarvis

Am 6. August 1941 wurde die 26 Jahre alte Evelyn Anderson ermordet in der Jerome Avenue im New Yorker Stadtteil Bronx aufgefunden. Ihr Mörder hatte sie derartig heftig gewürgt, daß seine Fingernägel tiefe Wunden in ihrer Kehle hinterlassen hatten. Die Frau war nicht vergewaltigt worden. Einige Tage nach ihrem Tod wurde ihre Armbanduhr

AB HIER

von einem Mann namens Charles Woolfolk in einem Pfandhaus versetzt. Dadurch ins Visier polizeilicher Ermittlungen gerückt, schwor Woolfolk, daß er die Armbanduhr von Hazel Johnson, einer Bekannten, erhalten habe. Diese gab wiederum an, daß sie das Beweisstück von ihrem in Washington lebenden Freund Jarvis Catoe geschenkt bekommen habe.

Daraufhin wurde der 36jährige Afroamerikaner Catoe wegen Mordverdachts festgenommen. Bereits nach wenigen Tagen wurde ihm die Aussichtslosigkeit seiner Lage bewußt, und er gestand sieben Frauenmorde, die er in Washington und New York begangen hatte, sowie vier Vergewaltigungen. Anfang September gestand er einen weiteren Mord, den er in Britisch Columbia begangen hatte, und sagte den Ermittlungsbeamten auch, wo sich die vermißten Gegenstände aus dem Besitz der toten Frauen befänden. Anderson sei zwar sein erstes Opfer in New York gewesen, aber er habe bereits sechs Jahre zuvor mit dem Morden angefangen. Für den ebenfalls von ihm eingeräumten Mord an Florence Darcy, den er 1935 begangen hatte, war ein Unschuldiger eingesperrt worden.

Nach und nach meldeten sich die Strafverfolgungsbehörden der gesamten Ostküste, um Jarvis Catoe in Verbindung mit ihren ungeklärten Morden zu verhören. Neben weiteren Vergewaltigungen und Tötungsdelikten brachte man Catoe auch mit einer Reihe von Morden in Hamilton Township/New Jersey in Verbindung, bei denen zwischen 1938 und 1940 mehrere Menschen erschossen worden waren. Am Ende waren es neun Morde, die Catoe angelastet wurden.

Bei seinem Prozeß Ende Oktober 1941 versuchte er seine Mordgeständnisse zurückzunehmen und behauptete, die Polizei habe ihn durch Folter zu den Aussagen gezwungen, als er krank und schwach gewesen sei. Doch die Jury glaubte ihm nicht und verurteilte Jarvis Catoe wegen einem seiner in New York begangenen Morde zum Tode auf dem elektrischen Stuhl.

»Chainsaw Ripper« siehe Rifkin, Joel

Chase, Richard Trenton – »Vampire of Sacramento«

Am Montag, dem 23. Januar 1978, wurde die 22jährige Terry Wallin in ihrer Wohnung auf bestialische Art und Weise umgebracht. Der Täter, Richard Chase, hatte die Schwangere von der Brust bis zum Nabel aufgeschlitzt, so daß die Eingeweide heraustraten. Einige Organe waren herausgetrennt worden, andere fehlten, und die Brust der Toten wies mehrere Messerstiche auf. Er hatte offensichtlich mit einem Joghurtbecher Blut aufgefangen und getrunken.

Für die Ermittlungsbeamten stand fest, daß hier ein völlig Geistesgestörter am Werk gewesen sein mußte. Drei Tage darauf, am 26. Januar, wurden in einem Vorort von Sacramento die Leichen der 36jährigen Evelyn Miroth, ihres sechsjährigen Sohnes Jason und die ihres 52jährigen Bekannten Daniel Meredith gefunden. Das Baby der Frau wurde vermißt, das Blut im Kinderbettchen wies jedoch darauf hin, daß der Täter auch das Kleinkind ermordet hatte. Evelyn Miroth war mit Messerstichen entsetzlich verstümmelt und ihre Leiche geschändet worden. Im Badezimmer entdeckte die Polizei Hirnmasse und Kot sowie Gefäße, aus denen der Mörder ebenfalls Blut getrunken hatte. Der Kombi der Familie wurde wenige Kilometer entfernt entdeckt.

Eine sofort eingeleitete Großfahnung nach dem Täter

brachte zunächst keinen Erfolg. Dafür meldete sich eine junge Frau, die in der Nähe des Tatorts ihren ehemaligen Schulkameraden Richard Trenton Chase getroffen hatte. Er habe nicht nur einen heruntergekommenen Eindruck gemacht, sondern auch Blut an seiner Kleidung gehabt. Chase wohnte nicht einmal einen Häuserblock von der Stelle entfernt, wo der Wagen gefunden worden war. In seiner verdreckten Behausung entdeckten die Ermittler Schachteln mit blutgetränkten Lappen, Rührschalen voller Blut und im Kühlschrank menschliche Organe. Nach seiner Festnahme stellte sich heraus, daß Chase bereits am 28. Dezember 1977 einen Mann erschossen hatte. Er war den Behörden schon 1976 aufgefallen und in die Psychiatrie eingeliefert worden, weil er sich Kaninchenblut injiziert hatte. In der Anstalt hatte er häufig Vögel gefangen und ihnen die Köpfe abgebissen, was ihm bei den übrigen Patienten den Spitznamen Dracula eingebracht hatte. Obwohl Chase entmündigt und unter Kuratel eines amtlichen Vormunds gestellt worden war, wurde er 1977 aus der geschlossenen Anstalt entlassen, nachdem ein Psychiater eine Verbesserung seines Geisteszustandes diagnostiziert hatte.

Dem Gericht erklärte er später, er habe das Blut gebraucht, um zu überleben. Seit der High School versuche ein Nazi-Syndikat, ihn umzubringen und mittels einer »Seifenschalenvergiftung« sein Blut in Pulver zu verwandeln. Chase wurde trotzdem vor Gericht gestellt und auf Drängen der Staatsanwaltschaft, die den »Vampir von Sacramento« für voll zurechnungsfähig hielt, wegen sechsfachen Mordes zum Tode verurteilt und nach San Quentin gebracht.

1980, kurz nach Weihnachten, starb Richard Trenton Chase im Gefängnis von Vacaville an einer Überdosis Antidepressiva, die ihm vom Anstaltspsychiater verordnet worden waren und die er wochenlang gesammelt hatte.

»Chicago Rippers« siehe Gecht, Robin

Ciudad Juárez Killer

Die mexikanische Grenzstadt Ciudad Juárez wird seit Anfang 1993 von einer mysteriösen Mordserie heimgesucht, der mittlerweile schon über 120 – unabhängigen Frauengruppen zufolge 192 – junge Mexikanerinnen zum Opfer gefallen sind. Immer wieder stößt die Polizei in der Wüste rund um die Stadt auf die verstümmelten, häufig skelettierten oder mumifizierten Leichen von Mestizinnen aus den Elendsvierteln von Ciudad Juárez. Allein im Jahr 1998 wurden bereits mehr als 20 Mordopfer gezählt. Der Großteil der jungen Frauen, die meisten sogenannte Maquiladoras, die sich als Tagelöhnerinnen verdingen, sind vor ihrem Tod vergewaltigt und auch gefoltert worden. Anderen Arbeiterinnen hatte der im Volksmund als »Depredador Psicópata« genannte Mörder die Brustwarzen abgebissen und die rechte Brust abgetrennt.

Derzeit tauchen immer neue Theorien über die Hintergründe der Sexualmorde auf. Wurden die Frauen für Mord- und Folterpornos umgebracht? Waren sie von Mädchenhändlern zur Prostitution gezwungen und anschließend beseitigt worden, wie es sich Anfang der 60er Jahre in Guadalajara ereignet hatte, wo die Geschwister **de Jesús Gonzáles** ihre arbeitsunfähigen Bordell-Sklavinnen aus dem Weg schafften? Die Polizei ist zwar davon überzeugt, daß die Morde von verschiedenen Tätern begangen worden sind, geht aber davon aus, daß sich unter ihnen auch ein Serienmörder befindet. »Zwei oder drei der Opfer lebten in El Paso oder in New Mexiko. Nicht alle Opfer sind sexuell mißbraucht worden«, erklärte Manuel Esparza, Chefankläger von Chihuahua, der mittlerweile die Sonderstaatsanwältin Silvia Loya mit den Ermittlungen beauftragt hat.

Unter den bislang über 54 festgenommenen Verdächtigen ist auch der Chemiker Abdul Latif Sharif, ein Amerikaner ägyptischer Abstammung. Sharif, der im Oktober 1997 wegen Vergewaltigung verhaftet worden war, wird dringend verdächtigt, mindestens sieben der Sexualmorde begangen zu haben. Nach seiner Festnahme ereigneten sich jedoch weitere Morde. Wenig später verhaftete die Polizei mehrere Mitglieder einer Jugendgang, die aussagten, der Ägypter habe sie für weitere Mordaufträge bezahlt, um den Verdacht von sich abzulenken. Später behaupteten die Bandenmitglieder, daß die Polizei ihnen dieses Geständnis durch Folter abgepreßt habe. Obwohl Sharif mit einigen der ermordeten Frauen gesehen worden war, beschloß der Untersuchungsrichter Netzahualcoyotl Zuninga, daß die im Zusammenhang mit der Ermordung von Olga Carillo Pérez und Silvia Morales Rivera vorliegenden Beweise für eine Anklageerhebung nicht ausreichen. Er befindet sich jedoch weiterhin in Untersuchungshaft. Am 18. März 1999 wurde die 14 Jahre alte Fabrikarbeiterin Nancy Villalba Gonzáles auf der Heimfahrt von einem Busfahrer entführt und vergewaltigt. Der Fahrer würgte sie mit einem Kabel und ließ sie in der Annahme, sie sei tot, am Straßenrand liegen. Aufgrund ihrer Aussage konnte die Polizei ihn und vier weitere Busfahrer festnehmen, die im Verdacht stehen, 20 der Sexualmorde begangen zu haben. Einer der fünf soll nachweislich für den Tod von sechs Frauen verantwortlich sein.

Clark, Douglas Daniel und Bundy, Carol – »Sunset Strip Slayer«

1980 wurde Hollywood zum Schauplatz bestialischer Sexualmorde, den »Sunset Strip Slayings«. Die Opfer waren junge Ausreißerinnen und Prostituierte. Verantwortlich für die Verbrechen war ein junges Paar: Douglas Clark und Carol Bundy. Clark, Sohn eines ehemaligen US Navy Admirals, hatte die Krankenschwester Carol Bundy in Burbank kennengelernt, die sich Hals über Kopf in ihn verliebte und fortan bei der Realisierung seiner sexuellen Vorstellungen unterstützte. Sie fotografierte ihn nicht nur beim Sex mit Prostituierten, sondern hatte auch keinerlei Einwände, als sich Clark an einem elfjährigen Mädchen sexuell verging. Doch den selbsternannten »König der One-Night-Stands« erregte nichts so sehr wie die Vorstellung, Geschlechtsverkehr mit toten Frauen zu haben. Diese Obsession wurde zwei Ausreißerinnen im Juni 1980 zum Verhängnis: Er erschoß die 15jährige Gina Marano und deren 16jährige Stiefschwester Cynthia Chandler, die als Tramperinnen unterwegs waren. Die Leichen der Mädchen ließ er am Rand des Freeways liegen und kehrte später mit Carol Bundy zurück, um ihr die toten Mädchen zu zeigen. Noch im selben Monat half sie ihm bei der Ermordung von zwei Prostituierten. Gemeinsam enthaupteten sie eine der Frauen. Der Kopf wurde von Carol Bundy geschminkt und gekämmt, bevor Clark ihn zum Oralverkehr mit unter die Dusche nahm. Zusammen entführten sie zwei weitere Teenager. Eines der Mädchen konnte nie identifiziert werden. Clark zwang die Opfer zum Oralverkehr und schoß ihnen dabei in den Kopf. Die Köpfe bewahrte er in einer Gefriertruhe auf.

Als Carol Bundy ihrem Exfreund John Robert Murray

von den Morden erzählte und dieser die Polizei einschalten wollte, lockte sie ihn an einen einsamen Platz, verführte ihn und stach dabei auf ihn ein. Sein verstümmelter, kopfloser Körper wurde in einem Lieferwagen in Little Nashville entdeckt. Sein Kopf blieb verschollen. Erst die Aussage eines Arbeitskollegen, dem sie auch von den Morden erzählt hatte, führte schließlich zur Verhaftung des Paares.

Obwohl Bundy beteuerte, Douglas Clark immer noch zu lieben, trat sie vor Gericht als Hauptbelastungszeugin gegen ihn auf. Sie selbst bekannte sich der Ermordnung ihres Exfreundes schuldig, gab auch den Mord an einer Prostituierten zu und wurde zu zwei lebenslangen Haftstrafen verurteilt, von denen sie mindestens 52 Jahre verbüßen muß. Am 11. Februar 1983 verhängte der Richter gegen Clark wegen sechsfachen Mordes das Todesurteil.

»Was kümmert's mich? Es gibt eine Menge schlimmerer Dinge als in der Gaskammer zu sterben«, behauptete er gleichgültig gegenüber dem »Los Angeles Herald Examiner«. Derzeit sitzt er im Todestrakt von San Quentin und beteuert, daß Carol Bundy die Morde gemeinsam mit ihrem Exfreund begangen habe.

Clepper, Gregory

Zwischen Mitte 1995 und Mai 1996 war es der Chicagoer Polizei gelungen, gleich drei gesuchte Mörder festzunehmen, die seit geraumer Zeit die Millionenstadt in Angst und Schrecken versetzten. Neben dem Serienmörder **Hubert Geralds** und dem Raubmörder Ralph Harris war ihnen ein Mann ins Netz gegangen, der acht Frauen, meist drogenabhängige Prostituierte, mit roher Brutalität getötet und in Müllcontainern beseitigt hatte. Der Mann hieß Gregory Clepper, war 28 Jahre alt und lebte in der South Side von Chicago. Von dort aus begannen 1991 seine nächtlichen Streifzüge durch die Rotlichtviertel, wo er auf den Straßen potentielle Opfer ansprach und sie mit Geld zu sich nach Hause lockte. Im Schutze seiner Behausung würgte er die ihm ausgelieferten Prostituierten so lange, bis sie nicht mehr atmeten. Getrieben von einem krankhaften Dominanzbedürfnis fühlte er sich erst dann in der Lage, seine sexuellen Phantasien an den toten Frauen auszuleben. Wenn er sich von seinem Rausch erholt hatte, stand er ernüchtert vor dem Problem, die Leichen fortzuschaffen. Mutterliebe mag groß sein, doch die 46jährige Gladys Clepper meinte es zu gut mit ihrem gestörten Sohn und übernahm die Aufgabe, die Toten zu beseitigen. Sie entsorgte die letzte Eroberung ihres Sohnes, die 30jährige Patricia Scott, in einer Mülltonne bei der High School. Und es gab noch einen weiteren Helfer: Der 30jährige Eric Henderson, ein Freund der Familie Clepper, fühlte sich ebenfalls dazu berufen, Gregory bei den »Aufräumarbeiten« unter die Arme zu greifen. Der achtfache Mörder schien sich so sehr in Sicherheit zu wiegen, daß er seine morbiden Abenteuer herumerzählte und mit seiner Potenz prahlte. Einer seiner Zuhörer unterrichtete schließlich die Chicagoer Polizei.

»Ich wußte, daß es nur eine Frage der Zeit sein würde, bis man mich verhaftet«, sagte Clepper bei seiner Festnahme und erklärte, daß er froh darüber sei, daß die Sache ein Ende gefunden habe.

Am 2. Mai 1996 wurde der 28jährige Gregory Clepper vor Gericht wegen achtfachen Mordes angeklagt und noch im Frühjahr schuldig gesprochen. Seine Mutter Gladys und Eric Henderson wurden wegen Beihilfe zum Mord zu langjährigen Freiheitsstrafen verurteilt.

Cleveland Torso Killer

Am Nachmittag des 23. September 1935 entdeckten zwei spielende Knaben im Osten von Cleveland/Ohio auf einem Grundstück zwischen der 49. Straße und der Praha Avenue, unweit der Kingsbury Run, die Leichen zweier Männer. Sie waren enthauptet, ihre Geschlechtsteile abgetrennt und bis auf die Socken nackt ausgezogen worden. Nach einer intensiven Suche fand die Polizei die Köpfe, die in der Nähe des Fundorts vergraben worden waren. Anhand von Fingerabdrücken konnte die Leiche eines Mannes als der 28jährige Edward Andrassy identifiziert werden. Die Identität des zweiten Mordopfers blieb unbekannt. Zu dieser Zeit brachte noch keiner die Morde mit einem ähnlichen Fall in Verbindung, der sich ein Jahr zuvor ereignet hatte. Damals war der Unterleib einer weiblichen Leiche am Ufer des Erie-Sees nahe eines Vergnügungsparks angespült worden.

Am 26. Januar 1936 wurde die verstümmelte, kopflose Leiche der 42 Jahre alten Florence Saudy Polillo an ein Gebäude gelehnt ebenfalls nahe der Kingsbury Run gefunden. Da sie mehrfach wegen Prostitution festgenommen worden war, verfügte die Polizei über ihre Fingerabdrücke, so daß sie identifiziert werden konnte, obwohl ihr Kopf erst Wochen später gefunden wurde.

Nach und nach wurden weitere kopflose Leichen gefunden, ohne daß die Polizei in den Ermittlungen vorankam. Der Chef der staatlichen Rauschgiftbehörde glaubte, daß es sich bei dem »Mad Butcher« um einen Marihuanasüchtigen handeln müsse. Waren die Toten nicht alle in der Gegend der Kingsbury Run gefunden worden, wo die Pflanze wild wuchs? Die Verstümmelungen, wie das Abschneiden der Genitalien, wiesen darauf hin, daß es sich bei dem Mörder um einen Homosexuellen handeln mußte. Doch wie konnte man die weiblichen Leichenfunde erklären? Auch ließ die Art der Verstümmelungen Fragen offen: Einige schienen lediglich aus der Absicht, eine Identifikation zu erschweren oder den Transport zu erleichtern, durchgeführt worden zu sein, andere ergaben gar keinen Sinn. Bis auf die Tatsache, daß die Opfer aus den unteren Gesellschaftsschichten stammten, paßte nichts so recht zusammen. Der legendäre Elliot Ness, der mittlerweile eine vierunddreißigköpfige Sonderkommission mit dem Fall beauftragt hatte, war davon überzeugt, daß der Mörder Mitglied einer politisch einflußreichen Familie sei. Sein Verdacht richtete sich gegen Dr. Francis Edward Sweeney, einen Cousin des Kongreßabgeordneten Martin Sweeney, der häufig in einer unweit der Kingsbury Run gelegenen Klinik seine Alkoholsucht auskuriert hatte und zudem als bisexuell bekannt war. Er ließ Sweeney sogar einem Test mit dem Lügendetektor unterziehen, der den Verdacht, daß er der Schlächter war, bestärkte. Doch aus einem unbekannten Grund endeten die Ermittlungen gegen Sweeney, der, abgesehen davon, daß er bis zu seinem Tod im Jahr 1965 in verschiedenen psychiatrischen Anstalten interniert wurde, unbehelligt blieb. Im Juli 1939 fand ein Privatdetektiv, der für die Polizei als verdeckter Ermittler arbeitete, heraus, daß in der Bar, in der zwei der Opfer verkehrten, auch der schon früher in Verdacht geratene Frank Dolezal Stammgast war. Nachdem in dessen Wohnung Blutspuren und verschiedene Messer gefunden worden waren, wurde Dolezal wegen des Mordes an der Prosituierten Florence Polillo festgenommen. Dolezal legte sogar ein Geständnis ab, welches jedoch durch die Fakten widerlegt wurde. Die in der Wohnung gefundenen Blutspuren stammten nicht von Menschen, und das Geständnis war offensichtlich von der Polizei aus ihm herausgeprügelt worden. Am 24. August 1939 erhängte sich Dolezal in seiner Zelle. Der Fall blieb ungelöst.

»Co-ed Killer« siehe Kemper, Edmund Emil

Cole, Carroll Edward

Als Anfang der 80er Jahre in Las Vegas das Todesurteil gegen den Frauenmörder Carroll Edward Cole verkündet wurde, wirkte er sehr gelassen und sagte: »Danke, Herr Richter.« Cole war der Tod lieber als die Aussicht, den Rest seines Lebens in einem Bundesgefängnis zu verbringen. Schließlich hatte er die Morde an 35 Frauen zugegeben, die er innerhalb von neun Jahren in fünf verschiedenen Bundesstaaten getötet haben wollte, und ihm war klar, daß er das Zuchthaus nicht mehr lebend verlassen würde.

Seinen ersten Mord beging er 1971 in San Diego. Zwar war er einer der Verdächtigen, die im Zusammenhang mit dem Verbrechen verhört worden waren, doch die Polizei ließ ihn wieder laufen.

In den folgenden Jahren vergewaltigte und erwürgte er zahlreiche weitere Frauen. Die Abstände zwischen den Morden wurden immer kürzer und die Verbrechen immer brutaler. Oft kehrte er zum Tatort zurück, um sich an der Leiche wiederholt zu vergehen. Schließlich wurde Cole im Zusammenhang mit dem Mord an der 39jährigen Sally Thompson im November 1980 festgenommen.

Nach seiner Verhaftung gestand er insgesamt 35 Morde in Kalifornien, Nevada, Oklahoma, Texas und Wyoming und behauptete, neben nekrophilen Handlungen an den Leichen auch das Fleisch eines seiner Opfer gegessen zu haben. Im Verhör gab er an, zum Zeitpunkt der Morde unter starkem Alkoholeinfluß gestanden zu haben und sich daher nicht genau an die Verbrechen erinnern zu können. Nach den Motiven befragt, die ihn zu den Taten getrieben hatten, sagte er ohne ein Anzeichen von Reue, daß die Frauen doch »bloß leichte Mädchen« gewesen seien, die ihn an seine verhaßte Mutter erinnert hätten.

Carroll Cole wurde am 6. Dezember 1985 im Gefängnis von Carson City mit einer Giftinjektion hingerichtet.

Coleman, Alton und Brown, Debra Denise

Der im November 1955 geborene Alton Coleman hatte bereits ein langes Vorstrafenregister, darunter zahlreiche Sexualdelikte, bevor er zum ersten Mal tötete. Gemeinsam mit seiner 21jährigen Freundin Debra Brown startete er in Waukegan/Illinois im Sommer 1984 eine Tour durch den mittleren Westen Amerikas und ermordete sechs Menschen. Coleman war erst kurz zuvor aus dem Joliet State Prison gegen Kaution freigekommen, wo er eine Strafe wegen Raub, Entführung und Vergewaltigung verbüßt hatte, als ein neuer Haftbefehl wegen Mordes an einem kleinen Mädchen in Wisconsin gegen ihn verfügt wurde.

Am 19. Juni erdrosselten sie eine 25jährige Frau aus Gary, deren Leiche sie in einem Abrißhaus in Detroit hinterließen. Am 7. Juli verschafften sie sich in Toledo/Ohio unter einem Vorwand Eintritt in das Haus der 30jährigen Virginia Temple und ihrer zehnjährigen Tochter Rochelle, die sie im Verlauf der Nacht mehrmals vergewaltigten und anschließend erwürgten.

Sechs Tage später attackierten Coleman und Brown in Norwood bei Cincinnati das Ehepaar Walters. Marlene Walters, das erste weiße Opfer, erlag kurze Zeit später ihren Verletzungen, während ihr Mann überlebte und Brown und Coleman identifizieren konnte. Mittlerweile fahndeten bereits drei Bundesstaaten nach dem Paar. Nach der Ermordnung der 15jährigen Tonnie Storey in Cincinnati/Ohio und der eines 77jährigen Rentners wurden Brown und Coleman in einer öffentlichen Parkanlage in Evanston/Illinois festgenommen. Bei ihrer Verhaftung trug Coleman eine 9-mm-Pistole und zwei blutverschmierte Messer bei sich.

Debra Brown und Alton Coleman wurden wegen Mordes mehrfach zum Tode verurteilt.

Collins, John Norman – »Michigan Murderer«

Zwischen August 1967 und Juni 1969 beging John Collins mindestens sieben Morde in der Gegend von Ypsilanti im US-Bundesstaat Michigan. Im Gegensatz zu den meisten anderen Serienmördern, die häufig durch eine einheitliche »Handschrift« auffallen, erstach, erschlug, erschoß und strangulierte er seine Opfer, wie es ihm gerade in den Sinn kam. Daß er dennoch als der Täter der sogenannten »Michigan Murders« erkannt werden konnte, war auf den Umstand zurückzuführen, daß er seine Opfer stets sexuell mißbrauchte und verstümmelte.

Am 7. August 1967 wurde einige Kilometer nördlich von Ypsilanti eine stark verweste Frauenleiche gefunden, der Hände und Füße abgetrennt worden waren. Die Ermittlungen ergaben, daß es sich bei der Toten, die vergewaltigt und anschließend erstochen worden war, um die am 10. Juli verschwundene Studentin Marie Fleszar handelte. Knapp ein Jahr darauf, im Juli 1968, wurde in der Gegend von Ann Arbor die mit 47 Messerstichen ermordete Studentin Joan Schell aufgefunden. Sie war einige Tage zuvor in Begleitung dreier Kommilitonen von der East Michigan University gesehen worden, unter ihnen der 21 Jahre alte John

Norman Collins. Doch der hatte ein Alibi, und so glaubte die Polizei an eine Verwechslung und ließ die Sache auf sich beruhen.

Mitte März 1969 wurde eine weitere Studentin der Eastern University nahe Denton erschossen und erwürgt auf einem Friedhof aufgefunden. Nur vier Tage später fand die Polizei die Leiche der 16 Jahre alten Maralynn Skelton – sie war regelrecht zu Tode geprügelt worden. Im Abstand von wenigen Wochen wurden zwei weitere Mädchen, eine zwölfjährige Schülerin und eine Studentin, tot aufgefunden. Die Schülerin war erdrosselt, die Studentin mit zahlreichen Messerstichen verstümmelt und ihre Kehle durchgeschnitten worden.

Die Polizei tappte im Dunkeln und ließ auf Druck der Presse von dem niederländischen Psychologen Peter Hurkos ein Täterprofil erstellen, nach dem der Mörder unter 25 Jahre alt und von kräftiger Statur sein müsse. Der Psychologe war überzeugt davon, daß der Mörder weitere Verbrechen begehen würde, und sollte Recht behalten: Am 23. Juli 1969 wurde die 23jährige Studentin Karen Bienemann erwürgt aufgefunden. Vor ihrem Tod war sie vergewaltigt und geprügelt worden. Am Tag ihres Verschwindens hatte sie eine Verkäuferin in der Innenstadt in Begleitung eines jungen Mannes beobachtet, der mit einem Motorrad auf sie gewartet hatte. Die Beschreibung der Zeugin führte schließlich zu Collins, der am 1. August in Haft genommen wurde. Bei den Verhören stritt er ab, irgend etwas mit den Verbrechen zu tun zu haben, und man konnte ihm lediglich den letzten Mord nachweisen, nachdem im Hause seiner Eltern Blutspuren sowie die Unterwäsche und Haarspangen von Karen Bienemann gefunden worden waren.

Am 19. August 1970 wurde John Collins zu lebenslanger

Zwangsarbeit im Southern Michigan State Prison in Jackson verurteilt.

»Columbus Stocking Strangler« siehe Gary, Carlton

Conde, Rory

Zwischen September 1994 und Januar 1995 ermordete der Südamerikaner Rory Conde in Miami und Umgebung mindestens sechs cracksüchtige Prostituierte und einen Transvestiten, den der aus Kolumbien stammende Conde vermutlich für eine Frau gehalten hatte.

Offensichtlich fühlte sich Conde mit seinen Taten selbst nicht ganz wohl, denn auf den Rücken seines dritten Opfers schrieb er eine Botschaft an die Polizei, in der er darum bat, man möge ihn doch bald fangen. Doch dies gelang der Metro-Dade Polizei erst, als am 19. Juni 1995 eine Prostituierte aus dem Appartement von Conde entkommen konnte, nachdem er sie dort gefesselt, geschlagen und genotzüchtigt hatte. DNA-Proben ergaben, daß Rory Conde auch fünf bislang ungelöste Sexualmorde begangen hatte.

Nach einer mehr als eine Million Dollar teuren, großangelegten Menschenjagd gelang es den Behörden im Dade County, den Mörder zu fassen. Über die Verurteilung Rory Condes ist nichts bekannt.

Copeland, Ray und Faye

Am 1. November 1990 wurde die Farmersfrau Faye Copeland wegen fünf Morden, die sie zusammen mit ihrem Mann auf einer Farm im US-Bundesstaat Missouri an Hilfsarbeitern begangen haben soll, vor Gericht gestellt. Während sie behauptete, nichts von dem Treiben auf der Farm gewußt zu haben, tauchte im Prozeß eine Notiz auf, mit der

Faye Copeland ihren Mann dazu ermutigt hatte, die Ruhe zu bewahren: »Keep cool.« Der Zettel hätte wenig bedeutet, wäre er nicht von Graphologen untersucht und mit einem wichtigen Beweisstück in Zusammenhang gebracht worden: dem Notizbuch, in dem die Gelegenheitsarbeiter der letzten Jahre eingetragen worden waren. Anstatt von Namen war an einigen Stellen jeweils ein Kreuz eingetragen. Das Gericht kam zu der Überzeugung, daß die Kreuze für die ermordeten Männer standen, deren Skelette auf dem Anwesen der Copelands gefunden worden waren.

Des weiteren war eine Patchworktagesdecke im Haus des Paares sichergestellt worden, die von der alten Frau aus Teilen der Bekleidung der Toten genäht worden war. Ursprünglich war Ray Copeland wegen Viehbetrugs verdächtigt worden, doch nachdem ein Mittäter von Copeland im Oktober 1989 bei einer Crimestopper-Sendung angerufen hatte und seinen Komplizen des Mordes bezichtigte, kam die Wahrheit ans Licht. Der Mann hatte auf der in Chillicothe gelegenen Farm des Ehepaars einen menschlichen Schädel und mehrere Knochen entdeckt und sein Wissen bis zu der Sendung für Verbrechensaufklärung für sich behalten. Bei der Durchsuchung des Anwesens stießen die Ermittler schließlich auf Skelette von fünf Männern, die mit einem Gewehr aus dem Besitz von Ray Copeland erschossen worden waren.

Faye Copeland wurde des fünffachen Mordes für schuldig befunden und zum Tode durch eine Giftinjektion verurteilt. Die separate Gerichtsverhandlung gegen ihren Mann wurde erst am 4. März 1990 eröffnet. Sein Prozeß war verschoben worden, weil er auf seine Zurechnungsfähigkeit untersucht werden sollte. Der Vorschlag seitens der Staatsanwaltschaft, einen Deal mit dem Mittsiebziger auszuhandeln, in dem er und seine Frau gegen ein Schuldbekenntnis von der Todesstrafe verschont bleiben sollten, wurde vom Richter abgelehnt. 17 Tage darauf wurde Ray Copeland zum Tode verurteilt. Er starb am 19. Oktober 1993 im Todestrakt von Missouri an Altersschwäche.

Corll, Dean Allen u.a. – »Candyman«

Am Morgen des 8. August 1973 erhielt das Polizeidepartment von Pasadena einen Anruf von Elmer Wayne Henley, der aufgeregt einen Mord gestand. Als Polizisten kurze Zeit später am angegebenen Tatort, einem Haus in der Lanar Street in Pasadena, eintrafen, stießen sie dort auf drei verängstigte Teenager. Der 17jährige Henley führte die Beamten zu der Leiche des 33jährigen Hausbesitzers Dean Corll, den er mit sechs Schüssen getötet hatte. Henley behauptete in Notwehr gehandelt zu haben, und erklärte den Polizeibeamten, daß er die beiden anderen Teenager am Tag zuvor ins Haus von Corll gelockt habe, weil er von dem ehemaligen Süßwarenmanager gut dafür bezahlt wurde, ihm Opfer für seine Sex- und Mordgelüste heranzuschaffen. Doch diesmal sei der homosexuelle Corll wütend geworden, weil er ein Mädchen mitgebracht hatte. Er sei dermaßen zornig geworden, daß er auch ihn gefesselt und mit einem Revolver bedroht habe. Erst nachdem Henley ihn davon überzeugen konnte, daß er selbst das Mädchen vergewaltigen, töten und ihre Leiche wegschaffen würde, habe Corll ihn wieder losgebunden. Dann habe er Corlls Waffe an sich genommen und ihn erschossen. Doch das war nur die Spitze des Eisberges, denn Henley erzählte den Beamten, daß sein Peiniger ein gefährlicher Killer gewesen sei, und führte die Polizei kurze Zeit später zu einen südwestlich von Houston gelegenen Bootshaus. Unter dem Boden der Hütte befand sich ein Massengrab, in dem die in Plastiksäcke gewickelten Körper von 17 jungen Männern lagen. In einem Container der Bootshütte stießen die Beamten zudem auf mehrere abgetrennte Geschlechtsteile, die von den Opfern stammten.

Henley zeigte ihnen noch zwei weitere Orte, wo Corll zehn weitere Leichen begraben hatte.

Wie sich nun herausstellte, hatte der Serienkiller Dean Corll zwischen 1971 bis 1973 gemeinsam mit seinem 18jährigen Komplizen David Owen Brooks und dem 17 Jahre alten Elmer Wayne Henley in seinem Haus in Houston mindestens 27 Folter- und Sexualmorde begangen. Es wird vermutet, daß Corll auch schon vor 1971 junge Männer getötet hatte. Der 1939 in Fort Wayne/Indiana geborene Corll war stets ein disziplinierter Schüler, der wie seine Altersgenossen Mädchen nachschaute. Nach der High School im Bonbongeschäft seiner Mutter angestellt, half er ihr bei der Herstellung und dem Verkauf von Süßigkeiten. In der Nachbarschaft war der kräftige dunkelhaarige Mann bei allen Kindern als der »Candyman« beliebt, weil er regelmäßig Bonbons verteilte. Nach der Auflösung der Firma 1968 begann er eine Ausbildung als Elektriker und lernte später den damals 14jährigen, bisexuellen David Owen Brooks kennen. Der Kleindieb zog schon bald bei Corll ein und ließ sich für analen Verkehr bezahlen. Zu dieser homoerotischen Zweierkonstellation stieß kurz darauf der damals ebenfalls noch minderjährige Elmer Wayne Henley.

Ein Jahr später kam der Fall in Texas vor Gericht. Im Juli 1974 wurde Henley in sechs Fällen wegen Beihilfe zum Mord schuldig gesprochen und zu sechsmal 99 Jahren Gefängnis verurteilt. Brooks, der nur wegen einem Mord angeklagt worden war, erhielt eine lebenslängliche Haftstrafe.

Dean Corll wurde trotz seiner grausigen Verbrechen unter einer amerikanischen Flagge zu Grabe getragen, weil er als Soldat ehrenhaft dem Land gedient hatte.

Corona, Juan Vallejo

Im Mai 1971 wurden auf einer Pfirsichplantage in der Gegend von Yuba County in Kalifornien die Leichen von 25 Saisonsarbeitern entdeckt. Die »wetbacks«, mexikanische Erntehelfer, die überwiegend illegal über den Rio Grande gekommen waren, um auf den Obstplantagen der Gringos ein paar Dollar zu verdienen, waren offensichtlich sexuell mißbraucht, erstochen und ihre Köpfe mit einer Machete eingeschlagen worden. Als Tatverdächtiger galt der homosexuelle Juan Corona, der bereits in den 50er Jahren in die USA eingewandert war und es in Kalifornien vom Obstpflücker zum selbständigen Farmer gebracht hatte.

Durch einen anonymen Hinweis kam die Polizei auf seine Spur. Irgend jemand hatte den Beamten erzählt, daß auf Coronas Pfirsichfarm zahlreiche Männer verschwunden waren und daß deren Leichen auf dem Gelände der Farm vergraben seien. Als die Polizeibeamten daraufhin das Anwesen durchsuchten, fanden sie im Haus des Mexikaners eine Machete mit getrocknetem und – wie die kriminaltechnischen Untersuchungen ergaben – menschlichem Blut. Auf dem Gelände selbst fand man die Überreste von 25 Leichen. Im Lohnbuch Coronas waren die Namen der Arbeiter sorgfältig aufgeführt. Anhand der Verwesungsstadien der Toten fand man heraus, daß alle 25 Männer innerhalb der letzten eineinhalb Monate getötet worden waren.

Der Verteidiger von Corona versuchte vergeblich seinen Mandanten zu entlasten, indem er beweisen wollte, daß ein anderer die Männer getötet habe. Sein Hauptargument für diese These war, daß Juan Corona glücklich verheiratet und immerhin Vater von vier Kindern sei. Obendrein hatte Corona selbst immer wieder beteuert, daß sein inzwischen verstorbener homosexueller Bruder Natividad für die Verbrechen verantwortlich gewesen sei.

In einem spektakulären Indizienprozeß wurde der als psychisch gestört geltende Mexikaner vom California Supreme Court 1973 wegen fünfundzwanzigfachen Mordes zu 25 lebenslänglichen Zuchthausstrafen verurteilt und in das Soledad Prison überstellt. Im Verlauf einer Auseinandersetzung unter Häftlingen stach dort ein Mitgefangener Juan Corona das linke Auge aus.

Corwin, Daniel Lee

Bereits als Jugendlicher häufig straffällig geworden, wurde der aus Texas stammende Daniel Lee Corwin schon mit 16 Jahren wegen versuchten Mordes und Vergewaltigung einer Schülerin 1974 in Temple, unweit von Austin, festgenommen und zu 40 Jahren Haft verurteilt. Nachdem er neun Jahre später wegen guter Führung vorzeitig entlassen worden war, begann er im Frühjahr 1987 erneut zu vergewaltigen und zu morden.

Am 13. Februar 1987 überfiel Corwin die über 70jährige Alice Martin, auf die er mit einem Messer einstach, bevor er sie erdrosselte und sich sexuell an ihr verging. Ihre teilweise unbekleidete Leiche wurde erst Tage später in einem Feld bei Normangee entdeckt.

Am 10. Juli wurde die Polizei von Huntsville zu einem bewaffneten Raubüberfall auf einen Optikerladen gerufen. Doch als die erste Streife dort eintraf, hatte sich Corwin schon abgesetzt. Als Geisel hatte er die 27 Jahre alte Angestellte Debra Ewing mitgenommen, deren Leiche er rund

20 Meilen entfernt in einem Waldstück liegenließ. Auch auf sie hatte Daniel Corwin wiederholt eingestochen, sie erwürgt und nach ihrem Tod geschändet. Ende Oktober ermordete er im Walker County die 31 Jahre alte Mary Risinger und verletzte deren dreijährige Tochter, die den Mord an ihrer Mutter mitansehen mußte.

Ein Jahr später konnte Corwin im Zusammenhang mit dem Mordversuch an einer Studentin der Universität von Texas gefaßt werden. Nachdem er die junge Frau in ihrem Wagen überfallen und vergewaltigt hatte, ließ er sie mit schweren Stichverletzungen im Oberkörper am Tatort zurück. In einer späteren Gegenüberstellung erkannte sie Daniel Corwin als ihren Angreifer wieder. Daraufhin wurde er wegen versuchten Mordes angeklagt und zu 99 Jahren Haft verurteilt.

Im März 1990 wurde Corwin im Rahmen des zu diesem Zeitpunkt gerade eingeführten »Serienkiller-Gesetzes« angeklagt, das es erlaubt, einen Mehrfachmörder in nur einem Prozeß für mehrere Tötungsdelikte abzuurteilen, ohne daß für jeden Fall gesondert Anklage erhoben werden muß. Er wurde wegen dreifachen Mordes zum Tode verurteilt. Der 40jährige Daniel Lee Corwin starb im Todestrakt des Staatsgefängnisses von Huntsville durch eine Giftinjektion.

Costa, Antone – »Provincetown Vampire«

Der aus Cap Cod im US-Bundesstaat Massachusetts stammende Arbeitslose Antone Costa ermordete Mitte der 60er Jahre mindestens vier, möglicherweise bis zu 20 Frauen.

Im Januar 1969 verbrachten die aus Rhode Island stammende 23jährige Studentin Mary Ann Wysocki und ihre gleichaltrige Freundin, die Lehrerin Patricia Walsh, ein Winterwochenende in einem Gasthaus in Provincetown in

Massachusetts, das in den 60ern durch seine Künstler- und Hippiekolonie bekannt war. Dort trafen sie den 24jährigen Antone Costa, der in dem gleichen Gasthaus wohnte und sich am Abend vor ihrem Verschwinden mit ihnen in einer Bar verabredet hatte. Der gutaussehende, dunkelhaarige »Tony«, der von seiner Frau und seinen drei Kindern in Scheidung lebte, lockte die beiden Frauen in die Dünen von Truro, wo er sie umbrachte.

Bald darauf wurde in Truro die Leiche eines weiblichen Teenagers entdeckt, und bis Anfang März 1969 wurden insgesamt vier weitere Frauen ermordet aufgefunden – darunter auch Mary Ann Wysocki und Patricia Walsh. Die beiden waren mit einer kleinkalibrigen Waffe erschossen, eine von ihnen enthauptet worden. Ihre Unterkörper waren aufgeschlitzt, Arme und Beine mit einer Axt abgetrennt worden. Costa hatte mit den Frauen gemeinsam Drogen konsumiert und sie anschließend im Drogenrausch ermordet und die zuvor verstümmelten Leichen geschändet. Die Mordopfer wiesen Stich- und Schnittwunden sowie tiefe Bißwunden auf.

Die Polizei kam ihm auf die Spur, nachdem sie den blauen Volkswagen von Patricia Walsh in einer Garage in Burlington entdeckt hatte. Costa, der sich als Besitzer des Wagens auswies, behauptete, den Wagen von Patricia Walsh gekauft zu haben. Er wurde zwar zunächst wieder freigelassen, jedoch bald darauf in Boston erneut verhaftet und zum Bezirksgericht nach Provincetown gebracht, wo er unter Mordanklage gestellt wurde.

Immer wieder beteuerte Costa seine Unschuld im Zusammenhang mit den Morden an den zwei jungen Frauen aus Rhode Island. Er kam zur Begutachtung in das Brigdewater State Hospital, wo die psychiatrischen Gutachter ihm eine Psychose attestierten. Antone Costa wurde 1971 wegen zweifachen Mordes zu zwei lebenslänglichen Haftstrafen ohne Aussicht auf Bewährung verurteilt. Am 12. Mai 1974 erhängte er sich in seiner Gefängniszelle im Walpole State Prison.

Cottingham, Richard Francis

Der am 25. November 1946 in New York geborene Richard Francis Cottingham war ein gutbezahlter Computerexperte. Der allseits respektierte Vater von drei Kindern hatte jedoch auch eine fatale Neigung zu »hartem Sex«, die er meist mit Prostituierten auslebte. Mindestens fünf Frauen überlebten seinen Sadismus nicht. So auch die 26jährige Maryann Carr, die am 15. Dezember 1977 in der Nähe des Quality Inn Motels in Hasbrouck Heights gefunden wurde. Die Röntgenärztin war erwürgt worden. Zwei Jahre nach diesem Mord wurde im Dezember 1979 die Feuerwehr wegen eines Brandes zu einem New Yorker Hotel gerufen. Die Feuerwehrmänner fanden in einem der Zimmer die verstümmelten Körper von zwei Frauen. Obwohl der Mörder ihnen die Köpfe und die Hände abgetrennt hatte, fand die Polizei heraus, daß es sich bei einer der Leichen um die in Kuwait geborene Prostituierte Deedeh Goodarzi handelte.

Am 15. Mai fand man in einem Hotelzimmer die tote Mary Jean Reyner, deren aufgeschlitzter Körper mit Messerstichen übersät war. Der Täter hatte ihr die Brüste abgeschnitten und anschließend versucht, die Leiche in Brand zu setzen.

Kurze Zeit später fand die Polizei die Leiche der Prostituierten Valerie Ann Street, die auch in dem Motel in Hasbrouck Heights erwürgt worden war, wo bereits 1977 Maryann Carr ums Leben gekommen war. Ein weiterer

Versuch des Serienkillers einen Mord zu begehen, schlug fehl. Am 22. Mai 1979 wurde die Polizei in das gleiche Motel gerufen, nachdem Gäste in Zimmer 117 gellende Schreie gehört hatten. Cottingham konnte gestellt werden. Im Zimmer fanden sie eine schwerverletzte junge Frau, die ihn beschuldigte, sie vergewaltigt, geschlagen und gebissen zu haben.

Cottingham, dessen Methode es war, seine Opfer in ein Hotel zu locken und sie dort mit Barbituraten zu betäuben, wurde wegen Mordes, Mordversuch, Kidnapping und 20 Sexualverbrechen zu 173 bis 197 Jahren Zuchthaus verurteilt. Ein Jahr später wurde er wegen des Mordes an Maryann Carr in New Jersey zusätzlich zu 25 Jahren bis lebenslänglich verurteilt. Bei einem dritten Prozeß in New York, bei dem es um die drei dort begangenen Prostituiertenmorde ging, kamen weitere 225 Jahre Haft hinzu.

»Cross Country Killer« siehe Rogers, Glen

Cunanan, Andrew

Mit dem Mord an dem italienischen Modeschöpfer Gianni Versace im Juli 1997 rückte der 27jährige Andrew Cunanan ins Licht der internationalen Öffentlichkeit. Der aus einer wohlhabenden Familie in San Diego stammende Cunanan hatte bereits wenige Wochen zuvor in New Jersey einen 45 Jahre alten Friedhofswärter getötet. Unmittelbar vor dem Versace-Mord hatte er zudem den Multimillionär Lee Miglin in Chicago ermordet, indem er dem Immobilienkönig das Gesicht mit Klebeband eingewickelt und ihm dann die Kehle mit einem Sägeblatt durchgeschnitten hatte.

Andrew Cunanan, der auf der FBI-Liste »Most Wanted« ganz oben stand, soll darüber hinaus zwei weitere Männer in Minneapolis im US-Bundesstaat Minnesota ermordet haben.

Ende April war der 28 Jahre alte Absolvent der Marineakademie Jeffrey Trail erschlagen im Appartement des 33jährigen David Madson in Minneapolis aufgefunden worden. Neben der Leiche lag ein Vorschlaghammer sowie eine Nylon-Sporttasche, die Cunanan gehört hatte und in der sich ein Pistolenholster und mehrere Patronen befanden. Auch Madson, der Besitzer des Appartements, war einige Tage später mit mehreren Kopfschüssen ermordet in einem abgelegenen Farmgebäude gefunden worden. Allen Opfern, einschließlich Gianni Versace, wurden Verbindungen zur Schwulenszene nachgesagt.

Knapp zwei Wochen nach dem Mord an Versace, auf dem Höhepunkt der Fahndung, erschoß sich Andrew Cunanan auf dem Hausboot eines aus Hamburg stammenden Deutschen, der in Las Vegas ein Fitneß-Studio für Homosexuelle unterhielt. Was den gutaussehenden Stricher und Lebemann, der stets mit seiner Herkunft aus einer vermögenden Familie prahlte, zu den Morden veranlaßte, wird nach seinem Tod für immer ein Rätsel bleiben. Möglicherweise wollte er sich an seinen homosexuellen Ex-Liebhabern für seine HIV-Infektion rächen.

Dahmer, Jeffrey Lionel – »Cannibal of Milwaukee«

Als an einem heißen Sommertag, dem 24. Juli 1991, der 22 Jahre alte Tracy Edwards aus einem heruntergekommenen Appartementhaus in Milwaukee/Wisconsin gerannt kam, glaubten die beiden Polizisten, die in der Gegend um die 25. Straße Streife fuhren, daß sie es mit einem Irren zu tun hatten. Der Mann streckte ihnen seine mit Handschellen gefesselten Hände entgegen und brüllte: »Er wollte mich erstechen! Mein Herz fressen ...«

Als die Polizisten Edwards ins Haus folgten, stießen sie dort auf den 30 Jahre alten Jeffrey Dahmer, der die Polizisten damit zu beschwichtigen versuchte, daß er lediglich einen harmlosen Streit mit Edwards gehabt habe. Bei einer eher oberflächlichen Inspektion der übelriechenden Wohnung stießen sie im Kühlschrank auf einen von Bierdosen umgebenen Totenschädel, dem Gewebereste anhafteten. Nachdem sie den plötzlich wild um sich schlagenden Dahmer überwältigt hatten, entdeckten sie weitere Schädel in einem Bücherregal, sowie ein Säurefaß mit Leichenteilen in verschiedenen Stadien der Zersetzung. Zahlreiche Fotos zeigten gefesselte junge Männer und zerstückelte Leichen.

Kurz nach seiner Festnahme gestand Jeffrey Dahmer, in den vergangenen 13 Jahren insgesamt 17 junge Homosexuelle, Herumtreiber und Anhalter ermordet zu haben. Mit einigen von ihnen hatte er vor ihrem Tod sexuell verkehrt, andere hatte er umgebracht, um sich an ihren toten Körpern zu vergehen, von wieder anderen hatte er sogar Teile aus Bizeps und Gesäß gegessen. In einigen Fällen hatte er versucht, seine Opfer in menschliche Roboter umzuwandeln, indem er ihnen Löcher in die Schädel gebohrt und Säure hineingegossen hatte. Die Ermittler waren sich schnell darüber im klaren, daß sie mit Dahmer den wohl grauenvollsten Serienkiller der vergangenen Jahre gefaßt hatten.

Der am 21. Mai 1960 geborene Jeffrey Lionel Dahmer wuchs als einziger Sohn des Chemikers Lionel und dessen psychisch labiler Ehefrau Joyce unter familiären Bedingungen auf, die seine spätere Entwicklung zum Mörder offensichtlich begünstigten. Während seine unter hysterischen Zuständen leidende Mutter tagelang apathisch im

Bett herumlag, zog sich sein Vater in sein Labor zurück, um sich seinen wissenschaftlichen Studien zu widmen. Jeffrey blieb sich als Kind weitestgehend selbst überlassen. Von seinem Vater lernte er schon früh, wie er auf der Straße gefundene Tierkadaver mittels chemischer Präparate entbeinen und konservieren konnte. Jahre später sollte er das erworbene Wissen dazu benutzen, die Schädel seiner Opfer zu konservieren und die übrigen Leichenteile fachmännisch mit Säure und anderen Chemikalien zu entsorgen.

Seine Eltern zogen häufig um, und in Bath Township/Ohio wurde Dahmer von einem älteren Nachbarn vergewaltigt. Den Eltern fiel nicht auf, daß ihr Sohn in Folge dieser Erfahrung immer eigenbrötlerischer und zurückhaltender wurde, weil sie zu sehr mit sich selbst beschäftigt waren. Als Dahmer 18 Jahre alt war, ließen sich seine Eltern scheiden, und Jeffrey lebte zeitweilig allein im Haus seiner Eltern, in der West Bath Road 4480. Ohne sich für ein Studium entscheiden zu können, hing er im Haus herum, trank und rauchte Marihuana. Während er sich einerseits zurückzog, litt er andererseits unter der Einsamkeit und sehnte sich nach Nähe, wobei er sich besonders zu gleichaltrigen Männern hingezogen fühlte. Eine in der ländlichen Gegend Ohios schwer erfüllbare Neigung.

Im Juni 1978 beging er seinen ersten Mord. Das Opfer: der 19 Jahre alte Tramper Stephen Hicks. Dahmer hatte den High-School-Absolventen auf der Landstraße mitgenommen und ihn zu sich nach Hause auf ein paar Bier und den ein oder anderen Joint eingeladen. Als Hicks die Annäherungsversuche Dahmers zurückwies, erschlug er ihn mit einer Hantelstange. Dann verging er sich an der Leiche, zerstückelte den Toten mit einem Küchenmesser und löste die Teile in einem Säurefaß auf. Die Knochen zersplitterte er anschließend mit einem Hammer und vergrub sie unter dem Haus.

Nachdem Dahmer 1981 kurze Zeit als Soldat in Deutschland stationiert war, wurde er wegen seiner häufigen Trinkerei vorzeitig aus der Army entlassen und zog 1982 zu seiner Großmutter nach Milwaukee. Im Januar 1985 bekam er eine Stelle in der Milwaukee's Ambrosia Chocolate Company. Der Polizei fiel Dahmer mehrfach auf: Im September 1986 wurde er wegen Masturbierens in der Öffentlichkeit zu einer Bewährungsstrafe verurteilt. In einem weiteren Fall beschuldigte ihn ein junger Mann bei der Polizei, daß er ihn in seine Wohnung gelockt, unter Drogen gesetzt und ausgeraubt habe. 1988 wurde er wegen sexuellen Mißbrauchs des 13jährigen Keison Sinthasomphone zu zwei langjährigen Haftstrafen verurteilt, die aber später zur Bewährung ausgesetzt wurden. Knapp drei Jahre später lockte er Konerak, den jüngeren Bruder von Keison, in seine Wohnung und ermordete ihn.

Bei seinem Prozeß, der im Januar 1992 vor dem Milwaukee County Circuit Court eröffnet wurde, sagte Jeffrey Dahmer: »Es fällt mir schwer zu glauben, daß ein Mensch diese Dinge tut, die ich getan habe.« Obwohl ihm der psychiatrische Gutachter Frederick Berlin, eine Kapazität auf dem Gebiet der sexuellen Verhaltensstörungen, eine schwere Persönlichkeitsstörung bescheinigte und ein anderer Experte die Auffassung vertrat, daß Dahmer schwer krank sei, wurde er am 1. Mai 1992 wegen der 15 in Wisconsin begangenen Morde »trotz Geisteskrankheit« schuldig gesprochen und zu 15 lebenslänglichen Haftstrafen verurteilt. Dahmer wurde in das Columbia Correctional Institute von Wisconsin gebracht, ein Hochsicherheitsgefängnis, wo er am 28. November 1994 von dem Mithäftling Christopher Scarver im Waschraum mit einer Hantelstange erschlagen wurde.

»Damsel of Death« siehe Wuornos, Aileen

De Andrade, Marcelo Costa

Marcelo Costa de Andrade, Sohn armer Landflüchtlinge aus Minas Gerais, wuchs in einer Favela in Rio de Janeiro auf. Der Kreislauf aus Hunger, Elend, Prügel und sexuellem Mißbrauch brachte den Straßenjungen schon bald dazu, sich als Stricher zu verkaufen. Mit 16 Jahren ging er eine Beziehung mit einem älteren Mann aus seiner Favela ein und fiel selbst in diesen chaotischen und gewalttätigen Lebensumständen des Slums auf, weil er mit 17 Jahren versucht hatte, seinen kleinen Bruder zu vergewaltigen.

1990 zog seine Familie in das Elendsviertel Itabori auf die andere Seite der Stadt. Der mittlerweile 23jährige fand einen eher schlecht bezahlten Job in einem Souvenirshop an der Copacabana, trat einer religiösen Sekte bei und ging fortan fast täglich zum Gottesdienst der Universalkirche des Königreichs Gottes. Keiner ahnte, daß de Andrade ab April 1991 regelmäßig Straßenkinder ermordete. Innerhalb von neun Monaten tötete und vergewaltigte der homosexuelle Psychopath 14 Knaben. Meist lockte er die obdachlosen Herumtreiber auf abgelegene Grundstücke, wo er sie sexuell mißbrauchte und erwürgte. Sein abseitiger Trieb steigerte sich rasch zu Nekrophilie und dem Trinken von Menschenblut.

Da sich in Rio beinahe täglich Morde ereignen, fiel den Behörden nicht einmal auf, daß in der Stadt ein Serienkiller unterwegs war. De Andrade hätte seine Verbrechen wohl noch Jahre fortsetzen können, hätte er sich nicht in eines seiner Opfer, den zehn Jahre alten Altair de Abreu verliebt.

Er hatte den Zehnjährigen gemeinsam mit dessen sechs Jahre altem Bruder Ivan auf einem Busbahnhof aufgelesen und den Kindern Geld versprochen, wenn sie ihm dabei helfen würden, in einer Kirche Kerzen anzuzünden. Als sie einen abgelegenen Bauplatz überquerten, erwürgte de Andrade den Sechsjährigen.

Altair sagte später aus, er sei wie gelähmt gewesen und hätte es nicht fertiggebracht zu fliehen. Anschließend habe Marcelo de Andrade ihm erklärt, daß er ihn liebe, und ihm angeboten, mit ihm zusammenzuleben. Aus Angst, ebenfalls getötet zu werden, ging der Zehnjährige zum Schein auf den Wunsch de Andrades ein und verbrachte die Nacht mit ihm in einem nahegelegenen Gebüsch. Als ihn der Mörder am nächsten Morgen mit zur Arbeit nehmen wollte, gelang ihm die Flucht. Die Polizei nahm Marcelo Costa de Andrade zwei Tage später im Souvenirladen fest, wo er weiterhin unbekümmert seiner Arbeit nachging.

Das Gericht schickte den religiösen Psychopathen lebenslang in eine Psychiatrie. Am 24. Januar 1997 gelang es de Andrade, aus der geschlossenen Abteilung der Heitor Carrillho Klinik in Rio de Janeiro zu entkommen, weil ein Wärter versehentlich eine Tür offen ließ. Knapp vier Wochen später wurde er erneut festgenommen. Er trug eine Tasche mit Toilettenartikeln, einer Packung Käse und einer Bibel bei sich und war nach eigener Auskunft gerade auf dem Weg nach Jerusalem, wo er vom Morden, Vergewaltigen und Bluttrinken erlöst werden wollte.

De Assis Pereira, Francisco – »Maníaco do Parque«

Anfang August 1998 wurde der 31 Jahre alte Brasilianer Francisco Pereira in Itaqui an der Grenze zu Uruguay festgenommen. Bereits seit Wochen war der neunfache Serienmörder mit einer landesweiten Fahndungsaktion gesucht worden, nachdem er zuletzt innerhalb von nur zehn Tagen mehrere Frauen in einem Stadtpark im Süden von Sao Paulo ermordet hatte.

Am 4. Juli 1998 entdeckten Spaziergänger in dem 500 Hektar großen Parque do Estado die Leichen zweier junger Frauen. Zwei Tage später fand man in unmittelbarer Nähe zwei weitere tote Mädchen. Alle vier Frauen waren nackt und wurden mit nach unten gekehrtem Gesicht und gespreizten Beinen aufgefunden. Die Opfer waren stranguliert und gebissen, ihre Geschlechtsteile verstümmelt worden. Bereits im Januar und im Mai waren in der gleichen Gegend des Parks zwei tote Frauen aufgefunden worden, die unter ähnlichen Unmständen ermordet worden waren. Bis Ende Juli war die Zahl der entdeckten Opfer auf insgesamt acht angestiegen. Zunächst konnte lediglich eins der Opfer als die tote Selma Ferreira Queiroz identifiziert werden. Im Körper der 18jährigen Frau, die von ihrem Peiniger anal vergewaltigt worden war, konnten die Gerichtsmediziner Spermaspuren sicherstellen.

Nachdem der Fall in der Presse als der des »Maníaco do Parque« bekanntgeworden war, meldeten sich am 15. Juli zahlreiche Frauen, die in der Gegend des Parks von einem Mann angesprochen worden waren, der sich als Talentsucher ausgegeben hatte. Die Verbreitung von Phantomzeichnungen führte zur Festnahme des aus Santo André bei Sao Paulo stammenden, einschlägig vorbestraften Francisco de

Assis Pereira, der wegen seiner Tätigkeit als Motorradkurier in der Öffentlichkeit »Motoboy« genannt wurde.

Als ihn die Polizei des brasilianischen Bundesstaates Rio Grande do Sul am 4. August festnahm, gestand er nach einem Gespräch mit seinem Anwalt neun Morde. Seit seiner Inhaftierung befindet sich Francisco de Assis Pereira in einem Hochsicherheitsgefängnis bei Sao Paulo.

De Jesús Constanzo, Adolfo und Aldrete, Sara

Adolfo de Jesús Constanzo wurde am 1. November 1962 in Miami als Sohn von Exilkubanern geboren. Über seine Kindheit und Jugend ist wenig bekannt, nur, daß er von Kindesbeinen an mit den unter Latinos verbreiteten Riten des Palo Mayombe aufwuchs und es bereits mit 18 Jahren zum Mayombero, einer Art Zeremonienmeister, gebracht hatte. 1983 zog Adolfo de Jesús Constanzo nach Mexico City und arbeitete als Dressmann in der Zona Rosa. Im Vergnügungsviertel der reichen Mexikaner hatte er mit seinen Schutzriten durchschlagenden Erfolg: Neben Filmstars und hohen Polizeioffizieren zählten auch zahlreiche Drogenbosse und Politiker zu seiner Klientel, und er verdiente Tausende von Dollar. Zunehmend weitete der Mayombero seine Riten auf Menschenopfer aus. Da einige der Zeremonien zum Schutz vor bösen Geistern nicht nur frische Leichenteile erfordern, sondern mit unbeschreiblichen Foltern verbunden sind, tauchten bereits ab 1987 immer wieder grauenhaft verstümmelte Leichen auf, die später mit Constanzo und seinen Anhängern in Verbindung gebracht werden konnten. So barg die Polizei allein zwischen Mai und Juli 1987 acht Leichen, die mit Zementblöcken im Río Zumpango versenkt worden waren.

Zu Constanzos wichtigsten Anhängern gehörte schon bald der 20jährige Elio Hernández, Sohn einer bedeutenden Dynastie von Drogenhändlern, die in der Grenzstadt Matamoros den gesamten Drogenhandel bestimmten. Indem er den jungen Hernández in seine Gewalt bekam, kontrollierte er schon bald den Rauschgifthandel in der Region: Wie Mitarbeiter der US-Drug Enforcement Administration später herausfanden, schmuggelte die Clique in diesen Jahren wöchentlich fast eine Tonne Marihuana über Matamoros ins texanische Brownsville. In Matamoros lernte Constanzo 1987 Sara Aldrete kennen. Die 23 Jahre alte Mexikanerin verfiel dem Charme des Exilkubaners und nahm bald eine führende Rolle in der Sekte ein. Aldrete warb neue Mitglieder und tat sich bei den Mord- und Folterorgien ganz besonders hervor. Eigenen Geständnissen zufolge hat sie eigenhändig mehrere Personen ermordet, unter anderem den Ex-Polizisten Gilbert Sosa, der als Drogenhändler tätig war. Aldrete erzählte der Polizei später, sie habe Sosa am Hals aufhängen und in kochendes Wasser baumeln lassen, während er sich am Strick festhielt, um nicht zu ersticken. Sie selbst habe dem vor Schmerzen brüllenden Mann mit einer Schere die Brustwarze abgeschnitten. Anschließend habe man das Hirn des Toten in seinem eigenen Blut gekocht und gemeinsam gegessen.

Anfang 1988 zog sich Constanzo mit Sara Aldrete und den Mitgliedern seiner Sekte auf die einige Kilometer außerhalb von Matamoros gelegene Ranch Santa Elena zurück. Constanzo versprach seinen Anhängern, sie gegen Polizeikugeln unverwundbar zu machen, und sie ermordeten dafür in zehn Monaten mehr als ein Dutzend Menschen. Am 14. März 1989 ließ Constanzo den aus Texas stammenden Medizinstudenten Mark Kilroy in Matamoros entführen, weil er für seine Riten einen Gringo benötigte. Auf Druck der US-Regierung begannen sich die mexikanischen Behörden mit äußerster Dringlichkeit um den Fall zu kümmern, und am 9. April 1989 fielen ihnen einige Mitglieder des Kultes in die Hände. Nach intensiven Verhören gestanden sie nicht nur ihre Drogengeschäfte, sondern erzählten auch, was mit dem Gringo geschehen war. Noch am gleichen Tag gruben die Beamten auf der Ranch Santa Elena 14 grausam zugerichtete Leichen aus. Unter den Toten war auch der vermißte Mark Kilroy. In einer Hütte auf dem Gelände der Ranch entdeckte die Polizei einen Eisenkessel mit eingetrocknetem Blut, einem menschlichen Hirn, Zigarrenstummeln und einer toten Schildkröte.

Mehr als 300 Polizisten suchten nach Constanzo, Aldrete und weiteren drei Anhängern. Drei Wochen später, am 5. Mai 1989, wurden die fünf in einem Appartement in der Calle Río Sena in Mexico City gestellt. Nach einem Schußwechsel mit der Polizei kroch Adolfo de Jesús Constanzo mit seinem Leibwächter in einen Schrank und ließ sich mit ihm von einem anderen Mitglied der Bande erschießen.

Sara Aldrete wurde im August 1990 wegen Mitgliedschaft in einer kriminellen Vereinigung zu sechs Jahren Haft verurteilt. Vier weitere Mitglieder des Kultes wurden mit jeweils 67 Jahren Haft bestraft. Auch Sara Aldrete sollte nicht mit sechs Jahren davonkommen: Im Mai 1994 wurde die Hohepriesterin des Palo Mayombe wegen dreizehnfachen Mordes zu 62 Jahren Gefängnis verurteilt.

De Jesús Gonzáles, Delfina und María

Die tatsächliche Zahl der Menschen, die Delfina und Maria de Jesús Gonzáles auf ihrer Ranch »El Ángel« seit 1953 getötet haben, wird für immer ungeklärt bleiben. Bekannt ist jedoch, daß auf dem Grundstück der Schwestern in Guanajuato im Westen Mexikos die Leichen von knapp 100 Mordopfern geborgen wurden.

Delfina und María de Jesús Gonzáles unterhielten ein Bordell, wo sie zahlreiche verschleppte Teenager aus der Umgebung der Küstenstadt Guadalajara wie Sklaven hielten. Viele der Mädchen hatten sie durch Anzeigen herbeigelockt, in denen sie ihnen billige Hilfsjobs anboten. Dann machten sie sie mit Kokain und Heroin gefügig und zwangen sie unter Folter, als Prostituierte zu arbeiten. Wenn sie zu fliehen versuchten oder erkrankten, wurden sie aus dem Weg geräumt. Für Delfina und María de Jesús Gonzáles war ein Menschenleben nichts wert, wenn es nicht gewinnbringend eingesetzt werden konnte. Nicht nur daß sie die Mädchen regelrecht »verwerteten« – die Schwestern hatten es auch auf das Leben der Männer abgesehen, wenn sie genügend Geld dabei hatten.

Erst als sich innerhalb eines Zeitraumes von zehn Jahren die Zahl der vermißten jungen Mädchen in der Gegend in und um Guadalajara extrem häufte, wurde die örtliche Polizei aktiv. Sie hatte bereits die Prostituierte Josefina Guttierrez im Verdacht, mit dem Verschwinden der Mädchen im Zusammenhang zu stehen, und nachdem sie verhaftet worden war, brachte man sie zum Reden. Sie gab den Polizisten den Hinweis, sich auf der Ranch der Gonzáles-Schwestern in Guanajuato umzusehen. Doch man fand lediglich einige drogenabhängige Frauen vor. Von Delfina und María de Jesús Gonzáles fehlte jede Spur. Sie waren vermutlich gewarnt worden und hatten das Haus fluchtartig verlassen.

Aufgrund von Hinweisen wurde das gesamte Grundstück umgegraben. Dabei stieß die Polizei auf ein Massengrab, in dem sich neben den Skeletten von 80 Mädchen und elf Männern mehrere abgetriebene Föten befanden. Nach einer Großfahndung wurden die Schwestern verhaftet. Delfina und María de Jesús wurden 1964 jeweils zu 40 Jahren Gefängnis verurteilt.

De Salvo, Albert Henry – »Boston Strangler«

Zwischen Juni 1962 und Januar 1964 ermordete der als »Boston Strangler« bekanntgewordene Serienmörder Albert de Salvo 13 Frauen, indem er in die Wohnungen alleinstehender Frauen eindrang, sie vergewaltigte und anschließend erwürgte.

Der 1931 in Chelsea/Massachusetts geborene Sohn italienischer Einwanderer wuchs unter desolaten und ärmlichen familiären Verhältnissen auf, die durch körperliche Mißhandlungen durch seinen alkoholabhängigen Vater gekennzeichnet waren.

Mit 17 Jahren trat de Salvo in die Army ein. Während er in Deutschland stationiert war, lernte er eine junge Frau namens Irmgard kennen, die er bald heiratete. Doch die Ehe verlief nicht glücklich, und seine Frau empfand seine sexuellen Wünsche als unzumutbar. Bereits 1958 fiel Albert de Salvo erstmalig wegen eines Sexualdelikts auf, weil er ein neunjähriges Mädchen sexuell belästigt hatte. Später bedrängte er regelmäßig fremde Frauen, indem er sich als Modell-Agent auf Talentsuche ausgab und sie, während er Maß von ihren Körpern nahm, unzüchtig berührte. De Salvo wurde erneut verhaftet, weil er in fremde Häuser eingebrochen war und kam nach elf Monaten auf Bewährung frei. Danach war er wie verändert und legte ein aggressives, gewalttätiges Verhalten an den Tag. Er begann die Häuser alleinstehender Frauen aufzusuchen und unter dem Vorwand, daß er der Handwerker sei und Schäden zu reparieren habe, in ihre Wohnungen einzudringen. Dann fiel er über seine Opfer her. Nachdem ihn Nachbarn beim Verlassen eines Hauses gesehen hatten und der Polizei schildern konnten, daß der Täter grüne Hosen getragen hatte, hieß er in der Öffentlichkeit bald »Green Man«, bis er mit der rasch wachsenden Zahl der Morde schließlich zum »Boston Strangler« wurde, da er die Frauen meist erwürgte. Die 19jährige Mary Sullivan war sein letztes Opfer. Er ermordete die junge Frau am 4. Januar 1964, nachdem er sie vergewaltigt hatte. Ihre Leiche hinterließ er mit gespreizten Beinen und einem Besenstiel in der Vagina. Eine Neujahrskarte steckte zwischen ihren Zehen, und es schien, als wolle er sich über das Opfer lustig machen. Danach hörten die Morde auf.

Erst 1965 wurde der Serienmörder wegen einer Vergewaltigung festgenommen und zur Untersuchung in eine psychiatrische Klinik eingewiesen. Es stellte sich heraus, daß der Polizei der wegen dreizehnfachen Mordes gesuchte »Boston Strangler« ins Netz gegangen war. »Ich weiß nicht, warum ich die Frauen getötet habe«, sagte er und gestand im Frühjahr des Jahres 1965 insgesamt 13 Morde. De Salvo wurde jedoch lediglich wegen verschiedener Sexualdelikte und Raubes angeklagt und zu einer lebenslangen Freiheitsstrafe verurteilt.

Am 26. November 1973 wurde Albert de Salvo im Walpole State Prison von einem Mithäftling durch einen Messerstich ins Herz ermordet.

Del Junco, Francisco

Am 3. Juni 1996 legte der Exilkubaner Francisco del Junco in Miami/Florida ein Geständnis ab. Der 38jährige, der 16 Jahre zuvor nach Miami gekommen war, gestand, der Mörder der Prostituierten Diane Helms, Vida Hicks, Cheryl Lee Ray und Janice Cox zu sein. Alle vier Frauen waren drogenabhängig und hatten sich das Geld für die Beschaffung von Crack auf dem Straßenstrich verdient. Die zwischen 37 bis 44 Jahre alten Frauen waren zwischen August 1995 und März 1996 in Miami verbrannt aufgefunden worden.

Die Obduktion der Leichen der farbigen Prostituierten ergab, daß sie brutal zusammengeschlagen und anschließend mit Benzin übergossen und angezündet worden waren. Aufgrund dieser Gemeinsamkeiten bestand die Vermutung, daß sie alle vom gleichen Täter ermordet worden waren. Obwohl die Polizei über 500 wegen Sexualdelikten vorbestrafte Männer verhört hatte, kamen sie dem gefährlichen Serienkiller nicht auf die Spur.

Schließlich war es eine Prostituierte, die die Polizei auf del Junco aufmerksam machte: Sie hatte einen Streifenwagen alarmiert, nachdem sie ihn auf der Straße als den Mann wiedererkannte, der sie ein Jahr zuvor angegriffen hatte.

Der Kubaner, der als Tellerwäscher jobbte, wurde daraufhin festgenommen und zur Polizeiwache gebracht. Noch während man ihn zu dem Vorfall vom Vorjahr befragte, gab er plötzlich zu, die vier Frauen getötet und angezündet zu haben. Angaben über seine Gerichtsverhandlung und Verurteilung liegen noch nicht vor.

Dennis, Jerome

Im April 1992 meldeten zwei Frauen der Polizei von East Orange County im US-Bundesstaat New Jersey, daß sie von einem fremden Mann mit einem Messer angegriffen worden waren. Wie sich wenig später herausstellte, handelte es sich bei dem Angreifer um den 25 Jahre alten Jerome Dennis. Die Anzeige der Frauen erhielt sofort die besondere Aufmerksamkeit der Polizisten, denn seit August 1991 waren bereits sechs junge schwarze Frauen aus der Gegend von East Orange Sexualmorden zum Opfer gefallen. Ihre Leichen waren aus Abrißhäusern und Straßengräben geborgen worden. Die beiden Frauen konnten nicht nur eine genaue Beschreibung des Täters abgeben, sondern erkannten den 25jährigen Jerome Dennis in der Verbrecherkartei unter den registrierten Sexualstraftätern wieder. Dennis, der kurz zuvor eine langjährige Haftstrafe wegen Vergewaltigung und Raub abgesessen hatte und auf Bewährung aus dem Gefängnis entlassen worden war, wurde erneut verhaftet. Bei seiner Festnahme gestand er ohne Umschweife vier der sechs ihm zur Last gelegten Morde sowie einen weiteren, den er im Dezember 1991 in Newark begangen hatte.

Jerome Dennis wurde aufgrund seines Geständnisses Anfang März 1993 zu einer lebenslänglichen Freiheitsstrafe verurteilt, die er in einem Gefängnis in New Jersey verbüßt. Die zwei anderen Morde blieben bislang ungeklärt.

Diaz, Robert

Zu seiner eigenen Unterhaltung und Belustigung beging der aus Kalifornien stammende Krankenpfleger Robert Diaz zwölf Morde an Patienten einer Intensivstation, indem er sich als Doktor ausgab und ihnen tödliche Injektionen verabreichte.

Im April des Jahres 1981 erhielt der Leichenbeschauer des San Bernadino County bei Los Angeles einen anonymen Anruf. Eine Frau behauptete aufgeregt, daß es im Krankenhaus von Perrish zu 19 mysteriösen Todesfällen gekommen sei, und forderte den Arzt auf, diesem Hinweis nachzugehen. Der Leichenbeschauer informierte die Polizei, die sich umgehend im Hospital umhörte. Dabei stellte sich heraus, daß zwar keine 19, aber immerhin elf Patienten der Intensivstation zwischen 52 und 59 Jahren überraschend an einer extremen Übersäuerung des Blutes gestorben waren. Ein weiterer war kurz nach seiner Verlegung in eine andere Klinik ums Leben gekommen. Noch verdächtiger war jedoch, daß die Akten der Verstorbenen von der Intensivstation entwendet worden waren. Der Verdacht richtete sich rasch gegen den Krankenpfleger Robert Diaz, der als Pfleger Zugang zu den Akten hatte. Doch selbst die Tatsache, daß Diaz dem Krankenhauspersonal häufig den Tod von Patienten mit stabiler Konstitution exakt voraussagte, war noch kein Beweis dafür, daß er für deren Tod verantwortlich war. Allerdings war er häufig dabei beobachtet worden, wie er Patienten unverordnete Injektionen verabreicht hatte. Das rechtfertigte immerhin eine überraschende Hausdurchsuchung, bei der die Polizei in seiner Wohnung große Mengen des Herzmittels Lidocain, Morphium sowie zahlreiche Spritzen fand.

Robert Diaz wurde im November 1981 verhaftet und unter Mordanklage gestellt. Der Staatsanwalt veranlaßte die Exhumierung zahlreicher Leichen, bei der sich herausstellte, daß zwölf Patienten mit einer Überdosis Lidocain abgespritzt worden waren.

Bei seinem Prozeß im März 1984 in Los Angeles wurde Robert Diaz des zwölffachen Mordes schuldig gesprochen und zum Tode in der Gaskammer verurteilt.

Dillon, Thomas

Seit Ende 1990 erschütterten die Morde an fünf Männern den US-Bundesstaat Ohio. Da den Gewaltverbrechen kein erkennbares Motiv zugrunde lag, wuchs innerhalb der Bevölkerung die Angst, daß jeder das nächste Opfer des unheimlichen Killers werden könnte. Die meisten der ermordeten Männer waren Hobbyjäger, die aus verschiedenen Countys stammten und deren Leichen mit Gewehrschüssen im Rücken aufgefunden worden waren.

Nachdem die Mutter eines der fünf Opfer im November 1991, ein Jahr nach der Ermordung ihres Sohnes Jamie Paxton, in einer örtlichen Tageszeitung von Belmont County einen Aufruf startete, um den Mörder ausfindig zu machen und dazu die Bevölkerung um Mithilfe bat, erfolgten erste Hinweise auf den möglichen Täter.

In einem Bekennerschreiben, das die Zeitung kurz darauf erhielt, behauptete ein anonymer Schreiber, mehrere Verbrechen begangen zu haben, weil er von Zeit zu Zeit von dem »Zwang zu töten« überwältigt werde. Er fügte hinzu, daß er trotz allem ein durchschnittlich aussehender Mann mit Familie, Arbeit und Heim wäre – wie jeder andere.

Kurze Zeit später ging bei der Polizei von Belmont County ein Hinweis ein, der einen gewissen Thomas Dillon mit den Verbrechen in Zusammenhang brachte. Als die Beamten den im Tuscarawas County ansässigen Mann aufsuchten, stellte sich heraus, daß dieser nicht nur ein gewöhnlicher Ehemann und Familienvater, sondern sogar ein leitender Staatsbeamter beim Canton Water Department war. Dillon wies entschieden jede Schuld zurück und warf der Polizei vor, einen Unschuldigen zu verdächtigen, um der beunruhigten Öffentlichkeit einen Täter präsentieren zu können. Doch der Verdacht gegen ihn erhärtete sich, als man herausfand, daß er der ehemaliger Besitzer eines als Tatwaffe benutzten Gewehres war. Dillon, der schon früh regelmäßig Tiere tötete, bekannte sich schließlich im Austausch gegen eine Verschonung von der Todesstrafe in allen fünf ihm zur Last gelegten Morden schuldig.

Thomas Dillon wurde zu einer lebenslänglichen Haftstrafe mit einer Mindestdauer von 165 Jahren verurteilt, womit das Gericht die Möglichkeit einer vorzeitigen Entlassung ausschließen wollte.

Dodd, Westley Allan

Westley Allan Dodd wurde am 5. Januar 1993 wegen dreifachen Mordes an kleinen Jungen im Walla Walla Gefängnis hingerichtet. Er war der erste Mann seit fast drei Jahrzehnten, der im US-Bundesstaat Washington gehängt wurde. Diese Art der Hinrichtung hatte der 31jährige selbst gewählt. Er wollte genauso sterben wie sein letztes Opfer.

Während das ungeduldige Publikum, darunter Angehörige der ermordeten Kinder, auf die Vollstreckung des Todesurteils warteten, hatten die Henker ihre Schwierigkeiten mit dem jahrelang ungenutzten Galgen: Erst mit Hilfe einer Anleitung aus einem Armee-Handbuch gelang es den Vollstreckern, den Mörder zu exekutieren.

Dodd wußte, daß ihm nicht zu helfen war. Kurz zuvor hatte er die Warnung ausgesprochen, man möge ihn schnell hinrichten, bevor es ihm gelänge aus dem Gefängnis zu fliehen, denn er würde mit größtem Vergnügen weiter töten. Dodd hatte bereits in jungen Jahren entdeckt, daß er sich zu kleinen Jungen hingezogen fühlte. Bald hatte er regelmäßig sexuelle Kontakte zum gleichen Geschlecht, aber absolute Lust verspürte er nur, wenn sein Gegenüber jung und unschuldig war. Wenn es ihm nicht gelang, »willige« Knaben für die Befriedigung seiner pädophilen Veranlagung zu finden, näherte er sich ihnen mit Gewalt. Dodd desertierte 1982 von der Navy, in die er erst kurz zuvor eingetreten war, weil ihm seine Phantasien keine Ruhe ließen. Er wurde als Deserteur und wegen Kindesbelästigung inhaftiert und fand sich bald in Rehabitationsprogrammen und Psychologengesprächen wieder. Doch den unbändigen Drang, sich an kleinen Jungs zu vergehen, konnte nichts und niemand zügeln.

Während er sich mit schlechtbezahlten Aushilfsjobs über Wasser hielt, beging er seinen ersten Mord. Die Opfer waren der damals elfjährige Cole Neer und sein zehnjähriger Bruder William. Man fand ihre Leichen im September 1989. Dodd hatte sie sexuell mißbraucht und brutal erstochen. Bereits einen Monat später entführte er den vier Jahre alten Lee Iseli von einem Kinderspielplatz. Lee wurde von Dodd erdrosselt und an einem Strick im Schrank aufgehängt.

Dodd konnte erst gefaßt werden, als ein weiterer Versuch scheiterte, einen Jungen in sein Auto zu zerren. Der Wagen streikte und blieb einige Straßen weiter stehen.

Doss, Nannie – »Arsenic Annie«

Als der fünfte Ehemann von Nannie Doss, der 58jährige Samuel Doss, am 6. Oktober 1954 mit Magenschmerzen ins Zentralkrankenhaus von Tulsa in Oklahoma eingeliefert wurde und kurz darauf starb, standen die behandelnden Ärzte vor einem Rätsel und ordneten eine Autopsie des Toten an. Nachdem die Ärzte bei der Untersuchung im Magen der Leiche eine Arsenmenge gefunden hatten, die ausgereicht hätte, zehn Männer ins Jenseits zu befördern, tat die 49jährige Nannie völlig überrascht: »Wie konnte das passieren?« Die Polizei sagte ihr auf den Kopf zu, daß sie ihren Mann vergiftet habe. Als die Beamten ihr vorhielten, daß schließlich auch ihr letzter Ehemann, Richard Morton, unter ähnlichen Umständen ums Leben gekommen war, leugnete sie, diesen überhaupt gekannt zu haben.

Im Laufe der Ermittlungen stellte sich heraus, daß Nannie Doss nicht nur Samuel sowie ihre drei vorhergehenden Ehemänner, sondern auch noch ihre Mutter und zwei ihrer Schwestern sowie drei ihrer Kinder und Enkelkinder und einen Neffen mit Arsen vergiftet hatte. Während sie die Morde an ihren Verblichenen später zugab, weil sich keiner als ihr »Traummann« erwiesen hatte, leugnete sie die anderen Morde. Doch die Exhumierung der übrigen Leichen bewies, daß auch sie durch enorme Mengen Arsen ums Leben gekommen waren.

In einem spektakulären Prozeß wurde sie 1964 wegen elffachen Mordes zu einer lebenslänglichen Freiheitsstrafe verurteilt. Ein Jahr später starb sie im Alter von 60 Jahren im Gefängnis an Leukämie.

Double Initial Killer

Anfang der 70er Jahre wurden in den Dörfern Churchville, Macedon und Webster bei Rochester im New York State drei tote Schülerinnen gefunden. Die Gemeinsamkeiten zwischen den Sexualmordopfern waren offensichtlich: Alle drei Mädchen waren zwischen zehn und elf Jahre alt, stammten aus katholischen Familien, lebten in ärmlichen Verhältnissen und waren schlecht in der Schule. Doch die auffälligste Ähnlichkeit der Fälle, die von den Polizisten als »Alphabet-« oder »Double Initial-Morde« bezeichnet wurden, war der Umstand, daß die Vor- und Nachnamen der erwürgten Mädchen mit jeweils gleichen Buchstaben begannen: Carmen Colon, Wanda Walkowitz und Michelle Maenza. Ein weiterer Aspekt, der den Ermittlern zu denken gab, war, daß jedes der Mädchen in einem Dorf aufgefunden wurde, das jeweils denselben Anfangsbuchstaben wie ihr Name trug. Polizeiexperten waren der Auffassung, daß die Taten von einem »organisierten Serienmörder« begangen worden waren, der die Verbrechen nüchtern geplant hatte. Höchstwahrscheinlich hatte er seine Opfer schon seit längerer Zeit beobachtet und kannte die Lebensumstände und Gewohnheiten der Mädchen. Geht man von den gängigen Lehrmeinungen des FBI aus, so waren dies möglicherweise nicht seine ersten Morde, denn erfahrungsgemäß handeln Ersttäter weniger kalkuliert und perfektionieren ihre Verbrechen erst im Laufe der Zeit. Aufgrund dieser Erkenntnisse schloß die Ermittlungsbehörde auf einen Mann, der in einer sozialen oder pädagogischen Einrichtung, wie zum Beispiel einer Schule, arbeitet oder gearbeitet hat. Durch Hinweise der Bevölkerung wurden im Rahmen der Ermittlungen rund 800 Verdächtige verhört, doch ein Erfolg blieb aus. Auch als Jahre später der Verdacht auf den zwölffachen Serienmörder **Kenneth Bianchi** fiel, konnte ihm nichts nachgewiesen werden. Zwar gab im Dezember 1995 ein wegen Mordes verurteilter Insasse eines Hochsicherheitsgefängnisses bekannt, den »Double Initial-Killer« zu kennen, doch den Namen des Mörders nannte er nicht.

Drenth, Herman

Zwischen 1921 und 1930 tötete Herman Drenth, ein notorischer Heiratsschwindler und Serienkiller aus West Virginia, annähernd 50 Frauen mittleren Alters, auf die er durch »Lonely Hearts«-Anzeigen der Tageszeitungen aufmerksam geworden war.

Er lockte die alleinstehenden oder verwitweten Frauen nach Clarksburg, wo er ein Ferienhaus mit dem anheimelnden Namen »Quiet Dell« unterhielt. Keine der heiratswilligen Frauen ahnte, daß das »Stille Tal« ihr Friedhof werden sollte. Wie der 1894 gehängte Frauenmörder **Herman Webster Mudgett** hatte Drenth zu diesem Zweck in seinem Haus eine Gaskammer installiert.

1931 wurde Drenth, alias Cornelius O. Pierson, gefaßt. Er hatte die aus Illinois stammende Asta Buick Eicher, eine Witwe und Mutter von drei Kindern zwischen neun und 14 Jahren, in sein Haus gelockt und dort ermordet. Ihre Kinder, die während der vermeintlichen Flitterwochen vorläufig bei einer Bekannten untergebracht worden waren, holte Herman Drenth anschließend ab und bezahlte die Frau für die Beaufsichtigung der Kinder mit einem Scheck. Von den Kindern wurde keines mehr lebend gesehen, und auch der Scheck erwies sich als ungedeckt. Über den geplatzten Wechsel verärgert, zeigte die Bekannte den Betrüger bei der Polizei an. Drenth alias Pierson versuchte sich damit herauszureden, daß er nicht wisse, wo Mrs. Eicher abgeblieben sei. Sie habe ihn betrogen und sei mit ihren Kindern verschwunden.

Bei der Durchsuchung seines Hauses und der Umgrabung des Grundstücks in Clarksburg stieß die Polizei auf die Leichen der vermißten Frau und ihrer drei Kinder. Daraufhin gab Drenth die Morde zu und gestand, auch Dorothy Lemke getötet zu haben. Grund für die Verbrechen sei nicht nur Habsucht gewesen. Der Todeskampf seiner Opfer habe ihm sexuelle Befriedigung verschafft.

Mit zahlreichen Gegenständen aus dem Besitz weiterer Opfer konfrontiert, die man in seinem Haus gefunden hatte, entgegnete er kaltschnäuzig: »Ihr habt mich doch wegen fünf Morden. Was sollten 50 weitere ändern?« Herman Drenth wurde zum Tode verurteilt und am 18. März 1932 in West Virginia gehängt.

Edwards, Mack Ray

Dem aus Los Angeles stammenden Mack Ray Edwards, einem pädophilen Triebmörder, werden gleich zwei Mordserien angelastet. Eigenen Geständnissen zufolge ist Edwards sowohl für eine Reihe von Kindermorden verantwortlich, die er zwischen 1953 und 1956 begangen hatte, sowie für eine weitere Serie von Sexualmorden zwischen 1968 und 1970. Obwohl er sechs Morde eingeräumt hatte, gingen die Ermittler vom Los Angeles Police Department seinerzeit davon aus, daß Edwards insgesamt 22 Morde begangen hat.

Edwards hatte sich nach seinem letzten Mord selbst der Polizei gestellt. Bei seinem Prozeß in Los Angeles Anfang der 70er Jahre räumte Mack Edwards sechs der von ihm begangenen Kindermorde ein und wurde daraufhin zum Tode auf dem elektrischen Stuhl verurteilt. Nach der Urteilsverkündung bat er um eine baldige Hinrichtung: »Mein Anwalt hat mir gesagt, daß derzeit 100 Männer darauf warten, auf dem elektrischen Stuhl zu sterben. Ich möchte den Vorsitzenden fragen, ob ich als erster drankommen kann?« Ob die Strafe vollstreckt wurde, ist nicht bekannt. Da Mitte der 70er Jahre das Moratorium zur

Aussetzung der Todesstrafe in Kraft trat, ist die Hinrichtung von Mack Edwards wahrscheinlich ausgesetzt und in eine lebenslängliche Freiheitsstrafe umgewandelt worden.

Ellwood, Russell

Zwischen 1991 und 1996 fand die Polizei von New Orleans in den Sumpfgebieten rund um die Stadt immer wieder Leichen von Prostituierten afroamerikanischer Abstammung, unter ihnen auch Männer und Transsexuelle. Einige der Opfer waren stranguliert, andere mit einer Überdosis Drogen getötet worden. Nachdem bereits 25 unter ähnlichen Umständen ums Leben gekommene Mordopfer entdeckt worden waren, konnte die Polizei den aus Ohio stammenden ehemaligen Taxifahrer Russell Ellwood festnehmen. Ellwood war ins Visier der polizeilichen Ermittlungen gerückt, nachdem er sich mitten in der Nacht unmittelbar in der Umgebung herumgetrieben hatte, in der im Februar 1993 an zwei aufeinanderfolgenden Tagen zwei der Opfer erdrosselt und erstickt aufgefunden worden waren.

Dem Streifenpolizisten erklärte er, daß er lediglich Öl wechseln wollte. Er sei zu diesem abgelegenen Ort gefahren, um dabei nicht von der Umweltschutzbehörde ertappt zu werden. Da die Beweise für eine Inhaftierung wegen Mordverdachts jedoch nicht ausreichten, wurde Ellwood wegen des illegalen Ölwechsels und einiger offener Verkehrsdelikte am 4. März 1998 in Haft genommen. Ellwood, der bereits mehrfach wegen Drogendelikten und Verletzung der Bewährungsaufsicht in Haft gewesen war, hatte im Oktober 1997 einem Mithäftling in einem Gefängnis in Florida erzählt, daß es ihm Freude macht, Sex mit Menschen zu haben, die durch Drogen betäubt sind.

Dem Mitinsassen zufolge, soll Ellwood gesagt haben: »Wenn sie von Kokain oder Heroin high sind, wirken sie wie paralysiert und ich kann das hervorragend ausnutzen.«

Die Polizei verdächtigt ihn, mindestens acht der insgesamt 25 Morde begangen zu haben. Ein Teil der Verbrechen wird auch dem aus New Orleans stammenden Polizeioffizier **Victor Gant** zugeschrieben, der sich ebenfalls in Haft befindet.

Evans, Donald Leroy

Am 5. August 1991 wurde der ehemalige Marineinfanterist Donald Leroy Evans in Biloxi im Bundesstaat Mississippi von der Polizei verhaftet, weil er ein zehn Jahre altes Mädchen in Gulfport entführt, vergewaltigt und erdrosselt hatte. Der 34jährige, der als Nachtportier in einem Motel jobbte, hatte bereits wegen Vergewaltigung mehrere Jahre hinter Gittern verbracht.

Nach seiner erneuten Verhaftung gestand der geltungssüchtige Sexualverbrecher und Kindermörder aus Michigan ohne Umschweife nicht nur den Mord an dem Mädchen, sondern brüstete sich auch noch mit über 70 weiteren Morden, die er angeblich seit 1977 in mehreren US-Bundesstaaten begangen habe.

Er lieferte den Beamten zwar unzählige Angaben zu seinen möglichen Verbrechen und beschrieb Fundorte, wo er die weiblichen Leichen vergraben habe, doch bisher wurden keine weiteren Mordopfer entdeckt. Aufgrund von Evans Behauptungen, denen die Behörden zwangsläufig nachgehen müssen, dauern die Ermittlungen immer noch an und erstrecken sich über mehrere Bundesstaaten.

Trotz des immensen Ermittlungsumfangs, konnten ihn bislang lediglich zwei weitere Mordfälle an schwarzen

Prostituierten in Fort Lauderdale/Florida zugeordnet werden. Evans, dem es sichtliches Vergnügen bereitete, mit seinen Verbrechen zu prahlen, konnte aufgrund seines Täterwissens über den Hergang der Prostituiertenmorde in diesen Fällen zweifelsfrei überführt werden. Darüber hinaus wird Donald Leroy Evans zwölf weiterer Mordfälle verdächtigt. Inwieweit Evans' Geständnisse hinsichtlich der rund 60 anderen Morde bloße Phantasieprodukte sind, wird erst duch umfangreiche Nachforschungen endgültig zu klären sein. Fest steht, daß er den in Texas einsitzenden Serienmörder **Henry Lee Lucas** in Briefen gebeten hat, ihm Details seiner Verbrechen mitzuteilen, um seine Geständnisse offensichtlich durch dessen mutmaßliches Täterwissen aufzuwerten. Donald Leroy Evans wurde am 5. Januar 1999 von einem Mitinsassen des Mississippi State Penitentiary mit mehreren Messerstichen tödlich verletzt.

Eyler, Larry

Seinen vermutlich ersten Mord beging Larry Eyler im Juni 1980 an einem 15jährigen Stricher aus Indianapolis, der fünf Tage nach seinem Verschwinden in einem Straßengraben in einem nördlich der Stadt gelegenen County entkleidet und ermordet aufgefunden wurde. Bis zum Mai 1983 waren bereits acht junge, überwiegend homosexuelle Männer aus Indianapolis zwischen 14 und 26 Jahren umgebracht worden. Bis auf eine Ausnahme waren alle von weißer Hautfarbe. Drei waren erwürgt, zwei erstochen worden, und in den drei weiteren Fällen konnte die Todesursache nicht mehr festgestellt werden.

Da die Leichen der Männer in drei verschiedenen Verwaltungsbezirken aufgefunden worden waren, wurden die

Mordverbrechen zunächst einzeln und von verschiedenen Polizeibehörden getrennt voneinander bearbeitet.

Erst 1983 wurden die Fälle koordiniert und Informationen bezüglich der Morde ausgetauscht, nachdem einem Gerichtsmediziner die Gemeinsamkeiten bei den Verletzungen zweier Mordopfer aufgefallen waren. Die Polizei gründete eine Sondereinheit, die Unterstützung vom FBI erhielt. Die Bundespolizei war davon überzeugt, daß mindestens zwei Täter die Verbrechen begangen hatten. Neben einem nicht genannten Geschäftsmann aus Indianapolis galt Eyler als Hauptverdächtiger. Daß er auf freiem Fuß blieb und weitere Morde begehen konnte, ist nicht zuletzt auf polizeiliches Fehlverhalten zurückzuführen. Denn der gesuchte Serienkiller war bereits am 30. September 1983 im Norden Indianas bei einer Verkehrskontrolle angehalten und festgenommen worden, nachdem sich in seinem Pick-up Spuren fanden, die darauf hinwiesen, daß er mit mehreren Morden in Indiana, Wisconsin und Illinois zu tun gehabt hatte. Dennoch mußte er nach seiner Verhaftung in Indiana wieder freigelassen werden, weil die Beweismittel, darunter ein paar Stiefel, an denen getrocknetes Blut eines Opfers aus Illinois gefunden wurde, bei einer rechtswidrigen Durchsuchung seines Pick-ups aufgetaucht waren. Obwohl die Beweise nach europäischem Rechtsverständnis ausgereicht hätten, ihn für den Rest seines Lebens hinter Schloß und Riegel zu bringen, durfte die Staatsanwaltschaft sie gegen den Serienkiller nicht verwenden. Eyler mußte wieder entlassen werden und verklagte im Gegenzug die Justizbehörden wegen Freiheitsberaubung und seelischer Grausamkeit auf eine halbe Million Dollar Schadensersatz.

Im August 1984 konnte Larry Eyler in Chicago schließlich überführt werden, nachdem er von einem Hausmeister dabei beobachtet worden war, wie er schwere Müllsäcke entsorgte. Als dieser nachschaute, fand er darin Blut und mehrere Körperteile, die von Eylers letztem Opfer stammten.

Obwohl der starke Verdacht besteht, daß mindestens 19 Menschen, überwiegend Stricher und Herumtreiber, von Eyler getötet wurden, konnte ihm die Täterschaft mangels Beweisen nicht nachgewiesen werden. Nach langwierigen Ermittlungen gelang es der Chicagoer Polizei, Eyler im Fall seines letzten Opfers vor Gericht zu bringen. Am 9. Juli 1986 wurde er zum Tode durch eine tödliche Injektion verurteilt. Seine Hinrichtung erlebte er nicht mehr, weil er am 6. März 1994 im Gefängnis an Aids starb. Noch auf dem Sterbebett gestand er 20 Morde, von denen er einige mit einem Komplizen begangen habe.

Falling, Christine

Wie bereits **Jeanne Weber**, die ihr mörderisches Handwerk in Paris Anfang des 20. Jahrhunderts betrieb, oder in jüngster Zeit Krankenschwester **Beverley Allitt**, die Anfang der 90er Jahre in England Babys umbrachte, vergriff sich auch die 19jährige Christine Falling an den kleinsten und wehrlosesten Mitgliedern der Gesellschaft. Falling, die aus Perry in Florida stammte und als Babysitter jobbte, ermordete zwischen Februar 1980 und Juli 1982 fünf Babys und Kleinkinder. Der erste Kindermord geschah am 25. Februar 1980 in Blountstown. Die junge Amerikanerin hatte auf die Tochter der Familie Johnson aufgepaßt, doch als die Eltern zurückkehrten, fanden sie die kleine Cassidy Marie bewußtlos vor. Die Zweijährige wurde sofort ins nächste Krankenhaus gebracht. Sie sollte die Klinik nicht mehr lebend verlassen: Die Diagnose lautete »Plötzlicher Kindstod«.

Anfang 1981 starb in Lakeland der vierjährige Jeffrey Michael Davis, der ebenfalls in der Obhut von Falling gewesen war. Der Arzt glaubte, daß Jeffrey an einer Virusinfektion gestorben war und schrieb Myocarditis auf den Totenschein. Das Vertrauen gegenüber der gutmütig aussehenden und stets hilfsbereiten Christine war ungetrübt, und so vertrauten nur drei Tage später nahe Verwandte des verstorbenen Kindes ihr ihren zwei Jahre alten Sohn an, damit sie an der Beerdigung teilnehmen konnten. Als das Ehepaar Springs von der Bestattung zurückkehrte, kam ihnen schon die völlig aufgelöste Christine entgegen, die behauptete, Joseph sei plötzlich aus unerklärlichen Gründen nicht mehr aus dem Schlaf erwacht. Die Ärzte sprachen wieder von einer infektiösen Myocarditis als Todesursache, und die arme Christine wurde von allen bedauert, daß sie den Tod zweier Kinder miterleben mußte. Noch im Juli 1981 starb Jennifer Daniels, die acht Monate alte Tochter ihrer Stiefschwester in Perry am mysteriösen »Plötzlichen Kindstod«, während Christine kurz auf die Kleine aufpassen sollte. Ein Jahr darauf erstickte in Blountstown der gerade mal zweieinhalb Monate alte Säugling der Familie Coleman, in der Obhut von Falling. Die Colemans machten ihre Zweifel geltend und ließen eine Autopsie durchführen, die eine erschreckende Tatsache offenbarte: Ihr Baby war ermordet worden. Nach dem Autopsieergebnis geriet Christine Falling unter Mordverdacht, wurde überführt und gestand in einem Deal mit der Staatsanwaltschaft drei der Morde. Für das Gericht genügte das, sie 1982 in Florida lebenslänglich hinter Gittern zu bringen. Die Kindermörderin wurde in die Broward Correctional Instituition, eine psychiatrische Anstalt, eingewiesen, in der sie bis auf weiteres mindestens 25 Jahre verbringen muß.

Fernandez, Raymond und Beck, Martha – »Lonely Hearts Killer«

Wahrscheinlich gehen mehr als 20 Morde auf das Konto von Martha Beck und Raymond Fernandez, die zwischen 1947 und 1949 in New York per Heiratsanzeige auf Opfersuche gingen. Immer wenn sie eine heiratswillige Frau gefunden hatten, versuchte der elegante Raymond, ein auf Hawaii geborener Hispanoamerikaner, nicht nur das Herz, sondern auch das Geld seiner Opfer zu gewinnen.

Fernandez hatte sich auf alleinstehende Frauen über 50 spezialisiert, und lange bevor er die Bigamie zu einem ebenso lukrativen wie mörderischen Geschäft machte, pflegte er Affären mit zwei oder mehreren Damen gleichzeitig zu unterhalten. Eine der Heiratsanzeigen, auf die er antwortete, stammte von Martha Beck aus Pensacola in Florida. Fernandez verliebte sich in die junge, über 200 Pfund schwere Leiterin eines Heims für behinderte Kinder.

Gemeinsam faßten sie den Entschluß, aus Raymonds Neigung ein Geschäft zu machen. In mehreren Fällen zogen sie gemeinsam in die Häuser ihrer Opfer, wobei sich Martha Beck als die Schwester von Fernandez ausgab. Sobald es Raymond Fernandez gelungen war, an das Geld heranzukommen, ermordete er die Frauen.

So auch im Fall der 28 Jahre alten Delphine Dowling, einer attraktiven Witwe aus Grand Rapids in Michigan, die Raymond Fernandez im Herbst 1948 kennenlernte. Die Frau, Mutter einer zweijährigen Tochter, war sich ihrer Gefühle für ihren Latin Lover derart sicher, daß sie ihn auf der Stelle heiraten wollte. Gerne erlaubte sie, daß auch dessen Schwester mit in ihr Haus einzog. Kurz darauf verschwand sie gemeinsam mit ihrer Tochter Reinelle im Januar 1949. Fernandez hatte zunächst vergeblich versucht, die Frau mit

Schlaftabletten zu vergiften und ihr schließlich in den Kopf geschossen. Martha Beck ertränkte das zweijährige Mädchen in einer Waschwanne. Nachdem die Nachbarn das Verschwinden von Mrs. Dowling bemerkt und die Polizei informiert hatten, wurden die Leichen der beiden Verschwundenen unter einem frischen Zementbelag im Keller entdeckt.

In einem spektakulären Prozeß vor dem Obersten Gerichtshof in New York, der im Juli 1949 begann, gestand das Paar zwölf Morde. Sie versuchten auf Unzurechnungsfähigkeit aufgrund geistiger Störungen zu plädieren, kamen jedoch damit nicht durch. Richter Pecora schickte beide auf den elektrischen Stuhl. Martha Beck und Raymond Fernandez wurden am 8. März 1951 in Sing Sing hingerichtet.

Fish, Albert Hamilton

Albert Fish ist der Marquis de Sade unter den Serienkillern. Seine sexuellen Vorlieben umfaßten nahezu das gesamte Spektrum an Perversionen: von aktiver und passiver Flagellation, Päderastie, Koprophagie, Exhibitionismus über Folterungen, bis hin zu Nekrophilie und Kannibalismus ließ er nichts unversucht. Die Gesamtzahl seiner Opfer, überwiegend Kinder aus der schwarzen Unterschicht, wurde nie genau ermittelt. Kriminalisten gehen davon aus, daß dem wahnsinnigen Killer mindestens 16, möglicherweise jedoch mehr als 100 Morde an Kindern und Jugendlichen anzulasten sind.

Der 1870 geborene Fish stammte aus Washington D.C.. Seine Mutter litt unter Halluzinationen, und auch die meisten seiner elf Geschwister waren psychisch gestört. Sein Vater starb 1875 am Herzinfarkt. Albert war zu diesem

Zeitpunkt gerade fünf Jahre alt. Der Junge wurde ins Waisenhaus St. John gesteckt, wo er seine erste Erektion bekam, als die Heimleiterin ihn mit dem Stock züchtigte.

Nach seiner Entlassung aus dem Heim arbeitete er als Anstreicher und heiratete 1898 seine damals 19jährige Frau, mit der er sechs Kinder bekam und die ihn nach 20 Ehejahren wegen eines anderen Mannes verließ. Von diesem Zeitpunkt an gab sich Fish zunehmend seinen absonderlichen Obsessionen hin. Er verstümmelte seinen Körper, mit Rosendornen zerfetzte er sich fast den Hoden und aß anschließend die Blätter auf oder genoß es, sich Segelnadeln in Genitalien, Anus und Leistengegend zu stechen. Größtes Vergnügen bereitete ihm ein »Feuerwerk« aus einem in Benzin getunkten Baumwollstückchen im After.

1910 tötete er in Delaware einen Homosexuellen. Das war sein erster Mord, dem noch zahlreiche weitere folgen sollten. 1922 wurde Fish von einem religiösen Wahn befallen. »Gebenedeit sei, wer seine kleinen Kinder packt, um ihnen mit Steinen den Schädel einzuschlagen«, verkündete der 52jährige auf den Straßen und glaubte, der Heiland selbst zu sein. Er war davon besessen, sich und andere für die Sünden der Welt bestrafen zu müssen. Seine eigenen Kinder mußten ihn bei obskuren Spielchen mit einem Stock so lange schlagen, bis er blutete. Er aß rohes Fleisch und zwang seine Kinder dasselbe zu tun. Im »Namen Gottes« kastrierte Fish kleine Jungs, quälte Kinder zu Tode und aß deren Fäkalien und von ihrem Fleisch. Einen geistig zurückgebliebenen Jugendlichen, der auf der Straße lebte, nahm er mit zu sich nach Hause und praktizierte mit ihm zwei Wochen lang alle möglichen sexuellen Perversionen. Schließlich versuchte Fish ihm mit einer Schere das Glied abzuschneiden, doch der Junge tat ihm leid, und er ließ ihn laufen. Einem anderen Opfer schnitt er Ohren und Nase ab und drückte ihm die Augäpfel ein. Danach zerlegte er die Leiche und briet ausgesuchte Fleischstücke im Ofen, bevor er sie aß.

Ein ähnlich abscheuliches Schicksal ereilte 1928 auch die zehnjährige Grace Budd. Mit dem Versprechen, sie auf einen Kindergeburtstag mitzunehmen, entführte der pädophile Lustmörder sie von ihrem Elternhaus. Erst Jahre später erfuhren die verzweifelten Eltern, was mit ihrer Tochter geschehen war. Sie erhielten am 11. November 1934 einen Brief von Fish unter dem Pseudonym Frank Howard, in dem er schilderte, wie er die kleine Grace zerstückelt und schließlich innerhalb von neun Tagen alle ihre Körperteile aufgegessen habe. »Sie starb als Jungfrau« lautete die letzte Zeile in dem Brief.

Seine Blutspur zog sich durch 23 Bundesstaaten, von Montana bis New York, wo er schließlich noch im selben Jahr kurz nach seinem letzten Mord an einer Fünfjährigen verhaftet wurde. Die Polizei kam ihm auf die Spur, weil sie eine schlecht durchgestrichene Adresse auf dem Kuvert des Briefes an die Familie Budd zurückverfolgen konnte. Trotz seiner offenkundigen Geistesstörung sprach ihn das White Plains Gericht in New York am 22. März 1935 des fünffachen Mordes schuldig und verurteilte den 65jährigen zum Tode auf dem elektrischen Stuhl. Für Fish kein Grund zur Traurigkeit: »Den einzigen Thrill, den ich noch nicht ausgekostet habe . . .«, sagte er voller Vorfreude auf seine Hinrichtung. Am 16. Januar 1936, kurz nach 23.00 Uhr, wurde Albert Hamilton Fish in Sing Sing exekutiert. Journalisten zufolge soll es erst beim zweiten Stromstoß geklappt haben, da die 27 in seinem Körper verbliebenen Metallnadeln einen Kurzschluß verursacht haben.

»Forces of Evil« siehe Hance, William Henry

Ford, Wayne Adam

Einer der seltenen Fälle, in denen sich ein Serienmörder freiwillig stellte, ereignete sich Anfang November 1998 im kalifornischen Humboldt County. Am Donnerstag, dem 5. November, betrat der aus Arcata stammende Lastwagenfahrer Wayne Adam Ford die Räume des Sheriff Departments in Eureka, präsentierte den Polizisten eine abgetrennte Brust, die er in einer Plastiktüte bei sich trug und erklärte, daß er der Mörder vier getöteter Anhalterinnen sei.

»Gott hat mir den Auftrag gegeben, die Morde zu begehen«, behauptete der 36jährige gegenüber den verdutzten Polizisten. Die von ihm angegebenen Mordopfer seien alle Tramperinnen oder Prostituierte gewesen, die er sexuell genötigt und nach ihrer Ermordung zerstückelt hatte.

Erst im Oktober 1997 waren die Ermittler der rund 400 Kilometer nördlich von San Francisco gelegenen Küstenstadt auf den Torso einer Frau gestoßen, der in einer Bucht am Rande der Stadt angeschwemmt worden war. Einige Monate später war ein verwester Frauenarm an einem lokalen Badestrand entdeckt worden, der von einer zweiten Leiche stammte.

Dennis Lewis, der Sheriff des Humboldt County, sagte kurz nach der Festnahme von Wayne Ford, daß die Polizei ihn verdächtigt, es bereits seit mehreren Jahren auf Anhalterinnen an der Nordwestküste abgesehen zu haben. Ford, ein ehemaliger Marineinfanterist, ist Vater eines Kindes und lebt von seiner Frau getrennt. Bei der Durchsuchung seines Wohnwagens am Rande von Arcata fand die Polizei weitere Beweise, die seine Behauptung hinsichtlich der vier von ihm getöteten Tramperinnen untermauerten.

Michael Rustigan, ein Kriminologe der San Francisco

State University, erklärte, daß Ford gleich in mehrerer Hinsicht vom typischen Erscheinungsbild des Serienmörders abweiche. Zum einen bedauere er offensichtlich, was er getan habe. Andererseits sei es auch verhältnismäßig ungewöhnlich, daß sich Serienkiller freiwillig der Polizei stellen. Derzeit prüft die Polizei der 20000-Einwohner-Stadt, ob Ford möglicherweise auch für zwei weitere, bislang ungeklärte Sexualmorde in Kalifornien verantwortlich ist.

Francois, Kendall

»Immer wollte er ringen und herumspielen«, erzählte die 19 Jahre alte Amanda Adney über den früheren stellvertretenden Hausmeister der Arlington Middle School, Kendall Francois, den die Schüler nur »Stinky« nannten. »Ich hätte ihn niemals als gefährlich eingestuft.« Für die Polizei von Poughkeepsie im Staat New York ist der Farbige nicht nur gefährlich, sondern ein Serienkiller, der mehr als acht Frauen auf dem Gewissen hat. Am 3. September 1998 bargen Ermittler in weißen Schutzanzügen und Atemschutzmasken drei weibliche Leichen aus dem grünen Einfamilienhäuschen, in dem der 27jährige gemeinsam mit seiner Familie lebte. Einige Tage später entdeckte die zuständige Polizeibehörde der 112 Kilometer nördlich von New York gelegenen Kleinstadt fünf weitere Frauenleichen, die im Innern des Hauses versteckt waren.

Zunächst hatte ihn die Polizei im Zusammenhang mit der Tötung der bereits seit dem 26. August vermißten Catina Newmaster verhaftet, die zweifelsfrei identifiziert werden konnte. Die 25jährige war die letzte von insgesamt acht Frauen, die in der direkten Nachbarschaft von Francois' Wohnhaus verschwanden. Bei den Opfern handelte es sich durchweg um junge drogensüchtige Prostituierte, die seit zwei Jahren als vermißt gemeldet waren. Mit Ausnahme einer Schwarzen waren alle Frauen weiß, von zierlicher Statur und hatten dunkle Haare. Der Bezirksstaatsanwalt des Dutchess County, William Grady, geht davon aus, daß Francois die Morde alleine begangen hat.

Bereits im Februar war er zu 15 Tagen Arrest verurteilt worden, weil er eine Prostituierte überfallen und mißhandelt hatte. Wie aus Polizeikreisen bekannt wurde, hatte dieser Angriff FBI-Profiler auf seine Spur gebracht, die in den Ermittlungen um Hilfe gebeten worden waren.

Besonders ungewöhnlich ist, daß der Afroamerikaner sich überwiegend auf weiße Opfer konzentriert hat, da sich Serienmörder kriminalistischen Erhebungen zufolge gewöhnlich Opfer ihrer eigenen Hautfarbe aussuchen. Derzeit dauern die Ermittlungen in den Poughkeepsie-Morden noch an.

Franklin, Joseph Paul

Der 1947 in Alabama als James Clayton Vaughn geborene Rassenfanatiker ließ sich zu Ehren von Benjamin Franklin – vor allem aber zu Ehren von Joseph Goebbels – in Joseph P. Franklin umbenennen. Denn der frühere Klansmann und Neonazi verfolgte das, was die Kriminologen eine »Mission« nennen. Er glaubte, daß sogenannte gemischtrassige Ehen eine Sünde seien, die er als ein Werkzeug Gottes mit dem Tode bestrafen müsse. Zwischen 1977 und seiner Festnahme im Jahre 1980 hat er mindestens 17 Menschen erschossen und zahlreiche Mordversuche begangen.

Die ersten, die seinem Rassenwahn zum Opfer fielen, waren der schwarze Alphonse Manning und seine weiße Freundin Toni Schwenn, die er am 7. August 1977 in einem Einkaufscenter in Madison / Wisconsin erschoß. Neben dem Attentat auf den »Hustler«-Herausgeber Larry Flynt, der 1978 in Georgia durch eine Schußverletzung lebensgefährlich verletzt wurde und seitdem im Rollstuhl sitzt, soll Franklin im Mai 1980 auch ein Attentat auf Vernon Jordan, den Vertrauten von US-Präsident Clinton, verübt haben. Unter anderem legt man ihm auch ein bereits 1977 verübtes Bombenattentat auf eine Synagoge in Chattanooga zur Last.

Derzeit sitzt der 47jährige Serienkiller in einem Gefängnis in Tennessee und wartet darauf, nach Missouri überführt zu werden, wo er hingerichtet werden soll.

»Freeway Killer« siehe Bonin, William G.
Fugate, Caril Ann siehe Starkweather, Charles

Gacy, John Wayne – »Pogo the Clown«

Der Chicagoer Bauunternehmer John Wayne Gacy war ein angesehener Mann. Der 36jährige Familienvater engagierte sich in der Lokalpolitik, trat häufig in einem selbstgeschneiderten Clownskostüm als »Pogo the Clown« bei Veranstaltungen für krebskranke Kinder auf und wurde sogar mit Rosalynn Carter, der Frau des damaligen US-Präsidenten, auf einem Foto verewigt. Keiner seiner Nachbarn im gepflegten Villenvorort Des Plaines mochte glauben, daß der honorige, dickliche Mann ein homosexueller Sadist und dreiunddreißigfacher Mörder war.

Die Polizei kam ihm auf die Spur, als am 11. Dezember 1978 der 15jährige Robert Piest verschwand. Der Junge, der in einem Drugstore jobbte, hatte seiner Mutter zuvor erzählt, daß er noch mit einem Bauunternehmer sprechen wolle, der ihm eine besser bezahlte Tätigkeit in Aussicht gestellt habe.

Der Leiter der Chicagoer Kriminalpolizei, Joe Kozenczack, stieß rasch auf Gacy, der jedoch abstritt, den Jungen zu kennen oder mit ihm gesprochen zu haben. Doch Zeugen hatten Gacy mit dem vermißten Robert gesehen, und bei einer Durchsuchung von Gacys Haus fanden die Ermittler verschiedene Kleidungsstücke Heranwachsender und weitere Indizien dafür, daß der Unternehmer etwas mit dem Verschwinden des jungen Piest zu tun haben mußte. Für eine Verhaftung reichte das jedoch nicht aus.

Joe Kozenczack ließ John Gacy offen beschatten, verhörte seine Freunde, Bekannte und Geschäftspartner, um ihn zu provozieren und zu einer unbedachten Handlung zu verleiten. Die Fahnder hofften, daß er möglicherweise in Panik geraten und die noch im Hause vermutete Leiche abtransportieren würde.

Mittlerweile hatten die Ermittler herausgefunden, daß John Wayne Gacy bereits zehn Jahre zuvor in Iowa wegen sexuellen Mißbrauchs eines Jugendlichen zu einer zehnjährigen Haftstrafe verurteilt worden war, von der er allerdings nur zwei Jahre verbüßen mußte. Aufgrund dieser Information konnte die Chicagoer Polizei einen Gerichtsbeschluß erwirken und eine gründliche Durchsuchung des Hauses von Gacy durchführen. In der hinter einer Falltür verborgenen Unterkellerung des Hauses fanden die Polizisten zunächst drei halbverweste Leichen, woraufhin Gacy den Mord an Robert Piest und 27 weiteren jungen Männern gestand. »Das Killen war fast schon zu einfach. Aber nach dem ersten Dutzend war es keine Herausforderung mehr«, erklärte er. Insgesamt wurden unter seinem Haus und im Des Plaines River die Überreste von 33 Mordopfern gefunden.

Gacy, der 1972 mit der Mordserie begonnen hatte, berief sich vor Gericht auf eine fortgeschrittene Form einer Persönlichkeitsspaltung. Die Anklagevertretung belegte hingegen die Durchtriebenheit, mit der er die Jugendlichen zu sich nach Hause gelockt, betrunken gemacht, mit einem Trick mit Handschellen gefesselt und dann oft tagelang vergewaltigt und gefoltert hatte. Häufig bot er ihnen Sandwiches an und las ihnen Bibelverse vor, bevor er sie mit einem Seil strangulierte.

Das Gericht verurteilte ihn nach rund sechswöchiger Verhandlung wegen dreiunddreißigfachen Mordes zum Tode. Während er im Todestrakt auf seine Hinrichtung wartete und unter dem Namen »Jonny Boy« eine künstlerische Karriere startete, malte er überwiegend farbenfrohe Clowns. John Wayne Gacy wurde am 10. Mai 1994 im Gefängnis von Joliet in Illinois mit einer Giftinjektion hingerichtet. Während ihm die Spritze verabreicht wurde, feierten vor dem Gefängnis zahlreiche Anhänger der Todesstrafe, die sich Clownskostüme angezogen hatten und Parolen skandierten wie: »Turn that frown / upside down / they have just fried the clown!«

»Gainesville Ripper« siehe Rolling, Danny Harold

Gallego, Gerald Armand und Williams, Charlene

Gerald Gallego schlug schon früh eine kriminelle Laufbahn ein. Er stand seinem Vater, der 1955 im Alter von 28 Jahren in Mississippi wegen Mordes an einem Gefängniswärter auf dem elektrischen Stuhl starb, in nichts nach. Im Gegenteil, der alte Gallego wurde von seinem Stammhalter in punkto Grausamkeit noch um einiges überboten: Innerhalb von nur zwei Jahren ermordeten er und seine Frau Charlene nachweislich zehn Menschen, nämlich neun Frauen und einen Mann. Bereits im Alter von 13 Jahren wurde der pubertierende Gerald wegen Vergewaltigung eines sechsjährigen Mädchens festgenommen. Später verging er sich regelmäßig an seiner Tochter und kam wegen sexuellen Mißbrauchs, bewaffneten Raubüberfalls und anderer Verbrechen wiederholt ins Gefängnis.

Nach seiner Entlassung nahm er diverse Jobs an und heiratete siebenmal. Doch jedesmal scheiterten seine Ehen. Bis er schließlich eines Tages Charlene Williams kennenlernte und in ihr die ideale Partnerin fand. Gemeinsam fuhren sie als Mrs. und Mr. Gallego zwischen 1978 bis 1981 mit ihrem Lieferwagen die Straßen Kaliforniens und Nevadas ab, um nach jungen Anhalterinnen Ausschau zu halten. Waren sie erst einmal in den Wagen eingestiegen, fiel das Ehepaar über die Mädchen her. Sie genossen es, ihre Opfer mit Beschimpfungen und Schlägen zu erniedrigen. Gerald Gallego vergewaltigte die jungen Frauen und ermordete sie anschließend.

In Omaha/Nebraska konnte das Paar schließlich gestellt werden. Ein Freund eines von ihnen ermordeten Studentenpaares war Zeuge der Entführung geworden und hatte sich das Kennzeichen des Wagens notiert.

Charlene Williams und Gerald Gallego wurden an den Bundesstaat Kalifornien ausgeliefert, wo sie wegen der dort begangenen Morde vor Gericht gestellt wurden. Nachdem Gerald Gallego 1983 schuldig gesprochen und zum Tod in der Gaskammer verurteilt worden war, transportierte man ihn zu seiner Gerichtsverhandlung nach Nevada. Auch dort verhängte der Richter die Todesstrafe gegen den verurteilten Verbrecher. In beiden Fällen hatte Charlene Williams vor Gericht als Kronzeugin gegen ihn ausgesagt. Williams beschrieb zehn Morde, bei denen Gerald die Frauen zu Oralverkehr zwang, sie sodomierte, vergewaltigte und totschlug oder erschoß. Charlene Williams selbst wurde zu zwei gleichzeitig zu verbüßenden Haftstrafen von 16 Jahren und acht Monaten verurteilt. Sie hat ihre Strafe mittlerweile verbüßt und ist wieder frei.

Gant, Victor

Victor Gant, ein Polizeioffizier aus Louisiana, wird dringend verdächtigt, zwischen 1991 und 1996 mindestens zwei von 24 Morden in New Orleans begangen zu haben. Alle Frauen waren vergewaltigt und anschließend erwürgt worden. Bei den Ermordeten handelte es sich überwiegend um Prostituierte. Ihre nackten Leichen waren in der Umgebung von New Orleans und Jefferson Parish zurückgelassen worden. Die meisten Mordopfer stammten aus Algiers und Treme, den beiden ärmsten Bezirken von New Orleans. Während bereits gegen Gant ermittelt wurde, durfte er zunächst auch weiterhin bei der Polizei arbeiten. Die Kollegen hatten ihn in den Innendienst versetzt. Erst nach einem gewalttätigen Streit mit seiner Freundin wurde er endgültig vom Dienst suspendiert.

Anfang März 1998 wurde mit dem ehemaligen Taxifahrer **Russell Ellwood** ein weiterer Verdächtiger festgenommen, dem man acht der Prostituiertenmorde zur Last legt. Die Ermittlungsbehörden glauben, daß die Morde von mindestens zwei oder mehreren unabhängig voneinander mordenden Serienkillern begangen wurden.

Gary, Carlton – »Columbus Stocking Strangler«

Im September 1977 begann in Columbus im US-Bundesstaat Georgia eine Reihe von Morden, die sich bis zum April 1978 hinzog. Innerhalb von sechs Monaten waren sieben Frauen im Alter von 59 bis 89 Jahren in ihren Häusern überfallen, vergewaltigt und ermordet worden. Weil der gesuchte Sexualmörder seine Opfer mit Nylonstrümpfen erdrosselte, wurde er »Columbus Stocking Strangler« genannt. An den Tatorten hatte die Polizei Spuren gefunden, die darauf hinwiesen, daß es sich bei dem Mörder um einen Farbigen handeln müsse. Die Aufklärung der Straftaten sollte sich jedoch noch mehrere Jahre hinziehen. Der Mörder, der damals 25jährige Carlton Gary, ein Sträfling, der erst wenige Monate zuvor aus dem Onondaga County Prison in New York geflohen war, hatte zeitweilig das Metier gewechselt und überfiel in South Carolina und Georgia Fast-Food-Restaurants und Steakhäuser. Nachdem er 1979, ein Jahr nach seinem letzten »Stocking Strangler«-Mord in South Carolina, wegen der Überfälle festgenommen worden war, gestand er seine Flucht aus dem New Yorker Gefängnis und räumte mehrere Überfälle ein, die er in seiner Heimat Georgia begangen hatte. Fünf Jahre später gelang ihm noch einmal die Flucht. Als er kurz darauf in Columbus erneut festgenommen wurde, klagte ihn die Staatsanwaltschaft wegen der Mordserie in Columbus an.

Die Polizei hatte mittlerweile die Herkunft einer Pistole zurückverfolgt, die bei einem der »Stocking Strangler«-Morde einem Opfer entwendet worden war. Der neue Besitzer, ein in Alabama lebender Farbiger, sagte aus, daß er die Waffe von seinem Neffen Carlton Gary erhalten habe. Der Umstand, daß Carlton Gary zudem bis zu seiner Flucht bereits wegen Vergewaltigung und Mord an einer Rentnerin im Onondaga County Prison gesessen hatte, reichte der Grand Jury, ihn in allen Fällen schuldig zu sprechen. Im Verlaufe der zwölftägigen Verhandlung stellte sich zudem heraus, daß seine Mutter in einem Teil der von ihm heimgesuchten Häuser früher als Bedienstete gearbeitet hatte. Im August 1986 wurde Carlton Gary wegen siebenfachen Mordes, Vergewaltigung und Raub zum Tode verurteilt und ins Gefängnis von Jackson gebracht, wo er im Todestrakt auf seine Hinrichtung wartet.

Gecht, Robin u. a. – »Chicago Rippers«

Der 28 Jahre alte Robin Gecht wuchs bei seinen Großeltern in Chicago auf, nachdem er zu Hause seine Schwester sexuell belästigt hatte. Schon früh etablierte er sich als Tischler, machte eine eigene Werkstatt auf und konnte sich bald einen Angestellten leisten – den jungen Edward Spreitzer. In ihm fand Gecht, dem ein extrem manipulativer Charakter nachgesagt wurde, nicht nur einen begeisterten Anhänger, der sein ausgeprägtes Interesse für Schwarze Magie und mittelalterliche Foltermethoden teilte, sondern auch seinen späteren Mordkomplizen.

Neben Spreitzer schlossen sich zwei weitere Männer, der 19jährige Andrew Kokoraleis und sein 22jähriger Bruder Thomas, dem Duo an. Gecht weihte die jungen Männer in Teufelsriten und Satansanbetung ein, und schon bald fuhren sie mit seinem roten Kleinlaster durch Chicago und überfielen wehrlose Frauen. Zwischen Mai 1981 und ihrer Verhaftung im September 1982 ermordeten sie mindestens acht Menschen. Ihre Opfer waren – bis auf eine Ausnahme – alle weiblich und erlitten vor ihrem Tod unvorstellbare Qualen. Den Frauen trennten sie mit einer Klaviersaite die linken Brüste ab, um diese bei ihren Satansriten auf dem Dachboden von Gechts Haus zu verwenden. Gecht leitete die schwarzen Messen, bei denen auch Kannibalismus betrieben wurde.

Nach der Vergewaltigung und dem versuchten Mord an einer 18jährigen Prostituierten im September 1982 kam die Polizei auf die Spur der »Chicago Rippers«. Gechts roter

Lastwagen wurde einige Tage nach dem Überfall auf der Straße von Polizisten angehalten. Edward Spreitzer und Andrew Kokoraleis, die zu dem Zeitpunkt mit dem Wagen unterwegs waren, gaben ihren Arbeitgeber Robin Gecht als Besitzer des Vehikels an. Es dauerte nicht lang bis die Ermittler herausfanden, daß dieser bereits mehrere Male wegen sexueller Übergriffe auffällig geworden und darüber hinaus ein früherer Angestellter des dreiunddreißigfachen Serienkillers **John Wayne Gacy** war. Ohnehin dringend tatverdächtig, wurde Gecht nun auch von seinen Mittätern belastet. Diese hatten nach langwierigen Verhören gestanden, selbst in zahlreiche Morde verwickelt zu sein, zu denen Gecht sie angestiftet habe.

Nach vier Jahren kamen die »Chicago Rippers« vor Gericht. Trotz der belastenden Aussagen seiner Mittäter, konnte Robin Gecht aus Mangel an Beweisen lediglich die Vergewaltigung und der Mordversuch an der 18jährigen Prostituierten zur Last gelegt werden, wofür er zu 120 Jahren Gefängnis verurteilt wurde. Edward Spreitzer wurde wegen sechsfachen Mordes schuldig gesprochen und zum Tode verurteilt. Auch Andrew Kokoraleis, der neben weiteren Anklagepunkten des Mordes schuldig befunden wurde, erwartete das Todesurteil. Sein Bruder Thomas kam mit 70 Jahren Haft davon.

Gein, Edward

Als 1991 der Film »Das Schweigen der Lämmer« in die Kinos kam, wußten die wenigsten, daß der geistesgestörte Ed Gein aus Plainfield in Wisconsin als Vorlage für den im Film dargestellten Serienmörder »Buffalo Bill« diente und auch schon den Regisseur Alfred Hitchcock zu dem Thriller »Psycho« inspiriert hatte.

Der am 8. August 1906 in La Crosse geborene Ed Gein wuchs Anfang der 20er Jahre auf einer Farm in der abgelegenen, knapp 650-Seelen-Gemeinde Plainfield im Waushara County auf. Die strenge Herrschaft seiner Mutter ließ nicht zu, daß Ed Umgang mit Mädchen hatte. Für ihn und seinen Bruder Henry waren Frauen verbotene Früchte. Im Laufe der Jahre entwickelte Gein ein geradezu krankhaftes Interesse an der Anatomie des anderen Geschlechts.

Als seine Mutter 1945 starb, besorgte er sich medizinische Fachbücher und Pornozeitschriften, bis er dann anfing, nachts auf dem Gemeindefriedhof weibliche Leichen auszubuddeln. Sein besonderes Interesse galt den Häuten der Toten, die er ablöste und präparierte. Er empfand eine ungeheure Genugtuung, sich mit gegerbter Menschenhaut zu schmücken, sofern er nicht eine Schneiderpuppe oder seine Möbel damit dekorierte. Er war besessen von der Idee einer Geschlechtsumwandlung – im konservativen Mittleren Westen der 50er Jahre völlig undenkbar. Wenn er schon keine Frau werden konnte, wollte er wenigstens wie eine aussehen und begann, sich aus den Häuten der toten Frauen einen Anzug zu schneidern.

Am 8. Dezember 1954 verschwand die 51jährige Mary Hogan aus ihrer Gaststätte in Pin Grove. Drei Jahre später, am 16. November 1957, wurde Bernice Worden als vermißt gemeldet. Eine Blutlache auf dem Boden ihres Eisenwarengeschäfts deutete auf einen gewaltsamen Überfall hin. Die Spur führte zu dem 51jährigen Ed Gein, der im Ort als komischer aber harmloser Kauz verschrien war, denn sein Pick-up war zur Tatzeit vor dem Laden gesehen worden. Eine Hausdurchsuchung auf dem abgelegenen Anwesen Geins förderte Armbänder aus Menschenhaut, zehn zersägte Frauenköpfe und Stühle, deren Sitzflächen mit Hautstreifen bespannt waren, zutage. Die kopflose, nackte

Frauenleiche von Bernice Worden, vom Brustbein bis zum Vaginalbereich aufgeschlitzt, hing an Seilen und Flaschenzügen. In einem Schuhkarton befanden sich weibliche Genitalien, ein Gürtel und eine Weste, angefertigt aus Frauenbrüsten. Die im Kühlschrank aufbewahrten Organe wiesen darauf hin, daß Gein auch von seinen Opfern gegessen hatte. Die Genitalien zweier jüngerer Frauen stammten vermutlich von der nach einem Verwandtenbesuch in Plainfield verschwundenen Evelyn Hartley und der im Nachbarort Jefferson vermißt gemeldeten Mary Weckler. Ed Gein wurde lediglich wegen der Morde an Mary Hogan und Bernice Worden angeklagt, im Januar 1958 für geisteskrank erklärt und ins Central State Hospital in Waupun eingeliefert. 1978 verlegte man ihn in das Mendota Mental Health Institute, wo er am 26. Juni 1984 im Alter von 77 Jahren verstarb.

Geralds, Hubert

Die Morde von mindestens sechs drogensüchtigen Prostituierten gehen zu Lasten des mittlerweile 34jährigen Hubert Geralds, der zwischen Dezember und Juni 1995 in der Southside von Chicago aktiv war. Der Serienmörder wurde entlarvt, nachdem seine Schwester ihn bei der Polizei anzeigte, weil sie in der Mülltonne eine verweste Frauenleiche gefunden hatte. Geralds gab nicht nur diesen Mord zu, sondern räumte auch noch fünf weitere, bislang ungeklärte Morde ein. Er versuchte seine Taten damit zu rechtfertigen, daß er sich mit den Frauen um Drogen gestritten habe.

Bei seinem Prozeß im November 1997 bezeichnete ihn der Staatsanwalt als »häßlichen kleinen Bösewicht«, während sein Verteidiger geltend machte, daß sein Mandant sich geistig auf dem Stand eines Achtjährigen befinde, weil er als Kind vom Freund seiner Mutter sexuell mißbraucht worden sei. Dem widersprach der psychiatrische Sachverständige der Anklage, der Geralds als einen Simulanten bezeichnete, der seelische und geistige Störungen vorgebe, um mit einer niedrigeren Strafe davonzukommen.

Falls es tatsächlich eine Taktik des sechsfachen Frauenmörders war, hatte sie keinen Erfolg: Nach rund zweiwöchiger Verhandlung wurde Hubert Geralds am 13. November 1997 wegen Mordes zu einer lebenslangen Freiheitsstrafe verurteilt.

Gibbs, Janie Lou

Zwischen dem 29. August 1966 und Herbst 1967 ermordete Janie Lou Gibbs ihren Ehemann, ihre drei Söhne und ein Enkelkind. Ihren Opfern wurden extreme Leber- oder Nierenschäden als Todesursache bescheinigt. Erst mit dem Tod ihres ältesten Sohnes wurde eine natürliche Ursache für diesen außergewöhnlichen Befund angezweifelt. Janie Gibbs verweigerte die Zustimmung zur Durchführung einer Autopsie ihres Sohnes und machte religiöse Einwände geltend, doch schließlich setzte ihre Schwiegertochter die posthume Untersuchung ihres Mannes durch. Dabei stellte sich heraus, daß eine Überdosis Arsen zum Tod des Mannes geführt hatte. Auch die übrigen Leichen wurde exhumiert und untersucht – in allen fand man Arsenspuren.

Die 38jährige Janie Gibbs, die in Cordele, einer Kleinstadt in Georgia, nicht nur ein aktives Kirchenmitglied war, sondern auch als Tagesmutter für die Kinder alleinerziehender Mütter arbeitete, wurde im Dezember 1967 verhaftet. Erst 1976 wurde Gibbs vor Gericht gestellt, da sie wegen Schizophrenie für einige Jahre in einer geschlossenen

Anstalt untergebracht war und aufgrund ihrer Erkrankung als unzurechnungsfähig eingestuft worden war.

Gibbs, die von den Lebensversicherungen ihrer Opfer profitiert hatte, rechtfertigte ihre Morde damit, daß die Welt zu schlecht für ihre Liebsten gewesen sei und sie ihre Söhne und Enkel vor Schlimmerem bewahren wollte. Sie wurde zu fünf hintereinander zu verbüßenden Haftstrafen verurteilt.

Glatman, Harvey Murray

Der 1927 in der Gegend von San Diego/Kalifornien geborene Harvey Glatman fiel bereits in jungen Jahren dadurch auf, daß er sich an ein Seil knüpfte und dabei masturbierte. Mit 17 Jahren zwang er ein Mädchen, sich nackt auszuziehen, und nachdem er mit 18 wegen einiger Raubdelikte mit dem Gesetz in Konflikt geriet, empfahlen die Behörden eine psychiatrische Behandlung. Als Harvey Glatman 1951 entlassen wurde, eröffnete er in Los Angeles eine Fernsehreparaturwerkstatt und widmete sich nebenbei der Fotografie.

Am 1. August 1957 verabredete sich Glatman, der sich als Johnny Glynn ausgab, mit der 19jährigen Judy Ann Dull zu einer kurzen Fotosession, für die sie 50 Dollar erhalten sollte. Glatman brachte die Frau in sein Appartement in der Melrose Avenue in Hollywood und machte Nacktfotos von ihr. Dann vergewaltigte er sie mit vorgehaltener Waffe. All ihren Beteuerungen zum Trotz, daß sie niemandem etwas erzählen würde, wenn er sie nur laufen lasse, fesselte er die junge Frau und fuhr mit ihr spät in der Nacht in ein abgelegenes Wüstengebiet nördlich von Indio. Nachdem er dort noch einige Aufnahmen von ihr gemacht hatte, erdrosselte er sie mit einem Seil und vergrub sie notdürftig.

Ein ähnliches Schicksal erlitt die 24 Jahre alte Shirley Bridgefort am 8. März 1958. Glatman hatte die junge Frau in einem Single-Club kennengelernt und sich mit ihr zu einer Party verabredet. Ihre Leiche ließ er von Zweigen bedeckt in der Wüste neben einem Kaktus liegen. Am 23. Juli 1958 überredete er die Stripperin Ruth Mercado, die ihre Dienste unter dem Namen Angela in verschiedenen Zeitungen anbot, zu Nacktfotos. In ihrer Wohnung in Los Angeles vergewaltigte er die 23jährige und fuhr mit ihr in die Wüste nahe San Diego. Zwei Tage verging er sich immer wieder an Ruth Mercado, danach strangulierte er sie und vergrub ihre Leiche. Glatmans nächstes Opfer konnte entkommen und eine Polizeistreife alarmieren, was zu seiner Festnahme führte.

In einem drei Tage dauernden Prozeß wurde Harvey Glatman im November 1958 in San Diego wegen dreifachen Mordes zum Tode verurteilt und am 18. August 1959 im Zuchthaus von San Quentin in der Gaskammer hingerichtet.

Glaze, Billy

Im Februar 1989 wurde der dreifache Sexualmörder Billy Glaze von einem Gericht in Minneapolis im nördlichen US-Bundesstaat Minnesota zu drei hintereinander zu verbüßenden lebenslänglichen Haftstrafen verurteilt. Von der Abstammung her ein amerikanischer Ureinwohner, nannte sich Glaze stolz »Jesse Sitting Crow«.

Dabei hatte er wenig zum Ruhm seiner indianischen Vorfahren beigetragen: Zwei Jahre zuvor, im Frühling 1987, hatte Glaze innerhalb weniger Wochen drei junge Frauen, ebenfalls indianischer Herkunft, vergewaltigt und ermordet. Der Herumtreiber hatte seine Opfer allesamt in zwielichtigen Bars aufgegabelt, an entlegene Orte geführt und war dort über sie hergefallen. Die Frauen, Kathleen Bullman, Angeline Whitebird-Sweet und Angela Green, hatten sich ihren Lebensunterhalt durch Prostitution verdient.

Die 19jährige Kathleen Bullmann hatte Glaze erwürgt und ihr dann mit einem Rohr das Gesicht zertrümmert. Unter ähnlich grausamen Umständen war auch Angeline Whitebird-Sweet ums Leben gekommen, deren Leiche in der Nähe eines Indianer-Treffpunkts gefunden worden war. Glaze hatte solange auf ihren Brustkorb eingetreten, bis sie erstickt war. Knapp drei Wochen später attackierte er die 21 Jahre alte Angela Green und erschlug sie mit einem Stein.

Die Ermittlungen in den drei Morden hatte die Polizei in die Bars geführt, in denen die Frauen auf Kundensuche gegangen waren. Auch Billy Glaze verkehrte dort regelmäßig. Die Gäste erinnerten sich an den häufig betrunkenen Indianer, der durch abfällige Bemerkungen über Indianersquaws aufgefallen war. Der Verdächtige wurde daraufhin verhaftet und in Untersuchungshaft gebracht. Im Gefängnis schrieb er einen Brief an einen Mitgefangenen, in dem er die Morde zugab.

Goble, Sean Patrick

Wie viele Morde tatsächlich zu Lasten des aus Ashenboro im US-Bundesstaat North Carolina stammenden Sean Patrick Goble gehen, ist bislang ungeklärt. Goble wird verdächtigt, mit mehreren Frauenmorden aus verschiedenen Bundesstaaten in Zusammenhang zu stehen.

Bisher hat der Fernfahrer, den sein Job häufig quer durch die Vereinigten Staaten führte, lediglich die Morde an zwei

Frauen in Tennessee zugegeben. Die Frauen habe er an Tankstellen angesprochen, mitgenommen und wenig später erdrosselt. Ihre Leichen warf Goble anschließend in Straßengräben. Für diese Verbrechen wurde der damals 29jährige bei seinem Prozeß am 15. Dezember 1995 schuldig gesprochen und zu zwei konsekutiv zu verbüßenden lebenslänglichen Haftstrafen verurteilt.

In einem weiteren Mordfall, der sich in Sean Gobles Heimatstaat North Carolina ereignet hat, gilt er ebenfalls als Hauptverdächtiger. Darüber hinaus soll er von sieben weiteren Bundesbehörden wegen ähnlicher Morde vernommen werden, die überwiegend an Frauen vom Straßenstrich begangen worden sind.

Gore, David Alan und Waterfield, Fred

Im Juli 1983 beobachtete ein jugendlicher Fahrradfahrer in der Umgebung des Vero-Beach-Gebiets in Florida, wie ein nackter weiblicher Teenager auf offener Straße von einem ebenfalls unbekleideten Mann verfolgt und niedergeschossen wurde. Der 14jährige Augenzeuge alarmierte umgehend die Polizei.

Als die Polizisten daraufhin die unmittelbar in der Nähe des Tatorts gelegene Wohnung des wegen Sexualverbrechen einschlägig vorbestraften David Gore eintrafen, stießen sie vor dem Haus auf die Leiche der 17 Jahre alten Caroll Elliot. Sie lag entkleidet in einem vor dem Haus abgestellten Wagen. Im Haus selbst begegneten die Polizisten einem weiteren Mädchen, das ihnen aufgebracht erzählte, wie sie und ihre Freundin Caroll von David Gore und einem weiteren Mann gekidnappt und vergewaltigt worden seien.

David Gore machte keinen Versuch, die ihm angelasteten Verbrechen zu leugnen, und gab sogar den Namen seines Cousins und Mittäters Fred Waterfield preis.

Nachdem Gore, wie er sagte, im Gefängnis den Weg zu Gott gefunden hatte, gestand er fünf weitere Sexualmorde, in die Waterfield ebenfalls verwickelt gewesen sei. Wahrscheinlich war es jedoch weniger seine neugewonnene religiöse Überzeugung, die ihn dazu veranlaßte, seinen Cousin zu belasten, als vielmehr die Aussicht, durch einen jener in den USA üblichen »Deals« mit der Anklagebehörde um die Todesstrafe herumzukommen.

Zunächst gelang ihm das auch: Er wurde wegen der Morde an einer Chinesin und deren Tochter sowie wegen des Mordes an Judith Kay Delay, Angelica Lavallee und Barbara Byer zu fünfmal lebenslänglich verurteilt. Allerdings wurde er in einem abgetrennten Verfahren für den Mord an der 17jährigen Caroll Elliot zum Tode verurteilt und auf dem elektrischen Stuhl hingerichtet.

Fred Waterfield kam mit dem Leben davon. Er wurde wegen zweifachen Mordes und wegen Totschlags zu zwei lebenslangen und einer fünfzehnjährigen Haftstrafe verurteilt.

»Gorilla Murderer« siehe Nelson, Earle Leonard

Graham, Gwendolyn Gail und Wood, Catherine

Im September 1989 wurde die Altenpflegerin Gwendolyn Graham wegen Mordes an sechs älteren Patientinnen des Alpine Manor Nursing Home in Walker, einem Vorort von Grand Rapids im US-Bundesstaat Michigan, angeklagt. Grahams Komplizin Catherine Wood, mit der sie eine lesbische Liebesbeziehung unterhalten hatte, sagte beim Prozeß als Kronzeugin gegen ihre ehemalige Geliebte aus, was

Graham sechs lebenslängliche Gefängnisstrafen einbrachte. Wood, die selbst an den Morden beteiligt gewesen war, kam mit einer Haftstrafe von 20 bis 40 Jahren und mit der Aussicht, nach zehn Jahren vorzeitig entlassen zu werden, davon. Sie gab an, daß der bloße Gedanke ans Töten sie beide sexuell erregt habe und daß Graham nach den Morden an den 60- bis 98jährigen, meist an Alzheimer erkrankten Alten, eine unsagbare emotionale Entspannung verspürt habe. Wood erzählte vor Gericht, daß man anfangs vorgehabt habe, die alten Menschen in einer Reihenfolge umzubringen, daß ihre Initialien zusammengesetzt das Wort »murder« ergäben, doch schließlich sei dieses Vorhaben nicht durchführbar gewesen.

Während Wood aufpaßte, daß sie niemand beim Morden überraschte, erstickte ihre Geliebte die alten Menschen. Niemand war ihnen auf die Schliche gekommen, bis Catherine Wood im August 1987 ihren Ex-Mann Kenn Wood in die Verbrechen einweihte. Dieser schaltete über ein Jahr später die Polizei ein, die der Sache nachging und die Frauen schließlich festnahm.

Gwendolyn Graham hatte inzwischen ihre Stellung gewechselt und war in einem anderen Krankenhaus auf der Kinderstation tätig. Sie bestritt bis zuletzt die ihr zur Last gelegten Morde.

Graham, Harrison

Der heroinsüchtige Harrison Graham hauste Mitte der 80er Jahre in einer heruntergekommenen Zweizimmerwohnung in North-Philadelphia. Als die Polizei im Sommer 1987 in die Wohnung des schwarzen Junkies eindrang, weil sich Nachbarn über den bestialischen Gestank beschwert hatten, der aus den im dritten Stock gelegenen

Räumen drang, fand sie in der von Einwegspritzen und Müll übersäten Wohnung die Leichen von sechs Frauen. Die zerstückelten Körper befanden sich in verschiedenen Stadien der Verwesung. Auf dem Dachboden entdeckten die Polizisten eine Reisetasche voller Beine und in einer Nachbarwohnung einen weiteren Torso. Alle toten Frauen waren farbige Drogenabhängige, die der 28jährige unter dem Vorwand, sie zu einer Spritze einzuladen, in seine Wohnung gelockt hatte.

Graham wurde sechsmal zum Tode verurteilt. Darüber hinaus bekam er eine lebenslängliche Haftstrafe. Der Richter verfügte jedoch, daß Harrison Graham zuerst die lebenslängliche Haftstrafe verbüßen muß, bevor die Todesstrafe vollstreckt werden könne. De facto also eine Begnadigung.

Green, Cleo – »Red Demon«

Im Jahre 1984 wurde die in Kentucky gelegene Großstadt Louisville von zwei Serienmördern gleichzeitig heimgesucht. Neben dem dreifachen Frauenmörder **Beoria Simmons** schockierte auch der 26jährige Cleo Green die Einwohner der Stadt mit einer Reihe grausamer Morde. Greens erstes Mordopfer war die Greisin Ida Mae York, die im Sommer 1984 mit über 200 Messerstichen ermordet und enthauptet in ihrem Appartement aufgefunden wurde. In kurzen Abständen tötete der Afroamerikaner drei weitere, ebenfalls ältere Frauen in ihren Wohnungen. Green wurde noch im selben Jahr von der Polizei verhaftet. Als Tatmotiv gab der bei seiner Mutter lebende Arbeitslose an, von einem »roten Dämon« besessen zu sein, der ihn immer wieder dazu treibe zu töten.

Cleo Green, der nach Definition der Kriminologen Holmes und De Burger in die Kategorie eines »visionären Typus« fällt, war geisteskrank und handelte im Auftrag vermeintlicher Stimmen und Visionen. Im Gegensatz zu Serienkillern wie **Kenneth Bianchi** oder **Arthur Shawcross**, die in der Hoffnung, der Todesstrafe zu entgehen, schwere mentale Störungen vorgetäuscht haben, basierten Greens Halluzinationen auf einem psychotischen Geisteszustand. Er wurde von den untersuchenden Psychiatern als unzurechnungsfähig befunden und in eine psychiatrische Anstalt für geisteskranke Straftäter eingewiesen, was ihn vor der Hinrichtung bewahrte.

Green River Killer

Die Ermordung der 16jährigen Wendy Coffield, deren Leiche am 15. Juni 1982 30 Kilometer südöstlich von Seattle am Ufer des Green River angespült wurde, war der Auftakt zu einer Serie ungeklärter Morde, der bis 1984 49 Frauen zum Opfer fielen. Denn fortan wurden mit erschreckender Regelmäßigkeit immer wieder Prostituierte, Tramperinnen und jugendliche Ausreißerinnen an den Ufern oder der näheren Umgebung des im US-Bundesstaat Washington gelegenen Green River ermordet aufgefunden. Trotz Einrichtung der »Green River Task Force«, einer mit modernsten Computeranlagen ausgestatteten Sonderkommission, die mit finanziellen Aufwendungen in Höhe von mehr als 15 Millionen Dollar die bis dahin umfangreichste Fahndungsaktion in der jüngeren Geschichte der Vereinigten Staaten durchführte, gelang es nicht, den mysteriösen »Green River Killer« zu fassen.

Die Serienkiller-Experten des FBI erstellten ein Profil des Mörders, demzufolge es sich beim »Green River Killer« um einen Mann handele, der eine tiefe Abneigung gegen

Frauen hege, dennoch verheiratet ist und keine besonders glückliche Kindheit gehabt habe. Der Täter sei ein Weißer zwischen 20 und 40 Jahren, Kettenraucher, der häufig Alkohol trinke, höchstwahrscheinlich wegen Sexualdelikten vorbestraft ist und seine Mutter haßt. Ein Profil, das wahrscheinlich auf ein Viertel aller weißen Amerikaner zutraf und die Ermittlungen nicht besonders voranbrachte.

Der Fall war dermaßen spektakulär, daß sich sogar der bereits verurteilte Serienmörder **Ted Bundy** von der Todeszelle aus im Dezember 1984 bei der Green River Task Force meldete und den Fahndern seine Hilfe anbot. Nach einem Besuch kamen die Ermittler jedoch zu dem Schluß, daß Bundy lediglich seine Hinrichtung verzögern wollte.

Als im August 1991 der Serienmörder **Donald Leroy Evans** verhaftet wurde, der eigenen Angaben zufolge 70 Menschen ermordet haben will, glaubte man zunächst, daß er der »Green River Killer« sein könnte. Doch die Indizien widersprachen dieser Theorie. Zeitweilig wurde auch **Dayton L. Rogers** verdächtigt, der in den 80er Jahren im Grenzgebiet zwischen Oregon und Washington sieben Prostituierte ermordet hat. Doch auch in diesem Fall führten die Ermittlungen in eine Sackgasse, weil die Vorgehensweise des Mörders nicht mit der von Rogers übereinstimmte.

Nachdem die Morde 1984 abrupt endeten, glaubte die Polizei, daß der »Green River Killer« gestorben oder möglicherweise in einem anderen Zusammenhang verhaftet worden sei.

Mittlerweile gilt der 1991 an Krebs verstorbene Ex-Jurastudent William Stevens aus Seattle als Hauptverdächtiger. Der frühere Gefängnisinsasse, der zeitweilig unter 30 verschiedenen Aliasnamen auftrat und die Umgebung von Seattle und Tacoma mit nachgemachten Polizei- und Ambulanzfahrzeugen abfuhr, war im Zuge der Ermittlungen 1989 als dringend tatverdächtig verhaftet, aber nach kurzer Zeit wieder entlassen worden, weil er für die in Frage kommenden Tatzeitpunkte jeweils ein Alibi vorweisen konnte. Nach seinem Tod erklärte sein Adoptivbruder Robert Stevens, daß sich William falsche Alibis verschafft habe. Es habe zu den Gewohnheiten seines Bruders gehört, häufig für mehrere Tage ohne Erklärung zu verschwinden. Wahrscheinlich habe er in dieser Zeit die Morde begangen.

Greene, Ricky Lee

»Sie haben es alle verdient. Sie waren der Abschaum der Gesellschaft«, entgegnete der Serienmörder Ricky Lee Greene der Polizei von Fort Worth in Texas nach seiner Verhaftung. Greene hatte Mitte der 80er Jahre vier sadistische Sexualmorde begangen. Unter seinen Opfern war ein 28jähriger Angestellter eines Fernsehsenders, den er anal vergewaltigt, kastriert und anschließend mit einem Messer regelrecht abgeschlachtet hatte. Ähnlich erging es drei anderen Mordopfern – unter ihnen ein 16jähriger Junge, den Ricky Lee Greene 1985 ermordete. Darüber hinaus wird Greene acht weiterer Morde stark verdächtigt.

Der 36jährige Greene starb am 9. Oktober 1997 im Staatsgefängnis von Huntsville durch die Todesspritze. Die Henker hatten Mühe, ihm die Injektion zu verabreichen, da der süchtige Installateur durch seinen jahrelangen Drogenkonsum völlig vernarbte Venen hatte. Greene ließ es sich nicht nehmen, vor seiner Hinrichtung noch einige Worte an sein Publikum, darunter die Angehörigen der Ermordeten, zu richten. Seine Exekution sei nur ein weiterer Mord, der kein Problem lösen werde, erklärte er. Durch seine Hinrichtung strafe man nur seine Freunde und seine Familie.

Greenwood, Vaughn Orrin – »Skid Row Slasher«

Als allein im Dezember 1974 sieben Bettler und Obdachlose in und um Los Angeles ermordet aufgefunden wurden, war dem LAPD klar, daß sich ein Serienkiller in ihrer Stadt herumtrieb. Denn die Gemeinsamkeiten zwischen den Verbrechen waren nicht zu übersehen: Die Opfer stammten nicht nur aus den ärmsten Schichten, – der sogenannten »Skid Row« –, sondern waren zudem alle auf ein und dieselbe kuriose Art ums Leben gekommen: Der Mörder, der schon bald als der »Skid Row Slasher« für Schlagzeilen sorgte, hatte ihnen die Kehlen bis zum Nackenwirbel durchgeschnitten und ihre Leichen mit Messerstichen verstümmelt. Die Schuhe hatte er den Toten sorgsam ausgezogen und neben sie gestellt. Um die Köpfe der Leichen hatte er Salz gestreut und um ihre Wunden merkwürdige Markierungen gekritzelt. Ein blutgefüllter Trinkbecher, den der unbekannte Mörder direkt bei den toten Bettlern hinterlassen hatte, deutete darauf hin, daß er von ihrem Blut getrunken hatte.

Gleich zu Beginn des Jahres 1975 wurden zwei weitere Opfer des gefürchteten »Skid Row Slashers« in heruntergekommenen Absteigen in Hollywood aufgefunden. Im Zuge der Ermittlungen suchten die zuständigen Fahnder nach einem jungen weißen Mann mit blonden Haaren. In einem Täterprofil hieß es, daß der Killer vermutlich impotent und ein verkappter Homosexueller sei, der Probleme mit seiner gleichgeschlechtlichen Neigung habe.

Anfang Februar wurde in Hollywood ein 31 Jahre alter

Mann festgenommen, der versucht hatte, zwei Menschen umzubringen. Vaughn Orrin Greenwood konnte schon bald mit den Ritualmorden in Verbindung gebracht werden, obwohl er physisch von ganz anderer Erscheinung war, als man vermutet hatte: Er war ein Farbiger. Vaughn Greenwood wurde in Los Angeles vor Gericht gestellt und am 19. Januar 1977 wegen neunfachen Mordes zu einer lebenslänglichen Haftstrafe verurteilt. Zwei weitere Morde, die er bereits 1964 begangen hatte, wurden auf Grund juristischer Probleme nicht zur Anklage gebracht.

Gunness, Belle – »Lady Bluebeard of La Porte«

Belle Gunness konnte sich über ihren Lebensstandard nicht beklagen – schließlich hatte sie nach dem kuriosen Tod ihrer zwei Ehemänner, Mads Sorenson und Peter Gunness, beträchtliche Summen durch deren Lebensversicherungen geerbt.

Von dem Erlös der Versicherungspolicen kaufte sich die 1859 in Norwegen als Brynhild Paulsdatter Storset geborene Witwe eine Farm in La Porte County in Indiana, die sie mit ihren drei Kindern und ihrem Gehilfen Ray Lamphere unterhielt. Obwohl sie reich genug war, beschäftigte sich die 140 Kilogramm schwere Witwe eifrig mit dem Verfassen von Heiratsannoncen. Durch die Anzeigen, in denen sie sich als reiche, gutaussehende Witwe ausgab, lernte sie viele wohlhabende Männer kennen, die sie geschickt einzuwickeln verstand. Schon bald hatte sie eine Traube von Verehrern, die in der Hoffnung auf eine gemeinsame Zukunft ihr Vermögen auf ein gemeinsames Konto einzahlten oder ihr Geld gleich mit zur Farm brachten. Der Farmer Andrew Helgelian aus South Dakota, der 2900 Dollar auf das Konto seiner Verlobten überwiesen hatte, verschwand ohne eine Spur zu hinterlassen. Als sich sein Bruder Asle Helgelian bei Belle nach dem Verbleib von Andrew erkundigte, behauptete sie, daß er sie verlassen habe. Sie bot ihm an, ihm bei der Suche nach seinem Bruder zu helfen, verlangte jedoch gleichzeitig eine finanzielle Unterstützung. Dazu kam es nicht mehr. Als Asle am 28. April 1908 wieder zu Belle hinausfuhr, war die Farm bis auf die Grundmauern abgebrannt. In den Trümmern fand man vier verkohlte Leichen – die Überreste von drei Kindern und einer erwachsenen Frau, deren Kopf fehlte. Neben der Leiche lag das Gebiß von Belle. Ob es sich bei der kopflosen Leiche um die Witwe handelte, sollte für immer ungeklärt bleiben. Der Farmhelfer wurde gut einen Monat später wegen Brandstiftung verurteilt und kam ins Gefängnis. Die Anklage wegen vierfachen Mordes wurde mangels Beweisen eingestellt.

Zwischenzeitlich liefen die Ermittlungen auf Hochtouren, und ein Teil des Anwesens der Witwe wurde umgegraben. Wie Asle befürchtet hatte, fand man unter dem Schweinegehege die zerstückelten Überreste seines Bruders wie auch die von mindestens 13 weiteren Personen. Die genaue Zahl der Opfer konnte aufgrund der Zerstückelung nicht weiter präzisiert werden. Menschliche Knochen im Schweinestall wiesen darauf hin, daß hier Menschen oder zumindest Leichenteile an die Schweine verfüttert worden waren. Vielleicht die der zahlreichen Männer, die auf die Heiratsannoncen der »Lady Bluebeard of La Porte« geantwortet hatten, und danach nie wieder gesehen worden waren.

Kurz bevor Ray Lamphere im Dezember 1909 im Gefängnis an Tuberkulose starb, gestand er dem Anstaltspfarrer, Belle Gunness habe 49 Menschen getötet und er habe ihr jahrelang bei der Beseitigung der Opfer geholfen. Sie habe die Freier mit Alkohol kampfunfähig gemacht, sie im Schlaf erwürgt oder ihnen den Schädel mit einer Axt eingeschlagen. Die kopflose Leiche, die man auf der ausgebrannten Farm gefunden hatte, sei nicht Belle Gunness, sondern eine Herumtreiberin, die sie gemeinsam getötet und enthauptet hatten, um eine falsche Fährte zu legen. Belle Gunness wurde nie mehr gesehen.

Hahn, Anna Marie

Die deutschstämmige Anna Marie Hahn emigrierte 1929 zusammen mit ihrer Familie in die Vereinigten Staaten, wo sie sich im deutschen Viertel von Cincinnati niederließ. Fortan widmete sie sich der Pflege älterer und wohlhabender Männer. Je reicher die Männer waren, desto aufopfernder war ihre Zuwendung, die in mehreren Fällen damit honoriert wurde, daß sie von ihren Schützlingen als Erbin eingesetzt wurde. Dennoch schien sie keine glückliche Hand als Pflegerin zu haben, denn ihre Arbeitgeber starben hintereinander weg. Als im Juli 1937 gleich zwei ihrer Pflegefälle aus unerklärlichen Gründen ums Leben kamen, wurden die Behörden aufmerksam und veranlaßten eine Autopsie der Männer. In den Körpern der exhumierten Leichen wurden Spuren von Arsen entdeckt. Ein Befund, der auch bei weiteren verstorbenen Patienten von Anna Hahn festgestellt wurde.

Hahn, die zwischen fünf und 15 Giftmorde beging, hatte nichts unversucht gelassen, um ihre Gier nach Reichtümern zu befriedigen. Selbst ihren Mann hatte sie mehrmals gedrängt, eine hohe Lebensversicherung abzuschließen. Die Giftmörderin wurde am 7. Dezember 1938 hingerichtet, ohne jemals ein Geständnis abgelegt zu haben. Anna Marie

Hahn war die erste Frau, die in Ohio auf dem elektrischen Stuhl exekutiert wurde.

Hance, William Henry – »Forces of Evil«

Während die Polizei in Columbus/Georgia noch fieberhaft nach dem **»Stocking Strangler«** fahndete, der bis zum Frühjahr 1978 mehrere alte Frauen ermordete, erhielt der Polizeichef von Columbus einen mysteriösen Brief. Darin drohte eine angeblich siebenköpfige Gruppe, die sich »Forces of Evil« nannte, die schwarze Prostituierte Gail Jackson zu ermorden, falls die Polizei nicht innerhalb von zwei Monaten den »Stocking Strangler« fassen würde. Der auf Papier aus Beständen der US-Army geschriebene Brief erweckte den Eindruck, daß es sich bei den »Forces of Evil« um eine rassistische Gruppe handelte, die darauf aus war, die laut Polizeiberichten von einem Afroamerikaner begangenen Morde an Rentnerinnen zu rächen. Gail Jackson, die ihre Freier überwiegend in den Bars in der Umgebung der Army-Kaserne von Fort Benning suchte, galt seit mehreren Tagen als vermißt.

Am 3. April 1978, wenige Tage nach dem Brief, erhielt die Militärpolizei von Fort Benning einen anonymen Anruf, in dem ein Mann mitteilte, daß Gail Jacksons Leiche 100 Meter vom Fort entfernt lag, wo sie tatsächlich gefunden wurde. Allerdings war sie schon zu dem Zeitpunkt tot, als die Polizei den Drohbrief erhalten hatte. Die linguistische Analyse des aufgezeichneten Telefonats ergab, daß es sich bei dem Anrufer um einen Schwarzen handeln müsse. Ansonsten gab es keine Hinweise auf den Täter.

Schon bald wurde in unmittelbarer Nähe der Kaserne eine weitere schwarze Prostituierte ermordet aufgefunden. Wieder hatten die »Forces of Evil« ihren Tod kurz zuvor in einem Brief angekündigt. Aufgrund eines FBI-Psychogramms konzentrierte sich die Suche auf einen Schwarzen im Alter zwischen 25 bis 30 Jahren, der in Fort Benning diente und in irgendeiner Beziehung zu den Opfern stand. Wenige Tage später wurde der Artillerist William Hance, der ehemalige Zuhälter der beiden Frauen, festgenommen. Ermittler des CID wiesen Hance zwei weitere Morde nach, von denen er einen in Fort Harrison/Indiana begangen hatte. Zeitweilig wurden dem Artilleristen auch die »Stokking Strangler«-Morde angelastet, für die man kurze Zeit später **Carlton Gary** verantwortlich machte. 1984 wurde William Hance von einem Zivilgericht in Columbus zum Tode verurteilt und am 31. März 1994 auf dem elektrischen Stuhl hingerichtet.

Hansen, Robert

Äußerlich führte Robert Hansen ein ganz normales Leben: Der Familienvater und Bäckermeister war ein in Anchorage allseits respektierter Bürger, den man in der ganzen Nachbarschaft schätzte. Was jedoch lange Zeit niemand wußte war, daß sich hinter der Fassade des gewöhnlichen Bürgers der furchtbarste Serienkiller in der Geschichte Alaskas verbarg. Der wegen wiederholter Brandstiftung, Diebstahls, Freiheitsberaubung und Vergewaltigung vorbestrafte Hansen ermordete von 1973 bis 1983 17 Frauen, die er vergewaltigte, quälte und anschließend als lebende Zielscheiben benutzte. Seine Opfer stammten alle aus dem Rotlichtmilieu. Hansen flog die Prostituierten, Stripperinnen und Bardamen mit seinem Privatflugzeug in eine abgelegene Holzhütte mitten in den Gebirgswäldern, wo er sie oft tagelang gefangenhielt und folterte. Sobald er ihrer überdrüssig wurde, ließ er die Frauen im Glauben ihrer wiedererlangten Freiheit laufen. Doch anstatt sie entkommen zu lassen, bewaffnete er sich mit einem Jagdgewehr und veranstaltete eine tödliche Menschenjagd auf seine fliehenden, nackten Opfer. Robert Hansen, der Prostituierte abgrundtief haßte und glaubte, sie für ihr »sündiges Dasein« bestrafen zu müssen, bezeichnete seine Verbrechen als sein »Sommerprojekt«.

Als ihm eine junge Prostituierte entkam, führte ihre Täterbeschreibung direkt zu Hansen. Der Bäcker hatte zwar noch versucht, sich ein falsches Alibi zu verschaffen, doch seine erkauften Zeugen ließen ihn im Stich. Bei einer Hausdurchsuchung konnte die Polizei genügend Belastungsmaterial sicherstellen: Neben einem umfangreichen Waffenarsenal entdeckten die Polizisten eine Landkarte, in der sorgfältig die Stellen markiert waren, an denen Robert Hansen die Frauenleichen vergraben hatte. 1984 wurde Hansen zu einer lebenslänglichen Haftstrafe plus 461 Jahren verurteilt, die er derzeit im Spring Creek Correction Facility in Seward/Alaska verbüßt. Berichten zufolge versucht sich der siebzehnfache Frauenmörder als Schriftsteller einen Namen zu machen und verfaßt derzeit seine Autobiografie.

»Happy Face Killer« siehe Jesperson, Keith Hunter

Harvey, Donald

Erst nachdem Donald Harvey bereits wegen vierunddreißigfachen Mordes verurteilt worden war, gestand der Krankenpfleger, in verschiedenen Krankenhäusern und Pflegeheimen in Kentucky und Ohio insgesamt 58 Patienten ermordet zu haben.

Am liebsten hielt sich der Pfleger in den Leichenhallen auf und machte Scherze darüber, wie man die lästigen Pa-

tienten loswerden könnte. Keiner ahnte, wie ernst es Harvey wirklich meinte.
Bis zu seiner Verhaftung 1987 tötete er unentwegt. Dabei beschränkte er sich nicht nur auf Krankenhauspatienten: Einen Nachbarn verseuchte er mit dem Speichel eines an Virus-Hepatitis Erkrankten, in einem anderen Fall vergiftete er einen homosexuellen Liebhaber, um ihn anschließend gesund pflegen zu können und so dessen Zuneigung zurückzuerlangen. Bei einer anderen Gelegenheit versuchte er die Familie eines Liebhabers zu vergiften, wobei dessen Mutter zu Tode kam.

Als erneut ein Patient im Drake Memorial Hospital in Cincinnati ums Leben kam und bei der Autopsie der Leiche eine Cyanidvergiftung nachgewiesen werden konnte, geriet Harvey in Verdacht.

Nachdem auch noch eine Fernsehstation in Ohio über die letzten 23 fragwürdigen Todesfälle von Patienten im Drake Hospital berichtet hatte, trat eine Grand Jury zusammen. Gegen die Zusicherung, von einem Todesurteil verschont zu bleiben, gestand Harvey zunächst 24 Morde und bekam pro Mord eine Haftstrafe von 20 Jahren bis lebenslänglich, die konsekutiv, also hintereinander, zu verbüßen sind.

Bei einem ähnlichen Deal in Kentucky bekannte er sich acht weiterer Morde und eines Totschlags für schuldig. Später gestand er drei weitere Morde und drei Mordversuche. Seine Behauptung, daß er die Patienten nur aus Mitleid oder Gnade getötet hatte, wurde durch den Umstand ad absurdum geführt, daß der Serienmörder seine Opfer mit Rattengift, Cyanid, oder mit bakteriell verunreinigten Substanzen jeweils auf qualvollste Weise umgebracht hatte.

Hatcher, Charles

In einem Zeitraum von über 20 Jahren ermordete der psychisch gestörte Charles Hatcher 16 Menschen. Daß es soweit kommen konnte, ist nicht zuletzt auf menschliches Versagen zurückzuführen, denn der vorbestrafte Hatcher war der Polizei mehrerer Bundesstaaten bestens bekannt. Während seiner Mordserie war er des öfteren wegen sexueller Gewaltdelikte verhaftet worden. Trotz schwerer Verbrechen, wie Vergewaltigung eines fünfjährigen Jungen und versuchten Mordes, war es ihm immer wieder gelungen, nach kurzer Zeit freizukommen. Entweder wurde Hatcher vorzeitig aus dem Gefängnis entlassen oder aufgrund seines Geisteszustandes in Anstalten untergebracht, aus denen er fliehen konnte.

Seinen vermutlich ersten Mord beging er am 2. Juli 1961 im Missouri State Penitentiary, wo er eine Strafe wegen versuchter Entführung eines Teenagers absaß. Nachdem ein Mitgefangener vergewaltigt und erstochen in der Gefängnisküche aufgefunden worden war, fiel der Verdacht sofort auf Hatcher, doch mangels Beweisen kam es nicht zur Anklage. Nach seiner Entlassung aus der Haft durchreiste er Kalifornien, Iowa, Missouri und Nebraska, wo er innerhalb von zwei Jahrzehnten zahlreiche Morde beging.

Erst am 3. August 1982 gelang es der Polizei mit Hilfe des FBI, Charles Hatcher zu fassen, nachdem er vier Tage zuvor in Missouri die elfjährige Michelle Steele vergewaltigt und getötet hatte. In der Haft gestand er weitere Morde. Neben der Ermordung des zwölfjährigen William Freeman im August 1969 und des 38jährigen James Churchill in Illinois im Jahre 1981, räumte er auch die Entführung des vier Jahre alten Eric Christgen in St. Johns/Missouri ein, den er im Mai 1978 erwürgt hatte. Damals hatte sich ein gewisser Melvin Reynolds aus unerfindlichen Gründen im Februar 1979 des Mordes an Eric Christgen bezichtigt und war dafür verurteilt worden.

Am 13. Oktober 1982 verurteilte das Gericht Hatcher zu einer lebenslänglichen Haftstrafe. Zwei Jahre später, am 22. September 1984, wurde der Serienmörder Hatcher erneut vor Gericht gestellt, wo er sich wegen des Mordes an Michelle Steele verantworten mußte. Er bekannte sich schuldig und bat seinen Anwalt, für die Todesstrafe zu plädieren. Doch der Richter sprach eine weitere lebenslängliche Haftstrafe gegen Hatcher aus.

Am 7. Dezember 1984 erhängte sich Charles Hatcher in seiner Gefängniszelle.

Heidnik, Gary Michael

Bereits 1960 trat Gary Heidnik im Alter von 17 Jahren in die Army ein, wo er jedoch schon nach zwei Jahren wegen mentaler Störungen entlassen wurde. Ständiger Gast in den psychiatrischen Anstalten von Pennsylvania, schaffte er es dennoch, erfolgreich mit seiner Army-Rente an der Börse zu spekulieren und es zu einer halben Million Dollar zu bringen. 1971 gründete er eine religiöse Sekte, die er die »United Church of Ministries of God« nannte. Er selbst ernannte sich zum geweihten Sektenvorstand, bis er im Mai 1978 erneut in eine geschlossene Anstalt kam, nachdem er die geistig zurückgebliebene Schwester seiner Freundin entführt und in seinem Keller vergewaltigt hatte.

Nach vier Jahren war er wieder auf freiem Fuß und heiratete Mitte der 80er Jahre eine Frau von den Philippinen, die ihn bald wieder verließ, weil er sie nicht nur mißhandelte, sondern sie auch dazu zwang, ihm beim Sex mit Prostituierten zuzusehen.

Nach und nach entwickelte Gary Heidnik einen perversen Größenwahn mit pseudoreligiösen Tendenzen. Er steigerte sich in die Vorstellung hinein, über einen Harem von mindestens zehn Frauen verfügen zu müssen, kaufte sich 1986 ein Haus in Philadelphia und baute den Keller zu einer Folterkammer um. Am Thanksgiving Day verschleppte er eine Gelegenheitsprostituierte, die er fortan in seinem Keller gefangenhielt. Bald darauf entführte er drei weitere Frauen, die er über Monate hinweg vergewaltigte und mißhandelte. Er gab ihnen ausschließlich Wasser, Hundefutter und Brot zu essen.

Nachdem Deborah Dudley, eine dieser Frauen, im Februar 1987 elendig verhungert war, zerlegte er ihre Leiche mit der Kettensäge, vermengte ihr Fleisch mit Hundefutter und verfütterte es an die vier noch lebenden Frauen.

Eine andere Frau, Sandra Lindsay, folterte er zu Tode, indem er sie in eine wassergefüllte Grube hinabließ und dort mit elektrischem Strom tötete. Am 22. März 1987 gelang es einem der Opfer zu fliehen und die Polizei zu alarmieren. Die Beamten fanden in der Küche mehrere Pfund Menschenfleisch, im Gefrierfach einen Unterarm und in einem Schmortopf im Ofen Rippenstücke. Im Keller entdeckten sie drei Frauen in einem völlig desolaten Zustand, von denen zwei an Rohre festgekettet waren. Eine Dritte befand sich bereits in der Grube, in der er schon Sandra Lindsay zu Tode gefoltert hatte.

Heidnik wurde verhaftet und wenige Monate später vor Gericht gestellt. Trotz der Versuche seines Verteidigers, eine LSD-Psychose seines Mandanten geltend zu machen, wurde Heidnik am 3. Juli 1987 zum Tode verurteilt. Im Todestrakt beging er mehrere Selbstmordversuche. Obwohl er behauptete, daß die Frauen sich gegenseitig getötet hätten, verlangte er die Todesstrafe: »Ich will, daß ihr einen unschuldigen Mann hinrichtet, dann wird es keine staatliche Bestrafung mehr geben.«

Nachdem Gary Heidniks Hinrichtungstermin immer wieder verschoben wurde, fand seine Exekution schließlich am 7. Juli 1999 durch eine tödliche Injektion im Rockview State Prison statt.

Heirens, William George – »Lipstick Murderer«

Zu Beginn des Jahres 1946 fand man in der Kanalisation im Chicagoer Stadtteil Evanston die Leiche der sechsjährigen Suzanne Degnan. Das Mädchen war auf bestialische Weise ermordet, ihre Gliedmaßen abgetrennt worden. Erst im Sommer wurde ihr Mörder verhaftet. Es handelte sich um den 17jährigen Studenten William Heirens, der am 26. Juni 1946 wegen versuchten Einbruchs verhaftet worden war und das Verbrechen an Suzanne Degnan nach mehreren Verhören schließlich gestand. Darüber hinaus gab der Jugendliche noch zwei weitere Frauenmorde zu, die er ein Jahr zuvor begangen hatte: den an der 43jährigen Josephine Ross, in deren Mietshaus in Chicagos North Side er eingebrochen war, zwölf Dollar gestohlen und sie getötet hatte, nachdem sie ihn beim Masturbieren überrascht hatte, sowie den Mord an der Marinehelferin Frances Brown, die er ebenfalls bei einem Einbruch in ihrem Hotelzimmer im Pine Crest Residental Hotel getötet hatte. Im Zimmer von Frances Brown hatte Heirens mit einem Lippenstift eine Nachricht an die Wand gekritzelt: »Um Himmels willen, fangt mich bevor ich noch mehr umbringe – ich hab mich nicht unter Kontrolle.«

Trotz Schuldbekenntnis machte der offensichtlich schizophrene junge Mann einen gewissen »George Murman«, sein Alter Ego, für die scheußlichen Sexualmorde verantwortlich. »Murman«, so spekulierte man, könne möglicherweise ein Kürzel für »murder man« sein, den Heirens erfunden hatte, um Schizophrenie vorzutäuschen. Psychiater untersuchten den Geisteszustand des 17jährigen und diagnostizierten ihm eine psychotische Persönlichkeitsspaltung.

Der 1929 geborene William George Heirens litt ähnlich wie Serienkiller **Edward Gein** oder **Edmund Kemper** unter der Dominanz einer übermächtigen, starken Mutter. Von Anfang an hatte sie ihm eingeprägt, daß Frauen und Sexualität Sünde und etwas Schmutziges seien, was zufolge hatte, daß Heirens sich körperlich schlecht fühlte, wenn er mit einem Mädchen intim werden wollte. Statt dessen verbrachte er seine Zeit lieber damit, heimlich gestohlene Frauenunterwäsche anzuziehen, zu den Bildern von Nazi-Generälen zu masturbieren und Waffen zu sammeln. Schon bald geriet der Minderjährige auf die kriminelle Laufbahn und begann, Brände zu legen und in fremde Wohnungen einzubrechen. Daraufhin wurde er von seiner Mutter in ein katholisches Erziehungsheim gesteckt, wo er die High School abschloß. Mit 16 Jahren begann er ein Studium an der Universität von Chicago, doch seine Leistungen blieben unterhalb des Durchschnitts. Noch im selben Jahr beging er seine ersten Bluttaten.

Im Austausch gegen eine Verschonung von der Todesstrafe bekannte er sich schuldig. Man versprach ihm psychiatrische Behandlung und verurteilte ihn am 4. September 1946 zu drei hintereinander zu verbüßenden lebenslänglichen Haftstrafen.

Henderson, Robert Dale

Robert Dale Henderson wurde 1946 in einer Kleinstadt in Ohio geboren. Später reiste er kreuz und quer durch den Osten der Vereinigten Staaten – meist als Tramper oder mit gestohlenen Wagen – und tötete dabei ein Dutzend Menschen, darunter drei seiner Verwandten aus Ohio.

Nachdem der 36jährige Herumtreiber, den es nie lange an einem Ort hielt, 1982 in Tavares im US-Bundesstaat Florida gefaßt worden war, beschuldigte man ihn auch des Doppelmordes an dem Arzt Murray Ferderber und dessen Gefährtin Dorothy Wilkinson, die Anfang des Jahres in Palatka getötet worden waren. Im November des gleichen Jahres wurde er in Florida vor Gericht gestellt, wo er insgesamt fünf Menschen, darunter den 23 Jahre alten Francis Dickey aus Batesville in Mississippi, den 18 Jahre alten Robert Dawson aus Arkansas und den 27jährigen Vernon Odom aus Clarksdale/Mississippi ermordet haben soll. Alle drei waren zum Zeitpunkt ihrer Ermordung als Anhalter unterwegs gewesen.

Robert Henderson räumte zwar die Morde an den drei Trampern vor Gericht ein, behauptete jedoch die Verbrechen nicht vorsätzlich, sondern im Affekt begangen zu haben. Doch das Gericht war anderer Auffassung und schickte ihn wegen vorsätzlichen Mordes in die Todeszelle.

»Highland Park Killer« seihe Atkins, Benjamin
»Hillside Stranglers« siehe Bianchi, Kenneth Alessio

Hoch, Johann Otto

Zwischen 1890 und 1905 ermordete der deutschstämmige Johann Otto Hoch in den USA mindestens 15 seiner zahlreichen Ehefrauen, indem er sie mit Arsen vergiftete. Wie viele Morde er genau begangen hat, ist ebenso ungeklärt wie die genaue Zahl seiner Ehen, die von mindestens 24 bis über 50 geschätzt werden. Der später in den Zeitungen als Amerikas größter Massenmörder bezeichnete Frauenmörder wurde 1862 im rheinischen Horrweiler als Johan Schmidt geboren. Bereits in jungen Jahren emigrierte er in die Vereinigten Staaten, wo er als Heiratsschwindler von Küste zu Küste reiste. Auf seiner Suche nach heiratswilligen reichen Witwen gab Hoch auch Heiratsanzeigen in Zeitungen auf. Wenn ihm erst einmal eine Frau das Ja-Wort gegeben hatte, vergiftete er sie und machte sich mit ihrem Ersparten davon. Wie der französische Witwenmörder **Henri Désiré Landru**, der »**Blaubart von Paris**«, adaptierte er die Namen der ermordeten Ehefrauen, so daß er lange Zeit unentdeckt blieb, bis er schließlich 1898 von der Polizei in Chicago festgenommen wurde.

Als sein Bild in der Zeitung erschien, glaubte ein Reverend aus Wheeling in West Virginia, in ihm einen Mann wiederzuerkennen, der seit drei Jahren als tot galt. Der besagte Mann, ein gewisser Jacob Huff, hatte sich damals im Ohio River ertränkt – so glaubte man zumindest. Außer einem Abschiedsbrief gab es jedoch keinen Hinweis auf einen Selbstmord, und auch seine Leiche war nie gefunden worden. Der Witwer hatte kurz zuvor das Haus seiner unter mysteriösen Umständen ums Leben gekommenen Frau verkauft und sich ihre Lebensversicherung auszahlen lassen. Die nun eingeleiteten Ermittlungen brachten Hoch in Verdacht, auch ein Mörder zu sein. Doch für eine Mordanklage reichten die Beweise nicht aus, und so kam er lediglich wegen Betruges für ein Jahr in das Cook County Gefängnis. Das hielt Johann Hoch nicht davon ab, nach seiner Entlassung die Brautschau fortzusetzen. Bis zu seiner erneuten Verhaftung heiratete er mindestens 15 Frauen, denen er das Vermögen abschwatzte und sie dann verließ oder mit Arsen vergiftete.

Im Dezember 1904 trat er mit Marie Walcker in Chicago vor den Traualtar. Wenige Wochen später war seine neue Braut tot. Kurz darauf machte er seiner Schwägerin einen Heiratsantrag. Eine Woche darauf wurde sie seine Ehefrau. Doch ebenso rasch wie sie geheiratet hatten, verließ er sie auch wieder – nicht ohne sie zuvor um einen beträchtlichen Geldbetrag erleichtert zu haben. Die betrogene Frau wurde mißtrauisch und schaltete die örtliche Polizei ein, die eine Exhumierung von Marie Walcker einleitete. Bei der Autopsie stellte man fest, daß sie mit Arsen vergiftet worden war. Das Bild des gesuchten Gattinnenmörders erschien kurze Zeit später in jeder größeren Tageszeitung. Daraufhin meldete sich eine Pensionsbesitzerin aus New York City bei der Polizei und gab an, daß der Gesuchte bei ihr zur Untermiete wohne und auch ihr kurz nach dem Kennenlernen einen Heiratsantrag gemacht habe.

Im Zimmer von Johann Hoch fanden die Polizisten zahlreiche Eheringe, aus denen die Gravuren herausgeschabt waren, und 58 Gramm Arsen. Hoch wurde verhaftet und nach Chicago gebracht, wo er wegen Mordes an Marie Walcker-Hoch angeklagt wurde. Während der Gerichtverhandlung beteuerte er immer wieder seine Unschuld und behauptete, Opfer einer gegen ihn gerichteten Verschwörung zu sein. Doch aufgrund der Beweise wurde er im Mai 1905 schuldig gesprochen und zum Tode verurteilt. Als der Henker Johann Hoch am 23. Februar 1906 die Schlinge um den Hals legte, klagte dieser verbittert: »Ich bin fertig mit dieser Welt. Ich bin fertig mit jedem!«

Holmes, H. H. siehe Mudgett, Herman Webster
Homolka, Carla siehe Bernardo, Paul

Hunter, Richard

Zwischen März und April 1986 wurden vier alte Frauen in ihren Wohnungen in Atlanta ermordet aufgefunden. Die Gemeinsamkeiten in allen vier Fällen waren evident: Nicht nur, daß der Opfertypus immer der gleiche war – alle vier Frauen waren Schwarze und alle hatten bis auf eine Ausnahme in derselben Gegend gewohnt –, auch die Art der Ermordung ließ nur den Schluß zu, daß es sich hierbei um das Werk eines Serienkillers handelte. Jedesmal hatte sich der Mörder durch ein Fenster Zutritt zu den Wohnungen der Greisinnen verschafft, sie zum Sex gezwungen und anschließend erwürgt. Darüber hinaus hatte er den Toten die TV-Geräte gestohlen. Detective Price vom Morddezernat in Atlanta, der mit der Ermittlung beauftragt war, erstellte ein Täterprofil: Der Mörder sei ein ungelernter Arbeiter, der in der Nachbarschaft seiner Opfer lebe. Er habe ein erhebliches Suchtproblem und sei höchstwahrscheinlich bei seiner Großmutter aufgewachsen.

Am 20. April 1986 wurde ein Verdächtiger namens Richard Hunter in Atlanta festgenommen, der in allen Punkten dem zuvor erstellten Profil des Killers entsprach. Am 5. Mai 1986, zwei Wochen nach seiner Festnahme, gab er alle vier Morde zu und bekannte sich schuldig. Der Oberste Gerichtshof des Staates Georgia sprach Richard Hunter wegen Mordes ersten Grades schuldig und verurteilte ihn zu acht hintereinander zu verbüßenden lebenslänglichen Haftstrafen.

»I-5 Killer« siehe Woodfield, Randall Brent

Jackson, Calvin

Am Morgen des 12. September 1974 erhielt die New Yorker Polizei den Anruf einer Frau, die völlig aufgelöst einen Mord meldete. Im Nebengebäude des Park Plaza Hotel im New Yorker Stadtteil Manhattan habe sie ihre Arbeitgeberin, die 59jährige Pauline Spanierman, tot aufgefunden. Ihr sei auch ein Mann aufgefallen, der mit einem Fernseher die Feuertreppe heruntergestiegen sei. Pauline Spanierman war bereits die neunte Frau, die seit April 1973 in der West 77th Street ermordet aufgefunden worden war.

Der Verdächtige, den die Zeugin auf der Feuertreppe gesehen hatte, konnte noch am selben Tag von der Polizei ausfindig gemacht und festgenommen werden. Es handelte sich um den Afroamerikaner Calvin Jackson, der bereits wegen Einbruchs, Drogenmißbrauchs und Raub vorbestraft war. Der 26jährige, aus Buffalo/New York stammende Jackson bewohnte bereits seit geraumer Zeit ein Zimmer im Park Plaza Hotel und war dort als Gepäckträger angestellt.

Beim Verhör erzählte er, daß er Stimmen gehört habe, die ihm befohlen hätten, die Frauen zu töten. Abgesehen davon, daß er die Wertgegenstände der Ermordeten gestohlen hatte, gab er zu, acht der überwiegend älteren Frauen vergewaltigt oder geschändet zu haben.

Das Gericht sprach Calvin Jackson im Mai 1976 des neunfachen Mordes schuldig und verurteilte ihn zu 18 lebenslänglichen Haftstrafen. Er wird verdächtigt, ähnliche Morde in Buffalo begangen zu haben, die man ihm jedoch nicht nachweisen konnte. Laut Gerichtsbeschluß kann er im Jahre 2030 auf Bewährung entlassen werden.

Jesperson, Keith Hunter – »Happy Face Killer«

Derzeit verbüßt der aus Britisch Columbia in Kanada stammende Keith Jesperson, ein ehemaliger Fernfahrer und Familienvater, drei lebenslange Haftstrafen wegen zwei in Oregon und eines in Wyoming begangenen Mordes an Anhalterinnen. Ursprünglich hatte der inzwischen 43jährige Truckdriver 166 Morde zugegeben, die er zwischen 1990 und seiner Verhaftung im Jahre 1992 begangen haben will. Diese Geständnisse hatte er jedoch bei seiner Verhandlung widerrufen. Dabei gilt es als gesichert, daß er fünf weitere Morde in verschiedenen Bundesstaaten begangen hat. Wegen seiner Bekennerschreiben an die Presse, denen Jesperson stets ein lachendes Strichmännchen-Gesicht voranstellte, wurde der geltungssüchtige Frauenmörder als »Happy Face Killer« bekannt.

Nachdem er kurz nach seiner Festnahme die Polizei zu Gegenständen aus dem Besitz eines seiner Opfer führte, stellte sich heraus, daß die Justizbehörden Anfang der 90er Jahre zwei Unschuldige für den Mord an der Anhalterin Taunja Benett verurteilt hatten. Damals hatte eine junge Frau zugegeben, die Tramperin mit einem Strick stranguliert zu haben, während ihr Freund John Sosnovsk sie vergewaltigt und dann ermordet habe. Obwohl sie diese Aussage später widerrief und erklärte, sich diese Geschichte nur ausgedacht zu haben, um ihren Freund loszuwerden, wurde sie zu einer mehrjährigen Haftstrafe verurteilt und erst im November 1995 aus der Haft entlassen.

Nur gegen die Garantie, daß er nicht zum Tode verurteilt werden würde, ließ sich Keith Jesperson zu einem weiteren Gerichtsverfahren nach Wyoming ausliefern, wo er am 3. Juni 1998 gestand, drei Jahre zuvor die Tramperin Angela Subrize in Cheyenne getötet zu haben. Im Hinblick auf die in anderen Bundesstaaten noch anhängigen Mordverfahren, bei denen ihm die Todesstrafe droht, verweigert Keith Jesperson seine Auslieferung und besteht darauf, seine Strafe in Cheyenne zu verbüßen.

Johnson, Russell

Der Kanadier Russell Johnson ermordete zwischen Herbst 1973 und Sommer 1977 vier, möglicherweise sogar sieben Frauen.

Am 31. Dezember 1974 wurde Diane Beitz mit ihrer Unterwäsche erdrosselt in ihrem Apartment in Guelph in der kanadischen Provinz Ontario aufgefunden. Die Leiche war sexuell mißbraucht worden. Knapp zwei Jahre später, im April 1977, fand man Louella Jeanne George ebenfalls stranguliert in ihrer Wohnung in London/Ontario. Ihr Mörder hatte versucht einen Raubmord vorzutäuschen, denn der aus ihrer Wohnung verschwundene Schmuck wurde ein paar Blocks weiter in einer Mülltonne gefunden. Kurz darauf wurde die 22jährige Donna Veldboom das Opfer eines Sexualmordes. Zwar war die junge Frau im Gegensatz zu den vorhergehenden Mordopfern erstochen worden, doch die näheren Umstände des Verbrechens wiesen darauf hin, daß es sich um den gleichen Mann handeln mußte, der schon die beiden anderen Frauen ermordet hatte.

Die Polizei von Ontario stieß rasch auf Russell Johnson, der bereits mehrfach wegen verschiedener Sexualverbrechen in psychiatrischen Kliniken behandelt worden war. Johnson hatte sowohl in dem Haus, in dem Donna Veldboom lebte, als auch in dem von Louella George für einige Zeit als Mieter gewohnt.

Bei seinem Prozeß im Februar 1978 wurde Russell Johnson wegen der drei Sexualmorde angeklagt, jedoch als unzurechnungsfähig in den Sicherheitsbereich des Ontario Mental Health Center eingewiesen.

Neben den drei Morden an Beitz, George und Veldboom ist Johnson auch für vier weitere Morde verantwortlich, die sich zwischen Oktober 1973 und August 1974 in Guelph und London ereignet hatten und von den Leichenbeschauern nicht als Morde erkannt worden waren.

Jones, Genene

Im Februar 1984 wurde die Krankenschwester Genene Jones in Texas zu einer Strafe von 99 Jahren wegen Mordes an dem 15 Monate alten Säugling Chelsea McClellan verurteilt. In einer zweiten Gerichtsverhandlung wurde sie wegen Mordes an einem zweiten Kind durch das Blutverdünnungsmittel Heparin von den Geschworenen für schuldig befunden und zu einer gleichzeitig zu verbüßenden Haftstrafe von 60 Jahren verurteilt.

Chelsea McClellan, die im September 1982 in die Kinderabteilung des Kerrville Hospital zur Impfung gegen Mumps und Masern gebracht worden war, starb kurz danach an einem Herzstillstand. Bei der Untersuchung des Kleinkindes fanden Spezialisten heraus, daß die Todesursache durch eine Succinylcholin-Injektion hervorgerufen worden war, einem Curare-Derivat, das nur schwer im Körper nachweisbar ist und zur Muskellähmung führt.

Bereits mehrere Kinder, die in der Obhut von Jones gewesen waren, hatten schwere und plötzlich auftretende Atemprobleme erlitten und den Verdacht gegen die Krankenschwester in erschreckender Weise bestätigt. Jones war bereits zu einem früheren Zeitpunkt aufgefallen. Die Krankenschwester hatte ihre Nachtschichtarbeit im Bexar County Administrative Medical Center in San Antonio aufgegeben, nachdem eine Kollegin sie des Mordes an Kindern bezichtigt hatte. Bis zu 20 Kinder waren dort Anfang 1981 auf unerklärliche Weise an Herzstillstand gestorben.

Polizeilichen Ermittlungen zufolge soll Genene Jones bis zu 46 Babys und Kleinkinder durch tödliche Injektionen mit den Herzmedikamenten Digoxin oder Succinylcholin getötet haben.

Jordan, Gilbert Paul

Eine besonders infame Methode, alkoholabhängige Herumtreiberinnen zu ermorden, entwickelte der in Vancouver ansässige Friseur Gilbert Jordan. Der sadistische Kanadier tötete zwischen 1963 und 1987 mindestens zehn Frauen aus der örtlichen Obdachlosenszene von Vancouver, indem er ihnen eine Überdosis Spirituosen einflößte.

Als der Gerichtsmediziner Laurel Gray 1985 die Leiche einer Frau obduzierte, deren Blutalkoholwert knapp 800 Milligramm, das dreifache der tödlichen Dosis, betrug, erinnerte er sich daran, daß er ein halbes Jahr zuvor einen ähnlichen Fall auf dem Seziertisch gehabt hatte: Die tote Patricia Thomas war an einem Alkoholpegel von 510 Milligramm ums Leben gekommen. Dem Mediziner war klar, daß man derartige Werte nur durch den Konsum von mehreren Flaschen hochprozentigen Schnapses erreichen konnte – eine selbst für hartgesottene Alkoholiker ungewöhnliche Leistung. In den folgenden zwei Jahren wurden in den heruntergekommenen Hotels der Stadt immer wieder tote Frauen gefunden, die an Alkoholvergiftung ums Lebens gekommen waren. So starb im September 1986 Velma Gibbons, im November des gleichen Jahres Vera

Harry, im Oktober 1987 Vanessa Bruckner und im November 1987 die Obdachlose Edna Shade. Die Leichen wiesen zudem Quetschungen an den Armen oder am Kopf auf. Ein Ermittlungsteam der Polizei erhielt bald darauf Hinweise, daß in derselben Gegend zwischen 1965 und 1983 vier weitere Frauen an extremen Alkoholvergiftungen gestorben waren. In diesem Zusammenhang tauchte der Name Gilbert Jordan auf, der mit einigen der Frauen unmittelbar vor ihrem Tod gesehen worden war.

Jordan war wegen Sexualdelikten vorbestraft und mehrfach auf Grund absonderlichen Verhaltens in psychiatrischen Anstalten gewesen. Die Beamten fanden heraus, daß er am 19. November 1987 in einer der schäbigen Absteigen in der Innenstadt von Vancouver versucht hatte, eine Frau zu zwingen eine Flasche Wodka auszutrinken. Das reichte jedoch für seine Festnahme nicht aus. Sechs Tage danach, am 25. November 1987, wurde Jordan festgenommen, als er gerade dabei war, eine Obdachlose dazu zu bewegen, eine Flasche Schnaps auf einmal auszutrinken, indem er ihr 50 Dollar in Aussicht stellte.

Jordan wurde verhaftet und wegen der Ermordung von Vanessa Buckner und neun weiterer Frauen angeklagt. Der Verteidiger von Gilbert Jordan behauptete, sein Mandant habe die Alkoholikerinnen »nur ein bißchen glücklich« machen wollen. Dem widersprach der Vorsitzende Richter Bouck, der den Friseur als gefährliche Person mit kriminellem Charakter bezeichnete und Jordan zu 15 Jahren wegen Totschlags verurteilte. 1991 wurde die Strafe gegen Gilbert Jordan auf neun Jahre reduziert.

Joubert, John Joseph

Wenige Tage vor seiner Hinrichtung erklärte John Joubert, der wegen drei Sexualmorden mittlerweile zwölf Jahre in der Todeszelle verbracht hatte: »Ich weiß, daß Gott mir vergeben hat. Aber vor dem elektrischen Stuhl habe ich Angst. Ich fürchte, daß es wehtun wird.«

Im September 1983 war in einem Vorort von Omaha die Leiche des Zeitungsausträgers Danny Joe Eberle gefunden worden. Der 13jährige lag an Händen und Füßen gefesselt mit dem Gesicht zur Erde auf einem Feldweg, war bis auf die Unterhose ausgezogen und hatte ein Pflaster über dem Mund. Mehrere Messerstiche und eine tiefe Schnittstelle am Hals deuteten darauf hin, daß jemand versucht hatte, ihm den Kopf abzutrennen. Darüber hinaus hatte der Täter Teile aus der Schulter- und Wadenregion des Jungen herausgeschnitten. Ansonsten wies die Leiche weder Spuren einer Vergewaltigung noch eines gewaltsamen Kampfes auf.

Nur zwei Monate später wurde ein 13jähriger Junge vermißt, dessen Leiche schon bald von Jägern in einem Waldstück, nahe seines Heimatortes Sarpy County gefunden worden war. Der Tote, Christopher Walden, trug wie das vorhergehende Opfer nur noch eine Unterhose. Seine Kleidung lag sorgsam sortiert neben ihm. Das Maß an Brutalität hatte deutlich zugenommen, denn der Junge war entsetzlich verstümmelt worden. Diesmal war es dem Mörder beinahe gelungen, den Kopf abzuschneiden, und die Kehle klaffte durch die tiefen Schnitte weit auseinander. Der FBI-Experte Robert Ressler, der zu dem Fall hinzugezogen worden war, erstellte ein Täterprofil, demzufolge der Mörder ein Einzeltäter von eher schmächtiger Statur und bestens mit der Gegend vertraut sein müsse. Um das Vertrauen der

Jungen erlangen zu können, müsse er den Umgang mit ihnen gewöhnt, möglicherweise sogar Leiter einer Jugendgruppe sein. Da die Entfernung einiger Fleischstücke auf die Vertuschung von Indizien, wie Bißwunden, hinwies, nahm er an, daß der Mörder Kriminalzeitschriften lese und daher über kriminalistisches Wissen verfüge.

Am 11. Januar 1984 meldete die Erzieherin eines Kinderhortes der Polizei, daß ein junger Mann sie und die Kinder beobachtet und nachdem sie sich vorsichtshalber die Nummer seines Autos notiert hatte, gedroht habe, sie umzubringen. Durch die geistesgegenwärtige Reaktion der Frau gelang es den Beamten, den Mann festzunehmen, der dem erstellten Täterprofil genau entsprach.

Der Verdächtige hieß John Joseph Joubert, arbeitete als Radartechniker bei der US-Air Force und war 21 Jahre alt. Der nur 1,65 m große Radartechniker war zuvor als Zeitungsausträger beschäftigt gewesen und war Leiter einer Pfadfindergruppe.

Bei der Wohnungsdurchsuchung fanden die Ermittlungsbeamten stapelweise Kriminalzeitschriften und einen Strick aus demselben Material, der bei dem Mord an Eberle benutzt worden war. Nachdem man den zweifachen Kindsmörder im Juli 1984 in Nebraska zum Tode verurteilt hatte, erinnerte sich ein Polizeileutnant aus Maine an einen ähnlichen, bislang ungeklärten Mordfall in Portland im August 1982, als man den elf Jahre alten Ricky Stetson ermordet aufgefunden hatte. Auch hier hatte der Täter sein Opfer teilweise entblößt und ihm ähnliche Verstümmelungen und Stichwunden zugefügt. Doch bei Stetson hatte der Mörder im Fleisch des Opfers eine tiefe Bißstelle hinterlassen. Bei der gerichtsmedizinischen Untersuchung stellte sich heraus, daß der Abdruck mit dem Gebiß Jouberts übereinstimmte.

Obwohl sich John Joubert bereits im Todestrakt im Staatsgefängnis von Nebraska befand, wurde er in Maine zu einer zusätzlichen lebenslangen Haftstrafe verurteilt. Am 29. Juli 1996 wurde der mittlerweile 32jährige in Nebraska auf dem elektrischen Stuhl hingerichtet.

Kallinger, Joseph

Den 59jährigen Joseph Kallinger kann man zu Recht als Opfer seiner Sozialisation bezeichnen. Der dreifache Mörder war derart seelisch gestört, daß die Geschworenen, die über seine Schuldfähigkeit urteilen mußten, größte Schwierigkeiten damit hatten, ihn ins Gefängis zu schicken. Sie verordneten auch einen Aufenthalt in einer Anstalt für psychisch gestörte Straftäter.

Der Schuhmacher aus Philadelphia war in seiner Kindheit schwerem Mißbrauch durch seine Eltern ausgesetzt. Das führte dazu, daß er glaubte, seine eigenen Kinder ebenfalls mit Folter und Torturen disziplinieren zu müssen. Im Januar 1972 quälte er seine älteste Tochter, nachdem sie von zu Hause weggelaufen war. Die Verletzungen waren derart schwerwiegend, daß ihn die Polizei wegen Kindesmißbrauchs festnahm und die Staatsanwaltschaft ein Ermittlungsverfahren gegen den Psychopathen einleitete. Das Gericht sah jedoch von einem Prozeß ab, weil er nicht verhandlungsfähig erschien.

Mitte der 70er Jahre begann Kallinger Stimmen zu hören. Seiner Auffassung nach war es Gott selbst, der ihn dazu ausersehen hatte, junge Knaben zu töten und ihnen die Geschlechtsteile abzutrennen. Er zwang sogar seinen zwölfjährigen Sohn Michael, ihm bei seinem ersten bekanntgewordenen Sexualmord zu assistieren. Das Opfer war ein neun Jahre alter Junge puertoricanischer Abstammung, den der Psychopath zu Tode quälte. Als nächstes ermordete er Joe Junior, einen seiner Söhne, der ihn des sexuellen Mißbrauchs bezichtigt hatte. Der Knabe wurde erstickt in einem leerstehenden Abbruchhaus gefunden. Makabrerweise kassierte Kallinger für diesen grausamen Mord obendrein noch eine beträchtliche Versicherungssumme.

Am 8. Januar 1975 drang Joseph Kallinger gemeinsam mit seinem Sohn Michael in ein Haus in New Jersey ein, indem sie sich als Vertreter ausgaben. Über mehrere Stunden hinweg mißhandelten und terrorisierten sie die acht Hausbewohner und töteten schließlich die 21jährige Maria Fasching, weil sie sich geweigert hatte, einem anderen Mann den Penis abzubeißen. Während Joseph Kallinger auf sie einstach, hatte er einen Orgasmus.

Nach seiner Verhaftung machte Kallinger ein Alter Ego namens »Charlie« für die von ihm begangenen Morde und Greueltaten verantwortlich. Mit Schaum vor dem Mund begann er »in Zungen« zu sprechen und behauptete, einen Kontrakt mit Gott zu haben.

Am 14. Oktober 1976 wurde Joseph Kallinger vom County Court in Bergen/New Jersey zu einer Haftstrafe von 40 Jahren bis lebenslänglich verurteilt. Sein Sohn Michael wurde wegen der teilweise unfreiwilligen Mittäterschaft bis zu seinem fünfundzwanzigsten Geburtstag in eine Besserungsanstalt eingewiesen und ist heute wieder ein freier Mann.

Nachdem Joseph Kallinger im Frühjahr 1977 versucht hatte, seine Gefängniszelle in Brand zu stecken, wurde er in die psychiatrische Anstalt von Trenton gebracht. Weil er dort einen Selbstmordversuch unternommen hatte, verlegte man ihn im Mai 1978 ins Farview State Hospital für psychisch gestörte Kriminelle im Osten von Pennsylvania, wo er am 26. März 1996 im Alter von 59 Jahren an einer Herzattacke starb.

Kearney, Patrick Wayne – »Trashbag Killer«

Insgesamt gehen 28 Homosexuellenmorde zu Lasten von Patrick Kearney und seinem mutmaßlichen Komplizen David Hill.

Zwischen April 1975 und März 1977 fuhren die beiden Männer die Freeways im Süden Kaliforniens ab und machten zwischen Los Angeles, San Bernadino und San Diego Jagd auf Homosexuelle. Einige der Leichen hinterließen sie zerstückelt und in Plastikmüllbeutel verpackt am Rande der Überlandstraßen, was ihnen den Namen »Trashbag Killer« einbrachte.

Nach dem Mord an dem 17jährigen John LaMay, dessen Leiche zerstückelt bei einem Highway aufgefunden wurde, gelang es der kalifornischen Polizei, die Spur zu den Tätern zurückzuverfolgen. LaMay hatte am Tag seines Verschwindens seinen Eltern gesagt, er wolle einen »Dave« treffen. Freunde des Verstorbenen erinnerten sich an einen gewissen David Hill, mit dem LaMay Umgang hatte, und konnten sogar die Adresse des Verdächtigen angeben. Doch als die Beamten bei der besagten Anschrift eintrafen, waren beide Männer bereits verschwunden.

Mittlerweile wurde landesweit nach ihnen mit Phantomzeichnungen gefahndet. Am 1. Juli 1977 stellten sie sich selbst bei der Riverside County Police.

Patrick Kearney war ein ehemaliger Army-Flugzeugingenieur und bewohnte zusammen mit seinem Liebhaber Hill, den er 1962 bei der Army kennengelernt hatte, eine penibel gepflegte Luxuswohnung in Redondo Beach. Dort stellte die Polizei mehrere Beweismittel sicher, darunter eine blutverschmierte Säge, mit der einige der Opfer zerstückelt worden waren, sowie Textilfasern, die mit den an den Leichen gefundenen identisch waren. Kearney nahm alle Schuld auf sich und gestand im Juli 1977, insgesamt 28 Menschen getötet zu haben. Das Morden errege ihn, weil es ihm ein Gefühl der Macht gebe, behauptete er gegenüber den Vernehmungsbeamten. Nachdem bereits 1976 das Moratorium zur Aussetzung der Todesstrafe in Kraft getreten war, wurde Patrick Kearney zu mehreren lebenslangen Haftstrafen verurteilt, die er im Zuchthaus von San Quentin verbüßt. Sein Gefährte David Hill mußte aus Mangel an Beweisen freigesprochen werden.

Kemper, Edmund Emil – »Co-ed Killer«

Edmund Emil Kemper wurde am 18. Dezember 1948 in Burbank/Kalifornien geboren, hatte zwei Schwestern und wuchs ohne Vater auf. Schon als Knabe zerstückelte »Ed« Katzen und trieb rituelle Todesspiele mit seiner älteren Schwester Susan. Als seiner Mutter das merkwürdige Verhalten ihres Sohnes auffiel, schickte sie ihn zu den Großeltern, die auf einer abgelegenen Farm im kalifornischen Hinterland lebten. An einem Nachmittag im August 1963 erschoß der damals 14jährige seine Großmutter mit einem Kleinkalibergewehr und stach anschließend mit einem Küchenmesser auf die Tote ein – er war wütend darüber, daß er ihr im Haushalt helfen sollte, statt mit seinem Großvater hinaus aufs Feld zu gehen. Als der Großvater zurückkehrte, schoß er ihn ebenfalls nieder und ließ seine Leiche auf dem Hof liegen. Beim Polizeiverhör sagte Kemper später: »Ich wollte bloß wissen, was es für ein Gefühl ist, Grandma zu erschießen.«

Die Behörden bescheinigten dem Teenager eine »gehemmt-aggressive Persönlichkeitsstörung« und brachten ihn in einer Spezialklinik für geisteskranke Straftäter unter, aus der er sieben Jahre später in die Obhut seiner Mutter entgegen dem Rat der staatlichen Psychiater entlassen wurde. Der mittlerweile zwei Meter große, 150 Kilo schwere Mann lebte von Gelegenheitsjobs, bis er knapp drei Jahre später eine Festanstellung beim State Highway Department im kalifornischen Santa Cruz bekam. Am 7. Mai 1972 nahm er die zwei 18jährigen Tramperinnen Mary Ann Pesce und Anita Luchessa mit, erstach die beiden Frauen und brachte die Leichen heimlich ins Haus seiner Mutter, wo er Polaroid-Fotos von ihnen machte, sie sezierte und mit den Organen herumspielte. Die Überreste packte er in Plastiktüten und verscharrte sie in den Bergen von Santa Cruz. Die Köpfe warf er in eine Schlucht.

Am 14. September nahm der nekrophil veranlagte Mörder die 15jährige Schülerin Aiko Koo mit, erstickte sie und verging sich an der Leiche, bevor er sie zum Zerstückeln mit nach Hause nahm. Der Kopf des Mädchens lag noch im Kofferraum, als ihm am nächsten Morgen der staatliche Psychiater, der ihn betreute, einen Routinebesuch abstattete. Dieser kam zu dem Ergebnis, daß von Ed Kemper keine Gefahr mehr ausgehe, und empfahl den Behörden, auf die weitere Betreuung zu verzichten.

Am 9. Januar 1973 nahm Kemper die Studentin Cindy Schall aus Santa Cruz mit, zwang sie in den Kofferraum zu steigen und erschoß sie dann. Wieder brachte er die Leiche zum Haus seiner Mutter, penetrierte die Tote und zerlegte sie anschließend.

In Santa Cruz herrschte Angst und Entsetzen. Man warnte die jungen Frauen der Stadt davor, sich von Fremden mitnehmen zu lassen, die nicht zur Universität gehörten. Doch da Ed Kempers Mutter am College arbeitete, hatte er sich längst einen Aufkleber der Universität ans Auto geklebt. Diese fatale Fehleinschätzung der Behörden bezahlten sowohl die 29jährige Rosalind Thorpe als auch die 21jährige Alice Liu mit dem Leben. Sie wurden die nächsten Opfer des »Co-ed Killers«, wie man Kemper inzwischen nannte.

Im Frühjahr 1973 steigerte sich Kempers Mordlust ins Unermeßliche. Er plante, alle Mieter seines Wohnblocks zu erschießen, verwarf den Gedanken jedoch wieder. Statt dessen tat er das, was er eigentlich schon immer hatte tun wollen: Am Ostersamstag nahm er einen Zimmermannshammer, schlich ins Zimmer seiner Mutter und schlug mit der spitzen Seite auf die Schlafende ein, enthauptete sie und vergewaltigte ihre kopflose Leiche. Dann schnitt er ihr den Kehlkopf heraus und warf ihn in den Müllschlukker. Bei der Polizei erklärte er später, er habe das getan, weil sie ihn all die Jahre gegängelt, genervt und angeschrien habe.

Danach rief er Sally Hallet, eine Freundin seiner Mutter, an und lud sie zum Essen ein. Als sie die Wohnung betrat, schlug er die Frau mit einem Knüppel nieder, würgte sie und hackte ihr dann den Kopf ab. Am Ostersonntag fuhr Ed Kemper nach Colorado, rief von dort aus die Polizei in Santa Cruz an und gestand, daß er der »Co-ed Killer« sei.

Edmund Emil Kemper wurde wegen der acht Morde zu mehreren lebenslänglichen Freiheitsstrafen verurteilt. Als man ihn fragte, was er selbst für eine angemessene Strafe halte, antwortete er: »Tod durch Folter.« Er verbüßt seine Strafe im Staatsgefängnis von Vacaville bei San Francisco.

Kenosha Murders

In einem Zeitraum von zwölf Jahren ereigneten sich in Kenosha im US-Bundesstaat Wisconsin sieben brutale Sexualmorde an Mädchen und Frauen, die bis heute nicht geklärt sind. Da sich alle Morde in einem genau abgegrenzten Bereich der Stadt, zwischen der 64. und der 67. Straße, ereigneten und die Verbrechen auch in der Art ihrer Durchführung übereinstimmten, war die Polizei davon überzeugt, daß sie es mit einem Serienmörder zu tun hatte. Der erste Mord geschah im Februar 1969, als eine 17jährige junge Frau unweit ihres Elternhauses entführt und erschlagen worden war. Die anderen sechs Opfer wurden zwischen Januar 1978 und Januar 1981 ebenfalls in unmittelbarer Nähe ihrer Wohnungen gekidnappt und getötet.

Obwohl ein Verdächtiger zwei der Morde zugegeben haben soll, wurde der Mörder bislang nicht gefaßt. Der Leichenbeschauer von Kenosha, Thomas Dorff, bezeichnete die Gegend, in der die Morde geschahen, in einem Interview von 1981 als eine »Art Bermudadreieck des Mordes«, weil dort etwas »Unerklärliches« vorgehe.

Klimek, Tillie

Tillie Klimek, geborene Gburek, Tochter polnischer Einwanderer, vertraute 1914 einer Nachbarin im polnischen Viertel von Chicago an, daß sie über hellseherische Kräfte verfüge. Als Beweis für ihre prophetische Gabe erzählte sie der Frau, daß ihr Mann John Mitkiewitz, mit dem sie immerhin seit 28 Jahren verheiratet war, innerhalb der nächsten drei Wochen sterben würde.

Sie sollte Recht behalten. Mitkiewitz starb knapp drei Wochen später, und Tillie Klimek erhielt 1000 Dollar von der Lebensversicherung ihres verstorbenen Gatten. Nach einer nur kurzen Trauerzeit von sechs Wochen heiratete sie John Ruskowski. Auch diese Ehe sollte nicht lange währen, weil sie erneut eine ihrer Vorahnungen hatte. Nach dreimonatiger Ehe war sie wieder Witwe und um 2000 Dollar von der Versicherung reicher.

Der Umstand, daß ihr nächster Verehrer Joseph Guszowski nicht geneigt war zu heiraten, hielt Klimek, verwitwete Mitkiewitz, verwitwete Ruskowski nicht davon ab, bei ihm einzuziehen und auch ihn fünf Monate später zu vergiften.

Kurze Zeit danach heiratete sie zum dritten Mal. Bei der Hochzeitsfeier fragte eine Verwandte namens Rose Chudzinski voller Ironie, wie lange die »Geister« ihrem neuen Ehemann Frank Kupczyk wohl geben würden. »Das kann ich jetzt noch nicht beantworten. Ich weiß nur, daß du keine sechs Wochen mehr zu leben hast!« entgegnete die zweifache Witwe. Rose starb sechs Wochen später.

Immerhin schien die Ehe mit Frank Kupczyk einigermaßen gutzugehen. Sie gebar hintereinander drei Kinder, die allerdings bis 1920 nacheinander starben – gefolgt von ihrem Mann. Bereits an seinem Todestag sagte sie einem der Kondolenzbesucher, daß sie hoffe, mit ihrem zukünftigen Ehemann Anton Klimek, den sie 1921 heiratete, mehr Glück zu haben. Eine Hoffnung, die sich nicht erfüllen sollte: Einige Monate später war auch er ernsthaft krank.

Nachdem der Bruder von Klimek die Polizei alarmierte, veranlaßte die Staatsanwaltschaft eine Hausdurchsuchung. Dabei stellte sich heraus, daß das auf dem Herd stehende Schmorgericht mit Arsen versetzt war. Die daraufhin exhumierte Leiche von Kupczyk wies ebenfalls Arsenspuren auf. Bei ihrem Prozeß in Chicago wurde Tillie Klimek 1922 wegen des Mordes an Frank Kupczyk zu lebenslanger Haft verurteilt. Die anderen Morde waren ihr nicht mehr nachzuweisen.

Knowles, Paul John – »Casanova Killer«

Paul Knowles verbrachte die meiste Zeit seiner Kindheit in Waisenheimen. Wie vielen Serienmördern bereitete es ihm Vergnügen, Tiere zu Tode zu quälen. Er geriet schon in frühester Jugend auf die schiefe Bahn. Zunächst wegen diverser Delikte wie Diebstahl, Einbrüche und Autodiebstählen mehrfach verhaftet, entwickelte sich der schlaksige, rothaarige Junge zu einem Serienkiller, der innerhalb von vier Monaten 18 Menschen tötete.

Als Knowles im Alter von 28 Jahren in Florida im Mai 1974 aus dem Gefängnis entlassen wurde, traf er sich in Kalifornien mit einer Brieffreundin aus Gefängniszeiten, mit der er verlobt war. Wenige Tage nach ihrem Treffen löste sie ihr Heiratsversprechen. Noch in derselben Nacht tötete Knowles drei Menschen: Nachdem er eine 65jährige Lehrerin bei einem Raubüberfall in ihrem Heim erstickt hatte, überfiel er ein junges Geschwisterpaar, Mylette und Lillian Anderson, deren Familie mit seiner eigenen befreundet war. Die Körper der erdrosselten sieben und elf Jahre alten Mädchen versteckte er in einem Sumpfgebiet. Innerhalb der nächsten Wochen ermordete er in Florida noch zwei weitere Frauen und eine jugendliche Anhalterin, die er vergewaltigte und in den Wäldern versteckte.

Seine blutigen Streifzüge führten durch sechs weitere US-Bundesstaaten. Seine Opfer waren Männer und Frauen unterschiedlichen Alters, mal waren sie erdrosselt, erstochen oder erschossen worden. Auch die Motive schienen unterschiedlicher Natur zu sein: von Raubüberfällen, Sexualmorden bis hin zu Einbrüchen.

In der Stadt Marlborough in Connecticut überfiel er am 16. Oktober 1974 Karen Wine und ihre Tochter Dawn in ihrer Wohnung, vergewaltigte beide und erwürgte sie. Anschließend flüchtete er mit einem Kassettenrecorder und einigen Schallplatten. Karen und Dawn Wine waren bereits das zwölfte und dreizehnte Opfer von Knowles. Nach einem Aufenthalt in Virginia, wo er ohne ersichtlichen Grund eine weitere Frau erschoß, fuhr er nach Georgia. Dort lernte er in einem Hotel die junge Journalistin Sandy Fawkes aus England kennen, mit der er mehrere Tage verbrachte. Fawkes, die sich zu ihm hingezogen fühlte, beendete die Beziehung zu dem Serienmörder erst, als dieser sie mit einer Pistole bedrohte. Als sich ihre Wege trennten, soll Knowles ihr gegenüber gesagt haben, daß er binnen eines Jahres ein toter Mann sein würde. Im November 1974 tötete er einen Reisenden und einen Polizisten mit Kopfschüssen und flüchtete mit dessen Auto, das er jedoch gegen einen Baum setzte, wo er dann von der Polizei gestellt werden konnte.

Paul Knowles, der nicht nur über einen IQ von 129 verfügte, sondern auch sehr charmant sein konnte, wurde später von den Medien als der »Casanova Killer« bezeichnet. In einem Interview behauptete er, das »einzig erfolgreiche Mitglied seiner Familie« zu sein.

Als ihn die Polizei bei den Verhören fragte, wie viele Menschen er umgebracht habe, zeichnete er mit dem Finger eine 18 in seine Handinnenfläche. Im Dezember 1974 gelang es Knowles auf dem Weg zu einer Tatortbesichtigung, sich von seinen Handschellen zu befreien und dem Sheriff Earl Lee die Waffe abzunehmen, wurde aber bei dem folgenden Schußwechsel tödlich getroffen. Knowles, der alle seine Verbrechen auf einem gestohlenen Kassettenrecorder aufgezeichnet hatte, werden neben den 18 Morden über 30 Vergewaltigungen angelastet.

Sandy Fawkes, die Paul Knowles als einen »nachdenklichen und fürsorglichen Mann« beschrieb, veröffentlichte drei Jahre später seine Biographie »Killing Time«.

Kraft, Randy

Am 14. Mai 1983 fiel einer Polizeistreife in Orange County/Kalifornien ein VW-Käfer auf, der im Zickzack fuhr und von der Fahrbahn abzukommen drohte. Als die Polizisten den Wagen überholen wollten, hielt er unvermittelt an. Der Fahrer stieg aus, ging auf das Streifenfahrzeug zu und wies sich als Randy Kraft aus. Als die Beamten das Fahrzeug inspizierten, erkannten sie den Grund für seine unsichere Fahrweise: Auf dem Nebensitz des Fahrzeugs entdeckten sie die Leiche von Terry Lee Gambrel, einem Soldaten des Marine Corps, der offenbar erdrosselt worden war. Der Leichnam war beim Fahren umgekippt und hatte den Fahrer beim Steuern behindert. Eine Personenüberprüfung von Randy Kraft, der sich beharrlich weigerte, irgendeine Erklärung hinsichtlich des Toten auf dem Beifahrersitz abzugeben, ergab, daß der 38jährige abgesehen von einer Festnahme wegen Erregung öffentlichen Ärgernisses bislang nicht strafrechtlich in Erscheinung getreten war. Als sie bei der näheren Inspektion des Wagens auf 47 Polaroidfotos von bewußtlosen oder toten jungen Männern stießen, wurde den Polizisten klar, daß ihnen ein Serienkiller ins Netz gegangen war.

Bei der Durchsuchung von Krafts Wohnung in Südkalifornien fanden die Ermittler weitere Fotos von Männerleichen. Auf einer Ablichtung war ein Mann namens Robert Loggins zu sehen, der im September 1980 ermordet aufgefunden worden war, andere zeigten die Leichen von De Vaul und Nelson, die im Februar 1983 ermordet wurden.

Als wichtigstes Beweisstück erwies sich jedoch ein kodiertes Notizbuch, in dem der Computerprogrammierer Kraft über 60 verschlüsselte Nachrichten über seine zwischen 1972 und 1983 begangenen 47, möglicherweise 67 Sexualmorde an jungen Männern und Knaben notiert hatte. So wies die entschlüsselte Eintragung »2 in 1 Hitch« auf den Doppelmord an De Vaul und Nelson hin. »Marine Carson« stand für den in Carson/Kalifornien ermordeten Marineinfanteristen Richard Keith, und »Parking Lot« belegte Krafts Täterschaft bei der Ermordung des achtjährigen Keith Crotwell, der von einem Parkplatz verschwunden war und dessen abgetrennter Kopf wenig später von Küstenfischern gefunden wurde. Kraft, der seine Opfer meist mit Drogen und Alkohol betäubte, sie wiederholt vergewaltigte und meist folterte, kastrierte und verstümmelte, konnte nicht nur wegen des Notizbuches, sondern auch auf Grund der typischen Vorgehensweise bei seinen Morden eindeutig überführt werden.

Randy Kraft, der bis zuletzt die Aussage verweigerte, wurde im September 1983 in Orange County vor Gericht gestellt und schließlich wegen 16 Morden, neun Fällen sexueller Verstümmelung und elf Fällen von Sodomie am 29. November 1989 zum Tode verurteilt.

L. A. Southside Slayer

Zwischen Frühjahr 1985 und Ende 1987 ereigneten sich in der Southside von Los Angeles zahlreiche Morde an cracksüchtigen Prostituierten. 17 Frauen afroamerikanischer und lateinamerikanischer Abstammung wurden mit einer kleinkalibrigen Handfeuerwaffe erschossen. Nachdem die

Beamten des Los Angeles Police Departments die Existenz eines Serienkillers bestritten, organisierten schwarze Bürgerrechtler und Feministinnen im Sommer 1986 eine Kampagne gegen die Polizeiführung. Sie warfen den Behörden einen Mangel an Engagement vor, weil es sich bei den Mordopfern um drogenabhängige Prostituierte handelte. Die Proteste führten dazu, daß die Polizei eine Sonderkommission einrichtete, um die Southside-Morde aufzuklären.

Anfang 1993 nahm die Polizei einen schwarzen Polizeibeamten als Tatverdächtigen fest. Der Mann erwies sich jedoch als unschuldig. Der bloße Verdacht genügte indes, die Karriere des Polizisten zu beenden und sein Leben zu ruinieren.

Spätere Ermittlungen ergaben, daß die Morde des »Southside Slayers« von mindestens vier Personen begangen worden waren. Zwei der Opfer wurden einem Mann namens Daniel Lee Siebert zugeordnet, während verschiedene andere dem mutmaßlichen Mörder Luis Craine zugeschrieben wurden. Für einen weiteren Mord wurde ein bislang unbekannter Täter verantwortlich gemacht, der polizeilichen Ermittlungen zufolge kein Mehrfachmörder ist. Der »Southside Slayer«, dem der größte Teil der Morde zugeordnet wird, konnte bislang nicht ermittelt werden.

»Lady Bluebeard of La Porte« siehe Gunness, Belle
»Lady Killer« siehe Caputo, Ricardo

Lake, Leonhard und Ng, Charles

Als der 39 Jahre alte Vietnam-Veteran Leonhard Lake am 2. Juni 1985 in San Francisco wegen unerlaubten Besitzes einer Schußwaffe mit einem Schalldämpfer festgenommen worden war, zerbiß er eine Zyankalikapsel und brach zusammen. Trotz ärztlicher Sofortmaßnahmen auf einer nahegelegenen Intensivstation starb er vier Tage darauf. Kurze Zeit später wußte die Polizei, warum der bei seinen Nachbarn als ruhiger und religiöser, wenn auch als eigenartig geltende Lake sich das Leben genommen hatte: Gemeinsam mit seinem Komplizen Charles Ng, einem damals 24 Jahre alten Ex-Marineinfanteristen koreanischer Abstammung, hatte er auf dem Gelände seiner abgelegenen Ranch in Wilseyville, in den Bergen der Sierra Nevada, einen Bunker unterhalten, in dem sie zwischen Juli 1984 und April 1985 mindestens 25 Frauen gefoltert, vergewaltigt und ermordet hatten. Unter den Opfern waren auch zwei Babys sowie zahlreiche Männer, meist die Begleiter der Frauen, die sie ebenfalls in den Bunker gelockt hatten, um ihnen Kreditkarten und Ausweispapiere zu stehlen. Doch ihr eigentliches Ziel war es, attraktive Frauen in ihre Gewalt zu bringen, sie zu dominieren, zu quälen und zu töten. »Wenn du etwas liebst, laß es frei – wenn es nicht zurückkommt, jage es und bring es um«, stand auf einem Schild, das in der Nähe des Bunkereingangs angebracht war.

Die Ermittler fanden neben Videokassetten, auf denen zwei Frauen gefoltert und vergewaltigt wurden, in der Umgebung des unterirdischen Gewölbes und in Gräbern über 20 Kilo menschlicher Knochenfragmente. Obwohl Leonhard Lake eine Karte mit der Bezeichnung »vergrabene Schätze« angefertigt hatte, die sich auf die Gräber der Ermordeten bezog, konnte nie genau ermittelt werden, wie viele Menschen die Serienkiller ermordet haben, da Lake und Ng die meisten Leichen zerstückelt, eingeäschert und die Knochen pulverisiert hatten. Auf dem Grundstück fand die Polizei darüber hinaus zahlreiche Gräber von Campern und anderen Opfern.

Charles Ng, der nach Kanada geflohen war, wurde im Juli 1985 bei einem Ladendiebstahl in Calgary ertappt. Bei dem Versuch zu flüchten, schoß er einen Wachmann nieder. Er wurde von der Polizei gestellt und zu viereinhalb Jahren Haft verurteilt.

Nachdem die US-Regierung einen Auslieferungsantrag gestellt hatte, verzögerte Charles Ng seine Überstellung in die Vereinigten Staaten, indem er sich auf die kanadischen Gesetze berief, die eine Auslieferung von Mordverdächtigen an Länder verbietet, in denen die Todesstrafe vollstreckt wird. Nach einem sechs Jahre andauernden Verfahren entschied der Oberste Gerichtshof von Kanada in letzter Instanz, daß Charles Ng dennoch in die Vereinigten Staaten ausgeliefert werden könne.

Seit seiner Überstellung nach Kalifornien im September 1991, wo er im Orange County vor Gericht gestellt werden sollte, verzögerte er die Eröffnung der Hauptverhandlung, indem er mehrfach die Anwälte wechselte und einige von ihnen wegen juristischer Fehlleistungen verklagte. Ng verteidigte sich schließlich selbst. Nachdem ihm noch im Juli ein weiterer Verhandlungsaufschub gewährt wurde, weil er mit der Brille, die ihm die Justizbehörden zur Verfügung gestellt hatten, beim Lesen der Akten Kopfschmerzen bekommen hatte, wurde am 26. Oktober 1998 der Prozeß gegen Ng eröffnet. Der Prozeß gilt mit über sechs Tonnen Akten und Beweismitteln als die bislang teuerste und aufwendigste Gerichtsverhandlung im US-Bundesstaat Kalifornien. Der wegen zwölffachen Mordes angeklagte Charles Ng muß im Fall seiner Verurteilung mit der Todesstrafe rechnen.

Latham, John siehe York, George

Legère, Allan Joseph

Der 1986 in der kanadischen Provinz New Brunswick zu einer lebenslangen Freiheitsstrafe verurteilte Raubmörder und Brandstifter Allan Legère entkam drei Jahre nach seiner Inhaftierung, als er im Mai 1989 zur Behandlung einer Mittelohrentzündung aus dem Gefängnis in eine Klinik verlegt wurde. Knapp einen Monat später, am 28. Mai 1989, brannte das Lebensmittelgeschäft der 75 Jahre alten Annie Flam bei einem Brand in Chatham Head bis auf die Grundmauern nieder. Bei der Obduktion der Leiche fanden die Polizeiärzte heraus, daß die alte Frau vergewaltigt und erschlagen worden war. Ihre Schwägerin Nina, die in dem Gebäude zusammen mit Annie Flam wohnte, war schwer mißhandelt und ebenfalls vergewaltigt worden. Die Frau war den Flammen entkommen, konnte aber wegen Schocks den Täter nicht näher beschreiben. Die Polizei brachte den Fall dennoch mit dem Flüchtigen Allan Legère in Verbindung, weil das Verbrechen deutliche Parallelen zu dem Fall aufwies, wegen dem er drei Jahre zuvor verurteilt worden war.

Am 13. Oktober des gleichen Jahres ging das in New Castle gelegene Haus der Schwestern Linda und Donna Daughney in Flammen auf. Der Brand konnte zwar schnell gelöscht werden, aber für die Geschwister kam jede Hilfe zu spät: Beide waren vergewaltigt und totgeschlagen worden. Kurz darauf ermordete Legère den Priester der Nativity of the Blessed Virgin Church Reverend James Smith in Chatham Head, indem er den Mann brutal folterte und anschließend tottrat. Nachdem Legère zwei Autofahrer gekidnappt hatte, wurde er gefaßt.

Bei seinem Prozeß in Burton/New Brunswick wurde der Kanadier anhand von DNA-Analysen in drei der Fälle überführt. Im Zusammenhang mit dem Mord an dem Priester konnte seine Täterschaft durch blutige Fußabdrücke bewiesen werden, die er in dessen Haus in Chatham Head hinterlassen hatte. Darüber hinaus wiesen ihm die Ermittlungsbehörden nach, daß er Schmuck aus dem Besitz von Linda und Donna Daughney in Montreal verkauft hatte.

Allan Legère wurde am 3. November wegen fünffachen Mordes erneut zu einer lebenslänglichen Haftstrafe verurteilt und in ein Hochsicherheitsgefängnis bei Montreal gebracht.

Lindsey, William Darrell

Als am 1. April 1997 der Bauarbeiter William Lindsey wegen Mordes an einer Prostituierten in Asheville im US-Staat North Carolina festgenommen worden war, verdichtete sich der Verdacht, daß der 61 Jahre alte Mann sieben weitere, bislang ungeklärte Prostituiertenmorde begangen hat, die seit 1983 in der Umgebung von St. Augustine in Florida geschehen waren.

Nachdem es den zuständigen Behörden in North Carolina gelungen war, den Weg des mutmaßlichen Serienkillers anhand seiner letzten Wohnsitze – allesamt in der Umgebung der Fundorte der Frauenleichen – zu rekonstruieren, kamen die Ermittler zu der Überzeugung, daß nur Lindsey als Täter in Frage kam. »Wir waren in der Lage, Lindsey mit jeder der sieben Frauen in Verbindung zu bringen, und gehen davon aus, daß er für die Morde verantwortlich ist«, sagte Neal Perry, der County Sheriff von St. John.

Alle sieben Opfer stammten aus der Gegend von St. Augustine. Fünf der Frauen waren auf die gleiche Weise wie die in Asheville ermordete Prostituierte erschlagen worden. Bislang blieben zwei der Frauen unentdeckt. Nachdem

William Lindsey nach Florida gebracht worden war, suchte die Polizei erneut die Umgebung von St. Augustine ab, darunter mehrere Gewässer, wo sie die Leichen der beiden noch vermißten Frauen vermutet. Derzeit dauern die Ermittlungen noch an.

»Lipstick Murderer« siehe Heirens, William George

Long, Robert Joe

Robert Joe Long wurde 1953 in Kenova in West Virginia geboren. Seine Eltern trennten sich, als er gerade drei Jahre alt war. Daraufhin zog »Bobby« mit seiner Mutter Louella nach Florida, wo sie in sehr ärmlichen Verhältnissen lebten. Da seine Mutter ihrer Hündin mehr Aufmerksamkeit schenkte als ihm, tötete er das Tier, indem er ihm mit einem Revolver ins Geschlechtsteil schoß.

Als Long in die Pubertät kam, wuchsen ihm aufgrund einer genetischen Aberration Brüste. Da er stark darunter litt und Hänseleien seiner Schulkameraden ausgesetzt war, entschlossen sich die Ärzte zu einem operativen Eingriff.

Mit 15 Jahren verliebte sich Robert Long in Cindy Jean Guthrie, ein Mädchen aus der Nachbarschaft, die er sobald er konnte heiratete. Wie Louella Long war auch seine Ehefrau eine dominante, manipulative Person. Cindy Guthrie und seine Mutter haßten einander von Anfang an und bezichtigten sich später gegenseitig, für Roberts Laufbahn als Vergewaltiger und Mörder verantwortlich zu sein.

1974 verunglückte Long mit dem Motorrad. Infolge des Unfalls, bei dem er sich eine schwere Kopfverletzung zugezogen hatte, begann er sich charakterlich zu verändern, wobei seine sexuellen Bedürfnisse extrem anstiegen. Er beklagte sich darüber bei den Ärzten, die ihn für einen Simulanten hielten und ihm unterstellten, daß er die Symptome nur vorgab, um stärkere Medikamente zu erhalten. Long begann zwanghaft zu masturbieren, doch sein Trieb fand keine anhaltende Befriedigung. Eine weitere Folge des Motorradunfalls war, daß sich auch seine Bereitschaft zu Gewalttätigkeiten steigerte und er immer häufiger gereizt war und schnell die Beherrschung verlor. Zweifellos war es die fatale Kombination aus den aus der Kindheit herrührenden psychischen Defiziten und den Unfallfolgen, die Longs Entwicklung zum Serienkiller begünstigte.

In der Zeit zwischen 1980 und 1983 sind allein 50 Fälle von Vergewaltigung und sexueller Nötigung in der Gegend von Fort Lauderdale, Ocala, Miami und Dade County bekanntgeworden, die Robert Joe Long angelastet wurden.

Anfang der 80er Jahre begann er, von diffusen Haß- und Dominanzgefühlen getrieben, mit der Ermordung von Frauen. An einer Stripperin aus Tampa beging er seinen ersten Mord. Nach seiner Verhaftung Ende 1983 erzählte er den Polizeiermittlern, daß er Frauen verabscheue, die ihre Körper dazu benutzen, Männer zu manipulieren, sei es für Geld oder sonstige Zwecke. Die 20jährige Ngeun Thi Long fiel seiner Meinung nach genau unter diese Kategorie. Fortan tötete Robert Long immer wieder. Seine Opfer waren vorwiegend Prostituierte und Stripperinnen im Alter zwischen 18 und 28 Jahren, die er jeweils an Vollmondnächten in Tampa ansprach, sie in sein Apartment lockte, wo er sie fesselte, vergewaltigte und anschließend ermordete.

Obwohl bereits eine Sondereinheit aus FBI-Männern und Staatspolizisten hinter dem Serienkiller her waren, der mittlerweile acht Prostituierte umgebracht hatte, hörte er nicht auf zu morden.

Im November 1983 überfiel er die Studentin Lisa McVey, die nachts mit einem Fahrrad unterwegs war. Er schlug die junge Frau nieder, fesselte sie und brachte sie in sein Apartment. Als ihm die 17jährige erzählte, daß sie von ihrem Stiefvater schon in frühester Kindheit sexuell mißbraucht worden sei, schien ihn das davon abzuhalten, sie zu ermorden. Trotzdem vergewaltigte er sie und ließ sie anschließend wieder gehen, obwohl er wußte, daß er damit seine Verhaftung riskierte. Tatsächlich gelang es Lisa McVey, der Polizei eine detaillierte Beschreibung der Wohnung zu geben, in der sie gefangen gehalten worden war.

Der zehnfache Frauenmörder, zufällig ein Cousin des Serienmörders **Henry Lee Lucas,** wurde am 17. November 1983 in Tampa verhaftet. Es gab genügend Beweise, die ihn in Zusammenhang mit den meisten der Morde in Verbindung gebracht hatten, unter anderem Haare und DNA-Proben, die in seinem Wagen gefunden worden waren. Long sah sich als Opfer einer Wiederwahlkampagne des Gouverneurs Bob Graham, einem ausgewiesenen Befürworter der Todesstrafe, der seinerzeit auch die Hinrichtung von **Ted Bundy** vorangetrieben hatte.

Im darauffolgenden Jahr wurde gegen Robert Joe Long neben 26 lebenslänglichen Freiheitsstrafen zweimal die Todesstrafe verhängt, deren Vollstreckung immer noch aussteht. Derzeit befindet er sich im Todestrakt des Staatsgefängnisses von Starke in Florida und wartet auf seine Hinrichtung.

»Lonely Hearts Killer« siehe Fernandez, Raymond

López, Pedro Alonso – »Monster der Anden«

Im April 1980 wurden im ecuadorianischen Hochland nahe der Provinzstadt Ambato die Leichen von vier Mädchen entdeckt. Wenige Tage nach den Leichenfunden beobachtete die indianische Marktfrau Carvina Poveda, wie ein

Mann mit ihrer zwölf Jahre alten Tochter Maria verschwand. Durch ihre Beschreibung konnte die Polizei den 31jährigen Kolumbianer Pedro López als Tatverdächtigen festnehmen, der nach einer kurzen Vernehmung mehr als 300 Sexualmorde zugab, die er seit 1973 im Grenzgebiet zwischen Kolumbien, Ecuador und Peru begangen haben will. Mehr als 100 allein in Ecuador. Die Beamten, die López zunächst für einen Aufschneider gehalten hatten, wurden bald mit der Realität konfrontiert, als er ihnen in der näheren Umgebung von Ambato 53 Plätze zeigte, wo er Leichen seiner Opfer vergraben hatte.

»Ich verlor meine Unschuld mit acht, und ich beschloß das gleiche so vielen jungen Mädchen anzutun, wie möglich«, begründete er die Morde. Eigenen Berichten zufolge war der mit 13 Geschwistern im kolumbianischen Tolima aufgewachsene Sohn einer Prostituierten selbst sehr früh Opfer sexueller Übergriffe geworden. Nachdem er sich mit acht Jahren seiner jüngeren Schwester unsittlich genähert haben soll, wurde er von seiner Mutter auf die Straße gesetzt. Ein Mann versprach dem jungen Obdachlosen Essen und eine Schlafgelegenheit und vergewaltigte ihn. López flüchtete.

Erneut auf sich allein gestellt, trieb er sich wie viele Kinder in Lateinamerika auf der Straße herum, bis er schließlich in Bogotá in einem Waisenhaus unterkam. Lange hielt es der psychisch gestörte López dort allerdings nicht aus: Mit zwölf Jahren stahl er Geld in der Schule des Waisenhauses und rannte davon. Als er 18 war, kam er wegen Autodiebstahls ins Gefängnis, wo er von vier Insassen vergewaltigt wurde. Drei von ihnen tötete er kurze Zeit später.

Nachdem er aus dem Gefängnis entlassen worden war, begann er eine Mordserie im Altiplano von Peru. Seine bevorzugten Opfer waren minderjährige Indianermädchen, die er vergewaltigte und anschließend erwürgte. 1978 wurde er in der Provinz Ayacucho von einer Gruppe Ayma-ra-Indianer festgenommen, nachdem er versucht hatte, ein neunjähriges Mädchen zu entführen. Die Hochlandindianer wollten López zur Strafe lebendig begraben. Lediglich durch die Intervention einer Missionarin lieferten die aufgebrachten Indianer López an die Polizei aus. Doch die peruanische Polizei hatte keinerlei Interesse daran, sich mit den »Zwistigkeiten« von Indios zu befassen, und ließ den Mörder wieder laufen. In der Folgezeit veschwanden in den Grenzregionen von Kolumbien, Ecuador und Peru jeweils mehr als 100 Indiomädchen.

Nachdem Pedro Alonso López nach seiner Verhaftung im April 1980 zunächst noch geständig gewesen war, mochte er sich später nicht mehr an weitere Morde erinnern. Derzeit verbüßt der inzwischen 48jährige in Ecuador eine lebenslange Haftstrafe wegen der 53 in der Gegend von Ambato begangenen Morde.

Lucas, Henry Lee und Toole, Ottis Elwood

Wie viele Menschen Henry Lee Lucas wirklich umgebracht hat, wird wahrscheinlich nie geklärt werden. Als der einäugige Landstreicher am 9. Mai 1983 in Montgomery County/Texas wegen Mordes an einer älteren Frau verhaftet wurde, überraschte er den ermittelnden Staatsanwalt mit der Bemerkung, das sei doch gar nichts. Er habe seit seiner Entlassung aus dem Gefängnis 1975, wo er wegen Mordes an seiner Mutter einsaß, im ganzen Land mehrere 100 Menschen auf jede nur denkbare Weise ermordet, den einen oder anderen »wie Fisch filetiert« oder einfach nur überfahren. Einige der Verbrechen will er gemeinsam mit dem Herumtreiber Ottis Elwood Toole begangen haben, den er 1979 kennengelernt hatte.

Mit diesem »Geständnis« entging der wegen Mordes an seiner Mutter vorbestrafte Lucas vorläufig dem elektrischen Stuhl, weil er über Jahre hinweg ganze Legionen von Polizisten aus allen Teilen der USA mit Morden beschäftigte, die er nie begangen hatte. Es bereitete ihm Vergnügen, sich von der Polizei an angebliche Tatorte bringen zu lassen und wie ein Prominenter behandelt zu werden.

Wie fragwürdig diese Ermittlungen waren, zeigt der Umstand, daß Lucas sogar das Sektenmassaker von Jonestown in Guayana Ende der 70er Jahre gestand, als ihn ein FBI-Beamter fragte, ob er auch dafür verantwortlich sei. Nachdem man seine Geständnisse anhand von Kreditkarten überprüft hatte, stellte sich heraus, daß Lucas zahlreiche Morde zugegeben hatte, die er gar nicht begangen haben konnte. Dennoch haben Beamte aus 35 Bundesstaaten über 200 ungeklärte Mordfälle zu den Akten gelegt, die sie Lucas anlasteten.

Es gilt als sicher, daß der am 23. August 1936 in Blacksburg im US-Bundesstaat Virginia geborene Henry Lee Lucas elf Morde begangen hat. Möglicherweise mehr. Zumindest im Zusammenhang mit Ottis Toole, einem Gelegenheitstransvestiten, der einen Hang zu Nekrophilie und Kannibalismus hatte, soll Lucas zahlreiche Tramperinnen auf der Texas Interstate 35 entführt, verstümmelt und getötet und sich dann an ihren Leichen vergangen haben.

Wegen Vergewaltigung, Kidnapping und Mord in elf Fällen wurde er in San Angelo/Texas im Frühjahr 1984 zu insgesamt sechsmal lebenslänglich, mehreren Zeitstrafen und auch zum Tode verurteilt. Die Todesstrafe bekam er für den Mord an einer 26jährigen, bislang unbekannten Tramperin, die als »Orange Socks« bezeichnet wurde, den er aber unter Umständen gar nicht begangen hat. Mittlerweile leugnet er, irgendeinen Mord – abgesehen von dem an seiner Mutter – begangen zu haben.

Während sein Mittäter Ottis Toole im September 1996 an Krebs starb, wurde die geplante Hinrichtung von Henry Lee Lucas am 29. Juni 1998, einen Tag vor dem Termin, vom Gouverneur von Texas unbefristet aufgeschoben, nachdem dieser zu der Überzeugung gelangt war, daß die Täterschaft von Henry Lee Lucas im Mordfall »Orange Socks« nicht zweifelsfrei festgestellt werden konnte.

»Lust Killer« siehe Brudos, Jerome Henry

Lyles, Anjette

In dem Glauben, eine hohe Versicherungssumme von ihrem Ehemann Ben Lyles zu kassieren, vergiftete Anjette Lyles ihn im Januar 1952. Sie erhielt allerdings nur 3000 Dollar und mußte zusätzlich ein Darlehen aufnehmen, um ihr Restaurant »Gay Widow« in Macon/Georgia weiter betreiben zu können. Ihr nächstes Opfer war der Pilot der US-Luftwaffe Joe Neal Gabbert. Wenige Monate nachdem sich das Paar im Juni 1955 vor dem Traualtar die ewige Liebe geschworen hatte, verstarb der Pilot. Das Geld seiner Lebensversicherung kassierte Anjette Lyles.

Zwei Jahre darauf erkrankte ihre aus erster Ehe stammende Schwiegermutter Julia Young Lyles, die am 29. September 1957 starb. Ein halbes Jahr später, am 5. April 1958, erlag auch deren neunjährige Tochter Marcia Elaine derselben mysteriösen Krankheit. Damit war die Witwe Alleinerbin und erhielt den gesamten Besitz der Toten.

Die schnell aufeinanderfolgenden, unerklärlichen Todesfälle erregten Aufsehen. Da Lyles die alleinige Nutznießerin war und durch die Todesfälle innerhalb ihrer Verwandtschaft zu einer Summe von 47 750 Dollar gekommen war, galt sie als Hauptverdächtige. Die Wirtin stritt alles ab, obwohl in ihrer Wohnung mehrere Fläschchen mit arsenhaltigen Präparaten gefunden worden waren.

Für die Jury des Atlanta High Court stand im Oktober 1958 auf Grund der Indizien zweifelsfrei fest, daß Anjette Lyles die Morde begangen hatte, und verurteilte sie zum Tode auf dem elektrischen Stuhl. Nachdem ihre Verteidiger psychologische Gutachten einholten, in denen die Psychiater der Mörderin Unzurechnungsfähigkeit attestierten, wurde sie 1960 in die psychiatrische Abteilung des Central State Hospital in Milledgeville eingeliefert, wo sie am 4. Dezember 1977 starb.

Maine, Leonhard siehe Braun, Thomas Eugene
»Maníaco do Parque« siehe De Assis Pereira, Francisco
Manning, Clyde siehe Williams, John

Maryland Serial Killer

Am 6. Oktober 1996 wurde der 42 Jahre alte Anthony Barnes erstochen in seiner Wohnung in Bladensburg/Maryland aufgefunden. Zweieinhalb Monate später, am 21. Dezember 1996, fand man den 33jährigen Jimmy McGuire und seinen Mitbewohner erschossen in dem von ihnen gemieteten Einfamilienhaus in Clinton auf. Nachdem am 5. Januar 1997 erneut zwei Männer, der aus Washington D. C. stammende Derrick Hilliard und sein Begleiter John Whittington, in einem Hotelzimmer in Camp Springs ebenfalls erschossen wurden, verdichtete sich der Verdacht, daß sie einem Serienkiller zum Opfer gefallen waren, der es offenbar auf Homosexuelle abgesehen hatte.

Offensichtlich mußten die ermordeten Männer ihren Mörder gekannt oder zumindest keinerlei Mißtrauen dem

Täter gegenüber empfunden haben, denn weder im Fall der drei in ihren Wohnungen getöteten Männer, noch in dem der beiden Hotelbewohner hatte sich der Mörder gewaltsam Zutritt zu den Räumen verschafft.

Wie Diane Richardson, die Sprecherin der Polizei in Prince George's County, mitteilte, verkehrten alle Männer in den gleichen Bars und Nachtclubs. Der Polizei zufolge konnten darüber hinaus keine weiteren Verbindungen zwischen den Opfern festgestellt werden. Über weitere Morde des als »Maryland Serial Killer« bezeichneten Mörders ist derzeit nichts bekannt. Der Fall gilt als ungelöst.

McCrary Family und Taylor, Carl

Seit 1970 ereignete sich im Süden der Vereinigten Staaten eine Reihe von brutalen Sexual- und Raubmorden, die sich von Florida bis nach Kalifornien erstreckte und die man der McCrary Family anlastete. Die Mehrheit der Opfer waren Kellnerinnen und junge Verkäuferinnen, die entführt, vergewaltigt und anschließend brutal ermordet worden waren.

Die Morde blieben lange Zeit ungeklärt, bis die Polizei von Santa Barbara in Kalifornien im Juni 1972 den 47jährigen Sherman McCrary nach einem Raubüberfall auf einen Supermarkt festnahm. McCrary führte mit seiner Familie ein Nomadenleben und zog mit seinem Wohnmobil kreuz und quer durch die südlichen Bundesstaaten der USA. Kurz darauf erhärtete sich der Verdacht, daß Sherman gemeinsam mit dem Rest der McCrarys, seiner Frau Carolyn, seinem 19jährigen Sohn Danny sowie seiner Tochter Ginger und deren Mann, auf ihren Reisen nicht nur Scheckbetrügereien, Raubüberfälle und Vergewaltigungen begangen hatte, sondern auch für die Morde an 22 Menschen verantwortlich war. Während Sherman McCrary zusammen mit Gingers Ehemann Raymond Carl Taylor die Frauen kidnappte, vergewaltigte und tötete, leistete der Rest der Familie den verbrecherischen Unternehmungen Vorschub und unterstützte die beiden Männer bei der Begehung der Morde, indem er potentielle Opfer ausspähte und bei der Beseitigung der Leichen mitwirkte. »Es mag sich vielleicht seltsam anhören«, sagte Carolyn McCrary später aus, »aber ich liebe meinen Mann wirklich sehr.«

Die McCrarys und Carl Taylor wurden vor Gericht gestellt und wegen 22 Morden und zahlreicher anderer Delikte schuldig gesprochen.

McRae, John Rodney

Der 63jährige John McRae ist nach Auffassung der Polizei von Harrison im US-Bundesstaat Michigan für die längste Serie von Morden in den Vereinigten Staaten verantwortlich. McRae hatte 1950 im Alter von 15 Jahren den achtjährigen Joey Housey vergewaltigt, ermordet und mit einem Rasiermesser verstümmelt, bevor er den Knaben in einem Waldstück an der Küste bei St. Clair Shores in Michigan vergrub. Nachdem er für den Sexualmord an dem Jungen eine Freiheitsstrafe von 21 Jahren verbüßt hatte, ermordete er 1987 den 15 Jahre alten Randy Laufer. Für die Polizei galt McRae von Anfang an als der Hauptverdächtige im Mordfall Laufer, konnte aber erst nach dem Auffinden der Leiche des Jungen im Sommer 1997 verhaftet werden. Darüber hinaus wird er mit dem Verschwinden zahlreicher Knaben aus Michigan und Florida in Verbindung gebracht, insbesondere mit dem zweier Jugendlicher, die seit 1979 in Florida vermißt werden.

John McRae, der nach Ablauf seiner Bewährungsfrist im

Jahre 1975 nach Florida übersiedelte, arbeitete damals als Gefängniswärter im Strafvollzug. Im Frühjahr freundete er sich mit einem zwölfjährigen Jungen an, der kurze Zeit später spurlos verschwand. Im darauffolgenden Jahr gelang einem 19jährigen Insassen, den McRae betreute, die Flucht aus der Brevard Correctional Institution. Auch dieser junge Mann gilt seitdem als vermißt.

Im September 1998 begann in Michigan der Prozeß gegen John Rodney McRae wegen des Mordes an Randy Laufer. Über den Ausgang des Verfahrens ist bislang noch nichts bekannt.

Metheny, Joe

Der Serienmörder Joe Metheny wurde im Dezember 1996 wegen Mordes an Kimberly Spicer, Antonia Ingrassia und einer bisher unidentifizierten Frau festgenommen. Offensichtlich handelte es sich um ein Sexualverbrechen, da die Geschlechtsteile der toten Frauen extreme Verstümmelungen aufwiesen.

Zur Tatzeit lebte der 41jährige Metheny in einem Wohnwagen in der Joseph Stein & Son Company in Baltimore. Dort fand man auch die Leiche der 26jährigen Kimberly Spicer, die Metheny zuvor in einem Restaurant nahe Baltimore angesprochen, ermordet und anschließend nur einen Steinwurf von seinem Wohnmobil entfernt versteckt hatte. In derselben Gegend wurde 1994 eine weitere Frauenleiche entdeckt. Die Tote lag in der Nähe der Interstate 95 und konnte nach der gerichtsmedizinischen Untersuchung als Antonia Ingrassia identifiziert werden. Wie auch Kimberly Spicer war sie eine Süchtige. Neben Stichverletzungen wies die 28jährige Würgemale am Hals auf. Im dritten Mordfall, wegen dem man Metheny anklagte, hatte er einer Frau den Kopf abgetrennt, was die Ermittlungen zusätzlich erschwerte.

Joe Metheny gestand während der Verhöre einen weiteren Mord an einem Mann, dessen Leiche jedoch nicht gefunden wurde. Ein weiterer Vorfall, bei dem er im August 1995 zwei obdachlose Männer mit einer Axt angefallen hatte, konnte ihm nicht nachgewiesen werden, und die Klage wurde auf Grund fehlender Indizien fallengelassen.

»Michigan Murderer« siehe Collins, John Norman

Miller, Donald

Donald Miller wurde Ende 1978 in Michigan festgenommen und wegen versuchten Mordes und der Vergewaltigung zweier Teenager 1979 in Michigan zu einer Haftstrafe von 30 bis 50 Jahren verurteilt. Nachdem er zur Strafverbüßung ins Jackson State Prison überstellt worden war, gestand er, daß er zwischen 1977 und 1978 vier weitere, bis dahin nicht bekannt gewordene Sexualmorde in der Gegend von East Lansing begangen hatte.

In einem Handel mit der Staatsanwaltschaft wurde Donald Miller zugesichert, daß man ihn lediglich wegen vierfachen Totschlags verurteilen werde, wenn er den Behörden die Fundorte der vier Leichen bekanntgebe. Es war ursprünglich vorgesehen, daß er bereits im Februar 1998 wegen guter Führung auf Bewährung vorzeitig entlassen werden sollte. Allerdings entschied ein Richter sich gegen seine Entlassung und veranlaßte, Miller bis zum Jahre 2018 in Sicherheitsverwahrung zu behalten, da von ihm eine besondere Gefahr für die Öffentlichkeit ausgehe. Nur wenige Minuten nach diesem Gerichtsbeschluß wurde in seiner Zelle im Jackson State Prison eine Waffe sichergestellt.

»Monster der Anden« siehe Lopez, Pedro Alonso

Moonlight Murderer of Texarkana

1946 wurden innerhalb von wenigen Monaten fünf Tote in der 44000-Einwohner-Stadt Texarkana, die durch die Grenze von Texas und Arkansas geteilt wird, ermordet aufgefunden. Da der mysteriöse Täter stets an Vollmondnächten in Erscheinung trat, nannte man in den »Moonlight Murderer«.

Der erste Vorfall ereignete sich am 22. Februar 1946, als die 19jährige Mary Jeanne Larey und ihr 24 Jahre alter Freund Jimmy Hollis kurz nach Mitternacht von einem maskierten, bewaffneten Mann dazu gezwungen wurden, ihren Wagen zu verlassen. Danach schlug der Fremde den jungen Mann bewußtlos und vergewaltigte brutal dessen Freundin. Das Paar überlebte den Angriff schwer verletzt.

Einen Monat später, am 24. März 1946, wurden die Leichen der 17jährigen Polly Ann Moore und des 29jährigen Richard Griffin außerhalb der Stadtgrenze von Texarkana in ihrem Wagen entdeckt. Beide waren mit einer Pistole vom Kaliber .32 erschossen worden, und wieder hatte der Täter das Mädchen vergewaltigt. Es dauerte nur drei Wochen, bis man erneut auf zwei Mordopfer des »Moonlight Murderers« stieß. Zwei Teenager waren in ihrem Auto überfallen und erschossen, das 15jährige Mädchen vergewaltigt worden.

Am 3. Mai 1946 ereignete sich in Texarkana ein weiterer Mord, der nie geklärt wurde. Ein Unbekannter hatte den Farmer Virgil Stark durch das Wohnzimmerfenster hindurch mit einem Jagdgewehr erschossen. Während seine Frau Kate Stark schwer verletzt auf die Straße rannte, um Hilfe zu holen, drang der Mörder in das Haus ein und verteilte das Blut des Opfers in der Wohnung. Zwar nahm die Polizei ein Dutzend Verdächtige fest, doch alle konnten ein Alibi nachweisen. Am 28. Juni 1946 wurde ein Ehepaar mit einem gestohlenen Wagen festgenommen. Der Mann, ein mehrfach vorbestrafter Kleinkrimineller, avancierte zum Hauptverdächtigen, da kurz vor den jeweiligen Morden ein Auto gestohlen worden war, das unmittelbar nach den Verbrechen verlassen aufgefunden wurde. Zudem verfügte die wegen Beihilfe zum Diebstahl mitangeklagte Frau des Verdächtigen über Detailwissen, das der Öffentlichkeit nie zugänglich gemacht worden war. Während der Gerichtsverhandlung machte sie jedoch von ihrem Aussageverweigerungsrecht gegenüber ihrem Ehemann Gebrauch.

Der Verdächtige wurde schließlich wegen Autodiebstahls und gewohnheitsmäßiger Körperverletzung zu lebenslanger Haft verurteilt, mußte aber auf Grund von Verfahrensfehlern 1973 wieder entlassen werden. Ob er tatsächlich der »Moonlight Murderer« war, konnte nie geklärt werden: Er starb 1993 in einem Pflegeheim in Dallas.

Mors, Frederick

Der aus Wien stammende Österreicher Frederick Mors wanderte im Juni 1914 in die Vereinigten Staaten aus und siedelte sich in New York an. Was lag für Mors, der kaum ein Wort Englisch sprach, näher, als einen Job in einem Bereich anzunehmen, in dem die deutsche Sprache benötigt wurde?

Mors bewarb sich um eine Stelle als Portier im German Odd Fellows Home, einem deutschen Alters- und Pflegeheim in der Bronx, wo er schon im August 1914 eingestellt wurde. Bereits kurze Zeit später zeigte Mors Symptome von Größenwahn, gab sich arrogant, trug eine weiße Uniform – mit einem Stethoskop um den Hals – und verbreitete eine unangenehme Atmosphäre. Obendrein mußten ihn die alten Patienten mit »Herr Doktor« anreden. Bald darauf begann er sich bei einem örtlichen Apotheker Medikamente und Chloroform zu bestellen und die alten Patienten zu »behandeln«. Zwischen 1914 und Januar 1915 starben in rascher Folge 17 Patienten unter zunächst noch ungeklärten Umständen. Nachdem die Klinikleitung die Polizei alarmiert hatte, hörte die sich bei den Heimbewohnern um und erfuhr vom exzentrischen Terror des »Doktor Mors«.

Mit den polizeilichen Autoritäten konfrontiert, war Mors ausgesprochen zugänglich und räumte schon bald acht der 17 Morde ein. Er habe nur getötet, um die alten Menschen aus ihrer Misere zu erlösen, behauptete er bei seiner Vernehmung. Freimütig schilderte er, wie er ihnen einen Baumwollappen mit Chloroform auf die Nase gelegt hatte und danach, wenn sie ohnmächtig waren, die Atemöffnung und die Ohren mit Stofflappen verstopfte. »Und dann habe ich ihnen Chloroform in die Kehle geschüttet und dafür gesorgt, daß die Dämpfe nicht mehr heraus konnten«, erklärte er später vor Gericht.

Frederick Mors wurde als geistesgestörter Krimineller für den Rest seines Lebens in die Matteawan Institution for the Insane, eine psychiatrische Anstalt in New York, eingewiesen, aus der er in den späten 20er Jahren entkommen konnte und nie wieder gesehen wurde.

Mudgett, Herman Webster

Wie viele Menschen der notorische Betrüger, Heiratsschwindler und Serienmörder Herman Webster Mudgett genau getötet hat, wird wahrscheinlich nie geklärt werden können. In seinem Haus in Chicago fand man damaligen Presseberichten zufolge die Überreste von 200 Leichen.

Der im Mai 1860 in Gillmanton/New Hampshire geborene Mudgett stammte aus einer respektablen Bürgerfamilie. Sein Vater war ein Postmeister, er selbst graduierte an einer höheren Schule in Vermont und arbeitete kurze Zeit als Lehrer, bevor er nach Michigan ging, wo er in Ann Arbor Medizin studierte. Nach dem Studium ließ er sich als praktischer Arzt in New York nieder, kam aber bald mit dem Gesetz in Konflikt, weil er verschiedene Versicherungsbetrügereien begangen hatte: Er ließ Lebensversicherungspolicen auf fiktive Namen ausstellen, stahl aus Krankenhäusern die Leichen kürzlich Verstorbener, die er als die Versicherten ausgab, und kassierte deren Versicherungssummen.

Nach einer durch die Flucht aus New York bedingten Unterbrechung seiner Betrügereien tauchte Mudgett unter dem Namen Harry Howard Holmes 1891 in Chicago auf, wo er Mitarbeiter in einem Drugstore in der 63. Straße in Englewood wurde. Die Besitzerin, eine Mrs. Holden, die den medizinisch versierten Mudgett alias Holmes rasch zu ihrem Partner machte, verschwand spurlos, so daß er bald der alleinige Eigentümer des lukrativen Ladens war. Mit dem Vertrieb von Patentmedizin, für die er spektakulär warb, wurde Holmes so wohlhabend, daß er sich bald ein dreistöckiges, schloßartiges Gebäude auf der gegenüberliegenden Straßenseite bauen ließ – das »Murder Castle«, ein Gebäude mit zahlreichen versteckten Verliesen, in dem sich auch geheime Gaskammern befanden. Durch wechselnde Bauarbeiter, die er nach Belieben entließ, sorgte er dafür, daß keiner zuviel über die bauliche Struktur des Gebäudes wußte.

Während der Weltausstellung in Chicago 1893 vermietete er Zimmer an Gäste, die er in den Kellern des Gebäudes ermordete und mit deren Leichen er sein »Versicherungsgeschäft« weiterbetrieb.

Darüber hinaus lockte er zahlreiche Frauen, denen er die Ehe versprach, in sein Haus. Nachdem er sich mit ihnen sexuell vergnügt hatte, zwang er sie, ihm ihre Versicherungspolicen zu überschreiben, und warf sie dann in einen eigens konstruierten Schacht, der in den Keller führte. Dort vergaste er die Frauen und schaute ihnen durch die an der Kammer angebrachten Gucklöcher bei ihrem Todeskampf zu. Anschließend brachte er die Toten in einen anderen Raum, wo er sie häutete und zerstückelte, nachdem er mit den Leichen herumexperimentiert hatte. Dann ließ er die Überreste in einem der zahlreichen Heizkessel, Säurebäder oder Kalkgruben verschwinden, die er zu diesem Zweck im Keller des Gebäudes eingerichtet hatte.

Nachdem Mudgett einen Partner namens Benjamin Pitezel und drei von seinen Kindern im Rahmen einer Betrügerei ermordet hatte, kam ihm die Polizei auf die Spur, drang in sein Haus ein und nahm ihn nach der Entdeckung der Kellerräume fest.

Am 30. November 1895 wurde Mudgett nach dem spektakulärsten Prozeß, den die Vereinigten Staaten bis dahin erlebt hatten, wegen des Mordes an Benjamin Pitezel zum Tode verurteilt. Überlieferungen zufolge log er bis zum Ende.

Er verkaufte seine Lebensbeichte, in der er 27 Morde detailliert beschrieb, an eine Zeitung und bekam dafür siebeneinhalbtausend Dollar. Kurz darauf bestritt er die Morde wieder und beteuerte seine Unschuld. Es half ihm nichts: Am 7. Mai 1896 wurde Herman Mudgett im Moyamensing Prison in Illinois gehängt.

Mullin, Herbert William

Herbert Mullins Entwicklung zum Serienkiller war vorrangig das Resultat einer paranoiden Schizophrenie, die zunehmend sein Wesen beherrschte. Dabei hatte Mullin, im Gegensatz zu vielen anderen Serienmördern, gute Startchancen: Er war ein sehr fähiger Schüler und Mitglied in der schuleigenen Athletikmannschaft in Santa Cruz und konnte stets auf Unterstützung seitens seiner Eltern zählen. Doch mittlerweile konsumierte er LSD-Trips und Marihuana, was dazu führte, daß er imaginäre Stimmen hörte, die ihm seltsame Befehle erteilten. So war er unter anderem davon überzeugt, Kalifornien vor einem katastrophalen Erdbeben retten zu müssen und dies nur durch ein Menschenopfer bewerkstelligen zu können.

Am 13. Oktober 1972 begann der 24jährige seinen vermeintlichen Auftrag auszuführen: Einen Tramper, dem Mullin eine Autopanne vorgetäuscht hatte, erschlug er mit einem Baseballschläger. Im selben Monat erstach er die Studentin Mary Guilfoyle und weidete sie mit bloßen Händen aus. Die Stimmen, so behauptete er später, hatten ihm befohlen, anhand ihrer Organe den Grad der Umweltbelastung zu prüfen.

Auch sein Beichtvater wurde Opfer des verwirrten Geisteszustandes von Mullin. Der Serienmörder meinte deutlich vernommen zu haben, wie der Pfarrer ihn dazu aufforderte, ihn zu töten, was er prompt tat. Bei seinem letzten Mord, den er im Februar 1973 beging, wurde er von einem Zeugen beobachtet und konnte gefaßt werden.

Mullin gestand nach seiner Festnahme die Morde an zwei älteren Männern, einem verheirateten jungen Paar, vier Teenagern, einer Mutter und ihren zwei Kindern, dem katholischen Priester und einer Studentin. Fünf Monate später befand ihn das Santa Cruz County Gericht trotz diagnostizierter paranoiden Schizophrenie als voll schuldfähig und klagte ihn wegen zehnfachen Mordes an. Gegenwärtig verbüßt Herbert Mullin in San Quentin seine parallel vollstreckten, lebenslänglichen Haftstrafen. Bei guter Führung kann er eventuell im Jahre 2025 auf Bewährung freikommen.

Nelson, Earle Leonard – »Gorilla Murderer«

Nicht ohne Grund wurde der zweiundzwanzigfache Mörder Earle Nelson »Gorilla Mörder« genannt. Mit seiner fliehenden Stirn, den wulstigen Lippen und seinen enorm großen Händen erinnerte der mißgebildete Nelson tatsächlich an einen Primaten.

Der 1897 in Philadelphia geborene Earle Nelson wuchs bei seiner Tante Lillian, einer bibelfesten Christin auf, die jede menschliche Regung mit dem Wort des Herrn in Verbindung brachte. Als Earle zehn Jahre alt war, wurde er von einem Pferdewagen angefahren und erlitt eine schwere Kopfverletzung, von der er sich zeitlebens nicht mehr erholen sollte. Bereits als 20jähriger wurde Nelson in eine psychiatrische Klinik eingewiesen, nachdem er versucht hatte, die Tochter einer Nachbarin zu vergewaltigen. Nach seiner Entlassung aus der Klinik verhielt er sich eine Weile unauffällig und nannte sich fortan Roger Wilson. Am 20. Februar 1926 tötete Nelson zum ersten Mal: Er erwürgte die 60jährige Clara Newman, die in ihrem Haus in San Francisco Zimmer untervermietete, und schändete ihre Leiche. Fortan wechselte er ständig seinen Namen, zog kreuz und quer durch die Vereinigten Staaten und beging eine Reihe von Sexualmorden an Vermieterinnen von Gasthäusern und Pensionen.

Nachdem er mehrere Morde in Newark und in New Jersey begannen hatte, zog er weiter nach Winnipeg, wo er sich in einem Boardinghouse einquartierte. Diesmal ließ er die Vermieterin am Leben, tötete jedoch die 16 Jahre alte Kunstblumenverkäuferin Lola Cowan, die er am 8. Juni 1927 bis zur Unkenntlichkeit verstümmelte und unter seinem Bett versteckte. Am darauffolgenden Abend drang Nelson gewaltsam in das Haus von Emily Patterson ein, vergewaltigte die Frau und schlug ihr dann den Schädel ein. Als ihr Mann William nach Hause kam, war seine Frau verschwunden. Auch Geld und Wertgegenstände waren aus der Wohnung entwendet worden. Patterson gab eine Vermißtenanzeige bei der Polizei auf, doch als sich der religiöse Mann vor das Bett kniete, um zu beten, entdeckte er darunter die Leiche seiner Gattin.

Kurz nach dem Mord ging Nelson zu verschiedenen An- und Verkaufläden, um einige der bei den Pattersons entwendeten Gegenstände zu verkaufen. Dabei fiel er einem Friseur auf, der in den Haaren des Serienmörders getrocknetes Blut entdeckte. Zwei Tage später wurde Nelson vor einem Postamt in Wakopa festgenommen.

Am 14. November 1927 wurde Earle Leonard Nelson in Winnipeg von Richter Dysart wegen des Mordes an Emily Patterson zum Tode verurteilt und am 12. Januar 1928 gehenkt.

»New York Zodiac« siehe Seda, Heriberto

Newark Serial Killer

Zwischen März 1993 und Anfang 1998 brachte ein Unbekannter, der als »Newark Serial Killer« von sich reden machte, im US-Staat New Jersey 14 schwarze Frauen um. Die Leichen hinterließ er in Abrißhäusern und Baustellen in

Newark, East Orange und Irvington. Die Mehrheit der zwischen 19 und 38 Jahre alten Frauen lebte von der Prostitution, war drogenabhängig oder wegen Diebstahls und ähnlicher Delikte vorbestraft. Die Essex County Police, die mit der Wiederaufnahme der Fälle beauftragt wurde, gründete eine Sondereinheit, bestehend aus Kriminalbeamten der örtlichen Polizei und der Bezirksstaatsanwaltschaft. Gegenüber den Medien verkündete Patricia Hurt, die Oberstaatsanwältin von Essex County, daß die Ermittlungsarbeiten »erfolgreich voranschreiten«.

Der erste bekanntgewordene Fall führt zurück ins Jahr 1993. Damals wurde Diane Floyd, eine 34jährige Mutter, am 4. März in Irvington erschlagen aufgefunden. Der Mörder hatte die Leiche entkleidet zurückgelassen.

Nachdem Zeitungen berichtet hatten, daß es sich bei dem »Newark Serial Killer« um einen Mörder handelt, der sich auf drogenabhängige Prostituierte spezialisiert hat, kam es zu Protesten der Angehörigen der erwürgten, erschlagenen oder erstochenen Frauen, denen es nicht paßte, daß ihre Angehörigen posthum von den Medien als heroinsüchtige Huren dargestellt wurden. Gleichzeitig wurde von der schwarzen Bevölkerung kritisiert, daß die Polizei nicht schon viel früher aktiv geworden sei. Die Ermittlungen dauern noch an.

Ng, Charles siehe Lake, Leonhard
»Night Stalker« siehe Ramirez, Richard
Norris, Roy siehe Bittaker, Lawrence Sigmund

Northcott, Gordon Stewart

Im Februar 1928 wurde in Kalifornien ein grausiger Fund gemacht. Nahe der Stadt Puente war die kopflose Leiche eines neun Jahre alten mexikanischen Jungen entdeckt worden. Das Gewaltverbrechen konnte zunächst nicht geklärt werden, bis zwei weitere Jungen, ein Geschwisterpaar im Alter von acht und zehn Jahren, von ihren Eltern als vermißt gemeldet wurden. Die polizeilichen Nachforschungen ergaben, daß die verschwundenen Brüder zuletzt mit einem Mann namens Gordon Stewart Northcott gesehen worden waren, der in Riverside County eine abgelegene Ranch betrieb.

Als die zuständige Ermittlungsbehörde diesem Hinweis nachging und Beamte zur Ranch des Mannes schickte, war Northcott bereits verschwunden. Doch sie waren nicht vergeblich hinausgefahren, denn eine Entdeckung, die sie auf dem Anwesen machten, zeigte, daß sie auf der richtigen Spur waren: Die Polizisten fanden den abgetrennten Kopf des zwei Monate zuvor ermordeten Mexikanerjungen.

Als die Polizei Stanford Clark, einen Neffen Northcotts, verhörte, erfuhr sie, daß der flüchtige Mörder die vermißten Brüder nicht nur gefoltert und sexuell mißbraucht, sondern bereits umgebracht hatte. Clark behauptete, daß Sarah Northcott, die Mutter des homosexuell veranlagten Päderasten, ebenfalls an den Morden beteiligt gewesen sei.

Gordon Northcott, der sich bereits nach Kanada abgesetzt hatte, konnte dort festgenommen werden. Nachdem er die Mordvorwürfe zunächst bestritt, verwickelte er sich immer weiter in Widersprüche. Unter der Last der Beweise gestand er schließlich, 17 Sexualmorde begangen zu haben.

Da jedoch keine weiteren Leichen gefunden wurden, klagte ihn die kalifornische Justiz nur wegen der Morde an den drei Jungen an und verurteilte Northcott zum Tode. Am 2. Oktober 1930 wurde Gordon Northcott im Todestrakt von San Quentin auf dem Galgen hingerichtet. Seine Mutter kam wegen des Mordes an dem neun Jahre alten mexikanischen Jungen lebenslänglich hinter Gitter.

OKC Serial Killer

Rund um das Lincoln Terrace Medical Center in Oklahoma City wurden zwischen 1976 und 1985 vier zerstükkelte Frauenleichen gefunden. Auf Grund der grauenvollen Verstümmelungen konnten die Opfer nie identifiziert werden. Damit waren auch eventuelle Rückschlüsse auf den Mörder nahezu ausgeschlossen. Zehn Jahre nach den grausigen Funden – die Polizei hatte ihre Akten bereits geschlossen – schockierte erneut ein Leichenfund die Bevölkerung Oklahomas: Nahe dem Highway 50 war der Rumpf einer Frau indianischer oder hispanischer Abstammung gefunden worden. Der Kopf, die Füße und die Hände hatte der Täter vom Körper abgetrennt, und auch sonst wies die Leiche im wesentlichen die gleichen Verstümmelungsmerkmale auf wie die früheren Mordopfer. Der Zusammenhang zwischen den Morden war schnell hergestellt, und man vermutete daher ein und denselben Täter, der in der Öffentlichkeit als »Oklahoma City Serial Killer« oder kurz »OKC Serial Killer« bezeichnet wurde.

Was veranlaßte den krankhaften Mörder dazu, ein Jahrzehnt vom Morden abzusehen? War er möglicherweise zwischenzeitlich inhaftiert oder in einer psychiatrischen Anstalt? Mordete er in einem anderen Bundesstaat? Wer waren seine Opfer?

Der »OKC Serial Killer« ist bisher nicht gefaßt worden. Ob er noch mehr Frauen ermordet hat, ist ebenfalls unbekannt.

Olson, Clifford Robert

Clifford Robert Olson zählt sicherlich zu den bösartigsten Mördern in der kanadischen Kriminalgeschichte. Er wurde vom Supreme Court of Vancouver zu elf gleichzeitig zu verbüßenden lebenslänglichen Haftstrafen verurteilt, nachdem er die Entführung, Vergewaltigung und Ermordung von acht Mädchen und drei Jungen im Alter zwischen neun und 18 Jahren gestanden hatte. 1940 geboren, wuchs Olson in einer ärmlichen Gegend von Richmond im Distrikt British Columbia auf, wo der Bettnässer bereits früh wegen Tierquälerei auffiel. Mit 17 Jahren erstmalig wegen Einbruchsdiebstahl verurteilt, verbrachte er sein Leben bis auf wenige Monate fast durchgängig in Gefängnissen. Er wurde insgesamt vierundneunzigmal verhaftet. Während der letzten kurzen Zeitspanne, die er auf freien Fuß war, beging er Sexualmorde.

Es begann mit dem Verschwinden der zwölfjährigen Christine Weller in Vancouver am 17. November 1980. Fünf Monate später, am 16. April 1981, griff er die 13 Jahre alte Schülerin Colleen Daignault auf. Wenige Tage nach ihrer Ermordung brachte er die 16jährige Daryn Johnsrude um, die er mit eingeschlagenem Schädel im Wald liegenließ. Mitte Mai und Juni tötete Olson zwei weitere Schülerinnen. Die Abstände zwischen den einzelnen Morden wurden immer kürzer: Anfang Juli ermordete er hintereinander den neun Jahre alten Simon Partington und eine Woche später die 14jährige Judy Kozma. Auf dem Höhepunkt der Mordserie, zwischen dem 23. und dem 30. Juli, tötete er vier weitere Jugendliche zwischen 15 und 18 Jahren, unter ihnen die deutsche Touristin Sigrun Arndt. Dabei ging Clifford Olson immer nach dem gleichen Schema vor: Er bot seinen Opfern einen gutbezahlten Job an und besiegelte das Geschäft jeweils mit einem Drink. Das Getränk hatte er zuvor mit Chloralhydrat präpariert. Sobald das Schlafmittel wirkte, verschleppte er die betäubten Teenager in abgelegene Waldstücke, wo er sie vergewaltigte. Anschließend tötete er sie, indem er ihnen mit einem Hammer den Schädel einschlug oder sie erstach.

Die Royal Canadian Mounted Police, die Olson bereits im Zusammenhang mit einem der im Juli begangenen Morde in Verdacht hatte und ihn observierte, nahm ihn im August 1981 fest, nachdem er zwei Tramperinnen nach Vancouver Island verschleppt hatte.

Nach seiner Verhaftung erregte der Fall nicht nur wegen der grausamen Verbrechen besonderes Aufsehen, sondern auch wegen der unglaublichen Geschäfte, die Olson mit den verantwortlichen Ermittlungsbehörden aushandeln konnte: Nur gegen Geld war er bereit, die Polizei zu den Plätzen zu führen, wo er die bislang als vermißt geltenden Opfer vergraben hatte. 10 000 Dollar verlangte er pro geborgener Leiche. Das Geld sollte an seine Frau und an seinen Sohn gezahlt werden. Zwar hatte die Polizei das Ansinnen des Serienkillers empört abgelehnt, doch der Generalstaatsanwalt von British Columbia ließ sich auf den Handel ein.

Später versuchten die Angehörigen der Opfer in langwierigen Prozessen, die insgesamt gezahlten 100 000 Dollar zurückzuerhalten. Vergeblich: Die Zivilrichter bestätigten die Rechtmäßigkeit des Vertrages und entschieden, daß Olson das Geld rechtmäßig erhalten habe.

Olson wurde am 11. Januar 1982 vom Obersten Gerichtshof von Vancouver zu elf lebenslänglichen Haftstrafen verurteilt, die er nicht konsekutiv, sondern nebeneinander verbüßen sollte. Das bedeutete, daß er praktisch nur eine lebenslängliche Haftstrafe absitzen muß und nach kanadischem Recht bereits nach 25 Jahren auf Bewährung entlassen werden kann.

Dessen ungeachtet versucht er gegenwärtig eine weitere Verkürzung seiner Strafe gerichtlich durchzusetzen, so daß der elffache Kindermörder möglicherweise noch früher wieder ein freier Mann sein wird. Derweil attackiert Olson bislang ungehindert die Angehörigen der von ihm ermordeten Kinder mit obzönen Briefen und brutalen Zeichnungen.

O'Neall, Darren

Am 3. Februar 1988 konnte in Florida der 27jährige Sexualmörder Darren O'Neall verhaftet werden. O'Neall, der seit März 1987 sechs Frauen vergewaltigt und ermordet hatte und mit weiteren Morden in Verbindung gebracht wurde, kam noch im selben Jahr auf die »Most Wanted«-Liste des FBI.

Der aus Albuquerque in New Mexiko stammende Mann galt als Herumstreuner und notorischer Kleinkrimineller, der 1981 seine Frau verließ und sich so der Verantwortung gegenüber ihr und seinem Kind entzog. Statt dessen bereiste er die westlichen Bundesstaaten, wo er in Washington seinen ersten Mord an einer jungen Frau namens Robin Smith beging. Ihr gegenüber hatte Darren O'Neall sich als Herbert Johnson ausgegeben und sie zu einer Party eingeladen. Robin Smith wurde nie wieder lebend gesehen. Auch von »Herb Johnson« fehlte jede Spur. Lediglich sein Fahrzeug tauchte zwei Monate später nahe Marysville in Washington auf. Es stellte sich heraus, daß es seit längerem als gestohlen gemeldet war. Im Kofferraum des abgestellten Wagens machten die Beamten einen grausigen Fund: Neben mehreren ausgeschlagenen Zähnen fanden sie auch ein blutbeflecktes Kleidungsstück, das von der verschwundenen Frau stammte. Der ursprüngliche Besitzer des Autos wurde im Zusammenhang mit der Mordermittlung im Fall Robin Smith ausfindig gemacht und von den Polizisten erneut befragt. Der Besitzer teilte ihnen dabei ein entscheidendes Detail mit, das die Ermittler auf die Spur von O'Neall brachte: Als er nach dem Aussehen des Autodiebes befragt wurde, erinnerte er sich dran, daß dieser eine auffällige Tätowierung gehabt habe: Auf den Knöchel der linken Hand hatte er »June« tätowiert.

Knapp ein Jahr darauf verschwand eine weitere junge Frau aus Bellingham, die sich mit einem Mann verabredet hatte, der anhand von Fingerabdrücken ebenfalls als O'Neall identifiziert wurde. Bis zu O'Nealls Festnahme ereigneten sich vier weitere Frauenmorde in Utah und Idaho, eine Entführung und ein Sexualverbrechen in Idaho und Colorado. In allen sechs Fällen wurde er entweder durch die »June«-Tätowierung, eine Kleinkaliberwaffe oder eine direkte Gegenüberstellung als Täter belastet. Darren O'Neall wurde mittlerweile zu seinem Prozeß nach Washington überführt. Genauere Daten über seine Verurteilung sind nicht bekannt.

Panzram, Carl

Der 1891 als Sohn preußischer Einwanderer in Warren/Minnesota, geborene Carl Panzram galt schon früh als schwererziehbares Kind. Bereits mit zwölf Jahren kam er in eine Besserungsanstalt, die er bald niederbrannte und dabei einen Sachschaden von 100000 Dollar verursachte. Von da an beging der Heranwachsende zahlreiche Diebstähle, Einbrüche, Raubüberfälle und immer wieder Brandstiftungen und war bald ein Dauergast in den Zuchthäusern und Gefängnissen der USA.

1907 ließ sich Panzram in einem Saloon in Helena Montana von einem Serganten für die US-Army rekrutieren. Doch schon kurze Zeit später wurde er von einem Militärgericht wegen Diebstahls von Regierungseigentum für drei Jahre ins Zuchthaus nach Fort Leavenworth geschickt. Wenn er nicht gerade im Gefängnis war, reiste Panzram durch Europa und Afrika. In Afrika heuerte Panzram acht eingeborene Helfer an, die ihm bei der Krokodiljagd helfen sollten. Doch statt der Krokodile tötete er seine Begleiter, die er, nachdem er sie vergewaltigt hatte, an die Echsen verfütterte. Panzram, der von sich sagte: »Ich glaube nicht an die Menschen, nicht an Gott oder an den Teufel. Ich hasse die ganze verdammte Menschheit, einschließlich mich selbst«, behauptete in seinem Lebensgeständnis, er habe neben mehreren Raubüberfällen, Diebstählen und Brandstiftungen mehr als 1000 Männer vergewaltigt und 21 Morde verübt.

Carl Panzram wurde im August 1928 wegen Raubmordes zu 25 Jahren Zwangsarbeit verurteilt und in das Bundesgefängnis Fort Leavenworth gebracht. Die Anstalt galt seinerzeit als das härteste und sicherste Zuchthaus der Vereinigten Staaten. Schon bei seiner Ankunft in Fort Leavenworth drohte Panzram seinen Mithäftlingen: »Der erste der mich anmacht ist ein toter Mann!« Im Juni des darauffolgenden Jahres machte er seine Drohung wahr und erstach den Vorarbeiter der Anstaltswäscherei, Robert Warnke. Panzram wurde überführt und zum Tode verurteilt. Liberale Menschenrechtsgruppen, die sich gegen seine Hinrichtung engagierten, wünschte er zum Teufel. »Die einzige Möglichkeit, jemanden zu bessern, ist ihn aufzuhängen«, spottete er.

Am 5. September 1930 wurde Carl Panzram in Fort Leavenworth gehängt. Als ihm der Henker die Schlinge um den

Hals legte, schimpfte er: »Beeil dich, du Bastard. Während du hier herumtrödelst, könnte ich ein Dutzend Männer umbringen.«

Parker, Gerald – »Bedroom Basher«

Als der Marineinfanterist Gerald Parker im Frühjahr 1980 wegen Vergewaltigung eines 13jährigen Mädchens verhaftet wurde, waren sich die Ermittler von Polizei und US-Navy schnell darüber im klaren, daß sie einen lange gesuchten Serienvergewaltiger festgenommen hatten. Zwischen 1977 und 1979 hatten sich im Orange County Fälle gehäuft, in denen ein Mann in die Wohnungen von alleinstehenden jungen Frauen eindrang und sie vergewaltigte. Weil er seine Opfer niederschlug, wurde der Gesuchte »Bedroom Basher« genannt. Alle Sexualverbrechen hatten sich in unmittelbarer Nähe der El Toro Marine Corps Air Station ereignet. Die damals gerade im Bereich der Verbrechensbekämpfung neu eingeführte DNA-Analyse ermöglichte es den Ermittlern, Parker mit sechs bislang ungekärten Morden in Verbindung zu bringen, die sich seit 1973 in North Carolina, Alaska und Mississippi ereignet hatten – an den Orten, wo der Soldat stationiert war.

Nachdem ihn Kriminalisten mit den Ergebnissen der DNA-Tests konfrontiert hatten, gestand der im Avenal State Prison in Central Valley inhaftierte Parker die ihm zur Last gelegten Morde. Darüber hinaus gab er zu, 1979 die damals 21 Jahre alte Dianna D'Aiello überfallen zu haben. Die Frau hatte bei dem Angriff ihr ungeborenes Kind verloren und lag monatelang im Koma. Nachdem sie ihr Bewußtsein wiedererlangt hatte, beschuldigte sie ihren Mann Kevin Lee Green, sie niedergeschlagen zu haben. Der spektakuläre Fall erregte landesweites Interesse. Green wurde wegen Totschlags verurteilt, saß 17 Jahre lang unschuldig im Gefängnis und wurde erst nach dem Geständnis von Parker rehabilitiert.

Im Fall von Parker dauern die Ermittlungen noch an, da ihn die Polizei verdächtigt, eine Reihe weiterer Morde begangen zu haben.

»Pied Piper of Tucson« siehe Schmid, Charles Howard

Piper, Thomas

Bis zu seiner Verhaftung am 23. Mai 1875 vergewaltigte und ermordete der aus Massachusetts stammende Küster Thomas Piper vier Frauen und Mädchen in und um Boston. Der 26jährige Piper, dessen Aufgabe es war, die Kirchenglocken der Bostoner Warren Avenue Baptist Church zur Sonntagsmesse zu läuten, und der stets mit seinem schwarzen Umhang auftrat, beging seinen vermutlich ersten Mord Anfang Dezember 1873. Damals war das Dienstmädchen Bridget Landregan in einem Waldgebiet mit eingeschlagenem Schädel tot aufgefunden worden. Das Mädchen war nackt und offensichtlich Opfer eines Sexualmordes geworden. Zwar gab es einen Zeugen, der einen Mann vom Tatort flüchten sah, doch Thomas Piper blieb zunächst unbehelligt.

Doch als Piper am 23. Mai des Jahres 1875 die fünfjährige Mabel Young in den Glockenturm der Baptistenkirche gelockt hatte, war er beobachtet worden. Als ihm aufmerksame Passanten folgten, fanden sie das Mädchen schwer verletzt zwischen den Kirchenstühlen. Piper hatte sie vergewaltigt und ihr den Schädel mit einem Cricketschläger eingeschlagen. Das Kind starb noch am gleichen Tag an seinen Verletzungen. Thomas Piper, dem es gelungen war, aus einem Kirchenfenster zu klettern und zu entkommen, wurde kurz darauf festgenommen, weil er Blut des Mädchens an seiner Kleidung hatte. Die ebenfalls blutverschmierte Tatwaffe trug er noch bei sich. Bei seiner Gerichtsverhandlung in Boston beteuerte er immer wieder seine Unschuld, wurde jedoch für schuldig befunden und zum Tode durch Erhängen verurteilt. Im Mai 1876, einige Tage vor seiner Hinrichtung, gestand Thomas Piper neben dem Mord an Mabel Young drei weitere Sexualmorde.

»Pogo the Clown« siehe Gacy, John Wayne

Pomeroy, Jesse Harding

Daß Serienmörder nicht nur ein Phänomen der letzten Jahrzehnte sind, dokumentiert auch der Fall des Jesse Harding Pomeroy aus Massachusetts. Pomeroy wurde 1860 geboren und lebte mit seiner verwitweten Mutter in einem Elendsviertel im südlichen Stadtteil von Boston. Bereits im Alter von elf Jahren begann der schlaksige, große Junge, der mit einer Hasenscharte und einem völlig weißen, blinden Auge auf die Welt gekommen war, kleinere Jungen teilweise bis zur Bewußtlosigkeit zu mißhandeln. Sieben Fälle sind überliefert, in denen er die Kinder in einem Versteck auszog, fesselte und danach auf sie einschlug oder sie mit einem Seil auspeitschte. Sein erstes Opfer war ein Junge, den er Ende Dezember 1871 an einen Balken fesselte und bewußtlos schlug. Ein anderes Mal wusch er die Wunden eines Knabens mit Salzwasser aus und quälte ein anderes Kind mit Stecknadeln. Als die heimlichen Folterungen bekannt wurden, konnte Pomeroy auf Grund seines auffälligen Aussehens sofort identifiziert werden. Der mittlerweile zwölf Jahre alte Junge wurde in die West Borough Reform School gesteckt, eine Besserungsanstalt für schwererziehbare Kinder, wo er bis zu seinem einundzwanzigsten Lebensjahr bleiben sollte. Doch da sich der geistig zurückgebliebene Junge anständig benahm, wurde er nach achtzehn Monaten im Februar 1874 frühzeitig aus der Besserungsanstalt entlassen.

Wenige Wochen darauf wurde die zehn Jahre alte Mary Curran von ihren Eltern als vermißt gemeldet und tauchte nie wieder auf. Am 22. April wurde die verstümmelte Leiche des ebenfalls vermißten Horace Mullen in einem Vorort Bostons entdeckt. Das vierjährige Kind war mit 31 Messerstichen grausam zugerichtet worden, und es schien, als habe jemand versucht, ihm den Kopf vom Körper abzutrennen.

Anhand von Beweisen konnte die Polizei schon bald den 14jährigen Jesse Pomeroy als den Mörder des kleinen Jungen identifizieren. Pomeroy wurde ausfindig gemacht, und als die Beamten ihn fragten, ob er Horace Mullen getötet habe, antwortete er: »Das werd ich wohl getan haben.« In seinem Zimmer wurde ein blutiges Messer gefunden, und der getrocknete Schlamm, der an seinem Schuh haftete, stammte vom Tatort.

Jesse Pomeroy kam vor Gericht, wo der Richter ihn wegen zweifachen Mordes und eines Mordversuchs zum Tode verurteilte. Doch auf Grund seines Alters wurde seine Strafe auf eine lebenslange Einzelhaft reduziert. Im Gefängnis versuchte er mehrmals sich das Leben zu nehmen, und nach dem Versuch, sich mit Gas zu vergiften, kam es zu einer Explosion, bei der drei Insassen starben. Pomeroy wurde in ein anderes Gefängnis verlegt und nach Verbüßung von 41 Jahren schließlich in die Bridgewater State Farm, eine geschlossene psychiatrische Anstalt, eingewiesen, wo er 1932 im Alter von 72 Jahren starb.

Berichten zufolge soll Jesse Pomeroy vor seinem Tod 27 weitere Kindermorde gestanden haben.

Pomona Strangler

Im Verlauf des Jahres 1993 wurden vier farbige Frauen im kalifornischen Pomona tot aufgefunden. Alle vier Frauen arbeiteten nachts als Prostituierte in der Holt Avenue, dem Straßenstrich Pomonas, und alle waren sie erwürgt worden.

Nachdem die örtlichen Ermittlungen nicht vorankamen, bat die Polizei das FBI um Hilfe. Im April des darauffolgenden Jahres untersuchten mehrere Experten des Federal Bureau of Investigation die Fälle und stellten fest, daß es sich aufgrund des Opfertyps und der Vorgehensweise bei den Morden um ein und denselben Täter handeln mußte. Den örtlichen Behörden widerstrebte der Gedanke, daß ausgerechnet in ihrer Stadt ein Serienmörder am Werk sein sollte. 1994 und 1995 ereigneten sich drei weitere Morde, die aufgrund der äußeren Tatumstände vermutlich dem gleichen Mörder zugeschrieben werden können. Nachdem die FBI-Agenten ihre Ermittlungen abgeschlossen hatten, ohne daß der Serienmörder gefaßt wurde, gilt der Fall des »Pomona Stranglers« bis heute als ungelöst.

Price, Craig – »Warwick Slasher«

Craig Price gilt als der bislang jüngste Serienkiller der Kriminalgeschichte der Vereinigten Staaten. Der junge Afroamerikaner aus Warwick in Rhode Island, der für mindestens vier brutale Morde verantwortlich ist, beging seinen ersten Mord bereits mit 13 Jahren. Sein Opfer war eine weiße Frau aus der Nachbarschaft, die er mit einem Küchenmesser niederstach.

Der Mord blieb ungeklärt, bis Price zwei Jahre später eine ebenfalls weiße Frau und ihre beiden Töchter in ihrer

Wohnung ermordete. Die Vorgehensweise bei dem Familienmord wies derart viele Gemeinsamkeiten zu dem zwei Jahre zuvor begangenen Mord auf, daß die Polizei schon früh von einem Serienkiller ausging.

Als Craig Price festgenommen wurde, war er sofort geständig. Der jugendliche Triebtäter wurde nach seiner Verurteilung in eine Rehabilitierungsanstalt in Cranston überstellt, aus der er 1998 wieder freikommen sollte. Da er jedoch während der Beurlaubung aus der Haft weitere Verbrechen begangen haben soll, wird der »Warwick Slasher« die Haftanstalt vorerst nicht verlassen.

Prince, Cleophus

Im Jahre 1990 wurde die kalifornische Stadt San Diego von einer Serie von Morden heimgesucht. Innerhalb von einem Jahr waren bereits sechs Frauen Opfer eines Triebmörders geworden. Nachdem die örtlichen Behörden mit den Ermittlungen nicht weiterkamen, wandte man sich an das FBI. Die Agenten der Bundespolizei stellten fest, daß den Morden ein gemeinsames Muster zugrundelag und waren sich sicher, daß es sich um die Morde eines Täters handeln müsse: Alle Opfer waren Frauen, auf die der Unbekannte mit einem Küchenmesser eingestochen hatte. Einige von ihnen wiesen bis zu 50 Stichwunden auf. Anscheinend hatte der Täter die Frauen beobachtet und sich gewaltsam Zugang zu ihren Wohnungen verschafft. Nachdem er die Brüste der Toten mit ihrem eigenen Blut eingerieben hatte, nahm er anschließend Schmuck und Wertgegenstände mit. 1991 gelang es der Polizei, einen Mann festzunehmen, dessen DNA-Proben mit denen übereinstimmten, die man an mehreren Tatorten gefunden hatte.

Der Mann hieß Cleophus Prince und war ein ehemaliger

Maschinist der US-Navy. Der Farbige war schon wegen mehrerer Einbrüche bei der Polizei bekannt. In seinem Besitz fand man geraubte Wertgegenstände der Ermordeten, darunter den Ehering seines letzten Opfers, den er als Andenken an seiner Halskette trug. Einen weiteren seltenen Ring mit einem Opal trug seine Freundin, die angab, sie habe ihn zu Weihnachten von Prince geschenkt bekommen.

Zwei Jahre später, 1993, wurde Cleophus Prince wegen Vergewaltigung, 20 Einbrüchen und sechsfachen Mordes schuldig gesprochen und zum Tode verurteilt.

Profit, Mark

»In meiner zwölfjährigen Laufbahn als Staatsanwalt habe ich keinen gefährlicheren Psychopathen getroffen als Mark Profit«, erklärte der stellvertretende Bezirksstaatsanwalt Mike Furnstahl, nachdem der 33jährige Mörder im Mai 1997 in Minneapolis zu zwei lebenslangen Haftstrafen wegen Mordes und zweifacher Vergewaltigung verurteilt worden war.

Mark Profit, der bereits mit 15 Jahren zum ersten Mal eingesperrt worden war, hatte den größten Teil seines Lebens wegen Sexualverbrechen und anderer Gewalttaten in Gefängnissen verbracht. In dem einen Jahr, das er in Freiheit verbrachte, beging er eine Reihe von Morden in und rund um den Theodore Wirth Park in Minneapolis, bei der er in rascher Folge vier Frauen tötete.

Anfang April 1996 wurde die Prostituierte Renee Bell tot aus einem Gewässer in der Nähe des Parks geborgen. Die Frau war erwürgt worden. Am 3. Juni entdeckten Spaziergänger die völlig verkohlte Leiche der 43jährigen Deborah LaVoie im Wirth Park. 14 Tage später, am 19. Juni, fand man die 36jährige Avis Warfield in der Nähe des Parks. Am

29. Juli wurde schließlich die aus Südostasien stammende Keooudorn Photisane tot in einem Gebüsch bei einem Fahrradweg entdeckt, der durch den Theodore Wirth Park führt.

Obwohl die Ermittlungsbehörden überzeugt sind, daß Mark Profit der gesuchte »Wirth Park Serial Killer« ist, konnte ihm das Gericht lediglich den Mord an der Prostituierten Renee Bell und die zwei Vergewaltigungen eindeutig nachweisen.

Doch der Vorsitzende Richter sorgte bei der Strafzumessung dafür, daß Profit nie wieder aus dem Gefängnis entlassen werden kann, indem er zwei konsekutiv, also nacheinander zu verbüßende, lebenslange Haftstrafen gegen den Mörder verhängte.

»Provincetown Vampire« siehe Costa, Antone

Puente, Dorothea

Die 61 Jahre alte Dorothea Puente führte eine Pension, in der sie ältere, alleinstehende Menschen sowie Alkoholkranke beherbergte, die ihr vom Sozialamt der Stadt Sacramento zugewiesen wurden. Die Witwe, die es auf die Rente und die Wohlfahrtsschecks ihrer Mieter abgesehen hatte, vergiftete zwischen 1986 und 1988 erwiesenermaßen neun, möglicherweise sogar bis zu 25 ältere Menschen, die bei ihr gewohnt hatten und deren Leichen nie gefunden wurden.

Als nach und nach immer mehr Mieter auf unerklärliche Weise verschwanden, wurden die Behörden von Sacramento auf die Geschehnisse aufmerksam. Als die Polizei am 11. November 1988 der Sache auf den Grund gehen wollte und begann, den liebevoll gehegten Garten auf dem Grundstück umzugraben, stieß sie auf den ersten von insgesamt sieben menschlichen Körpern. Er war mit Löschkalk überschüttet und sein Kopf abgetrennt worden. Die Beamten gruben nach und nach weitere Tote aus, die von Pathologen untersucht wurden. Es stellte sich heraus, daß alle an einer Überdosis Benzodiazepine gestorben waren.

Als die Ausgrabungsarbeiten begannen, bestand Dorothea Puente darauf, vorübergehend in einem Motel untergebracht zu werden, weil sie nicht mitansehen wolle, wie man ihren gepflegten Garten durch die Grabungsarbeiten zerstöre. Die Beamten erfüllten der alten Frau diesen Wunsch, weil sie nicht damit gerechnet hatten, daß Puente die Gelegenheit nutzen würde, sich aus dem Staub zu machen. Ihre Flucht währte nicht lange: Nach einer knappen Woche wurde Dorothea Puente am 17. November 1988 in Los Angeles festgenommen, nachdem sie bei dem Versuch aufgefallen war, einen älteren Mann, den sie in einer Bar kennengelernt hatte, um seine Berufsunfähigkeitsrente zu bringen.

Dorothea Puente wurde in Los Angeles vor Gericht gestellt, wo man die Giftmörderin wegen neunfachen Mordes anklagte. Auf Grund von Unstimmigkeiten der Jurymitglieder wurde Puente nur in drei Fällen des Mordes für schuldig befunden. Am 13. Oktober 1993 wurde das Urteil verkündet. Dorothea Puente wurde in das Monterey Prison eingewiesen, wo sie drei lebenslängliche Haftstrafen verbüßt.

Putt, George Howard

George Putt wuchs als eines von sieben Geschwistern in Memphis/Tennessee auf. Als Kind von seinem alkoholabhängigen Vater regelmäßig verprügelt, geriet er schon früh auf die schiefe Bahn. Bevor er sein achtzehntes Lebensjahr erreicht hatte, war er mehrmals wegen diverser Gewaltdelikte festgenommen worden und kam in eine Schule für Schwererziehbare. Dort wurde er bei einem Footballspiel von einem Mitspieler derart schwer am Kopf verletzt, daß er einen Hirnschaden zurückbehielt. Das hatte zur Folge, daß Putt fortan nicht nur zum Schlafwandeln neigte, sondern ständig gereizt war und schnell Wutanfälle bekam. Lange bevor er seinen ersten Mord beging, kreisten seine sexuellen Tagträume um blutige Gewaltphantasien und Macht über andere.

1967 heiratete George Putt eine Frau aus Mississippi, von der er bis zu achtmal am Tag Beischlaf verlangte. Auf der Suche, sein übersteigertes sexuelles Bedürfnis zu befriedigen, bedrängte er auch seine Schwiegermutter. Nach gescheiterten Versuchen, die Mutter seiner Frau zu vergewaltigen, begann er im Frühjahr 1969 eine Mordserie, die erst mit seiner Verhaftung im September 1969 ein Ende fand und fünf Menschen das Leben kostete. Im März 1969 beging Putt einen Doppelmord an einem Paar. Er tötete den Mann, vergewaltigte danach dessen Begleiterin und ließ erst von der Frau ab, nachdem er ihr die Vagina und den Anus mit chirurgischen Instrumenten zerschnitten hatte. Sein nächstes Opfer war eine 80jährige Witwe, die ein ähnlich grausames Schicksal erlitt: Putt erschlug die Greisin und verstümmelte ihre Genitalien mit einem Schlachtmesser. Nur einige Tage darauf erstach er eine Frau in einem öffentlichen Park mit 14 Messerstichen. Als er nach seinem letzten Mord am 11. September 1969 flüchten wollte, wurde er schließlich gestellt. Nachbarn hatten die Schreie der Witwe Mary Pickens gehört und die Polizei alarmiert, die dem Triebtäter nach einer Verfolgungsjagd die Handschellen anlegte.

George Putt, der während seiner Urteilsverkündung vor sich hinkicherte, wurde wegen fünffachen Mordes vor dem

Geschworenengericht in Memphis zum Tode verurteilt. Nachdem die Todesstrafe Anfang der 70er Jahre vom Supreme Court zeitweilig abgeschafft worden war, wurde das Urteil jedoch in 497 Jahre Zuchthaus umgewandelt.

Rachals, Terri

Nach außen hin verkörperte Terri Rachals eine typische Durchschnittsamerikanerin: Die 24jährige lebte zusammen mit ihrem Mann Roger und ihrem zweijährigen Sohn in einem mittelständischen Vorort von Albany/Georgia, war ein aktives Mitglied der örtlichen Kirchengemeinde und galt als hervorragende chirurgische Notdienstschwester im Phoebe Putney Hospital in Albany, wo sie seit 1981 Dienst tat. Als die Öffentlichkeit davon erfuhr, daß Terri Rachals einige ihrer Patienten kaltblütig ermordet hatte, war das ein Schock für alle, die sie kannten. Niemand konnte glauben, daß die junge Frau eine Mörderin war. Terri Rachals hatte mindestens elf Menschen Potassium Clorid, ein Mittel, das in hohen Dosen zu Herzstillstand führt, injiziert. Sechs der Patienten, im Alter von drei bis 89 Jahren, waren an den Folgen der hochdosierten Injektionen gestorben. Zwar hatte Rachals gegenüber dem Georgia Bureau of Investigation eingeräumt, seit 1985 fünf Personen Potassium Clorid verabreicht zu haben, wobei drei von ihnen ums Leben gekommen waren, doch später nahm sie ihre Aussage zurück.

Im März 1986 wurde die Krankenschwester wegen sechsfachen Mordes und 20 weiterer Anklagepunkte, wie versuchten Mordes und schwerer Körperverletzung an Krankenhauspatienten, angeklagt. Ein Psychologe, der Rachals auf geistige Zurechnungsfähigkeit untersucht hatte, war der Ansicht, daß die Angeklagte unter einer Persönlichkeitsstörung leide, jedoch imstande sei, zwischen richtig und falsch zu unterscheiden.

Terri Rachals wurde lediglich wegen Körperverletzung an einem 89jährigen Mann schuldig gesprochen, zu 17 Jahren Haft verurteilt und in die Women's Correctional Institution bei Milledgeville eingewiesen.

»Railway Sniper« siehe Bladel, Rudy

Ramirez, Richard – »Night Stalker«

Von Juni 1984 bis August 1985 war ein psychopathischer Serienmörder in Los Angeles unterwegs, dem das FBI 19 Morde zuordnete. Der aus El Paso/Texas stammende 25jährige Herumtreiber Richard Ramirez drang durch offenstehende Fenster oder unverschlossene Haustüren in die Wohnhäuser der kalifornischen Mittelschicht ein und massakrierte die Hausbewohner. In einigen Fällen zeichnete der bekennende Satanist, der in seine linke Handfläche ein Pentagramm eintätowiert hat, mit Menschenblut mystische Symbole an die Wände. FBI-Beamte fanden an einem nahe eines der Tatorte abgestellten Wagen Fingerabdrücke von Ramirez, der bislang lediglich als kleinkrimineller Betrüger in Erscheinung getreten war. Rasch wurde ein Fahndungsfoto an die Medien weitergegeben, was zur Festnahme des gesuchten »Night Stalkers« führte: Zeugen hatten beobachtet, wie Ramirez im August 1985 in einem Vorort von Los Angeles versuchte, parkende Autos aufzubrechen, und dabei auch eine Frau in ihrem Wagen angegriffen hatte.

Am 20. Juli 1989 wurde Richard Ramirez vor dem Supreme Court in Los Angeles wegen dreizehnfachen Mordes sowie 30 weiterer Straftaten wie Vergewaltigung und Einbruch neunmal zum Tode verurteilt. 1996 heiratete Ramirez, der sich derzeit im Todestrakt von San Quentin befindet, die 36jährige Verlegerin Doreen Lioy.

»Red Demon« siehe Green, Cleo

Rees, Melvin David

Melvin David Rees wurde 1961 im US-Staat Virginia hingerichtet. Der Jazzsaxophonist und Klavierverkäufer ermordete zwischen 1957 und 1959 fünf Menschen in Maryland und Virginia. Darüber hinaus wurden ihm in Maryland vier Sexualmorde an weiblichen Teenagern angelastet, die erwürgt aufgefunden wurden.

Rees konnte 1961 in Memphis/Arkansas gestellt werden, nachdem bei der Polizei ein Hinweis auf den Aufenthaltsort des landesweit gesuchten Serienmörders eingegangen war. Bei einer Wohnungsdurchsuchung fanden die Polizisten nicht nur zahlreiche Pornohefte und Autopsiefotos von Frauen, sondern auch eine Kaliber .38 Handfeuerwaffe, die bei den Morden benutzt worden war, sowie handschriftliche Notizen, in denen die Morde detailliert beschrieben wurden. Die Schilderungen bezogen sich unter anderem auf ein Verbrechen, das sich am 11. Januar 1959 zugetragen hatte. Damals hatte Rees eine vierköpfige Familie bei Apple Grove in Virginia entführt, sie mit seinem Chevrolet in eine abgelegene Gegend gefahren und ermordet. Seine Opfer waren Carroll und Mildred Jackson und ihre beiden Töchter im Alter von eineinhalb und vier Jahren. Nachdem Rees den Vater erschossen hatte, fiel dieser auf die Eineinhalbjährige, die dadurch erstickte. Die Mutter und die ältere Tochter brachte er in ein leerstehendes Gebäude, wo er die Frau zusammenschlug, vergewaltigte und anschließend mit ihrer Nylonstrumpfhose erdrosselte. »Ich war ihr Meister«, prahlte der benzedrinsüchtige Gewalttäter in seinen Aufzeichnungen, in denen er auch minuziös schilderte, wie er der vierjährigen Susan den Kopf zertrümmerte.

Knapp zwei Jahre zuvor, am 26. Juni 1957, hatte Melvin Rees bei Annapolis in Maryland schon einmal ein Auto gestoppt und die Insassen, einen Armysergeanten und dessen Freundin, entführt. Rees erschoß die junge Frau, doch ihr Freund konnte entkommen und die Polizei alarmieren.

Nachdem ihn der Armysergeant bei einer Gegenüberstellung identifiziert hatte, wurde Rees angeklagt und zu einer lebenslänglichen Zuchthausstrafe verurteilt. Noch im gleichen Jahr überführte man ihn nach Virginia, wo er in Richmond wegen Mordes an der Familie Jackson zum Tode verurteilt wurde.

Rifkin, Joel – »Chainsaw Ripper«

Durch eine Verkehrskontrolle fiel der Polizei von Long Island am 28. Juni 1993 der siebzehnfache Serienkiller Joel Rifkin in die Hände. Dabei hatten die Polizisten zunächst lediglich festgestellt, daß der Mazda Pick-up des 34jährigen New Yorkers keine gültige Zulassung hatte. Schließlich kam der Wagen in Mineola im Nassau County zum Halten, nachdem er gegen einen Telegrafenpfosten gerast war. Bei der Durchsuchung des Wagens, aus dem bereits ein starker Verwesungsgeruch drang, entdeckten die Verkehrspolizisten auf der Ladefläche eine weibliche Leiche, die bereits seit einigen Tagen tot war.

»Ich habe sie getötet«, gestand der arbeitslose Gärtner Rifkin. »Sie war eine Prostituierte«, sagte er und ließ sich ohne Widerstand festnehmen. Bei der Leiche, die der in East Meadow ansässige Mann offensichtlich gerade aus dem Weg schaffen wollte, handelte es sich um die 22jährige

Prostituierte Tiffany Bresciani. Rifkin hatte sie am Wochenende zuvor im Rotlichtdistrikt von Manhattan angesprochen. Bei seiner Vernehmung berichtete er, daß er sie nach dem Geschlechtsverkehr erwürgt und in eine Garage in East Meadow gebracht habe, um die Leiche vorübergehend zu verstecken.

In den folgenden Stunden gestand Rifkin, der bereits seit seinem sechzehnten Lebensjahr regelmäßig Prostituierte besuchte, 16 weitere Sexualmorde. 1989, zwei Jahre nach dem Tod seines Stiefvaters, tötete er zum ersten Mal. Fast alle Opfer waren New Yorker Prostituierte, die er, nachdem er Sex mit ihnen gehabt hatte, ermordet und mit einer Kettensäge zerstückelt hatte. Die Leichenteile ließ er in Gewässern zwischen New York, New Jersey und Connecticut verschwinden. Die meisten Frauen waren nicht einmal als vermißt gemeldet worden. Zahlreiche Leichenfunde der letzten Jahre konnten erst jetzt miteinander in Verbindung gebracht werden.

Der New Yorker »Chainsaw Ripper« Joel Rifkin verbüßt derzeit im Staatsgefängnis von Attica mehrere lebenslängliche Haftstrafen. Nachdem bekannt geworden war, daß Rifkins Haß auf Prostituierte daher rührte, daß sie ihn mit der Immunschwächekrankheit AIDS infiziert hatten, ging er juristisch gegen die Behauptung vor, HIV-positiv zu sein.

»Riverside Prostitute Killer« siehe Suff, William Lester

Rivera, Miguel

Anfang März 1972 fanden Passanten im New Yorker Stadtteil Harlem die Leiche des acht Jahre alten Douglas Owens. Der Knabe wies 38 Messerstiche auf, und es schien als habe sein Mörder versucht, ihm das Geschlechtsteil abzutrennen. Wenige Wochen später trat der Mörder Owens' erneut in Erscheinung: Dieses Mal lauerte er einem zehnjährigen Jungen in der West Side auf und zwang ihn zu verschiedenen sexuellen Praktiken. Nachdem er den Knaben kastriert hatte, stach er wild auf ihn ein und flüchtete. Wie durch ein Wunder überlebte dieser den Angriff.

Fortan konzentrierte sich die Suche der Beamten vom New York Police Department auf einen Mann, der wie ein Hispanoamerikaner oder Italiener aussah und einen sonderbaren, hinkenden Gang hatte – so hatte der überlebende Junge seinen Angreifer beschrieben. Doch die Fahndung verlief zunächst erfolglos. Bis August 1973 ereigneten sich drei weitere Knabenmorde: Alle Opfer waren acht oder neun Jahre alt und bis auf eine Ausnahme im Genitalbereich verstümmelt worden. In allen drei Fällen hatte der Täter seine Opfer mit unzähligen Messerstichen getötet.

Zwischenzeitlich erhielten die Ermittlungsbehörden durch die Bevölkerung zahlreiche Hinweise auf einen Mann, der sich in Harlem bereits mehrfach Knaben unsittlich genähert hatte und auf den die Täterbeschreibung zutraf. Erst neun Monate nach dem letzten bekanntgewordenen Mord wurde der Verdächtige im Mai 1974 festgenommen. Es handelte sich um den bei den Kindern in Harlem und an der West Side als »Charlie Chopoff« bekannten Puertoricaner Miguel Rivera, der bei dem Versuch, ein neunjähriges Opfer zu entführen, gestellt worden war. Ein Spitzname, der deutlich auch auf die kranke Neigung Riveras hinwies, denn »chop-off« bedeutet »abschneiden«. Noch am gleichen Tag wurde Rivera von dem überlebenden Jungen bei einer Gegenüberstellung wiedererkannt.

Der geistesgestörte Mann erklärte den Polizeibeamten

bei seiner Vernehmung, daß Gott ihn beauftragt habe, »kleine Jungs in kleine Mädchen« zu verwandeln.

Miguel Rivera, der den größten Teil seines Lebens in psychiatrischen Anstalten verbracht hatte, wurde auf Anweisung der Staatsanwaltschaft in eine geschlossene Anstalt eingewiesen. Er gilt als schuldunfähig.

Rogers, Dayton Leroy

Im Sommer des Jahres 1987 beging der aus Portland/Oregon stammende Familienvater Dayton Leroy Rogers eine Reihe grausamer Frauenmorde. Auf der Suche nach seinen Opfern fuhr er den Straßenstrich in Portland ab, lockte Prostituierte in seinen Kleinlastwagen und fuhr mit ihnen in den abgelegenen Molalla Forest. Im Wald fesselte der 33jährige die Frauen und verstümmelte ihre Brüste und Füße mit einem Messer, während er masturbierte. Zu seinen sexuellen Eigenarten gehörte es, den ihm ausgelieferten Opfern die Füße abzutrennen.

Als Dayton Rogers am 7. August 1987 die 26jährige Prostituierte Jennifer Smith in seine Gewalt gebracht hatte und mit ihr auf einen Parkplatz gefahren war, wurden Leute auf die Schreie aufmerksam, die aus seinem blauen Pick-up drangen. Als sie zu Hilfe eilten, erkannten sie, wie ein Mann über der blutüberströmten Frau kauerte und auf sie einstach. Jennifer Smith starb wenige Minuten später auf dem Weg ins Krankenhaus. Einer der Augenzeugen, der den flüchtenden Rogers noch mit seinem Wagen verfolgt hatte, notierte sich die Nummer des Pick-ups, was schließlich die Clackamas County Police auf die Spur des Serienkillers brachte. Rogers, der in Portland eine Reparaturwerkstatt betrieb, wurde am darauffolgenden Tag von den Polizisten ausfindig gemacht. Bei der Durchsuchung der

Räume fanden die Ermittler in einem Brennofen zahlreiche Metallteile die von Schuhen, Büstenhaltern und Kleidern stammten. Während die Untersuchung im Fall der ermordeten Jennifer Smith andauerte, entdeckte die Polizei die verwesten Leichen von sechs Frauen im Molalla Wald. Einige Zeit zuvor war eine Prostituierte von einem Unbekannten ebenfalls dorthin verschleppt worden. Es gelang ihr, dem Mann zu entkommen und den Vorfall anzuzeigen.

Bei einer polizeilichen Gegenüberstellung identifizierte sie Rogers zweifelsfrei als ihren Angreifer und sagte später im Mordprozeß als Hauptbelastungszeugin gegen ihn aus. Neben zahlreichen Beweisen belasteten ihn auch die Aussagen mehrerer Prostituierter, die von Rogers mißhandelt worden waren. Am Tatort hatte man außerdem Fesseln gefunden, die dieselbe Art von Knoten aufwiesen wie die, mit denen auch die ermordete Jennifer Smith gefesselt worden war. Dayton Leroy Rogers wurde vor Gericht gestellt und im Mai 1989 von der Jury schuldig gesprochen und zum Tode verurteilt. Derzeit sitzt er im Todestrakt des Oregon State Penitentiary und wartet auf seine Hinrichtung.

Rogers, Glen – »Cross Country Killer«

Wahrscheinlich hat der aus Ohio stammende Glen Rogers weitaus mehr Frauen ermordet, als ihm letztlich nachgewiesen werden konnten. Fest steht, daß der Redneck mit dem Bierbauch und den strähnigen, halblangen Haaren bis zu seiner Verhaftung mindestens fünf Frauen in vier verschiedenen Bundesstaaten vergewaltigt und erstochen hat. Seine Mordserie begann der 35jährige Alkoholiker in Los Angeles, nachdem er im September 1995 eine junge Frau namens Sandra Gallagher in einer Bar kennengelernt hatte. Nachdem sie mit Rogers nach Hause gehen wollte, um die

Nacht mit ihm zu verbringen, vergewaltigte er die Mittzwanzigerin in einem Anfall von Raserei in ihrem Wagen und erwürgte sie. Um seine Spuren zu verwischen, setzte er anschließend ihre Leiche samt dem Pick-up in Brand. Er durchquerte den Bundesstaat und tauchte schließlich in Mississippi wieder auf.

Am 3. November des gleichen Jahres begegnete ihm in einer Bar in Jackson die 34jährige Linda Price. Wenige Tage später fand man sie erstochen in ihrer Badewanne. Bereits zwei Tage nach dem Mord an Linda Price ermordete Rogers Tina Marie Cribbs. Ihre Leiche wurde mit zahlreichen Einstichen in Brust und Hinterteil in der Badewanne eines Motels in Tampa/Florida entdeckt. Da der Mörder das Zimmer unter seinem Namen gemietet hatte, wußte die Polizei nun, nach wem sie zu suchen hatte. Eine bundesweite Fahndung wurde in Gang gesetzt. Per Rundfunk und Fernsehen bat die Polizei um Hinweise aus der Bevölkerung.

»Glen, Schätzchen! Wenn du dies hörst, gib auf«, bat ihn seine Mutter Edna in landesweit ausgestrahlten Appellen, in denen sie beteuerte, daß sie ihn liebe und an ihn glaube.

Zwei Tage bevor er festgenommen werden konnte, entdeckte die Polizei eine weitere Tote, die auf das Konto des brutalen Mörders ging. Es handelte sich um die 37 Jahre alte Andy Jiles Sutton aus Bossier City in Louisiana, die der Serienkiller in ihrem Appartement mit zahlreichen Messerstichen getötet hatte.

Im Verlauf eines 36 Stunden andauernden Verhörs durch FBI-Beamte und die örtliche Polizei bestritt er die ihm zur Last gelegten Morde. Die Beamten sind jedoch davon überzeugt, daß der durch jahrelangen Alkoholmißbrauch psychisch gestörte Rogers neben den in Kentucky, Florida, Mississippi und Louisiana begangenen Verbrechen mindestens vier weitere Morde in Kalifornien und in Kanada begangen hat. Trotz seiner hartnäckigen Unschuldsbeteuerungen wurde er am 11. Juli 1997 wegen des Mordes an Tina Marie Cribbs in Florida zum Tode auf dem elektrischen Stuhl verurteilt. Die Prozesse in Mississippi, Kentucky und Louisiana stehen derzeit noch aus.

Rolling, Danny Harold – »Gainesville Ripper«

Die beschauliche Universitätsstadt Gainesville in Florida war im August 1990 der Schauplatz einer Serie schrecklicher Verstümmelungsmorde. Innerhalb von 72 Stunden ermordete Danny Rolling vier Studentinnen und einen jungen Mann.

Am 26. August entdeckte ein Hausmeister die übel zugerichteten Leichen der 17jährigen Studentin Christina Powell und ihrer Kommilitonin Sonja Larson in deren Appartement. Die Körper waren im Gegensatz zu den chaotisch anmutenden Verstümmelungen sorgfältig im Zimmer arrangiert worden – und zwar so, daß jemand, der zur Tür herein kam, den größtmöglichen Schock erleiden mußte. Bevor die Polizei die Ermittlungsarbeiten in diesem Mordfall richtig aufgenommen hatte, wurde am darauffolgenden Tag die 18jährige Christa Hoyt in ihrem Zimmer ermordet aufgefunden. Die Studentin war nicht nur vergewaltigt und mit zahlreichen Messerstichen entstellt worden, sondern der Täter hatte ihr auch den Kopf abgeschnitten und ihn auf einem Wandsims abgestellt.

Am darauffolgenden Tag ereignete sich ein weiterer Doppelmord, dem die Studentin Tracy Paules und ihr Freund Manuel Taboada zum Opfer fielen. Noch am Tag zuvor hatte die junge Frau Freunden gegenüber damit geprahlt, daß sie keine Angst vor dem Mörder habe, da ihr Manuel sie beschützen würde.

Die Ermittlungen verliefen zunächst ergebnislos, bis Danny Rolling wegen eines Überfalls auf einen Supermarkt festgenommen wurde. Im Zuge der Fahndung nach dem »Gainesville Ripper« war die Polizei der Kleinstadt bereits dazu übergegangen, allen Straftätern routinemäßig Haar- und Blutproben für eine DNA-Analyse zu entnehmen. Der genetische Fingerabdruck überführte Rolling schließlich. Der mehrfach wegen Raub- und Diebstahlsdelikten vorbestrafte Sohn eines leitenden Polizeibeamten wurde im Februar 1994 wegen fünffachen Mordes zum Tode verurteilt. Die Ermittler sind überzeugt davon, daß Rolling darüber hinaus im November 1989 eine dreiköpfige Familie in Louisiana ermordet hat.

Derzeit sitzt Danny Rolling im Staatsgefängnis von Florida im Todestrakt und sieht seiner Hinrichtung auf dem elektrischen Stuhl entgegen. In der Todeszelle hat er seine Autobiographie mit dem Titel »Making of a Serial Killer« verfaßt.

Ross, Michael

Der Serienkiller Michael Ross tötete in Connecticut sechs Menschen. Seine Opfer waren Mädchen und junge Frauen, die er gekidnappt, mißhandelt und vergewaltigt hatte. Im Jahr 1987 wurde Ross zu sechs Todesstrafen wegen Mordes und zweimal lebenslänglich wegen Entführung verurteilt. Der überdurchschnittlich intelligente Absolvent der Cornell-Universität tat alles, um seine Hinrichtung durchzusetzen, obwohl im Bundesstaat Connecticut seit Anfang der 60er Jahre kein Todesurteil mehr vollstreckt worden war. Während seiner Verhandlung bekannte sich Ross zu zwei weiteren Morden, die er in New York begangen habe, und gab die Vergewaltigung dreier Mädchen in Ohio, North Carolina und Illinois zu.

In seinem Anliegen, möglichst schnell hingerichtet zu werden, unterzeichnete Michael Ross am 11. März 1998 ein Dokument, in dem er auf zehn Seiten erklärte, daß er alle ihn belastenden Indizien akzeptierte. Darin bekannte der Serienkiller, im Vollbesitz seiner geistigen Kräfte gemordet zu haben und sich der Abscheulichkeit seiner Verbrechen bewußt gewesen zu sein. Um den Familien der Opfer weitere Verhöre zu ersparen, wolle er das Ganze zu einem schnellen Ende bringen, behauptete er. Das Schriftstück hatte er gemeinsam mit Staatsanwalt Robert Satti verfaßt, der ihm dafür eine baldige Hinrichtung in Aussicht stellte.

Seitens zahlreicher Rechtsexperten und diverser Menschenrechtsgruppen in den USA wurden Stimmen laut, die den »Todespakt« zwischen dem Gesetzesvertreter und dem Mörder entschieden kritisierten. Der mit der Durchführung des Prozesses beauftragte Richter schien auch nicht von der Rechtmäßigkeit des Handels überzeugt zu sein und verhielt sich reserviert. Knapp einen Monat später, am 2. April 1998, entschied das Bundesgericht, daß dieser Präzedenzfall rechtswidrig sei. Michael Ross' Wunsch auf eine baldige Exekution auf dem elektrischen Stuhl wurde nicht erfüllt. Im November 1998 versuchte der 39jährige, sich in der Northern Correctional Institution in Somers/Connecticut mit einer Überdosis Tabletten umzubringen. Sein Selbstmordversuch scheiterte.

San Francisco Gay Killer

Während sich in San Francisco ab 1972 die Morde des **»Black Doddler«** zutrugen, der seine Opfer in der Leder- und Sado-Maso-Szene suchte, war ein weiterer Serienmörder in der kalifornischen Großstadt unterwegs: der »San Francisco Gay Killer«.

Der unbekannte Serienmörder war verantwortlich für eine Mordserie im Stadtteil Tenderloin. Seine Opfer waren Transvestiten. Die »Drag Queens« wurden, anders als die Opfer des »Black Doddler«, grausam verstümmelt und kastriert. Dennoch gab es Gemeinsamkeiten zwischen den beiden unabhängig voneinander agierenden Serienkillern: Denn ähnlich wie der »Black Doddler«, der Polizeipsychologen zufolge mit seiner eigenen Homosexualität nicht zurechtkommen soll und dessen Morde Ausdruck jenes Zwiespaltes seien, wiesen auch die »ripperartigen« Verstümmelungsmorde des »San Francisco Gay Killers« auf einen pathologischen Haß gegenüber Homosexuellen hin.

Die Polizei machte später die mangelnde Bereitschaft zur Zusammenarbeit seitens der vielfach zersplitterten »gay community« dafür verantwortlich, daß der Mörder nicht gefaßt werden konnte und der Fall bis heute ungelöst blieb.

Schaefer, Gerard John – »Sex Beast«

Nach außen hin führte der Polizist Gerard John Schaefer aus Springfield im US-Bundesstaat Vermont das Leben eines Durchschnittsamerikaners: Schaefer war verheiratet, ging einer geregelten Arbeit nach und galt darüber hinaus als außergewöhnlich religiös. Daß er ein sadistischer Sexualmörder war, der seinen Job als Streifenpolizist dazu benutzte, junge Frauen und Mädchen in seine Gewalt zu bringen und zu töten, blieb lange Zeit im Verborgenen. Das Brevard County in Florida war sein Jagdrevier, das Schaefer mit seinem blau-weißen Dienstwagen, einem Pontiac, auf der Suche nach Tramperinnen abfuhr, um sie in ein nahegelegenes Waldstück zu verschleppen. Dort folterte Schaefer die jungen Frauen und zwang sie zum Oralverkehr. Häufig ließ er seine Opfer an einen Baum gefesselt zurück und tauchte erst Stunden später in Polizeiuniform wieder auf, um sie erneut zu mißhandeln und danach zu erhängen. 1973 gelang zwei Tramperinnen die Flucht, die er im Dickicht zurückgelassen hatte. Mit ihrer Hilfe konnte Schaefers Fahrzeug identifiziert und er als Serienkiller überführt werden. An dem Ort, wo sie gefangengehalten worden waren, fand man unzählige halbverweste Körper. In Schaefers Wohnung entdeckten seine Berufskollegen Gegenstände aus dem Besitz der Opfer, wie Schmuck, Zähne und Kleiderfetzen vermißter Mädchen, sowie eine umfangreiche Pornosammlung und Collagen, die auf die sexuelle Devianz Schaefers hinwiesen. Die Collagen zeigten unter anderem erhängte Frauen.

Da der Expolizist nach seiner Verhaftung kein Mordgeständnis ablegte, ließ sich die Zahl seiner Opfer nur schätzen. Vermutlich hat er jedoch mindestens 20 Frauen umgebracht. Schaefer wurde 1985 zu einer lebenslänglichen Haftstrafe verurteilt. Das brachte ihn jedoch nicht von seiner Überzeugung ab, daß die Behörden ihn aus Mangel an Beweisen bald wieder freilassen würden.

Währenddessen verließ ihn seine Frau und verlobte sich mit seinem Strafverteidiger. Gerard Schaefer versuchte vergeblich mit Hilfe der Freundin des Serienmörders **Danny Rolling,** mit dem Vertrieb selbstverfaßter »Killer Fiction«-Schmuddelsexgeschichten zu literarischem Ruhm zu gelangen. Im Dezember 1995 wurde er von Mitgefangenen im Florida State Prison in seiner Zelle ermordet.

Schmid, Charles Howard – »Pied Piper of Tucson«

Charles Howard Schmid war der Sohn einer reichen Familie aus Arizona. Der verwöhnte 23jährige, dem es materiell an nichts fehlte, lebte im Süden Arizonas, wo er in der Studentenstadt Tucson unter Gleichaltrigen als Idol galt. Seine Größe von knapp 1,60 Metern versuchte er mit zahlreichen Affären sowie dem Image des »bösen Buben« und Rebellen zu kompensieren. Er trank Alkohol, färbte sich die Haare schwarz und malte sich ein Muttermal auf die linke Wange.

Am 15. Mai 1964 brüstete sich Schmid vor Bekannten damit, daß er einen Mord begehen wolle. Er überredete zwei Freunde, Mary Rae French und John Saunders, ihn bei der Entführung und Ermordung eines Mädchens zu begleiten. Noch am selben Abend entführten sie die 15jährige Alleen Rowe und fuhren mit ihr in die Wüste, wo Schmid das Mädchen vergewaltigte und anschließend mit einem Stein totschlug. Obwohl der Mord an Alleen Rowe schon bald ein offenes Geheimnis unter der Tucsoner Jugend war, kam niemand auf die Idee, Charles Schmid zu verraten – sei es aus Angst oder Ungläubigkeit.

Schmid, der mit dem Rowe-Mord unbehelligt davongekommen war, tötete im Jahr darauf zwei weitere Menschen: Am 16. August 1965 erwürgte er seine ihm lästig gewordene Freundin, die 17jährige Gretchen Fritz, und deren 13 Jahre alte Schwester Wendy. Auch ihre Leichen ließ er in der Wüste von Arizona zurück. Schmid war so stolz auf seine Verbrechen, daß er überall damit angab. Er kehrte sogar mit einem Freund zu den Leichen zurück, um ihn davon zu überzeugen, daß er die Wahrheit gesagt hatte. Der war jedoch so schockiert, daß er Charles Schmid bei der Polizei anzeigte. Am 11. November 1965 wurde der dreifache Mörder verhaftet.

Schmid, der in der Öffentlichkeit in Anlehnung an den »Rattenfänger von Hameln« den Beinamen »Pied Piper of Tucson« erhielt, wurde zu 55 Jahren Haft wegen Mordes an Alleen Rowe verurteilt. Wegen Doppelmordes an den Schwestern Fritz wurde gegen ihn die Todesstrafe verhängt. French und Saunders wurden zu langjährigen Haftstrafen wegen Beihilfe verurteilt.

Durch das im Jahre 1971 in Kraft getretene Moratorium des US-Supreme Court zur Aussetzung der Todesstrafe entging Charles Schmid der Vollstreckung und bekam statt dessen zwei lebenslängliche Haftstrafen. Ende März 1975 wurde er von einem Mithäftling mit 20 Messerstichen getötet.

Searl, Ralph Ray

Wie sein Bruder **Tommy Searl** gilt auch Ralph Ray Searl als Serienkiller. Als er mit 19 Jahren in Michigan festgenommen wurde, gestand er, im Frühjahr 1964 innerhalb von zweieinhalb Monaten fünf Männer ermordet zu haben. Während sein Bruder Tommy Searl sich zum Vergewaltiger und Serienmörder entwickelte, war Ralph Searl ein »Thrill-Killer«, einer der aus Mordlust tötete.

Den ersten Mord, der ihm zur Last gelegt wurde, beging Searl an einem Lehrer, der ihn in Kalamazoo in Michigan als Tramper mitnahm. Searl bedrohte den Mann mit einem Revolver, zwang ihn, auf den Rücksitz zu steigen, und schoß ihm dann in den Kopf. Mit der Leiche auf dem Rücksitz fuhr er zunächst nach Indiana. In Elkhard ermordete er einen Tankwart, plünderte ihn aus, um dann wieder nach Michigan zurückzufahren, wo er schließlich bei einer Routinekontrolle festgenommen wurde, weil er in einem gestohlenen Auto saß.

Bei der polizeilichen Vernehmung gab Searl die Ermordung des Lehrers sowie die Tötung mehrerer Tankwarte zu. Darüber hinaus räumte Searl einen weiteren Mord an einem Mann ein.

Nach einem langwierigen Prozeß vor dem Circuit Court in Michigan wurde Searl wegen mehrfachen Mordes zu einer lebenslangen Haftstraße verurteilt. Sein Anwalt erzwang jedoch ein Wiederaufnahmeverfahren, da Searl bei seiner Vernehmung angeblich die Hinzuziehung eines Anwaltes verweigert worden war und er die Morde nur deshalb zugegeben habe. Später bekannte er sich im Rahmen eines »plea-bargain«-Verfahrens, also im Tausch gegen Vergünstigungen, schuldig und wurde in ein Hochsicherheitsgefängnis für jugendliche Straftäter verlegt.

Searl, Tommy

Im September 1972 wurde der 28jährige Tankstellenwärter Tommy Searl verhaftet und des Mordes an der 19 Jahre alten Nancy Harte und ihrer gleichaltrigen Freundin Cornelia Davault beschuldigt. Die Leichen der beiden jungen Chicagoer Frauen waren zwei Monate zuvor in einem abgestellten Wagen in einem Wald nahe der Stadt Kalamazoo im US-Staat Michigan aufgefunden worden. Erst wenige Monate zuvor, im März 1972, hatte sich außerhalb von Kalamazoo schon ein Frauenmord ereignet. Cynthia Kohls, eine junge Mutter, lag erstochen und vergewaltigt auf offener Straße. Ihr weinendes, eineinhalb Jahre altes

Baby war im Blut seiner Mutter liegend nahe des Tatorts aufgefunden worden.

Die Ermittlungen im Fall Tommy Searl hielten noch an, als im Oktober eine vierte, bereits stark verweste Leiche entdeckt wurde. Die Tote, die anhand des Gebisses als Jennifer Curran identifiziert wurde, lag ganz in der Nähe von dem Tatort, wo sich der Doppelmord ereignet hatte. Auch sie war das Opfer eines Sexualmordes geworden. Die Vermutung lag nahe, daß der Mörder von Nancy Harte und ihrer Gefährtin auch diese Morde begangen haben könnte.

Searl wurde in Michigan vor Gericht gestellt. Die Untersuchungshaft verbrachte er in demselben County-Gefängnis, in dem auch sein Bruder **Ralph Ray Searl**, ebenfalls ein verurteilter Serienmörder, untergebracht war.

Hauptbelastungszeuge gegen Tommy Searl war ein Teenager, der mit ihm zusammen war, als er verhaftet wurde. Der Junge erzählte dem Gericht, daß Searl die Frauen gezwungen habe, ihre Kleider auszuziehen, und sie anschließend mehrmals vergewaltigt hatte. Danach habe er seine Opfer entweder erstochen, mit einer Schlinge erwürgt oder mit einer Plastiktüte qualvoll erstickt. Tommy Searl, der die Morde beharrlich bestritt, wurde wegen Mordes an Cynthia Kohls und Jennifer Curran zu einer lebenslänglichen Haftstrafe verurteilt.

Seda, Heriberto – »New York Zodiac«

Heriberto Seda ist das, was man im Englischen als einen »Copycat Killer« bezeichnet: ein »Imitationskiller«. In seiner Bewunderung für den nie identifizierten »**Zodiac Killer**«, der in Kalifornien in den späten 60er Jahren nach einer Serie von Morden und mysteriösen Bekennerschreiben wie vom Erdboden verschluckt zu sein schien, fühlte sich der 30jährige Seda dazu berufen, die »Mission« seines Vorgängers fortzusetzen.

Der in Brooklyn geborene Heriberto Seda wurde wegen dreifachen Mordes und eines Mordversuchs, die er im New Yorker Stadtteil Queens begangen hat, 1998 vor Gericht gestellt. Darüber hinaus wird er dringend verdächtigt, vier weitere Menschen in Manhattan und Brooklyn angeschossen zu haben. Seda, der nach seiner Verhaftung ein Geständnis unterschrieben hatte, wiederrief seine Aussagen vor Gericht und behauptete, man habe ihn dazu gezwungen, zu unterschreiben. Doch die forensischen Untersuchungen waren eindeutig: Neben seinen Fingerabdrücken und DNA-Speichelproben, die auf dem Papier der Bekennerbriefe gefunden worden waren, entdeckten die Ermittler in seiner Wohnung eine selbstgebaute Schußwaffe, die bei einem der Morde im Jahre 1990 benutzt worden war.

Angefangen hatten die ebenso willkürlichen wie scheinbar unmotivierten Mordanschläge im März 1990, als innerhalb eines Monats zwei Menschen mit einer Schußwaffe verletzt worden waren. Beide Männer überlebten den Angriff. Nur zwei Monate später, am 31. Mai 1990, wurde ein älterer Mann nachts auf der Straße angeschossen, der wenige Wochen später in einem New Yorker Krankenhaus starb. Am Tatort war ein seltsamer Zettel mit der Signatur »Zodiac« hinterlassen worden. Ein Obdachloser, der sich am 21. Juni 1990 zum Schlafen auf eine Parkbank im Central Park hingelegt hatte, wurde das nächste Opfer des Serienkillers. Der Mann überlebte schwerverletzt. Den Polizisten berichtete er, daß er wenige Tage zuvor von einem Fremden nach seinem Sternzeichen gefragt worden sei. Offensichtlich war der Fremde der »New York Zodiac«, denn am Tatort wurde erneut eine weitere Nachricht mit astrologischen Symbolen gefunden. Bereits 1989 war der Polizei ein ähnlicher Brief zugegangen, in dem ein anonymer Schreiber angekündigt hatte, zwölf Menschen töten zu wollen – einen für jedes Tierkreiszeichen. Die an Verrücktheiten gewöhnten Beamten des New York Police Departments hatten zunächst an einen makaberen Scherz geglaubt.

Erst zwei Jahre nach dem Attentat im Central Park trat der »New York Zodiac« wieder in Erscheinung: Im August 1992 wurde Patricia Fonte mit mehr als 100 Messerstichen ermordet aufgefunden. Die näheren Tatumstände wiesen darauf hin, daß sie auch dem Tierkreiszeichenmörder zum Opfer gefallen war. Zwischen Juni und Oktober 1993 wurden drei weitere Personen angeschossen, die mit dem Leben davonkamen. Durch einen Zufall wurde der Serienmörder schließlich gefaßt: Am 18. Juni 1996 wurden die Beamten des NYPD in eine Wohnung im Stadtteil Brooklyn gerufen, wo Heriberto Seda nach einem Streit auf seine 17jährige Schwester Gladys geschossen hatte. Als die Polizei eintraf, lieferte sich der religiöse Fanatiker und Waffennarr mit ihr ein Feuergefecht, bei dem er sich schließlich ergab. Seda wurde aufs Polizeirevier gebracht. Was für die New Yorker Polizisten, die täglich mit schießwütigen Kriminellen zu tun hatten, zunächst wie ein Routinefall aussah, änderte sich, als Seda sein Geständnis überraschenderweise mit dem Zodiak-Symbol unterzeichnete. Sofort geriet er in Verdacht, für die ungeklärten Morde und Mordversuche verantwortlich zu sein.

Die Gerichtsverhandlung gegen Heriberto Seda wurde im Mai 1998 im Gebäude des State Supreme Courts in Queens eröffnet. Nach siebenwöchiger Verhandlungsdauer wurde er am 24. Juni 1998 von der Jury im Bezirk Queens des Mordes schuldig gesprochen. Am 22. Juli verkündete der Richter das Urteil – eine lebenslängliche Haftstrafe.

Weitere Anklagen vor den Bezirksgerichten in Brooklyn und Manhattan stehen noch aus.

»Sex Beast« siehe Schaefer, Gerard John
Sharif, Abdul Latif siehe Ciudad Juárez Killer

Shawcross, Arthur John

Der Fall des Serienmörders Arthur Shawcross ist nicht nur für die Hinterbliebenen der Opfer eine menschliche Tragödie, sondern auch ein juristischer Skandal.

Anfang Mai 1972 verschwand in Watertown, einer Kleinstadt im Staat New York, der zehnjährige Jack Blake. Der Junge war zuletzt mit dem Hilfsarbeiter und Vietnamveteranen Arthur Shawcross beim Angeln gesehen worden. Im September 1972 wurde die achtjährige Karen Hill vermißt. Nachdem ein Großaufgebot von Polizisten und Soldaten der Nationalgarde wenige Tage später die Leiche des Mädchens unter einer Brücke gefunden hatte, verdichtete sich der Verdacht gegen Shawcross, der von Zeugen am Tatort gesehen worden war.

Trotz stundenlanger Verhöre konnte man ihm weder einen Zusammenhang mit dem Verschwinden des kleinen Blake noch den Sexualmord an dem Mädchen nachweisen. Nachdem die Polizei auch die Leiche von Jack Blake gefunden hatte, erklärte Shawcross, daß er die Sexualverbrechen »möglicherweise« begangen habe, sich aber nicht daran erinnern könne. Im Austausch für das Schuldbekenntnis konnte ihn der Bezirksstaatsanwalt lediglich wegen Totschlags anklagen. Am 17. Oktober 1972 wurde Arthur Shawcross zu 25 Jahren Haft verurteilt und sofort ins Staatsgefängnis von Attica gebracht. Im April 1987 wurde er trotz Protesten der Bevölkerung vorzeitig auf Bewährung entlassen. Damit war der Sexualmörder 14 Jahre und sechs Monate nach seiner Verurteilung wieder ein freier Mann. Shawcross zog in die 250 000-Einwohner-Stadt Rochester bei New York, heiratete eine Hilfskrankenschwester und arbeitete in einem Gemüseladen. Kurz darauf begann er ein Verhältnis mit Clara Neal, der Mutter einer Arbeitskollegin, deren grauer Chevrolet Celebrity für ihn eine zentrale Bedeutung erlangen sollte.

Bereits ein knappes Jahr nach seiner Entlassung, am 15. März 1988, vergewaltigte und tötete Shawcross die kokainsüchtige Prostituierte Dotsie Blackburn. Das war der Auftakt zu einer Mordserie, die in den nächsten beiden Jahren sowohl die Polizei von Rochester als auch die New Yorker Staatspolizei beschäftigen sollte. Im Dezember 1988 ermordete er die ebenfalls drogenabhängige 27jährige Prostituierte Anne Steffen, deren verweste Leiche erst über ein Jahr später am Ufer des Genesee River entdeckt wurde. Die Obdachlose Dorothy Keeler tötete er im Juli 1989 und zwei Monate später, am 29. September, die drogensüchtige Patty Ives. Um die Öffentlichkeit nicht zu beunruhigen, beschloß die Polizeiführung, die Morde zunächst als eine »Folge von Einzelfällen« zu betrachten. Nachdem jedoch rasch aufeinander drei weitere Prostituierte spurlos verschwanden, konnte sie die Hinweise auf einen Serienmörder nicht mehr ignorieren.

Bei Shawcross entwickelte sich zwischenzeitlich ein Hang zur Nekrophilie, und zuletzt verstümmelte er seine toten Opfer, indem er ihnen die Geschlechtsteile herausschnitt und sie aß.

Obwohl die Polizei mittlerweile den Rotlichtdistrikt der Stadt observierte, ermordete Arthur Shawcross kurz darauf drei weitere Prostituierte. Nachdem auch die Prostituierte Felicita Stephes unter mysteriösen Umständen verschwand, begann die New Yorker Staatspolizei eine großangelegte

Suchaktion. Bei einem Helikoptereinsatz östlich von Rochester fiel den Beamten ein grauer Chevy Celebrity am Rande eines Abzugskanals des Salomon Creek auf. Auf der Böschung, in unmittelbarer Nähe des Wagens, lag die halb entkleidete Leiche der vermißten Frau. Zunächst versuchte Shawcross mit dem Wagen zu entkommen, wurde aber von dem Helikopter verfolgt und schließlich von Beamten der Mordkommission am Arbeitsplatz seiner Geliebten Clara Neal gestellt.

Nach mehrtägigen Verhören mußte die Polizei ihn jedoch wieder gehenlassen. Ähnlich wie bei den Morden an Jack Blake und Karen Hill im Jahre 1972 gab es keine Handhabe ihn zu verhaften. Erst nachdem Shawcross in den darauffolgenden Tagen von Verhörspezialisten der Staatspolizei erneut vernommen worden war, gestand er schließlich die elf Morde. Er behauptete, daß traumatische Erlebnisse in Vietnam seinen Mordtrieb ausgelöst hätten, und berichtete von Einsätzen im Dschungel, wo er nordvietnamesische Frauen ermordet und von ihrem Fleisch gegessen habe. Es stellte sich später heraus, daß Shawcross niemals in die Nähe der kämpfenden Truppen gekommen war.

Medizinischen Untersuchungen zufolge verfügte Shawcross, der schon als Kind erhebliche Verhaltensstörungen aufwies, über einen genetischen Defekt. Im Februar 1991 wurde Arthur Shawcross zu 250 Jahren Haft verurteilt und in das Sullivan Correctional Institute in Fallsburg bei New York eingewiesen.

Sherman, Lydia

Im Mai 1864 tötete die Polizistengattin Lydia Sherman aus Connecticut ihren Ehemann Edward Struck, mit dem sie sechs Kinder hatte. Zuvor hatte sie eine hohe Lebensversicherung für ihn abgeschlossen, so daß sie von seinem Tod finanziell profitierte. Die Versicherungssumme, die sie durch das Ableben ihres Mannes erhielt, verwendete die Witwe dazu, ihre sechs Kinder zu versichern und sie ebenfalls zu vergiften.

Durch die Versicherungssummen wohlhabend geworden, ehelichte die Witwe Struck 1868 den reichen Farmer Dennis Hurlburt, der mit seinen über 70 Jahren bereits unter altersbedingter Senilität litt. Zwei Jahre später war sie die Witwe Hurlburt und heiratete Horatio Nelson Sherman, einen wohlhabenden Geschäftsmann, bei dem sie zuvor zeitweilig als Haushälterin gearbeitet hatte. Der alleinstehende Mann, der eine 13jährige Tochter mit in die Ehe brachte, wünschte sich sehnlichst ein weiteres Kind. Lydia Sherman gebar ihm ein Baby, das sie jedoch kurz nach der Geburt mit Arsen vergiftete. Wenig später ermordete sie auch ihre Stieftochter sowie ihren Mann, der am 12. Mai 1871 an einem mit dem Rattengift versetzten Kakaogetränk ums Leben kam.

Erst jetzt erregten die rasch aufeinander folgenden Todesfälle den Verdacht des Arztes Dr. Beardsley. Der Mediziner stieß bei der genaueren Untersuchung von Horatio Shermans Leiche auf Giftspuren und holte mehrere Gutachten bei Kollegen ein, die seine Beobachtungen bestätigten. Die nun in die Wege geleitete Exhumierung der Kinder ergab, daß auch sie vergiftet worden waren.

Lydia Sherman, die zwischenzeitlich nach New York geflohen war, wurde dort festgenommen und nach Connecticut ausgeliefert, wo sie aufgrund der schwierigen Beweisführung lediglich wegen mehrfachen Totschlags angeklagt werden konnte. Mit dem Verdikt einer lebenslänglichen Zuchthausstrafe endete der Prozeß gegen die elffache Giftmörderin. Lydia Sherman starb am 16. Mai 1878 in einem Zuchthaus in Connecticut.

Shulman, Robert

Der 42 Jahre alte Postangestellte Robert Shulman aus New York hat zwischen 1991 und 1996 mindestens fünf Prostituierte grausam ermordet. Nach seinem Arbeitstag auf dem Amt, wo er Briefe sortierte, sprach er Straßenmädchen an und lud sie in seine Wohnung zum Kokainkonsum ein. Dort vergewaltigte er die Frauen und schlug sie mit einem Hammer oder Baseballschläger tot. Damit sie nicht identifiziert werden konnten, schnitt er ihnen die Hände ab und zerstückelte die Leichen. Die abgetrennten Körperteile stopfte er in Müllbeutel, die er in Abfalltonnen in Long Island, Brooklyn oder Queens verteilte.

Das New Yorker Police Department kam ihm auf die Spur, weil eine der Leichen anhand einer Tätowierung identifiziert und mit ihm in Verbindung gebracht werden konnte. Obendrein war der dunkelblaue Cadillac seines Bruders im Zusammenhang mit einem der Verbrechen von einem Zeugen gesehen worden. Als man Shulman 1996 in Long Island schließlich wegen zweifachen Mordes festnahm und in ein Polizeiauto brachte, lamentierte er mit weinerlicher Stimme, wie schlecht er sich wegen der begangenen Taten fühlte. Bei den anschließenden polizeilichen Vernehmungen gab der New Yorker drei weitere Prostituiertenmorde zu. Er habe mit den Opfern »Tonnen von Crack« geraucht, und nachdem er wieder zu sich gekommen sei, wären sie plötzlich alle tot gewesen.

Shulmans Bruder wurde ebenfalls festgenommen und wegen Beihilfe zum Mord angeklagt, weil er Robert Shulman bei der Beseitigung der Leichen geholfen hatte.

Simmons, Beoria

Der 29jährige Beoria Simmons haßte Prostituierte. Für ihn verkörperten Frauen, die aus finanzieller Not heraus ihren Körper verkauften, Verderbnis und Unmoral, von der er die Gesellschaft befreien wollte. Der aus Kentucky stammende Sozialarbeiter Simmons tötete sein erstes Opfer 1984 – eine junge Frau, von der er annahm, sie sei eine Straßendirne. Zwei weitere Straßenmädchen im Alter von 29 und 39 Jahren mußten bei seinen »Säuberungsarbeiten« ihr Leben lassen. Nach seiner Verhaftung wurde Simmons auf seinen Geisteszustand untersucht. Die Psychiater wiesen ihm volle Schuldfähigkeit nach und konnten keine Anzeichen einer Geistesstörung bei ihm feststellen. Beoria Simmons wurde des Mordes an den drei Frauen schuldig befunden und zum Tode verurteilt. Zur Hinrichtung wurde er in den Todestrakt des Zuchthauses von Eddysville in Kentucky gebracht. Ob die Strafe mittlerweile vollstreckt oder ob Simmons begnadigt wurde, ist nicht bekannt.

»Skid Row Slasher« siehe Greenwood, Vaughn Orrin
»Son of Sam« siehe Berkowitz, David Richard
»Southside Slayer« siehe Spencer, Timothy W.

Speck, Richard Franklin

Wie viele Frauen Richard Franklin Speck insgesamt getötet hat, ist heute, mehr als 30 Jahre später, nicht mehr genau festzustellen. Da die meisten der von ihm begangenen Morde sich an einem einzigen Tag ereigneten, zählt er zu den Grenzfällen unter den Serienmördern. Speck hat sowohl Charakteristika eines Massenmörders als auch die eines Serienkillers. Speck war am Abend des 13. Juli 1966 mit Vergewaltigungsabsichten in ein Chicagoer Schwesternwohnheim eingedrungen. Mit Pistole und Messer bewaffnet, bedrohte er neun Schwesternschülerinnen und sperrte sie in ein Schlafzimmer. Anschließend holte er eine nach der anderen in einen Nebenraum, wo er wie besessen auf die Opfer einstach und sie erdrosselte. Nur die 23jährige Corazon Amurao, die sich unter einem Bett versteckt hatte, war dem Tod entgangen. Sie konnte der Polizei eine genaue Täterbeschreibung geben. Insbesondere machte sie die Beamten auf eine »Born to raise hell«-Tätowierung aufmerksam, die Speck auf dem Unterarm trug. Speck, der nach dem Massenmord versucht hatte sich selbst umzubringen, wurde drei Tage später in einem Krankenhaus verhaftet, nachdem dem Personal die Tätowierung aufgefallen war. Bei den Verhören behauptete der 25jährige, daß er nicht aus sexuellen Motiven, sondern aus Angst, die Krankenschwestern könnten ihn verraten, getötet habe und er obendrein nicht mehr gewußt habe, wie er mit der Situation fertig werden sollte. Die brutalen sexuellen Verstümmelungen, die Richard Speck seinen Opfern im Verlauf der Nacht zugefügt hatte, wiesen jedoch auf eine sexuelle Motivation hin.

Der ehemalige Müllfahrer und Seemann war zudem unter anderem wegen Sexualverbrechen vorbestraft und wurde auch mit einer Reihe früher begangener Morde in Verbindung gebracht. Unter seinen Opfern war auch eine Kellnerin aus Monmouth/Illinois, die er getötet hatte, weil sie seine Annäherungsversuche nicht erwidert hatte. Nur wenige Monate vor dem Massaker im Schwesternwohnheim hatte er eine 65jährige Frau beraubt und vergewaltigt.

Die maßlose Brutalität seiner Verbrechen war Mitte der 60er Jahre Thema vielfältiger Spekulationen seitens der Psychiater und Psychologen. Einige glaubten, Speck leide an einer genetischen Unausgewogenheit und habe ein zusätzliches männliches Y-Chromosom, von dem man annahm, es verstärke aggressives Verhalten. Aber ähnlich wie die vor 100 Jahren von Lombroso begründete Phrenologie – das Studium der Schädelformen – erwies sich auch dieser biologistische Erklärungsansatz als unzureichend, um das Phänomen des Serienmörders zu erklären. Außerdem stellte sich später heraus, daß Specks genetische Konstellation vollkommen normal war.

Richard Speck wurde in 1967 in Chicago zum Tode verurteilt und verbrachte mehrere Jahre im Todestrakt, bevor sein Strafmaß im Zuge der zeitweiligen Abschaffung der Todesstrafe in acht Einzelstrafen zu je 50 bis 150 Jahren Gefängnis umgewandelt wurde. Er starb im Gefängnis an einem Herzinfarkt.

Spencer, Timothy W. – »Southside Slayer«

Der Mord an der 35 Jahre alten Debbie Davis, die im September 1987 vergewaltigt und erwürgt in ihrer Wohnung in Richmond/Virginia aufgefunden wurde, war der Auftakt zu einer Reihe von Sexualmorden, die sich bis Ende des Jahres hinziehen sollte. Der Mörder von Debbie Davis hieß Timothy Spencer, ein Mann, der, wie sich später herausstellte, bereits 1984 ein ähnliches Verbrechen begangen hatte, für das ein Unschuldiger zu 34 Jahren Haft verurteilt worden war.

Zwei Wochen nach der Ermordung von Debbie Davis wurde eine 32 Jahre alte Ärztin geknebelt, vergewaltigt und ebenfalls erwürgt im Kleiderschrank ihres Schlafzimmers gefunden. Sie blieb nicht das letzte Opfer des »Southside Slayers«, der seine Verbrechen ausschließlich im Süden von Richmond beging. Bereits im November und Dezember 1987 erschütterten zwei weitere Frauenmorde die Bevölkerung von Richmond. Wieder waren die Opfer vergewaltigt und erwürgt worden, und die näheren Umstände der Tatbegehung wiesen darauf hin, daß die Frauen die Opfer eines Serienkillers geworden waren.

Im Januar 1988 ereigneten sich zwei weitere Frauenmorde im Süden von Richmond, die beide an einem einzigen Tag begangen worden waren. Im Gegensatz zu den vorherigen Mordverbrechen waren die Opfer sexuell nicht mißbraucht worden. Auch die Tötungsart wich ab: Eine der ermordeten Frauen war erhängt, die andere mit einem Hammer erschlagen worden. Nach der Verhaftung von Timothy Spencer im Januar 1988 in Arlington stellte sich heraus, daß ein anderer Täter für die beiden letzten Morde verantwortlich war.

Anhand von DNA-Analysen der an den Mordopfern gefundenen Samenflüssigkeit wurde Timothy Spencer als Täter der vier »Southside Slayer«-Morde und des 1984 begangenen Sexualmordes überführt und im Juli 1988 wegen des Mordes zu einer lebenslänglichen Zuchthausstrafe verurteilt. Bei einer zweiten Verhandlung wegen der »Southside Slayer«-Morde wurde Spencer im darauffolgenden Jahr zum Tode verurteilt und am 27. April 1994 auf dem elektrischen Stuhl exekutiert.

Stano, Gerald Eugene

Der 1951 in Daytona Beach geborene Gerald Stano ermordete zwischen 1973 und 1980 in Florida vermutlich insgesamt 41 Prostituierte. Im Gegensatz zu den meisten anderen Serienkillern vergewaltigte er keines seiner Opfer. Es wird jedoch vermutet, daß er einige der Frauen postmortum mißbraucht hat. Ein Polizeibeamter, der den 31jährigen nach seiner Festnahme verhörte, charakterisierte den Serienkiller wie folgt: »Er interessiert sich nur für drei Dinge: Autos, Stereoanlagen und Frauenmord.«

Gerald Stano und seine fünf Geschwister wurden schon früh zur Adoption freigegeben. Seine Mutter hatte ihre sechs Kinder nicht nur abgelehnt, sondern auch derart schlecht versorgt, daß er zum Zeitpunkt seiner Adoption an Unterernährung litt. Bei seinen Adoptiveltern wurde er sehr streng erzogen und wiederholt von seinem Stiefvater mißhandelt. Bald begann Stano übermäßig viel zu trinken und ein ausgeprägtes Interesse für Feuerwaffen zu entwikkeln.

Nach seiner Verhaftung gestand er nach und nach, 27 Frauen erdrosselt, erstochen und erschlagen zu haben. Stano, der wie viele Serienmörder Kleidungsstücke seiner Opfer aufbewahrte, wurde von den Ermittlungsbehörden aufgrund von Indizien sogar mit insgesamt 41 Morden in Zusammenhang gebracht.

Bei seiner Verhaftung erklärte er, daß er »Nutten« hasse und das Töten für ihn nicht mehr als das Zertreten einer Küchenschabe gewesen sei. Auch bei seiner Hinrichtung war Stano kurz angebunden. Als er am 23. März 1989 im Staatsgefängnis von Florida auf dem elektrischen Stuhl festgeschnallt wurde, verzichtete er auf ein letztes Wort und starrte unbeteiligt vor sich hin. Nach dem einjährigen Hinrichtungsmoratorium des Staates Florida war Gerald Eugene Stano der erste Todeskandidat, der auf dem 75 Jahre alten Holzstuhl »Old Sparky« hingerichtet wurde.

Starkweather, Charles und Fugate, Caril Ann

Überall wo der knapp 1 Meter 60 große Möchtegern-James-Dean Charles Starkweather und seine 14jährige Freundin Caril Ann Fugate auftauchten, hinterließen sie eine Blutspur. Wahllos ermordeten die beiden Teenager auf ihrer Tour durch das Plains-States-Gebiet in Nebraska elf Menschen. Der Müllfahrer Charles Starkweather überfiel im Dezember 1957 eine Tankstelle in Lincoln/Nebraska und richtete den Angestellten Robert Colvert mit mehreren Kopfschüssen hin. Einen Grund für diesen Mord hatte er nicht. Am 21. Januar 1958 nahm ein Streit zwischen ihm und den Eltern seiner Freundin Caril Ann ein tödliches Ende: Der 19jährige hatte stolz sein Jagdgewehr vorgeführt, was Caril Anns Mutter Valda Bartlett mißfiel. Nachdem ihm Mrs. Bartlett eine Ohrfeige gegeben hatte, kam es zu Handgreiflichkeiten zwischen ihm und Caril Anns Stiefvater. Starkweather schoß die beiden nieder und stach anschließend haßerfüllt auf sie ein. Währenddessen hockte Caril Ann unbeteiligt im Wohnzimmer vor dem Fernseher. Sie ließ sich auch nicht vom Fernsehen ablenken, als Starkweather ihre zweieinhalbjährige Stiefschwester im Kinderzimmer strangulierte, weil das Kind zu weinen anfing.

Sechs Tage lang verbarrikadierte sich das Pärchen im Haus und wimmelte die Verwandtschaft ab. Genervt vom ständigen Klopfen der besorgten Verwandten, machten sie sich schließlich davon.

Tage später fand man das Auto der Flüchtigen, das im

Schnee vor dem Haus des Farmers August Meyer in der Kleinstadt Bennet steckengeblieben war. Dem 70jährigen hatten sie mit unzähligen Schüssen fast den Kopf abgetrennt und waren anschließend mit seinem Wagen weitergefahren. Wenige Stunden später entdeckte ein anderer Farmer in einem verlassenen Sturmkeller in Bennet die Leichen des Teenagers Robert Jensen und seiner Verlobten Carol King, die auch von Starkweather und Fugate ermordet worden waren. Das Mädchen war halbnackt und offenbar vor ihrem Tod vergewaltigt worden.

Starkweather und Fugate fuhren zurück nach Lincoln, und als sie sahen, daß das Wohnhaus der Fugates von Polizisten umgeben war, steuerten sie den Süden der Stadt an, wo sie die Industriellenfamilie Ward und deren Haushälterin töteten. Ihre weitere Flucht erfolgte im schwarzen 1956er Packard der Wards, Richtung Wyoming.

Mittlerweile waren die Staatspolizei und die Nationalgarde hinter dem Mörderpaar her. Nachdem sie einen Schuhverkäufer in Douglas/Wyoming erschossen hatten, weil sie seinen Wagen benötigten, wurden sie schließlich gestellt und festgenommen.

Starkweathers Verteidiger versuchte eine Schuldminderung aufgrund von Unzurechnungsfähigkeit seines Mandanten durchzusetzen. Doch der sträubte sich gegen die Strategie seines Anwalts, weil er nicht als Verrückter in die Kriminalgeschichte eingehen wollte. »Ich habe gehaßt und wurde gehaßt. Ich wollte, daß meine kleine Welt so lange wie möglich überlebt. Und meine Waffe. Mehr habe ich nicht zu sagen«, erklärte er vor Gericht.

Charles Starkweather wurde am 25. Juni 1959 im Nebraska State Penitentiary auf dem elektrischen Stuhl hingerichtet. Seine minderjährige Gefährtin Caril Ann Fugate bekam eine lebenslängliche Freiheitsstrafe, wurde jedoch am 20. Juni 1976 vorzeitig entlassen. Die Spielfilme »Badlands« sowie »Natural Born Killers«, in denen das Mörderpaar glorifiziert wird, basieren auf ihrer Geschichte.

Stephani, Paul Michael

»Ich möchte mich bei den Familien meiner Opfer entschuldigen, bevor ich an Krebs sterbe«, erklärte der Gefängnisinsasse Paul Michael Stephani im Dezember 1997. Der 53jährige hatte 1982 in Minneapolis mit einem Schraubenzieher auf eine Tramperin eingestochen, die sich jedoch zur Wehr setzte und den Angreifer ihrerseits verletzte. Als er einen Krankenwagen anrief, wurde Stephani schließlich anhand seiner auffallend weinerlich klingenden Stimme identifiziert und festgenommen. Die Ermittler konnten ihm zudem den grauenvollen Mord an der ebenfalls aus Minneapolis stammenden Barbara Simons nachweisen, die er 1982 mit mehr als 100 Messerstichen ermordet hatte. Wegen des Mordes an Barbara Simons wurde er zu 40 Jahren Gefängnis, wegen der Attacke auf die Tramperin zu weiteren 18 Jahren Haft verurteilt.

Nun wolle er reinen Tisch machen, erklärte er den Ermittlungsbeamten, denen er offenbarte, daß er ein Serienmörder sei. In seinen auf Band aufgezeichneten Geständnissen gab er zu, die 33 Jahre alte Kathy Greening getötet zu haben, die 1982 in Lauderdale in ihrer Badewanne ertränkt aufgefunden worden war. Darüber hinaus gestand er den Mord an der 18jährigen Kimberly Compton, die er 1981 mit einem Eispickel in der Nähe des Busbahnhofs von Sankt Paul niedergestochen hatte. In derselben Stadt hatte Paul Stephani am Neujahrsmorgen eine weitere Frau zusammengeschlagen und anschließend wild auf sie eingestochen, die den Angriff jedoch überlebt hatte.

»Sunday Morning Slasher« siehe Watts, Coral Eugene
»Sunset Strip Slayer« siehe Clark, Douglas Daniel

Suff, William Lester – »Riverside Prostitute Killer« XXX

Bereits 1974 mußte sich William Suff zusammen mit seiner damaligen Frau wegen Totschlags an ihrer gemeinsamen, zwei Jahre alten Tochter vor einem Gericht in Kalifornien verantworten und wurde zu einer Freiheitsstrafe von 70 Jahren verurteilt. 1984 wurde er vorzeitig auf Bewährung aus dem Zuchthaus von San Quentin entlassen. Knapp zwei Jahre später ereigneten sich in der Umgebung der zwischen San Bernardino und Santa Ana gelegenen Stadt Riverside zahlreiche Prostituiertenmorde, bei denen bis 1993 mindestens zwölf Frauen ums Leben kamen.

Suff arbeitete als Büroangestellter in einem staatlichen Magazin, das unter anderem auch die Sonderkommission mit Büromöbeln ausstattete, die mit den Ermittlungen der Frauenmorde des sogenannten »Riverside Prostitute Killers« betraut worden war.

Bei Picknicks mit anderen Büroangestellten tat sich Suff mit selbstzubereitetem Chili con Carne hervor, und es wird behauptet, daß er bei der Zubereitung gelegentlich Menschenfleisch verwendet haben soll. Darüber hinaus verfaßte er ein Fachbuch über wildgewordene Hunde. Nachts überfiel er Frauen vom Straßenstrich im Riverside County, vergewaltigte, würgte und erstach sie. In einigen Fällen verstümmelte er seine Opfer.

Am 9. Januar 1993 wurde er wegen eines Verstoßes gegen die Straßenverkehrsordnung angehalten und schließlich zufällig mit den ungeklärten Prostituiertenmorden in Zusammenhang gebracht. Am 19. Juli 1995 wurde Suff wegen zwölffachen Mordes schuldig gesprochen. Die Polizei war davon überzeugt, daß er sogar 22 Prostituierte ermordet hat. Im Anschluß an die Verhandlung sagte Paul Zellerbach, der Vertreter der Staatsanwaltschaft, gegenüber dem Vormann und einigen Mitgliedern der Jury, sie sollten bei ihrer Beratung berücksichtigen, daß der Verdacht bestehe, daß Suff die Brüste eines Opfers bei einem seiner preisgekrönten Chili con Carne-Menüs verwendet habe.

Bei der Strafmaßverkündung im November 1995 wurde William Lester Suff vom High Court in Riverside zum Tode verurteilt und in den Todestrakt von San Quentin gebracht. Dort veröffentlichte er zwei Jahre später mit Hilfe seines Anwalts Brian A. Lane das Buch »Cat and Mouse: Mind Games with a Serial Killer«, in dem er unter anderem Liebesgedichte und die Kochrezepte seiner preisgekrönten Chilis niedergeschrieben hatte.

»Tacoma Axe Killer« siehe Bird, Jake
Taylor, Carl siehe McCrary Family

Taylor, Gary Addison

Bereits mit 18 Jahren war der aus Michigan stammende Maschinist Gary Taylor festgenommen worden, weil er in Sankt Petersburg/Florida eine Frau mit einem Schraubenschlüssel niedergeschlagen hatte. Die Jury eines örtlichen Geschworenengerichts sprach ihn jedoch frei. Dies war der Anfang einer Reihe juristischer und medizinischer Fehleinschätzungen, die es Taylor ermöglichten, zwei Jahrzehnte lang zu rauben, zu vergewaltigen und schließlich auch zu morden.

Mit 21 Jahren wurde Taylor erneut festgenommen, weil er in verschiedenen Vororten von Detroit mit einem Gewehr wahllos auf Frauen geschossen und zwei dabei schwer verletzt hatte. Bei seiner Gerichtsverhandlung attestierte ihm ein psychiatrischer Sachverständiger eine »unbegründete Feindseligkeit gegenüber Frauen«, die es sehr wahrscheinlich mache, daß er eines Tages eine Frau ermorde. Taylor wurde für unzurechnungsfähig erklärt und ins Ionia State Hospital in Michigan eingewiesen. Drei Jahre später verlegte man ihn in eine Klinik nach Detroit, die er tagsüber verlassen durfte. Er nutzte die Ausgänge zu weiteren Verbrechen und verschaffte sich Zutritt zur Wohnung einer alleinstehenden Frau in Detroit, die er vergewaltigte und ausraubte. In einem anderen Fall bedrohte er die Managerin eines Appartementhauses und ihre Tochter mit einem Fleischermesser. An Stelle eines erneuten Verfahrens wurde er lediglich in die geschlossene Abteilung des Ionia State Hospitals zurückverlegt.

1972 wurde er aus der Psychiatrie entlassen, weil es nach den Gesetzen des Staates Michigan keine Handhabe gab, Taylor weiterhin zu verwahren. Der Leiter des Michigan Center für Forensische Psychiatrie, Dr. Ames Robey, hatte bei Taylor »keine behandelbare psychische Erkrankung«, sondern lediglich eine »charakterliche Verwahrlosung« feststellen können und hielt ihn nicht für allgemeingefährlich. Kurz nach seiner Entlassung heiratete Gary Taylor und zog mit seiner Frau Helen zunächst nach Onsted/Michigan, wo er vier Frauen ermordete, zerstückelte und die Körperteile im Vorgarten seines Hauses vergrub. Er übersiedelte mit seiner Frau nach Enumclaw, einem Vorort von Seattle im US-Bundesstaat Washington, wo er mindestens eine weitere Frau ermordete und hinter dem Haus verscharrte.

Bereits nach zwei Jahren trennte er sich von seiner Frau und zog nach Houston, wo er wegen einer Serie besonders brutaler Vergewaltigungen – unter anderem der an einer schwangeren 16jährigen – und wegen Mordes an einer Go-go-Tänzerin im Frühjahr 1975 festgenommen wurde. Nachdem ihn seine Ex-Frau bei der Polizei belastet hatte, gestand Taylor sieben Morde und sechs Notzuchtverbrechen. Zwar widerrief er später, aber an seiner Verurteilung zu einer lebenslangen Freiheitsstrafe änderte das nichts.

Thompson, Gerald

Kurz nach dem Mord an Mildred Hallmark am 15. Juni 1935 wurde der Sexualmörder Gerald Thompson in Illinois gefaßt, der innerhalb von drei Jahren 16 Frauen ermordet hatte. Das Auto, mit dem er seine zahlreichen Opfer entführt und umgebracht hatte, führte die Polizei auf die Spur des Serienkillers.

Thompson, ein Fabrikarbeiter, der in der Stadt Peoria im US-Staat Illinois wohnte, war ein typischer »lustorientierter« Mörder. Planvoll hatte der Serienkiller sein Auto für seine Verbrechen umfunktioniert und Vorrichtungen installiert, mit denen er seine Opfer festketten und gefangenhalten konnte. Seine Vorgehensweise war stets die gleiche: Er entführte Frauen, die nachts und während der Abendstunden auf der Straße unterwegs waren, fuhr mit ihnen in eine abgelegene Gegend, wo er sie wiederholt vergewaltigte und anschließend umbrachte. Einige der Frauen soll er vor den Scheinwerfern seines Autos angekettet haben, um sie dort zu vergewaltigen.

Nach seiner Festnahme war Gerald Thompson geständig. Noch im selben Jahr wurde er zum Tode verurteilt und am 15. Oktober 1935 im Illinois State Penitentiary in Joliet auf dem elektrischen Stuhl hingerichtet.

Tinning, Marybeth Roe

Als Marybeth Tinnings Tochter Jennifer am 3. Januar 1972 starb, war das Kind gerade acht Tage alt. Die Ärzte im St. Claire-Hospital in Schenectady/New York sprachen vom »Plötzlichen Kindstod«, dem sogenannten Sudden-Infants-Death-Syndrome und die 29 Jahre alte Mutter von der Macht des Schicksals: »Es ist Gottes Wille – ich werde ihn demütig hinnehmen.« Ein Spruch, den Tinning in den folgenden 13 Jahren so oder ähnlich öfters wiederholen sollte – so auch drei Wochen nach dem Tod von Jennifer, als ihr zweijähriger Sohn Joseph ebenfalls an einer »Atemwegsattacke« starb.

Als Tinning zwei Monate später auch ihre vierjährige Tochter Barbara durch den außerordentlich selten auftretenden »Plötzlichen Kindstod« verlor, wurden die Behörden immer noch nicht stutzig. Ärzte, Leichenbeschauer und Sozialbehörden arbeiteten aneinander vorbei, und die Mediziner, die einen Verdacht hatten, redeten nicht darüber, weil sie ihre Verdächtigungen nicht beweisen konnten. Bald darauf brachte Tinning ihren Sohn Timothy zur Welt. Knapp drei Wochen später war auch dieses Kind dem Aussetzen der Lungentätigkeit zum Opfer gefallen. Im März 1975 gebar sie ein weiteres Baby, Nathan Tinning, das im September – laut Diagnose – an den Folgen einer Lungenentzündung starb.

Als Marybeth Tinning Anfang 1978 die bewußtlose Mary Frances ins St. Claire-Hospital brachte, weil das Kind nicht mehr atmete, machte Dr. Mele, der Chefarzt der Kinderabteilung, ein sogenanntes »Todesgen« für das Unglück der Familie Tinning verantwortlich. Auch ihr Sohn Jonathan starb kurz nach der Geburt. Es gelang Marybeth Tinning trotz der Todesfälle im November 1979, einen dreijährigen Knaben zu adoptieren, der im Februar 1981 ums Leben kam.

Erst als das neunte Kind, die im August 1985 geborene Tami Lynne, nach vier Monaten starb, wurden die Behörden aufmerksam und begannen, umfangreiche medizinische Nachforschungen anzustellen. Professor Dr. Beckwith, ein Experte auf dem Gebiet des »Plötzlichen Kindstodes«, der mehr als 1200 derartiger Fälle untersucht hatte, schloß aus, daß sich ein solches Phänomen innerhalb einer Familie gleich achtmal ereignet. Daraufhin verhaftete die Polizei Marybeth Tinning. Im Februar 1986 gestand Tinning nach mehrstündigen Verhören, Tami Lynne mit einem Kissen erstickt zu haben, weil das Kind nachts geschrien habe. Kurz darauf gab sie auch die Tötung von Timothy und Nathan zu, widerrief diese Aussage jedoch später wieder. Da man ihr die Ermordung ihrer anderen Kinder nicht nachweisen konnte, beschränkte sich die Staatsanwaltschaft darauf, lediglich den Mord an Tami Lynne anzuklagen. Im Juli 1987 wurde Marybeth Roe Tinning von einer Jury eines New Yorker Gerichtes wegen »Gleichgültigkeit gegenüber menschlichem Leben« für schuldig befunden und zu 20 Jahren Gefängnis verurteilt.

Toole, Ottis Elwood siehe Lucas, Henry Lee

Toppan, Jane

»Ich habe mehr hilflose Menschen umgelegt, als jeder andere Mann oder Frau«, brüstete sich die 48jährige Jane Toppan im Jahre 1902 bei ihrem Prozeß in Massachusetts. Tatsächlich werden der Krankenschwester mindestens 31 Morde an Patienten zugeschrieben. Vermutlich hat sie rund 70 Menschen ermordet. Toppan wurde im Jahre 1854 in Boston als Nora Kelley geboren. Nach dem Tod ihrer Mutter wurde sie zur Adoption freigegeben und kam bei der aus Massachusetts stammenden Familie Toppan unter, die den Vornamen des Mädchens in Jane änderte. Über den Verlauf ihrer Kindheit ist wenig bekannt, außer daß sie als junge Frau durch einen Nervenzusammenbruch und Selbstmordversuche auffiel. Erst spät, mit 26 Jahren, begann Jane Toppan eine Ausbildung als Krankenschwester an der Universitätsklinik von Cambridge in Massachusetts, wo sie als fleißige Schwesternschülerin galt. Ihren Kolleginnen fiel auf, daß Toppan ein morbides Interesse an der Leichenhalle zu haben schien. Als hintereinander mehrere der von ihr betreuten Patienten starben, wurde sie von der Klinikleitung befragt und schließlich von ihrem Posten enthoben. Eine Anklage wurde jedoch nicht erhoben.

Zwischen 1880 und 1901 arbeitete sie als Privatkrankenpflegerin in mehreren Haushalten in New England. Es erregte zunächst keinen Verdacht, daß die meisten ihrer Patienten rasch starben. Daß Jane Toppan zwei Jahrzehnte lang ihre Privatpatienten mit Morphium-Atropin-Injektionen vergiftete, fiel erst auf, als sie alle vier Mitglieder der Familie Davis nacheinander getötet hatte. Eine von der Massachusetts State Police angeordnete Autopsie ergab, daß die Davis-Familie an dem Morphium-Atropin-Cocktail ums Leben gekommen war. Toppan wurde am 29. Oktober 1901 festgenommen.

Im Zuge der Ermittlungen öffnete die Polizei Dutzende von Gräbern ehemaliger Patienten der Krankenschwester: Alle waren an der gleichen Medikamentenmischung gestorben. Jane wurde ins County Jail von Barnstaple gebracht, wo sie rund 70 Morde zugab.

Das Gericht wies sie auf Lebenszeit in dic staatliche Nervenheilanstalt von Taunton ein, wo sie im August 1938 im Alter von 84 Jahren an Altersschwäche starb.

Toronto Hospital Murders

Die kardiologische Abteilung des Toronto Hospital for Sick Children im kanadischen Bundesstaat Ontario war zwischen Juni 1980 und März 1981 für Babys und Kleinkinder ein gefährlicher Ort. In diesen zehn Monaten stieg die Mortalitätsrate unter den kleinen Patienten schlagartig auf über 600 Prozent an. 21, anderen Berichten zufolge 43 Babys starben in dieser Zeit. Eine Untersuchung der toten Kinder ergab, daß die meisten von ihnen mit extrem hohen Dosen des Herzmittels Digoxin, einem Eisenhut-Derivat, vergiftet worden waren.

Ende März 1981 wurde die Kinderkrankenschwester Susan Nelles wegen des Verdachts festgenommen, vier der Kinder ermordet zu haben. Doch die Anklage mußte wegen Mangels an Beweisen im Mai 1982 fallengelassen werden. Bei der gerichtlichen Vorverhandlung sagte der Vorsitzende Richter, Nelles sei eine »exzellente Krankenschwester mit einer exzellenten Reputation«, und erklärte, daß die Kinder von einer »unbekannten Person« ermordet worden seien. Während Susan Nelles zunächst für zweieinhalb Jahre bei Lohnfortzahlung vom Dienst suspendiert wurde, bemühten sich die Ermittler weiterhin, die Ermordung der Kinder aufzuklären. Untersuchungsberichte vom Februar 1983 wiesen 28 der Kinder als Opfer einer Digoxinvergiftung aus. Der Generalstaatsanwalt von Ontario berief eine Sonderkommission zur Aufklärung der Todesfälle, die nur noch 18 Kinder als mögliche Opfer einer Digoxinvergiftung anerkannte.

Nach neuen Anhörungen im April 1984 entschied die Royal Commission of Inquiry unter dem Vorsitz des Richters Samuel Grench, daß lediglich acht der Todesfälle eindeutig auf eine Vergiftung zurückzuführen und damit

Morde seien. 15 weitere gelten dieser Entscheidung zufolge als »höchst verdächtig«.

»Trailside Killer« siehe Carpenter, David
»Trashbag Killer« siehe Kearney, Patrick Wayne

Twin Cities Killer

Zwischen 1986 und 1994 hielt ein Serienkiller die Städte Minneapolis und Saint Paul im US-Bundesstaat Minnesota mit seinen Morden in Atem. Über einen Zeitraum von acht Jahren wurden die Leichen von insgesamt 34 Frauen im Alter von 20 bis 40 Jahren verstümmelt in den Straßen der beiden Städte gefunden.

Trotz aller Dementis von offizieller Seite, die die Existenz eines Serienkillers bestritt, waren die Gemeinsamkeiten, sowohl was die Auswahl der Opfer anbelangte als auch im Hinblick auf die Tatbegehung, auffällig: Die meisten von ihnen lebten von der Prostitution, wiesen sexuelle Mißhandlungen und Verstümmelungen auf und waren zerstükkelt, einige enthauptet worden.

Weil sich die grausamen Morde in Minneapolis und in St. Paul ereignet hatten, sprachen die örtlichen Straßenmädchen vom »Twin Cities Killer«. Ob es sich jedoch um einen, zwei oder mehrere Serienmörder handelte, die gleichzeitig mordeten, konnte bislang nicht geklärt werden. Nachdem die Morde Mitte 1994 unvermittelt endeten, vermutete die Polizei, daß die »Twin Cities Killings« von einem Einzeltäter begangen worden waren. Die 34 Sexualmorde gelten als ungelöst.

Urdiales, Andrew

Am 23. April 1997 gelang es der Chicagoer Polizei, Andrew Urdiales zu verhaften. Dem 32jährigen Wachschützer aus Chicago, der in einer Filiale einer bekannten Sport- und Campingbedarfkette arbeitete, wurden drei Sexualmorde in Illinois sowie ein weiterer Mord in Kalifornien zur Last gelegt.

Urdiales war festgenommen worden, nachdem er versucht hatte, eine Prostituierte aus dem Rotlichtviertel von Hammond unweit von Chicago in seine Gewalt zu bringen und sie mit Handschellen zu fesseln. Das war bereits das zweite Mal, daß der Wachmann innerhalb kurzer Zeit bei den Behörden aufgefallen war. Denn gegen Andrew Urdiales lag bereits eine Anzeige wegen unerlaubten Waffenbesitzes vor, wegen der er 1996 in Untersuchungshaft gesessen hatte.

Im Jahre 1996 waren zwei unbekleidete Leichen aus dem Chicagoer Wolf Lake/Illinois geborgen worden. Es handelte sich um zwei Frauen, die ebenfalls aus Hammond stammten. Ihre Körper wiesen zahlreiche Stichverletzungen auf. Darüber hinaus hatte der Mörder die Toten durch Pistolenschüsse in den Mund entstellt. Im selben Jahr war eine weitere Frau 120 Meilen südwestlich von Chicago in einem See aufgefunden worden. Nach Auskunft der Polizei waren alle drei Mordopfer als Prostituierte tätig. Die Verbrechen waren mit derselben Waffe begangen worden, wegen der Urdiales Ende 1996 verhaftet worden war: eine Pistole vom Kaliber .38.

Völlig emotionslos gestand Urdiales neben den ihm zur Last gelegten Verbrechen noch weitere Morde in Südkalifornien, wo er zwischen 1984 bis 1991 in Camp Pendleton und Twentynine Palms als Marineinfanterist stationiert war.

»Nach dem Militärdienst war Andrew irgendwie verändert«, versicherten Bekannte des Serienkillers, die der Überzeugung waren, daß die Zeit bei den Marines aus Urdiales einen Mörder gemacht habe. Neben der Ermordung einer 23jährigen kalifornischen Studentin, die 1986 erstochen auf dem Campus ihrer Universität in Orange County aufgefunden worden war, wird gegen Andrew Urdiales in vier weiteren Frauenmorden ermittelt. Derzeit dauern die Nachforschungen noch an.

»Vampire of Sacramento« siehe Chase, Richard Trenton
»Vampire Rapist« siehe Boden, Wayne Clifford

Wallace, Henry Louis

»Es war wie eine Seelenwanderung. Ich wollte es nicht, aber da war etwas, das meinen Körper ergriff…«, erklärte der 28jährige Henry Louis Wallace den Polizeibeamten nach seiner Verhaftung.

Der cracksüchtige Farbige beging eine Reihe von Morden an jungen Frauen aus der Gegend von Charlotte in North Carolina, die alle aus seinem Bekanntenkreis stammten. Zwischen Mai 1992 und seiner Verhaftung im März 1994 vergewaltigte, erwürgte oder erstach er mindestens zehn Frauen afroamerikanischer Abstammung, deren Leichen später in ihren Wohnungen aufgefunden worden waren. Die zuständigen Ermittler beschrieben Henry Wallace als einen intelligenten und charmanten jungen Mann, der offensichtlich keine Probleme hatte, Frauenbekanntschaften zu machen. Anfang der 90er Jahre war er ein in North Carolina populärer Discjockey, der unter dem Pseudonym »Nightrider« für seine angenehme Moderation bekannt war. Seine Opfer hatten ihm freimütig die Türen geöffnet oder ihn sogar zum Dinner in ihre Wohnungen eingeladen, bevor er sie umbrachte. Anschließend entfernte er sorgfältig alle Fingerabdrücke in der Wohnung und wusch die toten Frauen sogar, weil er befürchtete, Spuren an ihnen hinterlassen zu haben. In einem Fall übergoß er die Leiche einer ermordeten Frau mit hochprozentigem Alkohol und zündete danach ihr Appartement an, um das Verbrechen zu vertuschen.

Sein letztes Opfer, eine 35 Jahre alte Supermarktangestellte, schlachtete er mit über 30 Messerstichen regelrecht ab. Makabererweise war ihr Name Debra Ann Slaughter.

Der örtlichen Polizei warf man vor, zu spät erkannt zu haben, daß es sich um einen Serienmörder handelte. Die schwarze Bevölkerung unterstellte den Beamten Rassismus und halbherzige Ermittlungen, da es sich bei den Mordopfern ausschließlich um Schwarze handelte. Henry Louis Wallace, der inzwischen ins Gefängnis von Charlotte eingewiesen wurde, gilt Zeitungsberichten zufolge als der »schlimmste Serienmörder, den North Carolina je hervorgebracht hat«. Es gibt Hinweise, die ihn mit weiteren Morden in Zusammenhang bringen.

Walraven, James Samuel

Der Serienkiller James Samuel Walraven aus Alabama ermordete seine Opfer nicht nur auf die gleiche Art und Weise, sondern schien dabei auch auf 22 Jahre alte Frauen fixiert gewesen zu sein.

Am 15. April 1981 fand die Polizei die 22 Jahre alte Louise Dalsanto tot in ihrer Wohnung in den Woodcreek Appartements in Clarkston. Die junge Frau war vom Täter vergewaltigt, mit bloßen Händen erwürgt und danach mit dem Gesicht nach unten in ihre Badewanne gelegt worden. Das Wasser war zum Zeitpunkt ihrer Ermordung so heiß gewesen, daß es ihr das ganze Gesicht verbrüht hatte. Einen Monat später, am 29. Mai, wurde die 22jährige Gisele Clardy in ihrem Appartement ermordet aufgefunden, gefolgt von der gleichaltrigen Patricia Berry am 15. Juni 1981. Wie schon beim ersten Mordopfer, waren in beiden Fällen die Frauen vergewaltigt, erdrosselt und danach in die Badewanne gelegt worden. Die Ermittlungsbehörden kamen Walraven erst auf die Spur, als er im März 1982 eine weitere Frau töten wollte. In der gleichen Appartementanlage, in der Patricia Berry gelebt hatte, versuchte ein Mann, der sich als Installateur ausgab, in die Wohnung von Margaret Finnerty zu gelangen. Als diese ihn nicht reinlassen wollte, drang er gewaltsam in die Wohnung ein und würgte die Frau bis zur Bewußtlosigkeit. Knapp zwei Wochen später ereignete sich ein ähnlicher Vorfall, bei dem das Opfer ebenfalls überlebte.

Die Aussagen der beiden Zeuginnen führten schließlich zu dem 32 Jahre alten James Samuel Walraven, einem arbeitslosen Herumtreiber, der sich häufig auf den öffentlichen Tennisplätzen in Atlanta und Dekalb aufhielt. Walraven wurde festgenommen und bei den Gegenüberstellungen von den überlebenden Opfern identifiziert. James Walraven wurde zu einer lebenslänglichen Gefängnisstrafe verurteilt.

»Want-ad Killer« siehe Carignan, Harvey Louis
»Warwick Slasher« siehe Price, Craig
Waterfield, Fred siehe Gore, David Alan

Watts, Coral Eugene – »Sunday Morning Slasher«

Als 1974 die aufgeschlitzte Leiche der Studentin Gloria Steele unweit der Western Michigan University gefunden wurde, nahm die Polizei im Zuge ihrer Ermittlungen den 1953 geborenen Afroamerikaner Coral Watts als Tatverdächtigen fest. Weil die Beweise für eine Verhaftung nicht ausreichten, mußten sie ihn jedoch kurze Zeit später wieder laufen lassen.

Im Dezember 1974 wurde Watts zu einer einjährigen Haftstrafe verurteilt, weil er eine Studentin angegriffen hatte. Fast fünf Jahre später, am 31. Oktober 1979, wurde in Detroit erneut eine junge Frau erstochen aufgefunden, und im Jahr darauf ereigneten sich bei Ann Arbor drei ähnliche Frauenmorde. Erneut richtete sich der Verdacht gegen Coral Watts, doch wieder konnte ihm die Täterschaft nicht nachgewiesen werden.

Kaum war Watts 1981 nach Texas gezogen, begann auch in Houston eine Mordserie, bei der vorwiegend farbige junge Frauen erstochen wurden. Weil die Frauen in allen Fällen sonntagsmorgens überfallen worden waren, nannte man den unbekannten Frauenmörder den »Sunday Morning Slasher«. Am 23. Mai 1981 wurde Watts wegen Einbruchs und Mordversuchs an zwei Frauen festgenommen. Nach einem Übereinkommen mit der Staatsanwaltschaft, einem »plea-bargain«, der ihm im Falle eines Schuldbekenntnisses ein mildes Urteil zugesichert hatte, gab Watts zehn Morde in Texas zu und gestand später auch die Morde in Michigan. Die Polizei vermutet jedoch, daß er möglicherweise sogar bis zu 40 Frauen ermordet hat. Als man Watts, der einen IQ von 75 aufwies, zu den Mordmotiven vernahm, antwortete er: »Frauen sind schlecht und gehören ausgerottet.« Trotz seiner Geständnisse wurde Coral Eugene Watts im September 1982 lediglich wegen »Einbruchs mit Tötungsabsicht« für schuldig befunden und zu 60 Jahren Haft verurteilt, die er in einem texanischen Gefängnis verbüßt.

White, Nathaniel

Im Jahre 1991 fand man die unbekleidete Leiche der 29jährigen, schwangeren Julianna Frank auf stillgelegten Bahnschienen in Middletown im US-Bundesstaat New York. Julianna Frank war vergewaltigt und erstochen worden. Während die Polizei ermittelte, wurde der Mörder der jungen Frau, Nathaniel White, wegen eines anderen Delikts festgenommen und zu einem Jahr Gefängnis verurteilt. Der Fall Frank galt weiterhin als ungelöst.

Nach seiner Entlassung im April 1992 beging Nathaniel White weitere Sexualmorde. Mehrere Frauen aus den Städten Goshen und Poughkeepsie wurden als vermißt gemeldet. Als im Sommer eine weitere junge Frau aus Poughkeepsie verschwand, geriet White erstmals in den Kreis der Verdächtigen. Ein Zeuge hatte ihn zusammen mit der Vermißten gesehen. White wurde ins Verhör genommen und gab zu, einige der Frauen in seinem Auto nach Middletown mitgenommen zu haben, doch mit ihrem Verschwinden wollte er nichts zu tun haben. Erst als er sich zunehmend in Widersprüche verwickelte, gestand er, die Frauen ermordet zu haben, und erklärte sich bereit, die Polizei zu den Leichen zu führen.

Während seiner Gerichtsverhandlung vor dem Bezirksgericht in Goshen leugnete White erneut, ein Mörder zu sein und behauptete, daß die Polizisten ihn zu einem Geständnis gezwungen hätten. Als es sich im Verlauf des Prozesses jedoch abzeichnete, daß die Beweise gegen ihn für eine Verurteilung ausreichten, plädierte er auf geistige Unzurechnungsfähigkeit. Stimmen hätten ihm die Morde befohlen, erklärte er. Nathaniel White wurde in sechs Fällen des Mordes schuldig gesprochen und am 27. Mai 1993 zu sechs hintereinander zu verbüßenden Haftstrafen von jeweils 25 Jahren bis lebenslänglich verurteilt.

Wilder, Christopher Bernard

Der in Australien geborene Christopher Bernard Wilder unterhielt eine gutgehende Baufirma und war vermögend genug, um sich ausschließlich der Suche nach gutaussehenden Frauen für seine krankhaften Bedürfnisse zu widmen – wenn er nicht gerade im Gefängnis war. Denn der Unternehmer wurde wegen wiederholter Vergewaltigung von den australischen Behörden in New South Wales gesucht und war auch in den Vereinigten Staaten wegen eines Sexualverbrechens zu einer Bewährungsstrafe verurteilt worden.

Wilder tötete 1984 in verschiedenen amerikanischen Bundesstaaten acht junge Frauen im Alter von 17 bis 24 Jahren. Eine seiner Vorgehensweisen war es, Frauen mit Zeitungsanzeigen zu ködern, in denen er sich als Modefotograf ausgab, der nach geeigneten Modellen suchte – eine Methode, die bereits der kalifornische Serienkiller **Harvey Murray Glatman** angewendet hatte.

Die Morde beging der sadistisch veranlagte Australier mit unvorstellbarer Grausamkeit: Nachdem er die Frauen wiederholt vergewaltigt hatte, erstach, erdrosselte oder folterte er die Opfer mit Elektroschocks zu Tode. Im Frühjahr 1984 entführte er eine junge Studentin aus Florida. Sie war die einzige Frau, die lebend davonkommen sollte. Die Studentin wurde von Wilder mehrfach vergewaltigt und gefoltert. Dennoch gelang es ihr, in ein Badezimmer zu flüchten, sich dort einzuschließen und Hilfe herbeizurufen. Bei ihrer Vernehmung berichtete sie, daß Wilder ihr mit Klebstoff die Augenlider zusammengeklebt habe, damit sie nichts mehr sehen konnte.

Am 13. April 1984 wurde der 39jährige Serienmörder nahe der kanadischen Grenze gestellt. Ein Polizist hatte Wilder, der in mehreren US-Bundesstaaten auf den Fahndungslisten stand, auf einem Steckbrief wiedererkannt. Bei seiner Festnahme kam es zu einem Handgemenge um ein Gewehr, bei dem sich ein Schuß löste, von dem Christopher Wilder tödlich getroffen wurde.

Williams, Charlene siehe Gallego, Gerald Armand

Williams, John Jr.

Der 36 Jahre alte John Williams aus Georgia wurde im März 1997 in Raleigh im US-Bundesstaat North Carolina wegen Vergewaltigung und Ermordung der drogenabhängigen Patricia Ashe festgenommen. Wenige Tage nach seiner Verhaftung konnte die Polizei ihm einen weiteren Mord nachweisen, den er im Dezember 1996 ebenfalls an einer süchtigen jungen Frau begangen hatte. Darüber hinaus konnte er mit den Sexualmorden an Dawn Grandy und Cynthia Brown in Verbindung gebracht werden, die bereits im Oktober 1995 in der Nähe der durch die Stadt verlaufenden Bahntrasse gefunden worden waren. In drei weiteren Mordfällen galt der Arbeitslose als Hauptverdächtiger.

Nach den ersten Morden an drogenabhängigen Frauen befragte dic Polizei von Raleigh über 6000 Personen und verstärkte die Patrouille in der Innenstadt rund um den Moore Square – eine Gegend, die bei den Behörden als

Drogenumschlagplatz bekannt war. Damals hatten Beamte auch Williams befragt, ihn aber noch nicht mit den Verbrechen in Zusammenhang gebracht.

Bei seinem Prozeß stellte sich heraus, daß Williams seine durchweg cracksüchtigen Opfer mit dem Versprechen, ihnen die Droge zu verschaffen, an abgelegene Plätze gelockt hatte, wo er sie mit einem Teppichmesser bedrohte und vergewaltigte. Diejenigen, die Widerstand leisteten, ermordete er.

Sein Verteidiger versuchte ihn vor der Todesstrafe zu bewahren und argumentierte vor Gericht, daß Williams über einen Intelligenzquotienten von 80 verfüge und an einer Geistesstörung leide, die davon herrühre, daß er als achtjähriger Knabe wiederholt mit ansehen mußte, wie seine Schwester vergewaltigt wurde. Diese Erlebnisse hätten wesentlich zu seiner Persönlichkeitsstörung und zur Ausprägung einer Schizophrenie beigetragen. Dessen ungeachtet verurteilte ihn die aus fünf Frauen und sieben Männern zusammengesetzte Jury am 4. März 1998 zum Tode.

Williams, John und Manning, Clyde

Im Herbst 1920 betraten zwei schwarze Farmarbeiter das Gebäude des US-Justizdepartments in Atlanta/Georgia und erzählten den Agenten der Bundespolizei, daß auf der Farm ihres Arbeitgebers John Williams Sklaverei und Brutalität herrsche und der Farmer und sein Helfer Clyde Manning auch vor Morden nicht zurückschreckten. Bereits vier Arbeiter hätte allein Manning mit Axthieben erschlagen und auf dem umliegenden Gelände vergraben. Andere seien gefesselt und von einer Brücke in den nahegelegenen Alcoy River geworfen worden.

Als die Bundesbeamten Clyde Manning verhörten, gestand er, daß er gemeinsam mit John Williams fünf seiner Angestellten ermordet habe und Williams noch für drei weitere Morde verantwortlich sei.

Am 9. April 1921 wurde John Williams von einem Gericht in Atlanta wegen Mordes schuldig gesprochen und zu einer lebenslangen Freiheitsstrafe verurteilt. Clyde Manning wurde einen Monat danach zu lebenslanger Zwangsarbeit verurteilt und starb einige Jahre später in einem Zuchthaus in Georgia. Sein ehemaliger Komplize John Williams wurde von Gefängnisinsassen ermordet, nachdem er einen Ausbruchsversuch seiner Mitgefangenen verraten hatte.

Williams, Wayne B. – »Atlanta Child Murderer«

Zwischen 1979 und 1981 ermordete Wayne Williams in Georgia im Süden der Vereinigten Staaten im Verlauf weniger Monate über 20 Jugendliche. Bei den Opfern des sogenannten »Atlanta Child Murderers« handelte es sich überwiegend um minderjährige farbige Stricher, die sich für ein paar Dollar prostituierten.

Die ersten beiden Morde geschahen im Juli 1979 an den Jugendlichen Edward Smith und Alfred Evans. Im September verschwand ein weiterer Teenager, und im darauffolgenden Monat wurde der neunjährige Yusuf Bell, der Sohn einer bekannten Bürgerrechtlerin, ermordet in einem verlassenen Schulgebäude gefunden. Auch in den darauffolgenden Monaten verschwanden regelmäßig immer wieder Kinder, deren Leichen nach einigen Tagen in und um Atlanta und im nahegelegenen Chattahoochee River aufgefunden wurden.

Einige waren erwürgt, andere erschossen, erschlagen

oder erstochen, doch alle waren vergewaltigt worden. Bis zum Mai 1981 stieg die Zahl der ermordeten schwarzen Kinder und Jugendlichen auf 26 an. Ein weiterer Knabe wurde noch vermißt.

Der Fall führte schließlich zu Rassenunruhen, weil die farbigen Einwohner davon überzeugt waren, daß der Ku-Klux-Klan die Morde begangen hatte. Andere trauten nur einem Polizisten zu, über einen derart langen Zeitraum hinweg unentdeckt morden zu können.

Den damals 23 Jahre alten Wayne Wiliams, einen schwarzen Talentsucher und Videofilmer, verdächtigte zunächst niemand. Williams, ein Elektronikfreak, der den Polizeifunk abhörte, um auf dem Laufenden zu sein, wenn sich irgendein Unfall oder spektakuläres Verbrechen ereignet hatte, und die Aufnahmen an die lokalen Zeitungen verkaufte, lebte bei seinen pensionierten Eltern. Er verkehrte mit zahlreichen der später ermordeten jugendlichen Strichern, die er für sexuelle Gefälligkeiten bezahlte.

Als Williams begann, erwachsene Männer zu ermorden, wurde er gefaßt. Am 22. Mai 1981 hörte ein Polizeirekrut auf der Jackson Parkway Bridge am Chattahoochee River etwas Schweres ins Wasser fallen. Kurz darauf sah er den Wagen von Williams über die Brücke davonfahren. Der junge Polizeianwärter merkte sich den Wagentyp, und als drei Tage später die Leiche des 27jährigen Nathaniel Carter aus den Chattahoochee geborgen wurde, teilte er seine Beobachtung seinen Vorgesetzten mit. Ein an der Leiche von Carter gefundenes Hundehaar führte schließlich zur Festnahme des Serienmörders. Im Auto des tatverdächtigen Williams hatten Polizisten identische Hundehaare entdeckt. Obwohl ähnliche Haare an zehn der insgesamt 24 Toten gefunden wurden, konnte Wayne Williams nach einem spektakulären Indizienprozeß im Februar 1982 nur wegen zwei der ihm zur Last gelegten Morde – dem an Nathaniel Carter und dem 21jährigen Ray Payne – zu zwei lebenslangen Haftstrafen verurteilt werden.

Wood, Catherine siehe Graham, Gwendolyn Gail

Woodfield, Randall Brent – »I-5 Killer«

Der als »I-5 Killer« bekanntgewordene Raub- und Sexualmörder Randall Woodfield wird verdächtigt, zwischen 1980 und 1981 bis zu 18 Morde entlang der zwischen Kalifornien und Washington verlaufenden Bundesstraße Interstate 5 begangen zu haben.

Woodfield war der Star des High-School-Footballteams und schaffte sogar den Sprung in die Mannschaft der Green Bay Packers, einer Profi-Footballmannschaft. Doch die absehbare Topkarriere scheiterte, nachdem er gleich nach dem ersten Spielversuch im Feld abgelehnt wurde. Von dieser Zurückweisung zutiefst gekränkt, kehrte er nach Oregon zurück, wo er schon bald durch sexuelle Belästigung von Frauen und andere kriminelle Handlungen auffiel.

Wegen bewaffneten Raubüberfalls und Handgreiflichkeiten gegenüber einer Polizistin in Portland wurde er 1975 zu zehn Jahren Freiheitsentzug verurteilt, doch bereits nach vier Jahren auf Bewährung vorzeitig entlassen.

Fortan überfiel Randall Woodfield, der als Barmann in der Kleinstadt Beaverton jobbte, die Gaststätten entlang der I-5. Er nötigte die Kassiererinnen, ihm ihr Geld auszuhändigen und zwang sie zu Oralverkehr und anderen sexuellen Handlungen. Bis zu 60 Frauen soll er vergewaltigt haben. Gewaltsam erzwungener Sex erregte ihn, und schon bald tötete er seine Opfer. Fortan wurden entlang der I-5 zwischen Kalifornien und Washington immer wieder Frauenleichen aufgefunden.

Randall Woodfield wurde im März 1981 nach der Ermordung eines jungen Mädchens aus einem Vorort von Portland festgenommen. Zwar behauptete er, zum Zeitpunkt des Mordes gearbeitet zu haben, doch sein Alibi erwies sich als falsch. Darüber hinaus wurde er von einem überlebenden Opfer in einer Gegenüberstellung wiedererkannt.

Woodfield wurde nur in drei Mordfällen angeklagt. Der Richter verurteilte ihn zu einer lebenslänglichen Freiheitsstrafe plus 190 Jahren Gefängnis, die er in einem Zuchthaus in Oregon verbüßt.

»Würger von Juiz de Fora« siehe Cassimiro, André Luiz

Wuornos, Aileen – »Damsel of Death«

Ende 1989 ereignete sich im US-Bundesstaat Florida eine Reihe von Morden, die sich bis Januar 1991 hinzog und sieben Männern das Leben kostete. Verantwortlich für die Verbrechen war die damals 35jährige Straßenprostituierte Aileen Wuornos.

Als im Dezember 1989 die völlig verweste Leiche des 51jährigen Richard Mallory in einem Waldgebiet der Everglades am Rande der durch Florida führenden Interstate 95 entdeckt wurde, war der Fall für die Polizei des Marion Distrikts zunächst nur einer von Dutzenden ungeklärter Mordverbrechen, bis in der Mitte des darauffolgenden Jahres in etwa vierwöchigem Abstand alleinreisende Männer ermordet wurden.

Im Juni 1990 wurde der Missionar und Bibelverkäufer Peter Siems aus Jupiter im Distrikt Palm Beach als vermißt gemeldet. Sein grauer Pontiac Thunderbird wurde einige Tage später im Ocala Nationalpark in einen Unfall verwikkelt. Ein älteres Ehepaar, das den Unfall beobachtet hatte, beschrieb dem Sheriff von Orange Springs zwei Frauen, die den stark beschädigten Wagen stehengelassen hatten und zu Fuß geflüchtet waren. Laut ihrer Zeugenbeschreibung war eine der Frauen 25 bis 30 Jahre alt, etwa 1,72 Meter groß und trug Jeans und ein weißes T-Shirt. Ihre Begleiterin wurde als etwa 1,60 Meter große, übergewichtige und maskulin wirkende 20jährige beschrieben, die rote Shorts und ein graues Hemd trug.

Binnen weniger Wochen wurden drei weitere Männerleichen gefunden. Alle gehörten zum weißen Mittelstand, waren mit ihrem Auto auf der Interstate 95 unterwegs gewesen, und alle waren durch Schüsse aus einem Revolver vom Kaliber .22 regelrecht hingerichtet worden. Im einzelnen handelte es sich um den 43 Jahre alten Bauarbeiter David Spears, den Rodeo-Reiter Charles Carscaddon und den 50jährigen Lieferwagenfahrer Troy Buress. Auch der am 12. September 1990 aufgefundene Ex-Polizist Charles Humphreys war durch insgesamt sieben Schüsse aus der gleichen Waffe ermordet worden.

Bereits zu diesem Zeitpunkt vermutete Captain Binegar, der die Ermittlungen leitete, daß die Morde von einer oder mehreren Frauen verübt worden waren, ein Verdacht, der sich erhärtete, nachdem am 19. November 1990 die nackte Leiche des Italoamerikaners Walter Gino Antonio auf einem Waldweg entdeckt wurde. Der Mann hatte ein Kondom in der Hand, so als ob er sich gerade auf den Geschlechtsverkehr vorbereitet hatte, als er erschossen wurde.

Ein Vergleich der in den Wagen der ermordeten Männer gefundenen Fingerabdrücke führte schließlich zu einer Lora Grody, die 1986 wegen unerlaubten Waffenbesitzes verhaftet worden war, nachdem man bei ihr eine Pistole im Kaliber .22 gefunden hatte. Lora Grody und Lee Blahovec, so der Computerausdruck, waren Aliasnamen der 1956 in Detroit geborenen Aileen Wuornos.

Am 9. Januar 1991 wurde die mehrfach wegen Fahrens ohne Führerschein, Prostitution, Scheckbetrugs und bewaffneten Raubüberfalls vorbestrafte Wuornos beim Verlassen der Rockerkneipe »Last Resort« verhaftet. Erst nachdem auch ihre Geliebte Tyria Moore von der Polizei als Mittäterin verhaftet worden war, gestand Aileen Wuornos, die fast 20 Jahre lang auf den Straßen Floridas ihren Körper verkauft hatte, sechs der insgesamt sieben ihr zur Last gelegten Morde. »Ich fühle mich wie eine Heldin, weil ich doch was Gutes getan habe, indem ich die Welt von diesen Dreckschweinen befreit habe«, rühmte sich Wuornos und schilderte in immer neuen Variationen, wie die Männer sie vergewaltigt hatten. Sie sei das eigentliche Opfer gewesen und habe aus purer Notwehr getötet, behauptete Wuornos.

»Wir wollen nicht darüber urteilen, ob Aileen Wuornos nicht ganz normal ist, ein schiefes Bild von der Welt hat, ob sie beeinflußbar ist oder nur pervers. Sie wußte was sie tat, und sie wußte, daß es unrecht war. Dies ist ein Fall, der keine Vergebung verdient«, verkündete der Staatsanwalt bei ihrem Prozeß in seinem Schlußplädoyer.

Am 27. Januar 1992 wurde Wuornos nach eineinhalbstündiger Beratung von der Jury im Florida Supreme Court in Deland wegen Mordes schuldig gesprochen und vom Vorsitzenden Richter Blount zum Tode verurteilt. Im Mai 1992 wurde sie erneut vor Gericht gestellt und wegen drei weiterer der insgesamt sieben ihr zur Last gelegten Morde verurteilt. Nachdem auch Richter Thomas Sawaya die Todesstrafe gegen Wuornos verhängt hatte, schrie sie: »Danke! Ich werde in den Himmel kommen, während du in der Hölle verrottest!« Derzeit wartet Aileen Wuornos im Todestrakt des Broward County Correctional in Pembroke Pines auf ihre Hinrichtung auf dem elektrischen Stuhl.

York, George und Latham, John

Der 18 Jahre alte George York aus Jacksonville/Florida und sein 19jähriger Komplize John Latham aus Mauriceville/Texas sorgten im Mai und Juni 1961 mit einer Reihe brutaler Morde für Schlagzeilen. Am 29. Mai 1961 erdrosselten die beiden Heranwachsenden die 25 Jahre alte Patricia Ann Hewitt und die 23jährige Althea Ottavio aus Georgia, die zu einem Hunderennen nach Florida gereist waren.

Während der nächsten zwölf Tage fuhren George York und John Latham mit dem Wagen der getöteten Frauen durch Tennessee, Illinois, Kansas und Colorado, wo sie gemeinsam zahlreiche motivisch nicht nachvollziehbare Morde begingen.

»Wir dachten, daß wir den Leuten einen Gefallen tun, wenn wir sie aus ihrem kläglichen Dasein befreien«, antwortete York zynisch, als man ihn nach dem Motiv für die sinnlosen Verbrechen fragte. Gegen die beiden Serienmörder wurde die Todesstrafe verhängt. Noch im gleichen Jahr, am 22. Juni 1965, wurden George York und John Latham in Colorado gehenkt.

Zodiac Killer

Bis zum heutigen Tag ist die Identität des mysteriösen »Zodiac Killers«, der zwischen 1968 und 1969 in Kalifornien fünf Menschen tötete und zwei schwer verletzte, ein Rätsel geblieben. Obwohl der Täter eine Unzahl von Briefen an die Polizei und die örtlichen Tageszeitungen geschrieben hatte, schienen die Ermittler einem Phantom hinterher zu jagen.

Der »Zodiac Killer« trat erstmals am Abend des 20. Dezember 1968 in Erscheinung. Die 16jährige Studentin Bettilou Jansen und ihr 17jähriger Freund David Arthur Faraday hatten sich außerhalb von Vallejo, nördlich von San Francisco, in ihren abgestellten Wagen zurückgezogen, als sie von einem Mann überrascht wurden, der ohne Vorwarnung mehrmals auf sie schoß. Beide waren auf der Stelle tot.

In der Annahme, daß Eifersucht bei dem Doppelmord eine Rolle gespielt haben könnte, vernahm die Polizei sämtliche Freunde und Kommilitonen der ermordeten Teenager. Erst Monate später erfuhr sie, daß Bettilou Jansen und David Faraday einem Serienmörder zum Opfer gefallen waren.

Knapp ein halbes Jahr später, am 5. Juli 1969, erhielt die Polizei von Vallejo einen anonymen Anruf. Ein Mann mit rauher Stimme teilte den Beamten mit, daß er am Tag zuvor ein Pärchen mit einer 9-mm-Luger Automatik erschossen habe und darüber hinaus auch für den Mord an Bettilou Jansen und ihrem Freund verantwortlich sei. Tatsächlich war tags zuvor erneut ein Paar in seinem Auto angeschossen worden. Für die 22jährige Kellnerin Darlene Ferrin kam jede Hilfe zu spät, ihr Begleiter, der 19jährige Michael Mageau, überlebte. Ein Wagen hatte das Paar seit geraumer Zeit verfolgt, und als sie anhielten, war der unbekannte Fahrer, ein etwa 30 Jahre alter, schwergewichtiger Mann mit Brille, plötzlich mit mehreren Schüssen auf sie losgegangen.

Einen Monat später, am 1. August 1969, erhielten drei amerikanische Tageszeitungen, der »Vallejo Times Herald«, der »San Francisco Chronicle« sowie der »Examiner«, anonyme Bekennerschreiben. Die Briefe beinhalteten neben detailliertem Täterwissen auch Teile einer kodierten Nachricht. Sei diese erst einmal entschlüsselt – so der Verfasser –, würde sie die wahre Identität des Biefschreibers preisgeben. Der Bekenner, der mit dem »Zodiac«-Symbol unterzeichnet hatte, verlangte die sofortige Veröffentlichung seiner Briefe – andernfalls drohte er mit weiteren Morden.

Zahlreiche Polizeibehörden und die Codierungsexperten des US-Geheimdienstes National Security Agency versuchten die Botschaft zu dechiffrieren, doch schließlich gelang es einem Lehrer aus Salinas, die Symbolreihen zu entziffern:

»Ich liebe es, Leute zu töten, weil es soviel Spaß macht. Es macht mehr Spaß, als in den Wäldern auf Jagd zu gehen, weil der Mensch das gefährlichste von allen Tieren ist. Töten gibt mir den höchsten Thrill. Es ist sogar besser als Sex mit einem Mädchen. Das Beste ist jedoch, daß nach meiner Wiedergeburt im Paradies alle Opfer meine Sklaven sein werden. Ich werde euch meinen Namen nicht verraten, weil ihr versuchen werdet, meine Sammlung an Sklaven für das Jenseits zu stoppen.«

Am 27. September 1969 meldete sich der »Zodiac Killer« bei den Beamten des Napa Police Departments und gab bekannt, daß er einen weiteren Doppelmord begangen habe. Nur eine halbe Stunde zuvor war tatsächlich ein Mordanschlag bei der Polizei gemeldet worden. Die Opfer, Cecilia Shepherd und Bryan Hartnell, waren von einem maskierten Mann gefesselt und mit einem Messer attakkiert worden. Während die Frau durch 24 Stiche in Rücken und Oberkörper ums Leben kam, überlebte ihr Begleiter Bryan Hartnell. Auch Hartnell war davon überzeugt, daß der Angreifer, auf dessen Hemd ein weißes Zodiacsymbol abgebildet war, hinter seiner Maske eine Brille getragen hatte.

In der Nacht des 11. Oktober 1969 trat der Zodiac erneut in Erscheinung und ermordete in San Francisco einen Taxifahrer. Als die Polizei am Tatort eintraf, fehlte neben der Geldtasche auch ein Stück Stoff aus dem blutüberströmten T-Shirt des Opfers.

In der Folgezeit tauchten immer wieder mysteriöse Zodiac-Briefe mit Morddrohungen auf. In einigen befanden sich Teile des blutigen Stoffetzens. Die angedrohten Verbrechen führte der unbekannte Mörder jedoch nicht aus. Die Publicitysucht des »Zodiac Killers« ging soweit, daß er eine eigene Talkshow verlangte, in der er per Telefon Stellung beziehen wollte. Als die Show stattfand, war der von ihm geforderte Anwalt Melvin Belli als Gesprächspartner anwesend. Der Mann am anderen Ende der Leitung erzählte von den Morden und daß er unter starken Kopfschmerzen leide, die nur dann aufhörten, wenn er töte.

Bis März 1971 erhielten die örtlichen Tageszeitungen unzählige Briefe. Auch Belli erhielt eine Karte mit der Bitte um Hilfe. Doch auf das Angebot des Anwalts, ein persönliches Treffen zu arrangieren, ging der »Zodiac Killer« nicht ein.

Jahre vergingen, bis das San Francisco Police Department im Dezember 1974 eine Nachricht des fünffachen Mörders erhielt, in der er behauptete, insgesamt 37 Menschen getötet zu haben und auch weiterhin »Unartiges« tun werde. Zwar soll es in der Gegend über 50 ungeklärte Mordfälle gegeben haben, doch angesichts der Geltungssucht des »Zodiac Killers« bleibt offen, inwieweit diese Behauptung ernstzunehmen war.

»I am back with you«, drohte der »Zodiac Killer« in seinem 26. und letzten Brief im April 1978, doch statt dessen hörte man nie wieder von ihm.

1998 wurde der 31jährige Copycat Killer **Heriberto Seda** verhaftet, der im Namen des »Zodiac« in New York mehrere Morde beging.

AFRIKA

A – Z

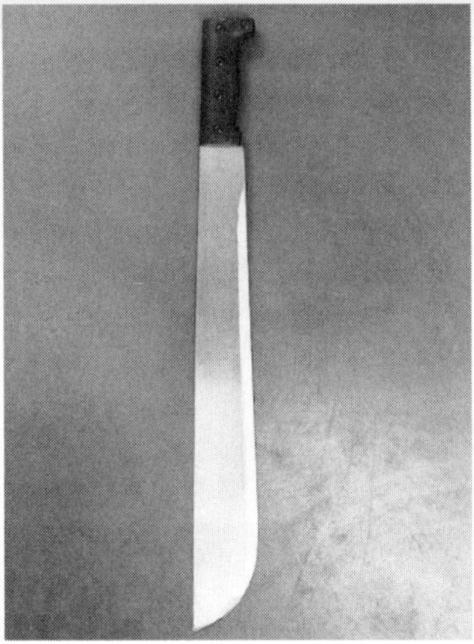

Machete

Moses Sithole,
Johannesburg/Südafrika 1995

Galgen mit Falltür im Zentralgefängnis in Pretoria/Südafrika

Al-Hubal, Abdallah

Am Nachmittag des 16. August 1998 kam es in der Stadt Bayt Al Faqīh im Südjemen zu einer Schießerei zwischen Sicherheitskräften und dem zwölffachen Mörder Abdallah Al-Hubal, bei dem der Mörder und ein Police-Officer ums Leben kamen. Zwei weitere wurden verletzt.

Der langgesuchte Serienkiller hatte seit der Wiedervereinigung des marxistischen Südjemen mit dem nördlichen Teil des Landes im Jahr 1990 sieben Menschen getötet. Nach einem kurzen Gefängnisaufenthalt in der jemenitischen Hafenstadt Aden konnte er aus der Anstalt enkommen. Al-Hubal verschwand vorübergehend, bis er Anfang August 1998 in Bayt Al-Faqīh, einer rund 200 Kilometer südwestlich von Sanaa gelegenen Stadt in der Provinz Hudaydah, wieder auftauchte und fünf Morde beging. Al-Hubal war – so die Erklärung der Polizei – bei dem Mord an einem Paar beobachtet worden und wollte die drei Zeugen, die ihn gesehen hatten, offensichtlich zum Schweigen bringen. Über die Motive, die seinen Verbrechen zugrunde lagen, wurde nichts bekannt.

»Axe Killer« siehe Msomi, Elifasi
»Beast of Atteridgeville« siehe Mashiane, Johannes

Bergie Murders

Zwischen Juni 1984 und Februar 1985 ereigneten sich in der südafrikanischen Hauptstadt Kapstadt fünf rätselhafte Morde an Obdachlosen und Landstreichern. Trotz zahlreicher Hinweise, daß es sich bei dem Mörder um einen Polizisten oder um ein Mitglied der zur Bewachung des Parlaments abgestellten Sicherheitsgarde handeln müsse, konnte der unbekannte Täter nie gefaßt werden.

Der erste Mord geschah in der Orphane Lane am 15. Juni 1984, der letzte im Februar 1985 in Foreshore. Da sich alle Verbrechen bis auf eins im Stadtteil Bergie ereigneten, sprach die Polizei von den »Bergie Murders«.

Der Serienkiller, der von den Obdachlosen »Wit Boer« genannt wurde, schlich sich nachts mit einer schallgedämpften Pistole an die unter Brücken und in Hauseingängen schlafenden Wohnungslosen heran und schoß ihnen in die Köpfe. Der Täter benutzte dazu tödliche Hohlspitzgeschosse vom Kaliber .22, die sich beim Auftreffen extrem deformieren und dadurch besonders verheerende Verletzungen verursachen. Da sich die Morde alle in unmittelbarer Nähe der Cape Town Police Station und immer Donnerstag nachts ereigneten, wenn das südafrikanische Parlament seine Sitzungen abhielt, lag der Schluß nah, daß ein Mitglied der Guard Unit oder ein Polizist als Täter in Frage kam.

Der damalige Ermittler Deon Maartens ließ sämtliche Waffen der in der Guard Unit befindlichen Polizisten auf das Kaliber .22 überprüfen, wurde jedoch nicht fündig. Da sich keine weiteren Obdachlosenmorde ereigneten, wurde die Akte geschlossen.

Über zwölf Jahre nach den »Bergie Murders« wurden im September und Oktober 1997 erneut Obdachlose in Kapstadt attackiert. Zwei schlafende Männer wurden von einem unbekannten Täter mit Hieben auf den Kopf getötet. Ein weiterer Mann und eine Frau, die am 24. September 1997 in der Hout Street mit eingeschlagenen Schädeln aufgefunden worden waren, überlebten den Angriff.

Raymond Dowd, der Leiter der Cape Town Central Station, hielt es für wahrscheinlich, daß die jüngsten Verbrechen von dem gleichen Täter begangen wurden, der auch damals für die »Bergie Murders« verantwortlich war. Derzeit dauern die Ermittlungen noch an.

Brown, John Frank siehe Coetzee, Samuel Jacques

Capetown Prostitute Strangler

»Wir wollen alle Prostituierte ausdrücklich warnen, ihre Arbeit mit extremer Vorsicht auszuüben und sich jederzeit im klaren darüber zu sein, welche Gefahren mit dieser Art von Arbeit verbunden sind«, warnte Rod Beer, Capitan der Western Cape Police 1998 die Frauen aus dem Kapstadter Rotlichtmilieu. Der Anlaß: Die Polizei war zu der Ansicht gelangt, daß in der südafrikanischen Küstenstadt ein Serienmörder Jagd auf Dirnen machte. Vier Frauen, die ihren Lebensunterhalt durch Prostitution bestritten, waren innerhalb weniger Monate auf ähnliche Art und Weise ermordet worden.

Das bislang letzte Opfer des »Capetown Prostitute Stranglers« war eine 18jährige, die im Milieu als »Eve« bekannt war. Die junge Frau wurde erwürgt in einem Hotelzimmer aufgefunden. Die Mordkommission ist davon überzeugt, daß Eve dem gleichen unbekannten Täter begegnet war, wie die drei 1997 getöteten Frauen. Gegenüber der südafrikanischen Tageszeitung »The Star« gab Captain Beer bekannt, daß die Polizei im Besitz eindeutiger Beweise sei, daß alle Morde in unmittelbarem Zusammenhang stünden und daß ein Täter für die vier Prostituiertenmorde verantwortlich sei. Aus ermittlungstechnischen Gründen gab Beer jedoch keine weiteren Einzelheiten bekannt.

Für Hinweise zur Ergreifung des mutmaßlichen Serienkillers wurde eine Belohnung in Höhe von 250000 Rand ausgesetzt. Anderen Quellen zufolge werden dem Würger bis zu 20 Frauenmorde zur Last gelegt. Bisher dauern die Ermittlungen im Fall des »Capetown Prostitute Stranglers« noch an.

»Cleveland Serial Killer« siehe Selepe, David

Coetzee, Samuel Jacques und Brown, John Frank

»Ich will nicht länger leben«, stand auf dem Abschiedsbrief, den die Wärter der Haftanstalt von Boksburg am Morgen des 5. Mai 1997 in der Zelle des südafrikanischen Serienmörders Samuel Coetzee fanden. Wenige Tage nachdem der Prozeß gegen ihn und seinen Mittäter John Brown vor dem Obersten Gerichtshof in Johannesburg eröffnet worden war, hatte sich der Serienkiller mit einer Überdosis Schlaftabletten der Justiz entzogen.

Die Staatsanwaltschaft von Johannesburg legte dem Homosexuellen und seinem Geliebten Brown zur Last, zwischen August 1993 und September 1995 vier Männer und einen Jugendlichen auf heimtückische Weise ermordet zu haben.

Das erste Mordopfer war am 30. August in der Nähe von Pretoria auf einem Kiesweg gefunden worden. Die Leiche wies deutliche Spuren von Strangulationen auf. Nur zwei Monate später fanden Farmarbeiter auf dem Gelände der Tamboekiesfontain Farm in Heidelberg die Körper eines 15jährigen Jungen und eines etwa 30 Jahre alten Mannes. Beide Opfer waren erwürgt worden, und ihre Leichen wiesen zudem Stich- und Schußverletzungen auf. Am 1. September 1995 fand man in der Nähe der Ortschaft Krügersdorp einen weiteren Mann, der ebenfalls erwürgt worden war und dem man die Genitalien abgeschnitten hatte. Gegen Ende des Monats wurde der nächste Tote in seinem Haus in Edenvale gefunden. Alle Männer hatte man kurz vor ihrem Verschwinden in Begleitung von Samuel Coetzee in verschiedenen Schwulenbars gesehen. Dadurch kam die Polizei von Johannesburg rasch auf die Spur des 26ährigen Homosexuellen. Coetzee, ein Transvestit, der in der Gayszene als »Kim« bekannt war, beschuldigte bei seiner Verhaftung seinen Lebensgefährten John Brown, die Morde begangen zu haben. Er habe lediglich dabei geholfen, die Leichen verschwinden zu lassen. Der 32jährige Brown behauptete hingegen, daß Coetzee der Mörder und er nur bei der Beseitigung der Toten behilflich gewesen sei. Er gestand jedoch, die Opfer ausgeplündert zu haben.

John Brown wurde zu einer lebenslänglichen Haftstrafe verurteilt.

De Melker, Daisy Louisa

Daisy Louisa de Melker, geborene Hancorn-Smith, wurde am 1. Juni 1886 bei Grahamstown in Südafrika geboren. Die Hochzeit mit ihrem Verlobten Bert Fuller, die für März 1908 vorgesehen war, fand nie statt, weil ihr Zukünftiger kurz zuvor verstarb. Immerhin hatte er auf ihr Drängen hin zuvor noch sein Testament zu ihren Gunsten ausgestellt und sie als Alleinerbin eingesetzt.

Exakt ein Jahr nach Fullers Tod heiratete die gelernte

Krankenschwester den 36jährigen Klempner William Alfred Cowle und bekam von ihm fünf Kinder. Nacheinander starben vier der Kinder an unerklärlichen und heftigen »Krampfanfällen«.

Als im Januar 1923 ihr Ehemann William Cowle an ähnlichen Krämpfen verstarb, kamen erste Zweifel an einer natürlichen Todesursache auf. Der untersuchende Arzt stellte fest, daß die Krankheitssymptome, an denen Cowle gelitten hatte, verblüffend einer Strichninvergiftung ähnelten. Er gab der Witwe den dringenden Rat, die Lebensmittel, die ihr Mann zuvor zu sich genommen hatte, untersuchen zu lassen und vorsichtshalber die Polizei einzuschalten. Doch de Melker, damals noch als Daisy Cowle bekannt, schien weniger an der Klärung der umstrittenen Todesumstände als an der Versicherung und dem Nachlaß ihres Gatten interessiert zu sein. Bis zu ihrer zweiten Hochzeit im Januar 1926 verdiente sie ihren Lebensunterhalt als Angestellte eines Johannesburger Kinderkrankenhauses. Als ihr neuer Ehemann ebenfalls erkrankte und sie davon überzeugt war, daß er bald sterben würde, veranlaßte sie alles, um das Erbe zu sichern. Noch am Totenbett unterschrieb er im Beisein kurzfristig organisierter Zeugen sein Testament, in dem er seine Frau als Alleinerbin berücksichtigte. Er starb im November 1927. Die zweifach verwitwete Frau war inzwischen finanziell gut gestellt, dennoch forderte sie unverzüglich von ihrer Schwiegermutter eine finanzielle Beteiligung für die hohen Bestattungskosten. Auch die Getränke und das Essen für die Trauergäste, so erklärte sie der Mutter des Toten, seien kostspielig gewesen und hätten ihr Budget überschritten. Diese Skrupellosigkeit führte nicht nur zum endgültigen Zerwürfnis zwischen der Erbschleicherin und der Familie ihres verstorbenen Mannes, sondern trug auch zu ihrer Entlarvung als Mörderin bei.

Drei Jahre später, im Januar 1931, vermählte sich Daisy mit dem damals populären Rugbyspieler Sydney Clarence de Melker. Ihr einzig überlebendes Kind aus erster Ehe, Rhodes Cowle, war inzwischen 20 Jahre alt. Der Jugendliche, der ständig seine Jobs wechselte und im Streit mit seiner Mutter über das Erbe seines Vaters wiederholt handgreiflich geworden war, stand ihr inzwischen im Weg. Obendrein hatte de Melker ihren Sohn vor zehn Jahren mit einer hohen Lebensversicherung versichert, die im Fall seines Todes an sie ausgezahlt werden sollte. Rhodes starb im März 1932 an einer Arsenvergiftung. Als Todesursache vermutete der Arzt Malaria.

Als der Bruder ihres zweiten verstorbenen Ehemannes in einer Tageszeitung die Todesanzeige von Rhodes Cowle entdeckte, wurde er stutzig über die sich häufenden Todesfälle in der Umgebung seiner ehemaligen Schwägerin, deren Geldgier ihm schon damals aufgefallen war. Er teilte der Polizei seinen Verdacht mit, was dazu führte, daß im April 1932 die Exhumierung ihres Sohnes und ihrer zwei Ehemänner angeordnet wurde. Die Ergebnisse der Obduktion waren eindeutig: In zwei der Leichen waren Spuren von Strichnin, in der anderen Arsen nachgewiesen worden. Trotz des Verdachts, daß de Melker auch ihre anderen vier Kinder mit Gift ermordet haben könnte, wurden deren Leichen nie untersucht.

Nach den Obduktionsbefunden wurde Daisy de Melker sofort festgenommen und im Oktober 1932 wegen dreifachen Mordes in Johannesburg vor Gericht gestellt. Der Prozeß geriet zu einem Medienspektakel, zumal es die Giftmörderin offensichtlich genoß, im Rampenlicht zu stehen. Sie posierte für die Fotografen, winkte Schaulustigen zu und sammelte alle Artikel, die über sie in den Zeitungen erschienen waren.

Schließlich wurde sie wegen des Mordes an ihrem Sohn Rhodes schuldig gesprochen und zum Tode verurteilt. Die Ermordung ihrer zwei Ehemänner konnte ihr trotz des Obduktionbsbefundes nicht nachgewiesen werden. Daisy de Melker wurde am 2. Dezember 1932 im Alter von 46 Jahren im Zentralgefängnis von Pretoria gehenkt.

»Donnybrook Killer« siehe Zikode, Christopher Mlengwa
»Kranskop Serial Killer« siehe Mfeka, Samuel Bongani

Lineveldt, Gamat Salie

Das erste Opfer des 20 Jahre alten Südafrikaners Gamat Lineveldt, einem glühenden Verehrer von »**Jack the Ripper**«, war Ethel Marais, die am 3. Oktober 1940 unweit ihrer Wohnung in einem Vorort von Lansdowne schwerverletzt aufgefunden wurde. Der impotente Lineveldt, der erst dann eine Erektion bekam, wenn er seine Opfer mißhandelte und mit ihrem Blut beschmierte, hatte Ethel Marais brutal verstümmelt und sie anschließend vergewaltigt. Sie starb wenige Stunden später an den Folgen ihrer Verletzungen, ohne noch einmal das Bewußtsein wiedererlangt zu haben.

Knapp drei Wochen später drang der sadistische Serienmörder in eine Wohnung in einem Vorort der Kleinstadt Wynberg ein und tötete Dorothy Tarling. Diesmal fand die Polizei einen Handabdruck, sowie den Fingerabdruck eines Daumens. Beide waren für die zuständigen Ermittler zunächst wertlos, weil der Täter nicht registriert war.

Am 11. November 1940 geschah ein weiterer Mord. Das Opfer war die 28jährige Evangeline Bird, die ebenfalls in Wynberg, unmittelbar vor ihrer Haustür getötet worden war. Diesmal war Nachbarn ein junger Mann mit einem Fahrrad aufgefallen, der den Tatort fluchtartig verlassen hatte. Aber auch dieser Hinweis brachte die Polizei nicht weiter.

Exakt 14 Tage später, am 25. November, beging Lineveldt seinen vierten und letzten Mord. Im Haus des Opfers Mary Hoets fanden die Polizisten zahlreiche Fußspuren und Fingerabdrücke. Als die Zeitungen im November auf Bitten der Polizei die Nachricht verbreiteten, der Mörder habe an einem der Tatorte einen Abdruck des linken Daumens hinterlassen, der möglicherweise zu seiner Festnahme führen könne, schnitt sich Gamat Lineveldt kurzerhand die Spitze des rechten Daumens ab. Letzendlich führte genau das zu seiner Entlarvung: Als er einige Wochen später in einem anderen Zusammenhang von der Polizei festgenommen wurde, fiel den Beamten der verkrüppelte Daumen auf. Bei der darauffolgenden Hausdurchsuchung fanden die Ermittler nicht nur die abgetrennte Daumenspitze, sondern auch Unterwäsche der Mordopfer, die er als Souvenir mitgenommen hatte.

Mit den Indizien konfrontiert, gestand Gamat Lineveldt zwar die ihm zur Last gelegten Morde, bestritt jedoch, aus sexuellen Motiven gehandelt zu haben, obwohl die gerichtsmedizinischen Befunde eindeutig belegten, daß er die Frauen vergewaltigt hatte.

Bei seinem Prozeß in Pretoria versuchte er angesichts des drohenden Todesurteils Schizophrenie vorzutäuschen, indem er vorgab, sein zweites Ich habe ihm befohlen die Verbrechen zu begehen. Doch der Vorsitzende Richter Davis sah keine Veranlassung, dem Angeklagten mildernde Umstände zuzubilligen, und verurteilte Gamat Salie Lineveldt zum Tode. Lineveldt wurde noch im gleichen Jahr in Pretoria gehenkt.

»Lovers Lane Serial Killer« siehe Mmbengwa, David
Lusaka Serial Killer siehe Zambia Family Killer
Maake, Maoupa Cedric siehe Wemmer Pan Serial Killer

Mashiane, Johannes – »Beast of Atteridgeville«

Johannes Mashiane tötete in der südafrikanischen Stadt Atteridgeville in den 80er Jahren mindestens elf Jungen, nachdem er bereits fünf Jahre Haft wegen Totschlags an einer Freundin verbüßt hatte und wieder entlassen worden war.

Die Morde, die eindeutig sexuell motiviert waren, wiesen einen hohen Grad an Brutalität auf. Mashiane hatte seine Opfer anal vergewaltigt, danach erdrosselt oder mit Steinen erschlagen. Elfmal hatte der als »Beast of Atteridgeville« bezeichnete Serienmörder unbehelligt gemordet und war stets davongekommen. Doch nachdem er über sein zwölftes Opfer hergefallen war und es im Glauben, es sei bereits tot, am Tatort liegengelassen hatte, kam ihm die Polizei auf die Schliche. Der stark verletzte Junge überlebte und gab eine Beschreibung des Täters zu Protokoll. Im Oktober 1989 gelang es der Polizei, den Sexualmörder ausfindig zu machen. Als ihn die Beamten im Township Marabastad verhaften wollten, sprang Mashiane vor die Räder eines vorbeifahrenden Busses und wurde dabei derart schwer verletzt, daß er an den Folgen starb. Die tatsächliche Zahl seiner Opfer wird weitaus höher geschätzt, ist aber nach dem Tod von Johannes Mashiane vermutlich nie mehr zu klären.

Mfeka, Samuel Bongani – »Kranskop Serial Killer«

Am 8. September 1996 gelang es der Polizei in Südafrika, mit Samuel Mfeka einen weiteren Serienmörder dingfest zu machen, der seit 1993 mindestens sechs Frauen vergewaltigt und ermordet hat. Der 31 Jahre alte Mfeka aus Kwazulu war ursprünglich wegen Vergewaltigung gesucht und schließlich verhaftet worden. Nach seine Festnahme gestand Mfeka aus freien Stücken, daß er sechs Morde begangen habe, und beschrieb den Ermittlern der Raub- und Mordeinheit, wo er die sechs Leichen seiner Opfer vergraben hatte. Die Leiche des ersten Mordes, den Samuel Mfeka im Jahre 1993 in der bei Johannesburg gelegenen Stadt Carletonville begangen hatte, wurde noch im gleichen Jahr entdeckt. Eine weitere Leiche war im November 1994 auf einem Ackergrundstück im rund 200 Kilometer entfernten Vrede gefunden worden. Die anderen vier Leichen wurden im Kranskop-Gebiet entdeckt. Die gerichtsmedizinischen Untersuchungen ergaben, daß alle Frauen vergewaltigt und anschließend erwürgt worden waren. Die Polizei hielt es für möglich, daß Samuel Mfeka auch für die zirka 15 Morde des sogenannten »**Nasrec Strangler**« verantwortlich ist, da Ähnlichkeiten zwischen den Verbrechen bestehen. Für eine offizielle Anklage reichten die Verdachtsmomente jedoch nicht aus, so daß die Polizei die Ermittlungen nach dem »Nasrec Strangler« fortsetzte. Einem Polizeisprecher zufolge, suche man nach einem weiteren Täter, der ein Komplize von Mfeka sein könnte.

Letzten Berichten zufolge soll Samuel Bongani Mfeka in Kürze in Johannesburg vor Gericht gestellt werden.

Mmbengwa, David – »Lovers Lane Serial Killer«

Opfer, die Angriffe des südafrikanischen Serienmörders David Mmbengwa überlebt haben, berichten, daß er nie sprach, bevor er das Feuer auf sie eröffnete. Dabei ist der achtfache Mörder außerordentlich religiös und geradezu vom Predigen besessen und gehört zu dem Typ Serienkiller, die glauben, eine göttliche Mission zu erfüllen.

Der religiöse Fanatiker, der es ausschließlich auf Liebespaare abgesehen hatte und deshalb als »Lovers Lane Serial Killer« bekannt wurde, ermordete zwischen Mai 1996 und Januar 1998 sieben Männer und eine Frau. Seinen vermutlich ersten Mord beging Mmbengwa am 28. Mai 1996 in der Gegend von Thohoyandou, wo er den 36 Jahre alten Polizeiserganten Thomas Gundula erschoß. Constance Khosa, die im Juli 1997 in einem Dickicht bei Dumasi ermordet aufgefunden wurde, gilt als das vermutlich einzige weibliche Opfer Mmbengwas. Die Begleiterinnen der übrigen ermordeten Männer wurden zum Teil lebensgefährlich verletzt.

Der 34 Jahre alte Mmbengwa war im Juni 1998 nach einer einwöchigen Jagd in einer Hütte im Kagisto-Township von einer Sonderkommission unter der Leitung des Superintendenten Tollie Vreugdenberg gestellt und verhaftet worden. Er wurde kurz nach seiner Festnahme übereinstimmend von den überlebenden Frauen als der »Lovers Lane Serial Killer« identifiziert. Bei seiner Verhaftung hatte die Polizei drei Feuerwaffen sichergestellt, mit denen die Opfer erschossen worden waren, unter anderm auch Azwitheli Lactor Mugwebu, der mit 14 Einschüssen im Oktober 1997 in der Gegend von Giyani ermordet aufgefunden worden war. In seinem Besitz befand sich auch eine zerlesene Bibel, in der alle Passagen über Sex angestrichen waren.

»Mmbengwa ist ein sehr religiöser Mann und scheint die Bibel in- und auswendig zu kennen. Sein Hauptproblem ist, daß er vermutlich unkontrollierbar aggressiv und gleichzeitig außergewöhnlich schüchtern ist«, charakterisierte Myburgh den Mörder, dem er gleichzeitig eine ungewöhnlich hohe Intelligenz bescheinigte. Bereits 1990 mußte Mmbengwa eine dreijährige Haftstrafe verbüßen, weil er bei einem Streit seinen Onkel erstochen hatte. Nach Auffassung eines Polizeipsychologen sei Mmbengwa, der nach der Scheidung seiner Eltern bei seiner Großmutter unterkam, bereits als Kleinkind in einer »aggressiven Umgebung« aufgewachsen, was möglicherweise seine spätere Entwicklung zum Serienmörder begünstigte.

Die Polizei ist davon überzeugt, daß der Serienmörder weitere Morde begangen hat, und überprüft derzeit mehrere bislang ungeklärte Fälle, die sich in den nördlichen Provinzen Südafrikas, insbesondere in der Umgebung von Gauteng, ereignet hatten, als sich Mmbengwa dort einige Monate aufhielt. So war im Mai 1998 ein Polizeioffizier aus West Rand mit seiner Freundin erschossen worden, während sie sich in ihrem abgestellten Wagen ausruhten. Nach Auffassung des Polizeipsychologen Elmarie Myburgh trägt auch dieser Doppelmord die Handschrift von Mmbengwa. Derzeit dauern die Ermittlungen gegen David Mmbengwa, der seine Unschuld beteuert, noch an.

Mokgeti, Moses

»Ich werde mich persönlich darum kümmern, daß Sie nie wieder auf freien Fuß kommen«, versprach M. J. Strydom, Richter eines südafrikanischen Gerichts, dem 39jährigen

Moses Mokgeti, der wegen Mordes an sechs Kindern zwischen zwei und acht Jahren sowie versuchtem Mord an einem weiteren kleinen Mädchen angeklagt war.

Im Verlauf des Prozesses stellte sich heraus, daß Moses Mokgeti ein fanatischer Anhänger des »Muti«-Glaubens, einer afrikanischen Stammesmedizin, war. Zur Erstellung einer Medizin, die dem Besitzer finanzielle Unabhängigkeit, Glück und Potenz sichern sollte, benötigte er die Organe und Geschlechtsteile junger Mädchen und Jungen. Die Herzen und Leber sowie die Geschlechtsteile der Jungen hatte er an wohlhabende Geschäftsmänner verkauft. Erst nachdem ihm ein fünfjähriges Mädchen entkommen war, das er zuvor sexuell mißbraucht hatte, gelang es der örtlichen Polizei, Mokgeti zu verhaften.

Im Gegensatz zu seinen Opfern, die der geschäftstüchtige Serienkiller ohne Skrupel ermordete, kam Mokgeti noch einmal mit dem Leben davon: Kurz vor seiner Urteilsverkündung war die Todesstrafe abgeschafft worden. Der aus Mohlakeng bei Randfontein stammende Zulu wurde am 8. Juni 1995 in Johannesburg zu sechs hintereinander zu verbüßenden Haftstrafen und zusätzlichen 18 Jahren wegen Vergewaltigung und Mordversuchs verurteilt.

Msomi, Elifasi – »Axe Killer«

Anfang 1956 wurde der fünfzehnfache Mörder Elifasi Msomi im Zentralgefängnis von Pretoria gehenkt. Der aus Richmond / Natal stammende Eingeborene, der unter dem Synonym »Axe Killer« in die Kriminalgeschichte Südafrikas einging, ermordete zwischen August 1953 und seiner Verhaftung im Mai 1955 15 Männer, Frauen und Kinder auf bestialische Weise. Die meisten der Axt-Morde hatten sich in den Regionen von Unkomaas und Umzimkuku in

Natal ereignet. Elifasi Msomi, der mit Stammesriten vertraut war und als Hexer und Wunderheiler agierte, war der Polizei bereits seit August 1953 bekannt. Damals hatte er vor den Augen seiner Geliebten ein junges Mädchen vergewaltigt und mit mehreren Messerstichen getötet. Die Zeugin des Mordes konnte das grauenvolle Verbrechen nicht vergessen und informierte die Polizei. Msomi wurde festgenommen, doch wenig später gelang ihm die Flucht aus dem Polizeigewahrsam. Besessen von einer unbändigen Lust am Töten, dachte er sich immer neue Strategien aus, um seine Opfer in einen Hinterhalt zu locken. Häufig gab er sich als Arbeitsvermittler aus und bot armen Familien an, ihre Kinder als Hausangestellte bei reichen Europäern unterzubringen. Gingen die Eltern in ihrer Not auf das Angebot ein, tötete er die ihm anvertrauten Kinder mit einer Axt. Es wird berichtet, daß er manchmal auch zu den Eltern zurückkehrte, um ihnen zusätzlich etwas Taschengeld für die in Obhut geglaubten Kinder abzuschwatzen.

Erst im Zusammenhang mit einem Diebstahl wurde Elifasi Msomi erneut verhaftet. Doch wieder einmal floh er und entkam vorläufig einer Haftstrafe, bis er schließlich im Mai 1955 in Natal endgültig gestellt wurde. In seinem Besitz fanden die Polizisten ein Messer, mit dem er im August 1953 das Mädchen getötet hatte, und verschiedene Gegenstände, die aus dem Besitz der Mordopfer stammten. Msomi legte ein volles Geständnis ab und führte die Ermittler zu den Leichen.

Als man ihn zu den Tatmotiven verhörte, behauptete der »Axe Killer«, im Auftrag des »Tokoloshe-Geistes«, einer mystischen Figur aus dem südafrikanischen Geisterglauben, gehandelt zu haben. Der »Tokoloshe« habe vor geraumer Zeit von ihm Besitz ergriffen und ihm immer wieder befohlen, Menschen zu töten. Je mehr Menschenblut er vergieße, um so mehr Macht und Glück wurde ihm zugesichert, und getrieben durch dieses Versprechen, sei er dem missionarischen Auftrag des Geistes gefolgt.

Als Elifasi Msomi von zwei Psychologen auf die Überprüfung seines Geisteszustandes hin untersucht wurde, fanden diese heraus, daß Msomi nicht nur überdurchschnittlich intelligent war, sondern eine starke Erregung verspürte, wenn er anderen Menschen Schmerzen zufügte. Mit anderen Worten: Elifasi Msomi war ein pathologischer Sadist. Im September 1955 wurde gegen den fünfzehnfachen Serienmörder die Todesstrafe verhängt.

Muhu, John – »Naivasha Monster«

Wie soll man einen 81jährigen Mörder verurteilen, der zeit seines Lebens vergewaltigt und getötet hat? Diese Frage stellte sich im Oktober 1995 dem Vorsitzenden Richter des Kenia High Court, der den Prozeß gegen den wegen sechsfachen Mordes angeklagten John Muhu führte. Der Greis, der in den afrikanischen Zeitungen nach seinem Herkunftsort, der nördlich von Nairobi gelegenen Stadt Naivasha, als »Naivasha Monster« bezeichnet wurde, bekam letztlich eine lebenslängliche Haftstrafe – angesichts des hohen Alters von Muhu dürfte sich dieses Urteil auf wenige Jahre oder sogar Monate beschränken. John Muhu hatte im Verlauf mehrerer Jahrzehnte zahlreiche Familienmitglieder, einen Schafhirten und eine junge schwangere Frau getötet sowie mit hoher Wahrscheinlichkeit eine unbekannte Anzahl weiterer Morde begangen.

Obwohl der alte Mann in seinem kenianischen Heimatort als komischer Kauz galt, der sämtliche Personen aus der Nachbarschaft mit dem Tode bedroht hatte, kam niemand auf die Idee, daß er ein Serienkiller war. Dabei hatte Muhu bereits 1938, im Alter von 24 Jahren, ohne ersichtlichen Grund einen Schafhirten ermordet. Knapp zehn Jahre später tötete er seinen eigenen Vater, indem er ihn gefesselt über einen Steinweg zu Tode schleifte. 1953 erschlug er eine Frau, die ein Kind von ihm erwartete. Einen seiner Söhne sperrte er tagelang in ein Zimmer und ließ ihn verhungern. Die anderen drei Söhne entgingen einem ähnlichen Schicksal, weil sie von einer Tante mit nach Tansania genommen worden waren. Im Alter von 75 Jahren kam John Muhu wegen Vergewaltigung eines 13jährigen Mädchens ins Gefängnis. Doch bereits nach kurzer Zeit wurde er vorzeitig aus der Haft entlassen. Der mittlerweile obdachlos gewordene Greis fand eine neue Bleibe bei seinem Sohn Francis, der gerade aus dem Ausland zurückgekehrt war. Ohne erkennbaren Anlaß schnitt Muhu ihm am 8. Januar 1995 die Kehle durch.

Wie viele Personen der pathologische Mörder noch umgebracht hat, wird wahrscheinlich nie geklärt werden.

Muti-Killer von Johannesburg

»Momentan gibt es keinen konkreten Verdacht, aber wir gehen allen Hinweisen nach«, gab Inspector Oosthuizen vom Vaal Triangle Mord- und Raubdezernat angesichts einer Reihe bestialischer Zerstücklungsmorde an kleinen Mädchen bekannt.

Ende Februar 1997 wurde die Leiche der sechsjährigen Zanele Nongiza nahe ihres Zuhauses in einer Plantage bei Ennerdale zerstückelt aufgefunden. Wenig später wurden die von einem Kind stammenden Schädel- und Rippenknochen entdeckt. Als einige Monate danach erneut eine verstümmelte Kinderleiche, der wiederum Organe und Glieder fehlten, im Orange Farm Township entdeckt wurde, gab die Polizei öffentlich bekannt, daß vermutlich ein Serienkiller in den schwarzen Townships unterwegs sei.

Bis Januar 1998 wurden nacheinander insgesamt fünf Kinderleichen in den Feldern von Ennerdale und Orange Farm Township, im Süden von Johannesburg, gefunden. Alle Kinder waren zum Zeitpunkt ihrer Ermordung sechs Jahre alt, weiblichen Geschlechts und alle auf dieselbe bestialische Weise zugerichtet worden. In mindestens zwei Fällen hatte der unbekannte Täter die Mädchen enthauptet – an einigen konnten Spuren sexuellen Mißbrauchs festgestellt werden. Obwohl die Praxis in urbanen Gegenden relativ selten vorkommt, gingen Polizeiexperten davon aus, daß Körperteile der ermordeten Mädchen für Rituale des im ländlichen Afrika verbreiteten Muti-Glaubens entfernt und verwendet wurden. Die Polizei nimmt an, daß auch mehrere der insgesamt elf in den letzten fünf Monaten spurlos verschwundenen Kinder von einem Anhänger des Muti-Kultes ermordet worden sind.

Muti-Killer von Mpumalanga

Eine Reihe von Leichenfunden erschütterte im September 1998 die kleine Gemeinde Delmas in der südafrikanischen Provinz Mpumalanga: Aus einem nahegelegenen Fluß waren drei abgetrennte Menschenköpfe geborgen worden. Nur einige Tage später glaubte man auf einer 20 Kilometer entfernten Farm die dazugehörigen Körper entdeckt zu haben. Pathologen stellten jedoch fest, daß nur zwei der Körper zu den zuvor gefundenen Köpfen paßten und daß man es somit bereits mit vier Mordopfern zu tun hatte: einem Mann, zwei Frauen und einem etwa zehn Jahre alten Mädchen. Mit hoher Wahrscheinlichkeit stammten mindestens zwei der Opfer aufgrund ihrer äußeren Erscheinung aus Zimbabwe oder Mozambique.

Unklar ist bislang immer noch das Mordmotiv. Da es sich bei den vier ermordeten Personen um Ortsfremde handelte, schloß die örtliche Polizei zunächst Fremdenhaß als eines der möglichen Tatmotive nicht aus. Obwohl für die Ergreifung des Täters eine Belohnung von 250000 Rand ausgesetzt wurde, gab es auch seitens der Bevölkerung keine entscheidenden Hinweise. Aufgrund der Befürchtung, daß man es mit einem Serienmörder zu tun haben könnte, zog man die erfahrene Polizeipsychologin Dr. Micki Pistorius zu den Ermittlungen heran.

Nach Meinung von Pistorius wurden die Morde weder von einer Einzelperson noch von einem – wie ebenfalls von der Polizei angenommen – Geisteskranken begangen. Angesichts der Verstümmelungsmerkmale der Leichen – allen war ein Stück aus der Halsregion entfernt worden – war Micki Pistorius davon überzeugt, daß die vier Morde von »Muti-Killern« begangen wurden. Der Mutikult ist eine in Afrika weit verbreitete rituelle Religion der Schwarzen, bei der bestimmte menschliche Körperteile für einen Ritus benötigt werden, der die Erlangung des absoluten Glücks und großen Reichtums in Aussicht stellt. Da für die illegal beschafften Körperteile unter der Hand hohe Preise gezahlt werden, hat sich in Südafrika ein illegaler Körperhandel etabliert. Die Kriminalpsychologin glaubt daher, daß die weit auseinanderliegenden Fundorte sowie die Enthauptung der Toten lediglich dazu diente, die Identifizierung der Opfer zu erschweren. Während Pistorius davon überzeugt ist, daß Profitgründe die vorrangige Rolle bei den Mpumalanga-Morden gespielt hatten, fahndet die Polizei parallel dazu nach einem geistestestörten Mann. Der Verdächtige, der kurz vor den Leichenfunden aus einer psychiatrischen

Anstalt bei Pretoria entlassen worden war, hatte 1990 in Delmas ein junges Mädchen getötet, enthauptet und versucht, ihren Kopf zu verkaufen.

»Naivasha Monster« siehe Muhu, John

Nasrec Strangler

Seit Mai 1995 ermordete der sogenannte »Nasrec Strangler« in der Gegend zwischen Soweto und Johannesburg über 15 Frauen und weibliche Teenager. Da die meisten Frauen in unmittelbarer Nähe eines südlich von Johannesburg gelegenen Ausstellungscenters vergewaltigt und erdrosselt worden waren, nannte die Polizei den bislang unidentifizierten Serienmörder behelfsweise nach dem Nasrec-Center. Nachdem sich die südafrikanische Polizei Mitte der 90er Jahre neben dem »Nasrec Strangler« mit mindestens vier weiteren multiplen Mördern – **»Wemmer Pan Serial Killer«, Moses Sithole, Louis van Schoor** und **Stewart Wilken** – befassen mußte, was ihre Arbeit im Hinblick auf die Zuordnung der Morde zusätzlich erschwerte, griffen die Ermittler auf die Hilfe von FBI-Experten zurück und begannen psychologische Täterprofile zu erstellen. Einem dieser Profile zufolge handelt es sich bei dem »Nasrec Strangler« mit hoher Wahrscheinlichkeit um einen gut gekleidet auftretenden, intelligenten, eher unauffälligen Mann mit einem pathologischen Haß auf Frauen. Da er seine Opfer – durchwegs schwarze Frauen zwischen 20 und 35 Jahren – vermutlich in den in Südafrika verbreiteten Kleinbus-Sammeltaxis aufgabelte, glaubt die Polizei, daß er möglicherweise selbst ein Minibus-Chauffeur sein könnte.

1996 nahmen die Fahnder gleich mehrere Tatverdächtige fest. Unter anderem einen 35 Jahre alten Arbeitslosen, der sich schließlich als Serienvergewaltiger herausstellte, sowie den 31 Jahre alten **Samuel Bongani Mfeka,** der sich als der ebenfalls seit langem gesuchte *»Kranskop Serial Killer«* entpuppte und sechs ähnliche Morde begangen hatte. Die Fahndung nach dem »Nasrec Strangler« dauert an.

Ncama, Nicholas Lungisa

Dem mutmaßlichen Serienkiller Nicholas Lungisa Ncama gelang am 4. April 1998 die Flucht aus dem Polizeigewahrsam in Port Elizabeth. Erst im November 1997 war es der südafrikanischen Polizei gelungen, den wegen zahlreicher Morde und Vergewaltigungen gesuchten 29jährigen Elektriker nach dreimonatiger Fahndung zu verhaften. Die Polizei ist davon überzeugt, daß Ncama am 5. Okober 1997 seine eigene Stieftocher, die 15 Jahre alte Sonia Zanto, vergewaltigt und erwürgt hat, deren halbnackte Leiche neun Tage später in einer leerstehenden Wohnung in KwaZakhele, Port Elizabeth, aufgefunden wurde. Seine Ex-Frau Eugenia, mit der Nicholas Ncama seit 1993 verheiratet war, sagte aus, daß sie ihm eine Woche vor dem Sexualmord an ihrer Tochter die Scheidung angekündigt hatte. »Ponky«, so der Spitzname Ncamas, neige zu Aggressionen und habe mehrere Verhältnisse gehabt, behauptete sie. Des weiteren legt man ihm den Mord an der aus Port Elizabeth stammenden Cynthia N. Ndlaku zur Last, die im September 1997 ermordet wurde und deren Mann ein führendes Mitglied in der Methodistengemeinde von Port Elizabeth ist. Darüber hinaus wird Ncama dringend verdächtigt, die Staatssekretärin Nompumelelo Mpushe, die aus der südafrikanischen Küstenstadt East London stammende Prasella Dayal und ihre fünfjährige Tochter sowie die Polizistin Luyanda Gloria Ngcizela ermordet zu haben, deren Leiche man nahe einer Bushaltestelle in der Nähe von Umtata entdeckte. Die Morde ereigneten sich zwischen Dezember 1996 und Oktober 1997, und die meisten Frauen waren mit Elektrokabeln erdrosselt worden – wahrscheinlich weil sie seine Annäherungsversuche abgelehnt hatten.

Nach Auffassung der Polizei von Port Elizabeth ist Nicholas Ncama äußerst gefährlich, und es ist zu befüchten, daß er während seiner Flucht weitere Sexualmorde begeht.

Nur el-Din, Aida

Der Fall der 25 Jahre alten ägyptischen Krankenschwester Aida Nur el-Din, die in einem Hospital in Alexandria zahlreiche Patienten ermordet haben soll, erregte landesweites Aufsehen, nachdem sie aus dem dritten Stock der Polizeistation gesprungen war, um sich der Strafverfolgung durch Selbstmord zu entziehen. Zuvor soll sie gestanden haben, 18 Patienten durch Injektionen mit einem Atemlähmung verursachenden Medikament und anderen Präparaten vergiftet zu haben. Als Grund für die Morde soll Aida Nur el-Din angegeben haben, daß die Kranken sie daran gehindert hätten, während der Nachtschicht ungestört zu schlafen. Anderen Berichten zufolge soll sie die Tatvorwürfe bestritten, haben. Wie unklar die Zusammenhänge selbst für die ägyptische Justiz sind, zeigt der Umstand, daß das Kriminalgericht in Alexandria ein inzwischen ergangenes Todesurteil gegen die mutmaßliche Serienmörderin aufgehoben hat, um sie nunmehr wegen Totschlags zu verurteilen. Das Gericht hielt es für nicht eindeutig erwiesen, daß die Krankenschwester absichtlich getötet hat, und lastet ihr bislang lediglich den Tod des Patienten Mohammed Abdel Quader Ibrahim sowie 29 Mordversuche an. Über den Stand des Verfahrens war bei Drucklegung des Buches noch nichts bekannt.

»Phoenix Strangler« siehe Thwala, Sipho Agmatir
»Pretoria Hill Murderer« siehe Sidyno, Samuel

Sandwene, Ntimane – »White Mountain Killer«

Zwischen 1929 und 1936 beging der Afrikaner Ntimane Sandwene acht Morde und zahlreiche Raubüberfälle in den Midlands des südafrikanischen Distrikts Natal. Daß die Polizei fast sieben Jahre benötigte, um Sandwene auf die Spur zu kommen, lag daran, daß sich der eingeborene Zulu geschickt zu tarnen verstand und als über jeden Verdacht erhabener, fleißiger und frommer Farmarbeiter galt. Am 17. Mai 1929 erschoß Sandwene einen Ladenbesitzer in Natal und erbeutete lediglich ein paar Rand. Die Waffe hatte er aus dem Farmhaus seines Arbeitgebers entwendet und nach der Tat wieder zurückgebracht.

Erst dreieinhalb Jahre später beging er seine nächsten Morde: Ende Januar 1933 erschoß er erneut einen Ladenbetreiber aus Natal und wenige Wochen danach einen weiteren. Die Polizei, die sich bei ihren Nachforschungen auf die Bewohner der Midlands konzentriert hatte, befragte auch Sandwene, der seinen Abscheu für den brutalen Mörder zum Ausdruck brachte und den Polizisten beflissentlich versicherte, ihnen auf jede nur erdenkliche Weise helfen zu wollen.

Am 13. Juni 1934 ermordete Sandwene in Heartsease zwei orientalische Ladenbesitzer sowie einen 14 Jahre alten Knaben, der in dem Geschäft arbeitete, nachdem dieser ihm zuvor gesagt hatte, wo sein Chef das Geld versteckt hatte.

Im Dezember des gleichen Jahres schoß Sandwene einen Europäer nieder, der den Angriff jedoch überlebte. Im Jahr darauf beging er einen weiteren Mord an einem Betreiber eines Gemischtwarenladens in Hornesdale. Weder die beträchtlichen Belohnungen, die auf die Ergreifung des Serienkillers ausgesetzt waren, noch die intensive Fahndung führte zu Hinweisen auf die Identität des Mörders, den die überwiegend aus indischen Einwanderern bestehende Bevölkerung Natals voller Angst als »White Mountain Killer« bezeichnete.

Das änderte sich, als Ntimane Sandwene 1936 einen Mann nach Bergville verfolgte, der damaligen Berichten zufolge seine Frau belästigt hatte. Auf dem Weg überfiel Sandwene zwei Männer, die wie er selbst zum Volk der Zulu gehörten. Er tötete einen der beiden, während der andere die Attacke überlebte und Sandwene einige Tage später identifizieren konnte.

Im Gefängnis gab er die ihm zur Last gelegten Verbrechen ohne weiteres zu, zeigte sich jedoch befremdet darüber, daß die Ermittlungsbehörden soviel Aufhebens um ihn machten. Sandwene behauptete, die Verbrechen nicht aus Mordlust begangen zu haben, sondern um an das Geld für eine eigene Farm heranzukommen.

Der Native High Court in Pretoria verurteilte ihn im Frühjahr 1937 wegen achtfachen Mordes zum Tode. Ntimane Sandwene wurde im Mai 1937 im Zentralgefängnis von Pretoria gehängt.

Selepe, David – »Cleveland Serial Killer«

»Mit meinem Mann haben sie die Wahrheit getötet«, weinte Linda, die Frau des südafrikanischen Serienkillers David Selepe, nachdem er am 17. Dezember 1994 von Sicherheitskräften erschossen worden war. »Wenn man ihn vor Gericht gestellt hätte, wäre in ganz Südafrika bekannt geworden, daß David kein Killer war ...«, behauptete die Witwe des Mannes, der nach den Erkenntnissen der Ermittler elf schwarze Frauen ermordet haben soll und der nach Erklärungen der südafrikanischen Behörden nachweislich sechs der sogenannten »Cleveland Strangler«-Morde begangen hat. Bei vier der Fälle wiesen die Indizien auf die Täterschaft des im Oktober 1995 verhafteten **Moses Sithole** hin. Zeitweilig waren die Ermittlungsbehörden, unter anderem auch die im Rahmen internationaler Amtshilfe hinzugezogenen FBI-Experten, der Auffassung, daß der »Cleveland Serial Killer« einen Mittäter haben müsse, weil sowohl Sithole als auch Selepe ihre Opfer nahezu auf die gleiche Weise erdrosselten und vergewaltigten, was die Zuordnung der Morde erheblich erschwerte. Durch den Tod von David Selepe, der – wie auch Sithole – die von ihm ermordeten Frauen in stillgelegten Bergwerken in der Umgebung von Johannesburg, insbesondere im Vorort Cleveland, ablud, wurde die Aufklärung der Verbrechen ebenfalls schwieriger.

Am 17. Dezember 1994 wurde Selepe zu einer Tatortbegehung ausgeführt. Im Verlauf der Untersuchung soll er auf einen der anwesenden Detectives mit einem Knüppel losgegangen sein und einen Fluchtversuch unternommen haben. Daraufhin habe einer der Beamten auf den Flüchtenden geschossen.

Berichten zufolge plant Linda Selepe, die südafrikanische Polizei wegen der Erschießung ihres Mannes zu verklagen.

Sidyno, Samuel – »Pretoria Hill Murderer«

Am 6. Januar 1999 wurde der Afrikaner Samuel Sidyno unter dem dringenden Tatverdacht, der »Pretoria Hill Murderer« zu sein, festgenommen. Der Festnahme war die

Entdeckung von Leichen mehrerer Teenager beiderlei Geschlechts in der Nähe des Zoos von Pretoria vorausgegangen.

Bei den auf dem Capital Hill gefundenen, stark verwesten Toten handelte es sich um zwei junge Frauen, einen zwölf Jahre alten Jungen und zwei 19jährige Männer, die seit längerer Zeit als vermißt galten und eindeutig ermordet worden waren. Da allen Morden die gleiche Vorgehensweise zugrunde lag, war die Kriminalpolizei von Pretoria schnell zu der übereinstimmenden Erkenntnis gelangt, daß sie es mit einem Serienkiller zu tun hatte.

Zehn Tage nach der Festnahme Sidynos entdeckte eine Gruppe wandernder Kinder während eines Schulausflugs auf dem Magaliesberg bei Pretoria ein weiteres Mordopfer, das ebenfalls Sidyno angelastet wird. »Wenn man bestimmte Ähnlichkeiten zwischen den Morden auf Capital Hill und dem jüngsten Fund in Betracht zieht, besteht kein Zweifel daran, daß es sich auch bei diesem Verbrechen um die Tat des Serienkillers Samuel Sidyno handelt«, erklärte Superintendent Rudi van Olst, Chef der Abteilung für Kapitalverbrechen bei der Polizei von Pretoria.

Die Polizei befürchtet, daß der mutmaßliche Serienmörder Samuel Sidyno noch weitaus mehr Morde begangen hat und schließt nicht aus, daß weitere Leichenfunde in den Bergen gemacht werden.

Simons, Norman Afzal – »Station Strangler«

Zwischen 1986 und 1994 war die süfafrikanische Polizei in Kapstadt mit einer rasch wachsenden Zahl ermordeter Knaben konfrontiert. Die durchweg gemischt-ethnischen Jungs waren vergewaltigt, erwürgt und vor ihrem Tod offensichtlich gefoltert worden. Da die meisten von ihnen zunächst in der Nähe von Bahnhöfen gefunden worden waren, nannte die Polizei den ominösen Würger »Station Strangler« und konzentrierte sich auf die Überwachung der Bahnhöfe. Vergeblich. Es gab praktisch keine Hinweise auf den Täter, wenn man von einer Notiz absieht, die darauf hindeutete, daß der Knabenmörder weitere Morde plante. Bei einer der aufgefundenen Leichen hatte er einen Zettel hinterlassen. Die Botschaft lautete: »One more, many more in store.«

Als die Mordserie furchterregende Ausmaße angenommen hatte – innerhalb von acht Jahren wurden 22 Knaben und Teenager gefesselt und erwürgt aufgefunden –, wußte sich die Polizei des Burenstaates nicht mehr anders zu helfen, als das US-amerikanische FBI um Amtshilfe zu bitten. Denn zwischenzeitlich hatte der Fall politische Dimensionen bekommen, da die aufgebrachte Bevölkerung der Polizei vorwarf, nur halbherzig nach dem Mörder zu fahnden, weil die Opfer keine Weißen waren. Dank des FBI-Experten Robert Ressler konnte die Ermittlungsbehörde die Zahl der Verdächtigen eingrenzen und stieß schließlich auf den 27jährigen Norman Afzal Simons, einen Lehrer, der sieben Sprachen beherrscht. Der passionierte Bodybuilder mit dem narbigen Gesicht war zeitweilig in psychiatrischen Anstalten untergebracht.

Im Verlauf einer mehrtägigen Observierung wurde Simons dabei beobachtet, wie er mit dem zehn Jahre alten Elroy van Rooyen auf dem Bahnhof von Kapstadt in einen Zug einstieg. Tage später fand die Polizei die Leiche des Jungen mit auf den Rücken gefesselten Händen. Genau so waren auch die anderen Opfer des »Station Stranglers« aufgefunden worden. Des Mordes an Elroy überführt, wurde Norman Afzal Simons im Juni 1995 zu einer Haftstrafe von 25 Jahren verurteilt. Ende März 1999 setzte das oberste Appellationsgericht in Bloemfontein das Strafmaß für Simons herauf und verurteilte ihn zu lebenslanger Haft.

Sithole, Moses James

Anfang 1994 versetzte die rasch anwachsende Zahl von Frauenmorden in den südafrikanischen Metropolen Pretoria und Johannesburg die Behörden in Aufregung. Innerhalb von zwei Jahren waren in Cleveland, einem Vorort von Johannesburg, und in Boksburg, einem Stadtteil von Pretoria, rund 40 Frauen und Kinder ermordet worden. Die Polizei war davon überzeugt, daß zwei unabhängig voneinander mordende Serienkiller am Werk waren, und bat das FBI um Amtshilfe. Die Amerikaner schickten 1995 den Profiler Ressler nach Pretoria, der schnell die Parallelen zwischen den Morden in Pretoria und Johannesburg erkannte. Er empfahl den Polizisten, die Morde in beiden Städten in Verbindung zu bringen und nach einem oder zwei zusammenarbeitenden Tätern zu fahnden.

Unterdessen wuchs die Anzahl der Opfer des Mörders, der schwarze Frauen erwürgte und die Leichen an Bahnhöfen, auf Feldern und Abraumhalden hinterließ.

Nachdem **David Selepe,** den die Polizei zeitweilig verdächtigte, ein Mittäter von Moses Sithole gewesen zu sein, bei einem Lokaltermin nach einem Fluchtversuch im Dezember 1994 erschossen worden war, ging der Polizei schließlich auch Sithole ins Netz. Als die Polizeibeamten nach wochenlanger Fahndung am 19. Oktober 1995 das Versteck des Mörders bei Johannesburg stürmten, griff Sithole die Polizisten mit einer Axt an und wurde durch Schüsse am Arm und im Bauch getroffen.

Der schwarze Südafrikaner ist vermutlich für den Tod

von 37 schwarzen Frauen und einem Kind in der Gegend von Pretoria verantwortlich. Bei seiner Verhandlung vor dem Pretoria Supreme Court, vor dem sich Sithole auch noch wegen insgesamt 40 Vergewaltigungen und sechs Raubüberfällen verantworten muß, plädierte der an Aids erkrankte Serienmörder zunächst auf »nicht schuldig« im Sinne der Anklage.

Anfang Dezember 1996 verriet er einem Mitgefangenen im Pretoria Central Prison, daß er Frauen hasse und ihnen eine Lektion erteilen wollte. Darüber hinaus wurde er auch durch die Expertise der amerikanischen Stimmenspezialistin Loni Smrkowski überführt, die nachwies, daß die Stimme von Sithole mit der identisch war, die bei einem Bekenneranruf im Jahre 1996 gegenüber der in Kapstadt ansässigen Tageszeitung »The Star« die Morde eingeräumt hatte. Aufgrund von Sitholes Aids-Erkankung mußte der Prozeß immer wieder verschoben werden.

Ende 1996 tauchte ein Videoband auf, das Moses Sithole gemeinsam mit einem inhaftierten Ex-Polizisten im Boksburg Prison aufgenommen hatte. Auf dem Band sitzt Sithole sichtlich entspannt in einer Zelle und legt ein umfassendes Geständnis ab. Seinen ersten Mord, erzählt er, habe er im Juli 1995 begangen. Es habe sich bei dem ersten Opfer um eine Frau gehandelt, mit der er sich verabredet hatte. Bei dem Treffen habe er sie dann mit bloßen Händen erdrosselt. »An ihren Namen erinnere ich mich nicht. Ich tötete sie und ließ sie liegen. Dann ging ich nach Hause und stieg unter die Dusche«, erzählte er. Auf die Nachfrage, wie lange es dauere, jemanden zu erwürgen, erzählte Sithole gelassen, daß es nicht länger als fünf Minuten dauere. Er bestritt auch auf dem Video, daß er seine Opfer vergewaltigt habe, räumte jedoch ein, daß er mit einigen der Frauen, die geglaubt hatten, daß er sie dafür am Leben lasse, Sex gehabt habe. Auf die Frage des Interviewers, an welches Opfer er sich am besten erinnere, nannte Sithole Amelia Rapodile, deren Leiche am 17. September 1995 in einem Schacht der Van Dyk-Mine in Brakpan gefunden wurde. Die junge Frau war vergewaltigt und erwürgt worden, was Sitholes Behauptung, er habe keine Notzuchtverbrechen begangen, widersprach. Im übrigen erinnere er sich nicht an die Namen seiner Opfer, aber alle Frauen hätten ihn an die Schwarze erinnert, die ihn einige Jahre zuvor fälschlicherweise wegen Vergewaltigung angezeigt habe. Dafür war Sithole 1989 zu vier Jahren Haft verurteilt worden.

Aufgrund der Videoaufzeichnung wurde Moses Sithole schließlich im Frühjahr 1997 wegen vierzigfacher Vergewaltigung zu 480 Jahren, wegen achtunddreißigfachen Mordes zu 1900 Jahren und wegen sechs Raubüberfällen zu 30 Jahren Haft verurteilt. Richter David Curlewis sagte bei der Urteilsbegründung: »Ich wollte sichergehen, daß Moses Sithole nie wieder aus dem Gefängnis entlassen wird.« Mit insgesamt 2410 Jahren Haft ist das Urteil gegen Afrikas gefährlichsten Serienkiller die bislang höchste Strafe, die jemals von einem südafrikanischen Gericht gegen einen einzelnen Angeklagten verhängt wurde.

Stapelberg, Marthinus Jakobus

Im Februar 1996 gelang es der Polizei in Südafrika endlich, einen Mörder festzunehmen, der seit November 1995 bereits fünf Menschen getötet hatte. Es handelte sich um ein Mitglied der Internal South Afrika Stability Unit: Marthinus Stapelberg. Stapelberg war Polizist bei der für die innere Sicherheit zuständigen Polizeieinheit des früheren Apartheidregimes. Der fanatische Rassist, der nach eigenem Bekunden Schwarze abgrundtief haßte und für eine minderwertige Rasse hielt, behauptete nach seiner Verhaftung, daß der Spielfilm »Natural Born Killers« sein Leben entscheidend beeinflußt habe. Der 22jährige erzählte vor Gericht, daß er sich immer wieder die Gewaltszenen angeschaut und dabei ungeheure Genugtuung empfunden habe. »Es hat mir nichts ausgemacht, die Nigger zu killen«, sagte Stapelberg, der stolz darauf war, kein Mitleid mit seinen überwiegend schwarzen Opfern gehabt zu haben.

Wegen fünffachen Mordes, drei Mordversuchen, verschiedener Raubüberfälle und schwerem Diebstahl in mehreren Fällen, wurde Marthinus Jakobus Stapelberg Ende 1996 vom Johannesburg High Court zu einer lebenslangen Freiheitsstrafe verurteilt. Mittlerweile hat sich Stapelberg angeblich vom Rassisten zum bekennenden Christen gewandelt und bereut seine Morde heute.

»Station Strangler« siehe Simons, Norman Afzal

Thwala, Sipho Agmatir – »Phoenix Strangler«

Im Februar 1999 wurde vor dem Durban Regional Court der Prozeß gegen den 31jährigen Sipho Agmatir Thwala, den mutmaßlichen »Phoenix Strangler«, fortgesetzt, der in Kwazulu / Natal 19 Sexualmorde an schwarzen Frauen begangen hat. Seit August 1994 hatte der Serienkiller in den Zuckerrohrfeldern rund um den Mount Edgecombe Frauen überfallen, vergewaltigt und anschließend mit deren Unterwäsche erdrosselt. Die Leichen hatte er meist nachlässig vergraben.

Nach Auskunft des damaligen Leiters der Ermittlungen Philip Veldhuizen beging der »Phoenix Strangler« seinen vermutlich letzten Mord am 5. August 1997. Zehn Tage später war der eingeborene Zulu aus dem Township Kwamasu von schwerbewaffneten Sicherheitskräften in einem Siedlercamp, rund 20 Kilometer von Durban entfernt, festgenommen worden.

Den Prozeßbeginn hatte der Generalstaatsanwalt Barend Groen auf den 2. September 1997 festgelegt, um Sipho Agmatir Thwala Gelegenheit zu geben, sich einen Anwalt zu suchen.

Van Schoor, Louis

Der Rassist und ehemalige Polizist Louis van Schoor, ein Bure aus der südafrikanischen Küstenstadt East London, tötete zwischen 1986 und 1989 nachweislich 42 schwarze Afrikaner – unter ihnen zahlreiche Kinder – und verletzte über 100 zum Teil schwer.

Eine der führenden Kriminologen Südafrikas, Dr. Irma Labuschagne, ist davon überzeugt, daß sein Fall wie kein anderer die Bevölkerung Südafrikas wachgerüttelt hat: »Es ist nicht zuletzt auf van Schoor zurückzuführen, daß die Leute auf die Tatsache aufmerksam geworden sind, daß wir hier ein Problem mit Serienkillern haben.«

Louis van Schoor, der wie die meisten Mitglieder der Sicherheitskräfte des Apartheidregimes der rechtsextremen South African National Party angehörte, benutzte mit Vorliebe sogenannte Dumdum-Geschosse, wenn er »zur Verhinderung einer Straftat« oder um einen Täter an der Flucht zu hindern, aus naher Distanz auf schwarze Afrikaner feuerte. Diese international geächtete und in den meisten Ländern streng verbotene Spezialmunition sorgt dafür, daß Opfer, selbst wenn sie nur ins Gesäß oder in den Rükken getroffen werden, derart schwere Verletzungen erleiden, daß sie nur selten überleben.

Nachdem van Schoor es trotz zwölfjähriger Zugehörigkeit zur Polizei nicht geschafft hatte über den Rang eines Konstablers hinauszukommen, weil er bei den Qualifizierungsmaßnahmen durchfiel, quittierte er den Dienst und versuchte sich als Geschäftsmann. Als auch das fehlschlug, trat er 1986 der Sicherheitsfirma eines ehemaligen Polizeivorgesetzten bei, wo er als Security Guard Häuser und Grundstücke von wohlhbenden Geschäftsleuten in East London bewachen sollte.

Fortan war van Schoor immer der erste am Tatort, wenn irgendwo ein Einbruch gemeldet wurde. Der Umstand, daß es die Gesetze des Apartheidregimes zuließen, daß Bürger auf mutmaßliche Straftäter schießen durften, um eine Flucht zu verhindern, insbesondere wenn diese schwarzer Hautfarbe waren, ermöglichte es van Schoor, seinen Mordgelüsten jahrelang ungestraft nachzugehen, obwohl bereits 1989 ein Gerichtsmediziner darauf hinwies, daß van Schoor über 25 Personen mit Schüssen aus naher Distanz getötet hatte. Jedesmal behauptete der Wachmann, daß sich die von ihm Getöteten ihrer Festnahme durch Flucht hatten enziehen wollen. Warum seine Opfer überwiegend durch Schüsse in die Brust ums Leben gekommen waren, interessierte offensichtlich weder die Polizei noch die Behörden. Als ehemaliger Polizist konnte sich van Schoor auf das stille Einverständnis seiner ehemaligen Kollegen verlassen.

Das änderte sich schlagartig, als sich das Apartheidregime auflöste und Nelson Mandela die Macht in Südafrika übernahm: Louis van Schoor wurde vom Dienst als Wachmann suspendiert und ein Ermittlungsverfahren gegen ihn eingeleitet.

Am Ende des langwierigen Prozesses wurde Louis van Schoor Anfang April 1992 wegen siebenfachen Mordes und versuchtem Mord in zwei Fällen schuldig gesprochen und am 16. Juni des gleichen Jahres zu 20 Jahren Zuchthaus verurteilt.

Wemmer Pan Serial Killer

Im April 1996 wurde der erste von zehn Morden des »Wemmer Pan Serial Killers« bekannt. Fünf der zehn Opfer, Männer und Frauen afrikanischer Abstammung, konnten bislang nicht identifziert werden. Die meisten wurden erschossen, einige erschlagen und in einem Park- und Erholungsgebiet in Wemmer Pan, südlich von Johannesburg aufgefunden. Nachdem in Wemmer Pan die Morde abrupt endeten, schien der Täter auf die ebenfalls bei Johannesburg gelegene Stadt Claremont ausgewichen zu sein, wo sich vier weitere Verbrechen ereigneten.

Trotz Aufstellung einer Sondereinheit aus erfahrenen Spezialisten und Kriminalisten erwies sich die Aufklärung der Morde als außerordentlich schwierig. So ist zum Beispiel unklar, ob die Morde in Claremont und Wemmer Pan von ein und derselben Person begangen wurden oder ob es sich um zwei Täter handelte. Erst nachdem zwei Personen zur gleichen Zeit an verschiedenen Orten von dem mutmaßlichen »Wemmer Pan Serial Killer« angegriffen wurden, wußte man nur, daß zwei Serienmörder für die Morde verantwortlich waren. Dennoch sind die Gemeinsamkeiten zwischen den beiden Mordserien so evident, daß bei der Erstellung der Täterprofile exakt ein und dasselbe Ergebnis vorlag: Demnach handelte es sich bei dem Mörder um einen 30 bis 40 Jahre alten Mann von unauffälliger Erscheinung und schwarzer Abstammung. Der Täter kenne die Gegend um Wemmer Pan wie seine eigene Westentasche und muß dort ansässig oder beruflich tätig sein. Nach Aussage des Kriminalpsychologen Elmarie Myburgh handelte es sich bei dem unbekannten Mörder um eine äußerst aggressive, jedoch nicht geisteskranke oder psychotische Person.

Am 23. Dezember 1997 gelang es dem zuständigen Mord- und Raubdezernat von Brixton, einen Verdächtigen festzunehmen, dem aufgrund von DNA-Analysen einige der Verbrechen nachgewiesen werden konnten. Der 33 Jahre alte Maoupa Cedric Maake, Familienvater aus La Rochelle bei Wemmer Pan, der sich als selbstständiger Handwerker verdingt, steht nicht nur unter dem Verdacht, der »Wemmer Pan Serial Killer« zu sein, sondern soll den Ermittlungsbehörden zufolge auch für die sogenannten »Hammermorde« verantwortlich sein, die sich zwischen Januar und November 1997 ereignet hatten. Bei den »Hammermorden« waren einfache Ladenbesitzer, hauptsächlich Männer indischer Herkunft, überfallen und mit einem Hammer niedergeschlagen worden. Bei den bislang 13 dokumentierten Überfällen waren vier Menschen ums Leben gekommen, neun überlebten die Angriffe schwerverletzt. Das Motiv ist unklar, da in nur einigen Fällen etwas entwendet wurde.

Maake wird sich demnächst im Johannesburg Regional Court wegen 134 Tatvorwürfen, unter anderem wegen sechsunddreißigfachen Mordes, mehreren Mordversuchen und Vergewaltigungen, sowie Raub und illegalen Waffenbesitzes verantworten müssen.

Kaum ein Jahr nach der Festnahme des mutmaßlichen »Wemmer Pan Serial Killers« Maoupa Maake, geht erneut die Angst in Wemmer Pan um: Es gilt als sicher, daß ein weiterer Serienmörder in der Gegend Passanten überfällt. Bei den zwei Überfällen, die dem mutmaßlichen Serienkiller angelastet werden, wurden zwei Männer in ihren parkenden Wagen erschossen, ein weiterer schwer verletzt und eine Frau vergewaltigt.

»White Mountain Killer« siehe Sandwene, Ntimane

Wilken, Stewart

Im Januar 1997 wurde Stewart Wilken wegen Mordes an seiner zehnjährigen Tochter und an dem zwölf Jahre alten Henry Baker in der südafrikanischen Küstenstadt Port Elizabeth verhaftet. Wilken, der in seiner Kindheit Opfer sexuellen Mißbrauchs gewesen war, behauptete, seine Tochter vor einem ähnlichen Schicksal bewahren zu wollen. Er habe sie erwürgt, weil sie von ihrem Stiefvater vergewaltigt worden sei.

Dem Fischer werden darüber hinaus zwölf weitere Morde zur Last gelegt, die sich seit 1990 in Port Elizabeth ereigneten. Stewart Wilken, der noch mindestens vier kleine Jungen und sechs Prostituierte unabhängig von Hautfarbe und Alter ermordet hatte, zwang seine Opfer zu Analverkehr und mißhandelte sie. Sein jüngstes Opfer war gerade mal acht Jahre alt.

Aufgeputscht mit Alkohol, Mandrax und Marihuana, zog Stewart Wilken auf der Suche nach seinen Mordopfern durch die Küstenstadt. Einem seiner Opfer, einer 26jährigen schwarzen Prostituierten, schnitt er die Brustwarzen ab und schluckte diese anschließend herunter. Ein anderes Mal überwältigte er eine ältere Straßendirne und erstickte sie. Häufig kehrte er zum Tatort zurück und verging sich erneut an den leblosen Körpern. Obendrein besteht der Verdacht, daß Wilken Kannibalismus an den Leichen beging.

Nach seiner Verhaftung erzählte er den Vernehmungsbeamten, daß er Prostituierte hasse, weil sie Geld für den Geschlechtsverkehr verlangten. Sie erinnerten ihn an seine früheren Ehefrauen, die ihm alle den Beischlaf verweigert hatten, rechtfertigte sich der Sexualmörder vor Gericht.

Stewart Wilken bat das Gericht um eine langjährige Gefängnisstrafe mit psychologischer Hilfe. Von der Therapie erhofft sich der zwölffache Sexualmörder, irgendwann wieder ein normales Leben in Freiheit zu führen.

Zambia Family Killer

Obwohl Südafrika zweifellos die meisten Serienmörder auf dem afrikanischen Kontinent hervorbringt, werden zunehmend auch aus anderen Staaten Afrikas vergleichbare Fälle bekannt. So zum Beispiel im zentralafrikanischen Staat Sambia, wo die Polizei derzeit nach einem Serienmörder fahndet, der im Zusammenhang mit 30, möglicherweise sogar bis zu 70 Morden gesucht wird. Der Täter, der als »Zambia Family Killer« oder »Lusaka Serial Killer« in den dortigen Zeitungen immer wieder für Schlagzeilen sorgte, tötete nach Auskunft der sambischen Polizeibehörden überwiegend Mitglieder von Familienclans.

Die Vorgehensweise des unbekannten Mörders ist in den meisten Fällen gleich: Wie im Mordfall an einem älteren Ehepaar, dem der »Zambia Family Killer« am 5. September 1998 auflauerte, wurden die meisten Opfer mit eingeschlagenen Köpfen aufgefunden. Gerichtsmedizinischen Untersuchungen zufolge stammten die schweren Schädelfrakturen von einer Hacke, mit der der Mörder so lange auf die Opfer einschlug, bis sie verbluteten.

Die Polizei verdächtigt einen Mann, der bereits im Jahre 1996 wegen des Mordes an drei Mitgliedern einer Familie in der rund 150 Kilometer südlich der Hauptstadt Lusaka gelegenen Stadt Monze festgenommen und nach seiner

Verurteilung in eine geschlossene Anstalt in Lusaka eingewiesen wurde. Bereits wenige Tage später war dem dreifachen Mörder die Flucht gelungen.

Nach dem Doppelmord an einem in Lusaka ansässigen Ehepaar zu Beginn des Jahres 1999 – es handelte sich um den ehemaligen stellvertretenden Regierungssprecher Leonard Kombe und seine Frau – wurde von den örtlichen Behörden eine Sondereinheit aufgestellt, die mit der Klärung des Falls beauftragt wurde. Die Polizei gab öffentlich bekannt, daß man zuversichtlich sei, was die Ergreifung des gesuchten Mörders beträfe. Weniger positiv war jedoch die Stimmung innerhalb der Bevölkerung in der sambischen Hauptstadt. Neben Angst, Wut und Hilflosigkeit stieg auch zunehmend die Kritik an den polizeilichen Ermittlungen. Zwar konnte die Polizei im Februar 1999 einen Tatverdächtigen präsentieren und in Untersuchungshaft bringen, doch schon bald stellte sich heraus, daß man den falschen Mann festgenommen hatte, denn wenig später beging der »Zambia Family Killer« einen weiteren Mord: Das Opfer, eine Frau, war mit einer Hacke erschlagen worden. Da das Verbrechen die typische Handschrift des »Zambia Family Killers« aufwies, mußte der Verdächtige wieder auf freien Fuß gesetzt werden. Die Fahndung nach dem »Zambia Family Killer« dauert noch an.

Zikode, Christopher Mhlengwa – »Donnybrook Killer«

Am 29. September 1995 gelang es der Polizei im südafrikanischen Natal, einen Serienmörder festzunehmen, der innerhalb von zwei Jahren in der Gegend der Stadt Donnybrook 18 Menschen ermordete und weitere elf Mordversuche begangen hat. Es handelte sich um den 21 Jahre alten

Christopher Zikode, den die Medien und die Bevölkerung Natals unter dem Beinamen »Donnybrook Killer« fürchteten.

In den meisten Fällen war Zikode in Häuser und Wohnungen eingedrungen, hatte die männlichen Hausbewohner mit einem Kopfschuß hingerichtet und ihre Frauen in Plantagen verschleppt, wo er sie häufig über mehrere Stunden hinweg wiederholt vergewaltigte und schießlich ebenfalls ermordete. Wenn eine der Frauen Widerstand leistete, schoß er sie nieder und verging sich an ihrer Leiche.

Nachdem er dank der Hilfe der Kriminalpsychologin und Serienmörder-Spezialistin Dr. Micki Pistorius gefaßt wurde, begann am 7. Januar 1997 vor dem Natal High Court der Prozeß gegen den Serienmörder.

Der Richter, der den mittlerweile 23jährigen Südafrikaner nach seiner Verurteilung unter anderem wegen achtfachen Mordes, fünf Vergewaltigungen und zahlreichen Mordversuchen für 140 Jahre ins Zuchthaus schickte, warf Zikode vor, »keinerlei Achtung vor dem Leben seiner Mitmenschen« zu haben. Das Gericht verzichtete darauf, die blutigen Details seiner Verbrechen genauer zu erörtern. Mit Bestürzung stellte das Gericht fest, daß der »Donnybrook Killer« bereits drei Monate vor seiner endgültigen Verhaftung wegen der Ermordung einer Zulufrau inhaftiert, jedoch gegen eine Kaution vorläufig entlassen worden war und durch seine Freilassung zahlreiche weitere Verbrechen hatte begehen können.

ASIEN

A – Z

Charles Sobhraj,
Neu Delhi/Indien 1997

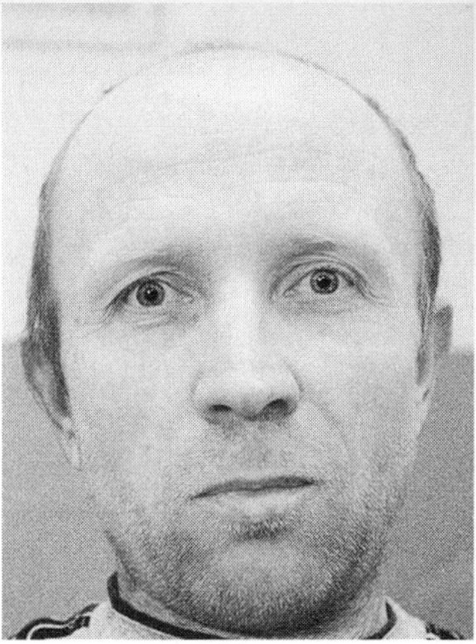

Anatoli Onuprijenko,
Schitomir/Ukraine 1999

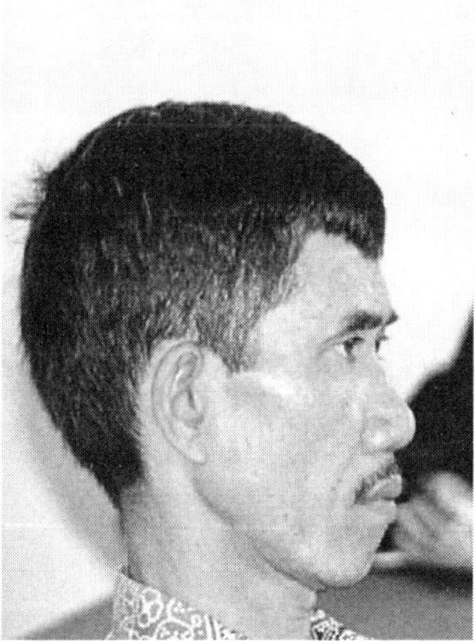

Achmad Suradji,
Lubakpakam/Indonesien 1998

Andrej Tschikatilo,
Rostow/Ukraine 1992

Babuschka Mörder

Im Januar 1997 meldete sich eine aufgeregte junge Frau bei der Miliz in Narva, einer Kleinstadt 150 Kilometer von Sankt Petersburg, und behauptete, daß sie gegen zwei Uhr nachts in der zentralen Parkanlage von einer Gestalt überfallen worden sei, die wie eine Großmutter, eine Babuschka, gekleidet war. Die zunächst harmlos aussehende Person, erzählte die 17jährige, habe ihr einen schweren Schlag auf den Kopf versetzt und dann mehrmals auf sie eingetreten. Als sie sich verzweifelt gewehrt habe, sei der vermeintlichen Alten die Perücke vom Kopf gefallen. Der Angreifer, ein Mann, habe nach seiner Demaskierung von ihr abgelassen und sei geflohen. Die Frau, die nicht namentlich genannt werden wollte, kam mit schweren Kopfverletzungen ins Krankenhaus. Ein Zeuge, der den Vorfall mitangesehen hatte, bestätigte die Aussagen des Opfers. Die Polizei und die Medien sprachen fortan vom »Babuschka Mörder«, der wie es schien, bereits seit geraumer Zeit die 80000-Einwohner-Stadt in Furcht versetzte. Denn seit dem 6. August 1996 waren vier Frauen zwischen 17 und 28 Jahren ermordet aufgefunden worden. Alle waren totgeprügelt und in den öffentlichen Anlagen der Stadt und an den Ufern der Narva gefunden worden. Drei der Frauen waren zuvor vergewaltigt worden.

Alexander Sovolyov, der Sprecher der örtlichen Polizei, gab bekannt, daß möglicherweise ein Serienkiller in der Stadt unterwegs sei. Nach der Ermordung der jungen Oksana Kiseljowa, die als einzige der vier Mordopfer nicht vergewaltigt worden war, konnte die Miliz rasch einen Tatverdächtigen festnehmen. Es handelte sich um den Arbeitslosen Ruslan K., der jedoch jegliche Aussage verweigerte. Bislang gilt der Fall des »Babuschka Mörders« als ungeklärt, da sich die Miliz nicht sicher ist, ob der Mord an der jungen Kiseljowa mit den übrigen Morden in Zusammenhang steht.

Bahadurgarh Baby Killer

Drei Jahre lang versetzte ein Serienmörder die Menschen in der Umgebung der nordindischen Township Bahadurgarh, rund 50 Kilometer nördlich von Delhi, in Angst und Schrecken. Der sogenannte »Bahadurgarh Baby Killer« vergewaltigte und ermordete zwischen 1995 und Dezember 1998 zwölf kleine Mädchen, zum Teil im Vorschulalter, die er zuvor aus den Slums entführt hatte.

Der erste Fall ereignete sich im Herbst 1995. Damals verschwand die sechs Jahre alte Pooja Ranga aus einem Slum am Rande der Bahngleise und wurde wenige Tage später am Ufer eines nahegelegenen Teiches mit durchschnittener Kehle aufgefunden. Der Zustand der Kinderleiche wies auf ein sexuell motiviertes Verbrechen hin. Knapp eine Woche später ereignete sich der nächste Mord, dem innerhalb weniger Tage ein weiterer folgte.

Die Polizei des Bundesstaates Haryana war mit der Mordserie überfordert, zumal der unheimliche Kindermörder, abgesehen vom Sperma an den Leichen, keine weiteren Spuren hinterließ. Nachdem am 11. Oktober 1995 erneut ein Kind, die neunjährige Tochter eines Arbeiterehepaares, mit durchschnittener Kehle in der Nähe des Industriegeländes Udyog Vihar gefunden worden war, verloren die Anwohner endgültig das Vertrauen in die Polizei. Aus Angst, daß das eigene Kind dem »Baby Killer« zum Opfer fallen könnte, verließen zahlreiche Eltern die Gegend.

Nach dem elften Mord setzte die Regierung eine Belohnung von 10000 Rupien aus, und auch Privatleute steuerten Gelder für Hinweise bei, die zur Ergreifung des »Baby Killers« führten. Zunächst vergeblich. Nachdem im September 1998 die neun Jahre alte Somani entführt worden war, gelang es der Polizei, einen Verdächtigen namens Satish festzunehmen. Berichten zufolge soll der unverheiratete Mittzwanziger und ortsansässige Fabrikarbeiter zugegeben haben, der »Bahadurgarh Baby Killer« zu sein und die zwölf Sexualmorde begangen zu haben.

Baoshan, Bai

Mitte Oktober 1997 verhaftete die Polizei in Peking den 39 Jahre alten Bai Baoshan wegen vierzehnfachen Mordes. Berichten der chinesischen Behörden zufolge mordete der Serienkiller, um sich an der Gesellschaft zu rächen, nachdem er zuvor eine Haftstrafe wegen Raubes und Totschlags verbüßt hatte. Besonders auf Polizisten hatte es Baoshan abgesehen. So überfiel er im März 1996 eine Polizeistation in Peking, tötete mit einer gestohlenen automatischen Waffe einen Polizisten und verletzte vier weitere Beamte sowie zwei Zivilisten schwer. Baoshan flüchtete in die nördliche Provinz Hebei, wo er erneut eine Polizeistation überfiel und einen Menschen tötete, bevor er sich in die Bezirkshauptstadt Urumqi absetzte. Dort beging er gemeinsam mit zwei Komplizen ein Massaker an den diensthabenden Polizisten und den Besuchern, das zehn Menschen das Leben kostete. Im Zuge einer Auseinandersetzung mit einem seiner Mittäter erschoß er diesen ebenfalls.

Nach seiner Verhaftung wurde Bai Baoshan in Xinjian zum Tode verurteilt und am 6. Mai 1998 öffentlich mit einem Genickschuß exekutiert.

»Boa« siehe Golovkin, Anatoly

Burtsev, Roman

Sechs Jahre nach der Verhaftung von **Andrej Tschikatilo,** dem »**Ripper von Rostow**«, der Tränen und Entsetzen über die Region von Rostow gebracht hatte, wurde im Juli 1996 ein weiterer Serienmörder festgenommen, der in derselben Gegend sein Unwesen getrieben hatte. »Nicht, daß andere russische Regionen nicht auch ihre Ungeheuer hätten, doch man bekommt einfach nichts davon zu hören«, verkündete der stellvertretende Oberstaatsanwalt Zakhar Lukinow angesichts der auffällig vielen Morde, die sich in den letzten Jahren in der Ukraine ereigneten.

Neben Andrej Tschikatilo war der Miliz der 25jährige Mörder Roman Burtsev ins Netz gegangen. Burtsev, selbst Vater eines zehn Monate alten Säuglings, wurde angeklagt, für mindestens sechs Kindermorde verantwortlich zu sein. Der ukrainische Serienmörder gab zu, die Kinder entführt und anschließend sexuelle Handlungen an ihnen begangen zu haben. Er vergewaltigte seine Opfer und tötete sie aus Angst, sie könnten ihn später anzeigen. Bei seiner Festnahme leistete Burtsev keinen Widerstand und legte kurze Zeit später ein detailliertes Geständnis über seine Verbrechen ab. Bei den Verhören durch die Miliz erklärte er, daß ihn nach jedem weiteren Kindermord starke Gewissensbisse geplagt hätten und er zur Beerdigung eines seiner Opfer, einem zwölf Jahre alten Mädchen, etwas Geld gestiftet habe. Doch diese rührselige Geste des sechsfachen Mörders beeindruckte das Gericht in keiner Weise. Roman Burtsev wurde zum Tode durch Erschießen verurteilt.

Dschumagalijew, Nikolai – »Kolja der Menschenfresser«

Eigentlich hätte der aus Kirgisien stammende Nikolai Dschumagalijew schon seit 1980 in einer geschlossenen Anstalt oder einem Gefängnis sitzen müssen. Denn damals überraschten ihn Bekannte dabei, wie er im Haus seiner Eltern im Dorf Usunagatsch bei Almaty die Leiche einer jungen Frau ausbluten ließ. Der 28jährige hatte die Frau vergewaltigt, danach mit einem Jagdmesser getötet und ihr dann den Kopf und die Hände abgetrennt. Das ausströmende Blut sammelte er in einer Emailleschüssel, um davon zu trinken. »Das war bloß ein Experiment«, erklärte Dschumagalijew den Milizionären, »ich wollte sehen, wie sich ihre Seele davonmacht.«

Kurz danach fanden die Ermittler heraus, daß er noch eine Reihe ähnlicher Morde begangen hatte. Bei den polizeilichen Verhören machte Dschumagalijew nicht den Eindruck, als habe er Menschen getötet, sondern benahm sich wie ein übermütiger Lausbub, der stolz darauf war, daß er die Suche nach weiteren Leichen leiten durfte. Nachdem die Miliz mit seiner Hilfe die Überreste von insgesamt sieben Frauen bergen konnte, wurde Nikolai Dschumagalijew im Herbst 1980 in Almaty vor Gericht gestellt. Da ihm die medizinischen Sachverständigen eine Geistesstörung attestiert hatten, blieb er von der Todesstrafe verschont und wurde statt dessen in eine psychiatrische Klinik eingewiesen.

Als Nikolai Dschumagalijew neun Jahre später in eine Spezialklinik für geistesgestörte Straftäter verlegt werden sollte, konnte er auf dem Flughafen von Bischkek entkommen. Zunächst tauchte er für zwei Jahre in Moskau unter. Der Milizoberst Jurij Dubjagin, der jahrelang gegen den Serienkiller ermittelte, ist davon überzeugt, daß Dschumagalijew in dieser Zeit mindestens zwei Frauen pro Woche getötet hat. Doch auch in seinem Heimatort Usunagatsch beging Dschumagalijew zahlreiche Morde: Seine Opfer waren überwiegend alleinstehende oder unverheiratete Frauen, die er vergewaltigte und umbrachte. Zum Zerteilen der Leichen trug er in seinem Rucksack stets ein Beil, verschiedene Tranchiermesser und Verpackungsmaterial mit sich herum. Zu Hause pflegte er Menschenfleisch durch den Wolf zu drehen und mit dem passierten Fleisch Pelmeni, eine Art Ravioli, herzustellen.

1991 wurde der Mörder in Usbekistan erneut festgenommen und in eine geschlossene Anstalt nach Taschkent überstellt. Drei Jahre später war Dschumagalijew wieder ein freier Mann: In den Wirren der Gorbatschow-Ära gelang es seiner Schwester, den behandelnden Arzt zu bestechen.

Wieder in seinem Heimatdorf Usunagatsch, hatten alle Furcht vor dem geistesgestörten Serienmörder. Sowchose-Bäuerinnen, die früh zur Arbeit mußten, forderten Polizeischutz. Dschumagalijews Mutter, der ihr Sohn auch nicht ganz geheuer war, schloß ihn oft tagelang im Haus ein. Schließlich flüchtete er in die nahegelegenen Berge, wo er in einer Höhle hauste und sich eigenen Angaben zufolge ausschließlich von Beeren ernährte.

Ende März 1995 wurde Nikolai Dschumagalijew gefaßt,

als er in Kirgisien sturzbetrunken über den Zaun einer Regierungsdatscha kletterte. Der wachhabende Soldat nahm den vermeintlichen Landstreicher fest und führte ihn dem Untersuchungsrichter vor, der ihn anhand von Fahndungsfotos als den gefürchteten »Kolja den Menschenfresser« identifizierte.

Bei der Vernehmung durch die Miliz erklärte Dschumagalijew, daß ihn der Haß auf Frauen zu seinen Morden getrieben habe. »Sie sind alle Schlampen und Ehebrecherinnen«, sagte er und bezeichnete sich als den Mann, der das »weibliche Geschwür« in der Gesellschaft austilgen müsse.

Wie viele Morde Dschumagalijew begangen hat, ist nicht endgültig geklärt. Schätzungen zufolge gehen bis zu 100 Morde zu seinen Lasten. Die Chance, daß Nikolai Dschumagalijew entkommen und weitermorden kann, ist außerordentlich gering, da er voraussichtlich in absehbarer Zeit hingerichtet wird.

Golovkin, Anatoly – »Boa«

Der aus der Umgebung von Moskau stammende Serienmörder Anatoly Golovkin wurde wegen elffachen Mordes im Oktober 1994 von einem Moskauer Gericht zum Tode verurteilt.

Zwischen 1986 und 1992 hatte der Serienmörder mit einer Reihe sadistischer Lustmorde an Knaben im Moskauer Umland für Unruhe gesorgt. Der Russe, der seine Opfer brutal vergewaltigte, bevor er ihnen die Bäuche aufschnitt und die Hoden abtrennte, wurde polizeiintern die »Boa« genannt. Erst nach seiner Verhaftung im Oktober 1992 wurde das Ausmaß seiner Verbrechen bekannt, nachdem die Tageszeitung »Iswestia« von der Festnahme Golovkins berichtet hatte.

Der erste Mord, der Golovkin zugeordnet wird, ereignete sich 1986 in der rund 25 Kilometer von Moskau entfernt gelegenen Kleinstadt Odintsowo. Die Staatsanwaltschaft ging jedoch davon aus, daß der sadistische Lustmörder weitaus mehr Morde begangen hat als die elf, die ihm nachgewiesen werden konnten.

Anatoly Golovkin wurde Ende 1994 durch einen Genickschuß hingerichtet.

»Jack Potroshitel« siehe Timofeijev, Alexander

Ka-Chun, Chang

Der chinesische Serienkiller Chang Ka-Chun aus Taiwan wurde Anfang Januar 1999 wegen der Ermordung von drei Frauen, die als Callgirls tätig waren, zu drei lebenslangen Freiheitsstrafen verurteilt. Neben den Sexualmorden an der 29 Jahre alten Hostess Cheung Wah-Mei, der 23jährigen Tam Ngan-Hang und der 24 Jahre alten Yu Wei-Man, soll Ka-Chun zwei weitere Frauen vergewaltigt und ihre Tötung geplant haben. Dafür verhängte das Gericht eine zusätzliche Freiheitsstrafe von 26 Jahren gegen den Frauenmörder. Die Polizei kam ihm auf die Spur, nachdem im August 1996 die zerstückelte Leiche von Tam Ngan-Hang in einer Tasche an der Küste von Chi Ma Wan angeschwemmt worden war. Nach seiner Verhaftung im März 1997 führte der 27jährige Ka-Chun die Ermittler zu den Leichen der beiden anderen Frauen. Zwei der Opfer hatte er mit einem Kissen erstickt. Yu Wei-Man, die sich der Vergewaltigung besonders heftig widersetzt hatte, tötete er mit zahlreichen Messerstichen.

Offensichtlich hatte Chang Ka-Chun die Verbrechen nicht alleine begangen. Er bezichtigte den 29 Jahre alten Chang Ki-Nang, bei zwei der Morde mitgewirkt zu haben.

Obwohl Ki-Nang die Teilnahme an den Verbrechen leugnete, wurde er zu zwei lebenslangen Gefängnisstrafen verurteilt.

Kobe Schülermörder

Eine Welle der Angst breitete sich im Frühling 1997 in der westjapanischen Großstadt Kobe aus: Nach dem großen Erdbeben von 1995, bei dem unzählige Menschen ums Leben kamen, machte ein Serienmörder Jagd auf Schüler und Schülerinnen und sorgte dafür, daß zahlreiche Eltern um das Leben ihrer Kinder fürchteten.

Angefangen hatte es mit dem Mord an einer zehnjährigen Grundschülerin aus North Suma, einem 8000-Einwohner-Vorort von Kobe. Das Mädchen war am 15. März 1997 mit einer Stahlstange brutal erschlagen worden. Nur wenige Minuten später war in unmittelbarer Nähe des Tatorts ein weiteres Schulmädchen mit einem Messer angegriffen worden. Galt das »Land der aufgehenden Sonne« bislang als eines der sichersten Länder der Welt, brach angesichts der schockierenden Geschehnisse schon bald Panik aus: Wer konnte ein unschuldiges kleines Mädchen derart grausam ermorden und ein anderes verletzen? Was waren die Motive? Am 27. Mai 1997, wenige Wochen nach dem ersten Mord, entdeckte ein Hausmeister aus North Suma am Tor der Tainohata Grundschule des Vorortes den abgetrennten Kopf eines Jungen. Im Mund des Kindes steckte ein Zettel, auf dem kaum leserlich mit roter Tinte die Nachricht »Dies ist erst der Anfang vom Spiel« gekritzelt war sowie sechs verschiedene Kanji-Schriftzeichen, die für Worte wie »Rose« oder »Teufel« standen. Eine Erklärung, was der Täter damit sagen wollte, hatte man nicht. Das Opfer, der geistig zurückgebliebene elfjährige Junge

Jun Hase, war auf dem Weg zu seinem Großvater verschwunden. Der Vater des Jungen identifizierte den Kopf als den seines Sohnes. Der verstümmelte Körper des Kindes wurde wenig später in einem Waldstück aus einem Entwässerungskanal geborgen. Die Untersuchung der Leiche ergab, daß der Junge bereits seit zwei Tagen tot und durch Strangulation oder Ersticken gestorben war.

Sowohl der Mord an dem zehnjährigen Mädchen als auch der an Jun Hase waren von Funden toter Tiere begleitet: An dem Schultor, wo der abgetrennte Kopf gefunden wurde, waren Tage zuvor die Kadaver zweier getöteter Katzenkinder hinterlassen worden. Auch in der Nähe des ersten Tatorts war eine verstümmelte Katzenleiche entdeckt worden.

Während die polizeilichen Ermittlungen nur schleppend vorankamen, trat der unbekannte Täter erneut in Erscheinung und fiel zwei weitere Grundschülerinnen mit einem Hammer an.

Am 6. Juni ging bei der »Kobe Shimbun«, einer örtlichen Tageszeitung, ein Bekennerschreiben des »Kobe Schülermörders« ein. Der Urheber des Schriftstücks nannte sich »Seito Sakakibara« – Schüler Sakakibara – und kündigte an, fortan drei Kinder pro Woche zu ermorden. »Nur wenn ich töte, werde ich von dem permanten Haß, an dem ich leide, befreit, und kann meinen inneren Frieden wiederfinden«, hieß es in dem dreieinhalb Seiten langen Brief, der nach Ansicht der Graphologen von derselben Person geschrieben worden war wie die erste Nachricht.

Noch bevor der anonyme Schreiber seine Drohung in die Tat umsetzen konnte, gelang es der Polizei ihn ausfindig zu machen und am 28. Juni festzunehmen: Es handelte sich um einen 14 Jahre alten Jungen. Diese Nachricht schockierte die ganze Nation: Noch nie hatte in Japan ein

Minderjähriger Morde dieser Art begangen. Wie die Ermittler bereits angenommen hatten, war »Sakakibara« nicht sein richtiger Familienname. Doch aufgrund der Tatsache, daß der Mörder ein Minderjähriger war, durfte nach japanischem Recht sein richtiger Name nicht bekanntgegeben werden. Als Polizisten das Zimmer des Schülers durchsuchten, fanden sie neben unzähligen Gewalt- und Sexcomics sowie Pornovideos auch ein Heft, in dem die Verbrechen protokolliert waren. Der jugendliche Täter war nicht nur ein Waffennarr und Bewunderer von Hitlers »Mein Kampf«, sondern hatte auch schon früh begonnen, Tiere auf alle erdenklichen Methoden zu töten. Wenige Tage nach seiner Festnahme gestand der Teenager, der gesuchte »Kobe Schülermörder« zu sein, und erzählte während der Vernehmung, daß er das Blut von Jun Hase getrunken, und danach mit der verstümmelten Leiche gespielt habe.

Am 17. Oktober 1997 wurde der »Kobe Schülermörder« wegen zweifachen Mordes und versuchten Mordes zu einer unbegrenzten Haftstrafe verurteilt und in eine Jugendstrafanstalt gebracht.

Kodaira, Yoshio

Zwischen 1945 und 1946 beging der ehemalige japanische Marineoffizier Yoshio Kodaira in Tokyo sieben Sexualmorde. Nach der Kapitulation Japans hatte der Ex-Offizier eine Anstellung bei der US-amerikanischen Besatzungsmacht gefunden, die ihm Zugang zu begehrten Schwarzmarktartikeln verschaffte. Diese Beziehung nutzte er aus, um seine weiblichen Opfer mit dem Versprechen, ihnen Waren, insbesondere Lebensmittel, zu verschaffen, von zu Hause wegzulocken.

Doch statt dessen führte er die Frauen an abgelegene Plätze, wo er sie vergewaltigte und ermordete.

Kodaira wurde gefaßt, weil er die Nachlässigkeit beging, einer jungen Frau seinen richtigen Namen und seine Anschrift zu geben. Diese hatte die Personalien vorsichtshalber bei ihren Eltern hinterlegt, die nach dem spurlosen Verschwinden ihrer Tochter umgehend die Polizei alarmierten. Für die junge Frau kam die Hilfe zwar zu spät, doch zumindest konnten auf diese Weise weitere Morde verhindert und der Serienmörder überführt werden.

Da in Tokyo mittlerweile zehn ähnliche Morde begangen worden waren, wurde der ehemalige Marineoffizier nach seiner Verhaftung wegen zehnfachen Mordes unter Anklage gestellt. Kodaira gestand jedoch nur sieben der Verbrechen und bestritt bis zuletzt, für die anderen Morde verantwortlich zu sein. Später stellte sich heraus, daß die drei anderen Morde tatsächlich von einem weiteren Täter verübt worden waren, der seine Opfer mit genau der gleichen Methode anlockte, vergewaltigte und umbrachte. Für Yoshio Kodaira spielte das jedoch keine Rolle mehr: Im Mai 1947 wurde er von einem Tokyoer Bezirksgericht zum Tode verurteilt und am 5. Oktober 1947 gehenkt.

»Kolja der Menschenfresser« siehe Dschumagalijew, Nikolai

Kordiyeh, Ali Reza Khoshruy Kuran – »Vampir von Teheran«

Am 12. August 1997 versammelten sich 20000 Schaulustige in Teheran auf einem Platz im Westen der Stadt, auf dem ein gelber Baukran stand. Daran sollte der 28jährige Ali Reza Kordiyeh aufgehängt werden, der wegen Entführung, Vergewaltigung und neunfachen Mordes zum Tode verurteilt worden war. Die männlichen Angehörigen der

Opfer durften ihm zuvor 214 Peitschenhiebe verabreichen, während über Lautsprecher Verse aus dem Koran verlesen wurden: Es war der Tag der Abrechnung mit dem »Vampir von Teheran«, der seit Anfang des Jahres in der iranischen Hauptstadt gewütet hatte.

Ali Kordiyeh, ein freiberuflicher Taxifahrer, hatte zwischen Februar und Juni 1997 neun Mädchen und Frauen im Alter zwischen zehn und 47 Jahren nachts in seinem Taxi mitgenommen, vergewaltigt und erstochen. Die Toten, unter ihnen eine Mutter mit ihrer Tochter, übergoß er mit Benzin und zündete sie an, um ihre Identifizierung zu erschweren.

»Es ist ein süßer Tod für ihn«, erklärte eine 29jährige Frau, die der Überzeugung war, dem Vampir um ein Haar entkommen zu sein, »ihm gebührt Schlimmeres!«

Kordiyeh war in einer Einkaufsstraße wegen seines auffälligen Verhaltens festgenommen und als geflohener Vergewaltiger identifiziert worden. Der einschlägig Vorbestrafte war während seiner Haft im Jahre 1993 beim Transport zum Gericht entkommen. Nachdem Blutspuren in seinem Auto gefunden wurden, blieb ihm nichts anderes übrig, als auch noch die ungeklärten Sexualmorde zu gestehen. Seine Gerichtsverhandlung wurde landesweit im Fernsehen ausgestrahlt und im ganzen Iran fieberhaft mitverfolgt.

Nach Kordiyehs Hinrichtung wurde eine weitere Frau sexuell belästigt. Ihr Angreifer, ebenfalls ein Taxifahrer, erklärte nur: »Ich werde der nächste ›Vampir von Teheran‹ sein!«

Kuzikow, Ilshat

Selbst altgediente Polizisten der Sankt Petersburger Polizei waren sich darüber einig, daß sie nie zuvor mit einem ähnlich grausigen Fall wie dem des Serienmörders und Kannibalen Ilshat Kuzikow konfrontiert waren.

Daß man dem im September 1995 festgenommenen Kuzikow mehr als die drei bislang zur Last gelegten Morde nachweisen kann, ist nach Auskunft der Polizei zwar kaum noch möglich, aber es besteht der starke Verdacht, daß der 35jährige weitaus mehr Menschen getötet hat.

Im August 1995 waren in der Ordschonikidse-Straße die abgetrennten Köpfe des Psychiatriepatienten Edik Wassiliewski und des Obdachlosen Mischa Boschkoff gefunden worden. In der gleichen Straße lebte auch Kuzikow, über den sich bereits häufiger Nachbarn beschwert hatten, weil aus seiner Wohnung ein ekelerregender Gestank drang. Für die von der sprunghaft ansteigenden Kriminalität überforderten und schlechtbezahlten Milizionäre waren diese Beschwerden keinen Einsatz wert – bis man die Köpfe fand. Zudem stellte sich auch noch heraus, daß Ilshat Kuzikow wie Edik Wassiliewski ein ehemaliger Insasse einer psychiatrischen Anstalt war. Nachdem sich Polizisten Zutritt zur Wohnung verschafft hatten, fuhr ihnen der Schock in die Glieder: Kuzikows Wohnung war ein menschliches Schlachthaus. Im Wohnzimmer lagen abgetrennte Arme und Beine, auf einem Kochtopf in der Küche befanden sich abgebrühte Knochen, und unter der Spüle stießen sie auf zahlreiche Pepsi-Flaschen mit menschlichem Blut. In einer Tüte entdeckten sie mit Zwiebeln eingelegtes Fleisch, und in einer weiteren befanden sich bereits gepökeltes Fleisch und Ohren. Die noch blutbeschmierten Werkzeuge, mit denen der Mörder die Leichen zerlegt hatte, lagen auf dem Küchentisch.

Ähnlich wie der Kannibale **Karl Denke,** der in den 20er Jahren im schlesischen Münsterberg über 30 Menschen ermordet und sich von ihrem Fleisch ernährt hatte, schlug auch Kuzikow seine arglosen Opfer von hinten nieder. Dann schnitt er den Betäubten die Kehle durch, bevor er sie zerstückelte.

Kuzikow, der lediglich das gestanden hatte, was man ihm auf Grund der in seiner Wohnung gefundenen Leichenreste ohnehin nachweisen konnte, erzählte den Ermittlern, daß er bereits geplant hatte, als nächstes Fleisch von Kindern zu probieren. Seinen ersten Mord habe er an einem Trinkkumpanen begangen, den er 1992 in seine Wohnung eingeladen hatte.

Am 19. März 1997 wurde der mittlerweile 37 Jahre alte Ilshat Kuzikow von einem Gericht in St. Petersburg des dreifachen Mordes schuldig gesprochen und in eine psychiatrische Hochsicherheitsklinik eingewiesen. Beim Prozeß hatte er seine Morde damit begründet, daß er wegen seines niedrigen Einkommens von umgerechnet 30 Mark im Monat stets Hunger und nie genug zu essen gehabt habe.

Lim, Adrian u. a.

Im Jahr 1983 sorgte der Prozeß gegen Adrian Lim, dessen Ehefrau Catherine Choo und seine Geliebte Hoe Kah Hong in Singapur für Schlagzeilen. In dem sechswöchigen Prozeß mußte sich der selbsternannte Magier und Spiritist wegen drei brutaler Morde an Kindern verantworten.

Im Januar 1981 war die Leiche der neunjährigen Agnes Ng Siew Heok in der Stadt Toa Payoh aufgefunden worden. Die Leiche des bereits seit Anfang des Monats verschwundenen Mädchens war in einer großen Reisetasche in einem Neubaugebiet aufgefunden worden. Die Obduktion ergab, daß das Kind brutal vergewaltigt und anschließend erstickt worden war. Knapp zwei Wochen später, am 7. Februar 1981, wurde ein weiteres Kind, der zehn Jahre alte Ghazali Bin Mazurki, unter einem Baum des gleichen Appartementblocks entdeckt. Zwar wies in diesem Fall nichts auf sexuelle Mißhandlungen hin, doch der Junge war offensichtlich vor seinem Tod gefoltert worden: Auf dem Rücken des Kindes befanden sich drei Brandwunden, und eine Verletzung am Arm wies darauf hin, daß man dem Knaben Blut entnommen hatte. In Blut und Gewebe entdeckten die Gerichtsmediziner Spuren von Beruhigungsmitteln, doch der Tod des Jungen war durch Ertränken herbeigeführt worden.

Die polizeilichen Ermittlungen ergaben, daß Ghazali von einer chinesisch aussehenden Frau vom Spielplatz gelockt worden war. Schließlich fanden die Spurensicherungsexperten feine Blutspuren, die vom Körper des Opfers zu einem angrenzenden Wohnblock führten. Dadurch stieß die Polizei rasch auf das Appartement, in dem Lim mit seiner Frau und seiner Geliebten wohnte. Auch dort wurden die Beamten schnell fündig. Überall in der Wohnung stießen sie auf Blutspuren, die von Ghazali stammten. Darüber hinaus gab es zahlreiche Hinweise, die auf Vergewaltigung von Kindern, Vampirismus und andere okkultistische Praktiken hinwiesen.

Vor diesem Hintergrund wurden auch die Ermittlungen in einem weiteren Todesfall wieder aufgenommen, der sich zwölf Monate zuvor in der Wohnung von Lim ereignet hatte: Damals war der zwölf Jahre alte Benson Ngak Hua an den Folgen eines Stromschlags gestorben. Seinerzeit hatten die Behörden noch an einen Unfall geglaubt.

Bei der Verhandlung in Toa Payoh behaupteten die mitangeklagten Frauen, daß der mehrfach wegen Sexualdelikten vorbestrafte Lim sie zur Teilnahme an den Ritualmorden zu Ehren der Göttin Kali gezwungen habe, um ein gegen ihn laufendes Ermittlungsverfahren wegen Vergewaltigung günstig zu beeinflussen. Die drei Richter maßen diesen Behauptungen jedoch keine Bedeutung zu und verurteilten alle drei Angeklagten wegen dreifachen Mordes zum Tode.

Catherine Choo und Hoe Kah Hong versuchten mit einer Reihe von Eingaben bis hin zu Gnadengesuchen eine Aufhebung ihrer Todesurteile zu erwirken. Vergeblich: Am 25. November 1988 wurden die beiden Frauen und Adrian Lim im Changi Prison gehenkt.

Lisong, Zhang – »Monster von Hubei«

Wenige Monate nach der Hinrichtung des vierzehnfachen chinesischen Mörders **Bai Baoshan** im Mai 1998 wurde in der Volksrepublik China das Todesurteil gegen einen weiteren Serienkiller vollstreckt: Das Volk hatte entschieden, daß Zhang Lisong, ein 30jähriger Bauer aus der chinesischen Provinz Hubei für seine Verbrechen mit dem Tode bestraft werden müsse, und am 25. September 1998 wurde das Urteil durch ein Erschießungskommando im Rahmen einer der in der Volksrepublik China üblichen Massenexekution öffentlich vollstreckt.

Der seit einem Jahr gesuchte Serienkiller Zhang Lisong, der das »Monster von Hubei« genannt wurde, konnte im März 1997 von der Polizei gestellt werden. Mit einer Reihe brutaler Morde hatte das »Monster« seit 1996 die Bevölkerung in der zentralchinesischen Provinz terrorisiert. Insgesamt neun Morde wurden dem Bauern zur Last gelegt, sowie eine Serie von Raubüberfällen und Vergewaltigungen.

Maslich, Andrej

Der aus Altai/Sibirien stammende Andrej Maslich hatte eine ganz besonders infame Idee,um der Vollstreckung der gegen ihn verhängten Todesstrafe zu entgehen: Um zu beweisen, daß er geistesgestört und damit unzurechnungsfähig ist, erwürgte der wegen vierfachen Mordes zum Tode verurteilte 24jährige Serienmörder im Winter 1996 seinen Zellengefährten, ebenfalls ein Mörder, schnitt seine Leber mit einer Glasscherbe heraus und aß sie auf, nachdem er sie in einem Metallbecher gekocht hatte.

Als der Gefängniswärter am darauffolgenden Morgen durch das Guckloch in die Zelle blickte, deutete Maslich auf seinen toten Zellengefährten und sagte: »Der hat heute keine Lust aufzustehen!« Ein Jahr zuvor war Maslich bereits schon einmal zum Tode verurteilt worden, nachdem er gemeinsam mit einem anderen Insassen aus »Langeweile« einen Mitgefangenen ermordet und aufgegessen hatte. Die beiden hatten gehofft, daraufhin zur psychiatrischen Untersuchung nach Moskau geschickt zu werden.

Vor dem Bezirksgericht in Altai sagte der Gefängnisleiter als Zeuge aus und behauptete, daß Hunger nicht der Grund für das Verbrechen gewesen sein könne. Das Essen in der Haftanstalt sei gut und ausreichend. Obwohl dies angesichts der krassen Versorgungsmängel in der ehemaligen Sowjetunion bezweifelt werden kann, kam Maslich mit diesem Mord auch nicht um ein Todesurteil herum. Im Gegenteil: Das Gericht verurteilte ihn am 26. Dezember 1996 erneut zum Tode.

Mikasewitsch, Gennadij

Gennadij Mikasewitsch war nicht nur der Chef der staatlichen Automotor-Reparaturwerkstätten in Witebsk, einer Großstadt in der belorussischen Soloniki-Region, sondern in seiner Freizeit auch ein eifriges Mitglied der freiwilligen Miliz. Als solches war er sogar an den Ermittlungen im Fall der Sexualmorde beteiligt, die er selbst begangen hatte. Nur so war es möglich, daß der Serienmörder zwischen 1971 und 1985 weitgehend ungehindert 36 Frauen ermordete, bis er schießlich gefaßt werden konnte.

So tötete der ausgezeichnete Parteigenosse allein auf dem Höhepunkt seiner Mordserie im Jahr 1984 14 Frauen, die er zuvor mit seinem kleinen roten Zaparochet-Kleinwagen als Anhalterinnen mitgenommen hatte. Auf abgelegenen Landstraßen hielt er unvermittelt an und erdrosselte seine Opfer mit einer Krawatte. Seine Mobilität stellte die Ermittlungsbehörden der kleinen Sowjetrepublik vor ungeahnte Schwierigkeiten. Unter Erfolgsdruck verhaftete die Miliz 1974 einen Verdächtigen namens Glushakow, der wegen der bis dahin begangenen Morde zu zehn Jahren Lagerhaft verurteilt wurde und bis zu seiner Rehabilitierung sechs Jahre unschuldig einsaß. Auch Oleg Adamow wurde unschuldig zu einer 15jährigen Freiheitsstrafe verurteilt und nahm sich in der Haft das Leben. Ein weiterer Mann wurde sogar zum Tode verurteilt und hingerichtet. Doch bald nach dessen Exekution mußten die Ermittlungsbehörden feststellen, daß sie den Falschen hingerichtet hatten, weil sich kurz darauf weitere Morde ereigneten.

Anfang der 80er Jahre ging bei der Miliz ein Bekennerschreiben ein, in dem der Schreiber sich »Patriot von Witebsk« nannte und als Motiv für die Morde die Bestrafung ehebrecherischer Frauen angab.

Erst 1984, nach dem Mord an einer Studentin, kam die Mordkommission unter der Leitung von Nikolai Iquatowitsch dahinter, daß der Täter einen roten Kleinwagen besaß. Nachdem der Detektiv rund 200 000 Kraftfahrzeuge und die handschriftlilch ausgefüllten KFZ-Lizenzen überprüft und mit dem Bekennerschreiben verglichen hatte, kam der Kriminalist auf die Spur von Mikasewitsch.

Nach seiner Festnahme legte dieser ein umfangreiches Geständnis ab. Psychiater attestierten dem Serienmörder sexuelle Minderwertigkeitsgefühle, ohne ihm jedoch deshalb eine verminderte Schuldfähigkeit zuzugestehen. So wurde Gennadij Mikasewitsch 1986 in Witebsk zum Tode verurteilt und im Jahr darauf hingerichtet.

Miyazaki, Tsutomu

Im August 1988 verschwand ein vier Jahre altes japanisches Mädchen im Bezirk Saitama. Ihre Asche tauchte auf mysteriöse Weise fast ein halbes Jahr später wieder auf: in einem Pappkarton vor dem Haus ihrer Eltern. In den darauffolgenden Monaten wurden in derselben Gegend zwei weitere Mädchen im Alter von vier und sieben Jahren von ihren Eltern als vermißt gemeldet. Auch sie waren dem grausamen Unbekannten zum Opfer gefallen. Im darauffolgenden Jahr, im Juni 1989, starb ein kleines Mädchen aus Tokyo auf ähnliche Weise wie die vorherigen Mordopfer. Die fünfjährige war entführt, erwürgt und sexuell mißbraucht worden. Ihre Körperteile fanden sich später in den Wäldern von Saitama und im Distrikt Tokyo.

Als sich im Juli 1989 der Mörder der vier Mädchen in Hachiotji bei Tokyo erneut an ein Opfer heranmachen wollte, war zufällig der Vater der Kleinen in der Nähe. Als dieser sah, daß der Mann seine Tochter offensichtlich sexuell belästigte, überwältigte er den psychopathischen Sexualmörder und hielt ihn bis zum Eintreffen der Polizei fest. Es handelte sich um den 28jährigen Tsutomu Miyazaki, einen Druckereiarbeiter, der nach einem kurzen Verhör alle Verbrechen gestand. »Es war alles wie im Traum«, erzählte der nekrophil und pädophil veranlagte Japaner nach seiner Verhaftung und gab an, daß er ein gestörtes Verhältnis zu erwachsenen Frauen habe. Bei der Durchsuchung seiner Wohnung fand die Polizei über 5000 Videos, überwiegend Zeichentrickfilme. Zwischen den Filmen hatte er Videoaufnahmen von den zerstückelten Körpern der vermißten Kinder versteckt.

Bei seiner Gerichtsverhandlung vor dem Tokyo Distrikt Gericht konnte oder wollte er sich jedoch nicht mehr an sein Geständnis erinnern. Nachdem Psychiater ein weiteres Gutachten über den Geisteszustand vom Miyazaki angefertigt hatten, in dem ihm attestiert wurde, daß er schizophren sei und unter einer multiplen Persönlichkeitsstörung leide, wurde er für den Rest seines Lebens in eine psychiatrische Klinik eingewiesen.

»Monster von Hubei« siehe Lisong, Zhang

Negev Serienkiller

Zwischen 1986 und 1997 wurden in der südlich der israelischen Stadt Be 'er Sheva gelegenen Negevwüste zahlreiche Personen, unter ihnen mehrere Touristen, ermordet oder vermißt. Der israelischen Polizei, die anfänglich davon überzeugt war, daß die Morde und die Entführungen einen terroristischen Hintergrund hatten, wurde bald klar, daß die Vermißten und Ermordeten Opfer eines Serienmörders geworden waren, der in dem Wüstengebiet Menschenjagden veranstaltete und von den Behörden als »Negev Wüsten-Psychopath« oder »Negev Serienkiller« bezeichnet wird.

Die jüngsten Opfer des »Negev Serienkillers« wurden im August 1997 der aus Großbritannien stammende 22jährige Max Hunter und sein Gefährte, die in Israel als Anhalter unterwegs waren. Beide wurden von einem etwa 50 Jahre alten Mann mit grauen Haaren angeschossen, wobei Hunter ums Leben kam. Noch im selben Monat konnte ein Tatverdächtiger wegen des Mordes an dem Touristen festgenommen werden: Es handelte sich um den ehemaligen israelischen Offizier Daniel Okev, der in den 70er Jahren Mitglied einer geheimen Sondereinheit der israelischen Armee gewesen war, die im Gaza-Streifen palästinensische Gefangene exekutiert haben soll.

Okev wurde darüber hinaus bezichtigt, allein 1986 vier Sexualmorde in der Gegend begangen zu haben. Obendrein soll er 1994 ein junges Mädchen vergewaltigt und ermordet haben. Auch die Ermordung eines Paares in den Wäldern von Ben-Shemen in Zentral-Israel 1996 sowie die Entführung einer 15jährigen Schülerin aus Tel Aviv, die ein Jahr darauf spurlos verschwand, wurde Okev zur Last gelegt.

Bisher hat Daniel Okev den Mord an dem britischen Touristen Max Hunter und den Mordversuch an dessen Begleiter zugegeben.

Nikolajew, Wladimir

Neben den sich häufenden Berichten über Serienkiller, werden aus den GUS-Staaten immer öfter Fälle von Kannibalismus bekannt. Im Fall des 38 Jahre alten Wladimir Nikolajew, der Anfang Juli 1997 in Novočeboksarsk vom höchsten Gericht in der Autonomen Republik Tschuwaschien zum Tode verurteilt wurde, war offensichtlich der Hunger auf Menschenfleisch der Grund für seine Morde. Das Gericht konnte dem als extrem gefährlich geltenden Kriminellen zwei Morde mit kannibalistischem Hintergrund nachweisen.

Als die Miliz bei dem vorbestraften Gewaltverbrecher Nikolajew eine Wohnungsdurchsuchung vornahm, stießen die Polizisten am Herd auf zahlreiche zum Verzehr vorbereitete Fleischgerichte, denen man zum Teil unschwer die menschliche Herkunft ansehen konnte. Letzte Gewißheit gewannen die Polizisten durch die zur Kühlung auf dem Balkon aufbewahrten Körperteile. Ähnlich hatte auch der drei Monate zuvor in St. Petersburg wegen Menschenfresserei und Morden zum Tode verurteilte **Ilshat Kuzikow** seine Fleischvorräte aufbewahrt. Im Gegensatz zu Kuzikow, der behauptete, aus purer Not zum Mörder und Kannibalen geworden zu sein, weil er von seinen umgerechnet 30 Mark Pension monatlich nicht leben konnte, soll sich Nikolajew Berichten zufolge noch einen Spaß daraus gemacht haben, den entsetzten Milizionären eine Mahlzeit von seinen Vorräten anzubieten. Die Ermittlungsbehörden in Tschuwaschien gehen davon aus, daß der inzwischen per Genickschuß exekutierte Wladimir Nikolajew weitaus mehr als zwei Personen getötet und verzehrt hat.

»Nilpferd« siehe Riakowski, Sergej

Onuprijenko, Anatoli – »Terminator von Tschernobyl«

»Ich habe die Leute getötet, um mich selbst zu erkennen«, sagte der 39 Jahre alte Anatoli Onuprijenko bei der Prozeßeröffnung im November 1998 in der westukrainischen Stadt Schitomir. Nicht weniger als 52 Menschen soll der Serienmörder gemeinsam mit seinem Komplizen, dem 36 Jahre alten Sergej Rogosin, innerhalb von sechs Jahren ermordet haben. Dabei gingen die beiden Männer immer nach dem gleichen Schema vor: Sie überfielen in den ländlichen Gebieten der Ukraine meist nachts abgelegene Häuser, töteten die Familien mit einem Jagdgewehr und einem Messer und durchsuchten dann die Häuser der Ermordeten, raubten Geld. Onuprijenko nahm immer die Schuhe seiner Opfer mit. Um die Spuren zu verwischen, setzte er anschließend die Gehöfte in Brand. Unter den Opfern waren auch zehn Kinder. Allein in den letzten drei Monaten vor seiner Verhaftung beging Onuprijenko 40 der ihm und Rogosin zur Last gelegten Morde und verbreitete in der gesamten Region Angst und Schrecken. Während sein Mitangeklagter die Beteiligung an den Morden bestritt und lediglich die Kleidung der Ermordeten an sich genommen zu haben will, gab Onuprijenko, ein ehemaliger Student der Forstwirtschaft und späterer Insasse einer psychiatrischen Klinik, die Morde zu. Gleichzeitig bestritt er, daß das Gericht das Recht habe, über ihn zu urteilen, da ihm die Gesetze, gegen die er verstoßen habe, völlig fremd seien. Dennoch attestierten die vom Gericht zugeordneten psychiatrischen Gutachter sowohl ihm als auch Rogosin völlige Zurechnungsfähigkeit.

Onuprijenko wurde am 16. April 1996 von einer Spezialeinheit der Polizei in einem rund 30 Kilometer von der ehemaligen deutschen Reichsstadt Lemberg entfernten Kleinstadt Jaworiw in seiner Wohnung überwältigt. Zuvor hatten die schwerbewaffneten Sondereinheiten aus Miliz und Nationalgarde ein 100 Kilometer breites Gebiet auf der Suche nach dem Serienmörder durchkämmt, nachdem er am 22. März in der kleinen Ortschaft Buak ein Ehepaar mit zwei Kindern getötet hatte. Der entscheidende Hinweis, der schließlich zu seiner Festnahme führte, war von Nachbarn gekommen.

Onuprijenko und Rogosin hatten mehr als zwei Jahre auf den Prozeß warten müssen, weil das für den Oblast zuständige Gericht in Schitomir kein Geld für die Anreise und die Unterkunft der Zeugen hatte. Als das Gericht endlich über das Geld verfügte, die Zeugen zu laden, scheuten diese die Begegnung mit dem ukrainischen Serienkiller und blieben der Verhandlung fern.

Am 1. April 1999 wurde Anatoli Onuprijenko schließlich wegen zweiundfünfzigfachen Mordes zum Tode verurteilt, während sein Komplize Sergej Rogosin, der bis zum Schluß seine Unschuld beteuerte, wegen neunfachen Mordes 13 Jahre Gefängnis verbüßen muß.

Popova

Als die russische Giftmischerin Popova im März 1909 festgenommen wurde, blickte sie bereits auf eine drei Jahrzehnte andauernde Laufbahn als Mörderin und Anstifterin zum Mord zurück. Bereits 1879 beging sie ihren ersten Mord. Wie die italienische Giftmörderin »**Trufania**« aus Neapel, die aus reinem Männerhaß an der Ermordung von bis zu 600 Ehemännern mitgewirkt haben soll, bereitete es auch Popova krankhaftes Vergnügen, Männer zu vergiften.

So vergiftete die aus Samara stammende Russin nicht nur eigenhändig zahlreiche Männer, sondern verkaufte das Gift auch an Frauen, die ihre tyrannischen und alkoholisierten Ehemänner aus dem Weg schaffen wollten. Daß Popova keineswegs aus Profitgier tötete, zeigt der Umstand, daß sie ihren Kundinnen lediglich einen geringen, eher symbolischen Geldbetrag abverlangte.

Ausgerechnet eine ihrer Kundinnen war es, die Popova

schließlich zum Verhängnis wurde: Nach einem Besuch bei der Giftmischerin, deren dubiosen Dienst sie in Anspruch genommen hatte, wurde die Frau von solch schweren Schuld- und Reuegefühlen geplagt, daß sie zur Polizei ging. Sie gestand gegenüber den Kriminalbeamten, daß sie Gift gekauft hatte, um ihren Mann umzubringen, und erzählte ihnen auch, von wem sie das Präparat erhalten hatte.

Wenig später wurde die notorische Männerhasserin Popova wegen Beihilfe zum Mord festgenommen. Im Gewahrsam legte sie ein volles Geständnis ab: Die Frau sei nicht die einzige, der sie Gift verkauft habe. Ohne eine Spur von Reue gab sie zu, Hunderte von Männern vergiftet zu haben.

Als die Öffentlichkeit von ihren Verbrechen erfuhr, mußte das aufgebrachte Volk von Soldaten daran gehindert werden, Popova auf der Stelle zu lynchen. Die genaue Zahl ihrer Giftopfer ist unbekannt, doch Schätzungen zufolge soll sie rund 300 Männer ermordet haben.

»Ripper von Rostow« siehe Tschikatilo, Andrej Romanowitsch

Riakowski, Sergej – »Nilpferd«

Sergej Riakowski war neben **Andrej Tschikatilo, Nikolai Dschumagalijew** und **Anatoli Onuprijenko** einer der gefürchtetsten Serienkiller, den die ehemalige Sowjetunion je hervorgebracht hat. Wie seine Zeitgenossen blieb auch er lange Zeit unentdeckt.

Der massive, stiernackige, 280 Pfund schwere Mann mit dem Spitznamen »Nilpferd« war nicht nur äußerlich eine furchteinflößende Erscheinung. Der Russe hatte in einer Periode von über zehn Jahren in den Moskauer Stadtrandsiedlungen mindestens 19 Morde begangen. Wahllos tötete er Männer, Frauen, Jungen und Mädchen jeden Alters. Das

»Nilpferd« hatte, im Gegensatz zu der Mehrheit der Serienkiller, keine spezifischen Vorlieben bei der Wahl seiner Opfer – für ihn stand allein der Akt des Tötens im Vordergrund, egal wen, wo, wie oder weshalb.

Im Januar 1993 begegnete Sergej Riakowski einem 78jährigen Greis, dem er kaltblütig den Kopf mit einem Jagdmesser vom Körper abtrennte. Am darauffolgenden Tag kehrte er zum Tatort zurück, um dem Alten auch noch die Beine abzusägen und danach zu verbrennen. Etwa zwei Monate später erwürgte Riakowski mit seinen enormen Pranken eine Frau. Nachdem er die Leiche geschändet hatte, sprengte er sie mit einer selbstgebastelten Bombe in die Luft, die den Körper völlig zerfetzte. Ein weiteres Opfer war ein Teenager, dessen Körper er mit einer Skistange durchlöcherte und den Sterbenden anal vergewaltigte. 16 weitere Menschen starben auf ähnlich grausame Weise, und sechs weitere Opfer überlebten nur, weil er sie für tot hielt oder weil ihnen die Flucht gelang. Als der 32jährige Riakowski festgenommen wurde, legte er ein volles Geständnis ab. »Ich wollte die Menschheit bloß von den Nichtsnutzen der Gesellschaft befreien«, rechtfertigte er sich.

Am 30. April 1995 wurde ihm in Moskau der Prozeß gemacht. Obwohl Sergej Riakowski die Ermittlungsbeamten der Miliz selbst zum Versteck einer kopflosen, geschändeten Leiche geführt hatte, leugnete er später energisch, jemals auch nur einen einzigen Mord begangen zu haben. Man habe ihn in Polizeigewahrsam mit Prügel zu einem Geständnis gezwungen, behauptete er. Letztendlich bekannte er sich lediglich des versuchten Mordes an drei älteren Frauen für schuldig.

Am 12. Juli 1995 wurde das Urteil verkündet: Riakowski wurde des achtzehnfachen Mordes für schuldig befunden und zum Tode verurteilt. »Ich komme wieder«, verkündete er mit drohender Gebärde vor Gericht. Einige Tage später gab die »Prawda« bekannt, daß Sergej Riakowski beabsichtige, in Berufung zu gehen.

Rogosin, Sergej siehe Onuprijenko, Anatoli
»Schlange« siehe Sobhraj, Charles Gumurkh

Scripps, John Martin

Im Oktober 1994 gelang es John Martin Scripps bei seinem Freigang aus dem Gefängnis von Hemel Hampstead zu entkommen. Der Brite, der bereits unzählige Delikte wie Diebstähle bis hin zu Heroinschmuggel begangen hatte, floh nach Übersee. Vermutlich lebte er einzig vom Ausplündern von Touristen, was ihn im Laufe seiner Reisen jedoch nicht davon abhielt, vier Menschen das Leben zu nehmen und deren Leichen danach mit der Präzision eines Fleischers zu zerlegen.

Im März 1995 wurden im Hafen von Singapur schwarze Plastiktüten angespült, in denen sich der Torso und die durchtrennten Beine eines Mannes befanden. Die alarmierte Polizei konnte die menschlichen Überreste als die eines südafrikanischen Touristen, der Gerard Lowe hieß, identifizieren. Lowe, so fand man bald heraus, hatte sich sein Hotelzimmer mit einem gewissen Simon Davis geteilt, der kurz zuvor ausgecheckt hatte. Doch von Davis fehlte jede Spur.

Nur knapp drei Wochen später machte die thailändische Polizei auf der Insel Phuket einen ähnlichen Fund: Sie entdeckte zwei Schädel, die von der Kanadierin Sheila Damude und ihrem erwachsenen Sohn stammten. Weitere Körperteile waren nahe dem Hotel gefunden worden, in dem die Damudes zuvor gewohnt hatten. Ein Unbekannter war mit ihren Habseligkeiten durchgebrannt und hatte ihre Rechnung bezahlt, als habe er versucht, ihr Verschwinden und somit auch die Tat zu vertuschen.

Noch im selben Monat wurde John Martin Scripps bei der Einreise nach Singapur festgenommen. Scripps, so stellte sich heraus, war derselbe Mann, der sich zuvor als Simon Davis ausgegeben hatte. In seinem Gepäck fanden die Zollbeamten Handschellen, Messer, eine Betäubungspistole sowie Gegenstände, die aus dem Besitz der in Thailand ermordeten Kanadier stammten.

In Singapur kam der Engländer vor Gericht. Er behauptete, das Opfer Gerard Lowe hätte ihn sexuell nötigen wollen, und bei seiner Abwehr habe er den Mann so heftig getroffen, daß er gestorben sei. Der Richter, T. S. Sinnathuray, ließ sich nicht beirren und verhängte gegen John Scripps die Todesstrafe. Scotland Yard vermutet, daß der umherreisende Mörder auch für das Verschwinden des Briten Timothy McDowell verantwortlich ist, der Scripps kurz zuvor eine höhere Geldsumme überschrieben hatte. John Martin Scripps wurde als erster Westeuropäer in der Nacht vom 18. April 1996 in Singapur gehenkt.

Shankaria, Kampatimar

Daß auch das überwiegend hinduistisch geprägte Indien mit seinen rund 950 Millionen Einwohnern Serienkiller hervorbringt, belegt nicht nur das Beispiel des »**Bahadurgarh Baby Killers**«, sondern auch das des aus Jaipur stammenden Kampatimar Shankaria, auch wenn derartige Fälle in der Regel international kaum bekannt werden.

So meldete Ende Dezember 1998 die indische Nachrichtenagentur UNI, daß die Polizei im Bundesstaat Andhra Pradesh zwei Brüder festgenommen habe, die in den vergangenen Jahren mindestens 42 Menschen »aus Rache an der Gesellschaft« mit Äxten ermordet haben sollen.

Der aus dem Panjab stammende Kampatimar Shankaria ermordete innerhalb von nur zwei Jahren insgesamt 70 Menschen, indem er sich von hinten an sie heranpirschte und ihnen mit einem Hammer den Schädel einschlug. Der einfache Mann war von Anfang an geständig und betrachtete sich und seine Morde als Negativbeispiel dafür, wie man sich nicht verhalten sollte: »Was ich getan habe, war sinnlos. Ich wünsche niemandem, so zu werden wie ich ...«, bekannte der reumütige Shankaria, als ihm im Mai 1979 der Henker im Gefängnis von Jaipur die Schlinge um den Hals legte.

Obwohl Kampatimar Shankaria hinsichtlich der hohen Anzahl seiner Opfer sicherlich zu den schlimmsten Serienmördern der Kriminalgeschichte zählt, ist sehr wenig über ihn bekannt.

Siswanto

»Was er getan hat, kann niemals vergeben werden«, sagte der Vorsitzende Richter Sartono vom Obersten Staatsgericht in Djakarta, als er am 21. Mai 1997 den 34jährigen, obdachlosen Indonesier Siswanto wegen zwölffachen Mordes zum Tode verurteilte.

Der indonesische Serienmörder, der häufig unter dem Aliasnamen Robot Gedek auftrat, beging seinen ersten Mord im Dezember 1994. Binnen 18 Monaten ermordete der Herumtreiber und Gelegenheitskriminelle in Djakarta und Pekalongan auf Java zwölf Knaben im Alter zwischen neun und zwölf Jahren. Siswanto, ein pädophiler Homosexueller, vergewaltigte seine Opfer und schlitzte sie dann auf. Der Polizei erzählte er später, daß er das Blut der Kinder getrunken und Teile der abgezogenen Haut aufbewahrt habe. Die verstümmelten Leichen ließ Siswanto auf der Straße liegen. Sein letztes Opfer fand man im Juli 1996 mit aufgetrenntem Magen auf der Straße. Ob das Urteil gegen Siswanto mittlerweile vollstreckt wurde, ist nicht bekannt.

Slivko, Anatoli

21 Jahre dauerte es, bis die Kriminalbeamten in der ehemaligen UdSSR herausfanden, daß der mit Auszeichnungen geehrte und engagierte KPdSU-Parteigenosse Anatoli Slivko aus Stavropol in der Ukraine ein Serienmörder war. Wer konnte ahnen, daß der gutmütige Lehrer und rührige Komsomol-Jugendleiter, Ehemann und Familienvater ein homophiler Sadist war, der sieben Knaben ermordete?

1961, im Alter von 23 Jahren, hatte Slivko ein Erlebnis, das entschieden zur Ausprägung seiner sexuellen Devianz beitragen sollte: Als Zeuge eines Verkehrsunfalls sah er mit an, wie ein im Wagen eingeklemmter Junge in Komsomolzen-Uniform in den Flammen ums Leben kam. Durch diesen tragischen Unfall, der bei anderen Menschen Entsetzen ausgelöst hätte, erlebte Slivko eine bislang nie gekannte sexuelle Erregung.

Vermutlich war seine bald darauf folgende Heirat der Versuch, seine Homosexualität zu unterdrücken und seinen immer extremer werdenden pädophilen Phantasien ein Ende zu setzen. Doch den Geschlechtsverkehr mit seiner Frau empfand er als eine Pflichtübung, bei der er zunehmend Frustration und Ekel empfand. Statt dessen kreisten Slivkos sexuelle Tagträume immer wieder um das Bild des toten Jungen, das sich in sein Gedächtnis eingebrannt hatte: Es weckte in ihm das Verlangen, das Geschehene noch mal zu erleben, indem er einen solchen Jungen quälen und töten würde.

Als Lehrer und Komsomolbetreuer hatte er leichten Zugang zu seinem Opfertypus. Er sprach kleinwüchsige Knaben an, die unter ihre Körpergröße litten, und behauptete eine Methode zu kennen, sie größer zu machen. Dazu müsse er sie aufhängen, um ihre Wirbelsäule zu strecken. Sobald Slivko den Knaben aufgehängt hatte, fiel dieser durch die Strangulation in Ohnmacht, so daß er sein Opfer fotografieren und dabei masturbieren konnte. Später reanimierte er die Bewußtlosen wieder. Oder er bot seinen jugendlichen Opfern Statistenjobs für einen Film über die Nazi-Zeit an. Da er vorgab, eine Szene filmen zu wollen, bei der ein jugendlicher Partisane erhängt werden sollte, ließen sich seine Opfer bereitwillig von ihm aufhängen.

Zwischen 1964 und 1985 überredete er späteren Ermittlungen zufolge 43 Knaben zu derartigen Projekten, die oft genug tödlich endeten, weil es ihm noch größere Befriedigung verschaffte, seine Opfer ersticken zu sehen. Die Leichen zerstückelte Slivko, und die Überreste verbrannte er, wobei er beim Anblick des Feuers erneut einen sexuellen Höhepunkt erlebte, wie er ihn ähnlich nur bei dem Verkehrsunfall empfunden hatte.

1984 auf frischer Tat ertappt, wurde Anatoli Slivko verhaftet und wegen siebenfachen Mordes zum Tode verurteilt.

Während er im Gefängnis seiner Hinrichtung entgegensah, ermittelte die Miliz fieberhaft wegen der Morde des *»Ripper von Rostow«*. Um die psychologischen Befindlichkeiten eines Serienkillers zu erforschen, wurde Anatoli Slivko von Kriminalisten und Psychiatern befragt, die auf der Basis ihrer Erkenntnisse ein Täterprofil erstellen wollten, darunter auch Inspektor Kostoev, der auch bei der Ergreifung der Serienmörder **Andrej Tschikatilo** und **Volodja**

Storotschenko mitwirkte. In der Hoffnung begnadigt zu werden, gab Slivko sich alle Mühe, den Experten behiflich zu sein. Doch nachdem die Interviews abgeschlossen waren, wurde Anatoli Slivko im Gefängnis von Novotscherkassk per Genickschuß exekutiert.

Sobhraj, Charles Gurmurkh – »Schlange«

In seiner frühesten Kindheit hörte der 1944 als Sohn eines indischen Vaters und einer vietnamesischen Mutter in Saigon geborene Charles Sobhraj noch auf den indischen Namen Gurmurkh. Nachdem seine Mutter Anfang der 50er Jahre einen Franzosen kennenlernte, der sie und das Kind mit nach Paris nahm, änderte sie den Namen in Charles.

Wenn auch über Sobhrajs Kindheit wenig bekannt ist, weiß man doch, daß das unstete Leben ihn nachhaltig prägte und bereits als Heranwachsenden häufig mit dem Gesetz in Konflikt brachte. Ob in Frankreich, Afghanistan, Griechenland oder Indien – überall fiel der junge Mann mit zunehmend schwereren Straftaten auf, und mindestens genauso oft gelang es ihm mit Bestechung davonzukommen.

Waren es zuvor Diebstahlsdelikte, so fiel er nun wegen Heroingeschäften und schließlich Morden an Rucksacktouristen auf und wurde bald in mehreren asiatischen Ländern wegen Mordes gesucht. Zwischen 1972 und 1982 soll Sobhraj in Indien, Thailand, der Türkei, Nepal und in Hongkong insgesamt 20 Morde begangen haben. Nachdem er in Teheran eine längere Haftstrafe wegen Diebstahls verbüßt hatte, lernte er in Nepal die Französin Marie Aimée Leclerc kennen, mit der er nach Thailand reiste und gemeinsam in Bangkok Hippies ermordete und ausraubte. Wenn die Opfer durch Opiate ausreichend betäubt waren, nahmen sie ihnen Geld und Wertsachen ab, erstachen oder erschossen die wehrlosen Männer und verbrannten ihre Leichen.

Als er 1976 in Bangkok verhaftet wurde, schien er am Ende seiner Reise angelangt zu sein. Die Polizei fand bei der Durchsuchung seines Zimmers Ausweise und Schecks von mehr als 20 Männern, die er getötet hatte. Da er über genügend Geld verfügte, gelang es ihm, einen leitenden Polizisten zu bestechen und nach Indien zu entkommen. Im indischen Agra organisierte er eine Party für eine Gruppe von 60 französischen Touristen, die im Vikram Hotel abgestiegen waren. Unter dem Vorwand, ihnen ein adäquates Anti-Durchfallmittel gegen die gefürchtete Diarrhöe besorgen zu können, verabreichte er den Franzosen ein starkes Schlafmittel. Doch sein Plan, in der Nacht in ihre Zimmer einzudringen und sie auszuplündern, mißlang, da er das Medikament so hoch dosiert hatte, daß einige der Franzosen bereits in der Hotelhalle zusammenbrachen. Die anderen, die das Mittel nicht eingenommen hatten, überwältigten Sobhraj und brachten ihn zur Polizei. Wegen der Vergiftung der Touristen und der Ermordung des Amerikaners Luke Salomon sowie eines französischen Drogenschmugglers angeklagt, wurde Sobhraj nicht zuletzt durch die Aussagen seiner Geliebten Marie Aimée Leclerc zu sieben Jahren Zwangsarbeit verurteilt. Mehr als Totschlag war der »Schlange« Sobhraj nicht nachzuweisen. Zur Verbüßung der Strafe kam er in das Tihar Prison, das als härtestes Zuchthaus Indiens gilt. Er schaffte es auch dort, durch Bestechung des Wachpersonals ein luxuriöses Leben zu führen. Als ihm eine weitere Mordanklage wegen eines in Kalkutta begangenen Mordes und damit eine Verurteilung zu einer lebenslangen Freiheitsstrafe drohte, flüchtete er, indem er die Wärter bei einer von ihm organisierten Gefängnis-Party mit einem Schlafmittel außer Gefecht setzte.

Er wurde bereits nach wenigen Tagen festgenommen und zunächst wegen unerlaubten Waffenbesitzes angeklagt, weil er bei seiner Festnahme eine Pistole bei sich trug. Am 14. Februar 1997 wurde er erneut entlassen und sollte ursprünglich nach Thailand abgeschoben werden, wo er ebenfalls mehreren Mordanklagen entgegensah und ihm die Todesstrafe drohte. Wegen Schwierigkeiten mit seinen Papieren wurde Sobhraj in die französische Botschaft gebracht und schließlich trotz seines ungeklärten Nationalitätenstatus nach Frankreich ausgeflogen.

Heute befindet sich der zwanzigfache Mörder Charles Gurmurkh Sobhraj, der von sich behauptet, daß er seine früheren Verbrechen schwer bereut, in Frankreich und lebt unbehelligt von den rund 15 Millionen Dollar, die er für die Buch- und Filmrechte seiner Lebensgeschichte als Serienkiller erhalten hat.

Spesiwtsew, Alexander und Spesiwtsewa, Ludmila

Gemeinsam mit seiner 53jährigen Mutter Ludmila Spesiwtsewa beging der russische Menschenschlächter Alexander Spesiwtsew 22 Morde an Straßenkindern, die er zuvor in seine Wohnung im sibirischen Nowokusnezk gelockt hatte. Das Fleisch der ermordeten Kinder und Jugendlichen verkauften sie in Form von Fleischbällchen auf dem lokalen Markt.

Über Jahre hinweg konnten die Spesiwtsews unbehelligt morden. Ihre Opfer, 13 bis 15 Jahre alte Kinder, die sich auf dem Bahnhof und in den Straßen von Nowokusnezk herumtrieben, stammten überwiegend aus zerrütteten Familienverhältnissen, und ihr Verschwinden fiel in den meisten Fällen niemandem auf. Auch die Polizei blieb lange Zeit passiv, obwohl sich bereits 1996, Monate vor der Verhaftung der beiden Kinderschlächter, Nachbarn wiederholt über den üblen Verwesungsgeruch beschwert hatten, der aus der Wohnung der Spesiwtsews drang.

Etwa zur gleichen Zeit waren im nahegelegenen Fluß Aba Menschenknochen ans Ufer gespült worden. Obwohl der Polizei klar war, daß die Leichenteile von Gewaltverbrechen stammen mußten, wurde den Hinweisen der Nachbarn lange Zeit nicht nachgegangen – sie verschwanden in einem Berg von Akten. Erst 1997 kam die erschrekkende Wahrheit über die Spesiwtsews zutage. In der Wohnung der Verdächtigen offenbarte sich der Miliz ein Bild des Schreckens: Neben einem mit mehreren Messerstichen verwundeten 15jährigen Mädchen, fanden sie die kopflose Leiche und den abgetrennten Brustkorb von zwei weiteren Opfern. Berge von Kleidungsstücken, teilweise blutbedeckt, türmten sich in den Schränken. Das noch lebende Mädchen erzählte der Polizei, kurz bevor auch sie starb, daß sie und zwei Freundinnen Ludmila Spesiwtsewa beim Tragen von Einkaufstüten geholfen haben und in der Wohnung der Frau von ihrem 27jährigen Sohn überwältigt und gefesselt worden seien.

Mutter und Sohn wurden von der Miliz abgeführt, und in den folgenden Ermittlungen kam auch das tragische Schicksal unzähliger weiterer Opfer ans Tageslicht. So mußten die Kinder zusehen, wie andere Gefangene von Alexander Spesiwtsew bestialisch ermordet wurden. Danach zwang er die noch lebenden Opfer, vom Fleisch der toten Kinder zu essen. Auch die Familie selbst ernährte sich kannibalistisch und verkaufte das Menschenfleisch auf den Märkten. »Nicht Verwertbares« bekam der Hund zu fressen.

Um zu prüfen, ob die beiden aus Habgier oder auf Grund

einer psychischen Störung gemordet hatten, wurden zahlreiche psychologische Tests durchgeführt. Während Ludmila Spesiwtsewa jegliche Aussage verweigerte, gestand ihr Sohn 22 Morde.

Auf die Frage, wie er die kaltblütigen Verbrechen rechtfertigte, antwortete der 27jährige Sibirier bloß: »Wieviele Menschen hat unsere Demokratie zerstört?« In Anbetracht dessen, seien ein paar »Straßenkinder« wohl nicht der Rede wert. Im Oktober 1999 wurde Alexander Spesiwtsew für unzurechnungsfähig erklärt und in eine psychiatrische Klinik eingewiesen. Seine Mutter wurde wegen Beihilfe zum Mord zu 13 Jahren Gefängnis verurteilt.

Storotschenko, Volodja

Es war seine eigene Eitelkeit, die den russischen Serienmörder und Vergewaltiger Volodja Storotschenko zu Fall brachte: Im Austausch gegen ein volles Geständnis sicherte Inspektor Issa Kostoev dem zwölffachen Frauenmörder zu, daß er nicht für seine Verbrechen hingerichtet werde. Statt dessen wolle man ihn mit dem Leben davonkommen lassen, damit er fortan für den russischen Geheimdienst tätig sein könne.

Inspektor Kostoev, ein mit allen Wassern gewaschener Kriminalist der russischen Generalstaatsanwaltschaft, der auch **Andrej Tschikatilo**, den *»Ripper von Rostow«*, zur Strecke bringen sollte, wußte, daß er den Sexualmörder ohne ein Geständnis wahrscheinlich wieder laufen lassen mußte. Im besten Fall konnte er Storotschenko wegen Vergewaltigung und versuchten Mordes vor Gericht bringen.

Zwei Jahre lang hatte Volodja Storotschenko die Bevölkerung der 400 Kilometer südwestlich von Moskau gelegenen Stadt Smolensk in Angst und Panik versetzt. Von 1979 bis zu seiner Festnahme im Sommer 1981 hatte der Exsträfling 20 Frauen aus der Gegend überfallen, ausgeraubt, vergewaltigt und am Tatort liegengelassen. Zwölf Frauen waren auf diese Art ums Leben gekommen, die übrigen acht Opfer überlebten den Mordversuch.

Es dauerte nicht lange, bis das überzeugend vorgetragene Angebot des Inspektors den 28jährigen Familienvater aus Smolensk zum Reden brachte: Storotschenko gestand alle ihm angelasteten Morde.

Als er endlich herausfand, daß der Inspektor ihn hinters Licht geführt hatte und ihm statt einer Karriere als Geheimagent im Ausland der Weg zum Erschießungskommando bevorstand, drohte er dem Inspektor, er werde ihm die »Kehle herausreißen«.

Kostoev verstand es auch ein zweites Mal, den inhaftierten Serienkiller einzuwickeln, indem er ihm zusicherte, daß er sich um dessen Familie kümmern werde. Storotschenko soll ihm doch dankbar sein, daß er ihn vor den anderen Häftlingen beschützte und in einer Einzelzelle untergebracht habe.

Volodja Storotschenko bedankte sich schließlich reumütig bei dem Mann, der dafür sorgte, daß er wenige Monate später zum Tode verurteilt und hingerichtet wurde.

Suradji, Achmad

Die Richter eines indonesischen Gerichts in Medan/Nordsumatra verurteilten den 48jährigen Achmad Suradji am 27. April 1998 wegen zweiundvierzigfachen Mordes zum Tode durch Erschießen. Wegen Mittäterschaft angeklagt wurde die 39jährige Tumini, die älteste der drei Frauen des Angeklagten. Auch in ihrem Fall plädierte die Staatsanwaltschaft für die Todesstrafe.

Achmad Suradji, ein Viehzüchter und geachteter Zauberer und Hexer aus einem Dorf nahe der Provinzhauptstadt Medan, wurde am 2. Mai 1997 festgenommen, nachdem auf einer Zuckerrohrplantage in der Nähe seines Hauses drei vergrabene Frauenleichen entdeckt worden waren. Binnen 14 Tagen wurden 37 weitere stark verweste Frauenleichen und Skelette geborgen. Suradji, der auch als Nasib Kelewang und Datuk Maringgi bekannt war, wurde von zahlreichen Frauen aus der Umgebung konsultiert, die bei ihm medizinischen und spirituellen Rat suchten.

Er ermordete die hilfesuchenden Frauen, die zuvor beträchtliche Summen Geld für die magischen Rituale bezahlt hatten, auf einer Zuckerrohrplantage. Dort überredete er die Opfer, sich in eine Grube hinzuknien, wo er sie bis zur Taille eingrub. Die Frauen vertrauten dem angesehenen Magier, der ihnen erzählte, daß dies Teil des Rituals sei. Waren sie ihm erstmal ausgeliefert, erdrosselte er sie und trank ihren Speichel, weil er glaubte, so seine magischen Fähigkeiten zu erhöhen. Anschließend plünderte er die Leichen und begrub sie mit Hilfe seiner ältesten Frau im Feld. Möglicherweise waren ihm auch seine beiden anderen Frauen dabei behilflich, beide Schwestern von Tumini, die das Dorf nach der Festnahme ihres Mannes fluchtartig verlassen hatten.

Suradji, der zunächst verdächtigt worden war, 19 Frauen getötet zu haben, legte nach seiner Verhaftung ein volles Geständnis ab und gab zu, insgesamt 42 Kundinnen innerhalb eines Zeitraumes von elf Jahren ermordet zu haben. Im Ziegenstall bei seinem Haus wurden zahlreiche Armbanduhren und Kleidungsstücke entdeckt, die von mindestens 20 Opfern stammten. Insgesamt gab es in der Region 80 Vermißtenmeldungen, und es wird befürchtet, daß neben den 42 inzwischen geborgenen Leichen noch weitere

Menschen dem besessenen Indonesier zum Opfer gefallen sein könnten.

»Terminator von Tschernobyl« siehe Onuprijenko, Anatoli

Timofeijev, Alexander – »Jack Potroshitel«

Alexander Timofeijev, ein ehemaliger Schäfer aus Pskov, einer unweit der estnischen Grenze gelegenen russischen Stadt, versetzte Anfang der 90er Jahre drei Monate lang die Frauen im Norden Moskaus in Angst und Schrecken. Von der Bevölkerung wurde der damals noch nicht identifizierte Mörder »Jack Potroshitel« genannt, weil er sich wie »**Jack the Ripper**« in stillen Seitenstraßen an Frauen heranschlich und mit einem Messer raptusartig auf sie einstach. Was immer auch bei seinem historischen Vorgänger die Mordlust unmittelbar auslöste – bei Timofeijev war es das Klackern von hochhackigen Stöckelschuhen, das ihn eigenen Aussagen zufolge »den Kopf verlieren« ließ und ihn zum Zustechen veranlaßte. Dabei war es dem sadistischen Frauenmörder offensichtlich gleichgültig, ob er seine Opfer tot oder lebensgefährlich verletzt zurückließ. Timofeijev, der einige der Frauen nach den mörderischen Attacken vergewaltigte, wurde jedoch ähnlich wie der Düsseldorfer Lustmörder **Peter Kürten,** der in den 20er Jahren in Düsseldorf eine Serie ähnlicher Morde beging, offensichtlich am meisten durch das Zustechen und den Anblick von Blut erregt.

Am 6. Mai 1992 wurde Alexander Timofeijev wegen zweifachen Mordes, zahlreichen Mordversuchen und neun Vergewaltigungen nach einem rund achtwöchigen Prozeß in Moskau zum Tode verurteilt. Bei der Urteilsverkündung bezichtigte er die »Bolschewiken und die Demokraten«, daß sie nicht in der Lage seien, die »werktätigen Menschen« zu beschützen, was in Anbetracht seiner unmittelbar zuvor ergangenen Verurteilung auf psychotische Züge hinweist. Ob das Urteil mittlerweile vollstreckt wurde, ist nicht bekannt.

Tschikatilo, Andrej Romanowitsch – »Ripper von Rostow«

Zwischen Dezember 1978 und seiner Verhaftung im November 1990 ermordete Andrej Romanowitsch Tschikatilo 53 Frauen und Kinder, vorwiegend Prostituierte und vernachlässigte oder verwaiste Jugendliche. Tschikatilo wurde am 20. Oktober 1936 in Jablonjewka, einem Dorf der ukrainischen Sumskaja-Region, geboren und wuchs als Sohn besitzloser Landarbeiter auf. Eine durch Stalins übereilte Kollektivierung verursachte Hungerkatastrophe Mitte bis Ende der 30er Jahre sorgte dafür, daß zahlreiche Bauern in der Ukraine die Grenze dessen überschritten, was den Menschen vom Tier unterscheidet: Fälle von Kannibalismus häuften sich. Etwa zwei Jahre vor seiner Geburt verschwand sein Cousin aus dem Dorf. Tschikatilos Familie war überzeugt davon, der Junge sei entführt und einfach aufgefressen worden, und Tschikatilos Mutter erzählte ihrem damals fünfjährigen Sohn Andrej immer wieder davon. Möglicherweise liegt hier einer der Gründe dafür, daß der »Ripper von Rostow« später häufig auf Geschlechtsteilen und Innereien seiner furchtbar verstümmelten Opfer herumkaute.

Bis zum Beginn der Pubertät war er Bettnässer und wähnte sich von seinen Klassenkameraden gehänselt, die ihn wegen seiner Kurzsichtigkeit »Otschkarik«, Brillenschlange, nannten und sich von ihm distanzierten. Seine ersten sexuellen Erfahrungen mit einer Freundin seiner Schwestern scheiterten an seiner Schüchternheit. Damals war Tschikatilo 19 Jahre alt. Er entwickelte eine Vorliebe für die Literatur und absolvierte seinen dreijährigen Wehrdienst, wo er auch keine Freunde fand. Nach der Armee ging Tschikatilo nach Neswetajewskoje bei Rostow und arbeitete dort als Fernmeldetechniker. Auf Betreiben seiner Schwester heiratete er mit 27 Jahren die drei Jahre jüngere Faina, eine Friseurin aus Nowoschachtinsk, und bekam mit ihr zwei Kinder. Er bildete sich an der Rostower Universität in Sprache und Literaturwissenschaften und nahm 1972 eine Arbeit als Lehrer in Nowoschachtinsk auf.

Zwei Jahre später wurde er wegen sexueller Übergriffe auf minderjährige Schülerinnen vor den Direktor zitiert, der ihm nahelegte, den Schuldienst zu quittieren. Er kündigte und zog in die Nachbarstadt Schachty, wo er am Polytechnikum unterrichtete.

Am 22. Dezember 1978 tötete Tschikatilo die neunjährige Lena Sakotnowa nach einem Vergewaltigungsversuch in seiner Laube in Schachty und entdeckte dabei, daß es ihn erregte, wenn er jemandem Schmerzen zufügen und ihn umbringen konnte. Der mit unzähligen Messerstichen übersäte Leichnam des kleinen Mädchens war nach seinem ersten Anfall von Blutrausch nicht mehr wiederzuerkennen. Zwölf Jahre später erklärt er vor Gericht: »Ich habe gespürt, wie die Ketten, die mich gefesselt haben, von mir abfielen.«

Als die Miliz zwei Tage später die Leiche von Lena Sakotnowa in der Gruschewka, einem nahegelegenen Fluß fand, war Andrej Tschikatilo unter den Hauptverdächtigen. Er wurde mehrfach verhört. In seiner Eile hatte er bei seinem ersten Mord Blutspuren im Schnee zurückgelassen und obendrein das Licht in seiner Laube nicht ausgeschaltet. Dennoch wurde ein frisch aus dem Gefängnis entlassener Einbrecher namens Alexander Krawtschenko der Tat beschuldigt und 1984 unschuldig hingerichtet, da das auf der Leiche des Mädchens gefundene Sperma nicht zur Blutgruppe des ursprünglich Haupttatverdächtigen Tschikatilo paßte. Ein Umstand, der es dem »Ripper von Rostow« ermöglichen sollte, noch jahrelang weiterzumorden.

Tschikatilo, der inzwischen eine neue Arbeit als Angestellter in der Versorgungsabteilung im Verwaltungsgebäude von Rostownerud, einer Fabrik in Schachty angenommen hatte, war zunächst durch die Verhöre vorsichtig geworden. Fast zwei Jahre lang hielt er sich zurück. Im September 1981 tötete und verstümmelte er die 17jährige Larisa Tkatschenko. Sechs Monate später ermorderte er auf einem Waldweg bei Donskoje die 13jährige Ljuba Birjuk, das erste von sieben Opfern im Jahr 1982.

Im Jahr 1983 mordete Tschikatilo nachweislich achtmal. Doch bereits im Jahr darauf, auf dem Höhepunkt seiner Mordlust, beging der »Ripper von Rostow« insgesamt 15 Morde an Mädchen und Jungen zwischen Taschkent, Moskau, Rostow und Nowoschachtinsk.

Die Fahndung nach dem Täter lief auf Hochtouren, schon wegen der ungewöhnlichen Grausamkeit der Morde. Bei vielen Leichen waren die Mägen und die Geschlechtsteile herausgeschnitten worden, und die medizinischen Begutachtungen ließen darauf schließen, daß die Verstümmelungen vorgenommen worden waren, als die Opfer noch lebten. Und allen hatte der Mörder die Augen ausgestochen.

Am 1. August 1985 ermordete Tschikatilo auf einer Geschäftsreise nach Moskau die 18jährige Natalja Pochlistowa in der Nähe des Domodedowo-Flughafens. Am 27. August 1985 tötete er eine junge Frau in Schachty und pausierte danach bis zum Jahre 1987. Am 16. Mai 1987 tötete er an der sibirischen Grenze bei Jekaterinburg den 13jährigen Oleg Makarenkow. Rund alle zwei Monate schlug Tschikatilo an verschiedenen Orten im ganzen Land zu. Als er am 6. November 1990 die 22 Jahre alte Sweta Korostik in einem Waldstück bei Donleschos umbrachte, wurde er von Miliz-Inspektor Igor Rybakow beobachtet, der den mutmaßlichen Pilzesammler jedoch nach einer Ausweiskontrolle wieder laufen ließ. Doch der Kreis um Tschikatilo schloß sich. Nachdem sich ein Ermittlungsbeamter im Zusammenhang mit dem ersten Mordfall von 1978 an den Namen des damaligen Verdächtigen erinnerte und die Ermittlungsbehörden mittlerweile aus einer japanischen Studie erfuhren, daß es in seltenen Fällen vorkommt, daß die Blut- und Spermaproben eines Menschen nicht identisch sind, wurde der »Ripper von Rostow« schließlich am 20. November 1990 vor einem Café in Nowotscherkassk verhaftet.

Am 14. Oktober 1992 wurde Andrej Tschikatilo wegen 53 Morden und einer Vielzahl sexueller Delikte nach fünfzehnmonatiger Verhandlung durch das Rostower Gericht zum Tode verurteilt und per Genickschuß hingerichtet.

»Vampir von Teheran« siehe Kordiyeh, Ali Reza Khoshruy Kuran

Wen Xian, Li

Im Vergleich zu Amerika oder Europa ist verhältnismäßig wenig über die Existenz von Serienkillern in China bekannt. Doch es gibt sie: Am 18. Dezember 1996 wurde in der Volksrepublik ein 42jähriger Mann wegen zahlreicher Morde zum Tode verurteilt und gleich darauf hingerichtet. Die Berufungsinstanz des Obersten Volksgerichts von Kanton sah es als erwiesen an, daß Li Wen Xian, ein Bauer aus der südchinesischen Provinz Guangdong, neben zahlreichen Raubüberfällen und Vergewaltigungen 13 Frauen ermordet hat.

Wen Xian war Anfang der 90er Jahre nach Kanton gekommen, um in der Stadt auf dem Bau zu arbeiten. Der naive Provinzler kam jedoch mit dem Leben in der Großstadt nicht zurecht. Vor Gericht erzählte er, daß er gleich nach seiner Ankunft in Kanton von einer Prostituierten um sein Geld betrogen worden sei. Das war der Auslöser für seinen vier Jahre dauernden Rachefeldzug. Zwischen 1992 und 1996 tötete er mindestens 13 Frauen. In seinem krankhaften Haß zertrümmerte er ihre Schädel mit einem Hammer. Li Wen Xian wurde öffentlich hingerichtet.

Yuhui, Li

Anfang März 1999 berichtete die in Hongkong ansässige amtliche Nachrichtenagentur Xinhua News Agency (XNA) von der Verurteilung des chinesischen Serienmörders Li Yuhui. Ein Gericht in der 450 Kilometer südöstlich von Hongkong gelegenen Küstenstadt Shantou, hatte den fünffachen Mörder zum Tode verurteilt und seine Besitztümer eingezogen. Das Gericht befand Yuhui, einen selbsternannten Magier, schuldig, drei Frauen und zwei Mädchen im Juli 1998 vergiftet zu haben. Li Yuhui, der sich als Feng-Shui-Experte ausgab, soll den Frauen Zyankalipräparate verkauft haben. Dann soll er den vertrauensseligen Frauen eingeredet haben, daß der Trank ihr Leben verlängern und ihre Gesundheit nachhaltig verbessern würde. Dafür hatte der 47 Jahre alte Li Yuhui insgesamt 150000 Hongkong-Dollar kassiert.

Daß Habgier nicht das eigentliche Motiv Yuhuis gewesen sein kann, belegt schon die Tatsache, daß zum Zwecke des betrügerischen Gelderwerbs der Verkauf eines völlig wirkungslosen Präparates ausgereicht hätte.

Yuhui bestritt die Anklagevorwürfe und behauptete, er habe niemals als Feng-Shui-Meister gearbeitet, und schob die Morde einem ominösen unbekannten Meister zu, dem er lediglich assistiert habe.

Die Richter in Shantou ließen sich von den Schutzbehauptungen des Serienkillers nicht beeindrucken und ordneten seine öffentliche Erschießung an.

Australien und Ozeanien

A – Z

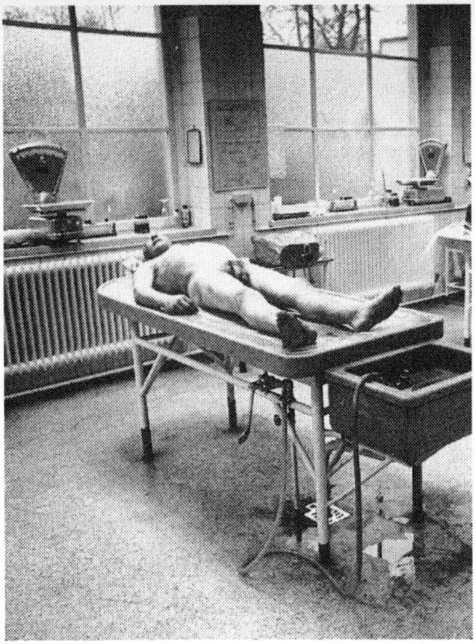

Leichen in der Pathologie

Ivan Milat, Sydney/Australien 1997

Zwei Pumpgun-Schrotflinten, Sten-Maschinenpistole, 22er Revolver, 9-mm-Pistolen, Nachbildung einer Reck und Schlagring mit Klinge

Adelaide Serial Killer

Fast vier Jahre lang wurde die Polizei von Adelaide, der Hauptstadt des Bundesstaates South Australia, mit einer Serie mysteriöser Leichenfunde konfrontiert. Zwischen 1979 und 1983 wurden nacheinander fünf junge Männer im Alter von 14 bis 25 Jahren in der Küstenstadt ermordet aufgefunden. Da die meisten Opfer auf die gleiche Weise getötet worden waren – alle wiesen Verletzungen und Verstümmelungen der Genitalien auf –, ging die Kriminalpolizei davon aus, daß die Männer einem Serienmörder zum Opfer gefallen waren. Diese Annahme wurde sowohl durch ein auffälliges als auch ungewöhnliches Indiz bekräftigt: Einige der ermordeten Männer waren von dem Täter nach ihrem Tod sorgfältig gewaschen und anschließend wieder bekleidet worden.

Wenn man von einem einzigen Täter ausging, so stellte sich die Frage, ob die Reinigung der Toten Teil eines Rituals war oder lediglich der Spurenbeseitigung diente. Im Zusammenhang mit den fünf Morden des »Adelaide Serial Killers« fiel der Verdacht rasch auf eine in der Gegend verrufene obskure Vereinigung, die sich wie die Sekte um Charles Manson als »Family« bezeichnete und der man nachsagte, daß sie junge Männer verschleppte. Unter anderem soll die Gruppe ihre Opfer unter Drogen gesetzt und sexuell genötigt haben. Tatsächlich konnte eines der Gruppenmitglieder der »Family« wegen einem der Morde überführt werden. Die vier weiteren Morde gelten bislang als ungelöst.

Es war nicht das erste Mal, daß die südaustralische Küstenstadt zum Schauplatz einer Serie von Morden geworden war: Erst wenige Jahre zuvor, zwischen 1976 und 1979 waren in Adelaide sieben Frauen einem Sexualmörder zum Opfer gefallen. Der Täter konnte nie gefaßt werden.

»Backpack Killer« siehe Milat, Ivan Robert Marko

Birnie, David und Catherine

Zwischen dem 6. Oktober und dem 4. November 1986 tötete das australische Ehepaar Catherine und David Birnie drei Frauen und eine Jugendliche. Die Birnies setzten die Frauen unter Drogen und verschleppten sie in ihr Haus in Willagee, einem Ort bei Freemantle, wo sie ihre Opfer tagelang gefangenhielten und vergewaltigten. Erst als am 10. November 1986 einer Frau die Flucht gelang, erfuhr die Öffentlichkeit von den Verbrechen des Paares.

Bei der Durchsuchung des Einfamilienhauses fanden die ermittelnden Beamten zahlreiche Fotografien, auf denen Catherine und David Birnie die Greueltaten an ihren Opfern dokumentiert hatten. Nach mehrtägigen Verhören gestand David Birnie die Morde und führte die Polizei zu den Plätzen, wo er die Leichen vergraben hatte.

Das Ehepaar, das eng mit dem aus Queensland stammenden Sexualmörder Barrie Watts befreundet war, der 1987 wegen Mordes an dem zwölfjährigen Schulmädchen Sian King überführt wurde, wird verdächtigt, weitere Sexualverbrechen begangen zu haben. Des weiteren gibt es Hinweise, daß sie für das Verschwinden von vier Mädchen aus der Umgebung von Perth verantwortlich sind. Die Verbrechen konnten ihnen jedoch nicht zweifelsfrei nachgewiesen werden.

Am 3. März 1987 wurden David und Catherine Birnie nach nur dreißigminütiger Beratung von einem Geschworenengericht in Perth zu einer lebenslänglichen Freiheitsstrafe verurteilt. Das Ehepaar hatte sich in allen Anklagepunkten schuldig bekannt.

Claremont Serial Killer

Ein überdurchschnittlich intelligenter, redegewandter Mann, Mitte bis Ende 20, dem es nicht schwerfällt, das Vertrauen seiner Opfer zu gewinnen – so beschrieb der Kriminologe Paul Wilson den »Claremont Serial Killer«, der für die Entführung und Ermordung von drei Frauen in Claremont, einem Vorort der westaustralischen Hauptstadt Perth, verantwortlich gemacht wird. Der Kriminologieprofessor der Queensland State's Bond University, dessen Hilfe als Profiler von den Ermittlungsbehörden in ganz Australien geschätzt wird, war davon überzeugt, daß es nicht bei den drei Morden bleiben würde: »Man kann mit Sicherheit davon ausgehen, daß er wieder zuschlagen wird«, erklärte Bond gegenüber einer lokalen Tageszeitung.

Begonnen hatte es mit dem Verschwinden der 18jährigen Sarah Spiers im Januar 1996, nachdem sie zum letzten Mal im Continental Hotel, einem beliebten Treffpunkt im noblen Stadtteil Claremont, in Begleitung von Freunden gesehen worden war. Keine ihrer Bekannten konnte sagen, wo sie abgeblieben war. Nur fünf Monate später wurde die 23 Jahre alte Jane Rimmer als vermißt gemeldet. Rimmer war ebenfalls in der unmittelbaren Nähe des Continental gesehen worden, bevor sie verschwand. Ihre Leiche tauchte drei Monate später in den Wäldern außerhalb von Perth in der Nähe eines Gefängnisses auf. Sie war ermordet worden. Ein ähnliches Schicksal erlitt auch die 28jährige Rechtsanwältin Ciara Glennon, die zuletzt am 28. März 1997 beim Verlassen des Continental Hotels gesehen wurde. Ihre Leiche fand man drei Wochen später notdürftig vergraben rund 60 Kilometer außerhalb der Stadt. In der Nähe des Fundortes stieß die Polizei auf benutzte Autowasch-Utensilien, die darüber Aufschluß gaben, daß der Verbrecher sein Fahrzeug nach dem Mord gereinigt haben mußte.

Detective Paul Ferguson vom Western Australian Police Department, der die Ermittlungen im Fall des »Claremont Serial Killers« leitete, stellte die These auf, daß der Mörder eine Autoritätsperson, möglicherweise ein Polizist, Feuerwehrmann oder Wachmann sei und seine Autorität bewußt einsetze. »Das waren keine zufälligen Attacken«, meinte er. »Das Alter und der Frauentyp zeigen, daß der Täter nicht irgendwo irgendwelche Frauen überfallen hat, sondern sehr zielgerichtet vorgegangen ist.« Einiges spricht auch dafür, daß der Serienkiller möglicherweise ein Taxifahrer ist. Deshalb hatten die Polizeibehörden 3000 Taxifahrern aus Perth Fingerabdrücke und Speichelproben für Genvergleiche entnommen. Bislang erfolglos. Die Western Australian Police warnte alle junge Frauen, nachts nicht alleine nach Hause zu fahren. Bislang wurden keine weiteren Morde des »Claremont Serial Killers« bekannt.

Cooke, Eric Edgar

Im Januar 1963 wurden in einer einzigen Nacht fünf Menschen in der westaustralischen Großstadt Perth von einem Unbekannten angeschossen. Nur zwei überlebten die Attacken.

Trotz fieberhafter Ermittlungen seitens der Polizei konnte der Mörder nicht identifiziert werden. Bis zum 10. August war wieder Ruhe eingekehrt, doch dann tauchte der mysteriöse Mörder erneut auf und vergewaltigte und erschoß ein Kindermädchen.

Mittlerweile waren sowohl das FBI als auch Scotland Yard im Rahmen eines internationalen Amtshilfeersuchens in die Ermittlungen eingeschaltet worden, um die Morde aufzuklären. Trotz aller Bemühungen kamen die Nachforschungen nur schleppend voran. Schließlich war es einem Zufall zu verdanken, daß der Täter gefaßt werden konnte: Passanten hatten hinter einem Gebüsch ein Kleinkalibergewehr entdeckt und den Fund gemeldet. Bei den ballistischen Untersuchungen stellte sich heraus, daß mit dem Gewehr das Kindermädchen erschossen worden war.

Verdeckte Fahnder observierten daraufhin den Fundort des Gewehres, da die Polizei davon überzeugt war, daß der Besitzer wiederkommen würde, um die Waffe zu holen. Am 1. September 1963 war es soweit: Am Fundort tauchte ein Mann auf, der offensichtlich nach dem Gewehr suchte. Der Verdächtige, ein 32jähriger Truckfahrer namens Eric Edgar Cooke, war sofort geständig und räumte neben den Attentaten vom Jahresanfang und der Ermordung des Kindermädchens zwei weitere Morde aus den Jahren 1949 und 1959 ein. Wegen eines von ihm begangenen Mordes war damals der taubstumme Daryl Beamish verurteilt und eingesperrt worden. Trotz des Schuldbekenntnisses von

Cooke wurde Daryl Beamish erst acht Jahre später entlassen. Die späte Rehabilitierung des unschuldig Eingesperrten war ein Skandal, der die australischen Medien noch lange Zeit beschäftigte. Als Cooke bei seinem Prozeß gefragt wurde, warum er unschuldige Menschen erschossen habe, antwortete er, daß es ihm eine ungeheure Genugtuung bereite, anderen Menschen Schmerzen zuzufügen. Dennoch war Cooke nach Meinung der Jury uneingeschränkt schuldfähig. Am 26. Oktober 1964 wurde Eric Cooke im Gefängnis von Fremantle gehenkt.

Dean, Williamina

Der liebevoll gehegte Garten von Williamina Dean verbarg ein düsteres Geheimnis: Zwischen den Blumenbeeten aus Dahlien und Chrysanthemen befanden sich die Gräber von drei Säuglingen. Ihrem Mann hatte die 1865 nach Neuseeland emigrierte Schottin stets verboten, auch nur in die Nähe des Beetes zu kommen. Da der Garten ihr ganzer Stolz war, tat Charles Dean ihr diesen Gefallen, ohne weitere Fragen zu stellen.

Einen Zusammenhang mit dem Verschwinden der Babys, die »Minnie« adoptiert hatte, sah er damals nicht. Seine Frau war eine Babyfarmerin, eine damals nicht selten vorkommende Berufsgattung, bei der Frauen ihre ungewollten Kinder sofort nach der Geburt gegen eine Gebühr »loswerden« konnten. Die Aufgabe der Babyfarmerin war es dann, das Neugeborene bei einer geeigneten Adoptivfamilie unterzubringen. Doch manchmal verlief die Adoption nicht so reibungslos: Denn wie überall, gab es auch unter den Babyfarmern profitgierige Menschen, die weitaus mehr Interesse an der Vermittlungsgebühr als an der Suche nach einem behüteten Elternhaus für das Kind hatten. Ebenso sind vereinzelt auch Fälle von Kindstötungen dokumentiert: **Margaret Waters, Amelia Sach** oder **Amelia Dyer,** die Säuglinge verhungern ließen, vergifteten oder erwürgten, gaben ein extremes Beispiel für Babyfarmerinnen ab.

Auch Williamina Dean gehörte zu den Frauen, die ihr anvertraute Kinder ermordete.

Als im April 1895 das Verschwinden eines vier Wochen alten Säuglings bekannt wurde, geriet Minnie Dean ins Visier der polizeilichen Ermittlungen. Obwohl Zeugen sie zusammen mit dem vermißten Kind gesehen hatten, leugnete sie, das Kind überhaupt gekannt zu haben. Damit erregte sie erst recht das Mißtrauen der neuseeländischen Polizei. Ihre Lüge wurde schnell entlarvt: Bei der Durchsuchung ihres Hauses in der bei Invercargill gelegenen Ortschaft Winton fand man Kleidungsstücke des verschwundenen Säuglings. Von dem Baby fehlte jedoch weiterhin jede Spur. Minnie Dean und ihr Mann wurden festgenommen. Die 47jährige Schottin war bereits vier Jahre zuvor aufgefallen, nachdem zwei der von ihr in Pflege genommenen Kinder unter nicht näher geklärten Umständen gestorben waren. Wegen der Todesfälle und auf Grund der unzureichenden hygienischen Verhältnisse wurde ihr die Weiterführung des Babyheims untersagt, woraufhin sie fortan unter falschem Namen agierte.

Noch während das Ehepaar in Haft saß, entdeckten die Kriminalisten frisch umgegrabene Erde in einem Blumenbeet. Bei weiteren Grabungen in den Beeten stieß die Polizei auf drei Kinderleichen, darunter war auch die des vermißten Säuglings. Mindestens eines der Opfer war mit einer Überdosis Morphium getötet worden – einem Opiat, von dem größere Mengen im Haushalt gefunden wurden. Nach eingehenden Ermittlungen war man davon überzeugt, daß

Minnie Dean die Morde ohne das Wissen ihres Mannes begangen hatte.

Im Juni 1895 wurde Williamina Dean vor den Supreme Court in Invercargill gestellt, wo der Richter die Todesstrafe gegen sie verhängte. Das Urteil wurde am 12. August 1895 vollstreckt. Sie war die einzige Frau, die jemals in Neuseeland gehenkt wurde.

Deeming, Frederick Bailey

Lange bevor der 1853 in Liverpool geborene Frederick Deeming in Australien als Serienmörder bekannt wurde, betätigte er sich als Heiratsschwindler, Betrüger und Dieb. Unter verschiedenen Namen beging er Betrügereien in Südafrika, Belgien, Südamerika und Australien, indem er sich als Besitzer einer Diamantmine ausgab und überwiegend Juweliere betrog.

Anfang 1891 ermordete er seine Frau Mary und seine vier Kinder, die er unter dem Küchenboden einer herrschaftlichen Villa in Rainhill bei Liverpool einzementierte. Anschließend machte er Emily Mather, der Tochter der Hausbesitzerin, den Hof, der gegenüber er seine Frau als seine Schwester ausgegeben hatte. Noch im gleichen Jahr heiratete er Emily und siedelte mit ihr nach Australien über, wo er sich im Dezember 1891 in Melbourne niederließ. 14 Tage später war Emily tot und unter dem Boden des Kamins einzementiert. Deeming hatte sich unter dem Namen Baron Swanton abgesetzt und wurde am 11. Mai 1892, als er eine andere junge Frau, die kurz zuvor eine beträchtliche Erbschaft gemacht hatte, zu hofieren begonnen hatte, festgenommen. Die Polizei hatte die einzementierte Frauenleiche entdeckt, weil seinem Vermieter ein starker Verwesungsgeruch aufgefallen war. Auch die britischen Behörden stießen auf die in der Liverpooler Villa einzementierten Leichen von Mary Deeming und ihren Kindern. In drei weiteren Häusern in Südafrika, in denen er gelebt hatte, wurden ebenfalls Frauenleichen entdeckt.

Bei seinem Prozeß in Melbourne im Mai 1892 gab Deeming an, daß ihn der Geist seiner verstorbenen Mutter gezwungen habe, die Morde zu begehen. Trotz aller Versuche seines prominenten Verteidigers und späteren australischen Premierministers Alfred Deakin, den Serienmörder wegen Unzurechnungsfähigkeit in eine geschlossene Klinik einweisen zu lassen, verurteilte ihn die Jury des Geschworenengerichts zum Tode. Wie der Engländer **Dr. Thomas Neill Cream,** der im gleichen Jahr in London hingerichtet wurde, behauptete auch Deeming, der gefürchtete »**Jack the Ripper**« gewesen zu sein, obwohl er zur Zeit der Rippermorde im Gefängnis saß. Frederick Deeming wurde am 23. Mai 1892 im Swanston Gefängnis in Melbourne gehenkt.

Glover, John Wayne – »Granny Killer«

Was ist das für ein Mensch, der wehrlosen alten Frauen auflauert, mit einem Hammer auf sie einschlägt und sie mit ihren Strumpfhosen erdrosselt? Auf keinen Fall hätte man einen durchaus ehrbaren Bürger wie John Wayne Glover hinter den Verbrechen vermutet, der bei den Nachbarn im Norden Sydneys als liebvoller Familienvater bekannt war und stets adrett gekleidet herumlief. Diese Äußerlichkeiten täuschten jedoch über das wirkliche Dasein des 57jährigen hinweg, dessen Drang zu töten immer stärker wurde.

Der 1932 in Nordengland geborene John Glover emigrierte 1956 nach Australien, weil er sich dort eine berufliche Karriere beim Bergbau in Melbourne erhoffte. Rasch fand er eine Einstellung als Arbeiter, wurde jedoch schon nach kurzer Zeit wegen Voyeurismus und Übergriffen auf Frauen festgenommen. Sein Leben schien wieder in geregelten Bahnen zu verlaufen, als er seine Frau kennenlernte und mit ihr nach Sydney in das Haus ihrer Eltern zog. Er fand erneut Arbeit und verdiente seinen Lebensunterhalt als Vertreter. Doch gleichzeitig vergiftete der zunehmende Haß auf seine Schwiegermutter sein Leben, da sie sich seiner Meinung nach zu sehr in die Belange des jungen Paares einmischte. Nach seiner Verhaftung gab er ihr die Schuld an seiner Entwicklung zum Serienmörder.

Seinen ersten Mord beging Glover an der Rentnerin Gwendoline Mitchelhill. Zwei Jungen hatten die 82jährige am Spätnachmittag des 1. März 1989 vor ihrem Haus in Mosman nördlich von Sydney schwerverletzt aufgefunden. Man brachte die Sterbende in ein Krankenhaus, wo sie noch in derselben Nacht starb. Ihr Tod war der Auftakt zu einer Serie brutaler Morde.

Die gesamte Nachbarschaft wurde befragt, ob ihnen jemand verdächtig vorgekommen sei, doch niemandem war etwas Ungewöhnliches aufgefallen. Da Gwendoline Mitchelhill eine Handtasche und mehrere Kreditkarten entwendet worden waren, ging die Polizei zunächst davon aus, daß es sich bei dem Verbrechen um einen Raubmord gehandelt habe. Doch bereits wenige Wochen später ereignete sich ein ähnlicher Mord: Am 9. Mai 1989 entdeckte ein Spaziergänger aus Mosman die am Boden liegende Winifreda Ashton. Zunächst glaubte der Mann, die 84jährige Witwe sei einer Herzattacke erlegen, doch dann bemerkte er, daß ihre Schuhe fehlten und sie zahlreiche Blutergüsse und Platzwunden am Kopf hatte. Winifreda Ashton, war – nur 500 Meter vom Haus des ersten Mordopfers entfernt – mit ihrer Strumpfhose erwürgt worden.

Am 2. November fand ein neunjähriges Schulmädchen die Leiche der 85 Jahre alten Margaret Pahud nur wenige Meter von deren Wohnung entfernt – auch sie war brutal erschlagen und erwürgt worden. Wieder nahm man an, daß die Greisin aus materiellen Gründen getötet worden war. Doch als nur einen Tag nach dem Mord an Margaret Pahud die 81jährige Olive Cleveland auf dem Gelände eines Pflegeheims ermordet aufgefunden wurde, war für das Morddezernat von New South Wales klar, daß hier ein Serienmörder am Werk war, der am hellichten Tag ältere Frauen tötete. Da der Fundort der Leiche von dem Personal des Pflegeheims sofort gereinigt und die Blutlachen weggespült worden waren, konnte die Spurensicherung nichts finden, was eventuell einen Hinweis auf die Identität des »Granny Killers« gegeben hätte.

Inzwischen wurde ein Agent des FBI, der mit dem Verfahren des Violent Criminal Apprehension Program (VICAP) vertraut war, in die Ermittlungen eingeschaltet, um ein Täterprofil zu erstellen. Zunächst ohne Erfolg. Am 24. November wurde erneut eine alte Frau ermordet. Muriel Falconer, das fünfte Opfer, wurde von einer Nachbarin im Flur ihrer Vorortwohnung entdeckt. Ihr Kopf war voller Blut, und ihr Hals wies dieselben Würgemale auf wie die zuvor getöteten Rentnerinnen. Wieder einmal fand die Spurensicherung keine brauchbaren Hinweise auf den Täter, so daß die Ermittler trotz ihrer Bemühungen keinen Schritt weiterkamen. Doch als Präventivmaßnahmen wurden alte Frauen zur Vorsicht gemahnt und ein eigens erstellter Eskortservice ins Leben gerufen, der alte Damen auf dem Heimweg begleiten sollte.

Am 19. März 1990 erhielt die Polizei den Anruf einer Frau, die sich um ihre Nachbarin Joan Violet Sinclair sorgte. Die 60jährige, stets zuverlässige Frau habe, obwohl sie ihre zwei Enkel nach der Schule erwartete, weder eine Nachricht hinterlassen noch die Tür geöffnet. Als kurz darauf Polizisten eintrafen und sich Zutritt zu der Wohnung verschafften, fanden sie Violet Sinclair tot vor. Sie war ebenfalls erwürgt worden, und neben der Toten lag ein Hammer, mit dem auf sie eingeschlagen worden war. Im Badezimmer fanden die Beamten einen nackten Mann, der bis zur Nase im kalten Wasser der Badewanne lag. Auf dem Boden davor stand eine leere Whiskeyflasche und ein geleertes Fläschchen Antidepressiva. Der bewußtlose Nackte wurde ins Royal North Shore Hospital gebracht. Dort war er bereits unter dem Namen John Wayne Glover registriert und erst vor einigen Monaten schon einmal wegen eines Selbstmordversuchs eingeliefert worden. Auch Nachbarn der toten Rentnerin hatten den Handelsvertreter bereits wiederholt im Haus der alten Frau ein- und ausgehen sehen. Als der 57jährige wieder zu sich kam, gab er zu, der sogenannte »Granny Killer« zu sein, und legte ein volles Geständnis ab.

Ende März kam Glover vor den Glebe Local Court, wo er wegen sechsfachen Mordes, Raubüberfällen und schwerer Körperverletzung angeklagt wurde. Die eigentliche Gerichtsverhandlung fand im November 1991 im New South Wales Supreme Court in Darlinghurst statt. Glover hatte zunächst über seinen Anwalt auf nicht schuldig aufgrund von geistiger Unzurechnungsfähigkeit plädiert, doch bereits nach zwei Tagen änderte er seine Meinung und bekannte sich uneingeschränkt schuldig.

Als Grund gab er Haß auf seine Schwiegermutter und seine leibliche Mutter an, den er auf die Frauen projiziert habe. Dieser Haß habe sich gesteigert, als er tagtäglich durch seine Vertretertätigkeit auch noch mit den weiblichen Insassen von Pflegeheimen zu tun hatte. Nach knapp zweiwöchiger Verhandlungsdauer wurde er am 30. November 1991 zu sechs lebenslänglichen Haftstrafen wegen Mordes und zusätzlich zu neun Jahren wegen weiterer Delikte verurteilt.

»Granny Killer« siehe Glover, John Wayne

Grills, Caroline

Seit 1947 häuften sich die Todesfälle im engeren Verwandten- und Bekanntenkreis der 63jährigen Caroline Grills aus Sydney. Ihre 87jährige Stiefmutter Christina Mickelson war die erste, der die Mörderin thalliumhaltige Speisen verabreichte und die bald darauf einen qualvollen Tod erlitt, nachdem ihr die Haare büschelweise ausgefallen waren und sie ständig über starke Schmerzen geklagt hatte. In rascher Folge starben Angeline Thomas, eine alte Freundin der Familie, und kurz darauf der 60jährige John Lundberg, ein naher Verwandter.

Noch erkannte niemand den Zusammenhang zwischen Grills, die sich zuvor noch um die kränkelnden Menschen gekümmert hatte, und den merkwürdigen Todesfällen. Der freundlich dreinschauenden und stets hilfsbereiten alten Dame traute niemand ein derartig schweres Verbrechen zu. Welchen Grund sollte sie auch haben, ihr nahestehende Menschen umzubringen? In einigen Fällen profitierte sie durch Erbschaft, in anderen hatte sie jedoch praktisch keinen Nutzen vom Tod der Opfer.

Nach dem überraschenden Tod von Lundberg im Oktober 1948, dem letzten Opfer, wurden auch dessen Frau und seine Tochter von den merkwürdigen Krankheitssymptomen gepeinigt. Erst jetzt fiel der Verdacht auf Caroline Grills, die bislang nur im positiven Sinn, nämlich durch ihre aufopfernde Pflege der Kranken aufgefallen war. Die mißtrauisch gewordenen Verwandten veranlaßten eine polizeiliche Untersuchung der im Haus befindlichen Lebensmittel. Dabei wurden Rückstände des Rattengifts Thallium entdeckt.

Die 63jährige Mörderin wurde von einem Gericht in Sydney lediglich wegen versuchten Mordes an der inzwischen durch die Thalliumvergiftung erblindeten Eveline Lundberg verurteilt. Das Gericht ging davon aus, daß sie sowohl aus Habgier als auch aus Mordlust getötet hatte, und verurteilte sie zu einer lebenslangen Freiheitsstrafe.

Ihrem innigsten Wunsch, in der Anstaltsküche arbeiten zu dürfen, mochte die Gefängnisleitung aus Rücksicht auf die Mitgefangenen, die Grills »Tante Tally« nannten, nicht entgegenkommen.

Laurance, Michael George

Michael Laurance, ein Arbeiter aus Griffith, einer Stadt im Zentrum des australischen Bundesstaates New South Wales, wurde überführt, nachdem er zwischen 1984 und 1986 drei minderjährige Jungen getötet hatte. Eigenen Geständnissen zufolge hat der pädophile Sadist vier weitere Sexualmorde begangen, doch bis zum heutigen Zeitpunkt verschweigt er die Namen und die näheren Umstände der Ermordung der übrigen mutmaßlichen Opfer.

Die drei Knaben, zum Zeitpunkt ihrer Ermordung, acht, elf und zwölf Jahre alt, hatte Laurance, der weit über 200 Jungen sexuell belästigt haben soll, auf besonders grausame Art und Weise getötet: Alle drei waren von dem pädophilen Triebtäter in die Wohnung gelockt worden, wo er sie fesselte und mehrfach vergewaltigte. Danach ertränkte Laurance die mißhandelten Kinder in einer Badewanne und versteckte ihre Leichen.

1987 wurde Michael George Laurance wegen dreifachen Knabenmordes zu einer lebenslänglichen Freiheitsstrafe verurteilt. Über den Stand der Ermittlungen im Hinblick auf die vier weiteren Morde ist derzeit noch nichts bekannt.

Leonski, Edward Joseph – »Singing Strangler«

Am 9. November 1942 wurde der Texaner Edward Joseph Leonski im Pentridge Gaol in der australischen Stadt Melbourne wegen dreifachen Frauenmordes gehängt. Ein halbes Jahr zuvor, im Mai 1942, hatte der GI der US-Army, der während des Zweiten Weltkriegs in Australien stationiert war, in der Millionenstadt drei Frauen im Alter zwischen 31 und 41 Jahren auf offener Straße ermordet.

Alle drei Frauen waren erwürgt, ihre Gesichter und Körper von Schlägen und Tritten entstellt und ihre Kleidung in Fetzen gerissen worden. Keines der Opfer war vergewaltigt worden.

Ein Wachposten der Army hatte Leonski gesehen, wie dieser spät in der Nacht des 18. Mai 1942 zum Camp zurückkehrte. Ihm war der Soldat äußerst verdächtig vorgekommen und aufgefallen, daß der Mann stark erregt und seine Kleidung in einem desolaten Zustand war. Kurze Zeit später berichteten die Zeitungen, daß in jener Nacht die 40 Jahre alte Sekretärin Gladys Hosking nahe des amerikanischen Camps ermordet aufgefunden worden war und nur einige Tage zuvor ein Unbekannter, möglicherweise derselbe Täter, eine andere Frau bedroht hatte. Da die Täterbeschreibung exakt auf Private Leonski zutraf, meldete der aufmerksame Soldat seine nächtliche Beobachtung der Polizei.

Edward Leonski gab die Morde nach seiner Festnahme freimütig zu. Überdies war getrockneter Schlamm, der vom Tatort seines letzten Mordes stammte, an seinen Stiefeln entdeckt worden.

Bei seiner Gerichtsverhandlung vor dem Kriegsgericht versuchte Leonski Schuldunzurechnungsfähigkeit geltend zu machen, indem er behauptete, die Frauen erwürgt zu haben, um sich ihre wohlklingenden Stimmen anzueignen. Eines seiner Opfer habe ihm auf dem Heimweg etwas vorgesungen. »Da bin ich plötzlich ausgerastet«, erklärte der Texaner.

Um seine Unschuld aufgrund verminderter Zurechnungsfähigkeit zu bekräftigen, gab er an, daß es in seiner Familie bereits mehrere Fälle von psychischen Erkrankungen gegeben hatte. Das Kriegsgericht war jedoch anderer Auffassung über seinen Geisteszustand und verurteilte den von der australischen Presse als »Singing Strangler« bezeichneten Frauenmörder Edward Leonski wegen Mordes an Ivy McLeod, Pauline Thompson und Gladys Hosking zum Tode.

McCafferty, Archibald

Zwischen dem 24. und dem 28. August 1973 erschoß der seit seinem zehnten Lebensjahr in Australien lebende Schotte Archibald McCafferty in Sydney drei Menschen. Seine Opfer waren Männer zwischen 25 und 50 Jahren.

Während seiner Gerichtsverhandlung 1974 erklärte McCafferty, daß der Tod seines eineinhalb Monate alten Sohnes der Auslöser für die Mordserie gewesen sei. Der Säugling war wenige Tage bevor er die drei Männer getötet hatte, bei einem Unfall ums Leben gekommen. McCafferty behauptete, daß das tote Kind zu ihm gesprochen habe und ihm gesagt haben soll, daß es wiedergeboren werden könne, wenn er sieben Menschen töten würde.

Das Gericht verurteilte den dreifachen Mörder daraufhin zu drei lebenslänglichen Gefängnisstrafen. Noch im Gefängnis beging Archibald McCafferty 1982 seinen vierten Mord, indem er einen Mithäftling erstach.

Nach wiederholten Versuchen, eine vorzeitige Entlassung zu bewirken, wurde ihm diese nach Verbüßung von insgesamt 23 Jahren in einem australischen Gefängnis im April 1997 gewährt. Nach Aussagen des Bewährungsausschusses soll er sich zu einem vorbildlichen Häftling entwickelt haben, obwohl Angehörige der Mordopfer befürchten, daß er sich nicht geändert hat und immer noch eine Gefahr für die Öffentlichkeit darstellt. Bedingung der vorzeitigen Entlassung von Archibald McCafferty war seine Abschiebung nach Großbritannien. Am 1. Mai 1997 wurde er unter hohen Sicherheitsvorkehrungen und in Begleitung von zwei Polizisten zurück nach Glasgow überführt.

McDonald, William – »Sydney Mutilator«

Am 4. Juli 1961 fand ein alter Australier hinter einer Umkleidekabine des Sydney Domain Baths eine blutüberströmte männliche Leiche. Was die sofort alarmierte Polizei dort vorfand, war bei näherer Betrachtung selbst für hartgesottene Beamte nur schwer zu ertragen: Der Körper des Toten war in einem offensichtlichen Anfall von Raserei mit über 30 Messerstichen zerhackt worden. Anschließend hatte der Mörder versucht, dem Toten den Kopf abzuschneiden und ihm die Genitalien abgetrennt. Die Ermittlungen ergaben, daß es sich bei dem Toten um den aus Sydney stammenden Alfred Greenfield handelte.

Einige Monate später, am 20. November, fand ein Passant in einer öffentlichen Toilette in einem Vorort von Sydney die Leiche von William Cobbin. Der stadtbekannte Herumtreiber war auf ähnlich schreckliche Weise verstümmelt worden wie das erste Opfer.

Die Behörden befürchteten, daß der gesuchte Mörder, der anscheinend grundlos mordete, schon bald erneut zuschlagen würde, wenn man ihn nicht schnell fassen würde. Doch auch bei der nächsten Tat gab es keine verwertbaren Hinweise. Die Medien verfolgten die Morde des psychopathischen Serienkillers, den sie fortan den »Sydney Mutilator« nannten, mit dem üblichen Wust an Spekulationen und waren einhellig der Meinung, daß der Mörder bald wieder zuschlagen würde. Doch zunächst geschah nichts. Die Morde waren beinahe in Vergessenheit geraten, als im März 1962 in derselben Gegend der 30jährige Frank McLean schwer verletzt aufgefunden wurde. McLean starb an den Folgen der Verletzungen, ohne das Bewußtsein wiedererlangt zu haben und etwas über die Identität seines Angreifers aussagen zu können.

Mitte November 1962 entdeckte man ein weiterers Mordopfer hinter einem Haus in der Burwood Road, nachdem sich Nachbarn über einen Übelkeit erregenden Geruch beklagt hatten. Die ermittelnde Polizeibehörde hielt den Toten für Allan Brennan, der seit einiger Zeit vermißt wurde. Die Sache geriet endgültig zum nationalen Rätsel, als der angeblich ermordete Brennan ein halbes Jahr später von mehreren Zeugen putzmunter in den Straßen Sydneys gesehen wurde. Der Fall, der in der australischen Presse als »Case of walking corpse« für Schlagzeilen sorgte, klärte sich erst durch die Festnahme des angeblich Ermordeten. Dieser gestand, daß er selbst die Morde begangen hatte. Sein wirklicher Name war William McDonald. McDonald war ein homosexueller Sadist, der unter verschiedenen Aliasnamen lebte. Seinen Hang zu Sexualmorden an Männern begründete er mit einem Erlebnis, das er als 15jähriger gehabt habe, als er in England als Soldat gedient hatte. Dort habe ihn ein Unteroffizier brutal vergewaltigt. McDonald gab an, daß er den emotionalen Schock, den er durch dieses Erlebnis erlitten hatte, nie verkraftet habe.

Wie Serienmörder häufig behaupten, fügte er damit anderen nur das zu, was er angeblich selbst erlitten hatte und ging noch darüber hinaus: Er stach auf seine Opfer in blinder Wut ein und verstümmelte sie, als sie bereits tot waren.

Im September 1963 fand die Gerichtsverhandlung gegen den 37jährigen »Sydney Mutilator« statt, bei der die Jury einen Antrag der Verteidigung auf Anerkennung verminderter Zurechnungsfähigkeit ablehnte. William McDonald wurde des vierfachen Mordes für schuldig befunden und zur Verbüßung einer lebenslangen Gefängnisstrafe ins Long Bay Penitentiary eingewiesen.

Erst nachdem er dort versucht hatte, einen Mithäftling zu töten, bescheinigten ihm mehrere Psychiater eine paranoide Psychose und ließen ihn in das Morriset Mental Home, eine Spezialklinik für psychisch abnorme Kriminelle, einweisen.

Milat, Ivan Robert Marko – »Backpack Killer«

Zwischen Dezember 1989 und April 1992 verschwanden sieben junge Rucksacktouristen und Tramper im australischen New South Wales. Die fünf Frauen und zwei Männer, die auf den Highways zwischen Sydney und Melbourne unterwegs gewesen waren, schien der Erdboden verschluckt zu haben.

Die Befürchtung, daß die Teenager möglicherweise ermordet wurden, bewahrheitete sich, als ein Jogger im September 1992 im Belanglo State Forest, einem abgelegenen Wald südwestlich von Sydney, die verwesten Leichen der britischen Touristinnen Caroline Clarke und Joanne Walters fand. Einen Monat später wurden in derselben Gegend die Skelette eines bereits seit 1989 vermißten Pärchens aus Melbourne geborgen. Anfang November wurde in dem gleichen Waldgebiet eine fünfte Leiche, die einer 20jährigen deutschen Tramperin, gefunden. Eine eigens von der Polizei organisierte Suchmannschaft fand zudem zwei weitere Skelette.

Alle Leichen waren auf dieselbe Art und Weise von ihrem Mörder hinterlassen worden: Sie lagen versteckt neben einem umgefallenen Baum unter einem sorgfältig arrangierten dreieckigen Dach aus Zweigen und Gestrüpp mit auf dem Rücken gefesselten Händen auf dem Boden. Abgesehen von einem Opfer, das mehrere Schußverletzungen im Schädel aufwies, waren alle anderen erstochen worden. Eine Leiche war sogar enthauptet worden.

Ende Februar 1994 meldeten sich unabhängig voneinander zwei Engländer, ein Mann und eine Frau, die zu der Zeit als die Morde geschahen in New South Wales per Anhalter unterwegs gewesen waren. Im Januar 1990 war die 24jährige bei einem Lastwagenfahrer mitgefahren, der sich ihren Schilderungen zufolge während der Fahrt immer merkwürdiger benommen habe, so daß sie aus dem Wagen gesprungen und in die umliegenden Wälder geflüchtet sei. Dabei habe der Mann auf sie geschossen, sie jedoch nicht getroffen. Ähnlich war es dem ebenfalls 24jährigen Paul Onion ergangen. Der britische Tourist war ebenfalls von einem Fernfahrer mit einer Waffe bedroht worden und berichtete, daß der Unbekannte eine

Tasche mit Seilen bei sich gehabt habe und ihn vermutlich fesseln wollte. Onion konnte eine Beschreibung des Mannes abgeben.

Die Polizei hatte mittlerweile drei Hauptverdächtige festgenommen, unter ihnen auch den 49jährigen Bauarbeiter kroatischer Abstammung Ivan Milat, der nach einer Razzia wegen bewaffneten Raubüberfalls im Mai 1994 verhaftet worden war und mit den Morden des »Backpack Killer« in Zusammenhang gebracht werden konnte. Bei der Durchsuchung seines außerhalb von Sydney gelegenen Hauses fanden die Ermittler neben einem Gewehr und einem ein Meter langen Hackmesser auch Teile eines anderen Gewehrs. Unter anderem stießen sie auch auf Campingbedarf und weitere Gegenstände, die den Opfern zugeordnet werden konnten.

In der Vorverhandlung sagte Paul Onion als Hauptbelastungszeuge gegen Milat aus. Seine Aussage und die übrigen Indizien, wie eine relativ seltene Anfertigung eines Kaliber .22 Gewehrs, das nach den Erkenntnissen von Ballistikexperten bei dem durch Kopfschüsse ermordeten Opfer benutzt worden war, reichte der Jury zu einer Verurteilung aus. Trotz seiner Unschuldsbeteuerungen wurde der »Backpack Killer«, der in die australische Kriminalgeschichte eingehen sollte, am 27. Juli 1996, nach einer über vier Monate dauernden Gerichtsverhandlung im Campbelltown Local Court in Sydney, von den Geschworenen wegen siebenfachen Mordes schuldig gesprochen. Ivan Milat wurde zur Verbüßung einer lebenslangen Freiheitsstrafe in das Maitland Prison eingeliefert. Am 17. Mai 1997 versuchte er zusammen mit drei Mitgefangenen auszubrechen. Der Fluchtversuch scheiterte jedoch.

Derzeit ermittelt eine im März 1998 ins Leben gerufene Sonderkommission im Zusammenhang mit dem Verschwinden von acht weiteren Rucksacktouristen, von denen einige bereits seit 20 Jahren vermißt werden.

Miller, James William siehe Worrell, Chris

New South Wales Pedophile Killer

Der 37 Jahre alte Trevor Parkin war das erste Opfer eines bislang unidentifizierten Serienkillers, der pädophile Sexualstraftäter ermordete. Parkin wurde am 1. Dezember 1997 mit eingeschlagenem Schädel in seinem Appartement in Sydney aufgefunden. Der sogenannte »New South Wales Pedophile Killer« hatte ihn entmannt und die abgetrennten Genitalien in die Hand des Toten gelegt. Darüber hinaus hatte er ihm den Körper der Länge nach aufgeschlitzt und die Eingeweide herausgeschnitten. Trevor Parkin war erst wenige Tage zuvor aus dem Gefängnis entlassen worden, wo er eine mehrmonatige Haftstrafe wegen mehrerer Sexualverbrechen verbüßt hatte.

Als am 13. Juni 1998 der 60jährige David O'Hearne im rund 50 Kilometer südlich von Sydney gelegenen Wollongong ebenfalls ermordet in seiner Wohnung entdeckt wurde, brachte die Polizei von New South Wales den Mord sofort mit dem Fall in Sydney in Verbindung. Denn der Ladenbesitzer war genauso verstümmelt worden wie Parkin. Obendrein hatte ihn der Mörder enthauptet und mit dem Blut Pentagramme und andere satanistische Symbole an die Wände geschmiert. Weitaus aufschlußreicher war jedoch eine weitere Gemeinsamkeit der Getöteten: Sowohl O'Hearne als auch Parkin gehörten zu einem Kinderpornoring, der 1997 aufgeflogen war und dem zahlreiche einflußreiche Personen angehörten. Wie ein Reporter der lokalen Tageszeitung »The Illawara Mercury« herausfand, war der Initiator des Pädophilenringes der millionenschwere Geschäftsmann und ehemalige Bürgermeister von Wollongong. Der Fall hatte in der australischen Öffentlichkeit besonderes Aufsehen erregt, nachdem der Journalist in einer Artikelserie auch noch zahlreiche Freunde und Bekannte des Bürgermeisters, unter ihnen zwei Geistliche, einen Schulleiter sowie einen Orchesterdirigenten, in der Zeitung als pädophile Sexualverbrecher entlarvt hatte.

Zwei Wochen nach dem O'Hearne-Mord fand man einen weiteren Ex-Lokalpolitiker, den 68 Jahre alten Frank Arkell, mit zertrümmertem Schädel in seiner Stadtwohnung in Wollongong. Arkell, der einer Anklage wegen Sexualverbrechen an Kindern in 29 Fällen entgegensah, waren Krawattennadeln in die Augen gestochen worden.

Der leitende Ermittler, Inspektor Paul Mayger, ist davon überzeugt, daß es sich bei dem Täter um eine Person handelt, die als Kind möglicherweise selbst Opfer von Sexualverbrechen geworden ist und sich an seinen Vergewaltigern rächen will. Gemeinsam mit bekannten Kriminalpsychologen überprüft der Fahnder mittlerweile die Akten ungeklärter Mordfälle, die sich in den letzten zehn Jahren ereignet haben. Über den aktuellen Stand der Untersuchungen im Fall des »New South Wales Pedophile Killer« ist derzeit nichts bekannt. Die Ermittlungen dauern an.

New South Wales Serial Killer

Mitte Januar 1999 berichteten Polizeikreise im australischen Bundesstaat New South Wales, daß es Grund zu der Befürchtung gebe, daß in der Grenzregion zwischen New South Wales und Queensland erneut ein Serienkiller unterwegs sei.

Da der unbekannte Mörder, der in den vergangenen zwei Jahren bereits drei Tramperinnen ermordet hat, nicht nur die gleiche Gegend bevorzugt, sondern bei seinen Morden auch ähnlich vorging wie der 1996 verurteilte *»Backpack Killer«* **Ivan Milat,** glaubt die Polizei, daß es sich bei dem »New South Wales Serial Killer« um einen sogenannten Copycat Killer handeln könnte.

Der Serienmörder Ivan Milat hatte zwischen 1989 und 1992 sieben Rucksacktouristen, zwei junge Männer und fünf Frauen ermordet und war nach der umfangreichsten Fahndungsaktion der australischen Geschichte schließlich in einem Vorort von Sydney verhaftet worden. Im Zusammenhang mit den Morden von Milat wurde damals bekannt, daß in der gleichen Gegend innerhalb der letzten 20 Jahre mehr als ein Dutzend junge Tramper beiderlei Geschlechts spurlos verschwunden sind. Unter ihnen verhältnismäßig viele Touristen aus Europa und Japan. Bereits damals wurde die Befürchtung geäußert, daß die Vermißten Opfer eines weiteren Serienkillers geworden sein könnten. Derzeit dauern die Ermittlungen der Polizei im Hinblick auf die jüngsten Morde noch an.

Pierce, Alexander

Der vorbestrafte Australier Alexander Pierce tötete im 19. Jahrhundert nach seiner Flucht aus dem Gefängnis fünf seiner Mithäftlinge, mit denen er den Ausbruch geplant hatte, und ernährte sich vom Fleisch seiner Komplizen.

Dabei war es nicht Hunger, der ihn zum Mord und Kannibalismus getrieben hatte, denn die sechs Männer hatten für ausreichend Verpflegung gesorgt. Als man die fünf verstümmelten Leichen der Ausbrecher fand, waren ihre Vorräte bei weitem nicht aufgebraucht. Die Großfahndung nach Pierce hatte Erfolg: Er konnte rechtzeitig ausfindig und zurück in Gewahrsam gebracht werden, bevor es ihm möglich war, weitere Menschen umzubringen. Nach der erneuten Verhaftung erzählte er den Polizisten, die ihn nach seinem Motiv für die unmenschlichen Verbrechen befragten, daß er den »Geschmack von Menschenfleisch jeder anderen Mahlzeit vorziehe«. Seine kulinarischen Vorzüge wurden dem Kannibalen zum Verhängnis: Das Gericht verurteilte ihn wegen fünffachen Mordes zum Tode. Wenig später wurde der Australier am Galgen gehenkt.

Rendall, Martha

Warum Martha Rendall zwischen Juli 1907 und Oktober 1908 drei der vier Kinder ihres Lebensgefährten Thomas Morris tötete, wird für immer ungeklärt bleiben, da die australische Kindermörderin nie ein Geständnis ablegte. Bekannt ist, daß sie die zwei Mädchen und zwei Jungen ihres Partners von Anfang an schlecht behandelte. George Morris, das einzig überlebende Kind, erzählte später, daß Martha Rendall ihn und seine Geschwister gezwungen habe, sie »Mutter« zu nennen. Dabei versorgte sie die Kinder so miserabel, daß es sogar den Nachbarn auffiel, daß sie sichtlich an Unterernährung litten. Daß Rendall keinerlei Ambitionen zeigte, den Kindern ein liebevolles Zuhause zu bieten, war offensichtlich. Doch was für ein Motiv hatte sie, drei wehrlose Geschöpfe auf eine höchst grausame Art und Weise mit Salzsäure zu ermorden? War es purer Sadismus, das Ausnutzen ihrer Machtposition oder Eifersucht auf die Sprößlinge ihres Lebensgefährten? Vermutlich lassen sich die verschiedenen Aspekte nicht voneinander trennen. Das Gericht war der Auffassung, daß sowohl Eifersucht als auch ihr krankhaftes Geltungsbedürfnis eine primäre Rolle bei den Morden gespielt hatten.

Martha Rendall und der Bahnarbeiter Thomas Morris lebten zusammen mit den Kindern aus Morris' früherer Ehe in der westaustralischen Küstenstadt Perth. Nacheinander starben drei der Kinder: Im Juli 1907 war Anne Morris gestorben. Der Arzt hatte eine Diphtherie für ihren Tod verantwortlich gemacht. Dieselbe Diagnose wurde wenige Monate später nach dem überraschenden Tod ihrer Schwester gestellt. Als habe jemand das Haus mit einem bösen Fluch belegt, wurde ein Jahr später auch ihr Bruder zu Grabe getragen.

Rendall hatte alle drei Kinder während ihrer Erkrankung gepflegt. Ihre »Behandlungsmethode« bestand darin, ihnen mit Salzsäure versetzte Getränke zu verabreichen und ihnen mit einem ebenfalls säuregetränkten Tupfer die Rachenpartien einzureiben. Als Rendall dieselbe Prozedur auch bei George, dem letzten Kind, durchführen wollte, weil er sich an einem heißen Getränk verbrüht hatte, rannte der Junge voller Panik von zu Hause weg und informierte die Polizei. Nachdem die Polizei vom Schicksal des Jungen und seiner Geschwister erfahren hatte, führte sie eine Hausdurchsuchung in der Wohnung von Martha Rendall durch, bei der sie mehrere Flaschen Salzsäure fanden. Nach der Obduktion der exhumierten Geschwister bestätigte sich, daß es sich nicht um Rachephantasien eines vernachlässigten Jungen handelte: Die Entzündungen der Schleimhäute, die man ursprünglich für das Symptom einer Diphtherie gehalten hatte, waren eindeutig auf die Wirkung konzentrierter Salzsäure zurückzuführen.

Rendall und auch Morris wurden wegen Mordverdachts festgenommen. Trotz der eindeutigen Beweislage gegen Martha Rendall stritt sie ab, den Kindern auch nur ein Haar gekrümmt zu haben. Angesichts der Kaltblütigkeit, mit der sie die Verbrechen begangen hatte und der Emotionslosigkeit, die sie vor Gericht an den Tag legte, bezeichnete sie der Richter als eine moralisch verkrüppelte Frau.

Während Thomas Morris von allen Tatvorwürfen freigesprochen wurde, verhängte der Richter gegen Martha Rendall die Todesstrafe. Am 6. Oktober 1909 wurde sie im Gefängnis von Fremantle gehängt. Sie war die einzige Frau, die im Staat Western Australia hingerichtet wurde.

»Singing Strangler« siehe Leonski, Edward Joseph

Sodeman, Arnold Karl

Im Leben des Australiers Arnold Sodeman schien sich nichts Ungewöhnliches zu ereignen. Die dunkle Seite des treusorgenden Familenvaters, den alle als den »netten Kerl von nebenan« betrachteten, kam erst ans Tageslicht, als er wegen der Ermordung von vier Mädchen im Alter zwischen sechs und 16 Jahren verhaftet worden war. Am 9. November 1930 lockte der Straßenarbeiter die zwölfjährige Mena Griffiths von einem Spielplatz in Melbourne in ein nur wenige Kilometer entfernt gelegenes leerstehendes Haus und erwürgte das Mädchen. Zwei Tage später wurde ihre noch geknebelte Leiche gefunden. Zwei Monate später, am 10. Januar 1931, wurde eine weitere Mädchenleiche in einem Vorort von Melbourne aufgefunden – Sodemans zweites Opfer.

Bis 1936 fielen dem Sexualmörder zwei weitere Mädchen zum Opfer. Sodeman, der von Zeugen als »großer Mann mit einem Fahrrad« beschrieben wurde, gehörte zwar zu den 11 000 Männern, die im Zusammenhang mit der Mordserie verhört wurden, paßte jedoch nicht in das Klischee, das die Polizei von einem »typischen Verbrecher« hatte. Statt dessen waren zwei Unschuldige festgenommen und in Melbourne vor Gericht gestellt worden. Da die beiden Verdächtigen ihre Unschuld beweisen konnten, mußten die Justizbehörden sie wieder laufen lassen.

Schließlich war es ein Arbeitskollege von Sodeman, der dem Police Department von Melbourne den entscheidenden Hinweis gab: Er teilte den Polizisten mit, Sodeman habe sich, als man ihn im Scherz als »Mann mit dem Fahrrad« bezeichnete, extrem merkwürdig verhalten und sich völlig unangemessen aufgeregt. Als die Ermittler zwei Tage später dem Hinweis nachgingen und Sodeman verhörten, gestand dieser überraschend, daß er die Morde an den vier Mädchen begangen habe. Doch erst nachdem Sodeman den Polizisten ausführliche Details schilderte, die nur der Mörder kannte, war man hundertprozentig von seiner Schuld überzeugt, denn noch einmal wollte man nicht den Falschen vor Gericht bringen. Er demonstrierte den Ermittlern nicht nur, wie er die Mädchen getötet hatte, sondern gab in einigen Fällen exakt an, was die Kinder zuletzt gegessen hatten. Die Aussagen stimmten auch mit den pathologischen Befunden überein.

Während der Gerichtsverhandlung bezeichnete sich Arnold Karl Sodeman als »nicht schuldig im Sinne der Anklage« und begründete dies mit der Behauptung, unzurechnungsfähig zu sein. Das Gericht gestand ihm jedoch keine verminderte Schuldfähigkeit zu und verurteilte den vierfachen Mörder zum Tode. Arnold Sodeman wurde am 1. Juni 1936 im Metropolitan-Gefängnis in Pentridge gehenkt. Als Pathologen sein Gehirn untersuchten, entdeckten sie, daß Sodeman an einer chronischen Hirnhautentzündung, einer Lepto-Meningitis litt, die möglicherweise Auslöser seines mörderischen Verhaltens war.

»Sydney Mutilator« siehe McDonald, William
»Truro Murderer« siehe Worrell, Chris

Turner, Lisa Jane

Im November 1984 fand vor dem High Court in Christchurch auf Neuseeland der aufsehenerregende Prozeß gegen Lisa Turner wegen dreifachen Kindsmordes statt. Neben dem Mord an den drei Babys, von denen zwei ihre eigenen Kinder waren, wurden ihr mehrere Mordversuche zur Last gelegt.

Am 11. Januar 1980 erschien die Mörderin in Begleitung einer Nachbarin mit ihrer elf Wochen alten Tochter Megan in einem Hospital in Christchurch, einer Kleinstadt auf der neuseeländischen Südinsel. Bei der Ankunft in der Klinik war die Kleine bereits tot. Keiner der Ärzte ahnte, daß Turner schon zweimal versucht hatte, das Baby umzubringen. Mangels feststellbarer Krankheitsmerkmale diagnostizierten die Ärzte den Tod des Babys als »Plötzlichen Kindstod«, gaben der Mutter ein Beruhigungsmittel und schickten sie wieder nach Hause.

Zwei Jahre später, am 31. Januar 1982, gebar Lisa Turner erneut ein Mädchen. Mitte März 1982 erlebte eine Nachbarin, die bei der jungen Mutter zu Besuch war, wie deren zweites Baby Cheney Louise Blut erbrach und kurze Zeit später qualvoll starb. Wieder waren die Ärzte mit einer Diagnose schnell zur Hand: »Plötzlicher Kindstod«.

Im Oktober des gleichen Jahres betraute eine Mrs. Parker Lisa Turner damit, auf ihre vier Monate alte Tochter Catherine aufzupassen, während sie ein paar Einkäufe zu erledigen hatte.

Als sie wenige Stunden später zurückkehrte, blutete die kleine Catherine aus dem Mund und erbrach sich. In der Notaufnahme des Krankenhauses konnten die Mediziner die Krankheitsursache nicht feststellen. Zum Glück erholte sich das Baby rasch. Doch in der Folgezeit kam es bei der kleinen Catherine Parker immer wieder zu scheinbar unerklärlichen gesundheitlichen Rückschlägen. Daß diese immer dann auftraten, wenn Lisa Turner in der Nähe war, realisierte die arglose Mutter zunächst nicht, bis das Kind im April 1983 erneut bewußtlos und aus der Nase blutend aufgefunden wurde und ins Krankenhaus gebracht werden mußte. Wieder erholte sich das Kind schnell. Als Mrs. Parker in Begleitung von Lisa Turner das Mädchen im Krankenhaus besuchte, fing die Kleine, kaum daß sie Turner sah, an zu schreien und sich voller Angst in die Ecke des Bettchens zu verkriechen.

Fortan ließ die Mutter Lisa Turner nie wieder in die Nähe ihres Kindes. Die Symptome traten nie wieder auf.

Mittlerweile beaufsichtigte die Mörderin die fünf Wochen alte Katrina Hall, die plötzlich ebenfalls in die Klinik gebracht werden mußte, weil sie Erstickungsanfälle erlitt und sich erbrach. Ein weiteres Kind, der acht Monate alte Michael Clark Tinnion, überlebte die Babysitterin Turner nicht. Bei den medizinischen Untersuchungen fanden die Ärzte heraus, daß der Junge erstickt worden war. Der Verdacht gegen Lisa Turner verdichtete sich, als im Zuge der Ermittlungen die früheren »Unglücksfälle« bekannt wurden.

Bei ihrem Prozeß wies ihr der Staatsanwalt nach, daß sie die Kinder mit Kissen oder einer Decke erstickt hatte. Trotz der Versuche ihres Anwalts, eine verminderte Schuldfähigkeit geltend zu machen, wurde Lisa Turner Anfang 1995 wegen dreifachen Mordes zu einer lebenslangen Haftstrafe sowie zu weiteren 15 Jahren wegen Mordversuchs in drei Fällen verurteilt.

Wanda Beach Murders

Mitte der 60er Jahre schockierte eine Reihe von Morden an jungen Frauen und Mädchen die Einwohner der australischen Millionenstadt Sydney. Im Januar 1965 wurden kurz hintereinander die Leichen von zwei 15jährigen Schülerinnen am Rande der Metropole, an einem beliebten Naherholungsgebiet, dem Wanda Beach aufgefunden. Die beiden Mädchen waren brutal niedergeschlagen, mit zahlreichen Messerstichen getötet und vergewaltigt worden.

18 Tage später ein weiterer Leichenfund: Diesmal war eine 57 Jahre alte Frau in Picadilly Arcade, einem Strand in der südlich von Sydney gelegenen Stadt Woolongong, tot aufgefunden worden. Alle Tatumstände wiesen darauf hin, daß auch dieser Mord von dem gleichen Täter begangen worden war, der bereits die beiden Schülerinnen am Wanda Beach getötet hatte.

Vier Tage nach dem letzten Leichenfund stießen Passanten ebenfalls südlich von Sydney, in der Nähe von Lucas Heights, auf den grausig zugerichteten Körper einer 27 Jahre alten Frau, die als Prostituierte aus Kings Cross bekannt war.

Trotz der offensichtlichen Ähnlichkeit der vier Morde konnte die Polizei den Mörder nie fassen, und der Fall der »Wanda Beach Murders« blieb bis heute ungelöst.

Worrell, Chris und Miller, James William – »Truro Murderer«

Zwischen Ende 1976 und Mitte Februar 1977 ermordete Chris Worrell mit seinem Komplizen James Miller in der Umgebung der südaustralischen Großstadt Adelaide sieben Frauen und Mädchen. Nachdem Ende der 70er Jahre die ersten Leichen in den Truro Hills entdeckt wurden, ohne daß es zunächst Hinweise auf die Täter gab, nannte man die Verbrechen in der Presse die »Truro Murders«. Die beiden mehrfach vorbestraften Ex-Häftlinge begingen ihren ersten Mord an Heiligabend des Jahres 1976. Worrell und Miller hatten in Adelaide eine junge Frau mitgenommen, die als Anhalterin unterwegs war, und fuhren mit ihr in die Berge. An einer abgelegenen Stelle ließ Miller seinen Komplizen mit der Frau allein, weil er glaubte, daß dieser die Frau vergewaltigen wolle. Als er zurückkehrte, war die junge Frau tot. Worrell hatte sie in einem Anfall von Raserei umgebracht.

James Miller, der Worrell nach einer früheren homosexuellen Beziehung freundschaftlich verbunden war, half seinem Kumpanen beim Vergraben der Leiche. Innerhalb von nur knapp zwei Monaten ermorderte Chris Worrell insgesamt sechs weitere Frauen und Mädchen im Alter zwischen 15 und 26 Jahren, und jedesmal half ihm Miller, die Leiche nach der Tat zu beseitigen. Die Frauen, die meisten von ihnen Tramperinnen, wurden überwiegend mit einer Nylonschnur erdrosselt. In einem Fall besteht der Verdacht, daß das Opfer noch am Leben war, als es begraben wurde. Die Mordserie wäre höchstwahrscheinlich noch eine ganze Weile weitergegangen, wäre Worrell, der gemeinsam mit seiner Freundin und Miller unterwegs war, nicht bei einem Autounfall ums Leben gekommen. Während Chris Worrell und seine Begleiterin auf der Stelle tot waren, überlebte Miller schwerverletzt.

Nachdem er Ende 1979 gestellt wurde, wälzte er die ganze Schuld auf Chris Worrell ab. Er selbst habe schließlich keine der Frauen getötet, sondern lediglich seinem Freund dabei geholfen, die Leichen verschwinden zu lassen, versuchte er sich herauszureden. Die Jury sah seine

Tatbeteiligung jedoch als nicht minder schwerwiegend an als die eigentlichen Morde, und deshalb verurteilte ihn das Gericht wegen unmittelbarer Tatbeteiligung an sechs der sieben Morde zu lebenslanger Haft, die er derzeit im Yatala Labor Prison verbüßt.

In den 80er Jahren veröffentlichte James Miller seine Autobiografie »Don't Call Me Killer!«, aus der hervorgeht, daß er sich – immer noch uneinsichtig – völlig zu Unrecht verurteilt wähnt, weil er persönlich keinen Mord begangen habe.

Quellen und Literatur

Zeitungen, Nachrichtenagenturen, etc.

»A weekend on Cape Cod«, Newsweek 73 (17. März 1969).

»Americas FBI hunts for Mexiko killer«, BBC News (4. August 1998).

»Americas Serial Killer under sedation«, BBC News (17. August 1998).

»Asia-Pacific Serial Killer targets prominent paedophiles«, BBC News (15. Juli 1998).

»Angst vor Serienmörder in Italien – Prostituierte erschlagen«, Germany LIVE (Internet Nachrichtendienst, 28. Dezember 1998).

»Australia's alleged ›backpack killer‹ goes on trial«, CNN (25. März 1996).

»Australien: Serienmörder gefaßt?«, TAZ 4320 (24. Mai 1994).

Australian Police Journal, Vol. 48, No 2, 1984

»Body identified in suspect's home«, Boston Globe (7. September 1998).

»California's ›Freeway Killer‹ executed«, CNN (23. Februar 1996).

»Drifter sought in nationwide manhunt«, CNN (13. November 1995).

»Dahmer schuldig gesprochen«, TAZ (17. Februar 1992).
»Dahmer killer charged«, Time Daily (15. September 1994).
»Dances with werewolves«, TIME (4. April 1994).
»Der Mörder, der gar keiner war«, Tages-Anzeiger (25. Juni 1998).
»Der Mörder, der so gern sang«, STERN (Nr. 26, 1994).
»Die Killer kommen meist am Freitag«, SPIEGEL 35 (1998).
»Die Menschenschlächter«, STERN (Nr. 40, 1991).
»Dragnet in Spree«, New York Daily News (11. Mai 1997).
»Eighth body exhumed as GP faces murder trial«, BBC News (11. November 1998).
»Er blickt in die Seele der Killer«, STERN (Nr. 16, 8. April 1998).
»Feds Join hunt for upstate ›Ripper‹, New York Post (27. November 1997).
»Fingerzeig aus dem Grab«, SPIEGEL 51 (Dezember 1992).
»Fleisch dran«, SPIEGEL (Nr. 31/1975).
»Fleischwolf im Zimmer«, SPIEGEL (Nr. 31, 1990).
»Frauenmörder Honka ist tot«, Berliner Morgenpost (22. Oktober 1998).
»Freedom to kill«, TIME 105 (9. Juni 1975).
»Ganze Masse«, SPIEGEL (Nr. 12, 1975).
»Graves in the Dunes«, TIME 93 (14. März 1969).
»Gruesome video opens trial . . .«, Los Angeles Times (27. Oktober 1998).
»Hand und Fuß«, SPIEGEL (Nr. 31, 1977).
»Ich hab' keine Erinnerung davon«, SPIEGEL (Nr. 47, 1976).
»Im Tal der Finsternis«, SPIEGEL 7 (9. Februar 1998).
»Indonesian mystic on trial . . .«, BBC News (26. Januar 1998).

»Inmate's plea is backed in Texas«, Boston Globe (26. Juni 1998).
»Irrtum inklusive«, SPIEGEL 44 (1964).
»Japan rätselt über den Mörder von Kobe«, Berliner Zeitung (12. Januar 1997).
Justizpressestelle Moabit, Pressemitteilung Nr. 134 vom 26. August 1996
»Killer who conned his way onto Death Row«, The Express (21. Juni 1998).
»Lebenslange Haft für Berliner Hautarzt«, Tagesspiegel (30. August 1997).
»Mörder ohne Tatmotiv«, TAZ 3779 (11. August 1992).
»Motoboy é indiciado por 9 assassinatos«, Jornal do Brasil (10. August 1998).
»No business like news business«, Brazzil (September 1998).
»N. J. fears Serial Killer at work«, New York Daily News (2. April 1998).
»Nur Indizien, keine Leiche«, Neues Deutschland (14. November 1996).
»Past offers clues in search for Serial Killers«, CNN (22. Juli 1997).
»Possible Serial Killer arrested«, ABC NEWS (3. September 1998).
»Potential Serial Killer investigated in Calif.«, Reuters (6. November 1998).
»Pretoria body is another ...«, Independent Newspapers, 1998
»Prostituiertenmord-Prozeß: Dr. S. bittet um Freispruch«, Berliner Morgenpost (23. August 1997).
»Schablone X«, SPIEGEL (Nr. 46, 11. November 1974).
»Serial Killer wants to sue the city«, New York Daily News (6. November 1997).

»Serienmörder in USA begnadigt«, Die Presse (29. Juni 1998).
»Sithole confession videotaped«, Cape Argus, 1996
»Todeskandidat darf hoffen«, Kleine (20. Juni 1998).
»Texarkana Terror«, LIFE Magazine 20 (10. Juni 1946).
»The nun's story«, TIME 111 (13. März 1978).
»The Monster of Florence«, TIME 127 (24. März 1986).
»Trial of accused Zodiac Killer opens in N. Y.«, TIME (14. Mai 1998).
»2 El Paso men included in probe of women's deaths«, The Dallas Morning News (21. September 1998).
»Und dann hab' ich die Nerven verloren«, SPIEGEL (Nr. 48, 1976).
»Und immer bleibt die Angst ...«, Die Welt (1. März 1997).
»UK tourist strangled«, BBC News (28. August 1998).
»Unterm Leichentuch«, SPIEGEL (Nr. 12, 18. März 1974).
»Wie wird ein Mensch zum Kindermörder?«, BILD (19. Juni 1996).
»Wohin mit ihm?«, SPIEGEL (Nr. 51, 1967).
»Woman kills 300 at Wives' Behest«, New York Times (26. März 1909).
»Zodiac Killer convicted by Queens jury«, NBC (Mai 1998).
»Zodiac suspect sez he's innocent«, New York Daily News (4. Mai 1998).
Zodiac Brief aus San Francisco Chronicle/Examiner (1. und 3. August 1969).

Online

www.serial homicide.com (Case of the day)
www.geocities.com (Law Enforcement page)
www.geocities.com (The Wacky World of Murder)
www.Crimelibrary.com (Dark House Multimedia)
www.angelfire.com (Yoda@in-touch.net)

Literatur

Bauer, Günther: »Jürgen Bartsch: Ein Bericht über den vierfachen Knabenmörder«, Archiv für Kriminologie, Band 144, 1969.

Beccaria, Cesare: »Über Verbrechen und Strafen« (Nach der Ausgabe von 1766. Wilhelm Alff, Hrg.), Frankfurt am Main, 1966.

Berthold, Will: »Nachts, wenn der Teufel kam. Roman nach Tatsachen«, Bad Wörishofen, 1959.

Bourgoin, Stéphane: »Serienmörder« (Originaltitel: »Serial Killers. Enguête sur les tueurs en série«, Paris, 1993), Reinbek bei Hamburg, 1995.

Britton, Paul: Das Profil der Mörder. Die spektakuläre Erfolgsmethode des britischen Kriminalpsychologen« (Originaltitel: »The Jigsaw Man«), Düsseldorf; München, 1998.

Broomfield, Nick: »Aileen Wuornos. The Selling of a Serial Killer«, Video.

Brussel, James A.: »Casebook of a Crime Psychiatrist«, London, 1970.

Buschinger, Danielle & Spiewok, Wolfgang (Hrg.): »Sexuelle Perversion im Mittelalter«, Greifswald, 1994.

Cameron, Deborah & Frazer, Elizabeth: »Lust am Töten.

Eine feministische Analyse von Sexualmorden«, Frankfurt am Main, 1993.

Cockburn, J. S. (Hrg.): »Crime in England 1550–1800«, London, 1977.

Conradi, Peter: »Der Todesengel von Rostow. Das psychologische Porträt des russischen Massenmörders« (Originaltitel: »The Red Ripper«), Bergisch Gladbach, 1993.

Cullen, Tom: »Jack the Ripper. Mörder von London«, Frankfurt/M; Berlin 1988.

Daly, Martin & Wilson, Margo: »Homicide«, Hawthorne, New York, 1988.

Davis, Jon: »Jeffrey Dahmer. Der Schlächter, der junge Mäner auf bestialische Weise tötete«, München.

Douglas, John & Olshaker, Mark: »Die Seele des Mörders: 25 Jahre in der FBI-Spezialeinheit für Serienverbrecher« (Originaltitel: »Mindhunter: Inside the FBI's Elite Serial Crime Unit«, New York, 1995), Hamburg, 1997.

Douglas, John E. and Burgess, Alan E.: »Criminal Profiling: A Viable Invest«.

Egger, Steven A.: »Serial Murder. An Elusive Phenomenon«, New York, 1990.

Feuerbach, Paul Anselm: »Merkwürdige Verbrechen«, Herausgegeben von Rainer Schrage. Mit zeitgenössischen Illustrationen. Frankfurt am Main, 1981.

Frank, Gerold: »Der Würger von Boston. Ein Tatsachenbericht« (Originaltitel: »The Boston Strangler, 1997), 1991

Hill, D. & Williams, P.: »The Supernatural«, New York, 1967.

Hoag, Ernest B. & Williams, Edward H.: »Crime, Abnormal Minds and the Law«, New York, 1981.

Holmes, Ronald M. & De Burger, James: »Serial Murder. Studies in Crime, Law and Justice«, Vol. 2, Newbury Park, Kalifornien, 1988.

Huysmans, Joris Karl: »Tief unten« (Originaltitel: »Là-bas«, 1891), Zürich, 1987.

Jenkins, Philip: »Using Murder. The Social Construction of Serial Homicide«, Hawthorne, New York, 1994.

Jones, Ann: »Women who kill«, New York, 1980.

Jones, Richard Glyn (Herausgeber): »The Giant Book of True Crime«, London, 1992.

Kennedy, Ludovic: »Rillington Place Nr. 10. Die Geschichte eines Justizmordes« (Originaltitel: »Ten Rillington Place«), Stuttgart, 1962.

Kerman, S. L.: »The Newgate Calendar«, New York.

King, Gary C.: »Im Schatten« (Originaltitel: »Blood Lust«), München, 1997.

Krafft-Ebing, R. von: »Psychopathia Sexualis« (F. J. Rebman, Trans.) Brooklyn, N. Y., 1934 (Original von 1886).

Krieg, Berthold: »Kriminologie des Triebmörders«, Frankfurt am Main, 1996.

Krivitch, M. & Olgin, O.: »Der Mann aus der Hölle: die unglaubliche Geschichte des russischen Serienmörders Andrej Tschikatilo«, München, 1992.

-Ky: »Wie ein wildes Tier. Der S-Bahn Mörder . . .«, 1997.

Lane, Brian & Greg, Wilfred: »The Encyclopedia of Serial Killers«, London, 1992.

Lane, Brian: »The Murder Yearbook«, London, 1992.

Lenk, Elisabeth & Kaever, Roswitha (Hrg.): »Leben und Wirken des Peter Kürten, genannt der Vampir von Düsseldorf«, München, 1974.

Lessing, Theodor: »Haarmann. Geschichte eines Werwolfs«

Levin, Jack & Fox, James Alan: »Mass Murder. America's growing menace«, New York, N. Y., 1985.

Lombroso, Cesare: »Der Verbrecher in anthropologischer, ärztlicher und juristischer Beziehung« (Originaltitel: »Homo Delinquens«), Hamburg, 1892.

Lombroso, Cesare: »Neue Verbrecherstudie«, Halle, 1907 Turin???

Lourie, Richard: »Hunting the Devil«, New York, 1993

Lullies, Stefan: »Das Problem der Tötungshemmung beim Mörder. Zur Psychologie des Mordes«, Schriften zum Strafrecht, Band 12. Berlin, 1971.

Masters, Brian: »Killing for Company. The Case of Dennis Nilsen«, London, 1985.

Masters, Brian: »Todeskult. Der Fall Jeffrey Dahmer«

Masters, R.E.L. & Lea, Eduard: »Perverse Crimes in History«, 1963.

Masters, R.E.L. & Lea, Eduard: »Sex Crimes in History«, New York, 1966.

Mostar, Gerhart Herrmann & Stemmle, Robert A. (Hrg.): »Der neue Pitaval: Der Wolfsmensch«, München, 1963.

Mostar, Gerhart Herrmann & Stemmle, Robert A. (Hrg.): »Der neue Pitaval: Die Hölle«, München, 1963.

Nash, Robert Jay: »Almanac of World Crime«, New York, 1981.

Nash, Robert Jay: »Murder, America. Homicides in the United States from the Revolution to the Present«, New York, NY, 1980.

Newton, Michael: »Mass Murder«, 1988.

Norris, Joel: »Serial Killers: The Growing Menace«, New York, 1988.

Olson, Jack: »Der mißratene Sohn« (Originaltitel: »The misbegotten Son«), Bergisch Gladbach, 1994.

Pfeiffer, Hans: »Der Zwang zur Serie. Serienmörder ohne Maske«, Leipzig, 1996.

Pfeiffer, Hans (ausgewählt von): »Mordfälle aus dem neuen Pitaval«, Rudolphstadt, 1962.

Pozsár, Christine: »Die Haarmann-Protokolle«, Reinbek bei Hamburg, 1995.

Ressler, Robert K. & Schachtman, Tom: »Ich jagte Hannibal Lecter. Die Geschichte des Agenten, der 20 Jahre lang Serienmörder zur Strecke brachte«, (»Whoever fights monsters«) München, 1998.

Revitch, Eugene & Schlesinger, Louis B.: »Sex Murder and Sex Aggression. Phenomenology, Psychopathology, Psychodynamics and Prognosis«, Springfield, Illinois, 1989.

Reynolds, Michael: »Ich hasse alle Männer: die unfaßbare Geschichte einer Serienmörderin«, München, 1995.

Schaeffer, Max Pierre: »Der Triebtäter. Lustmörder vor Gericht. Von Haarman bis Bartsch«, München, 1970.

Schorsch, Eberhard & Becker, Nikolaus: »Angst, Lust, Zerstörung: Sadismus als kriminelles Handeln: Zur Psychodynamik sexueller Tötungen«, Reinbek bei Hamburg, 1977.

Schorsch, Eberhard: »Die juristische Bewertung sexueller Tötungen«, Hermann Pohlmeier, Erwin Deutsch, Hans-Ludwig Schreiber (Herausgeber), Forensische Psychiatrie heute, Berlin, 1986.

Sears, Donald J.: »To kill again. The Motivation and Development of Serial Murder«, Wilmington, Delaware, 1991.

Segrave, Kerry: »Women Serial and Mass Murderers. A Worldwide Reference, 1580 through 1990«, Jefferson, North Carolina, 1992.

Seltzer, Mark: »Serial Killers. Death and Life in Amerika's Wound Culture«, New York, NY, 1998.

Sinn, Dieter: »Das große Verbrecherlexikon. Die spektakulärsten Kriminalfälle des 19. und 20. Jahrhunderts«, Herrsching, 1984.

Smith, Harold E.: »Serial Killer«, Criminal Justice International, 3 (I): 1987.

Sounes, Howard: »Fred & Rose. The full story of Fred and Rose and the Gloucester House of Horrors«, London, 1998.

Symons, Mitchell: »The Book of Criminal Records. Crime Lists, Figures and Amazing Facts«, London, 1995.

Thorwald, Jürgen: »Report der Toten. Das Jahrhundert der Detektive«, Bd. II, München, 1968.

Werremeier, Friedhelm: »Der Fall Heckenrose«, Wien, 1975.

Werremeier, Friedhelm: »Haarmann, Nachruf auf einen Werwolf«, Köln, 1992.

Wilson, Colin: »A Criminal History Of Mankind«, London, 1984.

Wilson, Colin: »The Mammoth Book of True Crime«, London, 1988.

Wilson, Colin & Pitman, Patricia: »Encyclopedia of Murder«, London, 1961.

Wilson, Colin & Seaman, Donald: »Encyclopedia of Modern Murder«, New York, 1983.

Weiterführende Literatur:

Escapa, Roy D.: »Die dunkle Seite der Sexualität« (Kinsey-Report).

Lombroso, Cesare & Ferrero, G.: »Das Weib als Verbrecherin und Prostituierte« (Originaltitel: »La donna delinquente«), Hamburg, 1893.

Murbach, Ruth: »Das medizinische Modell der Delinquenz. Entwicklung und Auswirkungen am Beispiel der nordamerikanischen Sexualpsychopathengesetze«, Zürich, 1979.

Schorsch, Eberhard: »Perversion, Liebe, Gewalt: Aufsätze zur Psychopathologie und Sozialpsychologie«.

Schwaiger, Georg (Hrg.): »Teufelsglaube und Hexenprozesse«, München, 1987.

Spicker-Beck, Monika: »Räuber, Mordbrenner, umschleifendes Gesind. Zur Kriminalität des 16. Jahrhunderts«, Freiburg im Breisgau, 1995.

Siegfried, Claus-Ferdinand: »Gesellschaft und Sexualverbrechen«, Berlin, 1971.

Vachss, Alice: »Merkt euch ihre Namen! Eine Staatsanwältin im Kampf gegen Vergewaltiger, Pädophile und ihre Lobby«, (Originaltitel: »Sex Crimes«) Frankfurt am Main, 1995.

Weisser, Michael R.: »Crime and Punishment in early modern Europe«, New Jersey, 1979.

Register

Wir möchten folgenden Personen danken, daß sie uns bei der Realisierung dieses Buches geholfen und unterstützt haben:
Jenny Wright & Helmuth Hohmeyer, Kenton Türk, Eleonora Holthoff, Karsten Düsdieker, Holger Kuntze, Helmut Höge, Margret Plath sowie der Pressestelle des Berliner Landgerichts, insbesondere Frau Pohl, und den Mitarbeitern des Berliner Landesarchivs.